[首都经贸大学出版基金资助]

A Research Outline of World Financial History

世界金融史论纲

孔祥毅 祁敬宇 ◎ 著

中国金融出版社

责任编辑：王素娟
责任校对：李俊英
责任印制：程　颖

图书在版编目（CIP）数据

世界金融史论纲（Shijie Jinrongshi Lungang）/孔祥毅，祁敬宇著．—北京：中国金融出版社，2017.3
ISBN 978－7－5049－8768－6

Ⅰ．①世…　Ⅱ．①孔…　②祁…　Ⅲ．①金融—经济史—世界
Ⅳ．①F831.9

中国版本图书馆 CIP 数据核字（2016）第 301928 号

出版
发行　中国金融出版社
社址　北京市丰台区益泽路 2 号
市场开发部　（010）63266347，63805472，63439533（传真）
网 上 书 店　http：//www.chinafph.com
（010）63286832，63365686（传真）
读者服务部　（010）66070833，62568380
邮编　100071
经销　新华书店
印刷　保利达印务有限公司
尺寸　169 毫米×239 毫米
印张　38
字数　570 千
版次　2017 年 3 月第 1 版
印次　2017 年 3 月第 1 次印刷
定价　128.00 元
ISBN 978－7－5049－8768－6

前　言

新时代呼唤新的金融史

今天，我们需要一个新的全球化视角——一部把中华文明和中国金融发展史融入全球的世界金融史。

以公元 1500 年为界，世界金融史融入了更多的全球化元素。在全球化背景下的今天，公元 1500 年后的金融无疑是重要的。然而，新大陆发现之前的世界金融也同样是全球金融史上不可或缺的重要组成部分。

一

写史是一件非常庄重的事情，其原因在于，岁月的沧桑、历史的风雨常让我们唏嘘不已，感慨万千，无数史实拨动着我们的神经，触发着我们的思绪。同时，写史又是一件神圣的事情。司马迁在他的著名散文《报任安书》中说，撰史是为了“究天人之际，通古今之变，成一家之言”，就是要通过历史的记述，探究天道与人事之间的关系，求索社会发展的兴衰成败之理，表达对社会、历史、政治的独到见解。

同时，司马迁在此文中还说，“修身者，智之府也；爱施者，仁之端也，取予者，义之符也；耻辱者，勇之决也；立名者，行之极也。士有此五者，然后可以托于世，列于君子之林矣”。这些都表达了司马迁对历史认识的深刻庄严。翻阅古今中外之史书，以简洁明快的语言阐述历史实非易事。国内司马迁的《史记》开史家之先河，再从司马光的《资治通鉴》到张居正的《帝鉴图说》、袁了凡的《纲鉴易知录》；国外从斯塔夫里阿诺斯的《全球通史》、安格斯·麦迪森的《世界经济千年史》到查尔斯·P. 金德尔伯格的《西欧金融史》、《金融危机史》再到尼尔·弗格森的《货币崛起》等一系列金融史籍，都承载了史学家毕生的精力和心血。

世界金融史是一门包括众多研究内容的学科，也是一门涵盖了政治、经济、文化、历史、宗教、民族、考古等人文科学，汇聚了众多学科、综合研究多元文化的知识体系。

研究历史，各家各派有不同的观点和方法，如布罗代尔认为研究文明要涉及所有的社会科学领域；亨廷顿比较强调历史的精神内容，而有的学者则强调它的物质方面，认为物质生产、经济基础最终决定着历史的面貌和发展方向。金融史的研究亦当如此。

世界金融史研究源于对货币及其制度的研究，而世界货币大致可划分为两大体系：一个是以古代希腊—罗马为代表的西方货币体系，另一个是以古代中国为代表的东方货币体系。古代东西方两大金融体系，根植于不同的文明，产生于不同的地区，因而各有特色。推及全球金融发展史，中西方金融的发展脉络和金融制度有所不同，因而，整个金融发展也表现出了不同的特征。

但世界金融又是有着历史发展脉络和逻辑关联的。自 16 世纪以来，西方国家的东方探险掀起了一股新的热潮，各国的政府、大公司纷纷解囊支持航海家的探险活动，全球金融的发展开启了一个崭新的阶段，世界金融史开启了一个新的篇章。

二

世界金融史在更深的层次上提出的是金融如何起源、从何而来以及如何发展的大问题。

翻开世界金融史，人类金融发展的脉络犹如一幅由远及近的画卷，一幕幕地展现在我们的面前。这里有人类金融的起源，金融在人类文明嬗变中的作用，有帝国的更迭、朝代的兴衰，有文化的传播、宗教的扩散；有成千上万投资者追逐财富的“美梦”抑或破产的“噩梦”，也有官商相维、沆瀣一气的众生图谱。

一部世界金融史就是一幅有趣的画卷，它揭示了人性的善恶美丑。在金融领域里，有政治家对金融的影响和作用，也有金融家对政治的渗透和角逐，更有对阶层、区域、国家等愈加两极分化的焦虑，还有对世界金融史上诸多金融危机灾难的渊源的忧虑与警示。

一部世界金融史，还是一面大国兴衰交替、民族复兴崛起的镜子。在这面镜子中，可以看到金融对于一国经济政治的影响，一国全球地位的变迁兴衰深深地被打上了金融的烙印。

我们力求把世界金融史写成一部具有全球视野的金融通史，希望体现强烈的现代意识和学术视野。与此同时，虽立足全球，但又要把中国金融史融入其中。它虽然是一部关于世界金融史的教科书，但并不是一味地叙述金融的过去，而是要把金融的历史变迁、发展与当今国际经济、国际金融的现状联系在一起，在这样的大背景下，世界金融史是与全球政治经济制度紧密联系的，它是一部关于全球货币、全球金融机构和全球金融体系的史书。

这部世界金融史力求跨越时空的限制，在历史与现实的两个金融时空里驰骋遨游。让翻阅这部世界金融史成为一次快乐的旅行；在金融史的园林中漫步，让阅读成为一种乐趣，成为对历史和现实金融发展不断探询的过程。

在金融史领域，经典的著作当推美国人查尔斯·P. 金德尔伯格所著的《西欧金融史》，但这部书提出了金融是以西方为中心的金融史观。从历史学的视角来看，巴勒克拉夫等人所倡导的“全球史观”，主要以突破西方学术界根深蒂固的“欧洲中心论”，或称“西欧中心论”、“欧美中心论”和“西方中心论”的限制为特征，主张历史研究者“将视线投射到所有的地区和时代”，建立“超越民族和地区的界限，理解整个世界的历史观”，“公正地评价各个时代和世界各地区一切民族的建树”。“在当前世界性事件的影响下，历史学家所要达到的理想是建立一种新的历史观。这种历史观认为，世界上每个地区的每个民族和各个文明都处在平等的地位上，都有权利要求对自己进行同等的思考和考察，不允许将任何民族和文明的经历只当作边缘的无意义的东西加以排斥。”

在这种学术思想的影响下，这本世界金融史是以全球视角来写的，并给予中国金融史以一定的历史地位。

世界金融史的写作不仅为金融史的研究增添了一抹彩霞，而且对于促进中外金融史的研究，特别是对中西经济金融文化交流史的研究将起到积极的推动作用。在经济、金融史上，许多学者特别推崇创新，原因在于创新对经济增长的贡献是巨大的。理解创新的作用，还在于它对于处理现实经济和金融问题有更深远的意义。无论经济如何发展，制度如何转换，创新都将是永恒的主题。创新之于经济，创新之于金融，创新之于社会，业已升华到了一种精神的境界。

三

世界金融史的形成与发展，为我们揭示出东西方文明源远流长的金融史，描绘出一幅栩栩如生的人类金融的历史画卷。

纵观数千年灿烂的中华文明、阿拉伯文明、古埃及文明和古伊斯兰文明，都可以看到金融的身影，它不仅凝结了古代人民的勤劳、勇敢和智慧，而且彼此学习和汲取了各自先进的科学技术和优秀的精神文化成果。可以说，一部世界金融史，就是一部人类高度发展的丰富多彩的古代文明的缩影。

中国作为一个文明古国，从春秋战国时期起，金融已经得到了长足的发展，并在全世界处于领先的地位。早在春秋战国时期（甚至是商周时期），古代中国就与欧亚大陆其他国家存在着金融贸易活动。

公元前 1 世纪前后，在亚欧大陆的东西两端，同时出现了两位雄心勃勃的帝王，中国汉朝的汉武帝和罗马帝国的恺撒，他们都对开拓疆土的远征有着极大的兴趣。汉武帝派大军远征匈奴，遣张骞出使西域，为汉代著名的史学家司马迁提供了丰富的史学材料。同样地，恺撒把他的军事远征和发现都记载在他的《高卢战记》里。司马迁的著作生动地记述了匈奴人善骑射、好勇斗狠，而恺撒对于日耳曼人的描述也是大同小异。司马迁所在的汉朝和恺撒所在的罗马帝国都是强盛、富裕而文明的时代。

中国汉帝国打通了西域的丝绸之路，罗马的疆土也一度扩张到了欧洲的西北部。在此后一两百年间，汉帝国和罗马帝国在开辟疆域的斗争中都取得了重大发展。公元 91 年，汉朝大军直捣匈奴部落腹地，将大部分匈奴人赶出家园穿越大漠西迁，《汉书》的作者班固记载了这次大捷。

罗马帝国此时也因向欧洲中部步步推进而达到了帝国最大疆域，并使日耳曼人部落节节败退，罗马史学家塔西陀则对日耳曼人的生活与社会做了详细的记述。大部分匈奴人离开大漠戈壁西去，消失在茫茫的草原之中，一小部分南迁，他们空出来的地方为鲜卑、柔然等东胡占据。然而，在汉帝国崩溃、三国鼎立之后，公元 4 世纪初，他们与南匈奴人一道入侵中原。

罗马帝国从 3 世纪起就已经陷入衰败，内战不已。同时期，汉帝国内部各阶层、社会力量处于分崩离析，在这种情况下，匈奴人在亚欧大陆北部草原掀起一波又一波的迁徙浪潮，他们首先进入西域和中亚，接着在公元 4 ~ 5 世纪时继续向西延伸，随后侵占了印度的部分地区。混合各种文化的大乘佛教在此时形成。

自汉唐之后，这种贸易活动逐步由官方主导甚至垄断，贸易规模和范围不断扩大，鼎盛时期遍及欧亚大陆，甚至包括北非和东非，如历史悠久的“南方茶路”（朱昌利，1991）和北方草原贸易路线（刘迎胜，1995），以及自宋、元开始的海上贸易路线（韩湖初等，2004）。

中国古代从秦汉至唐宋这条贸易路线上交易的大宗商品是丝绸，故命名为“丝绸之路”。丝绸之路经济带重点畅通中国经中亚、俄罗斯至欧洲，中国经中亚、西亚至波斯湾、地中海，中国至东南亚、南亚、印度洋的通道。此后，这个具有强烈的历史文化内涵的名词得到了广泛的认可和拓展应用。中国古代以丝绸之路沿线进行了中外经济交往和金融活动，这在中外金融史上有无数重要的史料记载。而今以21世纪海上丝绸之路为核心的“一带一路”也为21世纪的中外金融史开辟了新的篇章。因此，挖掘欧亚金融史，以资鉴今具有非常重要的意义。

伴随商品贸易和人员交流，丝绸之路沿线各国的文化相互借鉴，产生了灿烂的文明。史实已经表明，历史上“丝绸之路”主要存在于和平时期，而且商品贸易的往来促进了经济金融活动，也提升了文化的深层次交流，进而促进了共同繁荣，因而其中的内涵可以归结为和平、友谊、交往和繁荣。这也是我们叙写世界金融史的初衷和动机之一。

20世纪80年代以来，中国通过渐进式的改革开放不断深入地参与了经济全球化进程。中国经济的高速发展得益于经济全球化，但同时中国对世界经济增长也作出了巨大贡献，改变了世界经济格局。改革开放之初，中国国内生产总值占世界的份额只有5%左右，出口额占世界的比重不到1.5%。从2010年中国成为世界第二大经济体，2013年成为世界第一大货物贸易国，根据国家统计局初步核算，截至2015年，全年国内生产总值676708亿元，按可比价格计算，比上年增长6.9%，中国GDP占世界的份额已上升到20%左右。与此同时，自2008年全球金融危机以来，中国对世界经济增长的贡献率一直保持在30%左右。在世界各国经济联系愈来愈紧密的趋势下，这么大经济体的发展变化必然会对其他相关国家产生重大影响进而影响世界格局。在这个背景下，研究世界金融史，从某种程度上说，是在进一步探索和建立中国“元素”的全球地位和话语权。

从更长的历史时期来看，过去30多年中国经济的崛起是近100年以来世界经济格局的最大变化，也是300年来世界格局变化中屈指可数的重大事件。随着中国的崛起，东亚地区经济总量占世界的比重已经超过美国。但是，中国在国际金融机构中所占份额还很低，例如在世界银行、国际货币基金组织和亚洲开发银行中仅分别占5.17%、3.81%和6.47%的投票权，无法在推动世界经济增长方面发挥与自身经济体量相适应的作用。因此，中国的崛起将成为世界金融史研究的新契机，为中国金融史、世界金融史的发展提供重大机遇，为经济金融史、经济金融思想史等学术研究提供更加深刻的内涵。

金融史是一块肥沃的土地，是一块等待着我们开垦、播种、耕耘的沃土。

作者丙申年仲春于北京

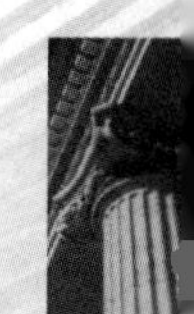

目　录

第一章

导　论

社会经济、金融的发展程度是人类文明进步的重要标志。没有世界经济金融的发展，就没有全人类的文明进步。人类从茹毛饮血、野蛮蒙昧的原始时代逐步进入到文明时代（农业文明、商业文明、工业文明和信息文明等时代），向着更高一级的社会过渡。人类在创造大量物质财富的基础上产生、发展了货币、银行和金融，而货币、银行、金融的发展又反过来促进了人类的物质财富的增长，对人类的物质文明和精神文明起到了提升的作用。

作为社会科学的重要分支，经济史旨在研究人类社会经济的发展过程，在这一过程中金融发展起着举足轻重的作用。世界各国的经济金融发展到今天，尽管各国由于社会、经济、文化、宗教、风俗等方面有其自身特色，然其中亦充满共性的东西，这些众多的因果关系、联系，是对金融理论的验证和检验。在数千年的世界金融史中，各国发展先后有别，但其中的成败得失，足资今人借鉴。

波里比阿说过“历史是以事实为训的哲学”。我们必须清醒地明白，包括金融史在内的历史知识，我们知道的还很有限，我们的知识还不够，我们必须加紧学习、研究，在这一过程中世界金融发展的历史无疑是一部内容丰富的教科书。

第一节　世界金融发展轮廓

一、世界金融发展概述

人类经过漫长艰难的历程，从刀耕火种、茹毛饮血的原始社会，经历了石器时代（旧石器时代与新石器时代）、铜器时代、铁器时代、手工作坊（手推磨）时代、蒸汽时代、电气时代和电子时代，最终发展到今天的信息时代。

伴随这一进程，金融的起源、发展和演变也发生了巨大的变化，产生和发展了包括货币、银行、证券、保险等各式各样的金融工具及其衍生品，金融业的发展，进而促进了人类社会的进步和发展。

人类的金融史是受许多因素制约的。相对发达的社会生产力以及由它决定的人们之间社会分工发展的复杂程度，是文明得以确立、交流和发展的物质基础。远在新石器时代，在今天的埃及以及西亚的幼发拉底和底格里斯两河流域、南亚的印度河流域和中国的黄河长江流域，最早提供了发展原始农业和原始畜牧业的条件。特别是定居农业的发展，使得上述地区成为了世界文明的最早发祥地，也是交换、贸易和金融活动最早发展起来的区域。

因此，我们在考察世界金融史时，也必当从生产力、生产关系的发展变化及与其他社会条件结合起来加以分析研究，进而得出科学的唯物的结论。经济金融的发展将人类社会推向了文明、富裕和进步，而其本身的研究、发展问题也应当从整个人类社会的文明发展中加以考察和研究。

不了解过去无以知未来。历史，是一门古老的基础学科，又是一门充满活力、永远没有句号、常讲常新的学科，这自然也包含着世界金融史。如果不能全面了解有关世界金融史这一学科的历史脉搏，就不能全面地把握金融学科的过去和未来，也就不能在此基础上认识和掌握金融学科发展的客观规律，并在此基础上加以继承和发展。

人类经济社会发展的历史，也是一部金融发展的历史。换言之，金融的发展历史就是一部人类生产发展的变迁史，产业的兴衰变迁无不借助于金融的力量；反过来，各种产业的变迁又为金融业的发展提供了机遇。

谈及货币的发展，抑或金融的发展，就必然涉及商品的交换。恩格斯认为，商品交换的历史已经有5000~7000年的历史。

随着生产力的提高和人类社会三次大分工的产生，以及货币的出现，原始部落之间由部落首领所进行的偶然的交换，变成了个人之间的一种经常的社会行为，并从困难的物物交换发展到了方便的商品流通。有了货币就有了对于资金进行融通的需要。然而由于货币的极不统一，严重地阻碍了商品生产与流通的进一步扩大。于是，在这个对资金进行融通的过程中，为适应社会要求，一种全新的行业——货币兑换业（银行业的雏形）产生了。银行的产生，为金融业的发展奠定了重要的基础，此后，在银行业的基础上衍生出更多的金融子行业，如证券、保险、期货等。

与此同时，金融的发展也带来了更多的风险，人类在确保金融稳定的道路上，保持金融创新与金融监管的协调平衡，为追求安全和效益不断努力。

二、世界金融发展的脉络

100多万年前至50万年前，古人类相继掌握了人工控制天然火的技能，考古学家分别在肯尼亚的切期旺贾以及中国山西芮城西侯度、北京周口店猿人遗址发现了人工用火的痕迹。火的使用在世界史上具有划时代的意义①。这样，在100万年前开始的四次大冰期当中，人类不仅在北半球的冰天雪地中生存下来，而且还迁徙到了旧大陆的大部分地区。

现代人类学认为，人种大体分成三类：第一类是蒙古利亚人种，也叫黄种人；第二类是高加索人种，也叫白种人；第三类是尼格罗人种，也叫黑种人。黄种人主要分布在亚洲，白种人主要分布在欧美，黑种人主要分布在撒哈拉沙漠以南的非洲。各人种之间体质形态的差别主要表现在四个方面：皮肤的颜色、眼睛的颜色、头发的颜色和体形。人类的体质是受到不同的地理环境的影响、逐渐地演变成的②。

随着人类生存能力的提高、活动空间的扩大，这些古人又跨过白令海峡、飘过太平洋岛屿在美洲和大洋洲安家落户。所以，第一批发现新大陆的移民，与其说是近代欧洲人，不如说是旧石器时代的亚洲居民。欧亚非三大洲的旧大陆，既是现代人类的发源地，又是世界上最古老的农业文明产生和发展的地区，也是早期金融活动在广度和深度方面比较突出的区域。比起几百万年的人类社会发展，以货币为肇始的金融活动只不过是几千年以前才开始的事情。

（一）公元前40000年到公元前5000年

这一时期是古代原始社会的开端——新石器时代人类的起源，此时人类的祖先已遍及世界各地。大约在15000年前亚洲的最早的移居者，穿过了连接西伯利亚和阿拉斯加间冰冻的白令海峡迁移到美洲大陆。在这个时期，人类的祖

① 火被用来加工食物、取暖以及自我保护，烧制的食物不仅味道好而且易于咀嚼和消化。高温加热的食物可以形成200多种新的化合物，促使人体内脏、大脑、骨骼、口腔的进化加快。火还被用来驱赶野兽、加工木器，导致人类猎取动物的水平空前提高，披毛犀、野牛、剑齿象这些大型野兽也就成了原始人的猎物。更重要的是，有了火，人类从此不再风餐露宿，迁入了可以遮风避雨的洞穴。

② 人类不同的特征是受不同的地理环境影响形成的，比如说黑人大多数皮肤黝黑是因为这种黝黑的皮肤用于保护身体免受紫外线的伤害；大多数黑人的头发是卷曲的，是因为这种卷曲的发型可以提高身体的隔热性；再比如北欧的白人大多数鼻梁隆起、鼻腔狭长，是因为这种鼻型利于对空气加热。

先是靠狩猎和采集获取食物的，为了获取食物常常要反复迁移。在亚洲的各个地区，从东亚的黄河流域、南亚的印度河流域、到西亚的两河流域，早期人类已迈进了新石器时代。

这个时期是人类的诞生和历史的黎明。公元前5500—公元前1000年的4500年，人类由狩猎、采集生活向种植、饲养转变，一些先行者有了自己的村落安居下来，并从事一定的生产活动，于是手工业、商业逐步发展起来，这是一个漫长的农业革命时期，也是古代文明的确立时期。

中东地区是这一文明创造力的中心。世界上最早的银行业就起源于这一地区的货币兑换业，可以说，货币兑换和经营借贷业务的出现，标志着早期银行业的出现。公元前2000年，巴比伦寺庙开始经营钱币兑换，随后又兼营保管业务。保管之初，不但对被保管人不付利息（这其中或许有宗教的因素），而且还要收取一定的手续费。钱币的兑换与保管，在寺庙或兑换与保管人的手中，集中起了大量的货币，从而为开始放贷业务提供了前提和基础。随后，放贷业务也随之开展起来。

公元前1000—公元500年的1500年，中东文明落后了，而随之华夏文明、印度文明、西欧文明发展起来。亚洲文明和欧洲文明的发展基本是均衡的，这是古典文明时期。公元前500年左右，希腊的寺庙亦开始经营钱币兑换、保管、放贷等业务，保管业务尤为发达。特别是雅典时期的银行业，有类似近代银行的某些特征。雅典当局甚至创制特别法及特别法庭，以处理有关金融事宜。

在中国，《周礼》记述了远在周朝就有了信用机构。

（二）公元500—1500年

公元500—1500年的1000年中，7世纪伊斯兰不仅占了它们的发源地中东，还占有北非、西班牙、巴尔干半岛、印度、东南亚及中亚的大部分地区。其中，公元1000—1500年，突厥人和蒙古人占领了从波罗的海到太平洋的半个亚欧。但后来欧洲人的海上冒险，使西方的探险家、商人、传教士、移民向海外扩张，开始了中世纪向近代的过渡。中世纪以后商业贸易的扩展和15世纪航海技术的进步推动了商业的发展，也引发了信用活动繁荣和信用工具的多样化，而私人财富在欧洲的积累，促进了包括储蓄业务在内的各种金融业务的发展。至16世纪，转账支票、票据交换、股票、债券以及证券交易都已产生并蓬勃发展，甚至发生了18世纪的南海泡沫事件。

地中海地处欧、亚、非三大洲之间，重要的地理位置和便利的水上交通，使得它很早就成为世界东西方贸易往来活动最频繁的区域。公元11世纪至15世纪，地处地中海沿岸的一些城市，如威尼斯、热那亚、比萨、佛罗伦萨、米兰等，逐渐繁荣起来。这些城市的商人，把东方的香料、宝石、绸缎等输入欧洲，同时，又从欧洲输出呢绒、金属制品等。约在公元前2世纪形成的著名的“丝绸之路”就是中国古代丝织品等商品，源源不断地运往地中海沿岸的交通要道。东西方贸易大大地推动了欧洲封建经济的发展，特别是行会手工业的发展，从而使得西欧在城际之间、国际之间的集市贸易十分繁荣和发达。12世纪至14世纪，先后出现了具有全欧意义的“香槟集市”和“汉萨同盟”，这些城市和集市，既是商品交易的中心，又是各类货币荟萃的场所。从各个国家和地区来的商客，要把自己的货币变换成受销货者欢迎的货币方能成交。于是一些商品经营业者普遍开始兼营钱币兑换业务，随着其资信的扩大，又逐渐代替官吏保管现款，进而办理借贷。经营这种兑换或存、放业务，未必不如商品经营业务利润优厚，于是又有了专业组织的产生。15世纪西欧的冒险商公司，在其对外进行殖民贸易时，无不系商品经营与货币经营于一身。东印度公司、怡和洋行都是这样的。

欧洲出现的私人银行业，首推1171年成立的威尼斯银行和1407年成立的热那亚银行，威尼斯和热那亚二者都是具有发达的手工业和海上贸易的城邦。这两家银行经营保管、放贷、汇款等业务，但最基本的业务是钱币兑换。威尼斯银行接受存款，以钱币的重量记账，并确保百分之百的现金准备，这两城市借助于早期银行业务，先后成为了当时的金融中心。

在欧洲，中世纪的城市商业经济的兴起，以及其后的重商主义阶段的兴盛，促进了商业贸易的发展，为商业贸易提供融资的借贷活动和各种形式的借贷工具也获得了极大的发展。文艺复兴时期，意大利北部城邦，特别是热那亚、佛罗伦萨和威尼斯的商人和银行家们发展了许多基础性的金融实践，诸如复式记账、承兑票据、票据贴现和买卖等；商人参与了手工业生产的过程，并通过向手工业作坊在原料采办上给予信贷、在销售上预付货款等信用安排，缓解流动资金的问题并控制手工业的生产。

同时，随着生产规模的扩大，信用的形式也多样化了，中世纪的欧洲开始广泛流行合伙制和无限责任公司以及企业联合集团。1408 年佛罗伦萨的立法承认有限公司，为股票融资创造了有利的条件。14 世纪末期 15 世纪初期在热那亚出现了现代股票的雏形：孔佩尔和毛恩。同时，汇票的出现解决了长途贸易中的现金转移支付和信贷融资等方面的棘手问题。与海上贸易和远途贸易相关的钱币兑换业船押借款得以普及，海事保险也应运而生。

中国公元 500 年左右的南北朝时期的寺庙也办理存款、放款等信用业务。南梁长沙寺和南齐招提寺是迄今所见文字记载最早的抵押放款——典当的始祖。

在中国，唐代就出现了许多商业城市及与之相适应的金融业，如在当时已生产金银器饰、经营金银买卖等。明代亦有金铺、银铺、钱铺，特别是钱铺（钱肆、钱庄、兑坊），主要从事货币的兑换业务，有大有小，设桌、摆摊、列肆都有。

（三）1500 年地理大发现之后的金融业

15、16 世纪的地理大发现，是推动封建社会解体和向资本主义过渡的一个重要因素，它使得西欧的商业和金融业发生了革命性的变化。

首先，它使得世界市场的领域骤然扩大了，进入世界贸易的商品种类和数量急剧地增加。其次，它引起了西欧商业中心的转移，之后，世界商路不再经地中海，而直接取道大西洋。所以，意大利各城市由于远离了世界商路，从而失去了独占东方贸易和欧洲商业中心的地位。汉萨同盟也从此衰落下来，那些处于世界新航路上的葡萄牙、西班牙、荷兰、英国等则迅速繁荣起来。随后，所采取的一系列鼓励商业、工业、航运业和殖民扩张事业的重商主义政策，也对资产阶级的兴起和发展起到了积极的保护和促进作用。

到16世纪，里斯本成了欧洲最大的商港之一；17世纪，荷兰成了西欧的经济中心，阿姆斯特丹是当时世界的商业中心和信贷中心。

18世纪，英国最先开始并完成了工业革命①，这使其在短时间内一跃成为了世界最大的工业强国。1820年，英国的工业产量占世界工业总产量的一半。1850年，英国的煤产量占世界的60.2%，铁产量占世界的50.9%，加工的棉花产量占世界总产量的46.1%②。19世纪中期，英国充当了世界的霸主，它不仅是世界第一工业大国，也是世界上最大的海运大国、最大的工商业和金融中心，同时也是最大的殖民帝国。

英国的工业革命不仅扩展到西欧和北美，推动了法、美、德等国的技术革新，而且影响到东欧和亚洲，俄国和日本也出现了工业革命的高潮，它标志着世界整体化新高潮的到来。发生在18世纪60年代的英国工业革命并非偶然，它是英国社会政治、经济、生产技术以及科学研究发展的必然结果。这次革命从开始到完成，大致经历了一百年的时间，英国工业革命的主要表现是大机器工业代替手工业，机器工厂代替手工工场；这次革命完成的主要标志是工厂制度的最终确立。英国工业革命使其社会结构和生产关系发生了重大改变，生产力迅速提高。

英国所发生的工业革命是资本主义制度在世界范围内正式确立和走向胜利的标志。随着资本主义生产关系的发展，社会生产力得到了迅速的发展，商品生产和交换达到了前所未有的程度。与此相适应，银行业也取得了长足的进步，达到了完全成熟的阶段。

17世纪末期，适应资本主义生产的发展和资产阶级需要的新型商业银行，

---

① 英国工业革命始于18世纪60年代，以棉纺织业的技术革新为始，以瓦特蒸汽机的发明和广泛使用为枢纽，以19世纪三四十年代机器制造业机械化的实现为基本完成的标志。

② 廖学盛．世界历史十五讲［M］．北京，人民出版社、党建读物出版社，2006：267.

主要通过创新和改造两条渠道产生，即一条是根据资本主义的原则创立的完全新式的股份银行，另外一条是通过改造旧的高利贷性质的银行而逐渐转变为新的银行。

在英国，银行家最初是从经营高利贷与兑换业务的金匠业中独立出来的，他们因为有钱，可开展存款、放款以至发行银行券等业务。而在其银行券的发行与放款过程中，逐渐发现实际上不需要百分之百的准备金，从而开创了银行创造信用与货币的先例，银行由此进入了一个新的阶段，但是，此类银行业的利息仍然很高，而且常因无法控制税收，拒绝对政府的放款。于是，1694 年，在政府的支持下，英国创办了第一家股份制银行——英格兰银行。到 1814 年，具有相同性质的地方银行，英国多达 940 余家。在相互的竞争中，独资的私人银行逐渐缩小，集资的股份制银行不断增加。19 世纪后半期，初步形成了以英格兰银行为中央银行，同时辅之以各式商业银行等不同种类的专业信用机构的金融体系。

英格兰银行成立之后，经历了 1825 年和 1837 年两次最早的周期性经济危机。这两次经济危机的本质是生产过剩的危机，但危机的爆发点却肇始于货币信用领域。此后，在经历了 1844 年英国货币发行准备金的大争论后，中央银行的职能逐渐完备起来。同时，英国对拉丁美洲的投资扩大，特别是矿业公司股票的看涨，促成了股票交易和投机的高涨，这种没有生产基础的交易和投机市场的盲目扩张，最终导致了 1825 年夏爆发的证券交易危机。在这场危机中，股票行市下跌 40% ~70% ，接踵而至的是支付手段的缺乏、货币不足、信用中断、存款逼提、贷款被迫冻结。1825—1826 年就有 140 家银行倒闭，并且发生了国际收支逆差，黄金外流，存款人和银行券持有者对银行失去了信心。

随着英格兰银行发行权的扩大，其地位日益提高，许多商业银行便把自己的一部分现金准备存入发行银行，他们之间的债权债务关系，便通过英格兰银行来划拨冲销，而票据交换所的最后清偿也通过英格兰银行。从英格兰银行取得清算银行地位的 1854 年开始，经过 22 年，到 1876 年英格兰银行半数以上的存款来自于各银行的活期存款。

在1825年和1837年两次经济危机中，英格兰银行曾经对各银行普遍提供贷款，1847年、1857年、1866年的周期性经济危机中，国会不得不批准英格兰银行的货币发行暂时突破1400万英镑的限制，也即充当了“最后贷款人”角色。经济繁荣时期，商业银行更需大量直接或间接对工业家和商人们办理票据贴现，可是他们资力毕竟是有限的，只能在其资本所吸收的存款范围之内，向发行银行要求重贴现。英格兰银行作为“银行的银行”，就这样确立了。

19世纪后半期，随着科学技术的进步、电报的使用，各地金融中心联成一体，海外银行在伦敦设立分行，使英格兰银行由全英的金融中心升格成为世界金融中心。伦敦也成了世界的黄金市场和国际贷款者，英格兰银行的资产及负债迅速扩大。此后，英格兰银行经过长期的摸索，终于形成了有伸缩性的再贴现政策和公开市场活动等调节措施，这是近代中央银行理论和业务形成的基础。

法国在1800年以股份公司的形式组成了法兰西银行，它一开始就有着半国家银行的性质。1789年的法国资产阶级革命加速了法国资本主义的发展，为成立法兰西银行奠定了基础。1808年议会又通过法案给了法兰西银行在国内开设分支行的权力，1848年又有9个省的发行银行与之联合起来，从此整个银行券的发行就由法兰西银行集中起来了。

在美国，1782年成立的北美洲银行是美国具有现代意义的第一家银行，到1861年美国的银行有2500家，然而都不很稳定。1791年国会批准建立第一所国民银行——第一美洲银行，联邦政府掌握股权的20%，掌管政府存款，为全国各地转拨资金，并通过拒收过度发行钞票的州立银行的银行券或拿这些银行券去要求发行银行兑现黄金，借以管理州立银行，从而受到各州立银行的攻击，于1811年终止业务。1816年政府批准的第二美洲银行开业，亦落得同样的命运。1833年至1863年出现一段自由银行制度时期，货币流通和信用都很混乱。1861—1865年的美国国内战争，给美国资本主义的发展以有力的刺激，从而也提出了对于货币信用的要求。1863年美国国会通过了全国货币法案，建立国民银行制度，在财政部之下设立“货币流通监理官”，监理国民银行的活动，但是这个法案，并没有解决统一的清算问题，对于存款准备金也定得过死，货币供应量仍没有一个统一的调节机关。所以，在1907年的经济危机中，在对国民银行普遍不满的情况下着手成立货币委员会，拟建立新的联邦储备制度，但一直到1913年才通过议案。

1868年日本发生了明治维新，1871年日本派人专门考察了美国的货币银行制度，回国后颁布了《国立银行条例》。初期的国立银行仅4家，享有货币发行权，但限于资本不多，信用不佳，4年之后又做了一些改革，学习英国的金融经验，国立银行始得继续发展，1879年末达到150家之多。1880年前政府利用银行发行不兑现纸币，造成通货膨胀、物价暴涨、贸易入超、硬币外流。于是，1882年正式成立旨在整顿货币、调节金融的日本银行，其他国立银行一律于期满解散，或改为普通商业银行。这样，日本银行就成为日本的中央银行了，到1899年独占全国货币发行权。

18世纪后期到19世纪前期，社会生产力的迅速发展和商品流通的迅速扩大，带来了货币信用业务的迅速扩大。资本主义银行业也随着资本主义工业的发展迅速地建立了起来，在此基础上又发展起来中央银行制度，这不仅体现在资本主义发展最早的英国也体现在其他各资本主义国家中，据统计，1776年有银行150家，到1814年则发展到940家。同时，在19世纪初期随着工业发展和经济危机的刺激而迅速地发展了股份制银行，从1827年到1842年，股份制银行由6家发展到118家，私人银行从1826年的554家减少到1842年的310家。股份制银行的增多，资本的扩大，小银行破产倒闭以及引起的信用纠葛，给银行券的流通和金融市场带来了许多麻烦，出现了一系列新问题，其中，最主要的问题有银行券发行问题、票据交换问题、最后贷款人问题和金融管理问题，这些问题的产生和解决导致了中央银行的诞生。

总之，这一时期的中央银行大多是因各国的不同情况和形势要求，意识到货币发行需要统一管理，而开始创设的，但囿于各国经济发展水平和金融业发展程度之迥异，对中央银行的认识和建立的目的也各异，纵观当时的中央银行，尚属幼稚，作用也简单。

工业革命发生以后，信用活动更多地渗透到生产活动中。19 世纪后期铁路建设的高潮引发了大规模工业化的进程，机械电子工业、电力工业和化工制造工业的迅速发展，意味着工业企业需要更多的资本，银行不断扩展自己的业务领域，信用规模也随之扩大，原有的股票债券市场也成为工业企业筹集资金的主要市场，股票交易所因此而发展起来，票据的背书、转让发展迅猛，各种抵押证券纷纷涌现。商业信用、银行信用等信用形式不断完善，金融逐渐获得“万能的垄断者”的地位，成为经济生活的神经中枢。

明末中国金融业的发展也到了一个新的高度，一些金融机构已开始收受存款和放款业务。清初又出现了新的金融组织，印局（印票庄）、账局、票号（汇兑庄）等，他们多为山西商人运营，外国人称之为山西银行。尽管这些信用机构的业务各有侧重，如印局主要对个人提供消费信用，账局主要对商人放款，票号主要搞异地汇兑，钱庄主要搞钱币兑换，业务既有分工，又有重叠，且与欧洲的银行亦有所差异。但概言之，这些传统的金融机构初期多与商品经营资本混合运营，伴随其经营规模的扩大又逐渐从商业资本中分离出来，成为专门的金融机构。

19 世纪中叶及其后的 30 年中，垄断组织终于在发达的资本主义国家中普遍发展起来，并成为其全部社会经济生活的基础。自由资本主义迈进了帝国主义阶段，开始了银行集中和垄断的形成。生产的集中，要求更大规模的信用，而更大规模的信用，只有更大规模的银行才能提供（银行垄断组织的形成），“垄断协定”（利害共同制）、银行托拉斯、银行康采恩等垄断组织形式相继出现。给人类带来巨大灾难的第一次世界大战和第二次世界大战，促使交战各国纷纷把本国的国民经济转入军事化的轨道，注意并加强国家对经济的干预及对财政金融的干预。国家政权进一步从属于垄断组织，在更大的程度上实现了国家政权与垄断组织的结合。银行垄断组织的实力进一步增长和加强，资产和存款猛增；银行合并继续发展，不仅大银行合并中、小银行，而且大银行之间也进行合并；金融机构呈现着多样化的趋势；对外扩张活动急剧加强，国外大的分支机构，形成了具有国际意义的跨国银行，进而由此发展成为庞大的“银团银行”和“集团银行”，如“欧洲联合银行有限公司”、“欧洲银行国际公司”。

由于银行信用的巨大变化及银行的垄断，银行的作用发生了根本的变化，银行由简单的中介人变成了全能的垄断者，银行变成了现代全部经济生活的中心、资本主义国民经济体系的神经中枢。

到清中晚期，即19世纪60年代开始的洋务运动和六七十年代之交的近代民族资本主义工业运动中，诞生了首家中国人自办的近代银行，即1897年在上海由盛宣怀创办的中国通商银行。随后，又有1908年的交通银行、1912年的中国银行以及民族资产阶级等创办的金城银行、大陆银行、浙江兴业银行等私人商业银行，也有部分钱庄、票号为适应形势后来改组成了新式近代银行。

这一时期的中国银行业，在其前期多是为了解决货币流通中的一些技术性问题而产生和发展起来的；后期，随着货币贮藏、支付等职能的产生，银行的存款、放款、汇兑等业务也逐步经营和开展起来，银行由一个纯粹的服务性机构，变成一个专门经营货币资本的特殊的信用机关和企业。

第一次世界大战中，实行金本位制的国家大多停止了兑现，战后基于资本主义国家发生了恶性通货膨胀，一些国家在战后曾企图恢复金本位，但结果并不成功，银行券的稳定性从根本上受到了动摇，从而给整个金融市场带来了不安定，各个受战争影响的国家，为了改善货币金融状况，在纷纷重建币制的同时，开始意识到作为发行银行券的中央银行，应当加强管理，因而出现了设立和改组中央银行的热潮。1920年在布鲁塞尔举行的国际经济会议上曾有倡议，要求尚无中央银行的诸国当从速建立各自的中央银行制度。尤其在1929—1933年的世界性的资本主义经济危机和货币信用危机的打击下，一些未设立中央银行的国家纷纷设立中央银行；而那些已经设有中央银行的国家也采取措施，加强中央银行职能和组织管理，力图使其成为唯一的稳定货币和信用供给的机构。

20 世纪 30 年代的经济危机使得金融业发生了变化，1930 年在瑞士巴塞尔成立了国际清算银行。1933 年美国国会通过了《格拉斯—斯蒂格尔法》，实施“分业经营，分业监管”政策，在效率与稳定的权衡中，优先考虑金融业的稳定。

1936 年凯恩斯《就业、利息与货币通论》的发表，诏告了凯恩斯学派政府干预经济的观点已成为西方国家管理经济的理论基础，而国家干预的重要渠道之一就是通过中央银行。于是，中央银行的作用和地位向前迈进了一大步，第二次世界大战后此况尤烈，这主要体现在中央银行的资本国有化及新建的中央银行由国家投资等方面，以使中央银行成为政府的经济顾问、国家金融货币政策的决策参谋和执行人。

由于市场的渗透性和资金的流动性，在强化银行业监管的同时，非银行金融机构得以迅速发展，特别是证券市场的融资规模不断扩大，在金融创新的基础上出现“脱媒”现象。

从 20 世纪 70 年代末开始，商业银行由于面临竞争加剧和生存危机，成为推动金融创新的重要内部动因和力量。而不断出现的金融创新模糊了不同金融机构的业务界限，银行、证券和保险三者的产品日益趋同并相互融合。金融机构在规避管制的创新中，再次走向了混业经营。

20 世纪 80 年代金融业进入了激烈竞争的时代，金融机构倒闭事件频繁发生。与此同时，金融业内各部门间的界限日益模糊，混业经营潮流势不可挡，大型金融集团和跨国金融企业不断涌现，金融全球化浪潮形成。

20 世纪 90 年代以来，金融区域化、全球化发展进一步加剧了国际金融机构之间的竞争，金融机构通过兼并重组来达到壮大资本实力、扩大市场份额的目的，出现了花旗集团、汇丰集团、瑞穗集团等巨型金融集团公司，它们已不再单纯是银行机构，而变成了可以提供全方位金融服务的金融混业机构。1999 年 11 月，美国国会通过了《金融服务现代化法》，允许金融持股公司下属子公司对银行、证券、保险兼业经营，证券和保险公司也可通过上述方式经营商业银行业务，美国金融重新进入混业经营的时代。这一时期伴随金融经济全球化的发展，特别是金融创新的冲击，以金融衍生品为代表的信用交易方式迅速发展，积累了巨大的风险，金融危机频繁发生。

进入21世纪以来，特别是自2007年的美国次贷危机演变为全球金融危机之后，面对日益复杂的全球化金融发展态势，各国在强化金融体系的国内监管的同时，积极寻求国际金融监管协调。

第二节 世界金融史研究的方法论

金融史属于经济史的分支，也自当是历史学的分支之一，也是经济科学、金融科学的重要组成部分，它们同是社会科学的范畴。

世界金融史是一门边缘学科，它是对于人类的社会、经济、金融及其他有关学科的综合，兼有多重性质。金融史不是通史，它只是对于人类社会的金融发展进行描述与概括。简言之，金融史是专史，即专门叙述过去世界金融发展情况的历史。

从金融史的叙事方法上主要有三种写法，第一种是传统的编年体历史，即按照年代顺序详细地叙述一切事件，这种方法的缺陷在于不能使人评判和理解历史；第二种是把历史划分为一些阶段和部分，如工业革命、第一次世界大战、区域发展史、各国金融史等，然后加以解释，其缺点是不能从总体上把握发展面貌；第三种就是要写出长时段的历史变迁，也就是发展变迁史。需要说明的是，时下坊间所见的冠以所谓金融史的图书，多数是通俗读物、普及读物，并非上述写作视角和方法下的严肃的学术作品。

世界金融史的方法论问题，是研究、理解和协调人与自然、人与社会、人与经济及经济、金融与社会诸方面关系的关键所在，是研究世界金融史的最高支撑点。金融史的研究应当是建立在这样一个基础之上的。

经济史既然是社会科学的一个分支，就需要用科学的方法来进行研究，最基本的是要懂得运用辩证逻辑的思想方法，从宏观的角度了解事物的总体性及与内部各个方面的联系，用发展的眼光观察它的变化及其趋势。

从研究分析的方法来看，比较、分析和综合是非常重要的，而这一切都要建立在对历史资料的掌握基础之上。丰富的历史资料是研究金融史的前提。由于金融史属于经济史的范畴，也因此属于历史学的范畴。历史学的研究对象决定了其方法和手段。

研究经济金融的发展史所需要的资料应当是掌握足够的可信的史料，这是一件艰难的工作，需要付出辛勤的劳动。人类的金融发展历史是一门古老而悠久的实践过程，而作为金融史的这一门学问却是一个年轻的学科。在浩如烟海、汗牛充栋的史书中去探寻人类的金融发展历程，不是一件轻松容易的事情。

同时，研究金融史要建立在思考和分析的基础之上，否则，就难以对金融史的发展脉络加以了解和认识，难以把握其发展全貌。经济、金融史不同于经济理论，它主要从事观察与叙述，但不能缺少分析，经济理论方面所提供的分析工具在研究经济史时同样有用。历史上的经济现象，并非由单纯、简明的事史所构成，它是由许多内在因素与外来影响结合而形成的众多错综复杂的关系所构成的。就拿近代中央银行的建立来讲，这绝不是一个新银行的建立问题，它是社会经济发展到一定程度的必然，它成为政府的银行、银行的银行和发行的银行是有其历史发展原因的，也不能仅从银行的作用机制来看问题，而应该看到早一时期的金融、经济与社会等方面所留下来的影响，当然同时应注意中央银行与商业银行各方面的关系，包括银行券、货币发行、财政收支、金融市场情况及国际收支关系等方面，只有对这些方面全都加以分析，才能够看清它的问题所在，也才能真正对其有一个全面正确的了解。

历史发展的阶段性、多样性决定了研究历史的方法是与其他学科所不同的，金融史的研究也是如此。数千年来人类在金融发展的历史过程中积累了丰富的实践经验和历史教训。要认识社会经济金融的发展规律，把握时代发展大势，就必须研究历史，从纷繁复杂的历史现象中，探索社会发展的途径；要真正掌握社会发展的大道，就必须先研究蕴含社会发展大道的历史。因此，这自然包括对历史的分析问题。

同时，用比较方法研究各种文化形态在目前相当盛行，若用以研究经济金融史，也是极有帮助的。

在研究金融史的方法中，分析与综合是相互补充的，分析可将某种现象的各个因素分别进行剖析，综合可在分析的基础上将许多因素的作用汇总起来，对经济发展情况做出全面的有机的解释，这种历史综合法即“宏观历史学”。一般人常期望经济学家能得出一些带规律性的结论来，或至少做出一些历史的概括，这种希冀是常有的，但不容易如愿得到。历史不像理论那样可归纳出一个结论来，因为经济现象变化复杂、难以捉摸，要是能指出一个盖然的发展趋势，多少为将来的事实所证验，这已经是难能可贵的了，不能存更多的奢望。在进行综合分析的方法中，这里想强调一下对于世界金融史中要注意结构功能分析方法，提示金融结构与金融功能的关系，结构变动，功能也变动，如金融发展的结构上的原因、金融变迁的原因，等等。

此外，计算机和互联网的广泛运用，特别是现代计量知识与金融学的结合，也为金融史的研究提供了一个新视野和方法。计量经济学，将统计同数学方法与经济分析结合起来，它为经济决策提供根据，帮助进行经济预测，并因此而奠定了它的相当地位。十多年来，已经由很多学者在此方面做了积极的探索，并取得了成果，形成了自己的研究特色。

最后，我们还要注意研究经济金融的发展历史同经济金融理论的关系问题。概括地说，进行世界金融史的研究应是运用新的方法，新经济史、新金融史的研究方法，要做到理论与历史的统一，以理论为工具，以历史为依据，写出理论性来。

第三节　世界金融史问题辨析

一、语言文字与金融的产生

语言文字与金融的关系，是金融产生和发展中最重要的环节之一。

物质生活的改变伴随着精神生活的进步，在旧石器时代的尾声中，人类的语言随着人类分散到世界各地而分化成几千种语音、词汇和语法结构不同的分节语。只要有人存在，就能找到各种原始宗教的痕迹，如图腾崇拜、安灵崇拜、祖先崇拜等，以及以洞穴壁画和雕刻为代表的丰富多彩的原始艺术，这些岩画描绘出他们表达喜怒哀乐的情调。这些早期人类的绘画是文字长期发展历史中的第一步，正是这种技艺把我们与地球上其他生物区别开来，并为我们提供了一个保存历史的方法。透过这些文物，我们可以找寻包括金融在内的人类文明遗迹，这些遗迹意味着那史无前例无比瑰丽的文明社会的曙光就要冉冉升起了。

文明不是从来就有的，它的起源涉及世界各地区，由旧石器到新石器，再到金属器的生产力的发展，各部落由狩猎采集进而畜牧农耕，产生社会大分工，导致社会分裂为阶级的具体过程，还有从游牧到定居及城市的出现，由血缘关系到阶级关系的发展，最后通过不同的途径形成国家等诸方面。

古代亚非洲先民对金融乃至人类文明的重要贡献之一，就是发明并不断完善了多种文字体系，创造了字母体系，有力地促进了计数和交易的发展，进而为金融的产生和发展奠定了坚实的基础。

文字的出现是社会经济文化发展的迫切需要所引起的。私有财产产生之后，在财产的统计、保管、交易和增殖等方面对包括记数在内的文字工具提出了紧迫的要求，显然没有记数和文字就很难进行这些活动。债务、商业和金融的发展是记数和文字等作为现实要求而产生的重要的、最早的金融工具。同时，人们在宗教和其他政治、文化方面的创造活动也要借助文字来表达。而文字体系的不断完善和传播，对于提升交易速度、便捷金融计数以及加快人类知识积累的速度、促进先进文化的传播、丰富人类的精神生活、提高人类的智力，都有着不可估量的作用。

现有的考古材料说明，世界上最早的文字系统是由苏美尔人创造的。苏美尔人首创的以湿泥板做书写载体、芦苇秆当笔的书写方式以及他们发明的“楔形文字”，都被他们相邻的许多民族所效仿和采用。西亚的许多民族虽然使用了不同于苏美尔人的语言，但都用苏美尔人创造的文字符号做基础，按照本民族的特点和需要来构建自己的文字系统。这样做的既有讲塞姆语的阿卡德人、巴比伦人、亚述人和迦南人，也有使用印欧语的赫梯人和波斯人，还有一些语言归属尚未弄清的古代民族，例如乌拉尔图人等①。

苏美尔人最早使用的文字②的书写方法是从上到下，只是在公元前第3000千年纪的下半叶才改为从左向右横向书写。此后，开始把楔形文字刻在石头或金属板块上面。使用楔形文字的各族人民，为了提高书写效率而不断使文字简化、完善。于公元前6世纪登上历史舞台的波斯人，因为字母文字的影响，创造了仅由30多个符号组成的文字体系。

埃及人也是世界上最早独立创造文字体系的民族之一，他们也是先有象形字，后有表意字。在公元前第3000年纪的中后期，纸草纸逐渐成了埃及人的主要书写材料。盛产于古埃及各地的纸草③，形似芦苇，用途广泛，用它的茎制成的纸草纸，脆而易碎，不能像中国的纸那样折叠。因此，用纸草纸书写的长篇文章，只能是首尾相粘，然后卷在圆木棒上保存。现在已知的纸草纸文献，既

---

① 廖学盛．世界历史十五讲［M］．北京，人民出版社、党建读物出版社，2006.

② 最早的苏美尔文字也是象形文字，逐步发展成音节文字，即每一个符号可以表示一个或几个音节。随后，苏美尔人也开始用图画来表示抽象事物，创造了表意字。例如，一个碗表示食物，而一个人头加一个碗则表达“吃”这样一个概念。

③ 现在所知最长的纸草纸文献，由75张纸草纸组成，长达40.5米，现藏于伦敦大英博物馆，该文献于1955年在底比斯附近的一座古墓中被发现。

有用埃及文书写的，也有用希腊文、拉丁文和其他文字书写的。

在公元前第2000年纪和第1000年纪之交，在临近埃及的亚洲地区，即巴勒斯坦和腓尼基，出现了由字母构成的文字体系。字母文字体系产生和早期发展的情况，还需要继续积累材料和探讨。可以肯定的是，字母文字体系的出现是文字体系漫长演变的结果，是特定历史条件的下客观需要。

腓尼基人使用的字母体系，由22个表示辅音的符号组成。公元前8世纪，希腊人在腓尼基人的字母体系的基础上，加进了表示元音的字母，从而创造了自己的字母体系。拉丁文的字母体系，则是对希腊字母体系加以改造的结果。腓尼基人创造的字母体系，成了现在世界上许多字母体系的先驱。

印度河文明的体现者已是能读会算的人，考古发掘所得的大约2000枚印章上的铭文，雄辩地证明了这一点。不过迄今为止，铭文上刻画的约400个符号，还没有释读成功。有人推测它们表达的是达罗毗荼语。

在苏美尔的尼普尔城的神庙遗址中，考古学家就发现了学校的语法练习。学校中的教学内容，既有实用的计算知识，又有关于天文、占星术、占卜的知识。现已发现的关于数学的300多块泥板中，有100多块是学生演练计算的习题。在西亚地区，由于有不同语言存在，适应翻译需要的原始的双语字典便已出现。在公元前第1000年纪，阿拉美语在西亚得到越来越广泛的应用，亚述和波斯的行政机构都经常使用阿拉美语。在希腊化时代，阿拉美语也是西亚地区的重要通用语言，有些石碑就刻有希腊语和阿拉美语两种文字。在公元前4世纪，印度语言学家波尼尼便有关于梵语的语音和语法的相当完备的描述。

现代亚述学乃是研究公元前使用楔形文字诸族的历史、语言和文化的专门学科。而在1866年“亚述学”一词最早出现的时候，它的含义是指研究古代亚述人的语言、历史和文化的学科。

苏美尔人也称美索不达米亚人，又称新月沃地，即从波斯湾上来到地中海沿岸一线，位于今天的伊拉克、以色列、巴勒斯坦一带，这里是人类文明的摇篮和发祥地。他们在公元前第4000年纪下半叶首先创造了“楔形文字”，这是美索不达米亚文明最早的文字，也就是人类最早的文字。人们把芦苇一类的植物削成楔形，在泥板上写字，笔画就是楔形的笔画，然后把泥板烧烤、烘干，使其变得坚硬，将一块块的泥板储存起来，这就是最早的楔形文字，其主要的功能是用作簿记，记录仓库的货物，记出库、入库的流水账。多数民族的原创文字最初都是这种功用，但是古汉字除了这种功用之外，还有占卜、算命、筮卜和图腾等功能。

楔形文字在西亚地区一直存在到公元 1 世纪末。以后，这种文字的解读方法失传。与亚述学同时形成的还有以古代埃及的文字、语言、历史和文化为研究对象的埃及学。与楔形文字长期并存的古埃及文的解读方法，也于公元后不久失传。只是仰赖 19 世纪以法国的语言学家商博良（1790—1832）为代表的诸多学者的努力，才又重新发现了解读古埃及文的方法。而以甲骨文为承载的中华文明则一直保留下来，甲骨文是 1899 年在河南安阳小屯村发现的。

古埃及文字和楔形文字的成功解读，极大地改变了主要只能根据《圣经》和公元前第 1000 年纪的一些希腊文和拉丁文记载研究古代西亚和埃及的历史的情况。

当历史进入公元前第 3000 年纪，在伊朗高原西南部，埃兰人兴建了自己的王国，并且不断与毗邻的苏美尔人诸城邦发生武装冲突。在苏美尔北部，约于公元前 2400 年兴起的阿卡德王国，更是对苏美尔诸邦的严重威胁。在南亚次大陆的印度河流域，在公元前第 3000 年纪中叶到前第 2000 年纪中叶，曾经有过哈拉巴（在今巴基斯坦旁遮普省境内）和摩亨佐·达罗（在今巴基斯坦门德省境内）文化所见证的早期国家。

在中国的黄河流域，约公元前 2070 年夏朝建立，这是中国境内最早的国家。汉字又是世界上最古老的文字系统之一。根据考古发现，尚处于新石器时代母系氏族社会的先民们就已经发明了简单的记事刻画符号。这些符号的分布范围很广，西起甘肃、青海，东至山东半岛，北起内蒙，南抵赣粤，在各种不同类型的文化遗迹中都有出土，时间跨度则从约六千年前到三千多年前。这些刻画符号大致可分为三大类：

第一类是抽象刻画（绘制）符号。这种形式分布最广，延续时间也最长。仰韶文化遗址，包括西安半坡、临渔姜寨、宝鸡北首岭、甘肃大地湾等遗址中均有不少发现。它们主要刻画绘制在黑色纹带陶器的口沿上，一件陶器上一个符号，重复使用，比较有规律。马家窑文化遗址，包括甘肃半山、青海马厂和柳湾遗址等，部分符号和仰韶文化刻画绘制符号相近，还有不少符号完全不同，变化复杂。其他文化遗址，如二里头文化、山东大汶口文化、浙江良渚文化等的遗址中都有发现。这些符号的用途尚不得而知，部分学者认为它们已经具备了原始文字的一些基本特点。

第二类是真正的原始文字。最典型的是山东邹平丁公村龙山文化遗址所出土的陶文，在一枚陶片上按顺序刻画着11个字。

第三类是比较具象的陶器刻画符号。山东大汶口文化晚期遗址中就出现了一些这样的符号，虽然数量不多，但形象具体，富于直观性，其造型与含义甚至可以被认为是原始文字，是象形汉字的前身。1997年在山东桓台史家村岳石文化遗址中出土了刻有符号和文字的卜骨和卜甲，其年代比殷墟甲骨文早大约300年。

文字的双重品格，即工具品格和思想品格，极大地提升了人类在思想、经济、金融和文化等方面的能力。语言文字在经济金融活动中提升了知识存储方面的革命，它把原来流动的信息以固化的方式储存下来，超越了人类大脑自然的局限性。同时，也是一种新思维方式。以前人类社会的知识和信息是一瞬即逝的流动的声音符号，现在以一种固定的可视符号的形式存储下来，使人类有可能对其进行分类、加工、审视，对它进行反思。只有这样，才有可能产生哲学和科学，没有文字的民族不可能有哲学和科学，只能有抒情诗和故事。

从金融方面看，有了语言文字之后，人们对数和形的原始思维进入了新阶段，而中国文字中很多基本的表数字的文字已经体现了对数的深刻认识。考古上的很多发现，也向我们提供了大量的证据。在甲骨文文字中已经有系统的关于数字和交易、干支纪日法和十进位数字的思想，在甲骨文中除了1到9的数字外，还有更高级的单位，十、百、千、万等概念。在中国的甲骨文文字中已经出现了最大的数字是3万的数目。可见，文字的出现大大提升了人们的交换贸易活动，并且产生了数学和会计、理财的思想，有力地促进了金融活动。

二、金融发展史的主旋律：金融稳定的理论与实践

14世纪到15世纪意大利的威尼斯是银行业的发源地。从金融历史来看，早期最普遍的危机是对单个商业银行的挤兑。银行业产生以后，各商业银行为了争取利润，竞争加剧，在步步升级的挤兑风潮下，最后必然发生金融危机。限于当时的金融市场主要是在银行业中发生的，因此，早期解决金融危机的办法是成立担当“最后贷款人”职责的中央银行。

西方金融危机的早期经典案例可追溯到17世纪初英国著名的“南海泡沫”案、18世纪初法国的“密西西比泡沫”事件以及更早的荷兰郁金香狂热。1720年6月20日生效的英国《泡沫法》可以说是世界金融史上政府正式实施金融管制的一个标志。中央银行制度的产生和发展也与金融监管直接相联系。英格兰银行不是成立最早的中央银行，但完整意义上的、具有典型中央银行特征的资本主义中央银行则是以1694年英国英格兰银行的成立为标志的，而英格兰银行成立的最初动机就是防范银行挤兑。此后，中央银行成为防范金融危机的有力武器，中央银行伴随金融发展在各国先后成立。在经济界，中央银行制度的诞生一度被认为是继火和轮子之后人类最伟大的发明之一。

中央银行制度确立以后，全球商业银行最严重的一次危机发生在1929年的美国，由此导致了美国历史上有名的大萧条（The Great Depression）。20世纪30年代之前的金融监管很少直接干预金融机构的日常经营行为，更不对调节利率等金融服务和市场价格进行直接干预。从方法和手段上讲，这一时期的金融监管比较尊重市场选择的结果，基本上不使用行政命令，而是强调自律；关于市场准入、业务范围等方面的限制也类同于公司法的规定，比较宽松和相对灵活。

中央银行制度的普遍确立是早期金融监管理论和实践的起点，有关金融监管的理论也由此初步形成。古典经济学和新古典经济学是反对政府干预的，持该理论的经济学家们认为货币是“中性的”，对经济没有实质性的影响。当统一货币发行和统一票据清算以后，货币信用的不稳定问题仍没有消失，许多银行常常由于不谨慎的信用扩张而引发金融体系连锁反应式的波动，进而引起货币紧缩并制约经济发展。这就与古典经济学和新古典经济学的“货币中性”主张明显相悖。因此，作为货币管理者，中央银行逐渐开始承担起信用“保险”的责任，同时作为众多金融机构的最后贷款人，中央银行为金融机构提供必要的资金支持和信用保证，其目的是防止因公众挤兑而造成银行连锁倒闭和整个经济活动的剧烈波动。尽管这些关于金融和中央银行的理论仍难算得上是金融监管理论，但它却为中央银行后来自然演变为更加广泛的金融活动的管制者奠定了理论和实践的基础。

1863 年美国成立了通货监督局，国会通过了《国民货币法》，其中有许多有关规范银行业务活动的规定，可以说，这是世界上最早以法律形式确定的金融监管制度，这也标志着在防范金融危机的进程中，人类由设立中央银行这一机构到通过立法来进行金融监管。次年，美国又对该法加以修正并更名为《国民银行法》，其宗旨是确立联邦政府对银行业监督和干预的权威，建立统一监管下的国民银行体系以取代分散的各州银行，从而协调货币流通，保证金融稳定。为了防范金融风险，美国国会又于 1913 年通过《联邦储备法》，这是自《国民银行法》颁布半个世纪以后，美国金融监管最富革命性的进展。

全球金融危机从发生的频率、范围、深度等方面来看，呈现不断加速的态势。特别是在金融全球化时代，原本是一个商业银行的局部问题，然而经过不断的积累放大，在金融自由化、全球化的推进下，反而演变成了一国的金融危机，甚至是全球的金融危机问题了。1929 年至 1933 年的经济大危机，是从证券行业、银行业发端的，而后又相互串联，相互蔓延开来。美国金融监管当局认识到了“混业”经营监管的漏洞和不足，于是，在 1929—1933 年那场金融危机后迅速出台了《格拉斯—斯蒂格尔法》，这部法律成为美国金融监管从自由发展走向全面监管的分水岭。金融危机后的金融监管当局，一方面，积极从立法角度完善金融监管；另一方面，出于对金融业安全的考虑还纷纷掀起了设立各种金融监管机构的浪潮，比如美联储（FRB）、财政部（OCC）、美国储蓄管理局（OTS）、联邦存款保险公司（FDIC）、证券交易委员会（SEC）等等。众多的金融监管机构成为美国金融监管体制的滥觞。从美国金融监管体制分析来看，美国现行的“双重”、“多头”的金融监管模式，也是这一时期奠定的。

20 世纪 30 年代的大危机一方面表明了金融业的不稳定，另一方面也与当时的金融监管有关。最为典型的是 1933 年的经济大危机，这次经济危机首先表现为银行危机，其间美国银行业遭受了沉重的打击①，而后发展成为了全球的经济危机。

在整个 20 世纪 30 年代，美国都在致力于建设与完善以银行监管和证券监管为主体的金融监管体系，1933 年制定的《格拉斯—斯蒂格尔法》成为美国金融监管的标志性法律，并成为 20 世纪 90 年代前影响美国金融监管发展的三个重大法案②之首。这三个法案构成了这一时期美国实行严格的金融监管的立法基础，美国金融业一度以其严格的金融监管而蜚声全球。

当然，美国金融监管体制利弊皆有。从利的方面讲，美国这种金融监管模式曾为世界各国提供了一个样本，也确实在一定程度上提高了金融监管的效果。但与此同时，由于美国金融监管的“双重多头”特点，也给金融机构的高风险运营提供了土壤，至少在联邦和各州之间存在着一定的金融监管真空和漏洞。这一点又同美国的司法制度有关，联邦和各州援引的法律不一样，对金融监管的对象、范围、责任等方面也不尽相同，这些都为金融机构进行金融监管套利

---

① 当时美国大约有 11000 家银行倒闭或被兼并，占当时美国银行总数的 40%，银行总数由 25000 家锐减到 14000 家。

② 另外两个是 1956 年通过的《银行控股公司法》和 1977 年通过的《社区再投资法》（Community Reinvestment Act，CRA）。

提供了极为便利的条件和可能。

这一时期的金融监管理论建立在对市场不完全确认的基础上，主要以讨论规模经济与自然经济、不确定性与非理性预期、银行体系的外部性影响、银行服务的公共品性质等为主。此前由于过度相信市场的调节功能，认为市场是“万能”的，金融监管自然不需要去破坏市场的自动调节。然而，一系列的事实粉碎了市场万能的观点，特别是1936年凯恩斯发表的《就业、利息与货币通论》一书使“看不见的手”理论遭到重创。此后，凯恩斯的宏观经济理论在西方经济政策中日益占据支配地位，金融监管重新复归，中央银行的货币管制已转化为货币政策，并服务于宏观金融调控的目标，对金融机构具体经营行为进行干预的理论则成为这一阶段金融监管理论的主要内容，这些理论为30年代开始的严格、广泛的政府金融监管提供了理论支持。这一阶段的金融监管理论主要基于凯恩斯主义经济理论，对市场经济有了一定的认识，这为20世纪30年代开始的严格而广泛的政府金融监管提供了依据，并成为第二次世界大战后西方发达国家对金融领域进一步加强管制的主要论据。

20世纪70年代，各国的经济滞胀加速了金融自由化的发展。发达国家金融自由化的趋势其实要比这更早一些。当时，由于高通货膨胀率和金融市场的创新活动，使不少发达国家，如英国、加拿大、法国、丹麦、瑞典等都采取了一些措施放松金融监管，这些措施主要包括取消贷款和金融批发业务的利率限制、取消不同类型金融机构跨行业经营的限制、放松国际信贷监管等等。这一时期的发达国家和地区在金融监管方面的改革包括机构的调整和相关法律的修改①。发展中国家的情况虽然有所不同，但几乎也在同一时期走上了金融自由化的

① 20世纪80年代至90年代初期，美国银行改革包括四个重要的法律：《1980年存款机构放松监管和货币控制法》《1982年存款机构法》《1987年银行业平等竞争法》《1988年金融机构改革、复兴和实施法》。1999年11月4日，美国国会参众两院通过了以金融混业经营为核心的《金融服务现代化法案》，该法案又称《格朗—利奇金融服务现代化法案》（Gzamm - Leach Financial Services Modernization Act），从而废除了长期奉行的单一州原则和1933年制定的《格拉斯—斯蒂格尔法》，金融业跨地区综合化混业经营得到了法律上的确认。

道路。

放松金融监管的理论并不是对政府金融监管的全面否定和摒弃，而是要求政府的金融监管做出适合于效率要求的必要调整和改革。在这方面比较有代表性的就是麦金农和肖对国际资本流动与一国的金融信用自由关系的分析。“金融压抑”和“金融深化”理论是放松金融监管的基本理论，其核心主张是放松对金融机构的过度严格管制，特别是解除对金融机构在利率水平、业务范围和经营的地域选择等方面的种种限制，恢复金融业的竞争，以提高金融业的活力和效率。罗纳德·L. 麦金农金融抑制或金融深化理论被称为第一代金融发展理论。麦金农认为，政府通过银行管制利率限制了金融部门发展，阻碍了经济增长，要实现经济增长，只有实行全面的金融自由化。他在《经济市场化的秩序——向市场经济过渡时期的金融控制》一书中还对这一问题做了动态化研究，提出了财政控制应优先于金融自由化的著名论断。麦氏的金融控制理论是一种财政和货币控制理论。该理论指出，转型时期的政府靠发行货币来取得资源将导致通货膨胀，进而不会导致实际的金融与经济增长。然而，由于人们对金融发展与其他诸多领域的关系的协调问题还没有深入认识，在放松金融监管的呼声下，金融监管的环境日益宽松。金融创新也开始“红火”起来，人们对于金融创新与金融监管的认识，又一次通过金融危机交了“学费”。在血淋淋的金融危机面前，金融监管往往是苍白的，人类也是渺小的。人类贪婪的欲望得到满足的同时，又以巨大的损失得到了“补偿”。

1997 年亚洲金融危机以及后来的俄罗斯金融危机，到 2001 年以阿根廷为代表的南美洲金融危机，标志着全球金融业的发展似乎走到了自由的极限，一次又一次的金融危机以及由此引发的经济倒退甚至政治危机，使人们迫切地希望对金融机构进行系统、有效的金融监管。英国在这次世纪变更中的金融监管措施最为激烈，改革方案也最为突出，它于 1997 年 10 月 28 日合并其他金融监管权力机构，成立了超大规模的金融监管机构——金融服务局（Financial Service Authority，FSA），实行一体化金融监管，这是一个新的“超级”金融监管机构。

金融服务局全面负责对英国的银行、证券、保险、投资等全部金融机构和金融市场的监管，它有四大目标：建立市场信心，使公众意识到金融服务的利益和风险，保护消费者，减少金融犯罪。

金融危机发生的频率也伴随金融全球化而加速。进入21世纪后，美国的金融领域也爆发了严重的金融危机。2002年前后美国陆续出现了以“安然公司”为代表的一系列上市公司作假案，导致金融市场的诚信严重受损，也促使人们开始全面反思政府完全放松金融监管所产生的问题，并尝试建立更为有效的新的金融监管机制。这次金融监管的尝试不久，2007年又爆发了以住房领域金融创新为标志的次贷危机，这次危机加速和提升了人们对金融监管的重新认识。事态还在恶化，不到一年后的2008年9月，以美国雷曼兄弟银行破产为标志，美国的次贷危机全面演变为全球金融危机。这场发端于美国的次贷危机迅速升格为金融危机，迅速向全球金融市场扩散，引发了全球金融体系的大动荡，进而给全球的经济、金融甚至社会等问题也带来了深刻的影响。于是，美国分别于2008年3月31日和2009年6月17日提出了重建金融监管的“一揽子”计划，美国重建金融监管的改革成为当前全球金融监管发展中最为重要的“里程碑”。

2008年爆发的金融危机给金融自由化敲响了“警钟”，人们从这些危机中惊醒，各种反思不断显现，一些不同的观点接踵而至。人们认识到金融危机背后，不仅仅是金融监管与金融危机的关系，还与现存的全球金融体系和金融监管制度等有关。金融危机促使人们提出了重建金融监管的希求，它所追求的是符合21世纪经济发展和金融市场稳定的新型金融监管，追求的是符合经济和金融日益全球化下的金融监管，追求的是保持金融稳定又能有效监督金融市场运行的金融监管体制。

历次金融危机之后的金融监管体制变革，都是与其政治、社会、法律制度、经济结构与发展水平、历史传统和文化背景相适应的，任何一种监管体制都是特定历史条件和政治体制下的产物，最适宜的监管体制及结构并非固定不变。没有一种监管体制完美无缺，因而没有一个“最理想监管模式”可在全球适用。

三、世界金融史的时间划分问题

不同的历史观、世界观、价值观既影响着对于金融史的研究方法，同时也影响着金融史不同历史时期的划分方法。

关于金融史的时期划分问题，也是研究世界金融史不容忽视的一个问题。对于这一问题，众多的经济学家们有着不同的看法，每一种观点都代表着不同的认识。毕竟，人类社会经济金融的发展是连续不断的，中间并无任何明显的、近乎质变的界限，所谓阶段的划分是人为的，是不同的史学家、经济学家出于分析研究问题的目的、归纳各时期的特点而定下来的。由于没有统一的分期标准，学者们各自从自己的观点出发把连续的社会经济划分为互不相同的阶段。同时，不论考古学家、社会学家等对于人类社会的分期如何，这里仅就19世纪以来各类经济学家与史学家对与金融发展分期相关的一些划分方法做一些简单的介绍和说明，择其要义，略述如下，以供借鉴。

德国历史学派经济学的先驱者李斯特（Friedrichlist，1789—1846）在1841年发表的《政治经济学的国民体系》中，就各国产业发展的情况把各国社会经济分成五个阶段：(1) 原始野蛮时期，亦即渔猎时期；(2) 畜牧时期；(3) 农业时期；(4) 农业兼工业时期；(5) 农业、工业兼商业时期。

各国按自己产业发达的程度，制定相应的政策，促使本国从较低阶段进入较高阶段。李斯特认为，处于低阶段的国家可采取自由政策，与先进国家进行贸易，使自己脱除野蛮状态，以进入农业时期；处于中阶段的国家，为扶助本国工商业的发展，免遭外来竞争的摧残，需要采取贸易保护政策；处于高阶段的国家，财力与权力已很强大，此时国内产业已无须国家保护，国家保护反会滋长其骄惰之气而削弱自己，因而可采用自由贸易政策。李斯特认为过去的葡萄牙、西班牙处于前一阶段，当时的德、法、美诸国还处于次一阶段，只有英国已达到后一阶段。李斯特的这种阶段划分法目的在于为德国提倡保护主义政策提供理论根据，这是非常明显的。

而德国旧历史学派经济学的创始人之一希尔德·布兰德（Bruno Hildetrand），则是以财物交换的形态为标准，将社会经济的发展划分为自然经济、货币经济和信用经济时期三个时期。他在1864年出版的著作中就用《自然经济、货币经济与信用经济》作为书名。他认为自然经济是一种自给经济，实行物物交易，从古代起一直到中世纪。在封建制度下，农民向地主交付实物地租，这种经济在不久后渐渐陷于停滞状态。货币的出现使人从自然经济状态下摆脱出来，以此为手段进行的商品自由交换使整个经济大为改观，而且还能促使社会进步。不过货币的作用也有一定限度，人们往往因缺乏现金而无法展开活动，于是另外从人与人之间的信任关系中产生信用经济，交易不靠现金也可以大规模地进行，这样，经济就能得到进一步的发展。希尔德·布兰德以在经济发展阶段方面自创一说而闻名于世，他看到货币经济的不足，预料信用经济在未来文明社会中将日益重要，这是很有眼光的。但他单从一个侧面来看社会经济的发展，显得非常片面，所受的批评也很多。

德国新历史学派经济学家的代表人物施穆勒（Oustav Sehmoller，1838—1917），认为经济学家对某一历史时期的判断，必须具有比较眼光，要探究该时期与其前后的时期间的关系，也就是要了解它在较长久的经济演进中所处的地位。经济学家可以从生产或交换方面把历史分成某些阶段，但最重要的还是要从组织形式方面考虑整个经济制度。他从这方面出发将社会经济发展分为下列五个时期：

（1）村落经济时期；（2）城市经济时期；（3）地区经济时期；（4）国民经济时期；（5）世界经济时期。

从这种分期中，施穆勒看到在经济发展中经济范围的不断扩大，规模较大的社会在代替原有规模较小的社会。但他仅注意到经济范围的继续扩大，而对于他自己所认为重要的经济制度，并没有做出实质性的说明。

美国制度学派经济学家伊利（Richard T·Ely）从生产形式的角度将经济发展分为下列五个时期：（1）直接从自然取给时期；（2）畜牧时期；（3）农业时

期；（4）手工业时期；（5）工厂工业时期。

这种分期只从生产形式着眼，是非常片面的，而且在某一时期中，虽然某种生产是重点，但常与他种生产同时并存，而不是先后相接替的，所以这样分期并不合适。

马克思主义者现在都把人类历史按社会经济形态分成五个不同的时代，或称五种生产方式：（1）原始公社制度；（2）古代奴隶制度；（3）中古封建制度；（4）近代资本主义制度；（5）社会主义制度（共产主义的初级阶段）。

这样就把社会发展分为五个时代，各代表一种社会制度，就可以把全部经济形态囊括在内。就五种生产方式来说，这是从历史中总结出来的，确有其普遍意义。但因各国发展情况不同，各种生产方式在各国的起讫时间不等，也不是同步前进的，而且也不是所有国家全都经历过这几个阶段，如日耳曼人就跨越了奴隶制时代而进入封建制时代，东斯拉夫人也没有真正经过奴隶制而直接进入封建农奴制时代，北美洲国家资本主义关系的形成没有经过与欧洲国家同样的历程，这些都是无可争辩的事实。

这里我们还将提及马克思对于人类社会发展进程的另一种划分方法。马克思把人类社会分为自然经济、商品经济、产品经济三个发展时期，并从不同角度、方面揭示了它们的特征。例如，从社会特征看，是“自然共同体”——“经济的社会形态” “自由人联合体”；从人的特征看，是“人的依赖关系”——“以物的依赖性为基础的人的独立性”——“个人全面发展和自由个性”；从劳动特征看，是“必要劳动”——“剩余劳动”——“自由劳动”；从必然走向自由的过程看，是“自然必然性王国”——“外在（经济）必然性王国”——“真正的自由王国”等。把这些思想中的丰富含义充分完整地揭示出来，使之形成关于人类发展的整体脉络，并在对应比较中深入把握商品经济的特点，无疑我们现在仍是商品经济时代，在自然经济时代、商品经济时代和产品经济时代下金融发展体现的不同特点是一个需要专门研究的课题。

总之，我们讨论金融史的分期问题时，既要看到总的共同的道路，也要看到个别的具体情况，即使是以后，各个国家的经济发展也会参差不齐，不可能整齐划一。不管理论怎样说，历史总是循着它自己的道路前进的。

资本主义阶段是人类经济发展的重要时期，也是金融发展的重要时期。在过去的几种经济制度中，不管是哪一派的学者，都特别重视资本主义制度的研究，而且还把资本主义分成几个不同的阶段。

德国经济学家利夫曼（Robert Liefman）对资本主义的发展作了实证的研究，他按资本的不同形态将资本主义划分为如下三个时期：（1）实物资本主义时期；（2）货币资本主义时期；（3）证券资本主义时期。

另外，苏联的波格达诺夫（Bogdanov），在他的《经济科学大纲》中，按发生的次序将资本主义分为如下三种：（1）商业资本主义；（2）工业资本主义；（3）金融资本主义。

以上两种分期中，前一种将第一期的资本主义与前资本主义的情况混同起来，显然是不适当的。后一种将早期资本主义称为商业资本主义，而因为商业资本发达的时期是在中古晚期与近世初期，那个时候资本主义还在形成中，并没有真正确立，封建制度也没有完全崩溃，这是一个过渡时期，而且商业资本本身并不能构成一种生产方式，所以这种分期法是不合适的，以之应用极易造成思想上的紊乱。

本论纲的论述涉及西欧、北美与东亚若干重要的国家的金融发展状况，因其对于全球金融发展影响较大，当然在论述中自然也会对其他有关国家或地区的史实加以叙述。世界金融发展全史将人类金融发展分为四大阶段，第一阶段农业革命时期的金融发展，即金融发展的先驱；第二阶段商业革命时期迅速崛起的金融业；第三阶段工业化过程中的金融大发展，而在近代工业化过程中又分为四个时期；第四阶段是当代金融业的发展。

第一次产业革命发生在18世纪下半期到19世纪上半期，这是蒸汽机时代，以英国为主导，运用机器生产的工厂制度开始确立，工人作为一个阶级此时已产生。

第二次产业革命发生在19世纪末期至20世纪初期，这是电动机时代，石油开始成为重要能源，还使用内燃机。这时期，美国与德国作为新的强国已赶上并超过了英国。企业规模庞大，运用科学管理方法，同时工人运动扩大。

第三次产业革命从第二次世界大战末开始，爆炸了原子弹，利用了原子能，电子计算机发明，它的应用不断扩大，开始实行自动化生产。这时期，美国居于最突出的地位。

第四次产业革命从20世纪80年代中期开始，以微电子工业为契机，正加速实行自动化，传统工业一步一步失去原有的阵地。第四次产业革命尚方兴未艾。

第二章

金融在农业文明中诞生
(公元前5000—1500年)

约1万5000年前，旧石器时代开始向新石器时代过渡，此时，全球的气候和生态环境发生了显著的变化。随着第四纪最后一次冰期的结束，全球气候转暖，适于人类捕捉的动物开始多了起来[①]。于是，人类的狩猎对象随之发生变化，经济活动的内容扩大，江河湖海地区出现了渔猎经济。特别是弓箭的发明和使用直接促进了早期人类狩猎业的发展，但狩猎业难以满足人口增长和人类发展所需，

① 这是由于当时欧亚两洲的冰原被森林和草原所取代，而非洲的气候也由多雨转为干旱，南欧与西亚一带开始出现类似今日的温和景象。旧石器时代的不少大型动物灭绝，数量大为减少，适于森林草原地区的小动物和鸟类增多。

于是一场人类的生活方式大变革发生了。这是新石器时代发生的最具影响力的事物——农业革命。

亚非欧三大洲的旧大陆，既是现代人类的发源地，又是世界上最古老的农业文明产生和发展的地区，还是剩余产品出现导致交换产生因而最早产生商品交换和金融交易的地区。早在公元前第4000年纪的下半叶，亚洲和非洲的先进地区就已经开始迈入有阶级的文明社会，而欧洲只是在公元前第3000年纪后期才有国家。

相对发达的社会生产力以及由它决定的人们之间社会分工发展的程度，是文明得以发展的物质基础，也是金融赖以产生、发展的基础。

早在新石器时代，在当今的埃及、西亚的幼发拉底和底格里斯两河流域、南亚的印度河流域，以及中国的黄河和长江流域，最早出现了发展原始农业和原始畜牧业的条件。特别是定居农业的发展，使得上述地区成了世界文明和金融活动的最早发祥地。

第一节　金融在古代文明中萌芽与成长

（公元前5000—公元400年）

一、古代经济社会与文明的发端——农业革命

人类经历过石器时代（包括旧石器时代和新石器时代），然后是青铜器时代、铁器时代、蒸汽机时代、电气化时代、电子计算机时代和航空航天时代等，这些都标志着人类能力的提高。

人类的文明起源于新石器时代，是在新石器时代的基础之上成长起来的。

新石器时代的标志，首先是由打制石器到磨光石器，对石器进行打磨、抛光、打孔、安柄等，然后是农业的发展，出现了农业革命。

农业革命首先发轫于西亚，约在9000年前，伊拉克北部的耶莫地区即已种

植大麦、小麦、小扁豆等农作物，约旦河谷的耶利哥、土耳其的沙塔尔、休于也有农业生产的考古遗存。此地之所以成为农业革命的发祥地，除了这一地区的地质、气候和动植物分布的特点外，还与它作为亚非欧三洲的联结点的地理位置有关。冰期消逝以后，它开始发挥古代世界各族文化信息交流枢纽的作用，从此一直在古代世界的历史舞台上扮演着重要角色。除西亚外，东亚和中南美洲也是世界上最早的农耕中心。在中国河南新郑的裴李岗遗址，已有粟和众多石制农具的发现；同时期的河北磁山遗址，则发现有厚达 2 米的粟类粮食堆积层；而浙江河姆渡遗址，则发现了世界上最早的稻谷遗存，堆积层也厚达 1 米。

农业革命最主要的标志是植物的人工栽培和动物的人工驯养，以人工栽培植物为特点的原始农业由采集经济发展而来。人们在长期采集中，通过仔细观察，逐渐熟悉了植物的性能和生长规律，并掌握了栽培方法。从近代一些民族的采集活动，可以看到从采集经济过渡到原始农业的一般情况。

在中美洲墨西哥，公元前 5000 年左右培育了玉米、南瓜和胡椒等作物；在秘鲁，公元前 6000 年就种植菜豆，公元前 5000 年到公元前 4000 年又开始种植玉米、马铃薯、南瓜和辣椒。

位于西亚的苏美尔（位于今伊拉克南部）是最早步入文明社会的地区。稍后，大约于公元前 3200 年，在埃及境内也出现了国家。

在广阔的亚非大地上，随着时间的推移，人口的增加，以游牧为生的族群和以定居农业为生的诸族经济文化交往的日益频繁，定居农业经济在地域方面的扩展带来的社会生产力的提高，农产品的日益丰富造成的发展手工业和商业可能性的增大，不同地区贸易的发展，越来越多的民族因此而陆续建立了自己的国家。

当历史进入公元前第 3000 年纪，在伊朗高原西南部，埃兰人兴建了自己的王国，并且不断与毗邻的苏美尔人诸城邦发生武装冲突。在苏美尔北部，约于公元前 2400 年兴起的阿卡德王国，更是对苏美尔诸邦的严重威胁。在南亚次大陆的印度河流域，在公元前第 3000 年纪中叶到前第 2000 年纪中叶，曾经有过哈拉巴（在今巴基斯坦旁遮普省境内）和摩亨佐·达罗（在今巴基斯坦门德省境内）

文化所见证的早期国家。

在中国的黄河流域，约公元前2070年夏王朝的建立，宣告了中国境内最早国家的诞生。

在公元前第2000年纪内，有更多的国家在新的地区出现。公元前1894年，巴比伦王国诞生。在汉谟拉比当政时期（约公元前1792—前1750年），巴比伦基本上统一了两河流域（美索不达米亚）。位于巴比伦北部的亚述，于公元前第2000年纪之初便建立了国家，但长期臣属于强邻巴比伦。从公元前15世纪末起的一百多年内，亚述称雄于美索不达米亚北部。赫梯人于公元前19世纪，在小亚细亚建立了本民族最早的国家。在公元前第2000年纪中、后期，在今叙利亚境内，先后存在过胡里特人的米坦尼国和众多阿拉米人的小国。在腓尼基地区（今黎巴嫩和叙利亚的沿海地区），腓尼基人于公元前第3000年纪末和第2000年纪初，建立了一批小国，其中最著名的有乌加里特、推罗、西顿和比布洛斯。在今巴勒斯坦境内，希伯来人于公元前11世纪建立了以色列国。

在今苏丹境内，约于公元前1500年，出现了基本由黑人创建的古国库施。公元前825年推罗的移民在今突尼斯境内建立了迦太基。约公元前630年，希腊人在今利比亚境内建立了昔勒尼。

公元前7世纪上半叶米底王国在伊朗高原西北部崛起。它和迦勒底人创建的新巴比伦王国（公元前626—前538年）联合灭掉从公元前8世纪后半叶起再度称雄的亚述。公元前553年波斯王国出现于伊朗高原西南部，并且迅速灭掉米底、以色列、埃及等国，扩张成地跨亚非两洲的大国。在亚美尼亚高原，乌拉尔图王国在公元前9世纪—前6世纪，有过自己的兴衰史。

公元前第1000年纪上半叶，在小亚细亚沿海地区有过众多希腊城邦，其中最主要的米利都以文化发达著称。

公元前334年—前324年，欧洲马其顿王国的国王亚历山大进行了大规模的扩张战争，占领了亚洲和非洲的广大地区。他死后，在被其占领的地区内出现了一些希腊化国家。其中，最重要的有以埃及为中心的托勒密王朝，以叙利亚为中心的塞琉古王朝和位于小亚细亚的帕加马王朝。公元前 2 世纪起，罗马向地中海东部扩张的过程中，位于亚洲的希腊化国家先后被并入罗马的版图。到公元前 30 年，独立时间最长的托勒密王朝也被罗马推翻，埃及因而变成了罗马的一个行省。

安息（帕提亚）王国于公元前 3 世纪下半叶在伊朗高原崛起，后长期与罗马对峙。

在南亚，公元前 6 世纪初出现了迦尸、居萨罗等 16 个较大的国家，还有许多小国。公元前 4 世纪建立的孔雀王朝（约公元前 324—前 187 年）一度统一了北印度和中印度的广大地区。

上述情况表明，在公元前的漫长岁月中，生活于亚洲和非洲的众多古老民族，在一定的历史条件下，都有能力发展自己独特的文明，建立有利于本民族进一步发展的国家。

公元前 5000—前 1200 年是古代奴隶社会的形成时期。在公元前 5000 年左右的世界，除有一部分地区仍然要靠狩猎和采集生活外，在中国、印度、埃及、地中海东部、欧洲的一些地区，还有美洲中部和南美的一些地区，农民开始定居下来，农耕普及，人口增加，祭祀神灵的领头人、富裕者成了统治者。

最初的文明发生在美索不达米亚的南部——苏美尔地区，形成了城市国家。不久以后，在尼罗河流域，也建立了几个小城市，到公元前 3100 年形成埃及王国。在这一地区，曾一度使用海螺作为货币流通，甚至到 20 世纪中期的一些非洲国家的偏远地区仍用天然的海螺作为小额交易使用。

公元前 2500 年左右，印度有了用砖建造的城市。

总之，公元前 1200 年到公元前 500 年，是古代奴隶社会帝国的建立时期，在繁荣和战乱中形成若干古代帝国，这 700 年是世界上主要的古代文明的成长期。

二、农业革命的进一步发展促进了货币的产生

在广阔的亚非大地上，随着时间的推移，人口的增加，以游牧为生的族群和以定居农业为生的诸族经济文化交往的日益频繁，定居农业经济在地域方面的扩

展带来社会生产力的提高。可见，农业革命使得农产品日益丰富，发展手工业和商业的可能性增大，不同地区贸易的发展，为货币的产生和发展提供了可能。

农业革命对于以后人类的发展，产生了深远的影响，人类的物质生产出现了第一次历史性的飞跃，人类一改数百万年依附于自然界恩赐的地位，对谷、麦、稻和玉米等农作物进行培植，从以狩猎采集为主的生活转变为以农耕畜牧为主的生活，从食物采集者过渡到食物生产者。食物生产的丰富，导致了剩余产品的出现，于是交换发达起来，货币得以产生。

在欧洲，继希腊人之后，罗马人建立了城市国家。

在北非，腓尼基人建立了城市迦太基，成为地中海西部强大的军事和经济大国。在苏丹，库施人建立的城市麦罗埃，是商品交易的中心。

在地中海，腓尼基人①建立了一个大的海上贸易圈。公元前 10 世纪至公元前 8 世纪是腓尼基城邦的繁荣时期。腓尼基人是古代世界最著名的航海家和商人，他们驾驶着狭长的船只踏遍地中海的每一个角落，地中海沿岸的每个港口都能见到腓尼基商人的踪影。腓尼基人强迫奴隶潜入海底采取海蚌，从中提取鲜艳而牢固的颜料，然后把用紫红色染成花色的布匹运销地中海各国。有关腓尼基人的记载，都出自曾经吃过腓尼基人苦头的希腊人和罗马人之手。

在西亚，早期的亚述人②虽然统一了这个地区，后来随着新巴比伦的强大，还是让位于波斯帝国。古亚述帝国都城尼尼微城③，其址位于伊拉克的北部，底

① 腓尼基人是历史上一个古老的民族，自称为闪美特人，又称闪族人，生活在今天的地中海东岸相当于今天的黎巴嫩和叙利亚沿海一带，他们曾经建立过一个高度文明的古代国家。

② 1857 年，英国学者罗林生（1810—1895）和其他 3 名研究楔形文字的专家各自成功地解读了分送给他们的同一内容的楔形文字材料，从而证明了解读楔形文字的正确性。这一事件成了亚述学诞生的标志。现代亚述学乃是研究公元前使用楔形文字诸族的历史、语言和文化的专门学科，而在 1866 年“亚述学”一词最早出现的时候，它的含义是指研究古代亚述人的语言、历史和文化的学科。

③ 1846 年起开始发掘，20 世纪 50 年代后修复了部分城墙、城门和王宫。最早提到尼尼微城的文献是公元前 18 世纪的亚述泥板文书。汉穆拉比时期，巴比伦王国统治尼尼微。公元前 14 世纪，该城被米坦尼人占领，不久又重新落入亚述人之手。

格里斯河的东岸，隔河与今天的摩苏尔城相望。一个世纪以后，尼尼微成为亚述夏都。亚述王西拿基立（公元前704—前681年在位）时，正式成为帝国的新都城。公元前612年，该城被米底和巴比伦联军毁灭。

在南美，秘鲁的查文文化建筑有考究的祭坛，其原始建筑的建立时间大约要追溯到公元前900年，那时就成为当时区域内的商业贸易集散地和商品交换场所。

公元前6世纪希腊出现第一批私人银行。

公元前500年到公元1年，是古代奴隶社会帝国的扩张时期。在古希腊时代建立了几个小城市国家，为多民族的强大帝国所支配，由伊朗裔的波斯人建立的波斯帝国，到公元前480年达到了鼎盛时期，公元前330年被马其顿亚历山大所灭。亚历山大统治13年，建立了西起希腊东到印度的庞大帝国，成为欧洲最强大的国家。

埃及继续为外族人统治，波斯之后是托勒密王朝，到公元前30年被罗马帝国所灭。这个时候，世界上有2.5亿人口，有一半人生活在罗马、波斯和中国汉朝。公元1年到400年，宗教演变，战乱不停，中国汉朝、罗马和帕尔提都瓦解了，亚洲、欧洲一片混乱。

与中国由东汉进入三国时代相近的时代，在伊朗帕尔提王朝被波斯萨珊王朝替代并有所发展。彼时，罗马帝国进入长期衰退，分为东、西两个罗马，罗马成了以君士坦丁堡为中心的拜占庭帝国，信奉基督教。在印度，笈多王朝[①]成了强大国家，文明统治，文学艺术得到了发展，并于公元前4世纪出现了第一批公共银行。公元前3世纪罗马铸造金银币，公元前248年安息铸铜币。公元前221年，秦始皇统一中国后将各地流通的布币、刀币、环钱、蚁鼻钱统一为圆形方孔的“半两”铜钱，以铜和黄金两种金属为货币。公元前118年，西汉行使五铢钱。

① 笈多王朝时期的印度社会组织仍是以农村公社为主而长期建立的奴隶制度。

在长期的农业经济社会的发展过程中，由于手工业和商业不断地从农业中分离出来，货币金融活动与金融机构也在缓慢地发展。它们或从寺庙开始，或从民间开始，或政府直接经营与管理，形成了早期货币存贷、货币兑换等金融业务，成为世界金融业的先驱者。

公元前2400—前2000年，中国人建造了规模宏大的城市，如山西陶寺城，黄河流域的黄帝统一了华夏。公元前2070年夏王朝诞生，商品交换得到广泛发展，天然海贝成为了支付的主要手段。公元前1600年殷商灭夏，开始出现了模仿天然海贝的铜铸币，随后又出现了其他铸币形式。公元前3000—前1122年，中国已经用海贝作为流通和支付手段，到公元前1500—前1122年开始使用铸造铜贝，在楚国地区已经开始使用黄金铸币——“爰金”。公元前1151—前1122年商纣王厚赋税实鹿台之钱，公元前1122年周克商后，散鹿台之钱。公元前7世纪，中国行用早期空首布，同期，地中海盆地出现最初的货币。

公元前3000年，黄金在埃及被用来作为计算货币，而白银（与大麦同时）则流通于美索不达米亚。支付货币尚不存在，交易仍采用原始的以货易货方式。直至公元前2000年末期，支付货币方始出现，恰好在亚洲的两端，即中国和安纳托利亚①。

城市的真正出现，或者说所谓的城市革命是伴随着金属器的使用而发生的。金属器取代新石器也有一个过程，考古学家将这一过程分解为金石并用时代、青铜器时代和铁器时代三个阶段。无论如何，金属器的使用在某种程度上说，促进了货币由实物货币向金属货币的转化，并且提高了货币的铸造技术和工艺水平。

早在新石器时代末期，人们已知使用天然金属。在土耳其的恰约尼遗址，

① 安纳托利亚（Anatolia），地区名，又名小亚细亚或西亚美尼亚，是亚洲西南部的一个半岛，北临黑海，西临爱琴海，南濒地中海，东接亚美尼亚高原，主要由安纳托利亚高原和土耳其西部低矮山地组成。东西长1000千米，南北宽约600千米，面积52.5万平方千米，南缘是托罗斯山脉，北缘是克罗卢山和东卡德尼兹山（两山合称庞廷山脉），东侧是亚美尼亚高原，形成三面环山、一面敞开，地势自东向西逐渐降低的地形特征。

发现了用铜矿石直接打制的钻孔珠、扩孔锥、别针等，年代为公元前 7600 年左右。约在公元前 4000 年，西亚和印度一些地区开始冶炼纯铜，俗称红铜。人们在冶炼纯铜的实践中，逐渐学会冶炼铜和锡的合金青铜。公元前 4000 年代末，两河流域和多瑙河流域出现青铜器。至公元前 3000 年代，两河流域、印度河流域已普遍使用青铜器。公元前 2000 年代后期，冶铁术也被发明了出来。世界上最早发明炼铁技术的是赫梯王国，时间为公元前 1400 年前后，他们曾垄断冶铁术并禁止任何铁器出口达 200 年之久。

一般认为，青铜器最早出现在公元前 4000 年的苏美尔。虽然中国不是最早使用青铜器和铁器的国家，但后来居上。中国古代，最初冶炼的青铜器主要是用来做礼器，当时的礼器已经造得非常精美。由中国古代金属铸币也可窥见其青铜工艺技术的精湛。中国早在公元前 11 世纪时，业已开始用铜币代替贝壳作为支付手段。其中，楚国的金融铸币外形奇特，一面平扁，一面凸起，上面刻有“阴文”的文字，不过这些文字目前尚未破译，俗称“鬼脸钱”或“蚁鼻钱”，又称“犬首”。与此同时，还有一些农具类型的仿制铜铸币，如主要流通于韩魏赵等国的铲形“镈币”，流通于燕国、齐国和鲁国的“刀币”以及流通于秦国的“圜币”。到公元前 221 年，秦始皇统一中国后，又把这种圆形方孔的铜铸币推广到全国。这种“外圆内方”形制的钱币后来在远东一带大受欢迎，持久不衰直至清亡，在中国持续了两千多年。

在安纳托利亚，情况则完全不同。公元前 1530 年左右，赫梯人横扫巴比伦，发现了美索不达米亚的计算货币。赫梯人大受启发，回到本国之后，动手开采当地矿藏。他们并没有仅仅满足于使用银希克勒①（sicle）、斯达代尔②（statre）、米纳③（mine）与达朗④（talent）来标明价格，而是直接使用白银来

---

① 1 希克勒相当于 8.41 克白银。

② 1 斯达代尔相当于 2 希克勒，也就是 16.82 克白银。

③ 1 米纳相当于 60 希克勒，即 504.6 克白银。

④ 1 达朗相当于 60 米纳，亦即 30276 克白银。

支付大款额的生意。为了便利交易，他们在银锭上盖有印记，清楚地标明了银锭的重量与成色。

公元前6世纪时，许多希腊城邦都铸造钱币，在吕底亚，冶金学家们已经掌握了分离金与银的技术。克雷伊斯国王创立了一种复本位货币制度，包括一个银斯达代尔（重量减轻到10.89克）和一个金斯达代尔，重8.17克。1金斯达代尔可换取10枚银斯达代尔。于是，黄金与白银这两种金属的比值便固定在13.33与1之比。这个比例后来略有演变，或金的价值提高，或银的价值提高。其后，波斯人战胜了克雷伊斯，发行上面铸有新王大流士头像的金币，名之曰德利克（darique）。德利克的重量稍有增加，为8.41克。这种做法使得德利克信誉大振，成了希腊与东方交往中名副其实的国际货币。德利克的铸造被认为是王室特权，价值金币1/20的银币米底亚·梅蒂克（siclem dique）的铸造权则让给了省总督们。

此后，硬币从希腊与波斯传播到了美索不达米亚，传到了埃及，传到了地中海周围所有的地区。这些硬币多是充当“辅币”之需，用普通金属如铜、铅之类制造。“辅币”一般用来支付零星开支或是补足差额。贵重金属则多用来铸造主币。

作为人类历史上划时代的伟大变革，农业革命同后来的工业革命一样意义重大。这场革命使人类从以采集狩猎为主的生活过渡到了以农耕畜牧为主的生活，从食物的采集者变成了食物的生产者，而食物获得方式的变革也改变了人与自然的关系，人类开始了从被动地依附和适应自然到主动地改造利用自然的历史性转折，这场转折还极大地提高了劳动效率。据测算，原来650平方公里的土地只能维持25个采集狩猎者的生活，而这时15平方公里的土地就可以养活150人的农民群体。另外，农业革命还改变了人类的生活方式，人类从原来漂泊不定的迁徙生活过渡到了村落定居生活。

农业革命最明显的影响是产生了定居这种新的生活方式，农业生产从播种到收获要经历一段相当长的时间，这样，必然要求农作者定居，于是，新石器时代的农业村落取代了旧石器时代的流浪团体而成为最基本的经济文化单位。实际上，它构成了18世纪末期之前一直居统治地位的一种生活形式的基础。

纵观世界各地的这个时期，基本处于后石器时期，铁器普遍用于狩猎、农耕和战争。这一时期，希腊人已经采用罗马字母记数，中国出现了易经。当时，生产发展，分工扩大，交换、贸易、商业活动繁荣起来，货币的借贷行为也产生了。

三、西方货币的历史遗产：古希腊货币和古罗马货币

（一）古希腊货币

据记载，公元前6世纪初叶，雅典曾有过一次货币贬值。几十年之后，专制君主希庇亚斯收回流通中的全部钱币，代之以其他钱币，重量仅为旧币的一半。公元前5世纪末，被发配到劳里厄姆含银铅矿去开矿的奴隶们，借着斯巴达人不断入侵的机会逃离工作岗位，生产因之停顿数年，致使雅典人不得不改铸铜币，铜币远不如银币受人欢迎。

希腊人也使用铁币，在雅典及其他大部分城邦中，铁只铸造金额小的欧波尔（obole），相当于辅币（1德拉克马相当于6欧波尔）。斯巴达人的钱币则全部用铁铸成。斯巴达在胜利后才积聚雅典银币。

一些在境外旅行的人，在官方控制下，可以持有外币或贵重金属；回到本国之后，如有节余必须交回官方当局，换成相应数量的本国货币。如果该公民把节余留下自己收存，政府将予以没收。显然，这种做法非常类似于现代汇兑管理的外汇管理制度。

此外，亚里士多德还是第一个提出货币的三大职能的人，即货币的价值本位、交换工具和购买力储备功能。在他所著的《政治学》和《尼各马可伦理学》等书中，亚里士多德明显地突出了货币的价值一部分来自事物的本质，一部分来自于政治当局与社会公约。

事实上，在上述三个世纪内，银币数量愈来愈多，结果出现了生活费用不

断上涨。雅典的物价水平，在公元前6世纪提高了将近一半，在公元前480年—前404年翻了一番，公元前404年—前330年又翻了一番。

（二）古罗马货币

公元前约450年时，罗马所规定的罚金数目，是按照牲口头数来计算的。4个世纪之后，罗马人才开始熟悉银币的使用。公元前269年，第一家铸币工场在卡皮托利山的朱诺女神庙附近开工。

到了奥古斯都大帝王朝，金币与银币的铸造成为皇帝的一种特权。奥古斯都借此机会将在埃及截获的大量贵重金属投入流通领域。

在西方，野蛮民族诸王国继续按照罗马帝国的模式铸造钱币。不过，这些钱币的重量与成色十分不均匀。这样一来，突出了需要一种无可争议的计算单位，能够用来作为共同的参照。旧日的索利都斯，这一名称法语化后，成了“索尔”（sol）或者“苏”（sou），实际上已不流通，因为在该地区金矿几乎不存在，而积累下来的库存黄金又成为储存对象。因此，苏备受欢迎，自然而然地，人们就求助于它，让它来担任计算货币的角色，这样一直持续到8世纪，查理大帝即位，改变一切。

四、神庙寺宇开始涉足存贷活动

今天的西亚由于盛产石油而富裕，而在人类文明之初，西亚由于资源贫瘠、物质匮乏而不得不四方征战、到处迁徙。然而，人类文明的第一缕曙光却在这块土地上升起，世界上最早的文字在这里产生，世界上最早的城市在这里建立。

古时的两河流域，泥土是基本的生活资源和古代两河流域文明的载体，泥土孕育了古代两河流域文明①。大约在6500年前，苏美尔人来到两河流域的最

① 这一用泥土建造起来的文明最早的创造者是苏美尔人，他们创造了一种全新的农业生产方式——灌溉农业，这种大规模的灌溉系统始建于公元前6000年，但真正发展起来是在公元前3000年以后，正是大规模的灌溉造就了两河流域文明，苏美尔人、阿卡德人、巴比伦人等先后生活在现今伊拉克的南部地区。

南端定居，他们在冲积平原上建立起房屋，在冲积平原上耕种粮食、栽种果树、在沼泽中捕鱼。

大约在 4900 年前，苏美尔人建立了世界上最早的城邦[①]国家，在苏美尔地区先后产生了十几个城邦。在每个城邦中都有一个统治者，城邦统治者像一个大家族的族长，要主持城邦内的一切事务、发动并指挥城邦间的战争、主持宗教的仪式、建造和修缮神庙、组织贸易活动等等。

苏美尔文明也被其他民族建立的国家继承，可以说，苏美尔文明是古代两河流域文明的核心和基础。苏美尔人崇尚武力、崇拜英雄。当时的一些文学作品即反映了当时两河流域对英雄的崇拜。此外，苏美尔人还虔诚敬神，他们向神祈求风调雨顺、五谷丰登、国泰民安。在苏美尔各个城邦中，最高大辉煌的建筑就是神庙[③]。

其实，这些城邦是一种独特的国家形式。它一般以一个卫城为中心，这个卫城往往建在高处，这里面有最为看重的城邦的神庙。在卫城周围，形成一个城市。在城市外边，又有一片乡村。这样，就组成了一个典型的城邦，后期，希腊城邦崛起，主要分布在希腊半岛和爱琴海周围。整个希腊世界，有数以千计的城邦。比较重要的、像样的城邦有数百个。从雅典卫城的遗址可以看到，卫城一般建在高处，防止海盗的袭击。卫城的中心是神庙，比较著名的有雅典的巴特农神庙。

每个城邦都有一个保护神，各个保护神的神庙就是城邦和城邦之间，以及周边地区之间经济活动的中心，也是金融活动的中心。

根据各国学者的考证，最初办理货币信用业务的活动是从神庙寺宇开始的。据法国大学出版社出版的《银行史》说：“庙宇中曾经掩藏着一些财宝，人们不一定就原封不动地、长久地把这些财宝搁置在那里。庙宇的教士们把贮藏的某

---

① 两河流域地区以城市著称，其规模比纯粹的市中心要大，称为城邦。城邦包括城市、周边的耕地以及人口众多的村庄。这个时期神庙最高处的多层塔式建筑，是古代两河流域文明建筑的特色。

些财物出借给当时的需求者，出借一定的期限，便觉得有了双重使命感：一方面，他们博得了同时代人的需求感激；另一方面，他们为上帝做了奉献，觉得无上光荣，因为借贷受益者要偿还享受到的借贷服务，其偿还物总要比借到的物品多一些。况且，庙宇储藏物若是些易腐烂的食物，唯一有效的储藏办法，是借给食物使用者，待到下一季节再让他们归还新的。”“所以，古代各处的庙宇几乎都变成了出借所。”①

20 世纪的一些考古学家曾在美索不达米亚的乌鲁克庙宇废墟中，发掘出公元前 4000 年的计算板型的古物，上面就有出借物品的记载。

古巴比伦王国处于幼发拉底河和底格里斯河流域，远在公元前 3000 年代的上半叶，其南部的苏美尔地区，就形成了许多奴隶制的城邦。巴比伦城，地处两河流域的中心，扼西亚交通要冲，故生产发展，商业繁荣。公元前 2000 年，巴比伦寺庙开始经营钱币兑换，随后又兼营保管业务。保管之初，不但对被保管人不付利息，而且还要收取一定的手续费。由于钱币的兑换与保管，在寺庙内兑换与保管人的手中，就集中起了大量的货币，从而为开始放贷业务提供了前提和基础，放贷业务也随之开展起来。放款利率约为 20%，并以复利计算。公元前 500 年左右，希腊的寺庙亦开始经营钱币兑换、保管、放贷等业务，保管业务尤为发达。特别是雅典当时的银行业，有类似近代银行的某些特征。

在中国，也有寺庙银行，公元 500—550 年，南北朝时期的寺庙就经营“质库”，不仅接受施舍，而且办理存款、放款等信用业务。南梁长沙寺和南齐招提寺是迄今所见文字记载最早的抵押放款——典当的始祖。

寺院之所以能够权充银行进行金融活动，究其原因，主要有三点：一是基于人们对宗教的信仰，视寺庙为神圣不可侵犯，自然寺庙就成了最安全的钱币保管所；二是它有大批产业和若干特权，实力雄厚，人们信赖；三是它分布面广。

总之，“寺庙银行”是与当时开始发展但又落后的商品生产和流通相适应的。

---

① 〔法〕让·里瓦尔．银行史［M］．陈淑仁译，北京，商务印书馆，1997：1.

五、民间借贷的进一步发展与货币兑换商的出现

货币金融活动最早从西亚的古巴比伦开始，后来到古希腊，或从寺庙开始，或从民间钱币摊桌兑换商开始，或政府直接经营与管理借贷活动，形成了早期货币存贷、货币兑换等金融业务，成为世界金融业的先驱。

欧洲的古罗马人以农业为主，尚无类似银行的金融机构产生，只开办了互助信用社，由于宗教原因拒收利息。但在强烈的军事征服欲下，罗马人在对外接触中遇到了货币兑换、税款征收、军队后勤供给等问题，随后也以古希腊银行为模式，开办了私人银行和公共银行。

这些私人银行大都设立在古罗马广场上国家租给的店铺里，这里是它们的总行，从这里向周围地区扩张。在银行技术操作上，古罗马人的法制观念很强，对银行业务操作要求很严格，服务态度也很好，客户可以要求银行提供账户情况，也可以作为证据提供给第三者，但同时清理其债权债务，否则只提供余额，以示对客户负责。

公元前 6 世纪，在古希腊的每个商业城邦和圣殿都开始铸造钱币，因而出现了不少钱币兑换商，从事各地不同钱币的兑换，后来逐渐开始从事钱币借贷活动。对于借贷活动，很多城邦允许取息，但雅典城对利息的限制比较少，其中一些钱币兑换商就选择在雅典城定居下来。开始时，这些钱币兑换商只是在广场上或市场上安放一张桌子摆摊营业，后来渐渐开始设立钱币兑换柜台、店铺，个别兑换商在当时还成为很有影响的人物。

雅典著名的教育家伊索克拉底①（公元前 436 年—前 338 年）在一篇《论摊桌兑换商》的文章中说："与摊桌兑换商做兑换交易没有证人；如果人们受其损害，就会被迫起来斗争，向那些拥有众多朋友且支配着大量金钱的人讨公道，迫使兑换者维护其诚实的信誉。"兑换交易若无证人，就立字据，这样，有关当

① 其是希腊古典时代后期著名的教育家。他出身雅典富裕奴隶主家庭，是智者普罗泰哥拉和高尔吉亚的学生，与苏格拉底亦有师生关系。

事人遇到纠纷时，就可以掌握情况和以保留的副本作为证据。

中国在南北朝（公元420—589年）就有了民间最早的金融机构——质店，即抵押信用机构，东晋南朝还有一种商业兼经营信用的邸店，经营货币放贷业务。据记载，梁临川王萧宏经营邸店几十个，“出悬钱立券，每以田宅，邸店悬上文券，期讫便驱券主，夺其宅。都下东土百姓，失业非一”。

市场上钱币兑换商活跃的同时，教会的教士们也在进行着金融活动。但是，信教的金融家和在市的金融家，他们有着不同的客户。摊桌兑换商的客户是商人和市民，而庙宇教士们的客户是农民和公共机构，通过两个不同的渠道为两类不同的客户服务。

欧洲在公元5世纪—9世纪的变化很大。在此期间，欧洲和西亚宗教斗争激烈，发生了“夺回圣地”的十字军大远征。基督教在与伊斯兰的对垒中逐渐占了上风，收复了失地。

在和平的环境中，银行的重要性被欧洲人重新发现。意大利北部的伦巴第商人兴起了银行复兴运动。威尼斯、热那亚、比萨、佛罗伦萨、米兰等坐落在地中海沿岸城市的商人，把东方的香料、宝石、绸缎等输入欧洲，同时，又从欧洲输出呢绒、金属制品等。12—14世纪，先后出现了具有全欧意义的“香槟集市”和“汉萨同盟”。从各国来的商客，要把自己的货币变换成受销货者欢迎的货币方能成交。一些普通商品经营者开始兼营钱币兑换业务，随着其资信的扩大，又逐渐代为保管现款，进而办理借贷，经营这种兑换或存款、放款业务，于是产生了专业组织。

独立的私人银行业当首推1171年的威尼斯银行和1407年的热那亚银行，它们经营保管、放贷、汇票等业务，为流通的顺畅而提供健全的通货。威尼斯银行接受存款，以钱币的重量记账，并保有百分之百的现金准备。佛罗伦萨商人一边和热那亚、比萨、威尼斯交易市场联系，另一边也与罗马教廷保持接触，教廷为了回报得到的好处，便向商人们提供某些保护，金融交易通过商人的手得到了发展，不仅操纵金银货币，而且使用汇票办理信贷业务，以汇票形式在某日为某贷户向某人付款。两地银行间的现金转移为互相轧差，余额转到下期。意大利的这些“银行”称为“兑换商的桌子”，生意砸了，就是桌子破了，破产了。

商人求助于名气大的银行家，银行家收取代理费，意大利商人银行家被称为伦巴第人，商业银行被称为伦巴第银行，商业银行业务被称为伦巴第业务。在英国伦敦、法国巴黎现在还有伦巴第大街。伦巴第银行家在其发展过程中，曾与寺庙银行性质相同并享有特权的骑士团进行了斗争，并取得了胜利，彻底结束了寺庙银行的历史。伦巴第人纷纷从伦敦和巴黎赶赴香槟地区的交易会，与来自德国、意大利、比利时、西班牙的商人谈生意，因此，欧洲商业发展了，银行技术也从地中海、北海、大西洋范围逐渐走向统一。虽然 14 世纪后期欧洲发生了可怕的黑死病，欧洲人口减少了 1/3，他们还是挺过来了。

六、政府的官方借贷与管理：公共银行

寺庙银行和城市摊桌兑换商，这两个当时主要的金融活动导致了社会公众负债的增加，同时，使得钱币兑换商人和庙宇教士的富有状况发生了变化。

古希腊哲学家亚里士多德（公元前 383—前 322 年）在其《政治学》中就提出反对利率理论，他认为银钱的效能应保持稳定，不能随着时间的推移而成倍地增殖，房屋和土地是可以带来合理收益的，但银钱是不能带来收益的。

为了抵制高利贷，并减轻城市和教堂的影响，古希腊从公元前 4 世纪在许多城市成立了公共银行。这种公共银行是由政府官员管理和控制的，除了承担钱币兑换、存款和借贷等业务外，还负责征收税款和铸造货币。当时，“锡诺普公共银行的经理认为，为方便流通，有必要减轻钱币重量，以促进经济发展。这样做价格一下子猛涨起来，锡诺普和他的儿子及其合作者迪噢吉纳也落了个被驱逐的下场。迪噢吉纳放弃了与银钱打交道的行当，来到雅典当了哲学家，并以此为荣。这可能是银行家愤世嫉俗的首例”。[1]

---

① 〔法〕让·里瓦尔. 银行史［M］. 陈淑仁译，北京，商务印书馆，1997：5.

国家建立金融机构，办理借贷，带有政策性金融性质，同时承担着对金融活动进行必要管理的责任。在伊朗古城苏萨发掘的著名的《汉穆拉比法典》中规定，所有借贷契约均应经王国的官员核准方能生效。雅典当局甚至创制特别法及特别法庭，以处理有关金融事宜。

在中国，据《周礼》记载政府的官员在审理民间的借贷纠纷时要以债券为凭。周朝有“泉府”之设，办理赊贷，属国家信用，有“赊”有“贷”。这里，赊是指用于祭祀或办丧事的，是消费性开支，不计息；贷是指用于经营产业，会带来收入，要计息。利息以国税的比例为准。西汉汉武帝时，派博士 6 人在全国巡查，发现鳏寡废疾不能谋生者，就发放救济或救济性贷款，此后的中国各朝程度不同地均有类似的做法。

古希腊的公共银行发展到公元前 3 世纪已影响到周围地区。古埃及托勒密王朝创立了皇家银行网，垄断了古埃及的金融业务，这可以说是金融机构国有化的第一个范例。

古罗马人以农业为主，没有被银行吸引，后来感到需要银行，但他们开办了互助信用社，这样就排除了利息的收付，古罗马的寺庙没有多少贡献，不过罗马人的军事征服欲很强烈，在对外的接触中，刺激了他们对外通商的欲望，在这些实践中，遇到了货币兑换、税款的征收、军队后勤供给等，便以古希腊银行为模式，开办了私人银行和公共银行。私人银行大都设立在古罗马广场上国家租给的店铺里，这里是它们的总行，从这里向周围地区扩张。在罗马，借贷利息受到限制，在外地却是自由的。这种私人银行和中国的钱庄是一样的。

在银行技术操作上，古罗马人的法制观念很强，对银行业务操作要求很严格，服务态度也很好，客户可以要求银行提供账户情况，也可以作为证据提供给第三者，但同时清理其债权债务，否则只提供余额，以示对客户负责。

早在古希腊、古罗马就已经出现了中央银行的早期形式：公共银行。寺院借贷者和摊桌兑换商出现后，政府为了反对高利贷，古希腊的许多城市从公元前 4 世纪就决定成立公共银行，由政府官员掌管和监控。公共银行除充当银行本身的职能以外，还负责征收赋税和铸造货币。后来，古希腊和古埃及融入了古罗马。由于各公共银行或摊桌兑换商都分散在外省，于是在古罗马城设立一个中央银行。后来，由于战争、瘟疫等原因，公共银行遭受波折，陷入停滞。

在文艺复兴时期，公共银行再度兴起。1401 年，巴塞罗那市政府创立“交换所”；1407 年，法国瓦朗斯成立第二家公共银行；1408 年，“圣乔治银行”在热那亚成立，直接接受市政存款，并吸收公众存款，为政府融通资金，一直延续了 4 个世纪。1619 年，威尼斯共和国成立了一家转账银行——吉罗银行，促使国家的供应商接受延期付款，银行以流通票据购回供应商的票据。1637 年，吉罗银行兼并了另一家公共银行——理亚多银行（16 世纪成立），改称威尼斯国家银行，这个新成立的银行印制流通票据，承兑国家债权和商业债权，并吸收现金存款。

这种时隐时现存在了 3000 多年的公共银行，某种程度上是中央银行的先驱，是货币信用发展的必然要求，是经济社会发展中客观需要的公共机构；商品化、货币化、信用化和国际化程度愈高，就愈需要它，在漫长的前工业化社会中，它只能缓慢地前进。这也是近代中央银行产生的现实要求。

第二节　中世纪金融业的缓慢成长

（公元 400—1500 年）

一、中世纪的经济社会与文明

（一）欧亚民族大迁徙与中世纪的开端

公元 400—800 年，是中世纪早期封建社会的开端。当时亚洲、欧洲变化很大，许多民族大迁徙。匈奴从蒙古高原向西迁移。中亚的游牧民族入侵印度，伊斯兰经过征战成为横跨北非、欧洲、西亚的大帝国，日耳曼民族南下灭西罗马，欧洲成了基督教的势力范围。战乱使欧洲处在黑暗之中。而东方印度和中国的文化却臻于灿烂的顶峰，商业兴隆，城市发展，佛教在亚洲普遍传播，繁荣的中国唐文化令日本人着迷。中、南美洲的玛雅文明、瓦尔文化等达到了很高的水平。借助于希腊时代和罗马帝国的各个商业贸易中心和阿拉伯人的引导，西方也受到亚洲文明的影响。

公元5世纪，匈奴人和中亚民族混合后被称为厭哒人，他们的部落被印度称为白匈奴。Huna这个称呼似乎与中国称匈奴为胡有关系，到欧洲就演变为对匈奴人的称呼Huns。这些人灭亡了繁盛一时的笈多帝国，在印度称霸了一个多世纪。白匈奴还攻入波斯的萨珊帝国，后来，波斯人联合了从阿尔泰山区崛起的突厥人，才将白匈奴击垮，印度又出现了一个戒日王帝国的短暂繁荣期。而突厥人乘强盛之势扩张到大漠，又将原占据大漠的柔然人向西驱逐，柔然人一路西迁，到6世纪以阿瓦尔人名出现在欧洲。而大部分匈奴人同时仍在向西推进，在公元370年越过了伏尔加河，很快就征服了阿然人的部落，迫使他们向顿河与帝聂伯河之间的日耳曼东哥特人部落进攻。匈奴人与日耳曼人终于首次遭遇了，这次遭遇很快就使罗马帝国和欧洲的面貌发生了巨大变化。此时的罗马帝国虽然统治着地中海周边的广大地区，但国力已今非昔比。广大地区的农民和市民都被课以重税，而西罗马帝国上层统治阶层却在奢侈享乐，造成了社会动荡、经济凋敝且民怨沸腾。

当时的罗马帝国社会矛盾激烈，已经没有多少罗马的公民愿意当兵，因此他们不得不利用蛮族，作为雇佣兵和守卫边境的军队，并且许多蛮族的首领掌握了军事大权，往往有废立皇帝的权力，因此，当罗马帝国最后在公元4世纪末期已经衰落到这种程度的时候，已经承受不住像西哥特人、汪达尔人这种大股蛮族的入侵，而且也会有很多帝国内部的蛮族军人和老百姓起而响应，因此，他们这次把西哥特人、汪达尔人召进罗马帝国，实际上是给罗马帝国已经摇摇欲坠的政权和军队以致命的一击。罗马人已丧失了作为公民的凝聚力和战斗力，古典文化的理想和光荣已黯然失色。

君士坦丁皇帝在公元325年，召开了第一次全帝国基督教会议，并皈依基督教，将首都迁到原称拜占庭的君士坦丁堡。4世纪末时，这一来自东方的洪流被迫向东西欧推进且来势凶猛。他们由罗马帝国北方和东方的一些独立的部族组成，并且给了罗马帝国致命的一击。许多这种被迫的迁移最终发展成为全面入侵并不奇怪。比如，东哥特人抵挡不住匈奴人的入侵，便逃入另一支日耳曼人、西哥特人的驻地，同样逼迫较弱小的西哥特人渡过多瑙河进入罗马帝国的领土。西哥特人的首领请求罗马帝国让他们作为同盟者定居在多瑙河以南地区，而罗马帝国同意了这一请求，但是迁徙的人数如此之多，使西哥特人立即陷入饥饿之中。难以置信的是，当地的罗马长官对他们欺压虐待，并借机将他们中许多人掠卖为奴隶，这激起了西哥特人的大规模反抗。由于罗马军队人心涣散又丧尽民心，西哥特人一路攻掠，于376年在阿德里安堡全歼罗马军队。

公元395年，罗马帝国分裂为东罗马帝国和西罗马帝国。西哥特人的领袖阿拉里克则利用东、西罗马帝国分裂的时机开始进军希腊地区，401年又转而进军意大利。在数次战役之后，西哥特人在阿拉里克的率领下攻占并洗劫了罗马，随即继续向高卢和西班牙进军，最后在那里建立了西哥特王国。在阿拉里克不断进攻意大利的时候，西罗马帝国一片混乱。一些在高卢即今天的法国、大不列颠、莱茵河作战的军队撤回，有的战败而溃散，有的甚至反叛。

公元406年，大批从东北欧涌来的日耳曼部落包括汪达尔人、苏维汇人和阿兰人一道，陆续越过结冰的莱茵河涌入高卢，经过数年攻掠后进入西班牙。

苏维汇人占据了西班牙的西北部以及葡萄牙，汪达尔人则渡过直布罗陀海峡到达非洲北部，然后一路东进，在439年，占领罗马帝国北非首府迦太基，建立了汪达尔王国。汪达尔人经常渡地中海侵袭意大利，455年攻陷罗马城。与此同时，将日耳曼人驱入罗马帝国的匈奴人也没有停下脚步，434年左右，匈奴人各部落在一位最强悍的首领阿提拉的领导下联合起来，以匈牙利平原为基地，向巴尔干半岛、意大利、高卢四处攻掠。

匈奴人和日耳曼人在那个时代正处于由部落社会向国家过渡的一个关键时

期，他们从农业社会学到了一定的先进技术，但他们却有农业社会不具有的优势，他们掌握了当时最快的机动方式——骑马和最致命的武器——弓箭。另外，他们整个部落全民皆兵、全民作战。因此，一旦像中国的西晋王朝和罗马帝国处于衰败的情况下，他们就没有能力应付匈奴人和日耳曼人这种集中的迅速的和可怕的袭击。匈奴人的凶猛残暴令欧洲人人恐惧，他们的侵略使罗马人、高卢人、日耳曼人只能联合起来共同抵抗，最终这支不太可靠的联军于451年在高卢北部的沙龙击败了阿提拉的来犯。

此后，又有一些日耳曼人部落逐渐迁徙、定居、建国。

勃艮第人在5世纪从东北欧渡过莱茵河后在高卢东南部定居，建立了勃艮第王国。

盎格鲁人、撒克迅人、朱特人则趁罗马军队从不列颠岛撤出、凯尔特人内争之机开始登陆不列颠岛，驱逐凯尔特人，迫使他们进入威尔士、苏格兰和布列塔尼。

此时的西罗马皇帝在意大利拉温那的小朝廷里，由日耳曼人军事长官操纵废立。公元476年，军事长官奥多维克废掉了西罗马帝国的最后一个皇帝——罗幕卢斯·奥古斯都，西罗马帝国就此灭亡。

但是不久，定居于巴尔干半岛的东哥特人在其首领狄奥多里克的率领下进军意大利。经过5年苦战，他们消灭了奥多维克，占领了意大利，建立起东哥特王国。

杰出的日耳曼斗士克洛维于486年，在高卢北部建立了法兰克王国，接着征服并占领了高卢南部。到511年，克洛维去世时，法兰克王国已据有大部分高卢和莱茵河两岸地区。克洛维建立了一个延续两百多年的墨洛温王朝，使法兰克王国成为日耳曼人诸国中最强大巩固的国家。

然而，幸存的东罗马帝国即拜占庭并没有放弃光复旧日的梦想。527年查士丁尼登上帝位，他以消灭日耳曼人国家、恢复罗马帝国故土为己任。533年他乘汪达尔王国内乱之机，派战将贝利撒留率军渡过地中海登陆北非。贝利撒留经验丰富的军队经过激战灭亡了汪达尔王国。535年，查士丁尼又借口东哥特王国发生内讧，派贝利撒留率大军攻入意大利，可是东哥特人没有轻易屈服，意大利民众也不欢迎东罗马帝国的专横统治。经过 20 年的反复征战，弄得意大利遍地荒芜、民不聊生。

拜占庭人对哥特人、汪达尔人的胜利占领意大利和北非是短暂的，但是它最大的影响是在意大利方面，它使罗马教皇摆脱了不信罗马正统教会的东哥特人和汪达尔人的威胁，这样罗马教皇就在意大利中部逐渐巩固了他的阵地，趁着拜占庭帝国势力衰微，罗马教皇的势力在意大利就膨胀起来。另外，拜占庭战胜东哥特人，实际又没有能完全征服意大利，给意大利留下了一个四分五裂的局面，使意大利在后来的一千多年，长期处于割据状态，这对后来意大利北部城市的兴起和罗马教会势力有一块巩固的根据地有比较深远的影响。东罗马帝国直到 554 年才征服了东哥特王国，幸存的人被迫迁出意大利，查士丁尼最终完成了这一使命。同年，东罗马帝国又占据了西哥特王国，位于西班牙南部的一小块地区。但是，即使是这样，残梦也不长久。

公元 568 年，伦巴德人越过阿尔卑斯山，很快就占领了刚被东罗马收复的意大利。随着伦巴德人的迁徙，从遥远的东亚大漠西迁的阿瓦尔人，此时终于进入了欧洲。他们迫使在第聂伯河到维斯杜拉河之间的斯拉夫各部落向西向南迁徙，进入日耳曼人已迁走的地区。

斯拉夫人在劫掠之后就返回多瑙河北岸，后来随着其势力不断增大，便越过多瑙河与东罗马军队直接作战。他们大批进入了巴尔干半岛，那里大部分地区的居民斯拉夫化了，并形成了今天的塞尔维亚、克罗地亚、保加利亚等国家的雏形。

601 年，斯拉夫人与东罗马军队交战。在 626 年，甚至围攻了君士坦丁堡，他们后来在多瑙河附近的潘诺尼亚定居下来。而由亚洲迁徙而来的保加尔人与斯拉夫人混合形成的保加利亚国家，开始成为东罗马帝国的劲敌和心腹之患。

7 世纪时，居住在阿拉伯半岛上的阿拉伯人，在伊斯兰教的感召下走出了家园。从 622 年起，他们在几十年的时间里就征服了西亚、北非地区，最后攻占了西哥特王国的西班牙，将东罗马帝国的领土缩小到小亚细亚和巴尔干一隅。

波斯的萨珊帝国被阿拉伯人完全征服了，一个横跨亚、非、欧三洲的阿拉伯帝国逐渐形成了，彻底改变了世界的版图。

伊斯兰教崛起之后，欧洲也出现了一次建立帝国的尝试。原处于欧洲西北部的法兰克王国，在751年由加洛林王朝取代了墨洛温王朝后，这个王朝的第二代国王查理曼，开始了全欧洲的征服。中欧的巴伐利亚萨克森诸部落，高卢南部的勃艮第、阿奎丹地区，都被其并入帝国之内。

800年，查理曼已成为欧洲最强有力的君主，被罗马教皇加冕为罗马皇帝，似乎一个新的罗马帝国又将出现。但843年，他的孙子将帝国三分，构成了法兰西、德意志、意大利国家的雏形。

大约在9世纪中叶，不列颠岛上的七国也初步统一，而有了全英格兰的观念。

在欧洲的另一端，基辅罗斯国家也由诺曼人留里克建立。

从公元800—1000年，亚、欧、非原来的几个大帝国分裂成了多个小国。例如，亚洲的唐朝帝国分裂为五代十国，印度受阿拉伯入侵影响形成新兴诸国。同时，公元800—1200年是封建社会的形成和发展时期。欧洲和西亚宗教斗争激烈，发生“夺回圣地”的十字军大远征。

公元1200—1400年，成吉思汗及其继承人建立了蒙古帝国，其疆域覆盖了从朝鲜半岛、西北印度、巴格达至俄国、波兰、匈牙利等中亚、西亚、东欧和中欧等地。元朝因为军事、政治、经济和外交等原因而建立的驿站、交通制度，使得东西陆路通道大开，有力地促进了商旅往来和文化交流。一方面，中亚和西方的药物、织品、历法输入中国；另一方面，中国的火药、造纸、印刷术和茶业、丝绸等东方文明和传统物质远传西方。

14世纪后期，以欧洲为中心爆发了黑死病，欧洲人口锐减1/3。在黑死病未袭击的地方，如非洲、美洲，则经济繁荣，文化发展。

意大利发动了文艺复兴运动，并影响了整个欧洲。亚洲、欧洲商人积极参与非洲的贸易活动。15世纪初期，中国明朝的永乐皇帝派郑和7次下西洋，历经亚非等30多个国家和地区，到达了非洲东海岸和红海岸，进行了物资和文化交流，是世界航海史上的壮举。

此后，葡萄牙人发现了通往印度的新航路，哥伦布横渡大西洋获得成功，新航路的开通，以地中海和波罗的海为中心的市场开始萧条，大西洋、印度洋成为世界市场的动脉，这一切推动了经济全球化的进程。

总之，这次亚欧大陆的民族大迁徙，虽然有一些不良的后果，但也是社会进步一个必不可少的环节。当时，无论是中国的东汉到西晋，还是罗马帝国，使原有的社会制度都处于崩溃和衰败的情况下，经济凋敝、内战频仍、人口减少，造成后来新的国家、新的社会制度、新的经济和新的人口构成的一个大分化、大改组，往往在这一段可怕的时期过去以后，会出现人口的更大量的增长，新的更强盛的帝国，这就是亚欧民族大迁徙的结果。这样，就在中国由汉朝到唐朝这两个盛世的历史中间期，欧亚大陆及北非经历了一次次民族大迁徙。古代国家与古典文化，经历了大分化、大重塑。中古世界的政治与文化新布局开始显现出来，人类历史进入了一个新的发展时代。

（二）基督教教义影响下的中世纪金融

基督教中禁止收取利息的规定，有着悠久的历史。

早在公元前621年，耶路撒冷圣殿的大祭司希勒家按照国王约西亚的部署，宣称他在修理圣殿时发现了一部摩西传下来的“律法书”。于是国王召集人民宣读此“律法书”，此即现在的《申命记》中的一部分。约西亚本来的改革有多项，其中与金融相关的规定有，“禁止放高利贷，将债务奴役期限缩短为6年，规定债务奴役期满后债主必须付给一定的报酬，逃亡的债奴不必送回原主，而是给予自由和重新做一个独立的生产者的机会”。①

基督教禁止收取利息在《尼姆根誓师令》和《申命记》中都有规定，基督教认为，所有有利息借贷的行为都是不劳而获的劣行，是教会规则中明确要下

① 王美秀等．基督教史［M］．南京，江苏人民出版社，2008：4.

地狱的行为。因此，当时社会的上层人士是不屑于从事这类职业的。于是，放贷收息的事情就交给了犹太人专门去经营。基督教区禁止犹太人从事农耕，基督教徒又不愿意在犹太人老板手下打工，也禁止了犹太人从事手工业。这样，“卑贱的”犹太人被拒绝从事“高尚的”职业，无路可走，只好从事“下贱”的金融职业，最终金融业和流通业几乎成了犹太人专营的职业。犹太人也成了“不劳而获，贪得无厌”的代名词。教会又一再重申，任何利息都是非法的，不受保护的，可以剥夺的。

到公元6世纪，统治亚欧边界的拜占庭帝国仍然禁止放款取息，规定一般利率不能超过6%，海运领域12%，贷给宗教组织不能超过3%。但是在西欧却不同，城墙高筑，人们处于封闭的城堡寺院的监护之下，东方来的交易商被称为“叙利亚人”，就在这里从事货币交换、吸收存款、发放贷款。

到公元789年，查理大帝又把禁止放款取息的规定扩大到非宗教界，并且改革了币制，叙利亚人在西方舞台上消失，此后二三百年中没有信贷活动，但在犹太人那里或修道院还可以看到金融交易。当时被逐出巴勒斯坦的犹太人在西方寻找生路，重新操起商业和金融业务来，向罗马的交易商发放抵押贷款，但他们常常被驱逐，漂泊不定，就整个中世纪来说，犹太人的金融活动相对而言是活跃的。

11世纪，基督教在与伊斯兰的对垒中逐渐占了上风，收复了失地，在和平的环境中，他们重新发现了银行的重要性而去开办银行。亨利八世脱离罗马教会后，有息放款在英格兰开始被接受。1545年放宽了1487年和1495年的高利贷禁令，并将利息的收取限制在10%以内。爱德华六世重新禁止征收利息，但1571年伊丽莎白一世又将这一禁令取消了。

从此以后，对具有高利贷性质的利息的下限额度一再下降，詹姆斯一世时期的1624年规定为8%，查理二世时期的1660年为6%，安妮女王时期的1713年为5%。1668年，商人兼金匠的东印度公司董事乔赛亚·蔡尔德爵士主张将允许的利息水平从6%降到4%，以求能像荷兰人那样廉价地获得资本。

尽管还有教会的禁令，但是从 12 世纪到 14 世纪银行交易毕竟发展起来了。银行复兴运动是由意大利北部商人发起的，热那亚、佛罗伦萨、威尼斯是金融复兴的中心。除商业和金融界外，人们也接受了高利贷，特别是那些为生活所困的人们无奈地求助于高利贷，这些在一定程度上也促进了银行业的发展。

二、中古世纪金融业的发展

查理大帝（Charlemagne，约 742—814 年），后人也称他查理曼，是法兰克王国加洛林王朝国王（768—814 年），罗马帝国的奠基人。他建立了囊括西欧大部分地区的庞大帝国，罗马帝国鼎盛时的疆域面积约为 330 万平方公里[①]，包括了所有以地中海为界的国家，并且大力发展贸易，于 781 年，他决定停止使用一切旧的铜铸币，而代之以成色上好、重量准确的银币，并将这种新币的铸造集中于罗马。

公元 800 年由罗马教皇加冕称帝，号为“罗马人的皇帝”。他在行政、司法、军事制度及经济生产等方面都有杰出的建树，并大力发展文化教育事业，引入了欧洲文明。查理大帝死后不久，帝国就出现了分裂。843 年他的三个孙子各自为王，东法兰克王国成了以后的德国，西法兰克王国成了以后的法国，东、西部之间的地区则成了以后的意大利。

---

① 查理大帝，法兰克王国加洛林王朝国王（768—814 年）和查理帝国皇帝（800—814 年），曾征服西欧大部分地区，是西欧中世纪初期最强大的统治者。查理是加洛林王朝开创者丕平之子，于 768 年继位，与其弟卡洛曼共治，771 年其弟死后成为全法兰克国王。774 年查理趁罗马教皇求援之际，攻占意大利北部的伦巴德王国，自兼伦巴德国王，并进军罗马，控制意大利半岛大部分地区。772—804 年，查理经过多次战争，征服了萨克森和其他中欧地区。778—801 年与统治伊比利亚半岛的阿拉伯人交战时，夺得埃布罗河以北的土地，在半岛北部建立了西班牙边防区。788 年合并巴戈利亚，796 年打败游牧部落阿瓦尔人，占领多瑙河下游。查理曾抵御诺曼人的入侵，控制弗里西亚和布列塔尼，并进攻易北河地区的斯拉夫人部落，迫其臣服。查理统治期间对外进行了 50 多次战争，使法兰克王国成为控制西欧大部分地区的大帝国，疆域西临大西洋，东至易北河及波希米亚，北达北海，南抵埃布罗河及意大利中部。查理于 800 年圣诞节被罗马教皇加冕为“罗马大帝”，史称查理大帝，法兰克王国遂称为查理帝国，以亚琛为统治中心。

罗马人的通货不仅仅在其广阔的本土上使用流通，而且还在帝国的疆界之外进行流通。此外，从凯撒大帝开始，银币的正面都有罗马皇帝的头像，使货币的铸造成为了罗马皇帝的个人特权之一。

新币之所以选用白银铸造，乃是同当时白银的产量有关的。新币的基本单位为德尼安①。每德尼安含银量约2克左右，比起旧币的罗马德尼安来，重量大大减轻。当时，金银的比值约1∶12。查理大帝希望以金币苏作为参照，因为金币苏的币值稳定，于是，按照当时金银比值，规定1苏=12德尼安。这样，苏实际上已难以独立存在；它成了主币，而德尼安则成了辅币。（1镑=20苏，1苏=12德尼安，1镑=240德尼安。）

由于当时的伊比利亚半岛处于伊斯兰教统治之下，因此，这项币制仅仅被推广到除伊比利亚半岛之外的西欧地区。事实上，早在征服者纪尧姆之前，诺曼底人在9世纪初就已经把这种币制推广到了英国，且一直持续到英国1971年币制改革，即1镑=20先令，1先令=12便士。今天，便士以符号£为象征，则可见它与德尼安的历史渊源。

到了12世纪下半叶，查理大帝的后继者们如弗雷德里克·巴尔贝罗斯时代，德国德尼安—芬尼，薄如纸片，以至于无法在这种钱币的两面同时雕刻。至于威尼斯的德尼安—德纳罗（denaro），重仅0.4克，含银量不超过150‰。同一时期，路易十三王朝，巴黎铸币局每马尔克切割铸成192枚德尼安，按规定，每马尔克重半斤。所以，这种德尼安仅重1.3克。除了重量减少之外，更为恶劣的是它的含银量也减少了。苏与镑虽然继续分别代表12德尼安与240德尼安，但与德尼安同等比例贬值；镑由此与斤脱钩。货币贬值的态势一直持续下去。

而在法国，重量单位各省迥异。比如，都兰通用的图尔·马尔克（marc tournols），重量只抵巴黎通用的巴黎·马尔克重量的1/5。菲利浦·奥古斯都于

---

① 将1斤白银分铸成240枚德尼安；此1斤折18盎司，约合今日490克。

1205 年吞并了都兰，以图尔铸造的钱币为基础，把第二种货币体系引进王国领土：1 图尔德尼安 =4/5 巴黎斯德尼安，因此，图尔苏值等于把图尔货币完全取代了巴黎的货币。

在西欧诸国中，英国是货币稳定的典范。它的便士（重 1.5 克），自征服者纪尧姆王朝以来，未曾有过变动，12 世纪末，便士成为少有的几种纯银钱币之一，名曰“爱斯达尔林（esterlin），由于币值稳定而备受青睐。爱斯达尔林一词源于英语“斯达尔林”（sterling），而斯达尔林一词又是盎格鲁·撒克逊语“爱斯达尔林”一字的派生词，意指东方人，所谓的东方人，即经常出入伦敦货币大厦的汉萨与荷兰商人。

12 世纪末，由于十字军远征，新的贸易潮流在欧洲与地中海一带涌现，4 种货币在国际市场上日益受到追捧，它们分别是三种金币，即比尚斯贝桑、阿拉伯蒂纳尔、西班牙马拉微蒂斯（maravedis）和一种银币（英国爱斯达尔林）。

自 1192 年始，威尼斯共和国发行了一种银币，即“格罗索”（grosso）（含银 2.3 克），成色 965‰。格罗索也称为“马达邦”（matapan），因为第一批马达邦是在威尼斯执政官亨利·丹多罗帆船战舰上铸造的，当时战舰正在马达邦海洋面上巡航，最初马达邦 =24 威尼斯德尼安（即 =2 苏）。1284 年之后，又添增了一种金币：“都卡”（ducat）或称“赛根”。

为了巩固统治，查理在边境地区设立“马克”（边区），委派藩侯统辖，其地区划分为伯爵辖区，任命伯爵全权治理，对帝国境内各部族的法律进行修订。经常派伯爵和主教两人巡行各地，对地方行政、司法和宗事务进行监督。他还封赐贵族和教会许多有特权的领地，规定拥有一定数量土地的人必须在伯爵或领主率领下服军役，而土地数量不足者则需供养从军者。这些措施促进了封建领地制的发展。查理和封建主都以领地内的庄园作为主要收入来源。他曾发布《庄园敕令》，详细规定庄园的组织和生产管理，反映了庄园具有自然经济和以农奴劳动为主的特点。查理利用罗马天主教会作为巩固统治的工具。他拥护罗马教皇，加强各级教会组织，命令居民严守教规和缴纳税收，使天主教会进一步巩固了在西欧经济、政治、文化上的统治地位。查理重视文化教育，设立学校，罗致欧洲知名学者前往讲学，派人收集和抄写大量古典文献，督促贵族和教会人士致力学习，这些成就被西方史学家称为“加洛林王朝文艺复兴”。查理死后不久，查理帝国即告分裂。当时，1 都卡 =48 威尼斯苏（换言之，2 镑 8 个苏）；都卡一名来自该金币背面铸刻有圣·马克授职执政官的肖像，而赛根一名则来源于“赛加”（Zecca）（威尼斯铸币局），而威尼斯铸币局所以取名赛加，又是源自阿拉伯语“柴卡”（sekka），意即铸造货币的一角之地。

佛罗伦萨比起威尼斯来，受物价飞涨之苦较轻。直到 1235 年才发行银佛罗伦（florin），1 银佛罗伦 =12 德尼安，亦即 1 苏。佛罗伦萨的商业欣欣向荣，17 年之后又增加了一种金佛罗伦，1 金佛罗伦相当于 20 银佛罗伦，亦即 1 里拉。

1266 年，法兰西王圣·路易下令铸造金、银两种货币，银币取名“格罗”（gros），金币取名“埃居”（ku）和“阿涅尔”（agnel）。1 格罗 =1 图尔苏；1 埃居 =10 图尔苏；1 阿涅尔 =10 巴黎斯苏，亦即图尔货币 12 苏 6 德尼安。埃居与阿涅尔的名字来自该两种货币分别铸刻有盾牌和复活节羔羊像。

不久，金与银高值货币名称各异，充斥欧洲全境。其中，某些货币，如都卡与金佛罗伦普天之下备受欢迎。不过，德尼安却未因此而被淘汰；只是在某些国家里，德尼安大大贬值，以致不再予以铸造，仅用来作为没有实际价值的辅币而已。

除了西班牙的马拉蒂微斯（随着世纪的流失，它逐渐成为银币而后又成为含银铜币，最后成了铜币），其余高值货币，就其重量与成色而言，极少贬值。话虽如此，政治当局仍然改变德尼安的价值（连带着德尼安的倍数币，苏和镑也受到了影响），规定某一种钱币相当于若干或若干德尼安。因此，计算货币——易于贬值——与结算货币——相对稳定——事实上分离脱钩。例如，格罗的价值经圣·路易于 1266 年确定为 1 格罗 =12 德尼安，到了他孙子美王菲利浦时代，1290 年，1 格罗换取 13 德尼安，1295 年换取 15 德尼安，1301 年为 20 德尼安，1303 年为 39 德尼安……由于所有的合同按照法律规定，均以镑、苏及德尼安开立，德尼安的贬值等于货币的削弱。美王菲利浦在历史上被称为“伪币制造之王”不是没有道理的。

由于金银比价经常发生变动，导致货币价值随之变动，于是政府不得不减轻金币的重量或者提高金币的价值，否则，金币将被个人储存起来或者运往国外。加之，各国对待金银的货币政策各异，使得当时的货币控制比较复杂。比如14世纪中叶，法兰西王善人让把黄金与白银的比值下降到11.11，而英国的爱德华三世仍把它维持在11.75。结果，白银大量流向法国。爱德华三世最初曾对一些商人处以绞刑和磔刑，但结果并不满意。在14世纪的英国，黄金用来铸造货币远不如用白银更为普遍，就是为了避免类似的问题发生，热那亚共和国于15世纪中叶决定采用金本位制，与所有其他欧洲国家不同，后者始终维持复本位制。

事实上，贵重金属的市价，与其他任何商品一样时涨时落。每当涨势见诸端倪，行政当局便削弱币值，否则，货币的铸造将成亏本买卖；再当落势出现时，遂提高铸币税。长此下去，德尼安、苏及镑只能越来越贬值。

善人让于1360年下令铸造的金币，命名为“法郎”，含纯金3.87克，相当于白银约43克。两个世纪后，亨利三世时，可以用1镑换取1新币，也称1法郎，但这种新法郎是含纯银11.72克的银币，并且下跌趋势持续了很久。

至于当年君士坦丁时期所选择的货币名称苏此刻早已过时，渐渐失去了它的意义。

三、文艺复兴时期的货币

14世纪，在意大利的佛罗伦萨、威尼斯等地，工商业已经有了长足发展，一些城市还出现了资本主义萌芽，新兴资产阶级开始走上政治舞台，他们需要新的意识形态，对他们所追求的政治、经济利益辩护，他们需要新的学术、新的文化，为他们所做的一切给予支持。这样，一种完全崭新的近代精神就产生了，文艺复兴是反对神权、反对封建的新文化运动，成为托起近代欧洲的力量。

文艺复兴的背景正值黑死病和中古晚期的封建主义危机。14 世纪中叶，欧洲饱受黑死病的摧残，大瘟疫夺去了欧洲 2/5 的生命，大瘟疫继续在整个欧洲大陆肆虐传播，伴随而来的是封建主义危机所带来的饥饿、战争、愚昧、冷漠、迷信和死亡，大瘟疫、秩序紊乱和经济崩溃给所有的人带来了空前巨大的压力，欧洲进入了全面崩溃的动荡时期。然而，中世纪开始隐退，新时代就此诞生。

对知识和创造力的热情带来了许多的新思想，也鼓励了探索，包括哥伦布的地理大发现和伽利略的新宇宙理论。人文主义者把伽利略的理论作为基础，通过这些大发现，把知识用于发展对宇宙的全新的认识。著名的阿米拉里半球即为梅迪奇家族所制作，也以此展示他们的财富和权势。此外，文艺复兴时期，教育兴邦的观念产生了，近代的高等教育在牛津、剑桥这样的大学里诞生了。

到 15 世纪下半叶，地中海商业式微，巨大的交易流转向大西洋。其中，代表性大事件有：土耳其占领了君士坦丁堡，葡萄牙立足非洲，摩尔人被逐出西班牙，哥伦布发现美洲，达・伽玛打开通往印度的南方路线，贵重金属大量涌入而传播于整个欧洲。

16 世纪初期，非洲黄金开始源源流入里斯本，促成里斯本铸造了“克鲁柴多”（cruzados），新大陆的黄金流入塞维利亚，塞维利亚人把它铸成了“埃斯库多”（escudo）和“比塞多尔”（pistole）（等于双埃斯库多）。

1520 年左右，从美洲运来金银。同时，由于冶金技术的进步，中欧地区的古老矿藏提供的白银产量也不断增加。就是这样，不来梅的圣・约阿基姆斯达尔矿藏使得施利克伯爵得以铸造了“达莱”（thaler），该钱币重约 30 余克，因此享誉甚高。

1530 年之后，新大陆的白银产量大大提高，促使西班牙人在产银地开办铸币工场，如墨西哥城、利马、波托西等城市。西班牙美洲币由此问世。该币背面铸刻有圆形柱身，易于辨识；这是大力士海格利斯圆柱单线条勾勒图案，重大航海事件的象征。这些钱币大部分为银“雷阿”（rea1）或称“皮阿斯特”（pmstre），1 皮阿斯特 =8 雷阿，亦称“元”，因为它们与日耳曼“达莱”极相类似。

西班牙人腰缠大量的银锭与银币，他们用其中的一部分购买国外商品或雇用劳工移民。如此，光闪闪的贵重金属充斥欧洲。如果说，贵重金属荒虽然消失，但货币的稳定性并未因此得到保证。各国，甚至在西班牙，行政当局无一不等待机遇，做出权宜，以图维持国家预算平衡；外国货币的竞争，黄金与白银市价的变动，给当局提供了方便的借口来变更货币。

就英国而论，过去曾经是货币稳定的样板，只需几年工夫，在亨利八世王朝的末年，它的钱币成色也从含银量37/40下降到10/40。伊丽莎白女王，在托马斯·格雷沙姆建议下，费尽气力才得以恢复旧日的秩序。1560年，女王政府出资回收大大低于面值的成色低劣钱币，回炉重新铸造含纯银量37%的钱币。1601年，女王王朝末期，她明确规定一先令的规格：每1特鲁瓦斤白银必须切割铸成612枚先令，也就是每先令含纯银5.6克。伊丽莎白的改革重新恢复了英国在国外金融市场上的威信，在国内，货币改革反应强烈，但物价飞涨并未就此停止。在英国、西班牙，在整个欧洲，16世纪整整一个世纪中，粮食及其他商品价格不同速度地不断上涨。100年间，上涨了三四倍。

1577年的一项法令禁止使用计算货币并规定此后所有价格均需用硬币开立。这种硬币的重量与成色不变，即金埃居（最初，1金埃居相当于3镑或60苏）与银埃居（20苏），辅币则用铜铸。除几种重量与成色为人所悉的西班牙钱币外，所有外币一律禁止流通。

1602年，亨利四世恢复使用镑、苏和德尼安来计算账目，重新开始准许外币流通，把埃居的价值提到65苏，等于贬值近10%。

四、纸币的起源和发展

造纸、印刷术都是由中国发明的，自然，中国也成为了世界上纸币的发源地。

早在公元前11世纪的西周时期，民间就流传一种称为“里布”的布币，充当物品买卖的媒介。

春秋战国时期（公元770—前256年），民间出现了一种“牛皮币”的交换媒介，流通于市肆里坊。在金融史上，最为人们熟知的当推西汉汉武帝元狩四年（前119年）发行的“皮币”，它是用上林苑饲养的白鹿皮作为币质，再绘上彩画，作为王侯、显贵们朝觐和聘享时进贡的物品。

唐中期宪宗时期（公元806—820年），为解决铜钱转运困难问题，商人们创制出了一种“飞钱”，为方便商人异地取钱，带有汇兑性质的票据。但它只是一种信用货币，已初步具备了纸币性质，可以说是中国纸币的滥觞。

纸币真正出现是在北宋真宗年间（公元998—1022年），约公元10世纪末11世纪初。那时在中国的川、陕地区流通铁钱，给商人们交易带来很大不便，于是由成都十六户富商联合发行了一种信用券——交子。交子以铁钱为本位，面额为1贯至10贯10种形制。

宋仁宗天圣元年（1023年），朝廷设置益州交子务，交子正式成为官方发行的流通纸币。官定两年为一届，到届以旧换新。北宋交子保持了币值长达六七十年的稳定。由于北宋后期政府为了获取更多的财政收入，强行让两千多万贯交子进入流通领域，引起通货膨胀而崩溃。到了南宋，纸币成了流通领域里的主要角色：江南流通会子，淮南流通淮交，湖北流通湖会，四川流通川引，形成了东南诸路贸易十分密集的商品市场。

发行和使用纸币，是宋朝政府的重要创举，它适应了商品经济的发展和商业信贷关系的兴旺发达，它给商品贸易带来了极大的便利，它在南宋金属货币极度短缺的情况下，为商品交换提供了便利，是中国古代通货管理方面的重要创新。宋朝纸币经历了从可兑换纸币到国家强制性流通的不可兑换纸币的发行过程，为政府的滥发开了方便之门，最后导致纸币价值的大幅度下跌，彻底动摇了南宋经济的基石，使中国历史上第一次广泛使用纸币的尝试以失败而告终。

在金朝120多年的历史中，前后使用过4种货币：铜钱、铁钱、纸币、银币。到了金朝后期，铜钱被废弃，纸币成为唯一流通货币。金交钞发行于贞元二年（1154年），发行初始，以七年为限，届满换发新钞。到了大定二十九年

（1189 年），金朝政府制定换钞法，废除七年厘革限制，金交钞成为永久流通货币。换钞法是政府的一个重要举措，它虽取信了商人，并积极促进了货币流通，但也给通货膨胀埋下了隐患。金朝后期，政府为了摆脱财政危机，不顾金银货币储备的缺乏，采取限钱重钞、滥发纸币的政策，造成了金朝钱币制度的紊乱和恶性通货膨胀，直接导致了金王朝的灭亡。金交钞是继唐朝飞钱、宋朝交子、会子后又一次大规模流通纸币，其前后流通了 80 多年，它对社会经济的发展起到了积极的作用，它对元朝纸币的产生有着不可估量的影响。

有元一代的钞法在中国货币史上有着特殊的地位。元世祖中统元年（1260 年）发行中统元宝，后称为中统元宝交钞，在全国流通了 20 多年。交钞币值稳定，百姓视钞如金。元世祖至元二十四年（1287 年）发行至元宝钞。至元宝钞发行后不久，全国大规模农民起义爆发。元朝政府为了镇压农民起义，军费开支与日俱增，加快发行交钞试图增补军费，使社会矛盾更加激化，最后导致元朝财政制度的崩溃和钞法的失败。元朝建国初始，政府在纸币管理上的规范化、制度化，使社会经济发展迅速，促进了全国的南北统一。中统钞的发行，标志着元朝纯纸币制度的确立，从而改变了以白银为价值尺度的旧币值，国家的一切经费出纳都以纸钞为准，商旅货运尤以纸币轻便为先。元朝政府制定系统的币制政策，如纸币无限法偿、设立平准库、金银买卖维持钞价、国库储备金作钞本等，至今仍有着借鉴意义。有关元代纸币的描述在《马可·波罗游记》中有记载。

明朝建立初期，由于铜材奇缺，铜钱供应严重不足。明朝政府在洪武七年（1374 年）议行钞法，在洪武八年（1375 年）发行大明通行宝钞，宝钞面额分 100 文、200 文、300 文、400 文、500 文、1 贯 6 种。每宝钞 1 贯值铜钱千文，等同白银 1 两，宝钞 4 贯合黄金 1 两。政府又规定百文以上用钞，百文以下用钱。明初政府实行大明宝钞制度，自始至终是政府发行不兑换纸币制度，纸币流通完全依赖国家强制性推行。明朝政府为了推行钞法，禁止金银、铜钱流通，形成了以纸币为主、铜钱为辅、钱钞兼用的货币制度。

大明宝钞是明代唯一由国家发行的纸币，大明宝钞流通不过百年就急遽贬值，弘治、正德以后基本上退出流通领域，但宝钞制度却始终如一，成为中国古代纸币形制中最为规范统一的纸币。大明宝钞在多元化货币结构中，并不具备铜铁钱或贵金属货币的价值，它在没有铜钱做准备金的前提下，实施不兑换的宝钞流通制度，给宝钞的滥印创造了条件，使宝钞的发行成为政府获取财政收入的一种手段、一种把财政危机转嫁给民众的卑劣伎俩。所以，政府制定的币制改革决策往往得不到贯彻执行，使得宝钞发行 20 多年后很快被逐出流通领域。

第三节　地中海贸易与金融

一、伦巴第人与欧洲金融业

在欧洲，10 世纪以后城市商业经济的兴起，对以宗教、土地和骑士为基础的封建统治构成巨大的冲击。商人和自由职业者对军阀和僧侣的替代，促进了商品生产的发展。商品流通区域的不断扩大，要求价值尺度和流通手段不断统一，银行业不但为社会所需要，而且变成了一个盈利优厚的行业，加之随着历史的进步，宗教信仰在部分人心目中的降低或丧失，盗匪兵燹，寺院保管经营的安全受到了愈来愈大的威胁，于是，古老的寺院银行业逐渐停止，私人银行业则以一种生气勃勃的气势不断地壮大成长起来。

地中海地处欧、亚、非三大洲之间，重要的地理位置和便利的水上交通使它很早就成为世界东西方贸易往来活动最频繁的地区。11 世纪至 15 世纪，地中海沿岸的一些城市，如威尼斯、热那亚、比萨、佛罗伦萨、米兰等，逐渐地繁荣起来。这些城市坐落在意大利北部的伦巴第地区。这里的商人，把东方的香料、宝石、绸缎等输入欧洲，同时，又从欧洲输出呢绒、金属制品等。约在公元前2世纪形成的著名的“丝绸之路”就使中国古代丝织品等商品源源不断地运往地中海沿岸的国家，并经此进入欧洲市场。

东西方的贸易大大地推动了欧洲封建经济的发展，特别是行会手工业的发展，从而使得西欧在城际之间、国际之间的集市贸易十分繁荣和发达。12世纪至14世纪，先后出现了具有全欧意义的“香槟集市”和“汉萨同盟”。这些城市和集市，既是商品交易的中心，又是各类货币荟萃的场所。从各个国家和地区来的商客，要把自己的货币变换成受销货者欢迎的货币方能成交。

佛罗伦萨商人一边和热那亚、比萨、威尼斯交易联系，一边也与罗马教廷保持接触，教廷为了回报得到的好处，便向商人们提供某些保护，金融交易通过商人的手得到了发展，不仅操纵金银货币，而且使用汇票办理信贷业务，以汇票形式在某日为某贷户向某人付款。两地银行间的现金转移为互相轧差，余额转到下期。意大利的这些“银行”被称为“兑换商的桌子”，生意砸了，就是桌子破了，破产了。所以英文的破产是bankrupt。商人求助于名气大的银行家，银行家收取代理费，他们是英国商人银行和承兑所的先驱。不过，意大利的银行本身除办理银行业务外，他们往往保留着一种纯生意的职能，比如经营羊毛、丝绸等生意，他们以公司形式出现，以各自创始人的名字命名于公司。意大利商人银行家被称为伦巴第人，商业银行被称为伦巴第银行，商业银行业务被称为伦巴第业务。在英国伦敦、法国巴黎现在还有伦巴第大街。伦巴第银行家在其发展过程中，曾与和寺庙银行性质相同并享有特权的骑士团进行了斗争，并取得了胜利，彻底结束了寺庙银行的历史。

伦巴第人纷纷从伦敦和巴黎赶赴香槟地区的交易会，与来自德国、意大利、比利时、西班牙的商人谈生意，因此，欧洲商业发展了，银行技术也从地中海、北海、大西洋范围逐渐走向统一。

伦巴第银行家对银行技术的提升在金融史上占据重要地位。当时各国货币制度不一，流通手段和支付手段杂乱，加上硬币短缺，伪造者时有出现，并且黄金和白银两种金属同时流通，银行的支付和清算困难很多。但是，伦巴第银行家在技术上进行了很多的创新，为后来的金融革命做好了准备。

他们的技术创新主要有：（1）存款记在账上，账本具有与公证相同的权威，受支付保护，支付承担监督管理；（2）允许客户存款透支；（3）放款有“贷款表”，放款必须有担保；（4）信贷与保险结合，如船主贷款给商人出海贸易，返回时支付，不仅提供了信贷也提供了保险；（5）买方信贷与卖方信贷，即在国际贸易中，买主支付的货币由卖方提供信用；（6）汇划转账，利用汇票市场进行汇划，为客户办理转账；（7）发明了复式记账（1336 年）；（8）发明汇票，其基础是一种资金的兑换和转移的契约，它来自一笔信用交易的再兑现的结果，在再兑现时利息隐藏在汇兑率中，汇兑率在货币行情固定的地方比不固定的地方高，固定的汇率是标准；（9）汇票背书转让，实际上称为纸币，发生于1430 年。

二、西欧金融业在波折中发展

在中世纪，只有商业和与商业有密切关系的金融活动，才能给人们带来富裕。当时，商业和金融业的发展，对农业社会产生巨大的冲击，在与外部世界的联系中，商业的这种重要作用，其本身就对进步做出了巨大的贡献。在西欧和中国，气候、地势和道路都不成为阻止人员与商品流通的障碍。相反，资源的多样性和水道的纵横交错，成了有利于促进商业和金融发展的条件。

但是，和其他经济因素一样，在中世纪的 10 个世纪中，商业和金融业经历了世界经济史上非常重要的波动。在 11 世纪以前的很长一段时间里，西欧的对外贸易基本是停滞的。此后从 11 世纪到 14 世纪中叶，商业和金融业都是一个增长的时期。在东欧平原、波罗的海沿岸和地中海区域，受人口与生产增长的刺激和基督教的影响，大大地扩大了交流的地理范围，物价不断上涨，从 1150 年到 14 世纪初大约上涨了 30%。随着利润的增长，资本的积累也迅速发展，并支持和刺激着所有从事贸易的人。这时最著名的是意大利大商业和大金融家族，以意大利一方和佛兰德为另一方通过在香槟举行的集市紧密地联系在一起。

中世纪的大规模贸易与两个地区密切相关，这两个地区最初都是相当独立地发展的，但很快它们之间便开始因为相互补充而繁荣起来。这两个地区，一个是以意大利为中心的地中海地区，另一个是北欧的狭窄海域上的低地国家。尤其是地中海，它是欧洲和亚洲既有相互冲突又有相互联系的舞台，特别是香料贸易的交通要道。经济上受低地各国的控制。

到了 14 世纪 30 年代，这种趋势发生逆转。由于人口发展过快、庄稼歉收，地方性的战争，财政破产，货币紊乱，加上 1838—1850 年的流行性疾病——黑死病，所有这一切造成长期的经济衰退，一直延续到 15 世纪中期。当时，由于土耳其人的进攻，十字军受阻，从那以后，基督教势力退到了地中海东部岛屿和爱琴海，但是，由于前一段时期发展起来的商业和金融技术以及资本集中方面的进步还有了一定的发展。布鲁日当时已经是一个重要的商业金融中心，德意志的汉萨同盟达到了全盛时期，而英格兰也开始用羊毛纺织成呢布，开始了它的第一次工业革命。到 15 世纪下半叶，欧洲又重新恢复了经济的活力。15 世纪西欧的冒险商公司，在其对外进行殖民贸易时，无不系商品经营与货币经营于一身。东印度公司、怡和洋行等都是这样的商业组织。

第三章

商业革命时期崛起的金融业（公元 1500—1750 年）

从 16 世纪开始，人类社会开始寻求突破几千年农业经济社会所形成的生产方式，而地理大发现加剧了欧洲人的冒险活动，不仅为他们带来了源源不断的黄金财富，更重要的是通过新的航线，将东方的丝绸、香料，美洲的黄金、白银，非洲的黑奴、特产等资源掠夺过去，同时世界各地的技术、文化也得到了一定程度的交流。

最早开始这一革命的是刚刚进行完宗教改革的欧洲。西班牙、荷兰、英国在 1500 年到 1700 年的不同时期分别扮演着重要的角色，而此时的中国依然保持着农业经济时代的辉煌，在经济总量上依然占有世界优势，并且迅速被卷入了世界商业革命大潮。但就深刻的社会和经济变革而言，商业革命给中国带来的变化较之欧洲无疑是逊色的。

在商业革命发展的背景下，金融业迅速崛起。随着金银流入欧洲和亚洲，经济的金银货币化程度加深，金融业在金融业务、金融工具、金融机构、企业金融、国家金融还有中央银行制度等方面出现了不少新发展、新突破。

第一节　商业革命时代

15 世纪末期，以西班牙、葡萄牙为首的欧洲国家开始了一系列的海上冒险活动。他们发现了欧洲通往美洲、非洲和亚洲的新航线。新航线的发现促进了各大洲之间的贸易和商业活动，与此同时，金融活动也日益发达起来。

商业革命时期贸易范围的扩大使得生产方式、商业组织形式都出现了变革。同时，商人在社会上的地位也大大提高。商业革命给当时社会经济带来的影响是广泛而深刻的。贸易的扩大使原来的手工业生产越来越不能满足市场的需求，工厂化的生产是当时经济发展的强烈需求。这种强烈的需求促使人类去追求科学和技术，最终导致了第一次产业革命：以蒸汽机的广泛应用为代表的工业革命，人类社会发生了翻天覆地的变化。其中，商业革命时期所积累的财富有力地促进和引致了工业革命。

商业革命使得经济货币化程度加深。从美洲、非洲流入欧洲的金银满足了当时欧洲对货币的需求，但是大量的金银货币流入也使得欧洲的物价在不到一个世纪的时间里上涨了 1 倍多。物价的上涨刺激了商业活动的发展和手工业的发展，同时商业活动的繁荣带来了信贷和公司金融前所未有的发展。

囿于当时的中国国内外环境以及传统的重农抑商的思想等限制，中国未能及时追随这场商业革命。但是随着对外贸易的发展，中国的商业组织也出现了变化，并且由于巨额的贸易顺差使得明末大量的白银流入中国。白银流入不仅仅带来了物价的上涨，也促使中国由金本位制转向了银本位制。

此时，欧洲大部分国家都采用了重商主义的思想，以此为指导来进行国际贸易。可以说，重商主义思想的兴起是商业革命的一个重要标志。

一、地理大发现

地理大发现是指15世纪末欧洲开展的一系列海外冒险活动，这种冒险活动的直接动机就是当时欧洲人对黄金和财富的追求，但是深层次的原因却是当时欧洲货币缺乏的现状和大西洋沿岸国家对地中海地区国家独霸亚欧贸易的不满。地理大发现给欧洲带来了巨大的影响。东西贸易商路的改变引起了欧洲经济中心的转移，从新大陆上运回的大量金银导致了欧洲商品的价格上涨，从而导致了欧洲的价格革命。

（一）地理大发现的时代背景

14—15世纪，欧洲的商品经济获得了长足的发展，人口的增加、新兴工业的产生、对外贸易的发展、商品的增加都要求有更多的货币充当交易媒介，然而金银货币的短缺却是当时欧洲的普遍情况。有许多大的集市都因为缺乏货币而不得不延期。

在当时，获取货币有三条途径：第一，通过与东方贸易顺差获取金银。但是当时与东方的贸易中，欧洲处于逆差地位。每年欧洲都要从东方进口大量的丝绸、瓷器、香料、茶叶等物品，所以每年都要有巨额的黄金白银流入远东。第二，在欧洲开采新的金矿和银矿。虽然从15世纪开始到17世纪，欧洲银矿和金矿有所增加。如蒂罗尔银矿、萨克桑银矿，匈牙利金矿，但这些矿产量少（如蒂罗尔银矿和萨克桑银矿在高峰时期年产量也仅70吨），难以适应当时的需求。第三，在海外寻找新的黄金资源。

推动地理大发现活动的另一个动因是东西方贸易的需求。历史上的东西方贸易，虽然断断续续进行了上千年，商路也有所改变，但是地中海地区却一直是东西方贸易的一个必经之路。因此，以威尼斯商人和热那亚商人为代表的意大利商人仰仗地理位置优势，长期把持了同东方贸易的控制权。欧洲其他国家的商人不得不以高昂的代价从意大利商人手中购买东方运来的香料、茶叶等物品。西欧各国不甘于将巨额利润拱手让人，急切想寻找一条到达远东的新航路。并且，随着土耳其帝国的兴起，原有商路时断时续，再加上阿拉伯商人也掣肘其中，欧洲贸易的利益难以得到保证。

此外，海外冒险活动还受当时的社会文化因素的影响。在中古世纪，天主教长期禁锢着人们的思想，当时的社会主流思想多来源于基督教圣经、教会创始人、经院学派与宗教法规等方面，而宗教的伦理教条本质上维护旧制度，反对人们创新冒险。在16世纪，欧洲开始了轰轰烈烈的宗教改革运动。以加尔文为领袖的新教战胜了旧教（天主教）并鼓励新事业的创造和发展。欧洲当时有很多人信奉新教，他们的艰苦创业精神受到了重视与褒扬。在新教义的鼓励下，产生了一大批的海上冒险家，并得到了更多的王公贵族的支持。

（二）新航线的发现

15世纪末，在欧洲国家对外寻找黄金的探险活动中，葡萄牙和西班牙最早开始了大规模的探险活动，两国分别重点针对亚非和美洲进行了开发。

葡萄牙在15世纪初就在唐·亨利克王子的指挥下，开始在非洲西海岸进行探险活动，开辟了对非洲和亚洲最初的航线。

1415年，葡萄牙国王诺奥一世带领一支船队越过直布罗陀海峡，侵入北非摩洛哥的休达地区。为了获得非洲南部的黄金、象牙，并与传说中富有的教士约翰王统治下的基督教王国结盟，夹击北非的摩尔人，葡萄牙决定沿着非洲西海岸进行航行探险。

1418年，葡萄牙人发现并占领了大西洋中的马德拉群岛，成为在西非海岸探险的第一个据点，此后，葡萄牙人沿着西非海岸稳定地向南推进。

1471年，葡萄牙人到达今天的加纳沿海，发现这里盛产金砂，这里后来被欧洲人称为黄金海岸。

1475年，葡萄牙探险家戈麦斯发现了生产黄金和象牙的海岸，于是称这里为象牙海岸。

1482 年，葡萄牙船队穿过赤道到达刚果河口。

1487 年，葡萄牙航海家巴托罗缪·迪亚士（约 1450—1500 年）率领一支葡萄牙船队绕过了多风暴的非洲大陆最南端（他称之为风暴角，后改为好望角）进入印度洋。

1563 年，葡萄牙人进入中国澳门。在 50 年间，他们从马德拉到达日本，在东经 150 度的地区建立了商馆。

这样，通往近东的商路彻底被水路所代替，水路无论在时间还是运输量上都远远强于原有的陆路。葡萄牙人建筑的城池控制着伊朗到印度洋的通道，没有他们的许可，所有的船只都不许通过，否则被视为海盗船，并被处以相应的处罚。这样，香料、草药、砂糖、棉花的贸易统统落入葡萄牙人手中，里斯本成为世界贸易的中心，并垄断了欧洲、印度的贸易，前期阿拉伯人的贸易彻底衰落。

1497 年 7 月，葡萄牙探险家瓦斯科·达·伽马（1496—1524 年）绕过好望角，到达印度洋。他率领 4 艘帆船沿着迪亚斯开辟的西非海岸路线准备寻找通往印度的航路。这支船队是 15 世纪欧洲装备最好、设计最周密的船队，它带有最新绘制的地图和航海图、星盘、指南针等。11 月，达·伽马船队绕过好望角进入印度洋。

1498 年，达·伽马船队到达南亚西海岸，从而打通了欧洲通往印度的新航路。这样，葡萄牙人将他们的势力范围扩大到锡兰、马六甲、苏门答腊、爪哇、西里伯斯、摩鹿加群岛，即所谓的香料群岛。

1498 年 3 月，达·伽马到达莫桑比克，由此向北是信仰伊斯兰教的若干独立的城邦。达·伽马船队的到来遭到穆斯林居民的反对，但在今天肯尼亚海岸的马林迪，达·伽马有幸遇见一位友好的苏丹，他派遣了一位富有经验的阿拉伯水手穆罕默德·伊本·马吉德为他们领航，有了马吉德的指导和有利的顺风，达·伽马船队仅花了一个多月就航行了 4000 公里横渡印度洋，于 1498 年 5 月 20 日到达印度南部马拉巴尔海岸的卡里库特港。

1499 年 7 月 10 日，达·伽马船队满载东方的香料、丝绸、宝石和象牙等名贵产品返回葡萄牙的里斯本，他们获得了 60 倍的纯利润，这样，从西欧绕过非洲到达印度的航路就被打通了。

而对美洲的开发，西班牙人走在了前列。

1451 年，哥伦布出生于意大利繁荣的港口城市热那亚的一个纺织工家庭，青少年时代他曾经当过水手，到过地中海东部、英国和非洲的几内亚等地，这些航海经历使他熟悉海洋、热爱航海活动，他熟读《马可·波罗游记》，向往东方的财富，并刻苦学习地理知识，相信日圆学说。哥伦布在与意大利地理学家托斯坎内里的通信中得到一张地图，图上标明：从欧洲向西航行可以直达东方的印度、中国和日本等盛产香料和宝石的国家，而不是向南航行绕过非洲才能到达。

从 1484 年起，哥伦布开始向葡萄牙、西班牙、英国和法国的国王游说，请求他们给予资助，让他开辟到达印度的新航路，但是均遭拒绝。直到 1492 年，西班牙驱逐了摩尔人，完成了国家统一后，卡斯提尔女王伊萨贝拉才同意资助哥伦布的航行计划。他与西班牙王室的合同，主要包括三点内容：一是哥伦布航行所需要的全部费用由西班牙王室资助；二是哥伦布发现新大陆后其土地归西班牙王室所有，但王室任命哥伦布为新土地的总督且子孙世袭；三是哥伦布将获得所发现新大陆总财富的 10%。

1492 年 10 月 12 日，克里斯托弗·哥伦布领导的舰队发现新大陆，他以为已经实现了自己毕生的梦想，找到了通往印度的新航路。但是，哥伦布发现的并不是他和西班牙王室向往的印度，而是一个在当时人们未知的新大陆中的一个小岛，哥伦布把它命名为圣萨尔瓦多，意思是救世主岛。到达圣萨尔瓦多岛上，面对土著人耳朵、鼻子等处的黄金首饰，他们兴奋不已，狂热追求。此后，他们又到达了古巴、海地和中南美洲沿线地区的一些岛屿。贪婪的西班牙人宣称：“只要美洲有金银矿，就属于西班牙人。”

哥伦布的三艘帆船先后抵达古巴岛和海地岛，但不幸的是，圣玛利亚号在此搁浅，剩下的两艘船安全驶回西班牙，向人们宣布他们惊人的发现。哥伦布至死都认为自己已到达的地方是印度，以至于至今人们仍然称南北美洲之间的岛屿为西印度群岛，称当地的居民为印第安人。但这片大陆却在哥伦布于1506年死去以后的第二年被命名为亚美利加。

西班牙人征服了墨西哥、巴拿马、智利、秘鲁，他们用的工具是火枪和大炮，墨西哥和秘鲁的古代文明被毁于一旦，各地用金子装饰的宫殿和寺院被抢劫一空。秘鲁的皇帝印卡为了求西班牙人释放他，向他们缴纳了几乎可以将囚禁他的房子装满的黄金，但就是这样也没有能逃脱灭绝人性的西班牙人之手，被判处死刑。新航线的开通对于美洲来说是一部血淋淋的悲惨史。

葡萄牙早期探险家巴比罗缪·迪亚斯曾经说过：探险是为那些处于黑暗之中的人带去光明，同时也积累财富。现代西方学者用三个G来高度概括地理大发现的动机，它们分别是英文黄金（Gold）、上帝（God）和荣誉（Glory）的首写字母。15世纪以后，西欧各国逐渐从银本位制过渡到金本位制，黄金成为各国之间、欧亚之间贸易的唯一支付手段。但是，欧洲大陆的黄金产量比较低，欧洲人越来越感到黄金的不足，为了购买东方的奢侈品，欧洲的黄金大量流向东方，这更促使了西方人对黄金的向往和追求。

14世纪的《马可·波罗游记》对印度、中国和日本的财富做了夸张性的描述。他描述印度、中国遍地黄金、香料盈野，日本的黄金多得不知如何使用，屋顶是精金，室内地面铺满金砖，这些诱惑使欧洲人不惜冒生命危险，远渡重洋探寻到达东方的新航路。

1519年，西班牙人麦哲伦（1480—1521年）率领的船队，自西班牙出发，越过大西洋，经南美海峡进入太平洋，到达菲律宾群岛，开通了美洲亚洲的航线。其后，荷兰、法国、英国和丹麦不满于葡萄牙人与西班牙人的垄断，也紧随其后，积极地开展了探险活动。从16世纪到17世纪，欧洲国家陆续开辟了一系列通往四方的新航道。

新航道的开通，将世界各个大陆连接了起来，这并不仅仅是航海史上的大事，也是贸易史上的一大转折，局部的贸易已经转换为世界性的贸易。亚当·斯密称，美洲大陆的发现和印度新航线的开通是近代史上最伟大的壮举。但是也应该看到，新大陆的发现也将美洲土著和非洲黑人带入黑暗的深渊，欧洲人对印第安人的屠杀、对黑人的贩卖，其手段是令人发指的。

（三）地理大发现的后果

1. 地理大发现导致了东西方贸易商路的改变

16 世纪以前的欧洲，所有的贸易基本上都是围绕地中海进行的，因为地中海地区是东西方进行贸易的必经之路。意大利商人控制了东西方贸易的所有商品，欧洲其他国家的商人不得不花更高的价格从意大利商人手中购买来自东方的奢侈品，因此，当时地中海一带无疑是欧洲的经济中心。但是，自新航线被发现后，一切就都变了，欧洲不仅可以从地中海出发到达远东，而且可以向南绕好望角经非洲西海岸到达东方，美洲发现后还可以越过美洲到达亚洲，这些路线的起点不是地中海，而是大西洋。从此，地中海地区就逐渐走向了衰败与萧条，到 1680 年左右，意大利已沦落为一个欧洲的末流国家，农业再度成为经济的主要部门。到 18 世纪时，连威尼斯这样曾经首屈一指的商业中心也开始一蹶不振。1734 年，土耳其与波斯之间的战争导致黎凡特地区贸易衰落，经地中海的商路彻底衰败了。

2. 地理大发现导致了欧洲经济中心的转移

新航线的出现不可避免地造成了欧洲经济中心的转移，从此，欧洲的经济中心移向了大西洋沿岸城市。1501 年，装满香料的葡萄牙货船到达了尼德兰的安特卫普。1503 年之后，葡萄牙就定期往安特卫普运货。此后，葡萄牙人就和其他欧洲商人展开了激烈的竞争。尤其是胡椒、香料等的贸易①，当时的竞争更是白热化，但是葡萄牙人还是利用丰富的殖民地取得了胜利。

① 对东方香料的需求也是刺激探险家的动机之一。香料在欧洲是一种稀有而昂贵的商品，有很多实际用处。欧洲冬天缺乏饲料，许多牛秋季便被宰杀，因此，欧洲人冬季需要腌制大量肉类贮存。东方的香料是很好的防腐剂，有的香料具有医疗功效，如丁香可以麻痹神经缓解牙痛。

1508 年，作为东印度公司的一个分支机构，葡萄牙人的佛兰德代理处成立。他们不仅从威尼斯人手中抢生意，而且把胡椒售给了英国、德国和低地国家，甚至打入了地中海地区，这样，海外胡椒就大量涌入欧洲，安特卫普也成为欧洲新的东西贸易枢纽。在安特卫普的全盛时期（16 世纪中期），每年都有上千艘的船只进出于这个港口，来自海外的商品大都在此集散。当然，这些商品都是葡萄牙从自己的海外殖民地通过不等价交换购买回来的。此时的安特卫普，不仅是欧洲的经济贸易中心，而且是欧洲的金融中心。

随着荷兰、英国、法国等国家加入海外冒险，葡萄牙的垄断地位很快遭受到挑战。17 世纪以后，随着荷兰共和国的兴起，阿姆斯特丹又挑战安特卫普，成为欧洲最大的商港，其转口贸易与航运居欧洲之冠，当时，欧洲贸易的很大一部分都是由荷兰转手的。靠着两大商业公司——荷兰东印度公司和西印度公司，荷兰进行着规模巨大的殖民地贸易。东印度公司垄断了东方的香料，并且在东南亚拥有规模庞大的种植园。西印度公司则垄断了非洲西海岸、美洲东海岸以及太平洋各岛屿的贸易特权。此时的荷兰在海外疯狂地扩张殖民地，先后从葡萄牙手中夺取了马六甲海峡和锡兰、爪哇岛，将香料贸易掌控手中。同时，占领了中国台湾，后被郑成功于 1662 年驱逐。

除了在东方，西印度公司还抢夺了西印度群岛和中南美洲大陆的西班牙、葡萄牙殖民地，进一步在北美进行新的探险活动，于 1622 年在北美建立新阿姆斯特丹（今天的纽约）。靠着先进的航海技术和大量的海外殖民地，荷兰在整个欧洲贸易中打败了其他竞争对手，荷兰成为欧洲的商业中心。

英国在 17 世纪中期国力开始逐渐强盛，并通过一系列的武装掠夺，借助于自己的经济实力向外扩张。此时的荷兰正如日中天，葡萄牙、西班牙虽然衰落，但在海外仍有大量的殖民地。1650 年英国葡萄牙战争中，英国获胜，攫取了葡萄牙殖民地的贸易特权，1655 年通过武力夺取了西班牙在加勒比海的殖民地。1652—1674 年，英国发动了三次对荷兰的战争都获得胜利，把荷属的北美殖民地纳为已有，并且通过英属东印度公司将荷兰在印度的实力也挤压出去。

英国凭借其工业实力，迅速取代了荷兰，成为西方世界的霸主，到了18世纪英国已经成为世界上拥有殖民地最多的国家，控制了大部分的殖民地贸易和东西方贸易。伦敦也成为了当时欧洲乃至世界的经济中心、商业中心和金融中心。

3. 地理大发现导致了欧洲的价格革命

新大陆的发现，使得大量的贵金属从美洲、非洲源源不断地流入欧洲。根据英国经济史学家布罗代尔的估计，在1500年时，欧洲的货币总存量为3500吨黄金、37500吨白银。从1500年开始以后数十年内，每年葡萄牙要从西非运回里斯本黄金半吨以上。在17世纪，仅从莫桑比克的莫诺莫塔帕金矿每年要运回欧洲黄金一吨以上。

美洲运回欧洲的金银较之更甚。1500—1650年，从美洲运回欧洲的黄金总量达到了181吨，通过走私、海盗、直接贸易的数量还要多于这个数字。白银的数量更为可观，1500—1650年，合法运往欧洲的白银数量达到了16886吨。以后，美洲又发现了储量丰富的金矿，黄金又一次开始流入欧洲，这次流入持续了大半个18世纪。16世纪末，尽管在同东方的贸易中仍然流出了大量的货币，全欧洲的黄金储量依然上升到119.2万公斤，白银储量上升到2100万公斤。

如此巨额的货币流入欧洲带来的一个显著后果就是物价普遍、持续地上涨。西班牙、葡萄牙掠夺的货币最多，所以它们的物价上涨最早，幅度也最大。从16世纪30年代起到17世纪，已经普遍上涨了3倍左右。

汉密尔顿曾在《美洲的财富与西班牙的价格革命》一书中列出每五年进口金银总量与物价指数的相关图表，结果两个指标的变化曲线相当吻合，这在形式上与后世的费雪方程式相符。

价格革命的后果是促进了商业和手工业的发展；同时，又削弱了传统的地主贵族的利益，这是因为，虽然各种消费品价格猛涨，但是工资却没有相应提高。在此期间，雇用工人的工资实际上是大大下降了。这样对手工工厂主来说，他们不但可以使用廉价的劳动力，而且可以按高价来出售自己的商品，从而获得双重收益。商人因为市场活跃和商品畅销而受益，同时欧洲内部价格的差异也鼓励商人在各个市场之间进行大规模的投机活动。但是在农村，按照传统方式进行地租剥削的地主贵族，却因此遭受很大的损失，实际收入不断减少。至于一般的农民，在物价狂涨的浪潮中，只能节衣缩食，勉强维持生计。这样，这场价格革命推动了手工业和商业的发展，削弱了地主贵族的利益，加速了欧洲农业经济向工业经济的转换。

二、欧洲商业革命

地理大发现以后，商品贸易获得了巨大的发展，相对于农业和手工业，商业的进步是革命性的。商业革命的产生是以贸易的扩张和商业机构经营机制及商品交换机制的变革为标志的，主要表现在以下几个方面：

1. 世界贸易量的增加和市场的扩张

地理大发现以前，真正称得上国际（洲际）贸易的也只有远东同欧洲的贸易而已。它们之间的贸易通道主要有三条：

其一，丝绸之路：从中国长安起，横穿亚洲大陆，经阿富汗、伊朗、里海、黑海，越过土耳其，到达地中海。其二，从地中海东岸叙利亚一带经两河流域到波斯湾，渡过阿拉伯海到印度。其三，从地中海南岸出发经埃及下红海过印度洋到印度。但无论怎样，地中海地区都是东西贸易的咽喉要地，所有的贸易活动都要围绕地中海地区进行。

地中海曾经是欧洲的经济中心。但地理大发现后，新开辟的航路避开了地中海向南绕好望角到达东方，也可以向西越过美洲到达亚洲。从此，东方商品大量涌入欧洲，殖民地的产生为欧洲商品找到了海外市场，美洲的发现又使欧洲拥有了大量的白银资本，凭此欧洲得以向亚洲尤其是中国购买大量的茶、丝、瓷器等商品，世界范围内的贸易圈已经形成。

商业贸易，尤其是世界贸易的空前发展对经济结构和社会结构的变革起着最原始的推动作用。市场的扩张带来了贸易额的增长，荷兰在 18 世纪末海外贸易额超过了 6500 万荷兰盾，同时对欧洲各国的贸易额超过了 15700 万荷兰盾。

英国的对外贸易额在1700年合5900万美元，在1716年约为6500万美元，到1789年约3.4亿美元，在不到100年的时间里增加了5~6倍。法国的对外贸易额在1716年合4300万美元，在1787年为2.3亿美元，在70年间增加了5倍多。

2. 交易的商品范围扩大和农产品的商业化

在欧洲，谷物、牛的贸易到达了全盛期。在17世纪，欧洲波罗的海地区谷物的年出口值相当于55000公斤白银，而牛的出口值也达到年均30000公斤白银。同时，从亚洲运来的胡椒等物也在从各港口城市流向欧洲内陆。这些贸易改变了欧洲的传统贸易形式以及支付形式。洲际贸易中，香料仍然占世界贸易的首要地位，欧洲各国激烈争夺香料贸易。

除传统贸易品种外，1610年开始，荷兰开始进口茶叶，主要购买从中国运往印度的茶叶。18世纪初，英国可以从中国直接购买茶叶。16世纪开始，欧洲从美洲进口烟叶、可可、草药、金鸡那树皮、土根。

农产品也出现了不少新的品种，当今西欧国家不少日常食用物品都是当时从外面引进来的。马铃薯是16世纪从美洲移植而来的，后大量种植，终成今日欧洲人餐桌上不可缺少的食物。玉米是哥伦布从美洲带回西班牙的，西红柿、甘薯、利马豆等也是这个时候移植过来的。甘蔗最早出现在孟加拉，后来，传到了中国、波斯、美索不达米亚等地。后来，阿拉伯人将甘蔗的栽培带到了埃及、意大利南部、西西里岛、北非等地，德语中甘蔗一词“zucker”就来源于阿拉伯语的“sukkur”。葡萄牙人在第一次航海中，把甘蔗的栽培技术带到了马德拉、佛得角、亚苏尔群岛、加纳利群岛，并且在这里建立了由黑人劳作的广阔的甘蔗园。16世纪，哥伦布又把这项技术带到了海地、古巴、墨西哥、秘鲁等地。1532年，甘蔗的种植在巴西固定下来。17世纪中叶，被巴西人驱赶的荷兰人又把它带到了安德烈斯群岛。甘蔗栽培技术在美洲流传后，随即美洲就成为世界上最大的蔗糖供给者。

咖啡原来是在穆哈栽培的，后来荷兰人将它带到了爪哇岛。1723年，法国人德库留将咖啡树带到了美洲马提尼克岛，几年后，这个岛出产了大量的咖啡。随后又传到瓜德罗普、圣多明各、圭亚那，后来法国人也在这些种植咖啡的地方种植可可，大获成功。

一些染料和建筑材料也从美洲大量进入欧洲。新型染料靛蓝出现后，马上代替原来的材料大青。最初是荷兰人将它进口至欧洲，后来主要由英国的东印度公司经销。1773—1782 年十年间，就有超过 1100 万英镑的靛蓝运到英国。象牙、橡胶也大量被进口到欧洲。

殖民地为欧洲的工业制品，尤其是为制造纺织品、火器、金属器具、船舶以及包括制材、绳索、帆、锚、滑轮和航海仪器在内的各种商品提供了很大的、不断扩展的市场。

3. 商品交换机制和商业经营机制的变革

随着世界贸易的发展，商品生产在地理上和消费市场相分离，更多的原料作为商品而生产，原料生产者也在地理上和制造商相分隔。这样，过去经常居住和工作在一起的原料生产者、制造商和消费者，在商业革命过程中日益分离。于是，商品市场、远期交易、零售商店和批发货站在当时获得很大的发展，这使得商品的交换更具有效率。

最重要的变革是商业走向了专业化。首先，纯粹的银行业务逐渐与商品交易和“委托交易”相分离。商业革命以前，英格兰、苏格兰的商人一直从事信用业务，他们向顾客贷款并进行票据贴现。后来，经常从事金融业务的商人逐渐从商品交易的商人中分离出来，从事银行业务。欧洲大陆其他国家也在缓慢地进行着商业和金融业的分离。其次，商品交易的两个兼营部分，委托交易和运输业务也逐渐分为两个独立的行业。中世纪大的商业家族都在同时进行着票据交易、委托交易和运输业务，他们的资金进行异地贸易，必须在其他国家设置特别的通信员，并且亲自缴纳关税，运转商品。这些业务由公司内部的专业部门来负责，随着时间推移，部门外的人员也接受这一业务，专门为贸易公司进行商品过秤、缴纳关税、监督装卸、租借货运马车等。再次，批发业和零售业的分离。在17世纪，欧洲大陆上的批发和零售开始分离。最后，行业区分取得很大进展。18世纪时，伦敦已经出现了超过20个的各式各样的零售商团体，有殖民地产品商、烟草商、黄油干酪商、鱼商、丝织品商、毛制品商、旧衣商、妇女用品商、铁制品商、中国物产商和其他许多商人团体。行业区分主要在一些大城市里表现得尤为明显。

4. 商人阶层地位的提高

在中世纪，受宗教观念的影响，人们对商人采取鄙视的态度，并且商人的贱买贵卖更是为社会所不容。随着商业的发展和教会改革，发财致富在新教伦理中不再视为可耻，反而视为是合情合理并且是光荣的事情。因此，商人在商业革命时期地位大大提高，不但由于拥有大量财富被世人所羡，同时他们还可以购买土地成为贵族，甚至取得议席参加国会。因此，也有人将16~18世纪称为“商业资本主义”时期来凸显商人的重要地位，并与后世的工业资本主义和金融资本主义并列。

尽管商业革命时期是农业经济时代向工业经济时代的过渡时期，商人是这一时期的活跃角色。然而，处于过渡时期的商业不可能在社会上成为主导产业，它仍然附着在农业、手工业之上，并为近代工业的发展创造条件。

三、中国的商业革命

宋朝以后，中国的商业进入一个新水平，当时的一些城市，如长安、开封、苏州、杭州等，在唐、宋、元时商业同样很活跃。

15世纪后中国的明清时期涌现出十大商帮，北京、广州、平遥、汉口、苏州、杭州等城市商品活动达到了很高的水平，被经济史学界认为是中国资本主义的萌芽阶段，这实际上也是中国的商业革命，它与欧洲商业革命是平行发展的。这场商业革命的直接后果是工业化、商业化、货币化、城市化的发展。德国学者弗兰克在回顾18世纪以前几个世纪的中国，曾评价道：“中国的经济已经商业化了，这种发展的一个标志就是经营结构变得越来越复杂了”，如介入跨地区贸易的钱庄、字号和商会的成长，以及地方市场网络密度的增加，企业家才干的提高。“可以得出结论：在中国前现代化的最后三个世纪里，涌现出远比以前多得多的私人经济组织；这里既有量变，也有质变。特别是，乡村工业通过愈益细密的市场网络而得以协调，城镇工业通过这个网络而获得原料和顾客并形成大批雇佣工人的新结构。”①

美国学者费正清也说：“中国在18世纪，如果不是更早些的话，已经有了一个真正的国内市场，任何一个地区的供应品，可以用来满足其他任何地方的需要，……好比说欧洲文艺复兴的开端，或者中国商业革命的起步。……中国国内市场的兴起可以从各种专业化的商人群体的成长来衡量，诸如批发商、零售商、走南闯北的行商，上层都还有层层的掮客和代理人，他们为不同地区间的贸易服务。”②

由于国际贸易的发展、商品交易数量的扩大，硬币缺乏成为世界性问题。中国的银铜平行本位制度，在格雷钦规律的作用下，银贵铜贱，法定1两白银等于1000枚制钱（1贯），后来高到一千数百枚制钱才能换1两白银。新大陆发现后，美洲白银和黄金被源源运向欧洲和亚洲，硬币增加，引起物价上涨，又出现了价格革命。

（一）中国的抑商思想

明朝是中国历史上社会秩序较为稳定的一个时期，人口大约有一亿，即使清军1644年入关也没有给这种稳定的社会制度带来大的冲突。因此可以说，中国在清朝的两三百年是顺着传统的格局发展的。但是在此期间，欧洲已经获得了一系列翻天覆地的现代化发展，历经文艺复兴、宗教改革、民族国家的兴起、法国大革命以及以后的工业革命。然而，中国对此一无所知而置身其外，特别是传统的重农抑商思想对商业发展也起到了一定的禁锢作用。

明代多次实行禁海政策，封锁沿海各港口和海上交通，停止一切外事活动，

① 〔德〕弗兰克．白银资本［M］．刘北成译，北京，中央编译出版社，2001：299.

② 〔美〕费正清．伟大的中国革命［M］．刘尊棋译，北京，世界知识出版社，2000：68.

这项消极的闭关锁国政策制约了明朝的对外贸易。但16世纪中期的中外贸易已进入一个高峰时期，中国和南洋、中国和葡萄牙的贸易活动已势不可挡，虽然后来明确取消了海禁政策，但对外贸易的范围和对象仍有所限制，这些都严重束缚了海外贸易的正常发展。这种局面使中国失去了主动将西方纳于自己贸易体系之内的机会。明朝后期中西贸易的繁荣，中国也只是被动地卷入了商业革命的大潮。尽管每年中国有大量的贸易顺差，每年也有大量的银铜流入，但这种商业还是建立在传统的自然经济基础上，仅仅是“资本主义萌芽”。

清朝入关以后，由于战乱等原因，生产遭到破坏，对外贸易完全中断。到了康熙年间，平定三藩之后，社会才基本稳定下来。康熙皇帝虽然重农，但是却不抑商，这在中国历史上是难得的，他认为“商民为四民之一”，与农民一样，都应该享有一定的社会地位。康熙皇帝废除了顺治年间的“迁海令”[①]，允许沿海居民回乡复业；康熙二十四年（1685年）开放海外贸易，并在澳门、漳州、宁波、云台山设立海关征收商税。康熙认为发展海外贸易，可让沿海人民受益，沿海人若富裕则财货流通，全国都会受益。同时，贸易所得关税可充沿海地区兵饷，省去内地省份向沿海运送兵饷的麻烦。康熙放宽对手工业的限制，鼓励商民采矿。对招商开矿的地方官员优先提升，对纳税超过一定数目的商人赐以顶戴。取消纺织业原有的织机“不得逾百张”的限制，鼓励生产。

然而，康熙四十三年开始禁止民间开矿，五十五年禁止南洋贸易。雍正时期，又禁止在土地上栽种果木烟草等经济作物，禁止开矿；乾隆要“驱天下之民使皆尽力南亩”，这些政策都影响了工商业的发展。

费正清在《中国传统与变迁》一书中指出，“这种思想（指重农抑商）的制度根源可追溯到中国上古‘中原’地区的地理环境。当时中国势力局限于内陆地区，官僚阶级最初是从征收土地赋税发展而来的，他们扶植农业，并依靠农产品来维持个人及国家的生活。在这种农业官僚社会里，商人的地位低于官

① 为了防御驻扎台湾岛的郑成功从海上与沿海人民结合，顺治十八年（1661年）发布迁海令，大规模将沿海居民迁入内地。

吏并且为后者所用。由于中国一向自给自足，故经济方面的重点也是放在国内而非国外的商业发展上。”①

简言之，尽管有反商业思想存在，经济却按自身规律发展。商品经济的发展促进了商业组织的变化和信用的进步。中国步履蹒跚地跟在世界的后面。

（二）明清时期中国的贸易状况

明代北方的商品化、城市化发展，与明朝北部边防建设有一定联系。当时长城沿线驻军80余万人，军马30多万匹，每年军需物质供应浩繁，政府实行开中法，以食盐贸易特许权，带动了物质北上，推动着农业的商品化。日本学者寺田隆信先生在他的《山西商人研究》一书中对此有比较详尽的研究。孔祥毅在《山西商品经营资本研究》② 中也讨论过当时北方商业贸易的情况。史料记载，明代宣府镇“贾店鳞比，各有名称，如云南京罗缎庄、苏杭罗缎庄、潞州绸庄、泽州帕铺、临清布帛铺、绒棉铺、杂货铺、各行交易铺沿长四五里许，贾皆争居之”。③ 至于北京，更为可观，据中国人民大学李华教授1961年实地考察，“北京的工商业会馆，成立于明中叶的很多。如山西平遥颜料商所建立的颜料会馆……当在明万历以前。……还有山西临汾、襄陵两县油、盐、粮商建立的临襄会馆。山西临汾纸张、干果、颜料、杂货、烟叶等五行商人建立的临汾东馆（亦称临汾乡祠）。山西临汾商人建立的临汾西馆。山西潞安州铜、铁、锡、碳、烟袋诸帮商人建立的潞安会馆。浙江宁波药材商人建立的四明会馆。陕西关中商人建立的关中会馆等。”④

自清康熙初平定噶尔丹叛乱后，经由内外蒙古和新疆的对俄罗斯及欧洲的贸易进一步活跃起来，满洲里、恰克图、塔尔巴哈台都是很重要的市场。比如在恰克图，通过蒙古草原有一条中国通向欧洲的商路，即南方物质经长江、运

---

① 费正清著，张沛译．中国传统与变迁［M］．北京，世界知识出版社，2002：227－228.

② 孔祥毅．金融贸易史论［M］．北京，中国金融出版社，1998：6－47.

③ 《宣府镇志》嘉靖版卷20。

④ 李华．明清以来北京的工商业行会［J］．历史研究，1978（4）.

河的水路到河南的周口、赊旗镇，经过清化—泽州—潞安—子洪口—晋中—太原—雁门关—黄花墚—杀虎口—归化—库伦—恰克图—伊尔库茨克—新西伯利亚—莫斯科—彼得堡。“由1768年叶卡捷林娜二世统治时期订立的条约规定下来的贸易，是以恰克图为主要的（如果不是唯一的）活动中心……”大约在1845—1847年以前，平均每年从这里输走茶叶4万箱左右，“1852年却达175000箱”。此外，还有“少量的糖、棉花、生丝和丝织品……俄国人则付出数量大致相等的棉织品和毛织品，再加上少量的俄国皮革，精致的金属制品、毛皮以及鸦片。买卖货物的总价值（按照所公布的账目来看，货物定价都不高）竟达1500万美元以上的巨额”，“运往恰克图供应1855年集市的茶叶不下112000箱”。“由于这种贸易的增长，位于俄国境内的恰克图就由一个普通的要塞和集市地点发展成一个相当大的城市了。它变成了这一带边区的首府，荣幸地驻上了一位军事指挥官和一位民政官。同时，恰克图和距离它约900英里的北京之间，最近建立了直接的、定期的邮政交通来传递公文。”①

恰克图市场在1723年（雍正初年），商品交换额大约为100万卢布，1765年前后（乾隆中期）增至200万卢布左右，到1795年（乾隆末年）达到300万卢布以上，1796—1920年（嘉庆年间）增至600万卢布以上，道光咸丰年间持续增加。以1843年（道光二十三年）为例，经山西商人之手，输往恰克图的商品，仅茶叶一项达12万箱（每箱100磅）。这一年，从俄国输入的商品有：各种毛皮123万张，各种毛呢11000匹，天鹅绒117万张，亚麻布57万俄尺，羽纱2.6万俄尺。据统计资料，道光朝是恰克图市场的繁荣时期。这个时期，俄国对华贸易占其对外贸易总额的40%～60%，19世纪40年代贸易额有时超过60%，据《中俄贸易之统计的研究》载，1844年，中国对俄商品输出入分别占全国商品输出入总额的16%和19%。对俄贸易仅次于英国，占第二位。②

---

① 马克思．俄国的对华贸易、马克思恩格斯全集（第12卷）［M］．北京，人民出版社，1962：167.

② 孔祥毅．金融贸易史论［M］．北京，中国金融出版社，1998：146－149.

1821—1850 年，中国方面向俄输出每年约在 800 万卢布。俄国对华贸易的差额，是由一种白银的粗制品以“工艺品”的名义来支付的，因为当时俄国禁止输出白银。而这种粗糙的“工艺品”大部分是俄国从汉堡或莱茵河上的法兰克福输入的，称为汉堡银，其成色很高，被山西吸收后，铸成元宝银，投入国内金融市场。①

中国的对外贸易，在北部边境，政府管理得较松，而在东南沿海，由于海上不靖，所以管理较严，很长一段时间只许广州十三行对外贸易。但是，实际上民间公开的或走私的贸易在当时是无法管住的。

事实上，中国的纳贡贸易不容小觑。日本学者滨下武志把亚洲历史看做是“一个以中国为中心、以内部的纳贡关系和纳贡—贸易关系为特征的统一体系的历史”。他认为这是“一个有机的整体，与东南亚、东北亚、中亚和西北亚有一种中心—边陲关系……与邻近的印度贸易相连结”。②

中国周边国家与中国长期保持一种藩属纳贡关系。这种纳贡关系的基础是商业交换。也就是说，纳贡与贸易是相联系的一种共生关系，日本等国和中国之间的贸易长期是靠纳贡使团获得的利润来维持的。同时，中国商人在东南亚的商业渗透以及海外华商的迁徙，与这种贸易网也是交织在一起的。滨下认为，中国与周边国家的纳贡贸易，还是欧洲国家与东亚国家之间的中介贸易，从而构成了一个多边的纳贡贸易网，它从这个网之外大量吸收商品。

滨下认为，纳贡团有一种地理等级：第一层是北方的朝鲜、日本，第二层是东南亚的各个地区，最后是葡萄牙和荷兰。“天朝”是天下的中心。这种中国与朝鲜、日本、东南亚、印度、西亚、欧洲及欧洲的经济殖民地以及这些地区之间的中心—边陲关系，构成了中国的对外贸易关系。总而言之，整个纳贡与地区间贸易是以中国的纳贡体系为中心的，而且它具有自身的结构规则，通过白银的流通而实行着有条不紊的控制，这种涵盖东亚和东南亚的贸易网也联结

---

① 孔祥毅．金融贸易史论［M］．北京，中国金融出版社，1998：146－149.

② 【德】佛兰克．白银资本［M］．北京，中央编译出版社，2001：164.

着比邻的贸易区，如印度、伊斯兰地区和欧洲。①

（三）中国商业组织与白银流入

1. 中国商业组织形式的创新

在明清时代，中国商业、手工业迅速发展，异地贩运贸易十分活跃，已经形成了十大商帮，即山右帮、徽州帮、陕西帮、广东帮、山东帮、洞庭帮、江右帮、宁波帮、龙游帮、福建帮等等，其中山西帮活动舞台最大，资力最强。山西商品经营资本的发展，分离出来了货币经营资本，其主要组织形式为当铺、钱庄、印局、账庄、票号等金融企业，遍布全国各地乃至亚欧一些国家。外国人把山西票号这类金融机构统称山西银行（shanxi banking）。当然，在国外有的山西金融机构直接注册名称就叫银行，如山西祁县合盛元票号在日本、朝鲜挂牌“合盛元银行”。

在欧洲，合伙企业、特权公司、特许公司、股份公司相继出现。在中国，独资企业、合伙企业、股份制企业也应运而生。中国的股份制企业还多了一种货币资本和人力资本合作的股份制形式，叫“有钱出钱，有力出力，出钱者为东家，出力者是伙计，东伙共而商之”。这也可以称为人力资本股份制。

2. 白银流入对中国金融的影响

在这场商业革命中，山西票号推动了白银贸易的发展，使中国普通商品大量出口，白银大量流入中国，推动了中国经济的商品化、货币化、国际化。这条循环路线如下：

首先，从美洲流到欧洲：1500—1650 年从美洲合法运到西班牙黄金 181 吨，走私更多；1500—1650 年从美洲合法运到西班牙白银 16886 吨。

其次，从欧洲流向近东和远东：欧洲与印度、中东的贸易是入超，欧洲人用白银来支付。西班牙 16 世纪 80 年代在远东净流出 100 万西班牙达克；90 年代为每年 150 万达克；英国 1601—1624 年东印度公司向远东流出的白银在 75 万

① 【德】佛兰克. 白银资本［M］. 北京，中央编译出版社，2001：164－169.

英镑以上（约250万达克），17 世纪后急剧上升；荷兰1618 年输出不到150 万达克，1700 年为125 万达克。1600 年前后，欧洲与近东、远东贸易每年净流出白银8 万公斤。

最后，从各国流到中国。中国长期实行银铜平行本位，白银货币为称量货币，银元宝、银锞子每次交易均因平色不一交易很麻烦。1570 年，西班牙本洋经吕宋流入中国。1637 年，英国东印度公司船只来到中国。外国银元大量进入中国，受到中国民间的欢迎。

从17～18 世纪（从万历二十八年—嘉庆五年），外国白银流入中国渠道和数量大致如下：

（1）西班牙人—美洲—马尼拉—中国。西班牙人用他们在现在玻利维亚、秘鲁和墨西哥的矿藏及其丰富的白银，去购买各种各样的中国产品。在一个贸易兴旺的年份，白银经由马尼拉流入中国之手的数额总共在200 万两左右。如果平均每年输入100 万元（西班牙元），那么到19 世纪初总数至少有2 亿元。①

（2）欧洲—印度—中国。这是由东印度公司和其他散商的船只运送的。17～18世纪，白银块从欧洲流向亚洲，有5 亿元流到中国。②

（3）美国贸易商人—美国、西班牙—中国。在1844 年《望厦条约》签订前，有1.5 亿元是这样流入中国的。③

（4）葡萄牙—日本、澳门—内地。到1940 年鸦片战争前有1.5 亿元，根据中国海关统计，1842—1912 年可能还有3 亿元运抵中国。④

以上总计13 亿元。其中，有1 亿元被迅速销熔，2 亿元用于向外国购买鸦片，1 亿元在清末销熔，净余9 亿元。若按每元有20 分外国辅币，又有1.8 亿元，这样，外国白银货币就有10.8 亿元。⑤

---

① 【美】郝延年．中国近代商业革命［M］．上海，上海人民出版社，1991：72.
② 彭信威．中国货币史［M］．上海，上海人民出版社，1965：892.
③ 【美】郝延年．中国近代商业革命［M］．上海，上海人民出版社，1991：73.
④ 彭信威．中国货币史［M］．上海，上海人民出版社，1965：892.
⑤ 【美】郝延年．中国近代商业革命［M］．上海，上海人民出版社，1991：73.

表 3－1　　世界白银流向简表

美洲	白银生产量	其中运到欧洲的	欧洲又转运到亚洲的	亚洲又运到中国的
17 世纪	37000 吨	27000 吨	13000 吨	绝大多数
18 世纪	75000 吨	54000 吨	26000 吨	绝大多数
合计	112000 吨	81000 吨	39000 吨	绝大多数

资料来源：根据【德】佛兰克《白银资本》一书使用资料列制。

另外，有 3000～10000 吨，甚至可能高达 25000 吨白银是从美洲直接通过太平洋运到亚洲的，而这些白银的绝大多数也最终流入中国。

除上述外，日本至少生产了 9000 吨白银也被中国吸收。这样，在 1800 年以前的两个世纪里，中国最终从欧洲和日本获得了近 48000 吨白银，可能还通过马尼拉获得了 10000 吨甚至更多的白银，另外还从亚洲大陆上的东南亚和中亚地区以及中国自身获得了一些白银。这些加起来，中国获得了大约 60000 吨白银。①

在这长达 3 个世纪的商业革命中，中国经济卷入了国际化浪潮。在这场国际贸易中，中国的白银货币净流入，意味着中国的商品净输出。换言之，中国商业革命与中国明清各大商帮的关系是密切的，是各大商帮推动了中国的商业革命。中国明清商业革命与欧洲的商业革命是平行发展的。

四、重商主义经济思潮的影响和作用简析

15 世纪末 16 世纪初的地理大发现，为商业和商业资本的发展开辟了广阔的海外市场，促进了各国商业、航海业和制造业的发展。商品经济的发展，使货币日益显现出其巨大的支配力，拥有货币就意味着拥有财富，而资本主义经济关系的产生和发展需要大量货币资本，在当时，商业支配产业，流通支配生产，商业资产及激励力量大大超过产业资产阶级力量，因此产生了以流通过程为研究中心的重商主义学说。国王与商业资本家结成联盟，实行重商主义政策，为

① 郝延年. 中国近代商业革命［M］. 上海，上海人民出版社，1991：73.

重商主义理论提供了巨大的发展空间。

重商主义的发展经历了两个阶段：早期重商主义和晚期重商主义。早期重商主义约从15世纪到16世纪中叶，代表人物有约翰·海尔斯、威廉·斯塔福德、博丹和孟科列钦，晚期重商主义从16世纪下半叶到17世纪中叶，代表人物是英国的托马斯·孟，他们对于社会财富、财富来源、国家干预及增加人口等问题的观点是一致的，认为金银是最好的财富；财富的源泉主要在流通领域，即认为商业是获得货币财富的唯一源泉；国家应该采取有力措施保护本国商业和工业，促进对外贸易的发展；人口是劳动力的重要来源，又是殖民扩张的根源，应该奖励增加人口。

早期重商主义和晚期重商主义的分歧，主要在于对获取货币财富的方法认识不同。早期重商主义提倡扩大出口吸收外国货币，禁止货币输出，达到积累财富的目的。作为晚期重商主义代表，托马斯·孟则极力反对禁止输出货币的政策，讥讽他们只见农夫播种，不见农夫收获，他认为输出货币恰恰是增加货币财富的一种手段，把货币投入流通可以带来更多的货币。另外，对于国际收支、汇率等问题，早期重商主义和晚期重商主义也存在分歧，甚至各家各派的观点也不一致，这将在以下几节详细介绍。

重商主义既是关于资本主义生产方式最早的理论研究，又是关于国际贸易和国际金融活动最早的理论阐述。重商主义先后为西欧封建国家和资本主义国家所采用，盛行于西欧几个世纪，对西欧产生了重大影响，是造成东西方巨大差异的重要因素。

首先，欧洲各国君王采纳重商主义政策，达到了强化专制王权的目的，但是，重商主义政策的推行恰恰导致了封建专制制度的灭亡。欧洲各国实行自上而下的改革，使这些国家程度不同地达到了富国强兵，而获利最大的还属工商业资产阶级。在封建国家的鼓励支持下，商品经济和资本主义生产关系得以迅速发展，在客观上瓦解着封建社会的基础——自给自足的庄园经济。新兴的资产阶级、新贵族、商人们凭借自己雄厚的经济实力开始了与西欧各国封建君主们争夺国家政权的斗争，西欧各国相继进入了资产阶级革命的新时期。

其次，重商主义促进了西欧由农耕社会向商业社会的转型。西欧由农耕社会向资本主义商品经济社会转型的过程始于15世纪新航路的开辟，文艺复兴和宗教改革以及各国君主推行的重商主义政策加进了这一进程，而完成这一进程在资产阶级革命之后。革命后的荷兰、英国、法国等国进一步采取重商主义政策，加强世界贸易，极大地促进了国内商业的发展，使商业成为经济的主体。

最后，重商主义引发了社会价值观的巨变。在西欧中世纪人们的思想观念中，商人及其从事的商业活动是低贱甚至是罪恶的，然而随着重商主义思潮的兴起，这种价值观发生了根本变化，使西欧人一下子从一个极端跳到了另一个极端：由鄙视金钱变成了拜金主义。欧洲人开始贩卖非洲黑人奴隶，在美洲屠杀印第安人，这些非但不是罪恶，反成了“英雄本色”。正是拜金主义价值观的形成，使欧洲商人海外贸易殖民和发展工商业的强烈动机，推动了西欧社会由农耕社会迅速迈进了商品经济社会的大门。

五、东西方商业革命的不同后果

1500年以前，欧洲和中国一样还是农业社会，甚至农业水平比中国还低，经过1500—1750年的商业革命，欧洲各国先后发生了工业革命，走进了工业社会，现在进入了后工业经济时代。但是，中国在比较先进的农业社会基础上，经历了同样的商业革命，为什么到19世纪中期还没有看到工业化的影子，到19世纪60年代才勉强看到以工业化为目标的洋务运动，又很不成功，竟然落入半殖民地社会。到20世纪20年代就连山西票号这样的金融机构也垮台了，中国的工业化一直到20世纪50年代才真正发展起来。这是为什么呢？

在中国经济社会发展中，曾经创造了世界农业经济时代的辉煌，也曾经创造了由农业社会向工业社会过渡时期的商业革命的伟大业绩，而工业经济社会的曙光却迟迟不能露出地平线，让欧洲走在了前头，而且距离越拉越大，究其原因大致有：

首先，欧洲得益于文艺复兴运动。这是一场针对落后的农业社会的思想解放运动，是对神权的清算，是对人权的张扬，是对科学的崇尚，进而造成人性的解放和技术的进步、保护和推广，加上商业革命和金融革命所带来的国际交流、资本积累和企业组织制度的创新，工业的进步是不可阻挡的。而中国建立在农业社会基础上的封建伦理和没有经过冲击和升华的传统儒教思想，长期占据主流社会和统治地位，没有得以清算，自然人的解放、社会的开放就很难，天朝帝国居高临下，商人阶层无法进入主流社会。

其次，由于上述原因决定的社会制度和经济制度的创新，中国比欧洲始终都很艰难，分散多元的欧洲小国的经济社会制度创新显然要比权力高度集中的大国经济社会的制度创新容易得多。清朝晚期没有可能为中国经济社会制度创新提供任何条件。没有人和思想的解放就没有经济社会制度的创新，没有经济社会制度的创新就没有工业革命的环境和条件。

商业革命是农业经济时代走向工业经济时代不可逾越的过渡阶段。金融是经济社会发展的推动器，制度创新是经济社会发展的重要条件。

第二节　欧洲商品市场的形成与票据融资的发展

欧洲集市是指欧洲各地每年定期召开的由各地商人组织参与的大型商品展销会。中世纪的国内贸易在市场进行，而国际贸易在集市进行。

欧洲最早的集市是法国的香槟集市，这个集市在十二、十三世纪特别兴旺，每年定期举行2次或4次，地点就在法国的香槟市。这个集市组织得很好，并且发展了一套固定的程序，例如9天用于布匹贸易（6天展览，3天销售），11天用于皮革贸易，两周用于按重量销售的货物，然后有固定的天数用于结算。在集市期间，外国人受到贵族的保护，在其他时候不能享受这种待遇。

香槟集市在14世纪就走向了下坡路，集市中心转向了北欧通往意大利西边路线上的日内瓦。但是，到1445年，法国国王禁止法国商人参加日内瓦集市，不久法国人在里昂建立了一个法国集市。后来，由于政治原因，1534 年，热那亚人被排斥出了法国里昂集市，于是他们在“弗朗舍—孔泰”的自由城市贝松桑设立了一个与之对立竞争的集市。这个集市逐渐往南移，在不同的地方呆过，如法国南部的博凯尔，最后移至意大利的皮亚琴察，但是仍被称为“贝松桑集市”。

这些集市的支付与结算，当初往往用硬币来清理。每个商人都有一本账，在账上记下他欠别人的和别人欠他的。前者即本人对他人的负债称为来账，后者即他人对本人的负债称为往账。当结算日期来临的时候，集市的管理人员来核实商人账本上的来账与往账，并实行相互抵消以减少硬币的使用量。随着商品市场的成熟与完善，一种新的信用工具——汇票出现了，它不但可以代替硬币进行交易，而且具有远期交易功能。

在集市中，新贸易产生的新的债权债务关系可以通过开具新汇票的方法转移到下一次集市。随着参加到及时结算的人越来越多，包括政府各部门，行业也越来越广。于是，集市的功能也越来越复杂、强大。税务官参与到集市上的汇票买卖中来，因为他们需要汇票同其他商人及时进行支付交割；皇家借债代理人也参加结算，他们用票据或其他的债务证据来筹集资金；房地产业、银行业务、早期的保险业务、甚至彩票业务都在集市上出现了。集市就像一个大熔炉，把各行业、各部门、各种信用工具整合在了一起。这时的集市，不仅仅再单纯地是国际贸易的市场，而且是一个以外汇市场为主的一个大的金融市场，尤其是一个清算市场。

票据在集市上的广泛使用使得票据的转让和贴现提上了日程。16 世纪在安特卫普，票据的背书和贴现开始出现。随着相关保护持票人的法律的出台，持票人得到了保护，这为票据的流通和兑现提供了保障。很快，安特卫普的金融技术传到了整个欧洲。

17 世纪集市缓慢衰落，取而代之的商品交易所一年四季都可以进行商品交易。票据清算变得经常化。原来的私人银行已经不能满足越来越高的安全性清算要求。国家开始成立银行来控制票据清算，这样的银行称为公共银行。阿姆斯特丹银行是其中的代表，由于它的示范效应，欧洲其他国家纷纷建立类似的清算银行，票据融资进入了一个新的阶段。

一、票据融资的发展

票据融资的发展是随着集市功能的完善而发展的。汇票的历史较为久远，在 13 世纪的集市上就有使用，但是在 15 世纪以后才在欧洲广泛应用。支票在意大利出现的最早，14 世纪零星出现过，但是在 16 世纪才普遍应用。由于缺乏相应的法律保护，本票的出现较晚，应用范围也比较狭窄，主要是在安特卫普地区应用。票据的出现和发展加深了经济的信用化。

（一）汇票的出现与发展

汇票是商业革命时期一种最重要的票据。它解决了两个不同通货地区的资金流通、融通问题。汇票是 14 世纪意大利银行家发明的，源自 12 世纪热那亚人的 Instrumentumex causa cambii（用于兑换的工具），如上文所述，13 世纪在香槟集市上就有使用。汇票是一种具有法律约束力的书面承诺，答应在不久的将来的某一天向另一个城市中的某个具体的人支付一笔款项。由此可见，其重要性质：即支付汇票的地点与发出汇票的地点不同，支付汇票所使用的货币与发出汇票的地点与使用的货币不同。

汇票的产生可以说有重大的意义，中世纪的西方，当银行处于初级阶段时，存款人可以到银行通过口授一份转账授权书将自己账户上的一笔存款转至别人的账户下。银行账簿上任何一笔账目都具有法律效力，但是赋予银行家转让权的书面票据，即支票，在 17 世纪以前还不常见。这样，一个人就很难把一个城市中的一笔钱交给另一个城市的另一个人。汇票的产生，意味着向前迈进了大大的一步。汇票的产生，减少了易货贸易、当面清账，或用大量硬币、金银支付的必要。这也是汇票在商品市场上大受欢迎的原因。

每个汇票都包括一笔短期贷款，可能还包括利息，因为当时欧洲的交通十分不便，甚至像“见票即付”的汇票，从其出发点带到支付地点也要相当长的时间。例如，从西班牙或意大利到达低地国家需要 2 ~4 个星期。如果汇票要求承兑的是很大一笔钱，那么承兑汇票的人就可以得到一段时间以便筹措应付的款项。这段时间被称为“汇票支付期限”。这种期限往往是对特定的交易所提供的标准信用期限。16 世纪初，从热那亚到比萨的期限为5 天，到米兰的期限为6 天，到安科纳为15 天，到巴塞罗那为 20 天，到瓦伦西亚和蒙彼利埃为 30 天，到布鲁日为2 个月，到伦敦为3 个月。从伦敦到安特卫普的期限为1 个月，到汉堡为2 个月，到意大利北部城市为3 个月。这个期限很少变动，例如伦敦与安特卫普只见1 个月的限期从14 世纪一直延续到1789 年。汇票的期限意味着，如果汇票实施用来支付一批已收到的货物的货款，填写汇票的商人可以在他付款之前享有为期1 ~3 个月的贷款。

汇票的具体操作如下：假设佛罗伦萨的甲从布鲁日的乙那里购买了商品，甲常常会购买由在佛罗伦萨或另一托斯卡纳城市的丙开具的汇票，用以支付从乙那里购买的商品，而丙曾经向佛兰德的丁销售过商品。丙向丁开具一张汇票，并通常间接地经过一个汇兑经纪人将它卖给甲，从甲那里取得当地货币以收回货款。甲给乙汇票，付清货款，而当汇票到期时，乙向丙收取金额。商品分别从乙转手到甲，从丙转手到丁；但是支付却是从甲到丙，从丁到乙。如果丁无能力支付，这张汇票就会被“拒付”，这笔交易就会被破坏了。在一个广大的市场里，数额和地点不必是一样的。

但是更普遍的情况是，如果甲找不到有钱的业务联系人，他就得找本地的商业银行家乙。银行家乙可以给国外市场上的商务联系人丙开一张汇票，授权客户丙向甲的债权人丁偿付这笔债务。甲则将这笔款子交给乙汇寄，同时付给乙一定的手续费，汇票将由商人信使送到丙处。几星期后，丙通知收款人丁其货款已到，然后丁亲自去取这笔钱。

可以看到，私人间的异地信用转让就是用这种方法通过银行（占大多数）办理的。以下介绍一张典型的汇票：

“荣耀归于上帝。公元1622 年8 月20 日于伦敦。500 镑34 先令6 便士。在汇票支付限期，用我这第一张汇票支付给 A. B500 英镑，另付34 先令6 便士的佛兰德货币作为我赊购 C. D 的利息，请把这笔款记在账上，望遵嘱。

G. M.

给我亲爱的朋友，阿姆斯特丹的商人 W. C. 少爷”①

这种汇票制度方便有效，省却了许多麻烦。但是也存在一定的风险，首先，这涉及汇款两地的一个汇率问题。如果相关两地的金融中心的汇率突然发生变动，其中一家银行就可能蒙受损失。其次，两方的银行家可能发现，契约的某一方已经无力偿付或者弄虚作假，可是错付的钱已经无法追还回来。最后，付款人同收款人（甲与丁）之间也会产生麻烦：邮寄汇款与等待“汇票支付期限”到期总会造成付款人与收款人之间的一个时延。如果银行家或商人丙因某种原因拒绝承兑汇票，而将汇票发回发票地，这个拖延的时间会更长。但是，荒谬的是，那些最经常使用汇票的人却经常出现这种拖延。这是因为，一张汇票，不仅仅是一次资金的转移，而且还包括这一笔信用贷款，要延长由此而发生的贷款期限并不难。比如还是上面的例子，汇款人也就是贷款人甲要想延长贷款的期限，只要指示银行家乙的业务联系人丙再开具一张发往银行乙的汇票即可，而这张汇票只要金额与丙所收到的乙的汇票金额相等就行。这样，甲只要再缴纳一定的手续费，就可以让汇票在两地之间往返穿梭，直到甲想还这笔贷款为止。这时贷款的利息则被本金由一种通货转变为另一种通货所涉及的汇率给掩盖了。

但是为什么会出现这么拐弯抹角、复杂无比的交易方式呢？这和中世纪留下的教会高利贷法有关。教会，无论天主教还是新教，都对银行家用钱赚钱的方法进行抨击。按照教会的高利贷法，贷款必须是无息的。因此，如果放债人到了一定期限在收回其贷款时若要求的返还金额超过了本金，就犯了高利贷罪。由于欧洲许多地区对放债人及其行业长期存有敌意，所以许多人就不敢将其储蓄贷给急需用钱的人，甚至通过银行家借贷也不敢。于是，想要借钱只有花费很高的代价才行，16 世纪更是如此，所以才会出现上述的复杂交易。

① 【意】卡洛·M. 奇波拉. 欧洲经济史（第二卷）［M］. 北京，商务印书馆，1988：466.

尽管如此汇票产生以后还是得到了广泛的应用，尤其是在各大集市上，汇票已经成为必不可少的支付工具。汇票产生后，马上促进了票据清算制度的发展。清算制度的发展又大大降低了交易成本，提高了金融交易的效率。

（二）支票与本票的出现与发展

作为信用转让的书面工具，支票在这一时期也出现了。如上文所述，中世纪的银行家向来要求其客户亲自去银行办理转账手续，或者必须派其代理人去，甚至在威尼斯，也是这样。但是用书面票据，即支票来进行信用转移在14世纪以来就零星出现过，主要是在意大利的一些地区。客户开一张支票给银行，命令银行付一笔款子给第三者。但是到了16世纪70年代，这种方法在意大利就已经很普遍了，并且逐渐传到欧洲其他各国。17世纪60年代英国就应即出现了支票。注意，在支票形成之初，它是一种不可以转让的票据。下面是16世纪一张典型的支票：

那不勒斯官办当铺，尊敬的受托人：请代鄙人付与乔瓦尼·安东尼奥先生与多梅尼克·费奥里洛先生20达克通用硬币；该款项乃偿还鄙人上月从拉瓦希埃里银行向两位先生所借50达克之一部分。记于鄙人账上即可。

您的仆人，皮尔奥内·费奥里洛

1573年9月2日与本行

20－0－0

1573年9月3日付讫20达克。

请代我，多梅尼克·费奥里洛，付给保利洛先生上述的20达克。向您致意，多梅尼克·费奥利洛。①

本票是出票人签发的，承诺自己在见票时无条件支付确定的金额给收款人或者持票人的票据。本票出现的较早，自中世纪以来就是欧洲贸易中典型的、占支配地位的票据。在15、16世纪继续保持其地位。在中世纪后期，就经常开立附有持票人条款的本票。但是当时没有对持票人进行适当的法律保护，因此

① 【意】卡洛·M. 奇波拉．欧洲经济史（第二卷）［M］．北京，商务印书馆，1988：464.

妨碍了这种票据的活跃和流通。16 世纪的安特卫普经常有关于本票的诉讼，因为这里的商人来自于欧洲的四面八方，各个商人群体之间互相不了解，一些不可靠的商人在支付票据方面会发生违约。直到后来通过法律加强了对持票人的保护，本票才在流通中起到了越来越重要的作用。

二、商业集市到金融集市

票据出现以后自然地出现了票据交换的问题。同一地区或者同一城市的票据交换比较容易进行，只需一个清算银行即可，甚至同一城市内，票据转移都可以避免。因为在一个城市里，各个银行家都在彼此的银行内设立账户，国际间的票据交换与清算就比较复杂了。但是正如我们在上文说的那样，集市为票据的交换提供了一个场所和机制，并最终成为了国际票据交换体系。由于各个集市都汇集了来自不同地区的商人，由于路途遥远且货币紧张，大部分商人都不用现金交易，而用赊购的方式，他们将所有承付款项记录在同时参加集市的银行的账簿上。集市结束以后，支付就开始了，银行将各个客户的来账往账进行归总结算，差额部分客户用现金或者汇票支付。当汇票普遍以后，商人们就可以不带任何现金在集市上贸易。这种制度很受商人的欢迎，因此在各大集市，如香槟集市、里昂集市、安特卫普、法兰克福等地出现。

但是集市进行的是国际贸易，来自不同国家的不同货币在交易以及清算中不可避免地涉及汇率的问题。只有很少的集市汇率是由参加票据交换贸易的所有商人来决定的，大部分集市决定汇率的工作都由一些富有的商业银行家垄断。在这些集市上，不仅可以还债，而且可以欠债、延长债务。

采用票据清算办法以后，节省了大量的现金货币，完成几百万元的交易往往用的硬币数量很少，参加及时的商人往往多带货币，少拿现金。每次交易中各个商人都要带来一个票据簿，内装汇票以及他要支付的各种票据。交易完成后平衡各种款项，最后进行支付，这时往往只剩下很小数目的余额了。

16 世纪以后，欧洲的商业集市已经不仅仅单纯进行商品交易了，其间大量的票据交易，使得欧洲的商业集市逐渐向金融集市转换，不同时期的不同集市对票据交易商的具体措施不同，但是基本上所有的集市都具备了两个功能：第一，票据的交易不仅仅是国际、地区之间的转账，而且还包括一种特殊的信贷业务。第二，大量的票据清算使得套汇业务成为可能，并且在市集中也得到展开。

（一）日内瓦集市

15 世纪中期，日内瓦交易博览会作为香槟市场的后继达到其全盛期，它们形成了意大利与欧洲大陆贸易的新通道，这个时候的日内瓦交易集市已经成为欧洲的清算中心。此时占主导地位的还是一些南欧商人，主要是意大利的商人。精明的意大利人居住在日内瓦，许多大商号，例如美第奇家族银行都在此有临时性的和永久性的分支机构。参加贸易的还有法国、加泰罗尼亚、瑞士、勃艮第的世袭领地（包括尼德兰）、莱茵河地区、英国以及南德的商人。日内瓦集市采用统一的货币单位作为商业交易的记账单位，金马克（可以分为 64 埃居或 66 埃居）成为最新的稳定的并且有价值的标准。金马克使得国际借贷抵消相当方便，而且主要集中应用于交易博览会期间的款项支付。同时，日内瓦还有繁忙的票据汇兑业务。这不仅仅是简单的商业汇票，而且有可能从意大利的一些大的家族的银行账户衍生而来，而套汇交易是意大利商人银行的一项普通业务。绕过汇兑市场的信贷创造也是一个常见的现象。对所有的汇兑操作，日内瓦集市同样以它们的当地价格标价——金马克或者埃居报价，金马克不仅支配了商业交易结算，而且支配了货币和汇兑市场。这种统一的支付方式进一步增加了国际贸易和金融多边清算的尺度。但是，同时也要看到，日内瓦集市也有它自己的局限性：支付和抵偿并不是在集中的指导下进行的，而且没有正式的固定汇率。

（二）卡斯蒂利亚集市

16 世纪初期，卡斯蒂利亚集市随着西班牙的商业扩张在欧洲的地位不断上升。卡斯蒂利亚集市包括维拉隆、塞克和坎波城三个集市，分别在不同的时间召开。坎波城在 5 月和 10 月举办交易展览会，瑞欧塞克在 8 月，维拉隆举行的则是大斋戒交易展览会。卡斯蒂利亚集市上清算银行体系和集市结算形成一种特殊的结合是通过创造“集市银行”来运作的。16世纪前半期，欧洲存款和清算银行业务的货币兑换者（银行家），为每一个城市或一组城市指派一位代表，这些银行家被授权在特定的集市期间为其委托人执行银行业务，并且准予顾客一定限额的信贷。这种临时性的集市银行起初主要是地方性的，在集市期间，它们不仅兑换钱币，而且通过转移债务，为委托人（一些商人小贩）提供赊账、购买、担保或者购买经费。但是随着卡斯蒂利亚交易展览会的国际化，集市银行，特别是坎波城的集市银行，获得了全欧洲性的地位。集市举行过程中，银行家举行会议的地方连在一起，他们在上午和傍晚各开市两个小时，这时商人来向代理他们债务人的银行家提供到期的期票和汇票，在作为债务人的顾客的账目上记入借方，而在作为债权人的顾客或他们的银行家的账目上记入贷方，结算就通过这些方式来完成。每隔两天集市上的银行家就集中在一起，进行借贷抵消并汇划结算。和日内瓦集市一样，汇率仍然没有被系统地固定下来，但是汇率的决定以大量的新的汇兑交易为基础。经纪人的信息和运输财宝的船队到达塞维利亚的信息在其中起着主要作用。

坎波城集市很快变成了整个欧洲重要的结算中心，在清算和汇兑业务之外，两次集市之间还有存款或汇票形式的贷款，但是1534年以后，开始有了限制这种形式信贷的措施。在16世纪40年代末，跨集市的汇票以及其他形式的内地汇票被禁止。由于西北欧大西洋航线的不安全，卡斯蒂利亚商品交易市场日趋衰落，坎波城的清算市场也难以为继，1605年被彻底废弃了。

（三）里昂集市

16世纪里昂集市在欧洲占据主导地位。里昂集市通过一个不同的体系——多方票据交换使得国际清算和转账更加完善。

16世纪开始，里昂集市才开始真正扩张。依赖着大西洋和地中海地区之间的贸易以及法国瓦洛斯诸王对意大利领土的野心，里昂逐渐变成欧洲的贸易枢纽和金融中心。在里昂集市上，意大利商人在这里异常活跃，米兰和热那亚的商人银行家，不仅指挥着范围广大的国际贸易，而且同时还主持这里的国际清算、转账、汇兑和信贷业务。所以，来自法国、尼德兰、莱茵河南德的商人不得不仿效这些意大利商人。这样一来，里昂的四个集市（主现节、复活节后的第一个星期天、8 月初和万圣节）就有了两种职能。首先是每年四次的商品交易博览会，每次持续两个星期。其次就是汇票市场，大约持续一个星期。但是汇票市场的独特作用使他逐渐摆脱商品交易展览会并获得独立地位，发展成为和卡斯蒂利亚相似的特殊的汇兑集市，也就是汇兑市场。

里昂清算市场的清算过程比较严密。首先，和日内瓦集市相同，里昂也以当地的价格报价标准也就是金马克和埃居（每马克汇兑 65 埃居）标价。因此，所有的债权和债务都以相同的记账单位来表示。其次是汇率的决定。佛罗伦萨、热那亚和卢卡的大商人商议出适用于本届集市期间的汇率，这些汇率的平均数接着由佛罗伦萨领事予以宣布。此后在里昂集市上有一种特殊的信贷活动，那就是承兑汇票。承兑汇票是以一定的利息从一个清算市场为下一次集市所借的钱。但是到了 1571 年罗马教皇颁布禁令，禁止这样的借贷，一次交易集市的交易头寸必须抵免完毕，结算要通过票据交换，如果仍有亏空，那就应该用现金来结清余额。

从 16 世纪中期开始，法国国王对里昂货币和汇兑市场无穷无尽的信贷需求日益增加。商业资金逐渐被过度的政府提款耗尽。16 世纪 50 年代，国际贸易和货币市场的缺口已经很大，紧张的财政形势严重妨碍了商业交易。1562 年以后，每季一次的清算期变得极不规律，商品交易集市很快衰落，只有汇兑集市在 17 世纪作为意大利和热那亚银行业的附属而继续存在。

（四）贝桑松和皮亚琴察的集市

1534 年，热那亚人被排斥出了法国里昂集市，主要原因是热那亚的商人银行家通过他们和塞维利亚的关系，在卡斯蒂利亚和里昂的集市上开始加强他们在欧洲国际银行业的地位，这一点引起了法国国王的不安，于是所有的热那亚商人都被赶出了里昂。热那亚商人于是在“弗朗舍—孔泰”的自由城市贝松桑设立了一个与里昂集市对立竞争的集市。这个集市逐渐往南移，在不同的地方呆过，如法国南部的博凯尔，最后移至意大利的皮亚琴察，但是仍被称为“贝松桑集市”，意大利语为 Bisenzone。贝桑松和皮亚琴察的集市在某种程度上是里昂集市的延续。

由于拥有无与伦比的金融业和先进的金融技术，再加上从 1579 年开始，热那亚人取得了在欧洲分配美洲白银的控制权，贝松桑集市很快在票据清算方面取得了一系列的进展，传统的账目抵消技术获得了很大的改进。

首先，记账单位出现了变化。盾或者埃居成了所有交易的记账单位，与里昂集市记账单位不同，它是一个假想的记账货币，其价值起初是由以下七种金币的平均价值决定的，这七种金币分别是在安特卫普、西班牙、佛罗伦萨、热那亚、那不勒斯和威尼斯铸造的金埃居（其固定比价为 101 埃居等于 100 盾）以及法国埃居，1671 年以后，一种热那亚大银币也被用作参考货币。这样做的明显好处就是价值稳定，商品交易可以较小地受到汇率因素的影响。在 16 世纪末 17 世纪初遍布全欧的流通记账货币严重的大贬值中，贝桑松和皮亚琴察的埃居币值仍旧保持不变，这就为投资获得相当稳定的利润提供了可靠的保证

其次，账目的抵消与其他集市不同。虽然官方汇率的决定和里昂的情况一样，每一个汇兑银行都建立它自己的承兑汇票资产负债表，并在第三天商人们聚集在一起确定官方汇率。但是接下来就进行的到期汇票的抵消过程并不以官方汇率为基础，而是在自由汇率的基础上进行，官方汇率只是清算的一个参考。贝桑松和皮亚琴察的集市上的账目抵消，并不是像里昂那样通过到期汇票的双边或多边结算来进行，而是通过相互签发汇票来实现。

最后，国际清算的控制和票据交换的改进。如果热那亚银行家要在异地之间进行资金转移，他们就在贝桑松以及后来的皮亚琴察集市集中进行他们所擅长的汇兑业务。先进的汇兑机制（国际套汇交易）总是可以使他们的货币流动成本最小。在每一次集市中，少数的几个具有世界影响力的银行家商谈大约 1600 单汇票的买卖事宜，每单的平均价值超过 1000 万埃居，其中的 1/3 在资产负债表上相互抵消掉，其余的才进行余额支付[①]。这项巨大的业务使得热那亚银

① 波斯坦．剑桥欧洲经济史（第五卷）[M]．北京，经济科学出版社，2002：298.

行业取得了欧洲清算中心的地位。

在16世纪末17世纪初，热那亚集市的全盛期有40~60家汇兑银行。汇兑银行只被允许从事汇票承兑业务，其中包括确定汇率以及为了弥补借方余额或贷方余额而开具的新汇票。热那亚共和国后来成立了一个热那亚技术银行家协会集中监管国际清算业务，即热那亚金融集市，在16世纪到17世纪发展到顶峰。直到公共银行的兴起，热那亚金融集市才走向衰落。

三、票据的背书与贴现

票据背书的目的是要让转让人对票据起担保作用。票据转让在安特卫普最先出现，因为那里最先颁布了对持票人进行保护的法律条款，与此同时，也加强了对持票人的金融保护。票据完全转让的另一方面就是票据贴现。在中世纪，汇票严禁贴现，因为贴现意味着收取了利息，而教会高利贷法则禁止收取利息。直到教会的法令有所放松，票据贴现才逐渐出现。贴现最早也出现在安特卫普，随后传入英国以及阿姆斯特丹等欧洲大陆。

（一）票据的背书转让

票据的转让在北欧进行的要比其他地方快一点，尤其是在安特卫普。安特卫普是16世纪北方新兴的商业中心的象征，这里第一次采取了具体而成功的措施，简化而且保护商业和信贷工具的转让。当时，无数的意大利商号常驻在布鲁日以及后来的安特卫普。与南欧的许多接触，包括佛兰德和意大利以及西班牙的商业通信，也推进了意大利的金融专业技术在安特卫普的传播。安特卫普在意大利人明显的影响下已经成为一个商业中心，但是西北欧的金融技术革新并不仅仅是意大利的翻版。北欧的金融技术进步有其自己的独特性，首先是在安特卫普，后来在伦敦更是如此。这些特征是独特的，形成了近代贴现和发行银行体系的直接基础。

本票的可转让，在欧洲尤其是北欧进展得比较顺利。解决本票可转让问题的一个前提，就是要求对本票持票人的法律保护，因为只有在法律上使债务人履行其职责，使他满足本票持票人的要求，本票的转让才有可能。1507 年，安特卫普颁布了一项司法裁决，授予了本票的持票人在起诉破产的债权人时与原始债权人具有相同的权力。这就给本票持票人法律上以担保，让他们不至于在债务人破产时遭受因为票据转让而带来的损失。相继，欧洲的其他一些城市，像布鲁日、多德雷赫特、乌特勒支都模仿安特卫普的先例，先后颁布法令。1537 年的一项帝国法令宣布了这一规则适用于整个尼德兰地区。

相应的法律保护很快起到了积极的作用，极大地促进了附有持票人条款的本票在安特卫普的流通。16 世纪中期和后期的商业通信和法庭记录，都显示出这些本票通常流通 10 次甚至 12 次。它的期限比较长，特别适合流通。结果，本票不仅作为支付的手段使用，而且推进了债权债务的抵消：本票通常一直流通到有人最终将其支付给本票的债务人为止。安特卫普交易所内部商人和金融家，相互信任关系可以系统地发展：一些公司在交易所获得如此的金融实力和良好声誉，以至于它们签发的本票获得越来越多的信任，从而在市场上自由而平稳地流通。这种可转让的本票很快传入了英国，并且它在 17 世纪的英国具有很广阔的前景。

在金融规则上，安特卫普也加强了对本票持有人的金融保护，最具有代表性的做法是安特卫普的商业界将担保用到了票据流通之中，这一点可以看成是对本票持票人的金融保护。这一点使本票不仅仅可以转让，而且可以兑换。担保是让第三方偿付债务的古老的方式，在欧洲中世纪就有使用，将担保原则应用于附有持票人条款的本票的流通转让，意味着持票人获得了更大的金融安全保障。1541 年 10 月 31 日，尼德兰发布法令，担保作为商业工具因在转让中对持票人的金融保护而合法化。这样的法律规定，对商人们之间形成更加信任的气氛具有相当显著的鼓励效果，而诚信原则是票据可转让的前提。在 16 世纪的安特卫普，担保原则在具名商业证券流通中得到了频繁使用。后来，这些原则被传到了英国和汉萨同盟。

汇票的背书和转让与本票有所不同。在 1550 年之前，汇票还不是对外贸易中典型的、占主导地位的工具。在汉萨同盟城市内，汇票的使用是微不足道的。从 16 世纪中期，汇票很快在北方普遍被使用，包括汉萨同盟城市和波罗的海地区。即使这样，汇票在北方的对外贸易中没有获得彻底的垄断地位，而且在很长时期内不得不面对来自其他金融工具的竞争，特别是无记名期票。汇票是在16世纪后半期开始频繁出现在北欧的国际贸易中。随着北欧贸易的扩展和商人数量的增多，票据的转让也越来越频繁。由于16世纪欧洲北部清算银行体系的不发达，很少有通过银行汇票来进行支付结算的。

汇票成为一种可转让的票据花了很长的时间。即使在银行业迅猛发展的17世纪，由于现持票人对以前的持票人没有追索权，导致了汇票的可转让进展较慢。1608年开始，在安特卫普的考斯特曼开始实施联合署名体系，这是第一次对汇票的转让进行官方管理。具体的操作就是，所有的连续转让债权人的名字都必须写在汇票上，因此，所有这些人对最后持票人负有最终支付的责任，这样就增加了持票人的金融安全。这实际上是一种担保债券，它给予持票人先于第一债务人要求让与人付款的权利。这种体系在英国也曾经出现过，但是也要看到，联合署名体系具有严重的缺陷：所有的转让人此前都必须认识，转让是在转让人与授予人之间相互信任的基础之上，这就限制了汇票的转让范围。

安特卫普的汇票转让进一步朝着维持特殊的担保原则的方向发展。汇票在发行时就在背面明确地注明在担保下进行转让，以下是1611年4月20日安特卫普的汇票范本：

罗伯特·拉格（Robe·Rug）先生签名后由我收讫，我已经将收款权利转让给他①

这就是现代背书的起源，这时汇票就不仅更易于转让而且更易于兑换，也就是说，持票人比早先拥有了更大的金融保证。

汇票的转让在欧洲的其他地方进展更慢。威尼斯当局坚持反对在公共银行之外进行任何的票据转让；在英国，至少到17世纪中期以前，很少出现票据的转让。从17世纪的文献资料来看，1650年以前的著作基本没有提起过票据的转

① 波斯坦．剑桥欧洲经济史（第五卷）［M］．北京，经济科学出版社，2002：304.

让，但是17世纪50年代出版的已经记录了汇票经背书后出手转让的过程。在1704年，英国的习惯法法庭通过了一项票据法案，该法案开始承认票据的可转让，汇票在英国的转让才经常化。可以说，票据在西欧的可转让经过了较长的一个过程。和16世纪70年代起背书汇票在安特卫普已成为普通事实相比较，这表明尼德兰在商业创新方面已经领先于英国。并且众所周知，当时的安特卫普确实是欧洲的经济和金融中心。16世纪后期，除威尼斯等少数城市以外，意大利也普遍采用以背书来转让汇票的方式。

17世纪欧洲经济中心转到荷兰后，由于阿姆斯特丹的经济地位及经济实力，阿姆斯特丹银行开出的票据是完全可转让的。尽管当时开票据的有威尼斯的汇兑银行、伦敦的金匠，并且都保证能即期用现金支付全部存款，但是他们开出的票据都没有像阿姆斯特丹银行开出的那样完全可以转让，像货币那样流通。

（二）票据的可贴现

1531年，安特卫普交易所新开业，这个交易所最初既是为商业交易也是为金融交易准备的。但逐渐地，它发展成为一个真正的货币和金融交易所。商业合同和协议日益增多地在按照“英国式交易”（English Exchange）来缔结，而它比金融交易所提前一小时开市。贸易逐渐地从金融中分离出来，这就为金融证券的技术发展创造了有利的背景环境。

1536年以后，票据贴现已经有所发生。安特卫普的第一例近代贴现出现在凯特森文件中，它涉及在1536年对一单期票进行贴现。① 但是这只不过是一个例外。债权人通常仍旧将他们的本票和汇票保存在文件夹中，直到到期为止。如果债权人突然需要现金，他将会要求一个或多个债务人以一定的折扣提前偿还他们的债务。这仍旧是在中世纪就已经广泛使用的古老的程序，即传统的打折，与现代或者近代意义上的贴现相比还有不同。

到了1550年以后，由于金银货币短缺严重，人们越来越使用贴现这种办法

① 波斯坦．剑桥欧洲经济史（第五卷）［M］．北京，经济科学出版社，2002：304.

来筹集现金。尤其是在低地国家，这种方法更是被普遍采用，因为安特卫普交易所中货币市场的强劲增长以及商业证券的频繁流通，近代贴现的条件已在这里产生。最早的贴现业务由安特卫普的货币经销商来展开。货币经销商在安特卫普交易所有着重要的地位，他们不仅在一个集市进行货币兑换与清算，而且提供跨集市的信贷，他们所用的金融工具一般就是本票和汇票。在安特卫普交易所，用具有持票人条款的到期本票和到期汇票偿付债务已经形成惯例。但是在一定的时期，由于某种原因，债权人常常会选择现金而不想持有票据。这样，货币经销商就从中牟利，他们用现金以一定的贴水尽量收购到期的商业证券，包括本票和汇票。这仍旧不是近代的贴现，而只是以硬通货购买的特殊的贴水。然而，市场上也越来越多地用未到期的证券进行结算，通常用具名本票。未到期的票据具有和到期票据一样的清算功能。1560—1600 年安特卫普市政法令的证据显示，货币经销商和现金保管者在安特卫普交易所经常按照一定的贴水大量买进票据。这样的操作非常普遍，以至于到期票据和未到期票据不再有所区别。1560 年 3 月，从里昂和贝桑松到安特卫普的应该在 5 月份集市到期的汇票，立即被货币经销者以一定的贴水用现金购买，这已经是近代贴现银行业务的一个清晰的例子了。一旦货币经销商开始囤积这种未到期的证券，近代贴现就诞生了。16 世纪后半期，许多安特卫普公司的账目以及安特卫普会计技术手册，包含着大量近代贴现的证据。

安特卫普的金融技术很快传向欧洲，在 16 世纪末，贴现开始在汉堡得到应用。1571 年托马斯·格雷欣（Thomas Gresham）在伦敦伦巴第街建立了一个类似于安特卫普的交易所，所有的票据业务几乎都是对安特卫普的完全模仿，毫无例外，贴现在伦敦交易所也频频出现。1585 年以后，大量的安特卫普人迁往阿姆斯特丹，安特卫普的金融和交易技术也被带到了那里。1597 年《安特卫普考斯特曼》一书在阿姆斯特丹发行，详细介绍了安特卫普的金融技术。1600 年前后，通过具有持票人条款的本票或者汇票的转手流通进行转让在这里已经非常普遍，转手多达 7 次或者 7 次以上，贴现也很普遍。

值得注意的是，本票的贴现要比汇票出现的频繁。本票通常长期流通，有时甚至达到 12 个月或者更多，所以将其兑现的需要常常相当迫切。因此，安特卫普和汉堡的近代贴现业仍旧更多地和附有持票人条款的本票相联系。1600 年以后，安特卫普的近代贴现业走向了规则化、正式化。同时，背书的传播和银行业的持久繁荣加速了票据的贴现。近代贴现银行业从此成为经济生活中的事实。并且由于在 17 世纪各商业中心都有了证券交易市场，证券买卖在欧洲习以为常，贴现更是成为司空见惯的事情。到了 18 世纪，英国的英格兰银行可以说就是一个贴现银行，他的贴现业务在欧洲占有很大的份额，整个 18 世纪英格兰银行都在为欧洲各地的客户办理支票贴现业务，它的贴现率为 5% 或 6% 。

票据的转让和贴现具有较为重要的意义。票据的流通带来的是资金的流通，在票据不可买卖贴现的状况下，票据占有了一部分现金，当出现资金周转困难时票据无法及时变现，影响了经济效益。但是票据的转让贴现，为个人或公司融通资金提供了一条新的路子，同时票据也发挥了越来越大的作用。具名商业票据的频繁流通为后来本票的成功开辟了道路，本票和汇票的贴现为近代贴现银行业铺平了道路。

四、公共银行的产生与票据融资的深化

随着经济的发展、商品的繁荣，贸易已经不能再局限于固定的时间固定的地点。需求、供给的增加使得越来越多的商人在主要的商业中心建立了常驻的办事处。这些商人没必要也不愿意将其贸易限制在集市期内。这样，欧洲集市的作用迅速衰退，取而代之的是各城市相继建立的交易所，交易所给商人们提供了经常性的商品交易场所，在此情况下，集市逐渐丧失了一切的商业价值。

安特卫普于 1531 年建立了一个交易所，这不仅是商品交易所，也是证券交易所。交易所不仅取代了集市的商品贸易职能，而且也取代了集市的金融清算职能。1551 年开始，英国伊丽莎白女王安排皇家汇兑人托马斯・格兰欣爵士常驻安特卫普考察交易所，后来他回到英国并于 1571 年建立英国皇家交易所，主要经营国际

票据。紧接着，塞利维亚和阿姆斯特丹先后在 1583 年和 1611 年建立了交易所。

不再依赖于集市的、一年四季都不间断的商品批发市场的发展使得商人们迫切需要大型的、管理得当的银行，他们可以放心地将其资产放在这些银行中，并且能够随时将这些资产提取出来，并且还要求能够快速地进行票据的结算。原来的私人银行因为实力以及信誉的问题很难满足这些要求，因为私人银行往往利用客户的存款进行自己的商业经营。1575 年以后，私人银行纷纷陷入困境，另外建立一种银行显得很有必要。这样，许多国家和政府就创建或者改建了"公共银行"。这种银行办理存贷款业务以及信用转让票据清算业务，但是受到政府部门的担保和监督。

最早的公共银行萌芽在 15 世纪阿拉贡王国就已出现，1401 年后巴塞罗那就创建了市立银行。但是，新型的公共银行最早是 1587 年 4 月开始营业的利亚托银行。利亚托银行主要有三项任务：接受与偿还存款，负责各账户之间的转账，将应付汇票记入客户贷方。这家银行很快取得了较大的成功。在政府的主持下，意大利其他银行也纷纷成立了这样的银行。1593 年米兰成立了圣安布罗焦银行，1605 年罗马创立了圣灵银行。其他地区，政府允许已有的银行也仿办利亚托银行，接受存放款并负责兑换汇票。例如，热那亚的圣乔治银行、那不勒斯的联合官办当铺都先后转变为公共银行。这些银行成立后马上成为重要的信用交易中心，都试图垄断所在地的票据交换业务。

但是发展最快、实力最强的公共银行是荷兰的阿姆斯特丹银行，它于 1606 年得到市议会的批准，1609 年开始营业。其业务与意大利利亚托银行相似，接受与偿还存款；负责各账户之间的转账；将应付汇票记入客户贷方。与意大利相似，它也不允许私人账户的透支，也不允许向客户提供私人贷款。由于当时所有在 600 弗罗林以上的票据只有通过银行才能记入贷方，所以几乎每一个商人都在银行开有账户。除此之外，该银行还可以兑换货币、购买金银并将其铸造成合法货币。

阿姆斯特丹银行之所以能取得金融优势，关键在于荷兰的贸易企业遍布各地。荷兰商人、荷兰造船业与荷兰的投资在欧洲各主要商业中心以及亚洲、美洲与非洲的大多数沿海城市都取得了立足之地。这就意味着，阿姆斯特丹实际上与其他所有的中心都保持着直接的贸易联系，在阿姆斯特丹购买的汇票几乎在世界各地都能承兑。欧洲的商业交易越来越多地使用阿姆斯特丹的票据来交易。有一些贸易区——例如波罗的海地区——只接受阿姆斯特丹开出的票据。大部分的大型商号在阿姆斯特丹银行拥有账号，进行支付其国际债务。阿姆斯特丹在 17 世纪发展成了世界性的票据交换中心，在这里，债权债务的抵消在多边基础上进行，荷兰的货币也成为欧洲的硬通货。广泛的商业联系以及世界各地的金银与硬币的大量流入（阿姆斯特丹当时也是欧洲贵金属贸易的中心）使得阿姆斯特丹能够建立起稳定的汇率，而稳定的汇率又进一步巩固了它在贸易上的主导地位。进入 18 世纪头十年之后，阿姆斯特丹的触须已遍及欧洲。

阿姆斯特丹银行成立后发展迅猛，效果显著，它为社会流动资本找到了可靠的存放处，同时也为信用票据提供了有效的票据交换所。这种类型的公共银行迅速在欧洲其他地方成立，如米德尔堡、鹿特丹、纽伦堡、斯德哥尔摩等地。到 1697 年，欧洲已有 25 家不同类型的公共银行，但其实力不可与阿姆斯特丹银行同日而语。阿姆斯特丹汇兑银行的成立标志着票据融资进入了一个新的阶段。

第三节　东方的金融创新

欧洲的商业革命带来了金融业的巨大发展，特别是在票据融资方面和公共银行方面。而在东方，尤其是在中国，此时金融业相比 16 世纪以前，有了长足的进展。明朝中期，当铺、钱庄已经遍及大江南北，清代又有印局、账局和票号产生。

中国明清时期的金融业，在金融工具、金融机构、金融业务、金融机构管理机制甚至在中央银行制度方面都有了不同于以往的创新。

彼时，山西商人经营的当铺、钱庄数量之多、地域之广居各商帮之首。

1765 年（乾隆三十年），仅苏州一地就有山西商人经营的钱庄 81 家[①]。现在有名的苏州旅游景点“全晋会馆”，就是当年山西货币商人行会所建的会议场所。而且，山西商人经营的印局、账局和票号等金融机构，是别的商帮所没有的，特别是遍布全国各地以至国外的分支机构，更是其他商帮所不可能做到的。即使在偏僻的边远地方，都有晋商票号，如四川的巴塘、里塘、雅安、打箭炉，西藏的拉萨，云南的昆明、蒙自、海南的琼州，外蒙古的库伦、科布多，新疆的迪化，东北的满洲里、齐齐哈尔；在国外，东边有日本神户、横滨、东京、大阪和朝鲜的仁川，北边有俄罗斯的恰克图、伊尔库茨克、新西伯利亚、莫斯科、彼得堡，西边有叶尔羌，南边的新加坡、印度的加尔各答等等。

山西货币商人，包括经营当铺、钱庄、印局、账局和票号等金融企业的商人，在明清时期，尤其是在清中叶已经有了很大的金融创新。他们与意大利伦巴第商人创造伦巴第银行业务一样，在中国金融史上曾有过重要的贡献。这种创新对现代金融不仅具有先驱意义，而且对现代金融创新的启示作用也是不可低估的。可见，金融史上的重大历史变革和制度变迁是金融创新不可或缺的重要组成部分，整个金融业的发展史其实就是一部金融创新的历史。

一、金融机构的创新

山西商人不仅仅发扬了中国传统的金融机构，而且新开设了不少新的金融机构。尤其是在明末清初，山西商人开办的信用机构层出不穷，极大地促进了当时金融业的发展。山西商人创立了从事消费信用的机构——当铺，创立了对贫民放印子钱[②]的印局，创造了专门办理放贷取息的信用机构账局，创造了专门从事钱银兑换业务的钱庄，创造了专门经营汇兑业务的汇兑庄——票号。随着金融交易的发展，这些从事单一金融业务的金融机构，相互学习，走上了存款、

① 苏州历史博物馆：《明清苏州工商业碑刻集》，395 页，南京，江苏人民出版社，1981。

② 一般按日或者按月计息，每归还一次，盖一次印，故名印子钱。

放款、兑换、汇款等业务的综合经营之路。

（一）当铺

在中国，凡出物质钱者，均称之为当。当铺作为一种消费信用机构，早在南北朝时业已出现，但其后的发展十分有限。

明清时期，随着商人资本的发展，当铺得到了较快的发展。大约在清康熙年间，全国当铺有22000多家，而山西境内则有4700家，约占1/5。其余地区的4/5，有很多也还是山西人开设的。当铺的开设，“江以南皆徽人，曰徽商。江以北皆晋人，曰晋商”。[①] 咸丰中年，仅介休冀一家所开当铺，今有铺名可考者13家，即增盛当、广盛当、悦盛当、钟盛当、益盛当、恒盛当、文盛当、永盛当、星盛当、仁盛当、世盛当、鼎顺当、永顺当。还有许多当铺名不可考，大部分设在湖北樊城、襄阳，河北大名以及北京等地，相传有几十家之多。据《汾阳县志》载，光绪三年灾荒，汾阳各商号捐款名单中能够肯定是当铺者就有45家。

由于山西商人善于经营，晋商所开当铺也就为政府所利用。乾隆二十一年，山西巡抚明德上奏说：“查晋省当商颇多，也善营运，司库现存闲款，请动借八万两，交商以一分生息。五六年后，除归新旧帑本外，可存息本银七万余两，每年生息八千六百余两，足敷通省惠兵之用。”[②]此外，当铺除了用月息一分到三分高利盘剥之外，还往往与其他粮商结合进行投机，在秋收粮价下跌时，粮商以贱价收购粮食，典给当铺，取得质钱后再去买粮，随收随当，来年高价出售，当商粮商坐收厚利。

此外，当铺在戥称上、银色上的高进低出，压平擦色，克扣贫民等事也为民众所不齿。

（二）印局

印局，是指放印子钱的商号。“印子钱者，晋人放债之名目也。”[③] 这种信用

---

① 李燧：《晋游日记》卷三。

② 《清高宗实录》，乾隆二十一年。

③ 张焘：《都门杂记》。

机构的放款对象主要是城市贫民。印局除对穷人放款外，也对小商贩提供信用。这种信用机构出现于明代，清初就已经很活跃了。

到1853年（咸丰三年）内阁大学士、山西人祁隽藻在一份奏折中说："窃闻京畿内外，现有山西等省民人开设铺面，名曰印局，所有大小铺户及军民人等，俱向其借用钱文。"① 祁隽藻还说："京师地方，五方杂处，商贾云集，各铺户籍资余利，买卖可以流通，军民偶有匮乏日用以资接济，是全赖印局的周转，实为不可少之事。"② 由于太平天国革命暴动，印局止账，"旗民无处通融，生计攸关，竭蹶者居多"。③ 这种借贷，一般按日或者按月计息归还，多数是朝借夕还，也有10日或30日归还的。每归还一次，盖一次印，故名印子钱。由于这种款不要求抵押品，要答应说什么时候归还到期还款就可以了，所以也有人说叫"应子钱"。

印局除高利贷外，还有一种剥削方式就是扣头。如借银700两，按"四扣三分行息"，即借款契约写700两，实际借款人拿到手的是280两，还得以700两借款月息3分付息，到期按本金700两另加利息归还。故当时有人写诗道："利过三分怕犯科，巧将契券写多多，可怜剥削无锥地，忍气吞声可奈何？"④

印局与典当的区别，在于典当是以实物抵押提供信用，而印局则无需抵押，凭人信用；典当一般期限较长，3个月、半年以及1年以上，印局一般期限是1日、10日、30日为限，但作为剥削的实质是一样的。这种印局和当铺一样，以山西商人经营者为多，北京、天津、汉口等地都有这种信用机构。

（三）账局

账局，也称账庄，是一种专门办理放贷取息的信用机构。投资账局者，全国以山西商人为多，在山西商人之中以汾阳、平遥、太谷、祁县、榆次、徐沟

① 《祁隽藻奏稿》。
② 《祁隽藻奏稿》。
③ 《祁隽藻奏稿》。
④ 得硕亭：《草珠一串》。

等地商人为多，获利方式主要是放账取息。其发生年代，大纺在清雍正乾隆年间，可能与清政府的捐纳制度有一定联系，当然也是商人资本发展的产物。

账局放账，主要对象是候官吏。“遇选人借债者，必先讲扣头，如九扣、名曰一千，实九百也，以缺乏远近，定扣头之多少，自八九至四五不等，甚至有倒二八扣者，扣之外，复加月利三分。以母权子，三月后则子又生子也。滚利垒处，以算百金，未几而积至盈万。”① 这种业务，称为放官账。候选官吏一到京，账局就设法接近，发现其经济困难，就难给予借贷支持。几年在京候选，时有招待送礼，交际应酬，一旦放以实官，制行装，买礼物，用款甚我，往往囊空金尽，只得向账局借贷，账局便乘机勒索，除抽收扣头，收取高利之外，有时甚至扣押贷款人证件或随往讨账。有诗道：“账西行鸷若鹰，深机朘剥占层层，九成对扣三分利，尚勒穷员往任凭。”②

账局也放款给一般商人。“闻账局自来借款，多以一年为期，五六月间各路货物到京，借者尤多。每逢到期，将本利全部措齐，送到局中，谓之本利见面。账局看后，将利收起，令借者更换一卷，仍将本银持归，每年如此。”③

账局作为一种信用机构，从清初到民国初年存在了近三百年。一般资本者不大，大者数万两，小者数千两，遍设长城内外，大河上者。如恒隆光、大升玉（茶庄兼账庄），都与俄国商人有信用关系。宣统二年因俄商米德尔样夫等五家商号倒闭，倒欠山西十几家商人的62万余两白银案引起国际诉讼，其中就包括大升玉、恒隆光等账局在内。根据现有资料，账局的经营方式和业务活动，与印局区别不大，后来与钱庄的业务也逐渐趋于一数。似在清中期印局、账局业务相类同，不少清代人认为他们是一回事。清末民初账局与钱庄业务交叉，与钱庄业务类同。所以，民国年间的山西商人自己并不把账局与钱庄做严格区别，许多学才也认为都是“贷金为”。这类放款取息的商号，实质上都是一些“子钱家”。

---

① 李燧：《晋游日记》卷三。

② 《日下新讴》。

③ 清档：军机处《录附奏擢》，咸丰三年三月二十五日，御史王茂荫奏折。

（四）钱庄

钱庄，也称钱铺、钱店、钱局、钱号。由钱币兑换活动发生，最初是街市上的钱摊。由于明清时代社会周行的货币有铜、银块，零星小额交易需要钱文，大额交易一般需使银两，铜钱和银块之间兑换较多，多由殷实商号代为办理。随着商品交易的扩大，专门从事钱银兑换业务的钱摊便应运而生。在通衢大市，设一木桌，按照市价，以银块制钱相交易，收取手续费，也称贴费。日久天长，又代客保存货币或临时借垫。营此业者，盈利颇厚，于是发展为店铺，设立铺面，业务范围也逐步扩大，为钱庄。有的钱庄则是商品买卖店铺兼营钱庄，后来放弃商品经营，专门从事钱业。这种演变，从明代已经出现，但到清末市场上还有卖茶或兑钱，或卖烟又兑钱的小钱铺、钱摊（钱桌）。据现有史料，北京、天津、张家口、归化、包头、西宁、兰州、河南、汉口商业重镇的钱业势力以山西商人势力为强，如“山西祥字号钱铺：京师已开四十余座，俱有票存，彼此融通”。山西钱庄在社会经济生活中占有极其重要的地位。

（五）票号

票号，亦称票庄或汇兑庄，是一种专门经营汇兑业务的金融机构。随着商品交易的发展，商人异地采购增加，现银调动频繁，这种货款交付，在票号产生之前全赖镖局运现。商贩在外向老家捎寄钱物也托镖局办理。专业汇兑机构产生之前，镖局担任着现银运送的任务。由于镖局运现开支浩繁，费时误事，又常出差错，在商品交易有了较大发展的情况下，为解决镖运现金与商业的及时清偿及现款稳妥调拨的矛盾，票号就产生了。

关于票号的产生，其代表性观点有：其一，认为唐代商人财富增加，有“飞钱”出现，因之有票号产生。其二，认为票号发生于明末清初，明代已有汇票发生，山西人拾李自成遗金而经营票号。更有说顾炎武、傅山、戴廷栻为了反清复明，以保卫山西商人运现为名组织镖局，为票号的前身。其三，认为票号发生于清乾隆嘉庆年间，是乾隆盛世商品生产和交换发展的结果，甚至有人具体指出为嘉庆二年。其四，认为票号发生于清道光年间，但具体时间又有多种版本。

山西票号多采用分支机构制分设各地，明代以来山西商品经营资本和货币经营资本的发展，为山西票号的经营管理积累了经验，提供了技术和管理人才，再加上票号在经营过程中有着卓著的信用。山西票号产生以后获得了迅速的发展。1828 年（道光八年）票号在南方各城市已经很活跃，如苏州，当时为“百货聚集之区，银钱交易全藉商贾流通，向来山东、山西、河南、陕西等处每年来苏办货，约可到银数百万两……自上年秋冬至今，各省商贾俱系票往来，并无现银运到”。到鸦片战争前夕，票号大约有 6 家，即日升昌、蔚泰厚、日中新、广泰兴、承光庆、合盛元。

1850 年，日升昌、蔚泰厚、日中新 3 家票号在各地设立的分支机构达 35 处，分布于北京、天津、盛京（沈阳）、张家口、济南、南京、苏州、清江浦、芜湖、屯溪、汉口、沙市、重庆、成都、长沙、广州、常德、周家口、汴梁（开封）、河口、西安、三原等 22 个城市。咸丰二年，当时的政论家冯桂芬在谈到票号时说道：“今山西钱贾……散布各省，会（汇）票出入，处处可通。”票号的业务活动，这个时期已经逐渐由专门从事汇兑开始兼营存款、放款，如 1847 年（道光二十七年）末，蔚泰厚苏州分号已有存款 36000 两，放款 80000 两。1850 年（道光三十年）末，日新中北京分号有存款近 37000 两，放款近 70000 两，并且把存款、放款与汇兑相结合，利用承汇期，占用客户款项，放贷生息，并有了固定客户，信用良好，“交银于此，用银于彼，从无空票”。其盈利来源，随着单一汇兑业务的被突破，除了汇费收入，压平擦色收入之外，又获取存放利差。因为有官款存储，并不付利，故贷款利息收入是相当可观的。

二、金融工具的创新

金融工具的创新主要体现在票据方面。山西商人继承了中国传统的金融工具，并且在此基础上进行了多姿多彩的创新。会票在清初作为一种汇兑工具已经被广为使用，随后各种各样的票据作为信用工具在社会上广为流通。

中国早在唐代就出现了原始的汇票——飞钱。唐宪宗执政时期（公元 806—

808），各道（相当于现在的省）在京师都设有办事处一类机构（进奏院），各省商民在入京之时可将铜钱存入本省行政机构，然后可在京师本省进奏院凭票领取铜钱，称为“飞钱”。飞钱的出现省却了贵金属搬运之劳，但是飞钱持续的时间并不长，数十年后就销声匿迹了。

明末清初出现了工商会票，这是真正意义上的汇票。明末清初出现了会票标志着中国商业信用在当时的发展。

现发现的会票最早出现在清康熙二十三年（公元1683年），会票大都是白纸、竖写，以下是当时两张会票的原文：

立会票吕子嘉今收到

处实兑纹银壹仟两整。其银至都中日成字号许明远处，四月终兑，无误。立此会票存照。

平日成布法每百两亏五钱左右兑。

康熙二十二年二月　　日，立会票吕子嘉

立会票吕玉衡今收到

处银壹佰贰拾两整。其银至北京前门外打磨厂长巷头余胡同日成布店舍亲谢周生处，见票兑付，无误。此照

平照市口法左右兑。

十五年三月　　日　　立票吕玉衡见票黄禹山①

从上面两张会票可以看到，会票都是立会者向兑付人签发的票据。同时可以看到，会票分为即期会票（“见票兑付”）和远期会票（“四月终兑”）两种。远期会票都要证明“×月终兑”。会票上还记录着兑付时所用天平的砝码（因为当时中国各地所用砝码大小不同）或者与指定砝码的偏差。

会票流通以后，一些商号不仅代人汇兑银两，同时还替人清偿债务。但是这种会票多限于同乡同里的亲戚、朋友之间，范围很狭窄，使用的基础是建立

① 黄鉴晖．山西票号史［M］．太原，山西经济出版社，2002：9.

在家族信用之上的。

随着金融机构的增多，尤其是山西票号不断进行业务创新，新的金融工具不断呈现，主要的金融工具有以下几种：

（1）凭贴，本铺出票，由本铺随时负责兑现。

（2）兑贴，也作附贴，本铺出票，到另一铺取兑现银或制钱。

（3）上贴，有当铺上给钱铺张上贴和钱铺上给钱铺的上贴之分，彼此双方已有合同在先，负责兑付。

（4）上票，非钱商的一般商号所出的凭贴称上票，信用自然要差一些，钱商也可以收受。

（5）壶瓶贴，有些商号（包括钱庄）因逢年过节资金周转不灵，自出钱贴，盖以印记，用以搪塞债务，因其不能保证随时兑现，只有暂时“装入壶瓶，并无实用”，故称壶瓶贴。

（6）期贴，出票人企图多得一些收入，在易银时，开写迟日票据，到期时始能取钱，需计算期入利息，类似现代的远期汇票。

凭贴、兑贴、上贴、上票、壶瓶贴和期贴这六种信用流通工具，在清中期已在中国北方普遍行使。前三种是见票即付现款，如同现金；后三种不一定立即付款，易生纠葛，清道光皇帝曾下令准许行使前三种，禁止行使后三种，事实上禁而不止。晋商票号汇兑，其汇票有见票即付，还有见票过几日再付两种。

对于筹集长期资金的股票债券市场的信用工具，意大利在15世纪出现过可转让股票的合伙组织，后在英国等地传播，但直到17世纪这类股票还是海上冒险之后还本付息。17世纪中期，真正的股份公司才正式发行不兑现的股票，并可以到交易所去买卖。18世纪中期，在中国也有了股票的发行与交易。1883年的以上海为中心的中国金融危机，其导火线与其说是胡雪岩的生丝投机，不如说是外商炒作开平煤矿股票。[①]

① 孔祥毅．经济一体化的延伸与超越［M］．北京，中国商业出版社，1999：1.

三、金融业务创新

山西银行在进行金融机构创新的同时，展开了金融业务的创新，他们创造了转账结算、票据贴现、旅行支票、银行轧差清算、货币交易市场、银行密押等等。

（一）转账结算

据《绥远通志稿》记载：在内蒙古地区的商品交易，“在有清一代，在现款凭贴而外，大宗过付，在拨兑一法。……拨兑之设，殆在商务繁盛之初，兼以地居边塞之故，交易虽大，而现银缺少，为事实之救济及便利计，乃由各商转账，借资周转。历年既久，遂成金融不易之规，且代货币而居重要地位”。拨兑之外，还有谱银，“商市周行谱银，由来已久，盖与拨兑之源流同。其初以汉人来此经商，至清中叶渐臻繁盛，初仅以货易货，继则加用银两，代替货币，但以边地银少用巨，乃因利乘便，规定谱银，各商经钱行往来拨账，借资周转，此谱银之所勃兴也。虽其作用类似货币，而无实质，然各商使无相当价值之货物，以为抵备，则钱行自不预互相转账，其交易即不能成立。……拨兑行使情状，亦与谱银相类，所不同者，仅为代表制钱而已”。所以，当时银两转账为谱拨银，铜制钱转账为拨兑钱。但不要忘记，内蒙古呼和浩特银钱商人，基本由晋商垄断，其转账结算办法，《绥远通志稿》讲“悉照内地习惯”。可见，内地转账办法要早于呼和浩特市场。

（二）货币交易市场

银行同业的短期资金交易市场最迟在清代已经有了一定规模。据《绥远通志稿》当时呼和浩特“向例”在市口交易。“每日清晨钱行商贩，集合于指定地点，不论以钱易银，以银易钱，均系现行市，逐日报告官厅备查，各钱行抽收牙佣，均遵章领有部颁牙帖、邀帖，……谓之钱市。”“为便利计，故有钱市之设，按市面之需要定银分及汇水之价格，自昔至今，一仍旧贯。”在这种钱市上融通短期资金的“银钱业商人，以山西祁（县）、太（谷）帮为最，忻（州）

帮次之，代（州）帮及（大）同帮又次之，故其一切组织，亦仿内地习惯办理”。这种银钱交易市场，也是山西货币商人的创造。

（三）票据贴现和旅行支票

山西票号汇兑，其汇票有见票即付，还有见票过几日再付两种。如果汇票已到，按汇款时商定的兑付时间未到，则不能提款，如果要提前支取，需交纳一定的费用，即如今的期票贴现。这一制度的运用，为工商企业提供了方便，为金融企业提供了生利门径，可见，票据贴现在中国发生较早，不过发展并不太快。

清代顾客外出旅行，假设由重庆至上海办货，可将一定数额的旅费，如将1000两白银交给票号重庆分号，重庆分号开出一张汇票，当即途中经过汉口、南京，需要提取部分现银，到上海后全部提出使用，重庆分号即通知汉口、南京分号（或联号），说明汇款人（亦即提款人）的姓名，待汇款人到汉口后，可到指定分号提款若干，汉口分庄在提款人手执汇票上记录提款若干，下余若干。到南京亦如此，直到上海提毕，由上海分号收回汇票。这种办法，如同现在的旅行支票或信用卡，足见当时山西货币商人的信誉和服务技术之水平。

（四）汇兑与存贷款结合

山西货币商人在明清时期发展了唐代“飞钱”，创设专营异地汇兑的金融机构汇兑庄，他们在自己的营业中，为了减少现银运送，也扩大存款贷款业务，汇兑制度不断创新，采用了逆汇办法，减少现银异地调拨，节约了大量的流通费用。

（五）银行轧差清算

山西票号“汇通天下”。但是，各地分支机构相互之间在一定时间之后总会发生汇差，我欠人，人欠我。如何处理汇差？当时是“月清年结”两种账，由分号向总号报账均以“收汇”和“交汇”两项分列，既有细数，又有合计，均按与各分号和总号业务清列。总号收到报来的清账，核对无误后，将月清收汇和交汇差额分别记入各分号与总号的往来账，收大于交，差额为分号收存总号款项数；交大于收，差额为总号短欠分款项数，互不计息，因全号实行统一核算。这种办法是现代银行清算相互轧差办法之源。

（六）首创银行密押制度

为了异地汇款用汇票的真实而不发生假票、伪票冒领款顶，各家票号只能使用在山西平遥总号统一印制的“会票”，纸质为麻纸，上印红格绿线，特别使用专用纸，内加“水印”，日升昌票号汇票上水印为“昌”字，蔚泰厚票号汇票上水印为“蔚泰厚”三字等等，此其一。各分号书与汇票，责定专人，用毛笔书写，其字迹在总号及各分号预留备案，各分号书写汇票，责定专人，用毛笔书写，其字迹在总号及各分号预留备案，各号收到汇票，与预留字迹核对无误，方才付款，此其二。汇票书写完成，需加盖印鉴，票号印鉴正中多有人物像，如财神像，周边刻的蝇头小字，以防假冒，此其三。汇票金额、汇款时间，均设有暗号，汇款人、持票人是无法知道的，只有票号内部专人才能辨认真假。暗号编成歌诀，以便记忆，如月暗号：“谨防假票冒取，勿忘细视书章”十二字为1～12月代号；日暗号：“堪笑世情薄，天道最公平，昧必图自利，阴谋害他人，善恶终有报，到头必分明”三十个字为1～30日代号；银数暗号：“生客多察达，斟酌而后行”或“赵氏连城璧，由来天下传”分别代表壹贰叁肆伍陆柒捌玖拾，“国宝流通”为万仟百两，如“三月五日伍仟两”即写“假薄璧宝通。”为万无一失，在暗号之外再加一道锁，叫自暗号：“盘查奸诈智，庶几保安宁。”

四、金融机构管理制度的创新

山西银行创造了金融企业管理的两权分离制度、人力资本股份制度、资本充足率制度、防范金融风险的风险基金制度等等。

（一）两权分离

晋商在经营中创造了资本所有权与经营权两权分离制度。在企业创办之前，“财东起意经营，聘请经理，由介绍人说明，或自己注意察访，确实认定此人有谋有为，能攻能守，……即以礼招聘，委以全权”。“被委之经理，事前需与财东面谈，侦察财东有否信赖之决心，始陈述进行业务及驾驭人员之主张。果双方主见相同即算成功。”“财东自将资金全权委诸经理，系负无限责任，静候经理年终报告。平素经营方针，一切措施毫不过问。”“经理既受财东信赖和委托，得以经理全号事务，……领导同人，崎岖前进，其权限近乎独裁而非独裁，实即集权制也，盖同人均享有建议权。”① 故1925年7月4日《中外经济周刊》载文说：“将资本交付于管事人（大掌柜）一人，而管事于营业上一切事项，如何办理，财东均不闻问，既不预定方针于事前，又不施其监督于事后，此项实为东方特异之点。”可见，企业经营管理中的两权分离制度已在数百年之前已经流行于中国了。

（二）劳力资本作股

劳动力作为资本而顶股是晋商的一大创造。新职工入号大约经过三个账期，即12年到15年，只要工作勤奋，没有过失，即可以“顶生意”，即顶股，成绩特别优秀者，学徒期满后也可以顶股。顶股办法一般由大掌柜向财东推荐，经财东认可，即可把其名字录入“万金账”，叫做“人身股”。开始顶股的职工，一般不会超过二厘（十分之二股），以后每一个会计年度，可以增加一二厘。顶股最高者为大掌柜，一般为一股，二掌柜及其以下七八厘不等。一股亦称“一份”或“一俸”。

身股（劳力资本股）与银股（货币资本股）所不同之处在于，身股不是永恒的，不可以由子孙继承，其顶股人死后不再生效，但对于少数上层管理人员死后可作为“故股”再延1～3个账期。

人身股除有分红权利外，也承担一定义务，即身股与银股都有按规定承担公积金和风险基金的义务，交纳“护本”或“公积金”。“护本”，即每个会计年度分红时，在应分红利中扣除一定比例留存号中，作为公积金，亦叫护本，或护身。所交护本，不仅顶身股者需要交，持银股者即财东也要交纳，故称护本。这项款项，是“预提护本”，以此建立风险基金，在发生亏损时使用，劳、资两部分股东都承担义务。有关山西商人的公司治理结构在本章第四节《公司

---

① 中国人民银行山西省分行、山西财经学院编写组．山西票号史料［M］．太原，山西人民出版社，1990：598.

金融与资本市场的发展》中还有详细论述。

（三）保证流动资本充足率

“倍股”、“厚成”、“公座厚利”是晋商在资本运营中的创造。“倍股”，是在账期分红后，按股东股份比例，提取一部分红利留在企业参加周转使用的，以扩大经营中的流动资本。“厚成”，即在年终结账时，将应收账款、现存资产予以一定折扣，使企业实际资产超过账面资产。“公座厚利”是在账期分红时，在财东银股和职工身股未分配之前先提取利润的一部分作为“公座”，以便“厚利”。这些“倍股”、“厚成”和“公座厚利”办法，都是为在资本经营中尽可能扩大流动资本，争取更多盈利的办法。因为他们很少实行负债经营，而主要是依靠自有资本进行经营，用此办法，确保流动资本的充足率。

（四）建立风险基金

商人资本在经营活动中常常会遇到各种不同风险，发生亏赔倒账问题，不仅会影响利润，甚至还会危及资本安全，货币商人更担心因信用危机危及自己的存亡。为了防御风险，山西商人设计了一种“预提倒款”防范风险办法，也叫“预提护本”，要求在账期分红时，不能只顾分红，不管未来有无风险，规定从利润中预提一定数量的可能发生的倒账损失，建立风险基金。这种预提款项，也叫“撇除疲账”，以防止“空底”，设置企业经营的安全防线，把风险减少到最低点。

五、山西银行业对中央银行制度的创新

明清时代，大批在全国各地以至国外从事金融业务的金融企业，为了行业协调和管理，他们自发地创造了同业行会，而且发展到能够管理、监督、约束以及仲裁同行纠纷的组织，如包头有裕丰社，归化城（呼和浩特）有宝丰社，大同有恒丰社。《绥远通志稿》记载：“清代归化城商贾有十二行，相传由都统丹津从山西北京招致而来，成立市面商业。……其时市面现银现钱充实流通，不穷于用，银钱两业遂占全市之重心，而操其计盈，总握其权，为百业周转之

枢纽者，厥为宝丰社。社之组设起于何时，今无可考，在有清一代始终为商业金融之总汇。”“社内执事，统称总领，各钱商轮流担任。”由于钱市活跃，转账结算通行，宝丰社作为钱业之行会，“大有辅佐各商之力”。“行商坐贾皆与之有密切关系，而不可须臾离者也。平日行市松紧，各商号毫无把握，遇有银钱涨落，宝丰社具有独霸行市之权。”晋商的这些行会，在协调组织同业的时候，已经不经意地具备了中央银行的部分职能。

（一）组织市场公平交易

晋商行会维护市场公平交易，不仅是因为山西商人做生意需要有一个稳定的市场环境，同时也是行会取信政府，维护本行会员利益的必要。故经常根据需要，在政府支持下，制定相应的管理办法并付诸实施。清雍正二年（1724年），河南省赊旗镇因市场上戥秤问题，经行会协商立石道：“原初，码头买卖行户原有数家，年来人烟稠多，开张卖载者二十余家。其间即有改换戥秤，大小不一，独网其利，内弊难除。是以合行商贾会同集头等齐集关帝庙，公议称足十六两，戥依天平为则，庶乎样准均匀，公平无私，居各遵依。同行有和气之雅，宾主无悚戾之情。公议之后，不得暗私戥秤之更换，犯此者，罚戏三台。如不尊者，举称禀官究治。惟日后紊乱规则，同众禀明县主蔡老爷，发批钧谕，永除大弊。”到同治九年（1870年）又重刻石，告示商民，以维护市场公平交易。

（二）整理货币维护经济秩序

清朝末，市场上不法之徒，私造沙板钱，冒充法定制钱流通，归化城一带到光绪年间，沙钱愈来愈多，为维护经济秩序，归化城各行会积极配合当局，整理货币。经各行会负责人与有威信的长者共同协商，决定在三贤庙内设立交换所，让人们以同等质量的沙钱换足制钱，并将沙钱熔毁，铸成铜碑一块，立于三贤庙内，上书“严禁沙钱碑”，碑文写道：“如再有不法之徒仍蹈故辙，禀官究治，决不宽恕。”立碑经理人为归化城十五社与外十五社。这是清光绪十五年（1889年）的事。类似此种记述，还有海窟龙王庙内《重整四农民社碑记》所述关于处理商人使用短百钱问题的情况，南茶坊关帝庙内《整立钱法序》所述对钱业行会宝丰社短百钱抽拨整理情况等等。晋商行会尽管没有垄断货币发行，代理财政款项收解，但它有类似“银行的银行”和管理金融行政的职能，可以说，是中国早期中央银行制度的雏形。

随着外国银行的入侵，山西票号失去了固有市场，票号自身也没有按现代银行的办法改造成股份制银行，加之，票号在经营管理中缺乏战略眼光，故步自封，特别是与清政府结合过于密切，此种态势在咸丰、光绪时期表现尤烈，且自恃与官府结合极易获得丰厚利润而怠于开拓创新，在金融工具、银行账务、资金来源、资金调度、组织管理、企业制度等各个方面日益落后于西式金融机构，最终全军覆没。

一言以蔽之，山西票号轻视商业金融而走向异化，这与意大利热那亚银行、荷兰阿姆斯特丹银行的垮台异曲同工。

第四节　公司金融与资本市场的发展

公司金融在商业革命时期有了重大发展，传统的合伙制依然存在，同时新的公司金融制度——股份公司开始出现。股份公司可以通过发行股票及其他证券，把分散的资本集中起来经营。尽管股份制在商业革命时期还不是发展得很完善，整个欧洲大陆的股份公司也不是很多，但是公司金融的发展却为工业革命以后的社会化大生产提供了前提条件。

股份公司的产生带来了股份公司股票的买卖转让问题，欧洲很快形成了一个集中、统一的交易市场，这就是社会化的、价格收益可以预期的股票交易场所。阿姆斯特丹、伦敦先后成立了证券交易所。虽然是早期的证券交易，但是资本的趋利性使得当时的证券交易市场充满了泡沫，一系列的投机活动导致了危机的爆发。密西西比泡沫和南海泡沫就是当时有代表性的投机活动。

除欧洲以外，当时经济力量最强大的中国公司金融也有发展，最具有代表性的是山西商人创立的人身股（劳力股）。但是从整体上看，中国的企业还是以合伙制居多，股份公司在中国并没有获得较大的发展，至于中国的股票交易市场的产生，则是在 19 世纪以后了。公司金融的落后制约了中国的社会化大生产，这也是中国在 18 世纪经济开始落后于西方的一个原因。

一、合伙制与股份公司

近代欧洲的公司经历了合伙制、两合公司、股份公司等几种形式。合伙制是出现比较早的一种方式，多出现在海外冒险中。合伙制完全是一种人力的结合。16 世纪开始出现两合公司，两合公司是人员和资本的双重结合，它的出现使得公司金融有了较大的发展。16 世纪后期，股份公司开始出现，这是完全意义上的资合公司。

股份公司的出现是公司史上意义最重大的事件。随着股份公司的发展，股票的数量也开始增加，客观上要求提供股票转让服务的组织出现。1613 年世界上最早的证券交易所在荷兰阿姆斯特丹成立。1773 年，英国伦敦证券交易所成立。

（一）合伙制

近代欧洲最常见的还是一些小商小贩，这些商人贩卖的是自己的货物，用的是自己的资本。但是在从事一些海外贸易的时候，他们必须依靠诸如德国汉萨同盟、英国的批发商工会以及西班牙塞维利亚的贸易法庭垄断组织。随着贸易的发展，此时两个因素成为阻碍商业进一步发展的因素：首先是贸易规模的扩大，使单个资本难以承担；其次是贸易风险的加大。而这些困难的克服显然是依靠单个资本所难以达到的，需要一种新的形式来抵御风险。合伙制就是在这样的情况下产生的。合伙制是近代欧洲最常见的一种企业组织形式，最早产生于海上贸易。海上合伙组织仅仅是为了进行一次航海或“冒险”而建立的，这种形式经常见于地中海、北海的贸易。一般做法：即其中的一个合伙人负责驾驶商船与推销货物，而其他的合伙人则负责提供货物与资本，利润大家分享，损失大家分担。在当时海上贸易风险较大的欧洲，合伙经营是抵御风险的一个好办法。合伙制的合伙人都要负有无限责任，合伙制是典型的人合公司。

但是，在一些更持久的经济活动领域中（比如地方上的零售贸易、制造业尤其是银行业），比较长期性的合伙组织渐渐增多，16世纪，大多长期性组织与中世纪的组织并无二致，一般都是扩大了的家族合伙企业，有一些是高度集中的，如奥格斯堡的富格尔公司，该公司所雇佣的代理人与它的分支机构遍布欧洲各地，但总部仍保留一切行政权力；另一些合伙企业，如科雷默那的阿法伊第迪家族企业，则将大量的权利授予并非完全由总部控制的分公司，而母公司只充当一种与现代控股公司相类似的角色。通常，对于这两类大型公司的风险资本投资有两种：一是接受外界的有息存款，二是鼓励合伙人投入更多的资金，也叫追加资本。在分红取息上，对待两种投资的方法也相应不同。在创业资本中，拥有股份的人根据公司的总盈利或亏损取得报酬，而那些提供追加资本的人则根据其存款额仅仅取得有限的但却是有保障的利息，且这种利息通常是在公司的盈利（或亏损）未分配之前致富的两种筹资方式。无论从形式上还是实质上讲，都预示着“股票”和“债券”筹资交易工具的形成。

（二）两合公司

合伙制虽然一定程度上可以规避风险，但是它也有许多的不足之处。首先，它无法满足日益频繁的远距离企业组合的需要，合伙制一般以家庭商行为基础，受到地域的限制。其次，合伙制要求对合伙对象信息充分了解，是建立在互相信任的基础之上的，因此，它不能够接纳只愿意隐姓埋名的人参加。新的企业组织形式两合制可以排除这些问题，因为两合制公司不仅仅是人合公司，也是资合公司。公司里面有两种股东：无限责任股东和有限责任股东。因此也就是说，凡组织中某个合伙人的责任是有限的，那么这个公司就是两合公司。无限责任股东对公司债务负连带无限责任，有限责任股东对公司债务的责任仅以其出资额为限。由于公司股东的责任不同，在公司中的地位和作用也不同。无限责任股东在公司中享有控制权，管理公司的业务活动；而有限责任股东不能管理公司业务，也不能对外代表公司，若要转让股份，还必须得到半数以上无限责任股东的同意。

两合制最早出现在16世纪前期的佛罗伦萨。第一个两合公司契约签订于1532年5月8日[①]。有了两合制，南特的爱尔兰商人就能与科克郡的爱尔兰商人合伙经商，同样，法国商人就能够与远在非洲沿海的葡萄牙驻军司令或与西班牙在美洲的“官员”合伙经商；在巴黎注册的商行，尽管其票据付款地点为巴黎，其成员并不都是巴黎人。例如，1720年6月12日创办的一家商行（前后只维持了一年），经营银行和商品购销业务，创办人是约瑟夫·苏易士，前波尔多市商事法官，家住巴黎圣奥若兰街；让和比埃尔·尼古拉，住布洛瓦街；弗朗司瓦·安培住圣德尼关厢区格朗街；雅克·朗松，在比尔巴鄂（西班牙的一个城市）经商。这位雅克·朗松在宣布商行解散的文书中，以法国议员和比尔巴鄂银行家的身份出现。[②]

（三）股份公司

两合公司同是人员的集合和资本的集合，而最后出现的股份制公司只是资本的集合。公司资本与公司本身构成一个不可分割的整体。股东拥有公司资本的一些份额，一些股份或股票。英国人称这些为股份有限公司（joint stock companies），stock 一词具有资本或资金的含义。股份有限公司是西方国家最主要的一种公司形式。

股份公司属于一种合资公司，它具有以下特征：第一，股份公司的资本不是由一人独自出资形成的，而是划分为若干个股份，由许多人共同出资认股组成的；第二，股份公司的所有权不属于一个人，而是属于所有出资认购公司股份的人。股份公司的这两个特征，使它具备了其他形式的企业组织所没有的优势：(1) 股份公司可以迅速地实现资本集中。股份公司的资本划分为若干股份，由出资人认股，出资人可以根据自己的资金能力认购一股或若干股。这样，较大的投资额化整

① 费尔南·布罗代尔.15世纪至18世纪的物质文明、经济和资本主义（第二卷）[M].北京，三联书店，2002：475.

② 费尔南·布罗代尔.15世纪至18世纪的物质文明、经济和资本主义（第二卷）[M]，北京，三联书店，2002：479.

为零，使更多的人有能力投资，大大加快了投资速度。（2）股份公司能够满足社会大生产对企业组织形式的要求。社会化大生产对企业组织形式有较高的要求，而股份公司则能够满足这些要求，这是因为，股份公司通过招股集资的方法能够集中巨额资本，满足大生产对资本的需求；同时，股份公司的所有权属于所有的股东，设置了股东大会、董事会、监事会等各种管理机构，实行所有权和经营权的分离。

由此可以看出，股份公司是典型的“资合公司”。一个人能否成为公司股东决定于他是否缴纳了股款，购买了股票，而不取决于他与其他股东的人身关系，因此，股份公司能够迅速、广泛、大量地集中资金。同时，虽然合伙制、两合公司的资本也都划分为股份，但是这些公司并不公开发行股票，股份也不能自由转让，证券市场上发行和流通的股票都是由股份有限公司发行的。

如果不考虑股份转让问题，欧洲可以说很早就有了股份制公司，在1553年成立英国第一家股份公司莫斯科公司前已有股份制企业形式出现。在15世纪前，地中海航船的产权往往分作几份（威尼斯称之为partes，热那亚为luoghi，大多数意大利城市为caratti，马塞为quiratz或carats）。这些份额可以出让。15世纪欧洲经济高涨，中欧的矿山由商人和王宫共同负责开发，其所有权被分成好些股份，这些可以转让的股份也成了投机的对象。

发行可转让股票的股份公司产生在16世纪初期。1550年以后，这种公司组织在英国和尼德兰首次成为了一种普遍的长期性的企业组织形式。因为英国、俄国与几内亚从事的商业冒险始于16世纪50年代，当时的冒险公司都是以股份公司的形式存在的。

1600年以前，英国的贸易公司出售的“股票”仅限于一次航海，冒险之后就还本付息。此外，公司还限制股票的发行量，当这些公司需要筹集更多的资本时，它们宁愿请原有股东增加股本，而不希望外人认购股票。1569年，皇家采矿公司再度号召其股东将每人的股本增加到850英镑。该公司只有24股股份，但其中有许多股又分成了小股，小股和整股一样，可以转让。然而，无论在荷兰还是英国，要进行所谓的“让股”，必须到公司总部办理，所以，实际上，股票交易仅限于部分居住在大城市的人，比如伦敦、阿姆斯特丹等地。

可以看到此时的股份公司在组织形式上还是比较原始的：（1）股份公司的贸易业务须获得政府的特许，而且公司都有时间限制，但可望延期，以给政府增加收费和修改条件的机会。（2）股票转让时，当事人都必须亲自到公司的总部办理，从而使只有一小部分住在大城市的人才能进行股票交易。

但是在1600年之后，公司金融取得了更大的进展。首先，公司股本长期化、固定化。1602年，荷兰东印度公司售出永久性股票，1612年该公司规定，要兑换该公司的股票只有拿到交易所公开出售，不能向公司收回；英国的公司在1623年开始效仿。其次，股票面额开始固定化，并扩大发行。发行量根据公司的需要而定，而不是向股东增加资本。同时，公司将利润与资本加以区分，利润分配给股东，但资本不能还给股东。在这个发展过程的早期，股份公司数量和股本额的具体数字，我们无从考证，但我们可以从下列数据中略见一二。1600年，英国大约有12家股份公司，到1695年就有195家新公司成立，资本金额达到450万英镑；成立于1599年的英国东印度公司，1613年时筹集资金为429000英镑，1617年时筹集资金170万英镑，拥有36条船，股东人数为934名，其经政府批准的借债限额到1744年时已达到600万英镑，足见其实力。

值得注意的是，当时股份公司的发展基本上都在一些商业公司，这些商业公司享有贸易的优惠。总的来说，除了享受贸易优惠的大商业公司外，股份公司的发展并不十分迅速。例如，在法国，股票这一词汇在很晚才被用开，当它以白纸黑字的书面形式出现时，想转让也不是一件容易的事情，经常是有名无实。“股东”一词也迟迟不被接纳。至少在法国，该词以及“银行家一词都带有贬义。约翰·劳的一名秘书在约翰·劳制度破产12年后（1734年）写道：“我们不想硬说股东比食利者对国家有用。对这种可恶的偏见，我们离得越远越好。股东取得收益的方式和食利者完全一样，谁也不比谁劳动得多”。[①] 因此，尽管

① 费尔南·布罗代尔.15世纪至18世纪的物质文明、经济和资本主义（第二卷）[M]，北京，三联书店，2002：479.

股票有很多优点，股份公司的推广却极其缓慢。

（四）证券交易市场的形成

早期有代表性的首推1613年成立的阿姆斯特丹证券交易市场和17世纪30年代成立的英国伦敦证券交易所。

阿姆斯特丹交易市场不同于原来的威尼斯公债买卖市场，它不但交易数额大，而且具有流动性、公开性和投机性，交易方式多种多样，除了买卖股票，赌涨赌跌，还有在既没有本钱也没有股票的情况下进行的投机活动。最初的股票是记名的，买主把自己的名字登上专门的账本以后，就算拥有了股票。但是这种措施无法杜绝投机，后来才使用不记名的股票。

当时参与阿姆斯特丹交易市场的不仅有大资本家，普通的老百姓也参与其中。他们都经常聚集在阿姆斯特丹证券交易所附近的咖啡馆里面，经纪人混迹于其中，努力使人们相信股价会如何如何，从而引诱投资者通过他来进行交易。一般人的交易必须通过经纪人，因为他们无权进入交易所的内部。同时，小投资者了解股价的高低也只能通过经纪人，当时没有真正的行市。

阿姆斯特丹证券交易所的存在使得阿姆斯特丹成为当时欧洲最富有魅力的城市，荷兰东印度公司的股票成为市场上的抢手货，再加上荷兰安全的公共债券，使得欧洲的资金流向了阿姆斯特丹。

伦敦的证券交易市场模仿阿姆斯特丹。荷兰证券市场的发展大大刺激了伦敦。1695年起，英国的皇家交易所开始买卖公债以及东印度公司和英格兰银行的股票，英国的交易情况和荷兰一样，投资者和经纪人都挤在交易所街的咖啡馆里，著名的乔纳森咖啡馆即是其中最主要的证券交易场所。各种交易手段，凡是在阿姆斯特丹出现的在伦敦统统出现，比如期货交易、边际购买（使用一小部分资金购入股票，以新购入的股票作为抵押介入其余的股票）等等，只是时间上晚了一些。同时，伦敦交易所形成了一些流传至今的行话："抛"，"收"，"多头"，"空头"等等。此外，在交易所交易的对象不仅有公司的股票，还有国库券、海军券等各种有价证券。

1748 年一场大火烧毁了交易所附近的咖啡馆，经纪人的活动区域更加狭窄，终于经过多次筹划以后，于 1773 年在皇家交易所的背后修建了一幢新的建筑，交易环境大为改观。

除了阿姆斯特丹和伦敦，在欧洲的巴黎、布鲁塞尔等地先后都出现了证券交易所。新的金融工具和金融市场形成了，证券交易所促进了资金流动，但同时也带来了猖獗的投机活动。当时市场上的投机活动与今日证券市场上的投机并无二异。

二、早期证券市场上的投机活动

自阿姆斯特丹、伦敦、巴黎的证券交易所产生之后，投机活动接连不断。虽然这些泡沫所涉及的资产对象不同，过程也有细微差异，但是其形成的机理和危机的传播方式却十分相近。无论是荷兰的郁金香价格的疯狂暴涨，还是法国、英国的股票市场价格，“其涨也忽也，其跌也勃矣”。

通过梳理西方各国早期证券市场上的投机活动，可以看到，金融危机不仅历史悠久，而且发生较为频繁，呈现加速的趋势。比如，西欧在 1551—1866 年大约每 10 年爆发一次周期性的金融危机。1618—2008 年，欧洲、美国和亚洲地区爆发了 53 次较著名的金融危机，平均约 7. 3 年就爆发一次。到了 20 世纪 90 年代以后，全球金融危机几乎没有停顿过，每隔两三年就有一次金融危机，特别是近年的全球金融危机，更是创造了“新纪录”。

西方证券市场早期典型的从资产泡沫逐步演变为金融危机的案例有 3 个，即“三大泡沫事件”。从 17 世纪荷兰的郁金香泡沫首次出现后，相继出现了法国密西西比泡沫和英国南海泡沫事件①。

---

① 查尔斯·P. 金德尔伯格. 经济过热、经济恐慌及经济崩溃——金融危机史［M］. 北京，北京大学出版社，2000. 查尔斯·P. 金德尔伯格. 西欧金融史［M］. 北京，中国金融出版社，2007. 徐滇庆、于宗先、王金利. 泡沫经济与金融危机［M］. 北京，中国人民大学出版社，2000. 孔祥毅. 百年金融制度变迁与金融协调［M］. 北京，中国社会科学出版社，2002.

（一）1637 年郁金香狂热

早在 1636 年郁金香金融危机发生之前，已经发生过金融危机了，比如在英国东印度公司（1600 年）、荷兰东印度公司成立（1602 年）之前的 1522 年和 1557 年分别发生过两次金融危机，而荷兰的郁金香投机是西方金融危机史上第一次有明确而详细记录的最早的泡沫经济案例。根据有关文献记载，郁金香①在 16 世纪中叶从土耳其传入奥地利，然后从这里逐步传向西欧。

16 世纪末 17 世纪初，英国的工业革命尚未发生。当时，荷兰是欧洲最强大的国家，到 17 世纪初期，荷兰共和国实际掌握着瑞典的经济，又因三十年战争，汉萨同盟的力量衰微，加之，英国内战等因素反使荷兰航海业及国际贸易无可匹敌②。而在这次郁金香泡沫产生的时期，正是荷兰在商业和金融业取得辉煌胜利的时期。三十年战争于 1648 年结束，并没有对荷兰产生重大影响。相反，荷兰在随后的 1650—1672 年出现了极度的繁荣，尤其在豪华住宅、城市建设以及绘画等方面也都取得了惊人的成就。

郁金香一步步被炒作起来经历了一个短暂的过程。1630 年前后，荷兰人培育出了一些新奇的郁金香品种，其颜色和花型都深受人们的欢迎。典雅高贵的郁金香新品种很快就风靡了欧洲上层社会，在礼服上别一支郁金香成为最时髦的服饰，贵夫

---

① 在西方流行的还有玫瑰、菊花等许多花，为什么唯独郁金香会引起金融危机呢？这实质上同郁金香供给量等因素的制约有关。郁金香有两种繁殖方法：一种是通过种子繁殖，另一种是通过郁金香的根茎繁殖。郁金香的根茎就像大蒜一样，栽到地里每年四五月间就会开花，花期不过 10 天左右，到了九月份根部又会长出新的球茎。新的球茎的重量比原来种下去的球茎只能增加一倍左右。如果通过种子繁殖，要经过 7 ~ 12 年才能得到比较理想的球茎。郁金香市场上交易的不是花，而是球茎。园艺家们在郁金香的栽培过程中发现，利用一些自然开裂的球茎往往可以培育出特殊的新品种，开出非常鲜艳的花朵，这实际上是那些开裂的球茎受到某种花叶病毒的感染之后产生的异变。这种异变只能通过球茎繁殖来传承，而不能通过种子来传承。如果郁金香的球茎不能自然开裂，也就不一定能够保证受到这种病毒的感染，因为当时的科学技术很难控制球茎开裂的概率，再加上这种花叶病毒会把球茎的产量降低 10% ~15%，使得郁金香球茎难以在短期内增加供给，名贵品种的郁金香球茎更是十分难得。“物以稀为贵”，郁金香的稀缺使之身价百倍。

② 黄仁宇．资本主义与二十一世纪［M］．北京，三联书店，1997.

人在晚礼服上佩戴郁金香珍品成为显示其地位和身份的象征。王室贵族以及达官富豪们纷纷趋之如鹜，争相购买最稀有的郁金香品种，特别是在法国盛行的奢侈之风把郁金香的价格逐渐抬高起来。1635 年秋季，名贵品种郁金香的价格节节上升。在巴黎，一颗最好的郁金香（Semper Augustus）花茎的价钱相当于 110 盎司的黄金。

1634 年以后，郁金香的市场需求量逐渐上升。1636 年 10 月之后，不仅珍贵品种的价格被抬高，几乎所有郁金香的价格都飞涨不已。在短短的一个多月期间内，郁金香的价格被抬高了十几倍，甚至几十倍。郁金香花达到了空前绝后的辉煌。但好景不长，郁金香泡沫只维持了一个冬天。次年开春之前，郁金香泡沫崩溃了。郁金香市场一片混乱，价格急剧下降。1739 年的数据显示，有些郁金香品种的价格狂跌到最高价位的 0. 005% 。

人们热衷于炒作郁金香的一个重要原因在于：短时期内，郁金香球茎的供应量几乎是一个常数，它不会因为需求量的增加而发生变化。即使郁金香的价格上升，生产者也没有办法迅速增加供给。

早在 1634 年，荷兰的郁金香商人就组成了一种类似产业行会的组织 (College)，基本上控制了郁金香的交易市场。这个行会强行规定：任何郁金香买卖都必须要向行会缴纳费用，每达成一个荷兰盾的合同要交给行会 1/40 荷兰盾。对每一个合同来说，其费用最多不超过 3 盾。由于这些行会通常在小酒馆里进行郁金香交易，他们所收取的费用也就常常被称为“酒钱”(Wine money)。

由于郁金香的需求上升，推动其价格上升，人们普遍看好郁金香的交易前景，纷纷投资购入郁金香合同。郁金香合同很容易被买进再卖出，在很短的时间内几经易手，这就使得商人们有可能在期货市场上翻云覆雨，买空卖空，在多次转手过程中其价格也被节节拔高。在行会的控制和操纵之下，郁金香的价格被迅速抬了起来。买卖郁金香使得一些人赢得暴利。郁金香价格暴涨吸引了许多人从欧洲各地赶到荷兰，他们带来了大量资金。外国资本大量流入荷兰，给郁金香交易火上浇油。

1637 年新年前后，郁金香的期货合同在荷兰小酒店中被炒得热火非凡。到了 1637 年 2 月，倒买倒卖的人逐渐意识到郁金香交货的时间快要到了。一旦把郁金香的球茎种到地里，也就很难再转手买卖了。人们开始怀疑，花这么大的价钱买来的郁金香球茎就是开出花来到底能值多少钱？前不久还奇货可居的郁金香合同一下子就变成了烫手的山芋，持有郁金香合同的人宁可少要点价钱也要抛给别人。在人们信心动摇之后，郁金香价格立刻就开始下降，价格下降导致人们进一步丧失对郁金香市场的信心，持有郁金香合同的人迫不及待地要脱手，可是，在这个关头很难找到“傻瓜”，恶性循环的结果导致郁金香市场全线崩溃。

郁金香泡沫的高峰期仅仅持续一个多月。由于许多郁金香合同在短时间内已经多次转手买卖尚未交割完毕，最后一个持有郁金香合同的人开始向前面一个卖主追讨货款，这个人又向前面的人索债。荷兰的郁金香市场从昔日喜气洋洋、大家发财的天堂，顿时变成了凄风苦雨、逼债逃债的地狱。

1637 年 2 月 24 日，花商们在荷兰首都阿姆斯特丹开会决定，在 1636 年 12 月以前签订的郁金香合同必须交货，而在此之后签的合同，买主有权少付 10% 的货款。这个决定不仅没有解决问题，反而加剧了郁金香市场的混乱，引起了市场和社会的一度混乱。

最终荷兰政府不得不出面干预，拒绝批准这个提议。1637 年 4 月 27 日，荷兰政府决定终止所有的合同。一年之后，荷兰政府通过一项规定，允许郁金香的最终买主在支付合同价格的 3.5% 之后中止合同。按照这一规定，如果郁金香的最终持有者已经付清了货款，那么他的损失可能要超过当初投资数量的 96.5%。如果还没有支付货款的话，他很侥幸，只需支付合同货款的 3.5%，那么，卖给他这个合同的人就要遭受非常严重的损失了。

可见，郁金香事件已经最终导致了社会的不稳定，最终需要政府出面才能解决，其教训是深刻的。这是早期政府解决金融危机的第一次典型案例。

（二）1719 年的法国密西西比泡沫

在荷兰郁金香金融危机 80 年之后，1719 年又出现了西方金融危机史上著名的法国密西西比股市泡沫。

金融危机各有各的不同，但所有的泡沫却又都是相似的。法国密西西比泡沫同荷兰郁金香泡沫一样，二者都在很短的时期内大起大落。从 1719 年 5 月开始，法国股票价格连续上升了 13 个月，股票价格从 500 里弗尔（livres）涨到 10000 多里弗尔，涨幅超过了 20 倍。法国股市从 1720 年 5 月开始崩溃，连续下跌 13 个月，跌幅为 95%。

密西西比股市泡沫和郁金香泡沫的不同之处在于：荷兰郁金香泡沫基本上是民间的投机炒作，但是法国密西西比股市泡沫却有着明显的官方背景。郁金香泡沫所炒作的只不过是一种花，充其量最多仅仅是一种商品而已，牵涉的人数有限；而法国密西西比股市泡沫却发生在股票和债券市场，把法国广大的中下阶层老百姓都卷了进去。一个郁金香花卉尚且能搅动整个荷兰市场，而证券市场的波动又使法国政府何当以堪呢？

18 世纪初，法国国王路易十四连年发动战争，国民经济陷于极度困难之中，经济萧条，通货紧缩。当时法国的税制极不健全，不仅对法国王室贵族豁免税收，而且其他地方的漏洞也很多。尽管法国政府不断提高税率，穷征暴敛，依然入不敷出，财务空虚，债台高筑，老百姓怨声载道，国家危机重重。

要提及法国密西西比泡沫就不得不提及“金融怪杰”约翰·劳（John Law）。此君出身于英国爱丁堡，青年时代接受了良好的政治经济学教育[①]。在法国政府的特许下，1716 年约翰·劳在巴黎建立了一家私人银行——通用银行（BangueGenarale）。这家银行拥有发行货币的特权，其货币可以用来兑换硬币和付税。通用银行建立后经营得非常成功，资产总额迅速增加。约翰·劳在 1717 年 8 月取得了在路易斯安那的贸易特许权和在加拿大的皮货贸易垄断权。当时，

---

① 年轻时的约翰·劳血气方刚，他在 1694 年的一场决斗中杀了人而不得不逃亡他乡。约翰·劳在欧洲流浪时期仔细观察了各国的银行、金融和保险业，从而提出了他独特的金融理论。和许多 18 世纪的经济学家一样，他认为在就业不足的情况下，增加货币供给可以在不提高物价水平的前提上下增加就业机会并增加国民产出。一旦产出增加之后，对货币的需求也会相应跟上来。在实现了充分就业之后，货币扩张能够吸引外部资源，进一步增加产出。他认为纸币本位制要比贵金属本位制更好，纸币本位制具有更大的灵活性，给了发行货币的银行更多的运转空间和控制宏观经济的能力（参见 Law，1760）。

北美的路易斯安那是属于法国的领地。由于路易斯安那位于密西西比河流域，人们便把由约翰·劳一手导演的泡沫经济称为密西西比泡沫。随后，约翰·劳建立了西方公司（Companied occident），该公司在1718年取得了烟草专卖权。1718年11月成立了塞内加尔公司（Senegalese Company）负责对非洲的贸易。

1719年，约翰·劳兼并了东印度公司和中国公司，改名为印度公司（Compagniedes Indes），垄断了法国所有的欧洲以外的贸易。约翰·劳所主持的垄断性的海外贸易为他的公司源源不断地带来超额利润。1718年12月4日，通用银行被国有化，更名为皇家银行（BanqueRoyale），约翰·劳仍然担任该银行的主管。皇家银行在1719年开始发行以里弗尔为单位的纸币。约翰·劳在贸易和金融两条战线上同时出击，节节取胜，声望鹊起。约翰·劳希望能够通过货币发行来刺激经济，解除法国沉重的国债负担。正是这种不当的货币政策，加之失范的金融监管，引发了这场金融危机。

第一序曲，股票追捧。1719年7月25日，约翰·劳向法国政府支付了5000万里弗尔，取得了皇家造币厂的承包权。为了取得铸造新币的权力，印度公司发行5万股股票，每股1000里弗尔。约翰·劳的股票在市场上非常受欢迎，股票价格很快就上升到1800里弗尔。

第二序曲，股票连涨。1719年8月，约翰·劳取得农田间接税的征收权。约翰·劳认为，法国的税收体制弊病很严重，征税成本太高，漏洞太多，直接影响到了法国政府的财政收入。约翰·劳向政府建议，由他来承包法国的农田间接税，实行大包干，每年向政府支付5300万里弗尔①。印度公司在法国声名大噪，促使其股票价格连连上涨。在1719年10月，约翰·劳的印度公司又接管了法国的直接税征税事务，其股票价格突破了3000里弗尔。此外，1719年约翰·劳决定通过印度公司发行股票来偿还15亿里弗尔的国债。为此，印度公司

---

① 如果征的税负收入多于这个数字，则归印度公司所有。由于这个数字大大高于法国政府的税收岁入总额，奥莱昂公爵何乐而不为？在约翰·劳的主持之下，印度公司简化征税机构，降低征税成本，尽力扩大税基，取消了对皇室贵族的免税待遇。

连续三次大规模增发股票：1719 年 9 月 12 日增发 10 万股，每股 5000 里弗尔。股票一上市就被抢购一空，股票价格直线上升。1719 年 9 月 28 日，印度公司再增发 10 万股，每股 5000 里弗尔。1719 年 10 月 2 日，再增加 10 万股，股票价格一涨再涨，持续上升。印度公司股票的面值在 1719 年 4 月只不过 500 英镑，半年之内被炒作到 18000 英镑。

第三序曲，货币伴着股票发。伴随着约翰·劳的飞黄腾达[①]，印度公司的股票价格也猛涨不落，吸引了大量欧洲各国的资金流入法国。约翰·劳为了抬高印度公司股市行情，宣布其股票的红利与公司的真实前景无关。此举又进一步鼓励了民间的投机活动，而空前盛行的投机活动又必然极大地促进了对货币的需求。于是，只要印度公司发行股票，皇家银行就跟着发行货币。每次增发股票都伴随着增发货币。约翰·劳坚信存在这样的可能性：增发银行纸币——换成股票——最终可以抵消国债。1719 年 7 月 25 日，皇家银行发行 2.4 亿里弗尔钞票，用以支付印度公司以前发行的 1.59 亿里弗尔的股票。1719 年 9 月和 10 月，皇家银行又发行了 2.4 亿里弗尔。

第四序曲，股票暴跌。为了维持印度公司股票价位，约翰·劳动用了手中所掌握的财经大权。他把股票价格强行固定在 9000 英镑，并且维持在这个价位上两个多月。约翰·劳的政策使得股票货币化，进而推动了迅速的纸币膨胀。1720 年 3 月 25 日，货币发行扩张 3 亿里弗尔，1720 年 4 月 5 日扩张 3.9 亿里弗尔，1720 年 5 月 1 日扩张 4.38 亿里弗尔。在一个多月的时间内货币流通量增加了一倍。在大量增发货币之后，经过了一个很短的滞后期，通货膨胀终于光临法国。在 1719 年法国的通货膨胀率为 4%，到 1720 年 1 月就上升为 23%。如果说在 1720 年之前只是一些经济学者们对约翰·劳的政策表示怀疑，通货膨胀则

---

① 1720 年 1 月，约翰·劳被任命为法国的主计长（Controller General）和监督长（Superintendent General）。他一手掌管政府财政和皇家银行的货币发行，另一手控制法国海外贸易与殖民地发展。他和他的印度公司负责替法国征收税负，持有大量的国债。随后，印度公司干脆接管皇家银行的经营权。

直接给广大民众敲响了警钟。随着民众信心的动摇，在 1720 年 1 月印度公司的股票价格开始暴跌。

然而，泡沫就是泡沫，即使是有“昙花一现”的“辉煌”，也终归会化为泡沫。

到了 1720 年 5 月，约翰·劳实在支撑不下去了。他发布了股票贬值令，计划分七个阶段将股票的价格从 9000 里弗尔降到 5000 里弗尔。约翰·劳的指令马上就导致民众的恐慌，他们为了保住资产，争先恐后地抛售股票。股价在 1720 年 9 月跌到 2000 里弗尔，12 月 2 日跌到 1000 里弗尔，1721 年 9 月跌到 500 里弗尔，重新回到 1719 年 5 月的水平（见图 3－1）。

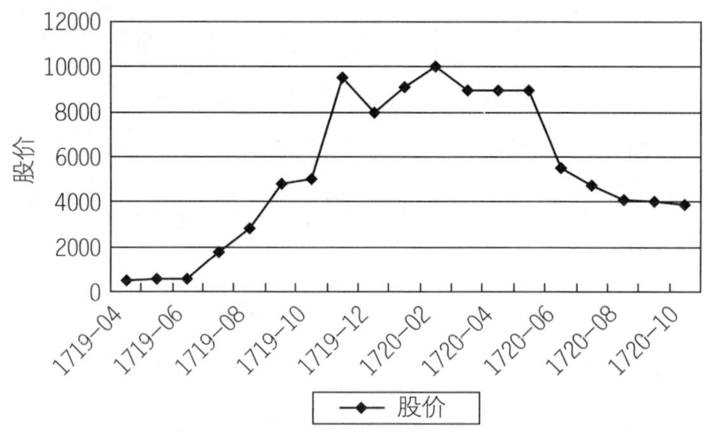

图 3－1　密西西比股票价格

约翰·劳使出了全身解数希望能够恢复民众的信心，但是，他的声音很快就被淹没在民众的怒吼中。在股票崩盘中倾家荡产的法国人认定约翰·劳是个大骗子。1720 年约翰·劳犹如过街老鼠，人人喊打，在四面楚歌中他连夜走往比利时。

一场金融危机过后，法国的支付方法又恢复到了以硬币为基础的旧体制。约翰·劳也使银行的“恶名”百年不散，甚至在长达 150 年的时间中，人们不愿意提及“银行”一词。

（三）1720 年英国南海泡沫事件

17 世纪的英国，经济兴盛，然而人们的资金闲置、储蓄膨胀，当时股票的发行量极少，拥有股票还是一种特权。为此，南海公司觅得赚取暴利的商机，即与政府交易以换取经营特权，因为公众对股价看好，促进当时债券向股票的转换，进而反作用于股价的上升。

1720 年，为了刺激股票发行，南海公司接受投资者分期付款购买新股的方式。投资十分踊跃，股票供不应求导致了价格狂飙到 1000 英镑以上。公司的真实业绩严重与人们的预期背离。后来，因为国会通过了《反金融诈骗和投机法》，内幕人士与政府官员大举抛售，南海公司股价一落千丈，南海泡沫破灭。

英国南海股票泡沫的兴起与发展过程和法国密西西比泡沫时间相近，过程也非常相似。当法国的股票市场在约翰·劳的鼓动下疯狂上扬，并且在 1720 年 1 月登峰造极的时候，英国也开始效仿法国约翰·劳通过发行股票来弥补巨额国债，不过二者的区别在于英国南海泡沫中没有一个像约翰·劳那样天才般的、著名的、悲剧性的经济学家，南海泡沫的主角——南海公司（South Sea Company）也从来没有取得像法国印度公司和皇家银行那样巨大的财政金融权力[①]。英国南海公司股票泡沫持续上升了 8 个月，股票价格由 100 英镑上升到 1000 英镑，然后迅速崩溃，在下跌数月之后，股票价格回到了 100 英镑水平，股市跌幅为 84%。因此，无论是在规模上，和泡沫持续的时间上英国南海泡沫都比密西西比泡沫逊色一些。

1720 年，英国的国债总额为 5000 万英镑。其中，持有国债最多的三家公司分别为南海公司 1170 万英镑，英国银行（Bank of England）340 万英镑，东印度公司（East India Company）320 万英镑。南海公司是英国国债的最大债权人。

1720 年 1 月，南海公司向英国政府提出，他们打算利用发行股票的方法来减缓国债的压力，愿意向英国政府支付 750 万英镑来换取管理英国国债的特权。在激烈的竞争中，南海公司向英国国会的主要议员们和英国皇室支付了 120 万英镑的贿赂，英

① 英国南海公司的海外贸易也远远不如法国印度公司。这家公司仅仅拥有在南海，即南美洲的贸易垄断权。由于当时拉丁美洲主要是西班牙的殖民地，英国在这个地区的贸易受到了西班牙的阻碍而进展不大。

国国会终于把管理非南海公司持有的3100万英镑的国债的特权判给了南海公司。

1720年3月，英国国会开始辩论是否给予南海公司经营国债的法案。就在这个时候，南海公司的股票价格逐步上升，从每股120英镑开始，渐渐增加到每股200英镑。英国国会在3月21日通过了这项法案，南海公司的股票趁势一跃，翻了一番，超过了400英镑。4月初，在人们的疑惑中，南海股票价格略有下降，南海公司股票很快就恢复了增长的势头。为了取得现金，融通债务，南海公司于1720年4月14日和4月29日分两次向公众提供股票预约认购。第一次发行22500股，每股的股价为300英镑，认购者需要立即支付股价1/5的现金。第二次发行15000股，每股的股价为400英镑，认购者需要立即支付股价1/10的现金。这两个举动给南海公司的股票投机打开了大门。人们期待着南海股票再度出现飞涨的奇迹，纷纷抢购。南海公司很容易就从这两次认购中筹集到了一大笔资金，它的第一笔支出就是向贵族、议员和政府官员兑现大约200万英镑已经许诺了的贿赂。

在4月下旬，南海公司承诺所有持有国债的人都可以把尚未兑换的国债年金转换为南海公司的股票。为了确定需要转换的股票数目，债券持有者可以在4月28日到5月19日向南海公司预约。当时，对于持有英国国债的人来说，与其按照国债的面值领取固定的年金，还不如转换成南海公司价格不断飞涨的股票。结果，有52%的短期年金和64%的长期年金被转换成了南海公司的股票。

在南海泡沫膨胀过程中，英国国会议员和政府官员们与南海公司相互勾结，狼狈为奸，达官显贵们从南海公司获得大量贷款来购买其股票①。政府高官、议员和贵族们的积极参与及大肆鼓吹给南海公司股票披上了一层迷彩斑驳的外衣，促使南海公司的股票价格再次上扬，突破了700英镑。

南海公司在1720年6月17日进行了第三次股票的现金认购，共发行了

① 在第一次股票发行中有128位议员购买了南海股票，在第二次发行中有190位议员、在第三次发行中有352位议员被卷进了股票交易。有58位贵族在第一次发行时购买了南海股票，有73位参与了第二次股票发行，这个数字在第三次股票发行时增加到119位。议员持有的股份总额为110万英镑，贵族持有的股份总额为54.8万英镑。

50000 股，每股价格 1000 英镑，认购者需要支付 1/10 现金，其余部分可以按照每半年一次，分九次付清。股民们再度蜂拥而上，股市空前活跃。投机活动把南海公司股票价格越炒越高，由 745 英镑直冲 950 英镑。在约翰·劳的理论影响之下，许多英国的经济学家也站出来证明，扩充货币供给具有超级杠杆作用，它有可能创造新的工作机会，在提高社会需求的同时提高社会生产能力，从而把国民经济带到一个更高的均衡点。

股票市场的狂热使得英国朝野上下都丧失了理智。既然南海公司的股票上窜得如此之快，为什么别的公司不可以如法炮制呢？在英国，马上就冒出来许多泡沫公司（Bubbl companies），纷纷发行股票，进行投机活动。为了禁止没有取得经营许可证的公司的蔓延，英国国会在 1720 年 6 月通过了一个"泡沫法案"（Bubble Act），并且决定在 8 月 18 日付诸实施。就在这个时候，1720 年 6 月法国密西西比泡沫迸裂了，法国股市一落千丈，坏消息震撼了伦敦，参与投机的人都不知所措，南海公司不得不宣布暂时关闭转移账目。8 月 18 日，反泡沫法案正式执行。这个法案打击了那些泡沫公司，持有这些公司股票的股民们不得不抛售他们手中的股票，几乎没有人愿意在这个关头接收这些股票。垃圾股票价格剧烈下跌，也拖累了南海公司的股票价格，严重地影响了英国人对股市的信心。8 月 24 日南海公司再度发行股票，每股 1000 英镑，总值 125 万英镑，要求认购者支付1/5的现金，其余部分在九个月内分 4 次付清。可是，在法国股市崩盘以后，英国的股民已经像惊弓之鸟，人心惶惶。认购股票的人还没有抛出股票的人多。

1720 年 9 月，约翰·劳和他的印度公司垂死挣扎，用各种优惠来争取流动资金。不少资金从英国流向法国和荷兰，使得南海公司的处境雪上加霜。尽管南海公司在 8 月上旬连续采取了一系列措施，试图挽救民众的信心，但是，无可奈何花落去，英国股市终于像雪崩一样，彻底瓦解了。南海公司的股票价格从 1720 年 8 月 31 日的 775 英镑一个跟斗跌下来，到了 10 月 1 日只剩下 290 英镑。在一个月内跌幅为 63%。南海公司的资产总值从 1.64 亿英镑跌得只剩下 6100 万英镑，下降了 1.69 倍。议会的老爷们见南海公司大势已去，马上翻脸不认人，强逼南海公司把部分债权出让给英国银行。随后，议会对南海公司落井下石，没收了南海公司总管和某些政府官员的家产，强令南海公司资产改组。

社会大众的投机心理和非理性预期促成了南海股票泡沫的形成和破灭。英国朝野的投机心理导致大量资金迅速向南海股票汇集，法国、英国、荷兰的金融家们都在为消除泡沫的后遗症而努力。各国的政客们也都再也不敢拿股票债券为玩物，政府也按期支付所有债券的利息。到了18世纪30年代，情况就已经基本好转了，甚至在1730年南海公司的股票价格也超过了它的面值。

南海公司股票泡沫在轰轰烈烈地折腾了一年之后彻底破灭了（见图3－2）。

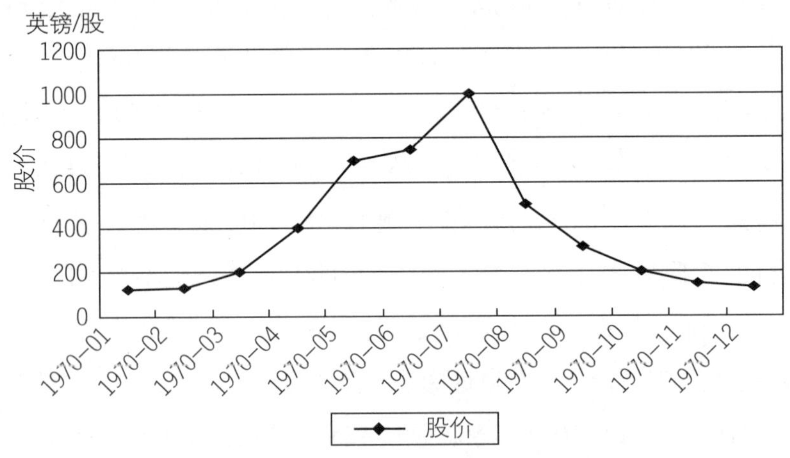

图3－2　1970年南海公司股价变动情况

三、中国公司金融的发展

明朝中叶商帮开始兴起，这是中国经济史上的大事。商业的繁荣使得公司金融的改革必然出现在商业这一领域。

明代山西商行的组织形式分别经历了“贷金制”“朋合制”和“伙计制”。“贷金制”是向别人立字据借钱独自经营；“朋合制”是跨地域的资金和劳力结合的经营方式，在明朝不是很多；最普遍的是“伙计制”，一人出钱，众人出力，“共而商之”。

明代以后，商业中的合伙经营更为发达，涉及的行业更广，也更加流行和规范化，合伙经营开始见诸于商用民间杂书，如《直指法统宗》卷二《差分》便有合伙经营中利润分配问题的算术题，说明合伙经营形式在当时是很普遍的：

假如今有元、亨、利、贞四人，合本经营，元出本银20两，亨出本银30两，利出本银40两，贞出本银40两，共本130两，至年终共得银70两，问各该利银若干?①

在明代，不仅民间商用杂书中已有“合伙”经营例题出现，而且合伙契约的使用也进入了社会规范化的阶段。明万历以后刊刻的民间日用杂书中，出现了统一的合伙契约格式，从它载明当事人的权利和义务看，合伙契约主要包括当事人约定共同经营、每年共同分配商业利润等内容，如明代《士民便读通考·合约格式》所载的标准合伙契约内容如下：

“立合约人×××，窃见财从伴生，事在人为。是以两同商议，合本求利，凭中见□，各出本银若干，用心揭胆，营谋生意。所得利钱，每年面算明白，量分家用；仍留资本，以为渊源不竭之计，至于私己用度，各人自备，不得支动店银，混乱账目。故特歃血定盟，各宜乐苦均受，不得匿私肥己。如犯此议，神人共殛。今欲有凭，立此合约，一样两纸，存后照用。”②

观察这些商业组织形式，虽然都有股份制之雏形，但是其合伙多以地域、血缘为基础，以讲信义、重承诺为前提。契约精神以及保护投资者权利的相关法律或者规定都未见于文字记录。吴承明先生认为“16世纪嘉万年间大商帮的兴起是一个信号，标志着中国开始走上近代化或现代化（二者同义语）过程”。③ 近代化要求政治、经济制度要在原有基础上发生变革，如民法以及商法的进步、大规模的信用借贷、分工专业的大型商业组织等等。明代商帮虽有发展，但是中小商人为多，少数巨富也是因为政府之关系，他们的能量还不足以引起社会的变革。

---

① 【日】寺田隆信．山西商人研究［M］．太原，山西人民出版社，1986.

② 国家工商行政管理局史料小组．鸦片战争前的工商行政管理［M］．北京，工商出版社，1988：143.

③ 吴承明．明清商业史研究［M］．北京，中国财政经济出版社，1998.

和西方的合伙制相比较，中国的合伙制至少有以下两点和西方相同：首先，合伙经营出现的背景相同。无论是中国还是西方，商业合伙经营都是和贸易的兴旺、分散风险的要求联系在一起的。如西方的海外贸易中形成的合伙制，山西商人在一些长途贸易中为了抵御风险而多人合伙。其次，无论是中国还是西方，合伙经营方式在整个社会经济中都是首先产生于商业领域，然后向其他行业渐次渗透。在欧洲，合伙至多存在于一些进行海外贸易的商业企业，不断向金融业、企业、交通运输业中扩散；而在中国，合伙经营也是随着商业的发展而产生的，最后过渡到农业、矿冶业、金融业（钱庄和票号）诸领域。

但是，由于不同的文化背景和经济背景，东西方的合伙制还是有很多不同的。不同点主要体现在：

第一，合伙成员之间的关系不同。中国是一个农业宗法社会，这种社会结构也必然投射到经济结构中。在中国古代商业中，家族合伙是相当普遍的形式。如在明代徽商中有“伯兄合钱”、“昆季同财”等记载，这等于一家合伙，是由家庭经商演变而来的，这也是中国传统的商人第二代常见的现象。合伙制中的家族合伙是资本聚集的一种限制性因素，而在西方，合伙商业组织中一般不注重家族，而主要是合伙人的一种投资预期收益驱动。

第二，合伙形式的稳定性不同。中国商业中的合伙经营呈现出早熟的特点。从产生的年代看，中国可能是世界上最早出现合伙经营的国家之一，这与中国商品经济的早熟有关。但由于中国商品经济具有趋稳的特点，历时数千载鲜有根本改观，故依托这种经济土壤的合伙经营形式也具有趋稳特点，一直没有质的突破。而西欧各国自地理大发现以后，商业、贸易突飞猛进地发展，合伙经营也不断地向着适应大贸易、大流通的现代股份制演进。

第三，合伙经营的法律规范不同。由于中国商业中的合伙经营带有明显的家族色彩，所以合伙者之间主要靠信誉、家族维系，再加上中国一向是一个“人治”社会，不注重法治，对经济立法尤所忽视。基于这两方面的原因，中国古代商业中的合伙经营尽管历史悠久，但历代王朝从未颁布过有关合伙经营的法律、法规。合伙当事人相互制约、监督的唯一手段就是订立契约，而西方商业中的合伙经营变迁过程中有国家立法相伴随。如前所述，早在罗马法中，就有合伙的法律规定。在英国詹姆士一世统治时期（17 世纪上半叶），首次确立了公司作为一个独立法人的观点。法国于 1673 年颁布《商事条例》，其中有关于公司的专门规定，它首开公司的先河。

到了清代，中国的公司金融有了进展，一种新的企业组织形式——人身股（劳力股）在山西商人中开始普遍。

劳力股制度由山西商人首创，其发生年代已不可考，但在明末清初已经广泛流行，劳力顶股制度的基本内容：即企业（商号）的主要职工可以顶零点几厘到几厘，以至 1 股的股份，股份的多少由财东根据职工任职时间、能力、贡献决定，称为“人身股”。在一个财期结算时，“人身股”与财东的资本股一起参与分红，一般资本股 1 万两白银为 1 股，而总经理（大掌柜）顶 8 ~ 9 厘，最高 10 厘即 1 股。譬如清代成立的、一直发展到民国年间的著名大商号大盛魁、长裕川、大德通、日升昌等都实行这种“人身股”制度，并且为它的财东带来了极高的经济效益，最典型的是太谷商人王相卿和祁县史大学、张杰组建的大盛魁。该企业历经 230 多年，职工人数最多达到 7000 多人，它规定每 3 年为一个大账期（会计年度），进行一次结算分红。分红时，把公积金的积累和运用放在重要的地位，以公积金的增长为衡量 3 年内经营成果的主要标志，然后才是每股分红，最盛时 1 股可分到 1 万两白银，财东和掌柜及顶股员工均受其益，每遇账期总结，都要评定职员功过，检查 3 年的成绩和问题，整顿人事，调整“身股”厘数。

人身股在中国的企业金融中生命力很强，一直持续了几百年。大盛魁后期“人身股”总数已经超过了股东的资本股总数。大德通票号的“人身股”情况，据光绪十五年（1889）分红账记载，光绪 11—15 年（1885—1889 年）账期共获余利 24723. 03 两，资本股和“人身股”共 29 分（股）7 厘，每股分红 850 两。其中，乔中堂等资本股 20 分（股），马培德等 23 名职员“人身股”9 分（股）7 厘。在这 23 名享受“人身股”待遇的职员中有 3 名是已去世的职工。大德通票号光绪31—34年（1905—1908年），账期获利743545.25两，资本股和“人身股”共计43分（股）9厘5毫参与分红，其中，资本股仍为20股，“人身股”达到了23分（股）9厘5毫，顶股职员为57人。

根据史料，山西商人的“人身股”不是每个职工都能得到的待遇。商号新招员工学徒期为3年，3年期满合格，录用为正式员工。一般要经过几年锻炼，在思想和业务方面表现良好，德、勤、能、绩表现优秀者才能顶股，最快者一两年，最慢者可能十几年甚至更长的时间还不能顶股，可见，山西商人的“人身股”制度是根据劳动者的品质、能力和绩效来决定的。这说明，当时已经把劳动力当做了资本，对劳动力资本的衡量与考核已经注意到了劳动者的劳动数量和劳动质量，劳动力资本和实物资本在企业利润分配中是平等的。从现有史料看，至少劳力股制度曾经历了300多年，直到1949年全国解放为止。从这些企业经营效益看，“劳动股”制度确实给他们带来了好处，这正是它们数百年长盛不衰的重要原因之一。

人身股是一种非常独特的企业组织形式，它不同于一般的资合公司、人合公司，也不是两合公司，因为无论是人合、资合、两合甚至合伙制，它们之间只是股东责任的不同，但是在组织企业的时候每个人都需要拿出资金、实物或者一些无形资本进行出资。而人身股的特点在于公司的职员可以以自身的劳动力入股，自己就是公司的股份，即使职员没有在公司中投入任何资产实物，他依然享有年底的分红权利。在股份企业中，既然实物资本与劳力资本共同创造了新的价值，实现了价值增值，那么劳力资本就有权利与实物资本一起折股，平等地参与企业利润的分配，这是合情合理的。

在清朝，除了山西商人的人身股以外，公司金融的发展并没有多大的突破。近代或者现代意义上的股份公司没有出现，更没有产生股票转让或者出售的交易机制。

第五节　公共金融与政府财政

政府资金的来源无外乎两种，一种是税收，另一种是发行国债。这两种方法在不同历史时期有不同的表现形式，在同一历史时期不同国家也有不同的表现形式。16~18 世纪的商业革命时期，欧洲的税收制度和以往相比，有较大不同，一种新的征税形式——包税制在欧洲大陆出现，它满足了国家，或者说是君主为了特定目的，如战争的融资需求。每当税收不能满足国王的需求，国库入不敷出时，政府都会发现，发行纸币是最简单快捷的方法。纸币在东方早有出现，并且很快被统治阶层用作增加政府收入的工具。当然，后果往往是恶劣的通货膨胀、经济的大倒退，甚至导致政府垮台，国家灭亡。政府的融资活动还经常借助于发行国债，这在当时是欧洲一些国家的主要做法。年金是政府借贷的主要形式。英国、法国、意大利、荷兰纷纷依靠年金来筹措款项。年金其实就是政府的长期借贷行为，但是让当时欧洲政府不堪重负的是一些短期借贷，由于战争、自然灾害等原因，欧洲各国负债额剧增，出现了国家“破产”的现象。因此，各国财政金融家们都在努力将短期债务重新安排为长期债务。

荷兰、法国、英国诸国都在致力于公共金融的建设。荷兰是最先成功的，但英国的公共金融建设却最为长久、有效。政府债券类似于公司股票一样可在市场上交易，最先在英国出现，这反映了英国公共金融在 18 世纪开始走向成熟。

一、中国的税收制度与政府融资

明朝沿袭了中国传统的赋税制度，征税对象以农民为主，征收夏粮和秋粮。为了严密全国征税制度，政府组织人力物力在全国编制黄册和鱼鳞册作为征税依据。明朝末期由于政治腐败，财政问题非常突出。关键时刻张居正进行了“一条鞭法”改革，使中国的税收制度有了较大的进步。

清入关后，沿袭了明代的大部分做法，但是在雍正期间税收制度又有了较大的改革，最主要改革就是摊丁入亩。摊丁入亩改革改变了中国实施了两千年的按地按丁双重标准征税，使土地成为征税的单一标准。这使得没有土地的人不再负担丁税，从而免除了无地佃农的丁银负担。这是中国税收史上较为重大的改革之一。

（一）明朝中后期的财政制度

明朝成立初期，在赋税制度上并未进行较大改革。传统的中国是个农业大国，因此征税对象以农民为主。明初采用的是唐朝就采用的两税法，即根据粮食成熟的季节，征收夏粮和秋粮。政府征税的依据就是黄册和鱼鳞册。黄册记录全国户口，将110户编为一里，其中的10位大户为里长；剩下的100户以10户为1甲，分为10甲，每一个里长管1甲的赋税征收，是为“里甲制”。这些内容都在黄册上编制得一清二楚。

鱼鳞册是一种土地登记簿籍。朱元璋登基后花费近二十年的时间清丈复核全国田地，以此作为田赋的根据。由于明朝采用的是两税法，赋交实物，役出劳力，所以黄册记载人丁，为徭役提供根据，鱼鳞册则为地赋提供依据。

明朝田赋制度中有特点的一条是粮长制度，每纳粮一万石或几千石的地方划为一个粮区，设粮长一名，粮长负责区内田粮的征收与解运。粮长由区内的最大户担任，而最大户往往也就是区内土地最多的人。这样做的原因是统治者为了稳固自己的统治而扶持拉拢中国最庞大的势力团体——缙绅阶层。

与欧洲的包税制不同，中国的粮长不需提前向皇帝缴纳粮赋，自己也不会因征税而取得额外收入，在中央集权的中国，粮长只是一个执行人员。

政府获得收入的其他途径还有征收商税，但明朝还是实行重农抑商的政策，“不务耕种，专事末作”[①] 的去农就商的农民都被视为“游民”，一旦被发现就被官府逮捕。因此，商税在政府收入中所占比重不大。另外，官府还对茶叶、食盐等物资实行专买专卖。

16世纪明王朝开始走下坡路，政府国库情况开始恶化。一方面，皇帝奢侈糜烂，开支巨大。宣德年间光是为皇室做厨役的人就有5000人，正统时增至6884名，每年所用猪羊鸡鹅就达10万只。[②] 另一方面，明政府机构越来越庞大，

---

① 末作，中国古代分为士农工商四个等级，商排最末，所以称为末作。

② 《明会典》卷一六，礼部，厨役；《明大政纂要》卷二一，转引李龙潜《明清经济史》147页，广东高等教育出版社1988年。

1381年（成化五年）明政府文职官员有24683人，1469年（洪武十四年）就增至8万人，另外还有近3万余名的皇室宗亲，俸禄支出惊人，再加上“南倭北虏”的骚扰，军费开支巨大，财政难以为继。[①] 开支不断增加，收入却更加减少。明朝的税收制度此时变得混乱不堪，赋役用的黄册与鱼鳞册严重失真。负责收税的大户通过勾结官史，篡改两册。比如隐瞒族中男丁人数，抹去鱼鳞册中自己的土地记录，或者将土地记在自己的奴役或者佃户名下等等（当时每户分为三等九则，不同水平赋税不同），这样的结果使下层农民受到更加残酷的剥削，但地方豪门富户以及经手官吏却中饱私囊。导致国家财政收入大为减少（见表3－2）。

表3－2　　嘉靖朝大仓银库每年收支银数　　单位：两

年度	收入银数	支出银数	亏空
嘉靖七年（1528）	15300000	2410000	1110000
28年（1549）	3957116	4122727	165611
30年（1551）	2000000	5950000	3950000
31年（1552）	2000000	5310000	3310000
32年（1553）	2000000	5730000	3730000
33年（1554）	2000000	4550000	2550000
34年（1555）	2000000	4290000	2290000

资料来源：李龙潜．明清经济史、明世宗实录（各卷）［M］．广州，广东高等教育出版社，1988：171.

16世纪中叶，明政府国库收入日少，支出日多，年年亏空，隆庆元年（1567年）户部尚书马森无可奈何地说：“今日催征急矣，搜括穷矣，事例开矣，四方之民力竭矣，各处之库藏尽矣，时势至此，即神运鬼输，亦难为谋。”[②]，明王朝税源枯竭，财政崩溃，到了非改革财政制度不可的时刻。

关键时刻的改革者是隆庆元年（1567）出任内阁大学士的张居正，他对国家财政体系进行大刀阔斧的改革，核心是推行“一条鞭法”，具体措施如下：

---

① 李龙潜《明清经济史》。

② 《明穆宗实录》卷一五，转引自李龙潜《明清经济史》173页，广东高等教育出版社，1988年。

第一，推行一条鞭法。明中叶税种繁多，各地方名目各异，千差万别，一条鞭法将各种赋役项目合并，归为一种，以田亩摊派，不再按人口计税。同时，取消“力差”即“役”，由官府雇役充当。把征收实物通通改为征收白银，民征民解改为官征官解。

第二，清丈田亩与重绘鱼鳞清册。由于清册的严重失真，不得不在全国重新丈量。这项艰巨的任务直到张居正去世（万历十年）才完成。

第三，澄清吏治，节约开支。根本措施是建立严格的考察制度，以六科控制六部，以六部控制地方抚按，再以内阁控制六科，组成完整的行政系统。同时“裁冗员什二三”，对不及格的生员进行淘汰[①]，本着量入为出的思想，压缩财政开支，尽力减少皇室花费。

张居正的改革收到立竿见影的效果，朝廷纲纪得到恢复，财政收支亦有所好转，人民生活得到一些改善，阶级矛盾得到缓和。张居正推行的“一条鞭法”一改前代以实物代租代役的做法，改而征收货币，使得中国财政制度向现代财政制度迈出了一步。

但是，张居正的改革只是对旧有制度的一种改良，不能从根本上挽救病入膏肓的明政府。万历十年（1582 年）他死后，改革措施逐渐遭到被触动利益的贵族、缙绅的破坏。明朝的财政一日不如一日，最终走上覆亡的道路。

（二）清初的财政制度

清政府进入北京以后，因为国内战乱尚未平息，因此，赋役制度直接沿袭明朝的做法，按万历年间《赋役全书》所载旧例办理，具体做法按照明“一条鞭法”来执行。但由于处于国家初建时期，各地实施情况千差万别，各地不一，有按一条鞭征者，有丁随地派者、有丁随丁派者[②]等等，并且各地税率亦有很大

① 《张文忠公全集，奏疏》卷四，《请申旧章饰学政以振兴人才疏》。转引自李龙潜《明清经济史》177 页，广东高等教育出版社，1988 年。

② 《清朝通考》卷一九，转引自李龙潜《明清经济史》，3276 页，广州，广东高等教育出版社，1988。

不同。

除田赋外，清政府还征收其他杂赋，如关税（分为商品产地征收的正税，商品从价税和船钞）、盐深、矿税等，但在财政收入中比例都不大。顺治朝的赋税收入如表3－3所示。

表3－3　　顺治建国时期赋税收入

年度	赋　税	
	银（两）	米麦（石）
顺治八年（1651）	21100142	5739424
10年（1653）	21287288	5672299
12年（1655）	22005954	5768713
14年（1657）	24366365	5835940
16年（1659）	25585823	6201720
18年（1661）	25724114	6107558
康熙元年（1662）	25769387	6121613
康熙三年（1664）	25807629	6144857

资料来源：《清世祖实录》各卷，转引自李龙潜《明清经济史》，3276页，广东高等教育出版社1988年，327页。

康熙亲政以后，对田赋制度和征收手续进行了一些改革，但是改革大都是在一些具体环节上改善以往税收制度的弊端。例如，将执行过程中的“二联串票”改为“三联串票”一份存州县，一份给差役，粮户手中拿一份，杜绝多征或少征等等，在制度上没有较大突破。

康熙十五年政府收入大幅减少，主要原因是爆发内战，康熙平定三藩，战祸不断，使得财政收入减少。康熙中期以后，政治清明，社会繁荣，国家收入稳定，国库也较为宽裕。到了康熙四十八年，户部库存银由原来的一两千万银增至五千万两，国家财政根本好转。

值得一提的是，康熙放松了对商人的限制，促进国家商业发展。康熙认为，“商民是四民之一”，所以应该给商人一定的社会地位。他让商人自行开矿，取消对生产规模的限制，对他们收入“十分抽税二分”，“有司有招商开矿，得税一万两者，准其优升；开矿商民，上税三千至五千者，酌量给以顶戴”[①]。康熙的这些政策客观上促进了商业发展，提高了国家税收。

但是很可惜，雍正乾隆来了个大倒退，重新走上了“重农抑末”的老路。雍正认为“市肆之中多一工作之人，则田亩之中少一耕稼之人”[②]，因此要“驱天下之民使皆尽力南亩”，“使逐末者少”，才是“久安长治之道”。[③] 这种思想对商业发展有一定的抑制作用。

但是雍正朝在赋税制度上却有了大的突破，主要改革就是摊丁入亩。所谓摊丁入亩，就是把丁银完全摊入地亩之中。中国传统的两税法中交地赋又出役力（后者在清演变为丁银），摊丁入亩，就是把丁银分摊在土地上。具体实施中有三种做法：一是以田赋银两摊入丁银若干（各地由 1 钱到 5 分不等），二是以税田一亩为单位摊入丁银若干（根据土地肥瘠及省份不同由 1 厘到 2 厘不等），三是以田赋粮一石为单位摊入丁银若干（1 毫至 8 钱不等）。

“摊丁入亩”与“一条鞭法”思想相同，不同之处在于：一条鞭法将田赋与徭役合并，或按丁摊派，或按田粮摊派，可以说是局部的“摊丁入亩”；另外一条鞭法实施时，人丁和丁税不固定，年年不同，做不到彻底摊丁入亩。而清朝丁税在康熙时“永不加赋”的政策将丁数和丁税额固定下来，因此征收上有可能将丁银摊入地亩，使地丁合一。

摊丁入亩改革一改在中国实施了两千年的按地按丁双重标准征税，从此以后土地成为征税的单一标准，没有土地的人不再负担丁税，从而免除了无地佃农的丁银负担，但是对拥有大量土地的缙绅，赋税额却大大增加，这对缓和阶级矛盾有一定的作用。摊丁入亩的改革废除了两千多年的人头税，这是一项具有巨大历史意义的事情。

---

① 清师范：《滇系》卷八，蔡毓荣筹滇第四疏《理财议》，转引自李龙潜《明清经济史》3276 页，广东高等教育出版社，1988 年，342 页。

② 《雍正朝起居注》，五年五月初四日条，转引同上，376 页。

③ 《清朝文献通考》卷四，田赋四，转引同上 376 页。

二、欧洲的包税制

16 世纪欧洲主要的国家都陷入了财政危机。长年战争加上通货膨胀，使得各个国家不堪重负。政府为了增加财政收入绞尽脑汁，尽管并没有增加新的税种，但是在征税方式上却有了新的变化。包税制是欧洲各国改善政府收入而普遍采用的一种方法，也就是将国家某个税种的征收工作“承包”给包税人，包税人只要按规定向国家缴纳固定的金额，然后就拥有了征税权。这样做固然稳定了财政收入，但是却使得“包税人”这个具有庞大经济实力的阶层兴起，他们的影响甚至可以大到影响国计民生，掌握国家财富。因此，17 世纪末英国就结束了包税制，而法国由于包税人与国王联系紧密，在法国资产阶级革命以后，包税制才结束。

（一）16 世纪欧洲各国的财政状况

中世纪欧洲各国税收制度发展缓慢，财政组织也非常散乱。虽然早在 13 世纪，法国国王圣路易发布了 1262 年敕令，在法国实现国王货币的强制流通，但是这一目的在 300 年以后，即 16 世纪才达成。税收制度虽然在 13 世纪末就有出现，但是推广缓慢。直到 1439 年，英国才规定，人头税归国王征收。

1500—1700 年，欧洲各国赋税性质是较为稳定的，并没有多少新增税种。国家有财政困难时，一般只能在已有税种上加大税率，而很少为了一时之需开设新的征税项目。

讨论 16 ~ 18 世纪各国财政收入是件较为困难的事情。当时还没有“财政收支”的概念，并且还要考虑到价格变动因素。众所周知，随着美洲大陆白银的流入，欧洲产生了价格革命，欧洲大陆产生了持久的通货膨胀。

尽管财政收入增长较快，但是和支入比起来却相差甚远。虽然价格上涨是支出增加的一个因素，但却不是根本因素。对于十六十七世纪的欧洲国家来讲，支出中的最大项是国防开支，在战时，有些国家的战争与防务开支就占了 70%。

王公君主们在安排国家收支时并非采取明智的、精打细算、量入为出的方法。他们总是首先开支，然后再去找财源。他们每天的支出不可缺少，但收入却不一定能够得到。这样，支出常常大于收入，支出在前面跑，收入在后面追。为了增补亏空，只好加重税率，但这样往往容易激化国内矛盾，引起暴动，因此，只好借贷。当时的公共金融内出现的重大改革都与借贷有关。

（二）包税制

包税制在16~18世纪欧洲的大部分政府中扮演重要的角色。所谓包税制是指政府将某项征税权授予某一个人——包税人，包税人有权向应纳该税种的纳税人征收税款。但前提是预先向国库交纳一笔固定现金，包税人不必申报他所征收的税额，如有超出归自己所得，若是不足则自己补上，相当于“承包”了某项税种的征收工作。

采用包税制，在当时的历史背景下有诸多好处。

首先，采用包税制使国家有了稳定的税款来源。包税制的本质是国家以未来税收为抵押向包税人做的一种短期借贷行为。无论包税人将来的经营状况如何，他都要向国库交纳固定现金。因此，无论国内经济状况如何，国家均能收到这笔借贷。战争时期，这种需要更为迫切，政府往往预收到比应收税额更多的钱。因为政府可以将未来几年的税收一并抵押出去。例如，1556年西班牙国王菲力普二世登基时发现西班牙直到1561年的税收已全部抵押出去。

其次，包税制可以提高征税效率。这里其实是一个委托—代理关系，自行牟利的包税人所获得的剩余索取权无疑会对征税行为产生最大的激励。而固定薪金的政府税吏无疑会低效率，高耗费，并且低收入的税官更容易被收买。16世纪英国的托马斯、格雷欣爵士曾敦促将由政府官员征收关税的制度也改成包税制，甚至他认为让那些曾经从事走私贸易并了解如何逃避关税的年轻商人当税务官，并给予适当好处，将会比政府官员有更高的效率。

最后，包税制使得税收工作变得较为容易。因为实行包税制，国家的短期信用较少依赖于当时声誉不佳的君主，而较多依赖于包税人的个人信用。但是，这些包税人其实都是一些财力超群的金融家，他们往往比政府更加具有信用。比如说，法国路易十四时期（17世纪中期）约有230名包税人，他们把持着法国财政，其中有 74 人先后成为国内首富。

欧洲各国为了提高包税制的效率采用了各种各样的办法。

在法国，通常要审查包税人账目。由于大多数包税人都是掌控国家财政的大金融家，或者说是金融家族，因此这一工作阻力重重。一次审查可能被拖上 10 年之久，并且结果往往在包税人死后才能公布。由于法国没有建立中央集权的财政制度，因此，政府的财政往往取决于征收税款的包税人和一些债款的中间人。这些中间人往往为了个人私利而不择手段，从中渔利。为了调查法国一些包税人的渎职以及贪赃枉法，法国在 16 世纪成立了 8 个法庭，17 世纪成立了 5 个法庭来调查包税人。尼古拉·富凯、约翰·劳是法国十七十八世纪的财政总监，同时也是大的包税人。这些人在审查过程中纷纷成为法庭上的被告，并最终沦为阶下囚或者逃亡国外。

在英国，为了提高包税制的效率，通常的做法是拍卖一定期限内征收一般税种的权力，期限满后可以再拍卖给原包税人或者其他的包税人。比如说，1604 年一个叫琼斯—索尔特—加拉威的辛迪加承包了英国的关税，到了 1621 年，该财团将此包税权卖给了艾博特—加拉威—沃尔斯顿霍尔姆—雅各布集团。1625 年，平德集团又从前财团手中接管了该包税权，并一直承包到 1641 年。[①]

英国的包税人与法国包税人相比，较为遵纪守法。英国也没有像法国那样专门设立法庭来审查包税人。包税人对英国财政的影响没有法国那么大，包税制度也没有法国那样长久，随着英国金融革命的进行，现代财政制度建立，17 世纪末英国包税制就终止了。

（三）包税制实施过程中的问题与改革

法国是实行包税制的代表国家。由于长时期把持着国家的财政收入，包税人阶层的势力大为增强，强大的财力使他们成为急需用钱的君主借贷的对象。当时法国的官职可以以一定的价格进行出售，有钱的包税人既可以给国王借钱，

① 金德尔伯格．西欧金融史［M］．北京，中国金融出版社，1991：225.

又可以花钱买官职。因此，很多出身低微的人，凭此跻身贵族之列。很快，一些财政部门的要职被这些包税人占据，法国的财政收支很快成为一些金融官员的私人领地，他们靠为国家管理收支，中饱私囊，牟取暴利。

法国的税收基本上被一些私人企业或者半公半私的企业所控制，即便是那些身居要津、实际控制直接税的财务官，他们的官职也是用钱买下的，同时他们借给国王的贷款将用人头税、什一税或人口税来偿还，他们本质上还是商人。

有一个问题值得注意，法国传统贵族的财产与许多包税人不相上下，甚至比包税人更多。因此，包税人借给国王的现金，很多是由国内的地主和大贵族提供的。当时整个贵族阶级都参与了财政舞弊，共同的利益关系使得占据国家财政部门要职的包税人与贵族勾结在一起，贵族与包税人家庭也频频联姻，这是一种社会的需要。

这样就产生了一个问题，法国的包税制尽管对国家有害，但它却成了整个特权社会的核心，并且它的结构特别稳定，国王包税人（政府财政要员）、贵族互相需要，互相利用，一般人想进入这个组织结构特别困难。包税制不断得到巩固，并且逐渐形成了一整套的机构。包税所成了富豪俱乐部，加入者必须极度富有，并且和总包税人有某种亲密关系。18 世纪法国的包税所实际上就是由血缘和联姻关系而织成的家族网，他们掌握了全国的财政体系。稳定的结构使得包税制度很难被打破。

从 17 世纪中期开始，法国的包税制与传统包税制相比，有了一些变化。1669 年，柯尔贝尔任财政总监后，出现了专门负责征收多项税款的辛迪加一类的组织，单个的包税人向包税所过渡。1680 年，法国实施福科内租约，这项租约把盐税、领地税、交易税和进口税合在一起，由总包税人负责承包，1730 年，利润丰厚的烟草专卖也纳入这个范围，包税所制度完全成熟。

总包税人掌控的包税所需向国库预付规定的金额，这些金额虽然巨大，但是比起包税所征收的捐税却小很多，国家的财富很大一部分落入包税人手中。国家每次修订租约都提高包税金额，1726 年为 8000 万里佛尔，1738 年为 9100

万里佛尔，1755 年为 11000 万里佛尔，1773 年为 13800 万里佛尔。但就是这样，包税人仍能获得很大的利润。[①]

改革不是没有过，科尔培尔于 1661 年，约翰·劳于 1778—1720 年，蒂尔戈于 1776 年，内克尔于 1777—1781 年和 1788—1792 做了屡次尝次，均以失败而告终。失败的根本原因在于法国的君主制度，国王依赖于包税人的借贷，国王就是包税制的庇护伞。国家收支平衡固然重要，但是最重要的结构性因素还是财政制度建立在私人利益高于一切的基础上。只要国王存在，包税人就可逍遥自在地活着。法国的包税制在法国革命时期才瓦解，1794 年的法国革命把不少包税人推上了断头台，这年 5 月有 35 名总包税人被逮捕，5 月 8 日 28 人被判决[②]，包税制随着王权的终结而终结。法国在大革命后以中央财政代替了包税制，制度上的创新与突破是在打破旧有的、不协调的利益格局上实现的。

英国的包税人不像法国那样糟糕，但是包税制在英国的实施却遇到了不少阻力。当时不少人提出君主如能建立一个有效的管理体制，就有可能把包税人获得的利润收入由国家所得。17 世纪初期一位英国爵士曾呼吁终止包税制，或者把包税期限缩得很短，但是他的主张在当时未被采纳，主要原因是王室的财政状况不允许。包税制虽然使部分公共权力掌握在私人手里，但是却解决了财政短期收入问题。再加上如若取消包税制，政府还要设立专门的征税机构，增加税务人员，短时期内看，改变的成本过高。

1642 年，英国爆发了克伦威尔领导的资产阶级革命，议会在 1660 年掌握了国家财政，包税制被废除。议会通过了一个没收包税商财产的法案，但结果征收了 15 万英镑的罚金，这个数目在当时很庞大，因为当时包税商对国王的贷款总额也才 25 万英镑，包税制被废除。

1661 年，斯图亚特王朝复辟，重新恢复了包税制。但是时间不长，随着资

---

① 布罗代尔 . 15 ~ 18 世纪物质文明，经济和资本主义［M］. 北京，三联书店，2002：597.

② 金德尔伯格 . 西欧金融史［M］. 北京，中国金融出版社，1991：236.

产阶级的再度掌权，英国发生了金融革命，英国财政体制发生了大的变革，征税权力和征税体制都发生了大的变化，包税制被中央征税制所代替。1671 年，国家开始直接征收关税，1683 年开始直接征收货物税，1684 年开始直接征收炉灶税。包税制在英国彻底消失了。

英国之所以没有像法国那样，由包税人阶层控制国家财政，并且成功地由包税制过渡到中央征税制，是因为国王或者议会一开始就没有放弃国家征税权的意图。制度经济学的路径依赖原理告诉我们，人们的最终选择很大程度上受最初选择的制约，最初行为常常是有一种自我增强的正反馈机制，甚至会锁定最终结果。英国 1642 年的资产阶级革命和 1688 年的光荣革命都是与君主与议会的财政权力相关的，这种体制使得英国不可能形成操纵财政的私人集团。法国君主一开始就在构建一个为国王服务的财政体系，以包税人为首的金融家成为国王的财政依赖，牢牢地掌控着这个国家。

三、政府长期借贷

年金共分为三种类型：第一种是永久性年金，这种年金不偿还本金，每年以一定利率领取年金；第二种是偿债年金，当债务还清以后就不再支付；第三种是人寿年金，这种年金的期限一般是以一个人、两个人或者几个人的寿命为限。

永久性年金与偿债年金通常可以转让，但人寿年金不可以转让给他人。永久性年金的年息是 5% 左右，偿债年金或多人寿年金的年息在 5% ~10%，以一个人寿命为期限的单人寿年金限为 10% 或 10% 以上，条件相当优厚①。

年金的首创不是政府，而是西欧一些城市。早在 13 世纪，西欧一个又一个城市依靠年金来缓和财政压力，大约过了两百年国王才开始用这种融资方式。15 世纪法国开始发行年金，可惜，由国王发行的年金在市场上的欢迎程度远不

① 【意】卡洛·M. 奇波拉. 欧洲经济史（第二卷）［M］. 北京，商务印书馆，1988：488.

如城市所发行的年金，因为投资者认为城市所出售的年金安全性远远高于国王所出售的年金。年金在各个国家的实行情况并不相同。但是各个国家都努力将自己的短期债务化解为长期债务。这种努力以英国为代表，它直接导致了近代财政制度的产生。

16 世纪后，年金在欧洲各个国家陆续开始出现，但是各国的实施情况有所差异，相同点是年金的出售需要一个中间人，以便让购买者可以在王室违约时找到中间人并得到偿付。

在法国，1522 年，法王弗朗西斯一世决定由巴黎市政府所属的巴黎公司负责出售政府年金。国王不直接出面的原因是巴黎市政府比国王更具有公信力。作为补偿国王将一部分税收权转让给城市，而城市将年金收入上交给国王。

1555 年，年金出售形式发生变化，法王弗朗西斯组织“里昂资金大集会”来偿还债务。里昂集市在 16 世纪中期连续开了 41 届，时间长达十几年。法王把偿还资本以及利息的款项交给里昂集市的出纳总管，由他们出面来偿还。这项创新被称为“里昂银行”，实际上它并不是真正的银行，它唯一的资产就是向国王的讨债权。这项效果明显的做法时间不长就被停止了，1559 年“大集会”支付方式停止，接着，国王以巴黎市政大厦作抵押滥售年金，这些年金由于发行过多在 1630 年后变得毫无价值。此时，国王为了提高公信力，只好恳求一些私人金融家来做王室的中间人，国王的财政愈发地依赖于以包税人为代表的私人企业。

西班牙的情况与法国类似，国王第一次出售年金是由于战争需要。1557 年 6 月，西班牙国王菲力普二世因战争耗费巨大难以支付约 700 万达克（西班牙货币单位）的短期贷款，于是他宣布了一项破产法令，将这 700 万达克的债务转换成年息为 5% 的偿债性年金。该年金由新设立的塞维利亚公司作保，而该公司经王室授权可以拥有美洲经营铜矿、银矿以及奴隶贸易的特权。

塞利维亚公司的作用类似于中央银行，它负责为政府债务支付利息。但是时间不长，这家公司就陷入困境，因为国王的长期债务不断增加，利息也像雪球一样越滚越大。国王在 1575 年、1596 年、1607 年、1627 年、1647 年以及

1653 年又颁布了一系列的破产法令，每次破产法令的颁布都把短期借贷转换成长期年金，长期贷款的利息也相应剧增。

高额的利息使定期支付难以为继，欠付的利息越积累越多。到了 17 世纪60 年代，每年需支付的利息超过了政府总收入的 70%，资本金更是达到 10～15 年政府的全部收入，就是在现在也很难想象有哪一个国家可以承担这样沉重的债务。

荷兰是商业革命时期最发达的国家，它的公共财政体系一开始就朝着现代化的方向发展，根本原因就在于荷兰的社会制度。荷兰的权力机构是国会，而国会由商业寡头所组成。他们本身实力雄厚，并且把个人利益与国家利益结合在一起，因此，财政体系一开始就比较完善。

1572 年，荷兰爆发了反抗西班牙的战争，战争的经费由各省的三级会议承担。荷兰地方与全国的三级会议由各大政市的市政府代表组成，而战争的经费大部分又由这些城市提供，所以城市就用传统的方法——年金来为共和国筹集资金。

16 世纪，欧洲的经济中心开始逐渐向荷兰转移，巨额的贸易为共和国带来了丰厚的收入，特别是荷兰政府长期债券的年利率在不断下降，这些使得政府并未背上沉重的负担，如图 3－3 所示。

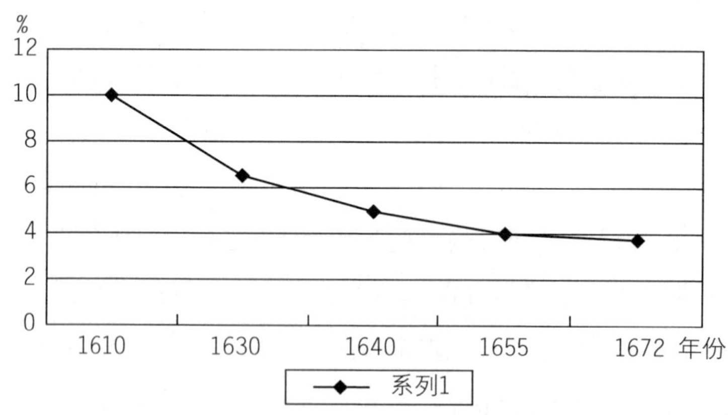

资料来源：【意】卡洛·M. 奇波拉. 欧洲经济史（第二卷）［M］. 北京，商务印书馆，1988.

图 3－3 荷兰政府长期债券利率

每次利率的下调都是由国会主动提出的，尽管国会代表是国债投资者的主要成员，他们依然把降低公债成本放在第一位，把增加自身投资收益放在第二位。这样的公信力使得荷兰尽管不断下调利率，但依然能取得源源不断的贷款。1655 年，荷兰的国会成立了一个“偿债基金”，旨在偿还一部分公债，但这项政策得到了投资者的反对。当时英国的一位大使说：付清了本金之后，含泪收回本金的投资者却不知如何处置这笔钱，不知道如何再为这笔钱找到一个如此安全、容易生息的去处。这与法国、西班牙相比真是冰火两重天，那些国家的投资者能收回本金都会感激涕零的。

意大利的金融业较为发达，财府筹集长期借款往往借助于银行。

1408 年，热那亚共和国的债权人组成了一家股份制银行——圣乔治银行。该行在共和国的授权下开始经办国家债务，具体办法是发行每张面值是 100 里拉的信贷券，国家每月转给该银行一笔固定的款项用以偿还利息和本金。与其他国家年金不同的是，这种信贷券可以转让，并且转让时的实际价值并不以票面的价值为准，可能以高于或者低于票面价值转让。这种较强的流动性以及对资本利得的预期使得这种信贷券大受欢迎。到了 16 世纪 30 年代，该行为政府经办的债款总额已超过了 4000 万里拉（大约 800 万达克）。圣乔治银行是第一家经办国家存款的银行。

受其鼓舞，1593 年，米兰成立了圣安布罗焦银行，1619 年，威尼斯成立了吉罗银行。其中，吉罗银行的影响较大，到了 1630 年，吉罗银行的借款总额已累计 2622171 达克，政府每月给该行 80000 达克用来支付利息以及其他费用。1666 年，吉罗银行可以办理存款业务，普通客户可将钱直接存入该行。

先进的金融技术使得意大利财政体系较为稳定，政府也从未发生过支付危机。政府债券交易市场的形成反映了意大利金融体制的成熟性。

英国长期借贷出现的比较晚。最早的一次真正意义上的政府长期借贷出现在 1693 年。当时，政府想以通蒂式养老金形式来筹集 100 万英镑（通蒂，以法国红衣主教马扎然的一位名叫洛伦佐・通蒂的意大利执事命名，意指付给一伙投资者年金，直到最后一个投资者去世）。这次年金发行由议会做担保，预计用未来99年的一些货物税来做支付，但很可惜，这次尝试失败了，最终只获得了108000英镑。①

1694年，英国继续为筹措长期贷款而努力。3月份，英国尝试一种中签贷款，这种借贷方式类似于摸彩票，因为借贷的利息是由抽签决定的，单位份额的借贷，抽中末等奖者年息只有1英镑，而抽到头等奖年息可达1000英镑。结果证明，这种方法并不能令人满意，以后多年政府都没有再采用这种方法融资。1710年，政府为了筹集战争经费，才再次发行中签贷款，连续发行了4年，但每年的发行状况都不是很理想。

英国较为成功的做法是在1694年4月，“英格兰银行董事公司”即英格兰银行成立。该行创办人给国家提供了120万英镑的贷款，年利率为8%。该行在为国家筹集完这笔资金后又继续在国家筹措贷款。英国当时正处于与法国的“九年战争”（1688—1697年）中，英格兰银行为国家销售战争时期国债起了重要作用。同时，该行还可以把国债票据兑换成现金，把政府的贷款票据当成该行的存款。这就相当于英格兰银行发行了新的银行券，他们可以贷出这种银行券来获得利益，英格兰银行为政府融资，同时发行银行券（所谓“流通钞票”），已经有了现代中央银行的部分职能。该行的目的只是向政府贷款与发行银行券，但不久它便承担了其他许多项业务：接受存款，像阿姆斯特丹汇兑银行一样进行金银贸易，为政府转移海外的财富，像接受存款一样接受政府债券或者为政府债券兑现，为政府处理税收，接受客户的应付汇票并将其记入客户的贷方……到1698年，该行已发行了价值134万英镑的随时可兑现的银行券。到了1720年，这个总数升到248万英镑（银行券的最小单位是10英镑）。

1717年，在英格兰银行的主持下，英国政府开始了一项债务转换，主要任务是将短期债务转换成长期债务，做法是将战前债务每年支付的高额利息转化

① 【美】P. 金德尔伯格．西欧金融史［M］．北京，中国金融出版社，1991：288.

成新的股金，年息为5%。也就是说，在以前债券到期之前连同利息转化成低利息票。这样有利于财政部门降低负担，但是投资者的收入却大为减少。为了解决这个问题，政府允许投资者持债券来购买南海公司的股票。当时的投机热潮使投资者可能在股票市场上获得巨额利润，因此，这次的债务转换进行得比较顺利。

这一次的债务转换体现了英国公共金融体制的成熟，国债交易市场的形成也使英国财政体系走在了欧洲的前列。尽管当时的体制还未深深植根，同时还经历了1720年的危机，但是一切都在朝着有利于工业革命爆发的方向发展。英国的公共金融体制为工业革命做好了铺垫（见表3－4）。

表3－4　英国国债（1697—1763年）

年份	债额	年息额	特殊开支
1697	14.5	1.2	九年战争结束
1702	12.8	1.2	
1714	36.2	3.1	西班牙王位继承战
1739	46.4	2.0	
1748	75.8	3.1	奥地利王位继承战
1757	77.8	2.7	
1763	132.1	5.0	七年战争

资料来源：【美】P. 金德尔伯格. 西欧金融史［M］. 北京，中国金融出版社，1991.

国债的偿付方式转变是英国金融革命的重要标志，它的意义不在包税制向中央征税制之下。法国在公共金融建设上走在了英国的后面，法国的金融革命比英国晚了100年。至于荷兰、意大利，一开始就朝现代金融体制方向发展，因此根本就不需要金融革命。

公共财政领域的革新对欧洲的经济发展起了很大的作用。16世纪的金融创新不能满足巨大的货币和信贷需求。当局对商业货币市场不负责任地施加压力导致了经济发展的混乱和灾难性的国家破产。从短期来看，国家破产给欧洲的经济和公共财政带来了很大的破坏性，但是长期来看，国家破产有着巨大的积极影响。国家破产短期来看是指利息和短期债务的延期偿付，各个国家为了解决这一问题，纷纷将短期公债转化为长期年金，国家破产反而成为固定长期公债体系发展的一个契机。在英国，从18世纪开始，短期债务和后来固定的国债对商业、工业以及殖民地发现过程筹集资金做出了明显的贡献，它是工业革命的先决条件。

第四章

金融业在工业革命中的发展（1775—1913 年）

当世界各地的文明仍然处于农业文明阶段的时候，在西北欧一隅之地的英国，最先开始了工业化进程的探索。到 18 世纪时发展成为工业革命，工业革命带动了金融的大发展，这种大发展、大飞跃不久便把其他各文明远远抛在后面。

学界关于金融发展的规律问题、动力问题，关于近现代化发展的诸问题，关于资本主义萌芽的问题，关于东西方文明的异同而导致的经济金融发展问题等等，实际上都是围绕着这一段时间内世界上发生的事件展开讨论的。为什么西欧的英国能从 16 世纪开始走上工业化的道路，而许多具有光辉历史的东方文明古国却不能，这成为困扰人们的大问题。

第一节　工业化与资金需求

一、西方国家的工业化

工业化时代的到来，有一个较长的酝酿时期。14、15 世纪由封建社会内部孕育而成的资本主义生产关系最早产生于欧洲，这一时期正是欧洲封建主义的鼎盛时期。15 世纪地理大发现是推动封建社会解体和向资本主义过渡的一个重要因素，并使得西欧的商业发生了一个革命性的变化。这些变化在 16 世纪开始显现出来，在 17 世纪更加显著，它不仅使世界市场的领域扩大、进入世界贸易的商品种类和数量增加，并且引起了产业中心的转移，世界商路移离地中海，汉萨同盟渐趋衰落，而处于新航路上的葡萄牙、西班牙、荷兰、英国等则繁荣起来，这些国家的统治者所采取的一系列鼓励商业、工业、航运业和金融业的重商主义政策，也对资产阶级的兴起和发展，起了保护和促进作用。16 世纪，里斯本成了欧洲最大的商港，荷兰成了西欧的经济中心，阿姆斯特丹是当时世界的贸易和信贷中心。18 世纪，英国又成为世界首屈一指的工业国家和最大的殖民帝国。18 世纪 60 年代，在英国首先发生的工业革命，成为资本主义制度在世界范围内正式确立的标志，也拉开了工业革命中金融加速发展的序幕。

工业化过程从近代资本主义发展开始，它大致可分为两个阶段。从 1640 年英国资产阶级革命到 1870 年普法战争前夕为第一阶段，是自由资本主义时期；从 1871 年巴黎公社到 1917 年俄国十月革命为第二阶段。

从金融史看，这个时期伴随资本主义发展，工业资本的发展促使了资本主义银行业的崛起，继而随着证券业、保险业的发展，以资本市场为核心的金融市场等也蓬勃发展起来了。

（一）工业化与金融发展

工业革命[1]也称“产业革命”，它是一场巨大的经济革命。近代社会以工业为中心，近代文明被认为是一种工业文明，以区别于中古与古代的文明，这是“工业主义”与“工业文明”之所在。

资产阶级革命是工业革命的政治前提。16 世纪后半期，欧洲资产阶级首先在尼德兰取得了推翻封建制度的胜利。在各主要资本主义国家中，英国是最早夺取政权的资产阶级国家（1640—1688 年），截至本部分所描述的时期，英国的资产阶级革命已经发生了近百年，因而，英国成了工业革命的摇篮，也同时成为金融业的先驱。此后，1789—1794 年，法国资产阶级革命获得了成功。美国则在 18 世纪 70 年代从英国殖民统治下获得独立，这样，世界主要资本主义国家到本部分叙述的时期为止，已基本完成了实质上的资产阶级革命。

从工业革命的意义看，18 世纪 60 年代开始的工业革命，引起了世界范围内生产技术的革新，使生产力获得了巨大发展，开创了人类物质文明的新天地。在这一过程中，工业革命对资本的天然需求反过来又进一步促进了金融的发展。但由于技术革命的同一性和资本运动的内在联系，各国的金融发展进程会呈现出一定程度的差别，加之各国历史发展、政治、经济、文化、思想等客观条件方面的差异，各国在金融发展的方向、规律、速度和程度等方面都表现出一定程度的特色。

资产阶级革命成功较早的国家，为保证工业化发展，逐步废除了封建土地所有制，取消了封建割据和等级制度，建立了一整套有利于包括金融发展在内

① 从历史上讲，产业革命是与资本主义制度联系在一起的。与之相近的词汇有，工业化、现代化、工业主义、工业文明等等，但其确切的含义并无细分，本书的描述中作者并不严格区分这些术语，即笔者认为它们是等同的。也有的学者将工业革命分为第一次工业革命和第二次工业革命，其中，第二次工业革命发生于 19 世纪 60 ~ 70 年代，它与第一次工业革命的完成阶段在许多地方是交叉进行的。但是，第二次工业革命并不是第一次工业革命的简单延续。第一次工业革命和资本主义的迅速发展，使自然科学的研究工作在 19 世纪进入空前活跃并取得重大突破的高潮。

的资本主义发展的法律体系，施行了有利于资本主义发展的工商业政策，从而为工业革命的产生和发展奠定了良好的政治、经济基础。而在资产阶级革命起步较晚的国家，例如德国和俄国，由于国内资本主义经济的发展和资产阶级力量的逐渐壮大，也实行了不同程度的资产阶级革命，为资本主义的发展提供了一定的条件。

资本原始积累最初是从对农民的土地剥夺开始的，这是全部原始积累过程的基础，各资本主义国家都在不同程度上经历了这一过程，其中尤以英国为最。殖民掠夺是资本原始积累的另一重要因素，殖民者对广大的殖民地进行海盗式掠夺和贸易垄断，把大批的殖民地的财富运回本国，形成原始资本的重要组成部分，为本国资产阶级提供了巨额货币资本。与殖民掠夺紧密联系的奴隶贸易更是西欧资本原始积累的重要来源。此外，国债和近代赋税制度也是资本积累获得财富的重要手段。

上述方法促进了以机器大生产为代表的工业革命的大发展，并创造了巨大的社会财富，使社会劳动生产力得以提高，私人财富在这一过程中也得以成倍增加，这些又反过来促使他们拼命地积累资本、扩大再生产以攫取更多的利润。工业革命时期，在英国和其他资本主义国家，无论是资本家个人拥有的财富数量，还是整个资产阶级的财富占全国财富的比重，都随着工业革命的胜利而大大增加了。正是工业革命对资金的急剧需求，促进了金融业的进一步发展。

（二）欧美主要资本主义国家的工业化

1. 英国的工业化进程

从15世纪末到17世纪初，英国在商业革命的冲击下，一切旧的经济关系和经济形式都被新的制度逐步取代。在农村，确立了资产阶级的土地私有制和大租佃制农场的经营方式。在城市，行业公会、合伙公司、股份公司等新的企业制度确立。地理大发现导致世界市场的突然扩大和需求大爆炸，使整个大不列颠从商人到手工业者，再到农民的社会各阶层都为对外贸易和商品生产而运转起来，尤其是与外贸有关的工场手工业获得了长足发展，分料到户制和集中的手工工场成为工场手工业新的组织形式。

技术革命是工业革命最重要的表现。这一时期，在英国由于技术革命而出现的产业主要是纺织业、采矿业、冶金业、机器制造业和交通运输业。伴随这些行业的进一步发展，在对资金需求扩大的基础上，对银行、交易所等金融组织的要求不断提高，这为近代金融制度的产生创造了一定的条件。

英国棉纺织业的机器革命是从工具开始的。1733 年，约翰·凯伊发明飞梭使织布效率提高了一倍，棉纱生产开始供不应求，并诱发棉纱生产的创新。1735 年，英国技工约翰·怀特发明了自动纺筒和翼形纺锤的卷轴纺车并于 1737 年获得专利。此后，各种纺纱机在此基础上不断改进并发展，大约在 1764 年，英国技师 J. 哈格里夫斯（1720—1778 年）发明了“珍妮”纺纱机，又称多轴纺纱机，后经多次改进纺锭数量激增，依次达到 16 枚、80 枚、130 枚①。由于珍妮机的操作费力，其主要劳动力为男工。1769 年，R. 阿克莱特（1732—1793 年）发明了水力纺纱机。该机可同时纺出经、纬线，它生产的纯棉织品质量优于以麻做经线的织品，并且经得住漂白和印染，质量优于印度棉布。

水力纺纱机结构复杂且受自然条件限制，于是，1774—1779 年英国织工 S. 克朗普顿（1753—1827 年）综合了“珍妮”纺纱机与水力纺纱机的特点，发明了“骡机”，又称走锭精纺机，其性能更加优良，它一次可以带动 300～400 枚纱锭，纺出的棉纱质地优良，且生产效率很高。1825 年和 1830 年，英国机械师 R. 罗伯特先后两次设计出能够持续工作的自动纺纱机。此后，许多发明家对其不断改进、完善。1830—1850 年的 50 年间，英国棉纱产量增加 1000 倍，实现了纺纱机械化。与此同时，为了解决纺与织的矛盾，1787 年和 1792 年，英国教士 E. 卡特莱特（1743—1823 年）先后发明了用马、蒸汽做动力的织布机。1787 年发明的织布机基本实现了织布机械化，提高效率 10 倍，随后，英国人 J. 纳恩罗普和德国人 J. 盖普勒又先后制造出自动织布机。1813 年，英国已有的自动织

① 高德步、王珏. 世界经济史［M］. 北京，中国人民大学出版社，2001：234.

布机中一部分用水力推动，另一部分用蒸汽机发动。

工业革命中的另一个重大发明是蒸汽机的发明，它对工业革命起了积极的推动作用。在瓦特之前，蒸汽机已使用多年，他于1782年试制成复动式蒸汽机，并于1785年运用于纺织业。蒸汽机的使用，还加速了机器的运转及工人的协作，使工厂管理得以提高。毛丝纺织业在19世纪初也逐渐采用了各种机器。机器的发明和使用，使纺织业空前繁荣，英国成为世界上最大的棉纺织品出口国，英国的海外贸易迅速发展起来。

机器的发明及其应用不仅在纺织业，而且在采矿业中也发挥了重要的作用，极大地促进了矿石开采量的增长，使采矿业迅速发展成为英国资本主义经济的一个重要部门。19世纪20年代，世界采矿业每年总开采量为1730万吨，60年代达到2.253亿吨。其中，英国硬煤开采量居世界第一位，20年代约占世界硬煤总开采量的87%，60年代占50%①。旋即英国的采煤业成为国民经济中的主要部门之一。

机器的不断改进和日益复杂化，又使钢铁取代木材，成为制造机器的主要材料，促进了以铁和钢为核心的冶金业的技术进步。为提高铁的产量，扩大了高炉的容量，继续改进鼓风系统以增加鼓风机的风力。18世纪50年代，离心鼓风机得到广泛传播。1788年之前，已经出现了金属拉长、切削和加工的机器，后来又发明了钻枪炮筒的钻孔机。1797年，亨利·莫兹利发明了导轨和制造螺丝钉的机器。1790年马斯·克利福德、1796年S. 格皮先后发明和改进了制钉机。

纺织机与蒸汽机的出现和广泛应用，推动了各产业部门的机械化。18世纪末期，工具制造的精密度和准确度不断提高，人们已经能够解决金属切割机械化问题。1775年，英国机械师J. 威尔金森设计了一台车床模型。1798年，英国著名机械师H. 莫兹利对车床模型进行改进，制造出车床，成为机械制造业发展史上一个重要里程碑。19世纪初，机器生产标准化。1814年，J. 福克斯发明刨

① 高德步、王珏．世界经济史［M］．北京，中国人民大学出版社，2001：234.

床。1842 年，J. 惠特次恩发明完全机械化的刨床。19 世纪前半期，英国已经能够制造各种车床、铣床、水平平面刨床、钻床（悬臂钻床）、旋制外螺纹车床、蒸汽锤等工作母机。同时，还发明了带导轨的车床。工人能够轻便、迅速地操作机床，制造机器所需的各种几何图形部件，如加工直线、平面、圆筒、圆锥、球体等形状。

19 世纪 20 年代，英国发展了机器制造业，出现了蒸汽机、纺织机和蒸汽机车等机器制造工厂。19 世纪中叶，机器已能成批生产，英国机器制造业作为大工业部门初步形成。当时，英国著名的机器制造厂，例如博尔顿和瓦特工厂、夏尔伯·罗伯特和赛伊工厂以及惠特渥斯工厂等，已享有世界盛誉。英国制造的蒸汽机、各种工作母机、火车头、农业机器等，质量优良，远销世界各地，在国际市场上占有垄断地位，并直接影响着欧洲大陆和美国工作母机的制造业，在 19 世纪 60 年代前后，其制造业产值在全世界的比重占 20%，英国的钢铁、煤等产量都占全球一半以上，英国成为举世公认的“世界工厂”。1851 年在伦敦、1855 年在巴黎举行的世界展览会上，英国工作母机的技术显示出较高的精确性、高效性及专业性。此时，英国工业革命已宣结束。

此外，交通运输业和船运业的革命在运输工具和运输方式等方面也获得突破性进展。

航运是解决英国煤炭运输的最初办法。航运业在英国的发展分为内河船运和海运业两类。17 世纪下半叶和 18 世纪上半叶先后疏通了斯托尔河、阿冯河、默西河、桑基河等，为满足对煤炭需要量的激增，英国还开始兴建运河。1759 年，从沃尔斯利煤矿到曼彻斯特之间的运河——沃尔斯利运河开始修建，并于 1761 年竣工。这是英国第一条现代意义的运河，它的开通不仅解决了曼彻斯特运煤问题，并使英国从此开始了兴建内河运输网的热潮。1777 年大干线运河竣工后，将利物浦、赫尔、布里斯托尔三个港口城市联结起来，在英格兰境内形成一个以伯明翰为中心的运河水系：北连曼彻斯特，南通伦敦。18 世纪 80 年代，英国出现了规模空前的兴修运河热，在每年投入大量运河的资金下用了不足30年的时间，在英格兰境内就建成了四通八达的内河航运网。

英国的海运发展较早，在17世纪前半叶就已能够建造排水量百吨以上的大型船只，到本部分叙述的时期，即1760—1780年，英国的商船队吨位已经达到190万吨。19世纪四五十年代，英国掀起建设海运运输网的热潮。1860年时，英国商船队吨位达到465.9万吨[①]。

19世纪初，英国造船业多用木料制造帆船。自从蒸汽机用在帆船上之后，遂用铁来制船。在造船业兴盛的同时，英国投入大量资金发展航运业配套设施，沿海岸修建灯塔、灯船，扩建港口、船坞、堤岸、堆栈等，置备起重机和其他装卸设备。

陆路交通的大发展主要表现为公路的建设和铁路的兴起。筑路工程师梅特卡夫、特尔福德、多克亚当等发明的新筑路方法，使公路质量和行车速度大大提高，因而为英国公路的大发展创造了积极的条件。铁路方面，利物浦—曼彻斯特铁路堪称第一条真正的现代化铁路，成为兰开夏棉纺工业原料和成品运输的交通动脉，它使人们看到了铁路交通的发展前景及给经济带来的巨大收益。此后，英国两度掀起修建铁路的热潮。其一是1836—1837年，这期间涌现出为数不少的承揽修建铁路业务的公司，从事架桥、开路、挖掘隧道、筑路等工程。其二是19世纪40年代中期，英国出现了第二次修建铁路热潮。到1850年，英国的铁路为6084英里，而到1860年则达到9070英里[②]，均居欧洲各国首位，这种增长势头一直持续到19世纪最后20年。英国的本国线路基本饱和后，便开始向殖民地和半殖民地国家投资修筑铁路，它先后在印度、埃及、南非、澳大利亚、土耳其、加拿大等国修了很多铁路线，为其经济发展与殖民扩张创造了条件。

从19世纪70年代起，钢取代熟铁做路轨，促进了炼钢业大发展。世界各国钢的产量从1870年的50万吨猛增到1900年的2800万吨。英国的这轮技术创新从18世纪中期开始一直延续到19世纪三四十年代。在这近百年的时间里，英国

---

① 高德步、王珏. 世界经济史［M］. 北京，中国人民大学出版社，2001：236.

② 高德步、王珏. 世界经济史［M］. 北京，中国人民大学出版社，2001：237.

建立起了自己的工业体系，在这个工业体系中主要是以棉纺织业占优势的纺织业、采矿业、冶金业、机器制造业和运输业等。

尤其值得关注的是，工业革命的社会意义远远超过了最初的经济意义，连接了城市和乡村，打破了农村的封闭状态，缩短了时空，改变了人类几千年来的生活方式，增加了无法估计的社会效益，在这一过程中，促进了金融业的发展，而金融业的发展又反过来促进工业化的进程，促进了人类的发展。

2. 美国的工业化进程

美国的工业革命比起英国大约要晚半个世纪，且美国的工业革命几乎是在空白的基础上发展起来的。但由于美国极为有利的自然条件和经济社会条件，美国的工业革命进展得特别迅速，很快超过英国，成为世界上头号工业强国。因此，从全世界来看，美国仍属工业革命起步较早的资本主义国家之一。

在 19 世纪初期的 20 多年里，北美殖民地消费的各种加工品、制成品、劳动力等大部分商品需要从国外进口，其生产的产品，除了满足自己需要外，大部分商品也都销往国外，如烟草、大米、蓝靛、小麦、肉类、鱼类、木材等，当时进出口的主要对象是英国。英国为了垄断殖民地的贸易在 1651—1660 年曾颁布了一系列的航海法令，规定殖民地出口的全部食糖、烟草、棉花、蓝靛、生姜及各种染料木等须直接运往英国；即使要运往他国，也须在英国纳税后再转运。以后的几年中，商品种类不断扩大，转运地区也受到了限制。这些条例使殖民地除了英国之外不能与欧洲各国直接进行出口贸易。航海法令中还规定：英国及其殖民地全部进出口货物必须由英国或殖民地的船舶装运，船舶的船长和 3/4 的船员必须是英国人。另外，英国为了避免北美殖民地成为其产品的竞争者，还对殖民地的工业加以控制，尤其是羊毛和炼铁工业。英国对殖民地的这些措施，明显地造成了交易主体的不平等，这种利用其宗主国的地位对殖民地进行超经济掠夺成为美国独立战争爆发的原因之一。18 世纪 60 年代，美国商人还与中国、俄国进行直接贸易。

美国在加速商品贸易发展的同时，还迅速发展移民，成为世界上外来移民最多的国家。从北美 13 块殖民地时代起，它的劳动力市场就是对外开放的，直到 19 世纪，美国还是个移民净流入的国家。欧洲移民及其后裔构成了美国居民的主体，其次是来自非洲的黑种人、来自亚洲的黄种人和来自拉丁美洲的各色人种。移民中大多为中青年男4生，后来随着航海技术的改进和数量的增加，女性的比例才逐渐增大。18世纪，欧洲发生人口革命，人口增加迅速，移民数量增加（考察移民史，可以看到17世纪初，为了拓殖北美，欧洲开始有组织地移民）。19世纪四五十年代以后，一些因素综合起来形成了向外移民的促进因素。加之，美国独立后，随着西部领土的扩张和自身工业的发展，迫切需要大量劳动力。于是，美国一些企业因缺乏劳工，就到欧洲刊登广告，散发小册子，以高工资和减价车船票等优惠条件招募移民劳工。这样，美国的移民规模在19世纪末和20世纪初达到了高潮。在移民政策的作用下，使得美国独立以后的几十年间，人口数量连续翻番，移民既提供了廉价的劳动力，又提供了巨大而且不断扩张的市场，为美国的经济发展创造了条件。

美国工业革命在伴随移民的同时，还伴随着引进外资。美国引进的外资主要用于以铁路建设为主的公共工程建设。到1914年，在美国70亿美元的外债存量中，有40亿美元以铁路证券的形式为外国人所持有，其中英国人持有半数以上①。大量的铁路建设开拓了国内统一的市场，加速了国内市场与国际市场的经济融合。

19世纪初期10年和19世纪30年代，美国运河建设主要依靠英国资本，后来利用外资建立了水利沟渠系统、道路、桥梁，公共建筑、电报电话设施，天然气和电力设备。重要公共设施的建设，满足了日益增长的人口和经济发展的进一步需要。1870年以后，英国的投资中也有一小部分是私人证券投资，主要投向是美国钢铁公司、伊斯特曼·柯达公司、联合果品公司和通用电气公司等的股票。

1870年以前，美国的对外投资不超过7500万美元。随着美国工业革命的进展，对外投资获得了迅速发展，1899年为6.85亿美元，1914年达到35.14亿美元②。美国主要是对加拿大、墨西哥和南美洲的矿业和制造业等行业进行直接投资，在19世纪末期对欧洲也发生了兴趣，但很快被亚洲所吸引而转向亚洲投

① 高德步、王珏．世界经济史［M］．北京，中国人民大学出版社，2001：248.

② 高德步、王珏．世界经济史［M］．北京，中国人民大学出版社，2001：248.

资。美国对外投资既为本国工业提供了原料，同时又占领了他国市场，为其资本主义工业革命的发展提供了积极的条件。

1825 年英国取消了禁止机器、机器图样出口和熟练技术人员出国的禁令，美国同法国、德国、俄国等国一样大量引进英国技术，但由于美国的移民政策以及外国资本的流入，为美国引进英国技术提供了极为便利的条件。纺织、采矿、冶炼以及铁路、水路交通等部门基本是靠引进技术建立的，这些技术使美国经济大幅增长。19 世纪末 20 世纪初，美国和欧洲工业化国家又出现了第二次技术革新和发明高潮。在新技术革命推动下的这次高潮，使美国一举实现了工业化。

1807 年的禁运法案和 1812—1814 年的英美战争，是美国工业化开始的契机。在此期间，海外贸易受到限制，工业品必须自己制造，于是制造棉毛纺织品、铁器、玻璃、五金器具及其他日用品的工厂迅速遍及全国各地。在美国，最早的工业是棉纺织业。工业化前，美国大量进口纺织品。虽然在殖民地时期，美国就有比较发达的炼铁业。但是由于宗主国限制殖民地的金属加工业，大量生铁不得不向英国出口。独立后，美国开始建立自己的制造工业，对钢铁的需求增加很快，因而进口大增。1810 年，美国生铁产量为 55 万吨，钢 9000 吨，合计 55. 9 万吨，而当年净进口钢铁 147 万吨，出口只有 5200 吨，进口大约占国内消耗量的 73%①。从 19 世纪初起，美国相继引进了热风炉、焦炭炼铁法等先进技术，建立起近代炼铁业。1860 年，生铁产量达 83. 4 万吨，居世界第三位②。

此外，食品加工业一直是产值很高的产业。采掘业也随金属冶炼和金属加工工业的发展而发展起来，尤其是采煤业发展很快，1860 年产量达 18. 2 万吨，居世界第二位③。

总的来看，19 世纪上半叶，美国近代工业迅速建立。1810—1860 年，美国工业产值增长约 10 倍。1860 年，美国有企业 14 万个，拥有资本 10. 03 亿美元，

---

① 高德步、王珏. 世界经济史［M］. 北京，中国人民大学出版社，2001：252.

② 同上。

③ 同上。

工人 130.6 万人，创造产值 18.77 亿美元①。

这一时期美国近代工业的建立得益于市场的扩大。但是，西部的开拓、大量的移民以及工业化进程中需要的生活资料和生产资料，使美国国内生产的工业品远远不能满足需求，进口仍是巨大的。南北战争前夕，完全依赖进口的产品已为数不多，但没有一种产品有完全替代进口的趋势。1845—1854 年，美国进口棉布增加 2 倍，从 900 万美元增加到 2700 万美元，几乎占国内生产总值的 40%。1837 年，美国生铁生产为 24.73 万吨，进口量为 11.5 万吨，进口量占本国产量的 40% 以上；而 1853 年，美国生铁产量为 60 万吨，进口却达 63 万吨，进口量甚至超过本国产量。其他主要工业产品的情况也大致如此②。

19 世纪下半叶，西部开拓、南部归入统一的市场体系，美国国内市场以前所未有的速度扩容。与此同时，世界科学技术革命方兴未艾，新技术和新发明不断涌现，如新炼钢法、电力技术、内燃机技术等，为美国工业化提供了良好的机会。这一时期，美国依靠大量引进欧洲先进技术，并且自己完成了一系列重大发明，发展起一系列新工业，如钢铁、电力、汽车、石油采炼等。与此同时，继续实行并完成最后进口替代的传统工业部门，如纺织和钢铁等。

作为后起国家，美国在第一次产业革命中落后了半步，但在第二次产业革命中，美国却一举赶上并超过了英国并走在了世界的前列。在这方面，钢铁业、电力电气工业及汽车工业等表现尤为突出，这些工业部门，实际上一开始就是出口产业，在美国经济的腾飞中功不可没。

19 世纪末 20 世纪初，由于工业的迅速发展，尤其是新兴工业的发展，美国完成了工业革命并逐步实现了进口替代。美国工业革命胜利时，尽管出口贸易增加了 7 倍，但在国民生产总值中，对外贸易仅占 10% 左右③，大部分的工业品仍在国内销售，国内市场对美国经济增长的作用比对外贸易大得多。巨大的国

① 高德步、王珏．世界经济史［M］．北京，中国人民大学出版社，2001：252.
② 高德步、王珏．世界经济史［M］．北京，中国人民大学出版社，2001：256.
③ 高德步、王珏．世界经济史［M］．北京，中国人民大学出版社，2001：255.

内市场容量是决定美国进口替代工业化的基础，也是其成功的保证。

3. 法国的工业化进程

法国是欧美主要的工业化国家中，工业化进展比较缓慢和沉重的国家。动荡不安的政局和不当的经济决策影响了法国的工业化进程。到 20 世纪初，尽管法国取得了一系列的工业化成就，但是它在国际经济中的地位却下降了。

路易十六是大革命前最后一个君王，在他践位之初，法国经济形势已经岌岌可危，他任用重农学派的代表人物杜尔阁进行改革。重农学派反对重商主义的干预政策，主张放任主义，遵循自然秩序，强调兴农方可致富。杜尔阁主要的改革措施体现在整理财政、开放麦禁、限制行会与废止徭役和公平纳税等四个方面，但杜尔阁的改革触犯了许多人的既得利益，遭到各方面的抵制和反对，并无太大的实际效果。

由于大革命前的改革没有根本动摇旧的制度，王权、行会牢牢控制着整个经济，因此，法国的工业化进程缓慢。尽管 18 世纪后半期的法国政府也进行了工业化的尝试，但是它对工业革命的理解却陷入技术革命的误区，专注于引进英国的技术和机器。仅以法国的棉纺织工业为例，该行业在法国政府的鼓励和保护下模仿了英国的模式，其中还有一些英国人到法国开设纺纱厂，而法国人开办的大纺纱厂中只有坐落于奥尔良市的奥尔良公爵的纺纱厂尚可盈利，其余投资建厂的人因为市场狭小以及资金短缺均遭致失败。

此后的拿破仑时代①也未使法国经济发展起来，他主要的经济政策是鼓励法国民族工业的发展，提倡使用机器，奖励发明创造。同时，实行大陆封锁政策，联合欧洲各国一起对英国实行经济封锁，既不向英国出口粮食和工业原料，也不让英国工业品行销欧洲大陆，试图保护大陆市场，阻碍英国经济发展。同时，他还改革了法国金融制度。1803 年进行货币改革，用法郎②代替利弗尔。从此，

---

① 从 1799 年拿破仑雾月政变上台，到 1815 年拿破仑最后失败，这 16 年是法国历史上的拿破仑时代。

② 法郎分金银两种，都属本位币，有无限法偿资格，可以自由铸造，金法郎和银法郎之间有一定比价。

法国长期实行金银复本位制，1800 年筹建成立中央银行——法兰西银行。这是法国在南海泡沫事件后，首次建立的银行制度。法兰西银行除了履行中央银行的义务外，还兼营放款、贴现等商业银行业务。

此外，废除阻碍资本主义发展的其他障碍。1795 年采用公制度量衡，废除对盐、烟等商品的专卖制度。拿破仑颁布法典，保障私有财产不可侵犯。颁布专利法，取消了贵族特权的等级制度，将旧制度中不合理的税收制度废止，过去对非特权阶级征收的直接税和间接税改为根据财产状况对全体公民征收。废除卖官鬻爵制度，取消封建的长子继承制等。

可见，拿破仑的经济政策，保留了大革命彻底破坏封建专治制度的成果，有利于国内市场的统一和私有产权的发展。但是，政府的保护和鼓励措施，并没有取得预期的效果，甚至产生了负面影响。大陆封锁政策试图抵制英国产品的竞争，建立大陆市场，但是却隔绝了法国与外部世界的联系，使法国接触不到先进技术。刚刚发展起来的棉纺织业也由于原料供给紧张而中断，大陆封锁还使法国在 18 世纪建立起来的市场轻易丧失，这其中包括美国市场和其他殖民地市场（尤其占殖民地贸易 3/4 的圣多明各市场）。与此形成鲜明对比的是，法国的竞争对手英国则乘机开辟海外市场，优势大增。更为严重的是，拿破仑时代政治斗争和军事斗争耗费的财力、物力，以及沉重的战败赔款，使得经济发展被置于次要的地位，法国工业化进程受到影响，进程缓慢。

1815 年后尽管政局依然动荡，但是大革命时期和拿破仑时代打破封建束缚、有利于国内市场统一和鼓励工商业的立法等的作用开始显现。此后，法国又废除了大陆封锁政策，恢复了与英国的经济联系，大量的技术设备、技术人才流入法国，工业化进程加速。

纺织业是采用机器最快、最广泛的部门，1848 年革命以前，工厂制度在纺织业的各部门都已普遍推广，这一行业从 19 世纪 20 年代起开始采用机器。1835 年以后，较大型的丝织厂开始建立。法国的丝织机器比英国的还要精良，它的丝织品将近一半销往国外。尽管纺织业在这段时间延续了大革命前的发展，但由于分散的农村廉价劳动力的存在，使本身就投入比较少的纺织业仍然倾向于家庭手工作坊的形式。法国除了丝织业外，其他纺织业部门采用和推广新技术的速度都比较慢。

1815 年后法国政府支持交通运输业的发展，1820 年批准了以公路局长贝克计划命名的“贝克计划”，要求完成被大革命中断的运河修筑计划，把巴黎地区同北部和东部正处于工业化过程的地区连接起来，加速采矿部门和冶金部门的发展。1820—1850 年，开凿了大约 2500 公里的运河，建成了通畅的运河网络，它们使圣太田的煤得以运往巴黎地区。

法国铁路的修建较英国要晚，法国的第一条客运路线是 1837 年从巴黎至圣日耳曼的路线。1842 年，铁路法规定铁路建设由国家掌握规划、征用土地、承担地面建设和车站建设，而由私人特许公司承担铁轨和车辆的修造，私人公司营业期限为 99 年，此后全部财产由国家无偿接收。政府与私人的合作加快了铁路网的建设，1848 年法国通车的铁路只有 1800 公里，1860 年约有 9000 公里，到 1870 年，通车的铁路几乎增加了 1 倍，达到 1.75 万公里。铁路和运河的发展，使运输费用显著下降，重型产品的运费下降 2/3 左右，纺织工业原料的运费下降一半多，直接导致产品成本和价格的下降①。

在整个 19 世纪，法国工业都表现出资金来源紧张的问题。一方面，普法战争失败后的战争赔款影响了法国工业的进程；另一方面，在法国公司中，大部分是家族公司，资金来源主要依靠自身财力的积累，也发行企业债券，银行在业筹资中只起到较次要的作用。直到 19 世纪中叶，法国尚无帮助工业企业的商业银行，高等银行专门办理国家贷款和国际贸易业务。一些银行试图对国内工业投资，但是收效甚微。例如，让·布维对里昂信托银行 1863—1870 年在里昂化学工业中遭受了几次损失之后而不得不放弃在这一领域中的投资。同时，投资者对工业部门的投资活动普遍谨慎。投资者感兴趣的是海外市场和国内有政

① 高德步、王珏．世界经济史［M］．北京，中国人民大学出版社，2001：263.

府背景的交通运输业，而对其他方面的投资则不太感兴趣，由于对外投资比国内投资可以获得更高的回报，于是，资本输出不断增多。在国内资金缺乏的情况下，法国资本输出的增加无疑扩大了资金供给缺口，使得法国工业化进程中对于资金的需求更加突出。总之，法国由于战争、政变等造成的动乱不断，虽然其工业化仍然在继续推进，但是与同时期的其他国家相比还是落后的。

4. 德国的工业化进程

早在德国尚未统一之前，德国的工业化进程就已经开始。一俟德国统一后（1871 年），在新技术革命的推动下，德国迅速实现了工业化。

德国的工业化始于各项改革。德意志各邦经拿破仑战争后，被迫都进行了一些改革，并废除了农奴制。根据 1815 年维也纳会议协定，德意志减由 34 个邦和 4 个自由市联合组成，各邦、市仍保持独立主权，只在莱茵河畔的法兰克福设立邦联议会，各邦派代表参加。国家组织十分松散，仍处于四分五裂的状态。各邦各自为政，法律、币制、税收繁杂多变。各邦在边境上设卡，使得道路不能贯通，河流切成多段，关税之外又征收通行税。从汉堡到奥地利，从柏林到瑞士，为了做买卖，就得经过 10 个邦，考究 10 种关税制度和入市制度，并且要支付 10 种通行税①。可以想见，如果生活在 3 个或 4 个邦交界地方的人，会有多么的不便。

经济分割对经济发展造成了严重的阻碍，不久，便开始消除这种不利因素，此行动先从普鲁士开始。1818 年，财政部长比洛在信奉斯密自由主义经济理论的首相哈登堡的支持下，对普鲁士的关税进行改革，主要内容包括废除国内关税、进口原料免税、进口工业品平均税率定为 10%、货物通过普鲁士边境时征收轻税、国产税只向少数货物征收等等。比洛关税改革旨在国内实行自由贸易，促进各邦团结，使普鲁士的产品能够到各邦推销；打击在高关税下猖獗的走私活动，增加政府收入。

① 高德步、王珏．世界经济史［M］．北京，中国人民大学出版社，2001：264.

1819年，德意志各邦代表在维也纳集会，商讨如何促进邦际贸易，由于各邦意见不统一，甚至一些邦还持有反对意见，结果会议并没有达成共识，仅仅是各邦分别组织了不同地区的关税同盟（如南部关税同盟、北部关税同盟和中部关税同盟）。经过多次辩论，关税同盟采取了一项温和的保护工业的政策，订立了盟约，并且实行效果良好，各邦商业繁荣，走私绝迹，制造工业在保护下得以发展。瑞士、比利时和阿尔萨斯的企业在德意志扩大了在国内市场中寻找机会，转移到关税同盟地区。关税同盟后来取得国际地位，有权与他国缔结商约，关税同盟使德意志在政治还未统一之前先实现了经济统一。1871年，德意志帝国成立后，关税同盟融合在帝国之内，结束了它的历史使命。

从工业基础看，德国在19世纪30年代就已经出现了工业革命的迹象，当时主要的工业部门有麻纺织业、毛纺织业、冶金业和交通运输业，其中，交通运输业的发展最引人注目。1835年德国的第一条铁路从尼恩贝格至富尔特建成，这是在企业家弗里德里希·哈尔科特和经济学家李斯特的宣传和鼓动下建设的，经费完全由私人筹款解决。由于铁路经营成功，回报高，而高的回报又带来了积极的投资。

19世纪40年代是对铁路大量投资的时期，仅在普鲁士就发行了价值1.07亿泰勒的股票和债券。从1843年后的10多年时间里，就先后建成了科隆至亚琛、柏林至汉堡、科隆至明登、贝尔格至马克、慕尼黑至奥格斯堡和尼恩贝格至班贝格的铁路。到1850年，德意志联邦的东部、西部、北部和南部都已连接起来，整个铁路网长约6000公里，其中将近2000公里是国有铁路。在投资方面，到1850年，德意志各邦政府为铁路建设提供了总投资的一半，约1.5亿泰勒①。在技术方面，积极引进英国的机车，1839年德国制造了第一台铁路机车，开始建造自己的机器制造业。19世纪四五十年代，铁路是长距离大批量运输的工具，大大降低了运费。

---

①　高德步、王珏．世界经济史［M］．北京，中国人民大学出版社，2001：266.

19 世纪 50 ~ 70 年代，德国的工业出现了一次发展的高潮，金属冶炼出现重大的技术创新。1864 年，西门子和法国的马丁发明平炉炼钢法，使世界钢产量在 1865—1870 年增加了 70%①。化学工业在德国获得重大发展。霍夫曼和柏林大学的一些学者集中研究了煤焦油染料化工技术，先后合成了多种染料、香料、杀菌剂、解毒剂等，促进了德国煤化工的迅速扩大。与此同时，1837 年德国化学家李比希分析了土壤的化学组成，提出合成肥料理论。19 世纪 50 年代，氮肥、磷肥、钾肥的生产技术有了很大发展，大大提高了土地单位面积的产量。

德国工业化进程的特点突出表现在重工业快于轻工业的增长，工厂制度在重工业中占据着完全统治地位。纺织业虽然发展迅速，但是工厂制度只在棉纺织业中占了统治地位，在纺织业的其他领域还保持着工场手工业，以至小生产的各种形式。

1871 年 1 月 18 日德国统一后，俾斯麦着手整顿全国经济。他统一了全国度量衡制度和币制，确定马克为货币单位。同时对交通运输的纷杂状况进行了大力整顿，废除国内贸易的障碍，完成了国内市场的统一。在对外贸易方面也采取了统一的政策，政府为了鼓励本国工业的发展，改革原有的关税制度，对工农业都实行保护主义政策。

德国统一后，工业出现跳跃式发展。德国抓住新技术革命的机会，大力发展新兴产业，迎头赶上了英、法两国，成为欧洲大陆最发达的国家之一。在 19 世纪的后 25 年里，德国在钢铁、化学、电气、内燃机等方面都走在世界前列，承担了开拓者的角色。

德国的钢铁工业得益于对洛林的开发，19 世纪 80 年代后德国将鲁尔与洛林合并成为重要的炼钢基地，使得钢在德国得以普遍使用。19 世纪末期，德国是世界上化学工业品的主要供应者。在电气方面，德国在 19 世纪末 20 世纪初掀起了电气化高潮，形成通用电气公司和西门子电气公司两大电气集团，使以发电、

① 高德步、王珏. 世界经济史［M］. 北京，中国人民大学出版社，2001：267.

配电为主要内容的电力工业和制造发电机、变压器、电线、电缆等电气设备的工业迅速发展。在内燃机方面，德国取得重要技术突破，1876 年奥托研制成功第一台四冲程往复活塞式内燃机，1892 年狄塞尔发明了柴油机。内燃机的发明导致了汽车工业和石油工业的兴起。1885 年卡尔·本茨制造出四冲程发动机和用电引燃的三轮汽车，早于美国的福特。

同时，政府出于军事或政治的原因，从 19 世纪 70 年代起，德国分阶段实行铁路国有化。1873 年后，修筑铁路多半由政府安排，政府逐步购买独立公司的铁路，到 1900 年，全部铁路中只有 6% 掌握在私人手里。铁路员工都是政府官员，服从准军事部门的纪律。到第一次世界大战前，德国完成了铁路网的建设，铁路长度共 9. 33 万公里。1850—1913 年，铁路吨公里运输量增长了 20 倍①。上述一系列的政策措施，使得德国在世界工业总产量中的比重迅速上升，并超过英、法而雄居欧洲榜首。

（三）后起国家的工业化进程

在世界资本主义国家中，作为后起的工业化国家比较成功的主要有两个，另一个是亚洲的日本，一个是欧洲的俄国。这两国的工业革命开始于 19 世纪 60 年代，比英国晚了一个世纪，但却各有特色。日本的工业化进程将在下一节东方国家的工业化中加以介绍。这里主要介绍俄国，到 19 世纪末 20 世纪初，资本主义大机器生产在俄国主要工业部门中已经取得统治地位。

19 世纪上半叶，俄国工场手工业的发展和机器在个别部门开始使用；17 世纪后半叶，俄国出现了类似手工工场的大规模作坊。18 世纪，彼得大帝和叶卡捷琳娜二世实行鼓励和扶植手工工场的政策，使工场手工业获得很大发展。但在这一时期，占统治地位的工场手工业形式，还是以使用农奴劳动的官营手工工场、特许手工工场和地主经营的手工工场为主，使用雇佣劳动的商人手工工场还很少。19 世纪上半叶，由于农奴制开始解体，正式允许农奴劳动应用于工

① 高德步、王珏．世界经济史［M］．北京，中国人民大学出版社，2001：268.

业中，以及政府实行保护关税、币制改革、兴办专门工业学院等一系列有利的政策，使工场手工业得到很快的发展。同期，工场手工业中雇佣工人的比例由47%增加到87%①，尤其是棉纺织工业中，雇佣劳动成了唯一的形式。

在工场手工业发展的基础上，俄国的个别工业部门开始运用进口机器设备，并首先运用于棉纺织业中。19世纪三四十年代，出现了一批私人棉纺厂。到1866年，俄国已有42个机器棉纺织厂，有20700名工厂工人②。在造纸、制糖等部门中也出现了使用机器的现象。但直到1861年以前，没有机器的工场手工作坊仍起着决定性的作用，这主要是由于农奴制把农民束缚在土地上，限制了自由劳动力的形成，大量手工工场使用农奴劳动，劳动生产率极为低下。于是，俄国1861年实行了自上而下的农奴制改革。农奴制改革使广大农民摆脱了对地主的人身依附，也丧失了土地，这有利于形成自由劳动力市场。改革中，农民缴纳的赎金成为俄国工业革命的重要资金来源。

农奴制改革后，俄国工业的发展经历了三个阶段：小商品生产阶段、资本主义工场手工业阶段和机器大工业阶段。

自然经济随着农奴制的改革逐渐衰落，一个个原料加工部门变成单独的工业部门，资产阶级和无产阶级的形成，对小手工业产品的需求增加，同时也为这些手工业提供了自由的劳动力和闲置的货币资金。这样，小商品生产迅速、广泛地发展起来。通过竞争，这些小商品生产者不断分化，少数人上升为作坊主，大多数人成为雇佣劳动者。同时，他们当中还分化出小商人和包买主，逐步控制小商品生产，组织了较大的手工工场。

手工工场的发展，存在着两种趋势：一是世袭占有性质的地主作坊的衰落，二是纯粹的资本主义工场的发展。农奴制改革后，封建工场手工业随之没落，纷纷转变为资本主义工场手工业。与此同时，涌现出大量新建的手工工场，有的是由拥有相当数量的工人的作坊逐渐地实行分工协作发展而来，有的是由于

① 高德步、王珏．世界经济史［M］．北京，中国人民大学出版社，2001：268.
② 同上。

商业资本的发展，使生产者处于替别人加工原料以取得计件工资的雇佣工人地位而形成的。这种资本主义工场手工业的企业内部分工，把手工技术的成果发展到了顶点，并为机器的制造和应用准备了必要的条件。

随后，资本主义大机器工业迅速兴起，构成农奴制改革后俄国工业发展的主流。在俄国，资本主义大机器工业是通过两条道路建立起来的。一条是由家庭手工业到工业，再由工业到机器大工业这条演进式道路发展而来；另一条是政府、外国资本家或股份公司通过大规模投资和引进先进技术，直接建立大工厂。这种企业有两个显著特点，一是建立之初就是规模巨大的企业，日后成为生产集中和垄断的骨干；二是这些企业大部分是在新兴的重工业部门中建立的，如钢铁、石油、煤炭等，并开辟了一些具有生产远景的大工业区。无疑，这些大型企业的建设和发展需要大量的资金。

19 世纪 60—80 年代，尽管俄国工业取得了巨大成就，但工业发展的许多条件尚不具备，如大量资本、熟练工人、商业和信贷组织以及建立新工业部门的组织经验等。因此，俄国工业发展很不稳定，经济狂热和经济萧条交替出现。1873 年和 1881 年的危机和萧条，减弱了俄国工业迅速发展的势头。但是，危机和萧条使大批小手工业和中小企业破产，从而加速了生产集中和大机器工业战胜小手工业的过程。

俄国第一条铁路是 1836 年建成的，从彼得堡到皇村的全长 27 公里的铁路。但大规模铁路建设是从 19 世纪 60 年代开始的，并在 60 年代末 70 年代初经历了第一次铁路建设的高潮。由于政府出台了铁路国有化政策，向铁路大量投资，以及大量外国资本的涌入，到 90 年代，俄国又出现了铁路建设高潮。随着修建铁路步伐加快，俄国铁路长度不断延长，到 90 年代其铁路长度仅次于美国，居世界第二位。由于铁路的大规模建设、外国资本和技术的大量输入，以及政府实行国家资本主义政策等，俄国工业出现了一次前所未有的高潮并进而完成了工业革命，形成了俄国资本主义发展的特点。19 世纪 90 年代俄国工业的发展，不论在速度上或规模上都是空前的。

总之，从各主要资本主义国家看，经过19世纪90年代工业高潮，到19世纪末20世纪初，资本主义大机器工业已经完全排挤了手工业，以钢铁、煤炭、石油为主的重工业已经普遍建立起来了。

二、东方国家的工业化发展

东方曾是古代文明的摇篮，但是到工业革命时代，东方落后了，除了日本这一后起的资本主义国家外，其他国家都先后不同程度地沦为西方的殖民地或半殖民地，受到侵略和压迫。东方国家的工业化发展之路各有特点，这里以中国、日本、印度为例加以说明。

（一）中国近代的首次工业化探索——洋务运动

当清朝统治者沾沾自喜于“康乾盛世”的余晖时，欧美资本主义国家却借助工业革命迅速发展起来，将中国甩在其后。为振兴中华，中国近代许多有识之士，进行了艰难的探索和奋斗。洋务运动正是近代中国史上的第一次工业起飞尝试，它虽以失败告终，但其对中国工业化道路的探索及其影响却是深刻的。

1. 洋务运动及其时代背景

鸦片战争西方资本主义用炮舰打开中国大门后，在中国取得了条约口岸、协定关税、片面最惠国待遇、治外法权等特权，中国经济由原先开放性较低、以自然经济为主体的独立经济，逐步变为被动开放、日益受世界市场影响的、自然经济结构逐步瓦解的附属国经济。比较典型的如上海等通商口岸城市的商业和金融业，在外国资本主义影响下，开始出现了由传统经济向近代工业经济的质变。

与此同时，面对日益严重的外国资本主义对华的经济侵略，在镇压国内太平天国等农民起义及同外国资本主义交往的过程中，清政府洋务派官僚通过引进外国先进技术，创办了一批官办或官督商办的近代工矿交通企业，民间投资的近代资本主义工厂也开始出现，中国的工业领域兴起了洋务运动。

从整个国民经济来看，虽然出现了某些新变化，但是由于外国侵略势力的掠夺，以及长期大规模内战的破坏等因素，整个中国经济发展并非一帆风顺。

尽管洋务运动作为19世纪60～90年代，清政府维护其统治而引进西方科学技术，兴办近代产业，相应地，改革军事、外交、文化教育等多方面的活动，但其更大的意义则是中国工业化发展的首次探索，它在某种程度上更是一种起飞尝试。由于洋务运动在引进新式生产方式等方面开国内风气之先，因而许多史学家便以其作为中国早期现代化的起点，本书中我们也将其作为中国近代工业化起飞的开始阶段，并就这一阶段中国近代工业发展与金融业的发展作一简要叙述。

洋务运动以工业化为其主要内容，同时也包括政治、经济、军事、外交等，但以曾国藩、李鸿章、左宗棠等为代表的洋务派官僚兴办近代新式产业的活动是其主要组成部分。兴办近代新式产业，又以创办军用工业为开端。尤为一提的是，其中李鸿章所创立的江南制造总局还于1868年设立了翻译馆，次年又设方言馆，招请"通晓中国语言文字"的外籍译员，与徐寿、华蘅芳等中国科技人员一起翻译西方有关自然科学和社会科学的书籍和培训外语人才，在传播西学方面起到了积极的作用。

总之，19世纪60年代初，清朝统治者在各地风起云涌的农民起义与侵华外国势力威胁的内外交困下，伴随商品经济的进一步发展，外来工业文明的示范作用所产生的越来越大的影响使其对洋务运动的认识发生了变化。加之，西方列强在第二次鸦片战争结束后，改行支持清政府恢复其统治秩序的政策，这些都使得清朝统治集团为巩固封建统治开始主张依靠外国侵略者的支持和帮助，购买和仿制西方新式武器和船舰，学习西方先进技术以"借法自强"。洋务运动的兴起，使得中国近代史上的工业起飞开始了。

2. 洋务运动的实业及其资金筹措

洋务运动引进西方资本主义先进的生产力，用机器生产取代手工劳动，并且到后期这类企业也开始向商品化生产方向努力。从内部生产关系看，洋务运动中的一些企业已采用了资本主义雇佣方式。企业内使用机器从事生产的技术工人，大多是从外国在华工厂中招募而来的。洋务派兴办近代军用企业，其作用除"安内"、"攘外"，强化清政府军事力量外，更重要的是引进了先进的生产方式，开启了中国近代民族工业发展的历程，开启了中国资本主义近代化的历程，其所办学堂等也为传播西方科学技术和工业文明发挥了重要作用。

1861 年曾国藩创办的安庆军械所，是最早的军事企业。1862 年李鸿章在上海创办第一个在技术上依靠英国人的洋炮局，1864 年又创办苏州洋炮局，此后，江南制造总局、金陵制造局、福州船政局、天津局等相继成立，截至 1890 年张之洞创办湖北枪炮厂，共创办了 19 个军工企业[①]。19 世纪 60 ~ 90 年代，清中央和地方政府总计耗资 5 千多万两白银，先后建成近代军工企业 20 多个，[②] 这些工厂是中国第一批近代工业，主要是由国家投资兴办的军事工业或与军事相关的工业，这些工厂普遍采用国外先进的技术和设备，但其创始人则是洋务派官员，工厂的管理采取的是在市场没有发育情况下的封建式管理方法。经费由政府调拨，产品一般也是由政府无偿地调拨给指定的军事单位，企业发展与它的经营情况无关。尽管这些军事工业完全不是按照市场的方式运作，但它们是中国最早的工业化文明，在中国经济史上具有里程碑的作用。

由于清政府财政状况的恶化和军工企业的局限性，洋务派官员看到只发展军事工业很难达到自强的目的，必须发展民用工业，实行先富而后强的战略。于是，从 19 世纪 70 年代中叶起，他们开始采取“官办”、“官商合办”、“官督商办”等方式创办民用工业。这些企业涉及采矿、冶炼、交通运输、纺织等行业，其中包括第一家轮船公司——轮船招商局（1872 年开业），1880 年动工的关内外铁路（经山海关向关外延伸），1878 年投产的第一座现代煤矿——基隆煤矿，1893 年建成的第一家炼铁厂——汉阳铁厂，1890 年开工的第一家近代棉纺织厂上海机器织布局，1880 年成立的第一家电报局——天津电报总局，以及后来的开平煤矿、漠河金矿、湖北织布官局和纺纱官局等。但是由于外国商品的竞争以及封建势力、封建官僚过多的压制干预，这些企业大多经营艰难，效益不佳。

---

① 高德步、王珏．世界经济史［M］．北京，中国人民大学出版社，2001：279.

② 陈争平，龙登高．中国近代经济史教程［M］．北京，清华大学出版社，2002：77.

中国的民营工业出现于19世纪70年代，主要投资人有商人、地主、官僚、买办。1872—1894年，民营工厂总共达100多家，主要集中在纺织、面粉、火柴、造纸、印刷、船舶修造和机器制造、采矿等部门，也有少量的公用事业。19世纪90年代初，广东的蒸汽缫丝厂已发展到五六十家，大厂雇工达800多人[①]。1882年上海出现第一家机器缫丝厂，1887年宁波出现机器轧花厂为出口棉花服务，1895年宁波出现纱厂。19世纪70年代以后火柴厂在广东佛山、天津、上海、重庆等地相继出现。上海1860—1890年共开办了12家机器工厂，但是规模很小，创设资本最多的只有500元，最少的100元，有的机器厂的业务是修理外商船只，有的生产缫丝机。这个时期，弱小的民营工业既受到来自外国资本的竞争，也受到中国官僚资本的压迫，处境艰难，但它是中国经济中最有生命力的部分，代表着中国工业化的希望。甲午战争后，中国民营工业的发展开始突破困境。1895—1913年，开办资本1万元以上的厂矿有500多家[②]。棉纺织业、面粉业、机器制造业有显著发展，火柴、卷烟、水泥、矿冶等也获得起色。

19世纪70年代，清政府洋务派官僚经营的军用工业已经具备一定规模，并要求有相应的燃料工业、采掘工业和交通运输业作为发展的条件；另外，洋务派创建新式陆、海军及经办军用工业十分需要大量的金钱支持，对于财政困难的清政府来说，必须另辟财路，才能长久维持军工生产。为此，洋务派官僚便提出“求富”口号，扬言“必先富而后能强”，要兴办民用企业。而要兴办企业，就需要一定的资金，如何发展金融，如何进行资金的筹集、融通就是一个不可逾越的问题。

洋务派民用企业的组织形式决定了其融资的方式，其组织形式主要有官办、官督商办、官商合办三种形式。甲午战争前所办企业，除去那些实际未办成的，其中官办企业有台湾基隆煤矿、兰州机器织呢局、北洋官铁路局、台湾铁路、湖北汉阳铁厂及所属煤铁矿等；至于官商合办，虽有企业试行，但终未成功。

① 高德步、王珏．世界经济史［M］．北京，中国人民大学出版社，2001：279.

② 高德步、王珏．世界经济史［M］．北京，中国人民大学出版社，2001：280.

总的来看，官督商办企业数量较多，轮船招商局、直隶开平煤矿、上海机器织布局、上海电报总局、贵州青溪铁矿、漠河金矿、云南铜矿、中国铁路公司等都实行官督商办，可以说，官督商办是洋务派民用企业的主要形式。

官督商办形式吸收了历代朝廷“招商”的政策，但清廷洋务派官僚则更多的是要利用商人资本来支持其庞大的洋务运动体系，这是洋务运动中资金融通的主要方式。从官督商办企业的资金特点来看，由于招募商股困难，洋务派官督商办企业中都有大量的官款，这些官款多是作为借贷资本给企业用作开办费的。在各企业开办初期，官款所占比重都很高，往往占到一半以上，高者达70% ~80%①。几个经营较好的企业，如轮船招商局、开平煤矿、上海织布局等，开办以后再增添些商股，使得商股比重有所上升。

官督商办企业为了解决中国工业化发展中所需要的大量资金，还向外商借款。据统计，甲午战争前，轮船招商局、中国铁路公司、开平矿务局等向外商借款达500余万两，比官府垫借款还多②。第一次鸦片战争后半个多世纪内，西方资本主义国家对中国的经济侵略活动主要是在进出口贸易领域里进行的。但是为了顺利进行商品侵略活动，外国资本也把手伸入中国运输、工矿、电信等部门。从19世纪40年代，外国资本就已经开始在这些部门活动，主要集中在航运、船舶修造、出口加工等行业。到70年代以后，外国资本在这些行业的活动更为明显，并向电报、铁路等行业扩张。它们对中国运输、工矿、电信等部门的渗透活动虽然是围绕商品侵略这一中心进行的，但同时也是90年代后资本主义列强对中国进行大规模资本输出的前导。

此外，洋务运动中为了彻底解决资金问题，还积极创办国人自己的银行。中国近代第一家国人自办的银行——中国通商银行就是洋务派官员创办的，但是半殖民地、半封建的社会条件决定这家银行的命运，它没有避免清王朝灭亡的历史命运，也没有因它的建立而给中国人民带来更多的福祉。

① 陈争平，龙登高．中国近代经济史教程［M］．北京，清华大学出版社，2002：83.
② 同上。

虽然洋务运动在甲午战争的炮声中宣告了失败，但它产生了中国第一批近代工业，是中国近代以来第一次工业化尝试，洋务派提出的中学为体、西学为用等原则，影响了中国近代工业化进程乃至近百年的历史进程，具有重要的意义。

（二）日本的工业化

日本是东方国家中唯一在第一次世界大战前取得工业化成功的国家，是东方国家中工业化发展独具特色的国家。

1. 明治维新中的各项有利于工业化的改革

1853 年的黑船事件发生前，日本同其他亚洲国家一样，也是个闭关锁国的落后封建国家。美国的炮舰政策使日本沦为西方国家的原料产地和商品销售地，日本陷入半殖民地危机。后经 1868 年"明治维新"所实行的"版籍奉还"[①]、"废藩置县"[②]、殖产兴业、文明开化和富国强兵等一系列的资产阶级改良政策，并且废除了等级身份制度[③]，废除了行会、商会等各种封建特权，日本走上了工业化的道路。

明治维新的另一个重要内容是地制改革和租税改革。地制改革的主要内容是：个人对土地可以有所有权；农民世袭租种的土地，归农民所有；抵押过期的土地，归接受抵押的人所有；山林和原野一切公用地收归国家所有。1872 年，政府废除了禁止土地买卖法令。地制改革建立了农民土地所有制和地主土地所有制。明治政府在地制改革之后，接着实行租税改革，目的是增加财政收入。1873 年，政府宣布农民不再向领主缴纳年费，但佃农必须向地主缴纳地租，土地所有者向政府缴纳地税。地税一律用货币缴纳，地税一般占土地收获量的 25%[④]。

① 版是版图，籍是户籍，奉还版籍就是大名将自己对土地和人民的领有权交还天皇。

② 即取消藩的界限，以设县来代替藩，迫使大名离开领地，迁移到东京居住，消除了封建割据。

③ 等级身份制度禁止农民自由择业和迁徙，还禁止武士从事工商业。1871 年和 1872 年，政府废除旧的封建称号，宣布"四民平等"，即士、农、工、商各个等级一律平等，规定各个等级都有居住、迁移、选择职业和订立契约的自由。

④ 高德步、王珏．世界经济史［M］．北京，中国人民大学出版社，2001：283.

通过地制和租税改革，部分农民拥有了土地所有权，但是沉重的地税和商品货币关系的发展，使土地日益集中在地主手里，农民变成一无所有的劳动者，成为工业后备劳动力。然而，当时工业发展水平有限，无法吸收剩余劳动力，这就造成大量农民滞留农村，希望租种地主的土地谋生。地主发现自己经营土地不如将土地分成小块租给破产农民耕种有利，于是，在日本农村形成一批“寄生地主”，他们向佃农征收的地租一般占收获量的70%左右。如此高额的地租反映了农村中残留的封建性质，这阻碍了日本后来工业化的进一步深化。

同时，日本地税收入成为国家财政的主要来源。在开始实行地税制度的1873年，地税收入在国家财政收入中的比重是70%，到1875年增加到80%[①]。政府从地税收入中拨出大量款项创办模范工厂和资助私人企业，地税收入为大工业的发展提供了基本的启动资本。

总之，封建割据和封建特权的废除，使日本实现了真正意义上的统一，建立中央集权的政权，为日本工业化道路及以后各项政策的贯彻实施提供了强有力的保证。

2. 政府在日本工业化发展中的作用

明治政府提出了“殖产兴业”，想通过国家的力量尽快完成工业化。最初，日本试图发展以军事工业为中心的采矿、冶金、化工、机器制造等行业，明治政府为此建立许多工厂。著名的工厂有：1868年接收幕府的关口制造所，创办了东京炮兵工厂；1870年创立的大阪炮兵工厂，专门生产和修理大炮；1868年创立的横须贺海军工厂；1871年，政府接收水户藩和古贺藩的工厂，改革创办为海军兵工厂和赤羽工作分局；1878年，将萨摩藩办的鹿儿岛造船所的机器设备合并、充实；1885年，完成了对兵工厂的充实和扩建。这些兵工厂引进西方的技术和设备，生产军用、民用机器。东京炮兵工厂聘请法国和比利时的技师，又从英国进口先进技术设备。大阪炮兵工厂采用欧洲近代技术生产钢铜炮。横

① 高德步、王珏．世界经济史［M］．北京，中国人民大学出版社，2001：283.

须贺海军工厂到1871年又建成炼钢、炼铁、蒸汽锅炉、铸造及船台、船渠分工厂。赤羽工作分局的机器设备多达130多种，除生产发动机、机床等大型机器设备外，还生产诸如玉米脱粒机、造苹果酱、挤葡萄汁等小型民用机器。此外，为了鼓励采矿业的发展，国家成立矿山局，专门负责领导官营模范矿山的开矿事宜。

为了提高官营工厂和矿山的示范性，政府在国内开办“劝业博览会”，设立“工业试验所”，希望大批拨款资助的官营工厂能起到“模范”作用（故该时期大批的官营工厂被称为“模范工厂”）。这些工厂一般规模大，技术水平高，确实刺激、影响了民间投资者，一时间，众投资者纷纷向模范工厂学技术，掀起投资热潮，一度出现官营民助的好景象。但是，只注重引进外国技术和设备的工业化战略很快破产，官办工厂的低效率使政府财政状况恶化、贸易逆差严重、货币贬值。明治十四年，金银价格暴涨、纸币暴跌，这一官营的所谓“模范工厂”失败。

模范工厂失败后，明治政府断然放弃官营主义政策，将“殖产兴业”的重点放在民间产业的兴起和官方的扶植上。明治政府建立农商务省领导振兴产业，并通告全国过去官厅所奖励而采取的种种方法，由于目前已经渐渐兴起，今后国民当依靠自身努力从事之，今后政府将“专依赖法规公平不偏地来做适当的保护”。

明治政府把原来官办的工厂（除部分军事工厂）低价出售给私人经营，将三池煤矿、新町纺织厂、福冈缫丝厂处理给三井，将高岛煤矿、佐渡金银矿、生野银矿和长崎造船厂处理给三菱，将足尾铜矿、院内银矿、阿仁铜矿处理给古河市卫兵。这些官营企业的处理价格十分低廉，条件优惠。

此外，对大工业企业，尤其是三菱、三井、古河、久原、川崎、原野等与政府有良好关系的商家，政府给予特殊优惠。不仅将官办企业廉价处理给他们，而且发放巨额补助金（如三菱共同运输公司、日本邮船公司等都得到过补助金）或给予足够的银行贷款等。对中小企业，明治初年政府制定了各种保护政策，认为中小企业与大工业是互相补充的关系，不可缺少。明治十九年从中央到地方普遍建立了针对中小企业的技术指导所或讲习所，制定了经费补助制度、府县工业技师制度、机器购买制度等，保证中小企业不断得到新技术。

在工业化的进程中，政府对主导产业给予重点扶持，一般采用增加政府投资、军事订货、实行保护关税等政策。1911 年，日本取得关税自主权，《关税定率法》生效。1926 年和 1932 年日本政府对关税进行了两次修订，1932 年使关税平均增加 50%。此外，政府颁布法令、法规对造船业、钢铁业采取各种鼓励和保护措施。1896 年颁布《造船奖励法》，帮助建立和扩大生产，规定民间造船厂凡建造千吨以内的钢铁船，奖金每吨 12 日元，千吨以上的每吨 20 日元。1901 年生产量达 3.2 万吨，到第一次世界大战结束时，已居世界第三位，1933 年达到 6.8 万吨①。1917 年制定《钢铁业奖励法》，规定对钢铁企业支付奖励金，免征营业税和所得税。

概括日本工业化进程，可以看出，日本的工业革命是一场自上而下的革命，它同其他资本主义国家一样在其工业化进程中同样存在资金需要的问题，但在国内市场狭窄、经济发展不充分的情况下，日本解决工业化资金需求的途径之一是通过政府对企业的大力扶植和直接帮助来实现的，这也是日本实现工业化的主要原因和动力。总之，日本解决工业化发展中对于资金需求的问题是通过政府对民间资本的支持而实现的，这也成为日本有别于其他资本主义国家的特点之一。

3. 通过侵略扩张开拓市场

日本的工业化道路还有一个显著特点，其工业化进程是同对外扩张侵略紧密联系的。换言之，日本的工业化过程中，解决资金需求问题是通过侵略扩张实现的。日本政府的贸易立国与富国强兵相互支撑，并通过对外扩张侵略加以实现。

19 世纪末 20 世纪初，日本选择棉纺织业与丝织业作为工业化第一代主导产业部门。明治政府在建立模范工厂时有四大纺织工厂：福岗缫丝厂、新町纺织厂、千住呢绒厂和爱知纺织厂。1883 年，私人投资建立大阪纺织厂，设备是进口的精纺机，直接学习英国兰开夏的经验。第二年，大阪纺纱厂获得成功，由此推动了 1887—1897 年私人投资开办大机器纺纱厂的热潮，结果棉纱产量不断增加，降低

① 高德步、王珏. 世界经济史［M］. 北京，中国人民大学出版社，2001：285.

了进口纱的市场份额，并将进口纱逐渐排挤出去。从1888年起的连续几年中，进口纱占国内消费量的比重持续降低。但是，日本棉纺织业的发展很快遇到国内市场狭小的障碍。1890年日本爆发经济危机，纱价低落，销路堵塞导致许多公司倒闭。这进一步强化了日本政府贸易立国的意识，并伺机寻找开辟海外市场的机会。

然而，明治政府的贸易立国、开拓市场的政策是与其富国强兵、侵略扩张密切联系的。通过发动侵略战争直接为私人企业开拓市场，而每一次的侵略战争都促进了日本经济的发展、繁荣。仅中日甲午战争，日本除从中国得到巨额赔款外（相当于其当年财政收入的5倍），还攫取了中国台湾、朝鲜两大殖民地，有力地促进了日本工业革命的深化。

日本占领中国台湾后，通过不断输出资本，尤其是在中国台湾所获得的资本积累，日本资本逐步独占了中国台湾工业，同时也促进了日本国内的工业化进程。《马关条约》签订后，日本派出总督（其直接对天皇及内阁负责）对中国台湾实行专制统治，全面控制台湾。殖民当局继在全岛展开资源调查，全面掌控土地、林野、人口等资源后，又以日本标准统一中国台湾度量衡制度，实施金币制度，与日本国内货币相一致，并设立“台湾银行”作为中央银行。殖民当局还推行殖产兴业政策，建立铁路、港口等基础设施体系。在此基础上，中国台湾经济迅速殖民地化，为宗主国提供原料、销售商品和容纳过剩的人力和资本，进而实现日本和中国台湾经济一体化。

1905年日俄战争获胜后，日本进一步扩大侵华步伐，扩大它在中国东北的势力范围，这又对日本垄断资本主义的形成起到了极大的推动作用。1906年在中国东北成立的“南满洲铁道株式会社”（简称“满铁”）是当时日本在华的最大垄断资本组织，是日本侵华的骨干机构。日本侵略势力又凭借它们在中国东北铁路、银行、邮电等部门的统治力量，逐渐把中国东北变成它们侵略中国的重要基地。日俄战争巩固了中国东北市场，战争使日本的纺织品、工业品出口增长迅速，并推动了钢铁等行业的发展，钢铁业的发展是战争推动作用的典型反映。一些民营企业，如神户制钢公司、住友铸钢、日本制铁公司等也在战争的刺激和政府的扶持下得以发展。除此之外，日本钢铁的发展还有一难得的机遇就是第一次世界大战期间，英国、美国、印度等国纷纷禁止本国钢铁出口，这为日本让出大片亚洲市场，而且英美等国还向日本大量订货，迅速刺激了日本钢铁工业的发展。1901—1914 年，日本工业年平均增长 6.3%，高于同期的美、英、法、德等国家，并在 20 世纪前 20 年实现了工业化。

总之，日本的工业化进程是与政府的支持以及长期的侵略扩张紧密联系的。

（三）印度的工业化起飞尝试

1. 英国对印度的殖民统治

印度沦为英国的殖民地后，工业化尝试就受到殖民地经济的制约。在东印度公司统治期间，印度受到英国的直接掠夺。当英国工业革命取得进展后，印度成为了英国的原料供应地和商品销售地。19 世纪中叶，印度虽然初步建立了近代工业，但是严重依赖于英国的局面并没有改变，民族工业在夹缝中生存。

1757 年，英国东印度公司开始统治孟加拉地区并通过战争或是与各公国签署《资助同盟条约》[①] 逐步蚕食印度，到 19 世纪 50 年代前后，英国占领了印度大部分领地，印度已经处于东印度公司的直接控制之下。

当印度刚刚沦为英国殖民地时，英国本土的工业革命刚刚开始。为了本国利益，英国对印度采取直接掠夺的方式，如在索取战争赔款、征收田赋、向手工业生产部门的渗透以及从印度掠夺大量农业原料方面获取厚利。这反映了英国进行工业革命时竭力把印度作为农业原料附庸国的最初迹象。

在英国政府片面的贸易政策和东印度公司的殖民统治下，印度原有的经济结构被瓦解，逐渐变成了殖民地经济。1720 年，英国议会决定完全禁止印度花布和印度丝织品进口，打击了印度的棉纺织业。英国对印度输入英国的货物还课以高额关税，甚至禁止进口，对英国输入印度的货物给予免税或实际上免税的优惠政策。1840 年，英国的丝棉织品由英国船只运到印度仅付 3.5% 关税，毛

---

① 根据条约，印度各公国必须接受英军在本国“驻防”，并承担其全部费用，在外交上接受英国殖民地政府的“监护”。

织品付2%；而输往英国的印度棉织品则要付10%的关税，丝织品和毛织品则分别付20%和30%的关税；在航海条例未废止前，还禁止印度与欧洲或其他国家直接贸易。结果，印度工业品出口迅速缩减，英国工业品对印度的出口迅速增加。1814年，印度向英国输出棉布127万码①，21年之后缩减了3/4以上。1824—1837年，英国输往印度的棉织品却由不到100万码猛增到6400万码以上，增加了63倍多②。截至1850年，印度吸收了英国输出棉织品的1/4以上。英国其他工业品如铁器、陶器、玻璃、纸张等，也大量涌向印度市场。

在印度工业品进入英国市场受到种种阻挠和限制的同时，印度向英国提供的农产品和原料却在大幅度增加，尤其是原棉、羊毛和粮食都数倍或十多倍地增长。片面的自由贸易政策不仅将印度变成了英国商品的销售市场，而且也把它变成了原料产地。这样，就导致了印度手工业，特别是棉纺织业的毁灭，也使印度经济进一步殖民地化。

2. 印度近代工业的建立及其民族资本的发展

19世纪中叶，英国对殖民地的政策日益朝着原料掠夺、商品输出和资本输出的方向发展，印度的近代工业在此基础上建立起来。印度较早的近代产业是铁路、采矿业和原料初加工业。

19世纪40年代，英国殖民者开始在印度修筑铁路。1845年伦敦成立了两家私营铁路公司——东印度铁路公司和大印度半岛铁路公司，专门对印度的铁路投资。1853年，孟买到塔纳的铁路投入使用，1857年印度铁路线长度为288英里。50年代中期以后，在欧洲，英国投资者和铁路建筑者面临着法国、比利时和德国的竞争，美国市场因为内战和政局动荡不确定性增加，英国的资本输出地区发生变化，资本主要投向英帝国成员国，其中得到投资最多的是印度。1845—1875年，印度仅铁路就接受投资9 500万英镑③。70年代，殖民政府开始

① 1码=0.914 4米。下同。

② 高德步、王珏．世界经济史［M］．北京，中国人民大学出版社，2001：276.

③ 同②。

进行铁路建设，对铁路建设给予大量的财政拨款，还发行铁路债券，并收购了私营公司的铁路，到1913年，印度铁路网长达3.4万英里。印度的采矿业主要是采煤业、石油开采业和锰矿开采业。1843年印度成立第一家英资采煤公司。1860年印度煤产量为290万吨，1913年增加到1600万吨。锰矿开采从1892年开始，到20世纪初产量已跃居世界第一位，1900年为12.7万吨，1913年激增至81.5万吨，几乎全部出口。到1908年，印度的黄麻工业产量已超过英国麻纺中心——北爱尔兰的产量，其他加工业还有丝织、造纸、棉花加工、榨油、碾米、制糖等。1875年，英国资本还兴建了一家孟加拉钢铁公司。至此，印度近代工业初步建立。但是，印度的近代工业严重依赖英国资本。截至1910年，英国对印度投资总额约4.5亿英镑，其中，殖民政府国债占50%，铁路占37.4%，种植园占6.6%，矿山石油占1.8%，银行金融地产占1.4%，电车占1.1%，工商业占0.7%，其他占1%①。

在印度近代工业建立的过程中，民族工业也在艰难发展。第一次世界大战前，印度民族工业基本是轻纺工业，而且主要是棉纺织业。1851年，印度买办纳纳勃依·达瓦尔在孟买创办了第一家棉纺织厂，以后，又有几家棉纺织厂在孟买建立。60年代由于美国内战严重影响了棉花生产，使印度棉花供不应求，也刺激了印度棉纺织业的发展。美国内战结束后，印度棉纺织业遇到暂时的困难，后来由于英国在埃塞俄比亚的冒险而得到缓解。当时，印度厂商获得了大批军事订货。70年代印度棉纺织厂大量增加，不仅在孟买，在其他产棉区也开始出现近代棉纺织厂。第一次世界大战由于英国和欧美国家忙于战争，无暇顾及印度市场，加之物资紧张，英国向印度进行大量军事订货，使得印度的棉纺织业迅速发展。1914—1915年，印度工厂生产的棉织品为11.76亿码，1917—1918年达16.12亿码②。但是这些发展不是通过扩大投资和兴建新企业取得的，而是靠现有设备加强对工人的剥削。

---

① 高德步、王珏．世界经济史［M］．北京，中国人民大学出版社，2001：277.

② 同上。

第一次世界大战期间，印度还建立了以塔塔家族（塔塔公司的创始人贾姆歇德·塔塔，先是从事棉纺织工业后筹建钢铁联合企业）为代表的民族钢铁工业，1913 年第一批钢出厂。公司一建立就与国有铁路公司签订了一项协定，后者保证在 10 年内每年按进口价格购买前者的 2 万吨钢轨。第一次世界大战开始后，塔塔公司通过向英国提供在近东战区的军需物资获得巨额利润。1916 年塔塔公司生产了 14.7 万吨生铁、13.9 万吨钢、9.8 万吨钢材①。塔塔家族还创办了水泥厂、水电站等。

第一次世界大战结束初期，英国殖民当局在印度民族资本的压力下，对印度某些工业部门采取了保护措施。20 世纪 20 年代后期，英国在印度推行特惠制，即提高非英国工业品的进口关税而降低英国工业品进口税，试图排挤美国和日本在印度市场上的力量。第一次世界大战前，印度进口市场的 62.8% 为英国占有，但到 20 世纪 30 年代中期，英国份额下降了将近一半，美国和日本的比重分别占到 8% 和 14%②。1932 年渥太华会议以后，一个全面的帝国特惠制建立起来，并强加给印度。印度的民族工业不再是毫无保护的，因此加快了发展。此外，民族工业在第一次世界大战中赚取的利润很快进行了再投资。

第一次世界大战后，印度的棉纺织、黄麻加工、采煤、钢铁冶炼和机械配件等原有部门获得增长，水泥、制糖等新兴工业部门也发展迅速。但是，直到独立前，印度的工业水平都不高，距工业化完成有较大距离，并且印度的民族工业具有殖民性、买办性和封建性等特点，其中最显著的是印度工业带有鲜明、浓重的殖民地烙印，对英国存在着严重的依赖性。这些特征一定程度上阻碍了印度工业化的进程，使其发展受到了影响。

三、工业化中的资金需求与金融业发展

任何事物的实现都是需要一定条件的，工业化的实现也同样需要一定的条

---

① 高德步、王珏．世界经济史［M］．北京，中国人民大学出版社，2001：278.

② 同上。

件。近代资本主义工业的诞生所必须具备的两个条件，即大批的自由劳动者和巨额货币资本，其中的第一个条件在这一时期已经具备或基本具备，尽管16—18世纪资本原始积累的完成，为工业革命提供了重要的条件，但是，第二个条件在这一时期的尚未完全具备。于是，对于资本的迫切需求成为工业化时期突出问题，工业化进程中对资金的需求相应地也促进了金融业的发展。

（一）英国

由于19世纪初至19世纪70年代，英国的进出口贸易在世界贸易中占有绝大部分比重，加之英国从19世纪20年代起就确立了货币的金本位制，英镑币值稳定，伦敦旋即成为国际短期信贷中心，而伦敦的一些大银行则成为融通国际贸易所需资金的重要来源。同时，由于英国工业革命发起早，近代工业发展快，资金积累充足，在19世纪，伦敦也是国际长期信贷中心，欧洲大陆、美洲各国政府、英属殖民地政府，以及这些地区的铁路建筑和矿山开采，都纷纷在伦敦金融市场通过发行债券、股票等形式进行借贷，形成英国大量的对外投资。

拿破仑战争结束后的1815—1830年，在伦敦金融市场上以发行债券形式进行借贷的，主要是欧洲大陆一些国家政府、南美独立战争时期的一些革命政府和美国的一些州政府。其中，英国对欧洲大陆国家政府债券的投资，在1815—1830年至少有5000万英镑①，这些政府借款，有的用来资助工业发展，鼓励建立新的纺织工业，对工业革命的开展起了一定的促进作用。同一时期，对南美一些国家的投资约在2000万英镑以上，大部分是政府债券，一部分是采矿公司债券②。对美国的投资，主要是一些州政府的债券以及少量的银行股票、运河债券等。19世纪30年代，美国对英贸易处于逆差，这主要是靠英国投资者购买美国证券来平衡的。这种外国债券在伦敦的发行和销售是19世纪英国对外投资的主要渠道，一般都是由对外有广泛商业联系的商人银行家作为中介进行的。

19世纪40年代，英国掀起了铁路建筑热潮，吸引了大量国内资本，这个热

① 宋则行、樊亢．世界经济史［M］．北京，经济科学出版社，1998：207.
② 同上。

潮很快传播到欧洲大陆。大陆上第一个从事铁路建筑的是比利时，它在 1834 年就提出了建筑铁路网的计划，并由政府经营。国有铁路建筑所需的资本，相当一部分是 1836—1840 年在伦敦发行债券取得的。比利时的铁路干线建成后，对支线的建筑放手由私人经营，1845 年比利时创立了 8 家铁路公司①，公司的总部都设在伦敦，资本几乎全部是在英国筹集的。

英国的工业生产集中与垄断的程度虽然较低，但由于对外贸易发达，因而银行业发展较早，尤其是经过 19 世纪中期的迅速扩展后，垄断即已产生。其银行业的垄断程度不仅远比工业为高，而且甚至超过了美国和德国所达到的水平。1864 年，仅英格兰和威尔士拥有的两部分便有股份银行 117 家，分支机构 44 个，其中，最大的 3 家拥有的分支机构即占 280 个。随着银行业的合并加速，1886 年，股份银行减至 422 个，另外，在苏格兰部分的股份银行，1864 年为 13 家，1886 年减至 10 家，分支机构 944 个②。

19 世纪末 20 世纪初，英国已形成由五大银行，即密德兰银行、威斯敏斯特银行、劳埃德银行、巴克莱银行和国民地方银行控制整个银行业的局面。1900 年，它们以仅占总银行数 5. 1% 的比重，却拥有全国存款总额的 27% ，1913 年更增至 39. 7% ③。

英格兰银行对一般银行要尽“银行的银行”的职能，其中有一项重要的职务就是实行“再贴现”。由英格兰银行挂牌公告，再贴现率有规定贴现率及一般利率的作用。此外，还有公开市场业务。

英国的银行原来都是由私人开设的，除英格兰银行外还有许多商业银行。这些银行大多是合伙经营的，股东依规定不得超过 6 人，银行业一度非常发达；但由于资力不够充实，1825 年危机中许多银行被淘汰。在银行整顿中，1826 年规定把合资人数放宽，于是大规模的股份银行兴起，原有的一些银行合并或被吸收。

---

① 宋则行、樊亢. 世界经济史［M］. 北京，经济科学出版社，1998：207.
② 宋则行、樊亢. 世界经济史［M］. 北京，经济科学出版社，1998：285.
③ 同②。

（二）法国

到 19 世纪 70 年代，巴黎、法兰克福、阿姆斯特丹、布鲁塞尔、维也纳都成为各自国家的金融活动中心，也不同程度地建立起各自的国际信贷关系，但没有一个可与伦敦作为世界金融中心的地位相匹敌。同时期工业已相当发达的法国和德国，既有国际债务，也有国际债权，这从一个侧面说明资本主义国家在发展的一定阶段对于资本的需求之重要。

1789 年，法国革命政府成立后财政困难达到极点，于是发行一种名为“Assignats”的信用券，以政府所没收的大量土地作为担保，这种纸币从 1789 年至 1797 年发行了几次，发行额不断增大，虽然有土地做担保，但由于其不能兑现，故实际价值越来越低于面值，遂于 1797 年作废，另又发行名为“Mandats”的纸币，但同样不能兑现。同时也有硬币，自 1790 年起铸造银币法郎，可自由铸造，深受民间欢迎，但不久被私藏起来，在市面上绝迹。拿破仑自当政起，眼看法国币制混乱，币值极不稳定，遂决心加以改革，其于 1803 年颁布新货币条例，把原有的里弗尔废止，改用法郎，法郎分金银两种都属于本位币，有无限法偿资格，可以自由铸造[①]。可见，1803 年起法国已采用金银复本位制度，并在以后长期实行金银复本位制。

法国路易十五时期，约翰·劳的银行从事投机而破产，银行制度迟迟没有建立起来。1800 年正是法国币制混乱的时候，拿破仑为了适应社会与国家的需要，筹设了法兰西银行。以后随着业务的扩展，资本额不断增加。法兰西银行原是半官方机构，最初由国家出资 500 万法郎，它的职能除代理国库、买卖公债、垄断货币发行权外，还兼营放款、贴现等商业银行业务。由于过去政府银行信用不佳，民间备受损失，为接受以前的教训，该行不久使脱离国家而独立。

法国的银行业比工商业获利较易，因而处于更有利的地位，使得金融业家发财致富远较工商业家容易，并形成了一批金融贵族，这些金融贵族虽然人数不多，但他们活动能力极高并成为上层社会中的实力派，一直立于不败之地。

---

① 另外，铸造两种辅币，一种是苏，10 苏合一法郎，另一种是生丁，10 生丁合 1 苏，都是铜币。

这反过来又强化了他们的势力，他们不会因政治变动而蒙受损失，每次政权更迭只会使他们实力加强，为他们创造发财的机会。比如，法国的七月王朝根本上是金融资产阶级的王朝，路易·菲利浦本身是一个大金融家，法国内阁总理的职位一度曾由法兰西银行总裁佩里埃担任。

在七月王朝时期，法国的银行营业额以空前的速度增长，在1826年时只有60亿法郎，而到1847年时增加到了440亿法郎①。到第二帝国时期，金融资产阶级的势力非但毫不减损，地位更加巩固，发展的领域更加广阔，大量资金投到工业与铁道事业中去，巴黎的证券市场极度活跃，有几家重要的股份银行就是在那时创立起来的。

（三）德国

德国的金融资本基本上是通过银行垄断资本向工业渗透，与工业垄断资本混合生长而形成起来的。德国银行业中的垄断同工业中的垄断几乎是同时产生的，而且，其垄断程度相对突出。19世纪50年代，德国的银行业便开始迅速发展，70年代后已逐渐形成以德国国家银行（中央银行）和6家大实业银行（德意志银行、德累斯银行、贴现公司、达姆斯塔特银行、沙弗豪森联合银行和柏林商业公司）为主的银行体系。德国的国家银行基本上垄断了全国的货币发行权，而私人银行则主要经营放款业务与股票、债券发行工作。1907—1908年，德国的资本达100万马克以上的大银行共有172家，它们拥有的存款共70亿马克，为全国存款总额（约73亿马克）的96%，其中，资本在1000万马克以上的57家特大银行占有存款总额的79.5%，而在这57家特大银行中，为首的9家所拥有的存款占全国存款总额的47%。到1912—1913年，这172家银行的存款总额又增加了40%，但其中的98.2%为资本在1000万马克以上的57家银行所占有，57家特大银行拥有的存款份额已增至85%，其中为首的9家银行所占份额为49%②。

① 夏炎德．欧美经济史［M］．上海，上海三联书店，1991：318.

② 宋则行、樊亢．世界经济史［M］．北京，经济科学出版社，1998：284.

随着银行业集中与垄断的加强，大银行把自己的势力范围扩展到德国的各个角落。与此同时，实力雄厚的德国银行垄断资本便迅速向工业实行渗透，控制与兴建了一系列工业企业，与工业资本融合在一起，形成了德国的金融资本。

（四）美国

美国资本市场的发育几乎与世界资本市场的发育同步。19 世纪初，国际资本市场和对借款贷款国的经济影响都不显著。从拿破仑战争结束直到 19 世纪 50 年代中期，世界投资总额约为 4. 2 亿英镑（20. 15 亿美元），1843 年美国引进外国资本仅 1. 5 亿美元。19 世纪 50 年代，英国的工业革命告一段落，出现了大量剩余资金，而美国、俄国、德国等新兴国家正处在工业革命的新时期，迫切需要贷款。此时，在借款国和贷款国中专业机构也适时地建立和成长起来，商业银行（经营外汇业务）和投资银行解决了对外投资技术和组织上的难题。到 1870 年，世界投资总额增加了 3 倍以上，美国引进的外资在 1873 年达到 15 亿美元。第一次世界大战前 10 年，国际资本市场繁荣兴旺，1900 年对外投资总额 47. 5 亿英镑（230 亿美元），1914 年达 95 亿英镑（430 亿美元），美国引进的外资在 1904 年和 1914 年分别达到 39 亿美元和 50 亿美元。美国成为当时资本流入最多的国家之一。美国引进的主要是英国资本，而英国的对外投资，从 1900 年起一直占世界对外投资总额的 50% 以上，到 1914 年仍占 43%。1830—1914 年的近 80 多年里，美国占英国对外投资的比重有 60 年左右的时间维持在近 1/4。丰富的资本注入，对美国经济的发展起到了积极的推动作用。

可见，工业化进程迫切需要大量的资金，而大量的资金又加速了工业化进程。在这一过程中，尽管工业中生产和资本的集中与银行中的集中是相互促进的，但在美国首先是工业生产集中的加速，促进了银行集中的发展，它的金融资本集团，既有工业垄断资本向银行业扩展形成的，也有银行垄断资本向工业渗透产生的。金融资本无论就其生产途径或所达到的垄断程度来看，都具有典型的意义。

在美国工业和银行业中的垄断都已发展到相当程度的情况下，工业资本和银行资本便自然而然地互相渗透：一方面，银行资本通过贷款和投资渗透到工业中，控制已有的企业或创办新的企业；另一方面，工业资本通过持股与兼并，打入银行业中，从而使银行资本和工业资本混合生长，形成新的金融资本。美国银行业的集中有一个发展的过程，起初并不集中。到美国联邦储备委员会成立的 1913 年为止，美国全国基本上未曾有过严格意义的中央银行，因而在经济生活中起较大作用的只是那些联邦政府特许而拥有一定货币发行权的国民银行及少数较大的私人银行，其中的摩根和洛克菲勒两大资本集团便是最富有代表性的金融资本集团。后来，美国政府于 1913 年正式建立了实际上的中央银行——联邦储备体系，将全国划分为 12 个储备区，共设置了 12 家储备银行和 24 家分行，赋予它以发行货币、管理全国信贷的权力。美国联邦储备体系的建立，不仅有利于美国资本主义的进一步发展，而且加快了银行业的集中和垄断进程，促进了银行资本和工业资本的相互渗透与混合生长，从而加速了美国金融资本和各金融资本集团的形成。但总的来说，由于这些银行中的绝大多数都不允许跨州业务，所以，银行的集中程度比工业化来得缓慢，几乎到了 19 世纪 90 年代以后才有所加速。

总之，我们从上述几个主要资本主义国家的工业化进程中可以看出，工业化进程对资金的需求促进了金融的发展，金融的发展又反过来促进了工业化进程，并且在这一过程中，金融对于产业的影响日益显著。19 世纪末 20 世纪初，随着生产集中进程的加速，以卡特尔、托拉斯等形式出现的垄断组织在各主要资本主义国家的工业中已成为占统治地位的经济力量。与此同时，以工业生产的集中为基础，并受到它强有力的推动，各国银行资本的集中得到了迅速增长，随之而来的是，银行业中的垄断也相继产生和发展。银行业的这种集中，反过来又促进了工业的集中，加快了工业中垄断组织的产生过程。当整个银行业已发展至由少数几家大银行所垄断时，银行的作用便有了根本的改变：它由过去的单纯支付、中介作用，转化为支配整个社会货币资本的万能垄断者。这时，银行业中的垄断资本与工业和家族中的垄断资本的界限已难以划分。它们互相渗透，混合生长，形成一种新的、最高形态的垄断资本，即金融资本。

至此，金融资本成了各主要资本主义国家以至整个资本主义世界经济中占统治地位的力量，而掌握这些金融资本的大垄断资本集团便成为各国经济乃至资本主义世界经济的实际操纵者。金融资本的形成及其统治的建立，表明资本主义已经由自由竞争过渡到垄断阶段，即帝国主义阶段。

第二节 金本位制的确立

一、发行银行制度的产生与发展

工业化进程的加速，使得社会生产力得到了大发展，金融制度也开始发生了变化。18 世纪后期到 19 世纪前期，社会生产力的迅速发展和商品流通的迅速扩大，带来了货币信用业务的迅速扩大。资本主义银行业随着资本主义工业的发展迅速地建立起来，在此基础上又发展起来中央银行制度。这不仅体现在资本主义发展最早的英国，也体现在其他各资本主义国家中。同时，在 19 世纪初期，随着工业发展和经济危机的刺激而迅速地发展了股份制银行。股份制银行的增多，资本的扩大，小银行破产倒闭及其引起的信用纠葛，给银行券的流通和金融市场带来了许多麻烦。这些新出现的一系列新问题中，最主要的问题有银行券发行问题、票据交换问题、最后贷款人问题和金融管理问题，这些问题的产生和解决皆需要借助于中央银行，从而为中央银行及其发行银行制度的产生创造了条件，发行银行制度的产生与发展正是在这样的背景下展开的。

（一）发行银行制度的滥觞——英格兰银行的产生

英格兰银行成立于 1694 年，虽在很长时期内属私人银行，但它代理国库，接受再贴现，调节金融市场，事实上发挥着中央银行的职能，成为银行的银行。然而，其作为中央银行的发行职能的进一步完善却是在 1844 年英国货币发行金准备的大争论中逐步完善起来的。

1825年和1837年爆发了历史上两次最早的周期性经济危机，其本质上是生产过剩危机，但危机爆发点却是从货币信用领域首先突破的。同时，英国对拉丁美洲的投资扩大，特别是矿业公司股票虚涨，促成了股票交易和投机狂热，这种没有生产基础的交易和投机的盲目增长，超过了市场容量，1825年夏首先出现了证券交易危机，股票行市下跌40%~70%，接着是支付手段缺乏，导致信用中断，存款挤兑，贷款被迫冻结。1825—1826年就有上百家银行倒闭，黄金外流，存款人和银行券持有者对银行失去了信心。

虽然，英国的货币制度已在19世纪20年代由金银复本位制转为金本位制，银行券可代替金币流通，但银行券的发行额要受银行持有准备金的限制。由于产业的发展需要资金的融通，英格兰银行以其卓著的信用，对英国资本主义的发展起着巨大的作用，长期在国际金融方面起着核心的作用。于是，1844年英国首相比尔主持议会通过了一项银行法案，即《英格兰银行条例》（亦称《比尔条例》），正式确定了英格兰银行的中央银行地位。

随着资本主义竞争和银行集中化趋势的发展，地方私人银行逐渐被股份银行所吞并丧失了银行券发行权，相反，英格兰银行的发行数额却增加了。英格兰银行就这样一步步垄断了全国货币发行权。

随着英格兰银行发行权的扩大，其地位日益提高，许多商业银行便把自己的一部分现金准备存入发行银行，他们之间的债权债务关系，便通过英格兰银行来划拨冲销，而票据交换所的最后清偿也通过英格兰银行来进行了。英格兰银行取得清算银行的地位，开始于1854年，到1876年英格兰银行半数以上的存款，业已成为各商业银行活期存款账户上的存款了。由于早在1825年和1837年两次经济危机中，英格兰银行曾对普通银行提供贷款，在后来的1847年、1857年、1866年的周期性的经济危机中，国会不得不批准英格兰银行的货币发行暂时突破1400万镑的限制，充当了“最后贷款人”角色。在经济繁荣时期，商业银行更得大量直接或间接对工业家和商人们办理票据贴现，可是，他们资力毕竟是有限的，只能在其资本所吸收的存款范围之内，向发行银行要求重贴现。英格兰银行作为“银行的银行”就这样确立了。自19世纪后半期，随着科学技术的进步、电报的使用，各地金融中心联成一体，英国的海外银行在伦敦设立分行，使英格兰银行不仅成为全英的金融中心，而且也成为世界金融的中心，伦敦就成了世界的黄金市场和国际贷款者，于是，英格兰银行的资产及负债均迅速扩大。为了适应国内外负债的提存需要，英格兰银行经过长期的摸索，终于出台了有伸缩性的再贴现政策和公开市场活动等调节措施，这是近代中央银行和业务形成的基础，中央银行及其发行银行制度就这样产生了。

（二）发行银行制度在欧美各国的发展

18世纪下半期，欧洲大陆的银行也都是私人银行即商人兼银行家。他们主要从事汇兑或向政府放款以取得利息，很少吸收存款，因而融通企业资金的能力有限。进入19世纪，法国、比利时、德国先后开展工业革命后，都面临着资金匮乏的困难，资本少、吸收存款又少的私人银行，显然不能适应工业发展的资金需要。为了解决工业资本筹措的困难，此后各国都成立了许多的银行机构，这为发行银行制度的进一步完善创造了条件。

1. 法国

法国第一家发行纸币的银行是在1716年成立的，但并不像英国的中央银行那样进展顺利。法国最初也想像英国那样把这家私人银行改组成为国家银行，于是在1718年将其成为王家银行，但因该银行从事投机活动，仅仅两年的时间，1720年即告停歇。以后1776年设立贴现银行，在1789年法国资产阶级革命刺激下加速了法国资本主义的发展，1796年设立活期存款银行，也未成功。于是，1800年组成了法兰西银行，成为永久性的中央银行，随后发行银行券；1808年法案给了法兰西银行在国内开设分支行的权力，1848年又有9个省的发行银行与之联合起来，从而整个银行券的发行就由法兰西银行集中起来了。

为了解决工业资本的筹措困难，曾由一位著名的巴黎银行家拉斐德发起，于1825年创立工业融通公司，资本为1亿法郎，企图广泛吸收存款以投资工业，但终以失败而告终。后来，在 1837 年，拉斐德又东山再起，创立工商总银行，这是一家经营短期信贷的存款银行，宗旨在于吸收稳定的存款，适当用于长期的放贷，以拉斐德的银行为模型的存款银行在巴黎和全法国纷纷出现，但都规定除国家授权开发的矿山和铁路外，不得向工业投资，因此，都属于从事短期信贷的股份银行。

由短期信贷业务向长期信贷业务的转变体现在 1852 年彼雷尔兄弟创立的巴黎信用银行。这家银行除了经营存款、贴现等一般银行业务外，也为工业企业提供长期信用，即为企业经营股票、债券发行，在证券再出售前为企业提供投资等。

此外，还有一种“动产信用银行型”银行。这类银行既是存款与贴现银行，同时也是投资银行，易于把短期资金用作长期资金，失去流动性，经不起危机的打击，在 1857 年的危机中，这些银行所受到的冲击证明了这一点。这样，信用银行又转向建立单纯融短期资金的存款银行，如 19 世纪 50 年代末 60 年代初，在法国成立的三家银行：工商信贷银行（1859 年）、里昂信贷银行（1863 年）和法国总公司（1864 年），都规定禁止或严格限制对企业创立进行投资。进入 19 世纪 70 年代，存款银行已遍布欧洲各国，并有众多的分支机构。同时，还出现了一种新的信用组织，即投资银行。在法国具备这种性质的第一家银行是于 1872 年建立的巴黎荷兰银行，它与法国总公司有着密切的联系。投资银行同兼营长短期信贷业务的“动产信用银行”型银行不同，专门从事长期信贷业务，以自己的资本经营证券发行，并与存款银行建立密切联系，利用存款银行普遍设立的分支行，将其购入的股票、债券委托它们推销。

从“动产信用银行”型银行转向专营投资业务的投资银行，标志着短期信用业务与长期信用业务的分离，欧洲大陆银行制度，经过一个曲折道路，也逐渐健全起来。

2. 德国

德国第一家发行纸币的银行是普鲁士银行，成立于 1765 年，是参照英格兰银行组织起来的，但这仅是邦银行，全国性的德意志帝国银行是在全国统一以后的1875年才建立的。第一个仿效巴黎信用银行模式的是在1854年成立的达姆斯塔特银行。德国受信用银行创设热的影响最深，1854—1856年成立了15家这种性质的银行，原来作为存款与贴现银行在1851年建立的贴现公司也在1856年改成这种类型的银行。

3. 欧洲大陆其他诸国

1822年创立的比利时总公司，也是企图吸收公众存款、投资工业，但这家银行在1830年前只投资开采了一个石板矿和铅矿。1835年它另创立了两家金融公司，一个是布鲁塞尔商业公司，另一个是工商企业国民公司（它大体相当于现代的投资公司），除了自有股金外，还发行长期债券，投资工商企业。这是比利时建立有利于工业发展的近代银行制度的开始。

同一时期，在瑞士、瑞典等国家也建立起类似的银行。但总的来说，从19世纪初到1848年，欧洲大陆银行的发展还不能适应工业发展的要求，工业和银行的关系还不协调，工业对银行的参与有疑虑，银行对工业投资怕风险。这一时期，欧洲大陆主要着力于建立短期信用制度。

4. 美国

1782年成立的北美洲银行是美国具有现代意义的第一家银行，到1861年美国的银行有2500家，然而都不很稳定。1791年国会批准建立第一所国民银行——第一美洲银行，联邦政府掌握股权20%，掌管政府存款，为全国各地转拨资金，并通过拒收过度发行钞票的州立银行的银行券或拿这些银行券去要求发行银行兑现黄金，借以管理州立银行，从而受到各州立银行的攻击，仅过20年到1811年就消失了。1816年政府批准第二美洲银行开业，亦落得同样的命运。

1833—1863年出现一段自由银行制度时期，货币流通和信用都很混乱。1861—1865年的美国国内战争，给美国资本主义的发展以有力的刺激，从而也提出了对于货币信用的要求。1863年，美国国会通过了全国货币法案，建立国民银行制度，在财政部之下设立“货币流通监理官”，监理国民银行的活动，要求发行规格统一的、安全可靠的银行券，凡在政府注册的国民银行，每发行 90 美元的银行券，就要在货币总监处存入 100 美元的公债，如发行的银行倒闭，货币总监便将其公债出售，代偿银行券持有人。州立银行发行钞票，须交面值 10%（年率）的税款，借以限制滥发，从此，美国有了一种按面值流通的统一钞票。但是这个法案，并没有解决统一的清算问题，对于存款准备金也定得过死，货币供应量仍没有一个统一的调节机关。所以在 1907 年的经济危机中，在对国民银行普遍不满的情况下，才着手成立货币委员会，拟建立新的联邦储备制度。

5. 日本

1868 年明治维新后，1871 年日本派人专门考察了美国的货币银行制度，回国后颁布了《国立银行条例》。初期的国立银行仅 4 家，享有货币发行权，但限于资本不多，信用不佳，4 年之后又做一些改革，学习英国金融经验，国立银行始得以继续发展，1879 年末达到 150 家之多，1880 年前政府利用银行发行不兑现纸币，造成通货膨胀，物价暴涨，贸易入超，硬币外流，于是 1882 年正式成立旨在整顿货币、调节金融的日本银行，其他国立银行一律于期满解散，或改为普通商业银行。日本银行就成为日本的中央银行，到 1899 年独占全国货币发行权。

二、金本位制度在世界范围的形成

金本位首先在英国实行，后来通过国际扩散，成为早期国际货币制度。可以说，资本主义发展较早的英国是金本位的主要维持者。

（一）金本位最初的建立

黄金在货币体系中发生作用，最早可追溯到 16 世纪，在这一时期黄金的作用和地位不断提升，到了 18 世纪，各个新兴的资本主义国家已经广泛采用了金银本位制或复本位制。

在实行金本位制之前，大多数国家采用金银复本位制。金银复本位是在与金本位相同的条件下，使用金币和银币作为本位货币或法偿货币。与金本位相比，在复本位下，只有在两种金属自由铸造成硬币的价值比接近它们在国际金银市场上的价值比时，复本位才是稳定的。如果两种金属价值比出现差异，则币值较高的那种货币就趋于从国内流出，破坏本国的复本位。一国货币关系的紊乱，也会引起国际货币关系的动荡，从而阻碍国际贸易的发展。复本位制分两种形式，一种是金银两币按其各自实际价流通的“平行本位制”，另一种是两币按国家法定比价流通的“双本位制”或“两币位制”（也即通常所称的“复本位制”）。复本位制是不稳定的货币制度，由于“劣币驱逐良币”的格雷欣法则作用，经常使商品价格和交易处于混乱状态。

为了避免这种混乱，以满足不断增长的对外贸易和不断扩大的国家资本流动的需要，人们在积极探求建立一种新的国际货币制度。早期国际货币制度的创新是为了满足不断扩大的对外贸易的需要，于是，在 19 世纪发明了一种新的国际货币制度——金本位制。金本位制是一种较为稳定的货币制度，其特点是以一定成色及重量的黄金为本位货币的基础，黄金可以自由输出输入、自由兑换，金币可以自由铸造，并且在金本位制下，只要黄金供给量不出现大的变动，本国商品的价格水平也就不会出现剧烈波动，因此是一种比较稳定的货币制度。

但这一制度的主要缺陷在于：一是国际间的清算和支付完全依赖于黄金的输出输入，二是货币数量的增长主要用于兑现并发行不可兑现的纸币，同时禁止黄金出口。金本位的运行机制也存在着缺陷，主要表现：（1）汇率过于僵硬，无法以汇率作为有效的政策工具，应付国际收支失衡。（2）该机制要顺利运行，货币当局不能采取任何货币政策抗拒黄金流入或流出对本国货币供给产生的影响，所以各国必然丧失货币政策的自主性。（3）该机制的致命缺陷在于，它将外部平衡置于内部平衡之上，逆差时以国内经济紧缩为代价，顺差时以国内经济膨胀为代价。（4）金本位制对中心国家比较有利，中心国家可以通过改变贸易条件等方法，把相当大一部分的调整费用转嫁给生产初级产品的外围国家。

（二）金本位在全球的确立

从 19 世纪起各国相继放弃金银本位，英国是最早采用金本位制的国家之一。在18世纪初，英国以黄金计价的白银价值被大大低估，白银退居到辅币的地位，而且留在流通中的银币也都磨损严重。随后，白银作为货币单位的重要性不断降低，1774年左右，银币的法偿地位仅限于25英镑以下。到18世纪末期，白银已经从英国流通中消失，英国走向了事实上的金本位制。

1816年英国颁布铸币条例，发行金币，1823年英国的银行券开始兑换金币，实现了真正的金本位制。1816年的英国铸币法允许铸造金索洛林，这是一种价值20先令的金块。金索洛林的黄金含量与黄金铸价固定一致，银币只是黄金的法定辅币，而且由于规定只能进行2英镑的法偿支付而进一步受到限制。1819年恢复了因为英法战争而停止的银行券自由兑换黄金的业务，当时一项国会法许可英格兰银行恢复以金块进行现金支付。1821年的法案又允许以金币进行现金支付，而且取消了把金币熔化成金块的法律限制，宣布金银锭可以自由交换。这意味着英国在法律上实现了完全的金本位制。

继英国之后，欧洲一些大陆国家也于1878年停止银币的自由铸造，由复本位制转向“金本位制”。到19世纪后期，西方各国普遍采用金本位制，于是形成了一个统一的国际货币体系——国际金本位制。但在实践中，金本位制度并非一帆风顺，妨碍这些国家采取金本位制的一个重要因素是害怕实行金本位制后，会出现货币短缺的困难。然而，世界黄金的产量改变了这一情况，19世纪中期，加利福尼亚和澳大利亚发现大金矿，使世界黄金产量增长了10倍。世界性黄金增产使金价下跌，金银比价由1850年的1∶15.70降为1865年左右的1∶15.40，在这之前最低点曾达到1∶15.21。黄金产量的提高，大大缓和了这些欧洲国家的顾虑，为金本位制度的进一步发展提供了条件。

19世纪50年代和60年代，在内华达和其他地方发现巨大银矿，世界白银产量急剧增长，世界市场白银充斥，1873年美国暂停铸造银币，白银价格下降，银金比价降到16∶1以下，白银开始普遍非货币化。实行银本位制和金银复本制的国家面临着大幅度通货膨胀的威胁。

德国首先从银本位转向金本位。当时，与德国有重要贸易关系的许多东欧国家放弃银本位，发行不可兑换的纸币，德国如果在与这些国家的商业关系中坚持银本位制度，就不会获得任何好处。而且，德国与非欧洲国家的大部分商业关系都通过实行金本位制的英国筹措资金。1867 年，在巴黎国际货币会议上，许多欧洲国家代表热烈赞同普遍采用金本位制。在这种情况下，德国借助从普法战争中掠取的巨额战争赔款，1871 年和 1872 年相继通过法案，进行了一次大的货币改革，正式实行了金本位制。德国的货币法案规定：（1）以黄金作为货币金属；（2）只有金币可以自由铸造并且有无限法偿能力；（3）对银币采取限制铸造制度，以人口为标准，每人不得超过 10 马克，银币一次的支付额以 20 马克为限，大量银块和银币被用来在金银市场上购买黄金以弥补国内铸币金属的不足。

随后，荷兰在 1874 年停止铸造银币，不久就采用黄金作为记账单位。挪威、瑞典和丹麦也紧随其后。在这些国家的压力下，努力维持复本位制的拉丁货币同盟 1874 年开始实行“跛行”金本位制，即禁止铸造银币。白银虽然是法偿货币，但却不以银币方式出现，也不能在商业交易中大量使用。到 1878 年，英国、比利时、荷兰、法国、德国、瑞士和斯堪的纳维亚国家都实行了金本位制，这时的白银在欧洲已经不再是一种国际本位货币了。

俄国和日本在 1897 年实行金本位，同年印度通过了使卢比钉住英镑的金汇兑本位制。一年以后，菲律宾以同样方式与美元联系在一起。美国直到 1900 年才实行金本位。1900 年以后，包括亚洲的锡兰（今斯里兰卡）、拉丁美洲的阿根廷、墨西哥、秘鲁和乌拉圭等先后采用金本位制。到 1914 年，只有中国仍然是固守银本位制的主要国家。

金本位时期是世界经济中工业迅速增长的时期，在这种情形下，有可能通过进行调节而不出现通货贬值趋势。而且，英国在国际经济中的地位也是成功的关键。英国在整个 19 世纪一直是重要贸易国和资本流出的主要国家，这使得人们有理由相信英镑作为一种国际通货的能力。正是由于英国在国际经济中的支配地位，导致了在国际结算中越来越多地使用英镑作为黄金的补充。从这个角度特里芬认为，19 世纪是信用货币本位萌芽和成长的世纪，是黄金和白银作为货币退出世界舞台的世纪，而不是一个完全金本位的世纪。

金本位作为一种国际货币制度的运行时间相对较短，1914 年的第一次世界大战标志着金本位制的终结。第一次世界大战后，金本位制的恢复是短暂和不完全的。因此，在 1897—1914 年近 20 年的时间里，国际金本位制居于完全的统治地位，处于它的辉煌时期。

三、中国的银本位与恋铜情结

（一）中国历史上的恋铜情结

中国的恋铜情结历史久远，最早可以追溯到周代。周初仍使用贝币，但由于贝的来源有限，遂用铜来代替，这就是铜币，成为中国最早使用铜的开端。当时，与铜币共同流通的还有珠玉黄金等。这种状况一直延续到战国时期。铜钱和黄金是春秋后期进入流通的，周景王铸大钱可以作为这个变化的开端。这在中国历史上是划时代的事件，从此以后，铜钱就一直作为中国的一种主要货币而流通。

正式以国家命令统一全国货币制度，并由法律赋予黄金以主币资格是从秦代开始的。秦代规定以黄金和铜钱为主要货币，其他如珠玉龟贝银锡等，不再作为货币使用。这是中国历史上第一个法定货币制度，也是第一次实行金铜共用的复本位制。当时黄金是称量货币，没有固定的铸形，以二十两为一“镒”。铜钱则是铸币，其成色、重量、形制都由政府规定，两者之间具有一定的兑换比例。到西汉王莽期间规定“黄金重一斤，直钱万”。秦代建立的货币制度，由于秦代存在时间较短，事实上由汉王朝推行。这一时期，中国商品交易基本由黄金和铜钱来完成，但与黄金相比，铜钱的地位极低，所以事实上这是中国历史上唯一的一个金本位时期。汉代初年，政府曾一度放弃铸币权，人们可以自铸小钱，导致严重的通货膨胀。所以，在汉景帝时，将铸币权收回，禁止民间铸钱。秦汉时期货币经济的发展，刺激了商品经济的发展，并导致土地兼并以及商业资本和高利贷的发展。

西汉以后，由于兵祸连年，社会生产和商品流通遭到严重破坏，商品货币关系发生严重的倒退，开始进入实物货币时期。这一时期，黄金退出流通，丧失货币作用。黄金退出流通的原因，主要是由于外贸逆差，佛事用金大增，泥金写经，贴金作榜，消耗大量黄金；同时，中国黄金生产日益枯竭，造成黄金供应短缺。这时期，不仅黄金退出流通，铜钱也退出基本流通。东汉章帝正式废止铜钱，明文规定以布帛为币。在整个东汉时期，都是以布帛为本位币。两晋南北朝时期，战争不断，经济凋敝，各短命王朝铸造劣质铜币，导致铜钱信用危机，实物货币进一步发展。这一时期，布帛谷粟尤其是布帛，成为主要货币。

唐代是金属货币复兴的时代。唐初期，社会安定，经济发展，外贸兴起，商品货币关系大大发展，这就导致货币经济复兴。唐代货币是铜钱与布帛并用，但实际效果已经与前代不同。铜钱与布帛具有同样的法偿地位，同时，铜钱地位上升，布帛地位下降。这是由于唐代钱法比较完善，铜钱的质量良好。唐武德四年（621 年）铸“开元通宝”，一直流通。由于社会经济发展，货币需求量大大增加，而货币供给却跟不上，出现流通手段不足、金融紧迫和物价跌落现象。政府通过一系列措施来调节：一方面扩大铸造，增加供给，收购民间铜器，扩充铸钱原料，严禁销毁铜钱，禁止外流，限制积蓄铜钱，提高布帛与铜钱的比价；另一方面，这一时期的金融制度创新也为解决货币不足问题提供了帮助。

（二）中国的银两制度及其后期的落后性

中国的银两制度是在封建经济条件下经过漫长的时间成长起来的一种货币制度，在它产生的时期乃至以后相当长的一段时期内，都起过积极的作用。

在唐末至五代时期，白银进入流通。这是中国货币史上银两制度的确立阶段。唐代经济发展，白银作为贵金属出现，首先在岭南一带流通，而这些地区向朝廷贡献也采用白银。同时，民间采银日盛，白银生产大量增加，逐渐具有成为货币的可能性。但在唐初，采银之风日盛，不少交粮纳税的农户上山采银、冶银，政府担心会影响农业生产，所以一度发布禁令，禁止采银。唐元和三年（808 年），宪宗颁布《禁采银坑户令采铜助铸诏》鼓励开采铜矿，然而，白银以其天然优势，很快代替其他货币成为主要货币，上升为主币地位。但铜钱一直没有退出流通，所以中国一直是银铜复本位制度。

明代中期以后，白银成为主要货币。明代白银成为主要货币的时间一般定为英宗正统元年（1436 年），这一年政府解除银禁，将南畿、浙江等地的田赋折征银两。实际上，这种行为只不过是政府将业已作为支付手段而在民间广为流通的白银作为货币的事实加以承认而已。白银作为主要货币，不仅是因为白银的天然优势，而且是由于白银的数量已经有可能作为主要货币使用。白银数量的增加，一方面是由于中国白银产量大大增加，更重要的是海外的流入而造成民间的积累。

然而，白银在鸦片战争以后，在世界工业革命的进程中，其落后性暴露无遗，出现了危机，这主要是由其制度上的落后性决定的。

由于银两分实银两和虚银两（或称实银和虚银），前者是实有其物，是授受的现银；后者是有其名，无其物，只是实银的价值符号。实银种类繁多，形式不定，如马蹄、纺锤、馒头等形状，还有不成形的散碎银。它们都各有其名，然可统称为“元宝”或“宝银”。宝银的重量不等，大锭有 50 两，中锭 10 两，小锭只有几两，碎银则不足 1 两，使用时依重量计值。但是，因为各省各地铸造的宝银成色不同，重量不同，升水不同，所以各省又有各省的宝银，其种类和名称各不相同，名目繁多，五花八门。据史家统计，当时全国有宝银 100 余种，它们都是“因地而生，随俗而变”。

另外，实银的成色与称量也遇到麻烦。由于实银不一，千差万别，于是，宝银就有了几个成色：纯银、足银、纹银、标准银，这是全国统一的、公认的标准。可是，银锭不是由政府统一铸造的，而是由民间自由铸造或熔制的，政府并不干涉，不同地区或同一地区内不同炉房所铸造的银锭，其成色都有差异，交易时就要折算，使用十分不便。白银虽然在汉朝就开始进入流通领域，被充作货币，但在中国货币发展的历史长河中（甚至直到鸦片战争以后），它一直是称量货币。宝银的重量标准是“平”，全国主要的平有：库平、关平、漕平、市平等4种（库平是政府征税使用的标准，关平是海关使用的平，漕平是征收漕银折色使用的平，市平是各地市场使用的平）。其中，市平名目最多，各地不同。上述四种平的重量均有差异，各自在不同场合使用。全国各地的平固有上百种之多，可见也是十分复杂的。

虚银是适应交换发达的需要和克服宝银流通的地区性而产生的。虽然它“徒有其名”，但却是用于计算的单位，在账务处理上具有重要意义。虚银也有重量和成色（当然是假设的），一锭实银要存入金融机构，例如钱庄，先要根据钱庄所在地的实银标准算出其升水或贴水，然后按照当地使用的虚银标准计算其应记的数额才能入账，这个计算方法十分烦琐。当时全国有影响的虚银只有几种，如上海的九八规元、天津行化银、汉口洋例银等，但各地按习惯都有自己的虚银作为计算的单位，因而虚银也是五花八门，举不胜举。

清政府的货币政策造成了银两的复杂。对于制钱的铸造和销毁，清政府严加管理，私铸私毁都要被治罪，但对银锭的铸造，却采取放任的政策，由各地自行铸造。各地铸造银锭的机构是银炉（又叫炉房）。清初，银炉须经户部许可发给执照才能开业，且数量有定，不得任意增设。清末，朝廷法令渐弛，自设银炉者比比皆是，政府亦不干涉。这些银炉接受银钱业、商号和私人委托，将外地的银两或银器等改铸为大小银锭，收取铸造费。由于技术水平不同，经验不一样，各炉房铸出的银锭其成色自然就有了差异，形成千差万别的宝银种类。

总之，中国的银两制度是一种适应中国封建经济的货币制度，是封建社会中商品经济发展的产物。它的诸多缺陷，如形状和重量都不合用、名称和种类过于复杂、成色高低不齐、平法大小不一、铸造分散、流通极为不便等等，显示出它的落后性。这种落后性在封建的区域经济时代尚不至于彻底暴露，但到鸦片战争以后，中外通商日渐发展，中国已经开始被卷入世界资本主义市场的情势下，其落后性越来越明显，成为阻碍经济金融发展的“绊脚石”。国内各地间贸易的发展，全国统一市场的形成，迫切需要有一种统一的本位货币来取代它。银两制度的落后性，表明它已不能适应已经变化了的经济形势，再加上外国银元在中国流通形成对它的冲击，其危机终于显现出来了。

（三）银本位的确立与巩固

对于银两制度的落后性，一些人早有认识。道光年间，林则徐、魏源等从外国银元在中国流通给中国造成的损失，看到了银元的优点和银两的缺陷，认为银两这种货币“必因时而当变”，主张自铸银元[①]，但这一建议却被清廷统治者以“太变成法，不成事体”为由驳回[②]。咸丰年间，周腾虎著《铸银钱说》，提出自铸银元，又被清政府拒绝[③]。以后，也不时有人提出这类建议，均未被采纳。虽然这些建议或主张，目的是为了抵制外国银元在中国流通，但他们也从另一个方面认识到了银两制度的落后性。

经咸丰、同治至光绪初年，外国银元入量大增，流通区域更广。不但南北商埠，甚至如湖南、四川等内地，也广泛流通，对中国金融危害甚大，清政府对此不能坐观漠视。1887 年（光绪十三年），清廷准两广总督张之洞在广东省设厂试铸银元。1889 年开始铸建第一批银元，翌年流通于市场。这是近代中国正式铸造银元的开端。这种银元称光绪元宝，正面有“光绪元宝”的汉满文字，上方铸有“广东省造”字样，下方铸有“库平七钱二分”的重量标准，背面铸有龙纹图案，故俗称“龙洋”。这种银元含银 9 成，清政府下令作为中国的法币，所有商品交易、完粮纳税，均得使用。除此种七钱二分银元外，还铸有 4 种辅币，重量和成色均递减。此后，又有湖北、四川、江苏、福建、直隶、吉林等省也仿效广东，成立造币厂铸造银元，自铸的银元遂在全国流通开来。

然而这时的银元是各省铸造，标准并不划一，式样和成色参差不齐，且银元上都标明本省省名，故难以畅行全国，都有严重的区域性。清政府也曾令各省停铸，统一于广东和湖北两省铸造，但铸币利益驱使各省不愿停铸。直到 1910 年（宣统二年）清政府颁布《币制则例》，才将铸造权收归中央，开始铸

---

① 见《林文忠公政书》，卷一·江苏奏稿；《魏源集》军储篇。

② 《清宣宗实录》卷二三六，道光十三年四月丙午。

③ 《续文献通考·钱币考》。

造“大清银币”，称为国币。不久，辛亥革命爆发，所铸大清银币被提充军饷，辗转流通于市。

相对于银两制度而言，银元制度是一种进步，对于外国银元在华流通也是一种打击。但是，自铸银元并没有取代银两，银两仍然作为通货是元两并行，计价单位是元两并存，且都具有无限法偿能力，铸造权又分散于地方，对外国银元和外国纸币在华流通一节，亦未能触及，所以，它反映出半封建半殖民地货币制度的性质和特征。

（四）从制钱到铜元

制钱制度是适应于封建经济条件下商品交换需要的货币制度，鸦片战争以后，由于经济形势的变化，制钱的封建性和落后性也充分地暴露出来。

首先是统治者对制钱贬值，以此对人民实行超经济剥削。贬值的办法有二，一是减重，二是减色。道光以前，制钱的法定重量为每枚1钱2分，咸丰以后减为8分，1895年（光绪二十一年）减为7分，1905年（光绪三十一年）更减为6分。这是京畿地区制钱的重量，外省的更轻[①]。减色就是降低制钱的成色，制钱的主要成分是铜。顺治年间，曾制定钱法，规定制钱的成色为七成红铜三成白铅（锌），但这个比例以后被逐渐改变，铜的比例下降，白铅增加，甚或加入黑铅（铅）、锡等。到光绪年间，铜为54%，白铅为46%，离顺治钱法规定的标准相去甚远，这还是京铸局铸的钱。至于各地方铸的钱，更是参差不齐，成色杂乱，加之私铸充斥，品质更加纷乱。制钱是金属货币，价值由其重量和成色决定。清政府一再对它减重减色，物价则自然随之腾贵，官民工贾均受其累，广大农民受其损害尤多。

其次是分散铸造的政策。清朝实行分散铸造制钱的政策，鸦片战争后仍未改变，各省可随时奏准铸钱，就是京畿内也设立宝泉、宝源两局，分属户部和工部管理，各自为政，不相统属，所铸之钱供京畿之用，不准外运。各地铸造

① 杨端六．清代货币金融史稿［M］．北京，三联书店，1962：13.

局铸造供本地使用的制钱。这种政策，既不能使制钱的重量成色划一，又无法杜绝私铸，制钱纷繁杂乱的现象就不难理解了。

最后，制钱的流通有很大的局限性。各铸造局铸造的制钱，只用以在本省或本地区流通，到了外省外地就被拒用，即使是京局铸的钱，也不得外运，只准在京畿使用。这种情况，同日益发展的商品生产和商品交换，是严重不相适应的。

制钱制度的封建性，表明它已不能适应新的经济形态。制钱制度的封建性在鸦片战争前就已显露，所以嘉庆道光年间曾有人提出改良币制的建议，铸造大钱，但清政府未敢贸然采纳。鸦片战争耗费了大量战费，战后又有巨额赔款，国家财力已陷入山穷水尽之境地。1851 年又爆发了太平天国起义，清朝廷仅靠赋税已不能筹措军费。而且，制钱制度又出现了新的问题，那就是铜材缺乏，铜价日昂，钱价日贱，铸钱亏损，迫使许多省份停铸，制钱数量减少，不敷需要，导致劣质小钱充斥于市，政府铸钱之利也大量减少或流失。鉴于上述财政货币两方面原因，清政府从增加币面价值谋求出路，决定铸发大钱。

1853 年（咸丰三年）开始铸造大钱。是年 5 月，铸造第一种大钱，每枚重 6 钱，当 10 文制钱，币面铸“咸丰重宝”字样，背面铸“当十”二字，这就是当十大钱。清政府规定这种大钱同制钱相辅而行。8 月，又增铸当五十大钱，重 1 两 8 钱。11 月，又铸当百、当五百、当千 3 种大钱，当百大钱重 1 两 4 钱，铜色黄；当五百大钱重 1 两 6 钱，当千大钱重 2 两，铜色紫。同时，又将当五十大钱减重为 1 两 2 钱，当十大钱减重为 4 钱 4 分。以后，又陆续增铸折当不等的数种大钱。与此同时，又增铸铁大钱和铅大钱，均以一当十，但不久又予废止。

京畿的宝泉宝源两局开铸大钱，外省也纷纷增设铸钱局鼓铸大钱，这是铸造各种大钱的极盛时期，也是中国货币史上币制最复杂混乱的时期。

在铸发大钱的同时，又发行“官票”和“宝钞”。前者以银为单位，有 1 两、3 两、5 两、50 两等多种面额；后者以钱为单位，有 250 文、500 文、1000 文、1500 文、2000 文多种面额。同银两、大钱搭放搭收，又在各省设立官银钱号予以推行，但发行不久即遭拒用。

对于铸造大钱，朝臣中拥护者众多，反对者寥寥，户部侍郎兼管钱法堂事务的王茂荫就是少数几个反对者之一。他指出："自来圜法，总以不惜工本为不易之常经。偶铸大钱计图节省，由汉迄明，兴者尝十数矣，而未久即废，从未有能行者。"他认为："官能定钱之值，而不能限物之值。钱当千民不敢以为百，物值百民不难以为千。"他从总结历史教训的角度提醒最高统治者："考历代钱法，种类过繁，市肆必扰，折当过重，废罢尤速。"[①]。他还对大钱流通受阻、私铸、物价上涨等情况做了陈述。可是，王茂荫这些精辟的论述和十分有远见的忠言，并没有被朝廷采纳。咸丰皇帝认为，"大钱之畅行与否，全视在上信与不信"，还抱怨王茂荫"过虑后时"[②]。果然，王茂荫言中了。大钱刚一面世，就遭百姓拒用，私铸猖獗，物价飞涨，大钱流通即行壅滞。于是，1854 年（咸丰四年）7 月，停铸当千、当五百大钱。这两种大钱从开铸到停铸，前后不过数月。当百及以下的大钱，"也只能在京畿勉强使用，百里之外即不通行，京外各处贩卖粮食来京者，不肯接受大钱，致外来粮食日少，粮店纷纷歇业。银市以钱买银，大钱制钱价值悬殊"。[③]。10 月，当百、当五十大钱亦不能流通，"各行商贾心皆摇动，议论沸腾，一概不使大钱"[④]。次年，被迫停铸当百、当五十大钱。1859 年（咸丰九年），除当十大钱外，其余大钱均先后停铸。当十大钱的市价也同样低落，由当五、当三、最后到当二才算稳定下来。大钱制度最后以失败告终。

清政府铸大钱是一种通货贬值政策，加上同时又发行官票和宝钞，双管齐下，大步走向通货膨胀的绝境，造成国计民生的重大灾难。且铸造大钱使已经混乱的货币制度更加混乱，咸丰朝货币制度混乱程度，是亘古未有的。

---

① 王茂荫．《论大钱利弊》。载《中国近代货币史资料》，第一辑上册，208～209 页。
② 王茂荫：《论大钱利弊》。载《中国近代货币史资料》，第一辑上册，209～210 页。
③ 《咸丰东华录》。
④ 中国人民银行参事室：《中国近代货币史资料》，上册，271 页。

大钱失败，制钱又早已停铸，市面流通的铜钱除当十大钱外，就是私铸小钱，京畿地带制钱几乎绝迹。同治年间曾考虑恢复铸造制钱，但直到 1886 年（光绪十二年）才付诸行动，然仍是亏本，又再次下令停铸。制钱既不可恢复，大钱又窒碍难行，自然要有一种适合当时客观需要的新币制，于是，新式铜元就应运而生了。

1900 年（光绪二十六年），两广总督李鸿章趁广东市面闹钱荒之际，于 6 月开始试铸铜元，每枚重 2 钱，成色为铜九五、白铅四、锡一，名“光绪元宝”，当制钱 10 文。这种铜元由机器制造，花纹精致，式样美观，成色划一，很受欢迎，政府也大得铸造利益。1901 年下令沿海各省仿铸，至 1905 年户部奏称开铸铜元已有 17 省，铸造局达 20 处。这时的铜元因受社会欢迎，商民乐用，所以其价值往往超过币面价值，行用时往往升水，其幅度在 5% ~15%。大体 90 枚即可换银元 1 元。

铸造铜元有厚利可得，亦可作为财政的重要来源。各省既然贪图铸造的厚利，就必然导致滥铸。1905 年以后，各省增加铸额，铜元数量激增，价值便逐渐下跌，到 1908 年 1 元银元可换铜元 120 ~130 枚，到 1909 年（宣统元年）更可换 170 ~180 枚了。有些省以过剩的铜元向邻省减价倾销，有些省禁止铜元入境，常常发生纠纷，使币制日益紊乱。清政府虽几经整理，但并无效果。1910 年，颁布《币制则例》，将铜元的铸造权收归中央，定铜元为 2 分、1 分、5 厘、1 厘 4 种，这是企图将铜元作为银元的辅币，令 1905 年设立于天津的户部造币总厂开铸铜元。第二年，清王朝被推翻，铜元陷入更加紊乱的局面。

（五）对中国货币制度的简要评论

鸦片战争以后，中国社会经济的变化，需要有一种与之相适应的新的货币制度，制钱制度不能适应这种新的经济形势，它本身的诸种弱点已经显露无遗。大钱制度固然以充实财政为目的，但也有拯救制钱之意。终因大钱政策实质上是通货膨胀政策，故而失败，亦不能挽救制钱。铜元虽是一种新式的货币，但它在整个货币体系中没有明确的地位，初始它同银元联系，尔后又同制钱银两联系，最后又拟同银元联系，总是举棋不定。加之无限制滥铸，流通又有区域，最终只有陷入紊乱。

如果进一步联系这一时期银贵钱贱、白银外流的情况，或许会更能看出货币制度危机的严重性。银贵钱贱，这是就银钱比价而言。有清一代，银两和制钱始终是流通中最主要的两种货币，但二者之间却没有固定的价值联系，其比价时常波动。清初，曾规定制钱千文合纹银 1 两，但此规定形同虚设，在此后的 200 多年间，银钱比价一直摇摆不定，直到清亡。不过，这个标准就成了后世衡量银钱比价的一个标准，千文以上谓之银贵钱贱，千文以下谓之银贱钱贵。

清朝在嘉庆中期以前的 160 多年时间里，银钱比价偏低，除了少数年份外，大都在千文以下，呈银贱钱贵之势。那时，社会经济有了新的发展，对外贸易增加，大量白银从国外输入。白银输入，使银价较低，银钱比价呈相对稳定的趋势，波动不大。

从嘉庆到宣统年间，一直是银贵钱贱，鸦片战争前后的几十年是最为严重的时期，以后虽有回落，但也没有回到清前期的比价，仍然是银贵钱贱。银贵钱贱的原因虽然很多，但基本的、最主要的原因是鸦片输入引起的白银外流。道光以前，中国一直是白银入超的国家，那时候的对外贸易，几乎是单方面的货物出口，输入的商品很少，大多产物出去，白银进来，外国船来到中国，所带之物，十分之九是白银。

从道光年间起，一向白银进口的中国却转为白银出口，其原因主要是鸦片的大量输入。巨量的鸦片输入需要巨额的白银支付货款，这就耗费了大量白银，形成白银外流。道光初年，每年耗银 1000 万元左右，道光末年，每年耗银已达 2000 万~3000 万元。1856 年（咸丰六年），进口的鸦片价值达 3500 万元。白银大量外流，自然造成银贵钱贱。

至于 1857 年以后，银钱比价逐渐回落的原因，一是世界白银产量增加；二是白银需求减少，1816 年英国采用金本位制，1871 年德国采用金本位制，以后，多数国家都先后改用金本位或金汇兑本位，大批白银作为一般商品被抛向国际市场，银价便大幅度下跌。

对于解决银贵钱贱的办法，清廷朝野议论纷纷，有主张禁止白银出口的，有主张禁止鸦片进口的，有主张重钱轻银的。鸦片不禁，白银外流不止，只是禁银出口是行不通的；禁止鸦片输入，本是解决问题的根本之道，然而清政府的腐败又使鸦片战争以中国的失败而告终；重钱轻银又违背货币材料由贱金属向贵金属过渡的客观规律。此外，还有议行大钱、禁银行钞、自铸银元等各种主张，但都无法解决银贵钱贱的问题。自铸银元只能解决外国银元同银两的比价问题，不能解决银两同制钱间的比价问题；发行大钱，又造成一次严重的通货膨胀，同样不能解决问题。这些已如前述。

鸦片输入，白银外流，导致银贵钱贱，其后果是极为严重的。直接的受害者是农民、小手工业者和小商人，因为铜钱表示的农产品和手工业产品的价格基本上不变，他们的收入并没有增加，可是银价高昂，他们必须用比过去更多的铜钱换取白银用以缴纳赋税，其实际负担随着银价的上涨而加重，这对广大劳动者是很沉重的打击。银贵钱贱使中国的对外贸易处于不利地位，因为银价上涨，降低了中国产品在国际市场上的竞争能力，而有利于资本主义商品倾销。

银贵钱贱对中国货币制度的影响也是严重的。清朝自开国以银两和制钱并行，国家收支和巨额贸易虽多用银两，但一般的货币流通，主要还是制钱，所以在嘉庆以前的货币问题，同历代一样，在铜钱方面而不在银两，也就是钱重、钱轻、私铸、私毁及铜价等问题。及至鸦片战争以后，随着外国资本主义的侵入，中国的货币问题开始暴露，即由制钱转移到银两，银价的涨落已成为货币问题的中心。这一时期，白银大量外流，造成银贵钱贱的严重局面，使封建社会长期成长起来的货币制度发生了根本的动摇，并使中国币制更加纷乱复杂，形成半殖民地半封建社会经济基础的一部分。此后，中国再也无法闭关自守，在货币方面无法摆脱世界银价波动的影响，白银的流入和流出，使中国的货币同世界银价发生了联系，世界银价的任何波动，都直接影响到中国的币值，中国货币的币值就“不是操之于我，而是操之于人”，这也是中国货币制度半封建半殖民地性质的表现。

第三节 股份制金融机构的发展

一、商业银行的大发展

（一）英国

英国工业生产集中与垄断的程度虽然较低，但由于对外贸易发达，因而银行业发展较早，尤其是经过19世纪中期的迅速扩展后，垄断即已产生。其银行业的垄断程度不仅远比工业为高，而且甚至超过了美国和德国所达到的水平。早在19世纪80年代，伦敦的私营银行集团便在承办对外贸易业务的同时，从事于投资和证券交易活动。19世纪末，这些公司（如巴林号和威斯敏斯特等）在英国本土内外的投资活动便达到了高潮。随着工业资本越来越多地要靠大银行的资金来扩大投资，银行对工业方面投资的关注也日益增强，这时，英国银行家与工业垄断集团之间的个人联合便迅速增长。19世纪末20世纪初，英国已形成由五大银行，即密德兰银行、威斯敏斯特银行、劳埃德银行、巴克莱银行和国民地方银行控制整个银行业的局面。到第一次世界大战前夕，至少在26家重要钢铁公司的董事会中已有大银行的董事参与管理和领导。不过，由于英国银行垄断资本的经济利益主要在海外，因而在它的银行业务中，吸收存款、承办对外贸易信贷和外汇业务始终占有重要的地位，以致银行资本同工业资本的融合生长不如美国和德国那么明显。

（二）法国

法国金融资本的形成过程同英国颇为类似。这个殖民帝国的银行业在19世纪初便开始兴起，40~70年代已经相当发达，70年代以后达到了很高的集中程度。法国的中央银行——法兰西银行，成立于1800年，原本是一家私人股份公司，1848年，垄断了全国银行券的发行权，成为正式的国家银行。1857年，其分行已遍及各省省会和一些重要地区，20 世纪初，常设分行数接近 130 家。法国的私人大银行于 1848—1875 年先后建立。例如，1848 年建立的巴黎国民贴现银行，1852 年的法国地产信贷银行，1859 年的工商信贷银行，1863 年的里昂信贷银行，1864 年的法国兴业银行（总公司），1872 年的巴黎荷兰银行，以及 1875 年由里昂信贷银行、巴黎荷兰银行、工商信贷银行、巴黎国民贴现银行和法国兴业银行共同开办的东方汇理银行，等等。其中，最负盛名的是巴黎荷兰银行、里昂信贷银行、巴黎国民贴现银行和法国兴业银行。巴黎荷兰银行是法国本土金融业的一个中心，它通过投资兴建了一系列专业放款银行。里昂信贷银行从 1865 年把势力扩展至法国首都巴黎后，至 1908 年，已建立起遍布法国的 266 家分行。国民贴现银行把自身的票据贴现业务扩展到了法兰西银行所不愿意或无暇顾及的一切地区。里昂信贷、国民贴现和兴业这“三大银行”的分支机构，从 1870 年的 64 家扩展到 1909 年的 1229 家；同期，它们的资本额（包括外来资本）从 6. 27 亿法郎增至 52. 5 亿法郎；1908 年拥有的存款占该年全国银行资产总额的 70%。1914 年，法国银行资产总额增至 110 亿法郎，而为首的五大银行便占了 72. 7%[①]。

这些大银行在获得垄断地位后，通过控制全国大部分存款，办理信贷、抵押业务以及独占公债和股票等有价证券发行等途径和手段，迅速向工业方面渗透，从而结成以自身为中心的各个金融资本集团。例如，前述的巴黎荷兰银行，不仅是具有垄断性的金融投资银行，而且在石油、电气、冶金业中占有垄断地位，在出版、造纸、制糖、运输业中也有重要影响。又如“三大银行”之一的里昂信贷银行专门设立了“金融情报收集部”年耗资 60 万 ~ 70 万法郎，雇佣了 50 多名工程师、统计学家、经济学家和法学家，分工从事工业企业情报收集、一般统计研究、铁路公司和轮船公司情况研究、证券分析调查和金融报告的研究等方面的工作，以便制定方针，加强对这些部门的渗透。

① 宋则行、樊亢．世界经济史［M］．北京，经济科学出版社，1998：287.

总之，到19世纪末20世纪初，法国各主要经济部门中已形成若干重要金融资本集团，由它们控制着各部门经济的发展。不过由于法国资本主义发展中对殖民地的严重依赖，以及特别明显的腐朽、寄生特点，因而其金融资本集团更多地热衷于从事国外投资，特别是经营借贷业务，以获取高额利润，而对国内生产投资却不太重视。这些都影响着其金融资本的形成，使之具有与英国略有不同的特点。

（三）美国

在美国，首先是工业生产集中的加速，促进了银行集中的发展。它的金融资本集团，既有工业垄断资本向银行业扩展形成的，也有银行垄断资本向工业渗透产生的。

由于最初美国的银行中的绝大多数都不允许开展跨州业务，所以，美国银行业的集中进程比工业来得缓慢，差不多到了19世纪90年代以后才有所加速。例如，1896—1913年，美国的银行数增加了1.25倍，而投资额却增长了2.2倍，拥有存款增长2.5倍，资产加负债共增长了2.2倍，平均规模由每家66万美元增至96万美元①。其中，规模和经济实力增长得最迅速的是大银行，它们最初在促进铁路投机和铁路合并中崭露头角，然后把活动范围扩展至钢铁、石油等行业中，很快地变成具有决定性影响的垄断组织。在1900年，美国12427家商业银行中，最大20家拥有的存款额已占到全国存款总额的15%，而作为美国银行业中心的纽约，早在1898年时，那里的17家最大商业银行已集中了全市63家商业银行存款总额的70%②。19世纪末20世纪初，美国已经形成以摩根和洛克菲勒为首，以及围绕他们的斯蒂尔曼、哈里曼和库恩一罗比等少数大银行家控制整个银行界的局面。

摩根家族是在美国铁路建设迅速发展和铁路投机、兼并风盛行时从事金融活动起家的。第一代摩根——朱·普·摩根先于1857年在纽约开设了一家承兑

① 宋则行、樊亢．世界经济史［M］．北京，经济科学出版社，1998：281.

② 同上。

公司，其后台是英国伦敦的一家商业银行。老摩根在经营黄金得手后，一方面，继续不断扩充自己在金融业的实力，同时，又迅速向铁路、钢铁、电气等行业投资。19 世纪 90 年代，朱·普·摩根公司已从美国政府手中得到公债的发行权，使自己成了当时（联邦储备银行建立前）的事实上的中央银行。同一期间，摩根先后打败了铁路大投机商杰·古尔德，挤垮了银行家杰·库克，制服了哈里曼，并且收购了当时钢铁三巨头之一的卡内基的钢铁公司。这时，他不仅以银行家的身份垄断了铁路行业（控制着当时美国六大铁路系统中的 4 个），而且成为钢铁业中的占主要地位的力量，并把触角伸到电气等行业中。19 世纪末 20 世纪初，以朱·普·摩根公司为核心的庞大金融资本集团已经形成，它直接控制着美国的国民商业银行，并与花旗银行结盟，通过它们占有、控制和影响着美国重要的银行与信托公司以及几家大保险公司，例如自由银行、大通银行、阿斯特敏国民银行、汉诺威公司、纽约人寿保险公司、公平人寿保险公司和互助人寿保险公司等。同时，它在工业企业方面占有和控制了 28 家铁路公司和 16 家重要的实业公司，例如中央铁路公司、北太平洋铁路公司、美国钢铁公司、通用电气公司和美国电话电报公司等。此外，还通过兼任董事等手段使其统治扩展到了更大的范围。摩根集团是美国金融资本集团中由银行资本向工业渗透，与工业资本混合生长而形成金融资本的典型代表。

洛克菲勒集团是由工业资本向银行业渗透，从而转化为金融资本的典型代表。19 世纪 70 年代，当洛克菲勒家族所拥有的（克利夫兰）美孚石油公司已具相当规模之后，这一垄断集团又迅速向铁路、电气、炼钢、炼铜等方面扩展。在此基础上，从 90 年代起，它便大力渗入金融、信贷行业。开始时，通过与银行家——花旗银行的负责人斯蒂尔曼结盟，共同控制花旗银行，不久就成为该行的实际主宰者。这时的洛克菲勒家族已经与摩根家族并驾齐驱，被列为美国最大的两个金融集团之一，它以先后囊括了 40 家公司而组成的新泽西美孚石油公司为核心，包罗了斯蒂尔曼所控制的六大银行，控制着混合铜矿公司、烟草托拉斯、梅萨比铁矿、古尔德铁路公司、圣·保罗铁路公司、西马里兰铁路公司、罗德艾兰证券公司、纽约市独立快速运输公司、布鲁克林快速运输公司（纽约）、费城快速运输公司、统一煤气改良公司、都会证券公司和新泽西公用事业公司等，结成为一个庞大的金融帝国，并通过互相兼任董事逐步向更大范围扩展自己的势力。

（四）德国

德国的金融资本基本上是通过银行垄断资本向工业渗透，与工业垄断资本混合生长而形成起来的。德国银行中的垄断同工业中的垄断几乎是同时产生的，而且，其垄断程度比美国要高得多。19 世纪 50 年代，德国的银行业便开始迅速发展，70 年代后已逐渐形成以德国国家银行（中央银行）和 6 家大实业银行（德意志银行、德累斯登银行、贴现公司，达姆斯塔特银行、沙弗豪森联合银行和柏林商业公司）为主的银行体系。德国的国家银行基本上垄断了全国的货币发行权，而私人银行则主要经营放款业务与股票、债券发行工作。1907—1908 年，德国的资本达 100 万马克以上的大银行共 172 家，它们拥有的存款共 70 亿马克，为全国存款总额（约 73 亿马克）的 96%，其中，资本在 1000 万马克以上的 57 家特大银行占有存款总额的 79.5%，而在这 57 家特大银行中，为首的 9 家所拥有的存款占据全国存款总额的 47%，到 1912—1913 年，这 172 家银行的存款总额又增加了 40%，但其中的 98.2% 为资本在 1000 万马克以上的 57 家所占有，这样，57 家特大银行所拥有的存款份额已增至 85%，其中为首 9 家所占份额则增为 49%①。

随着银行业集中与垄断的加强，大银行把自己的势力范围扩展到德国全国的各个角落。与此同时，实力雄厚的德国银行垄断资本便迅速向工业实行渗透，控制与兴建了一系列工业企业，与工业资本融合在一起，形成了德国的金融资本。1896 年，德国电气工业中 39 家股份公司的建立便是由大银行直接资助的。1910 年，柏林 6 家特大银行的经理们作为各行的代表参加到了全国 344 家工业

① 宋则行、樊亢．世界经济史［M］．北京，经济科学出版社，1998：284.

公司的领导机构中，它们的董事们也作为代表参加了全国407家公司的领导工作，而这6家特大银行的监事会中也有51名全国最大的工业资本家占据着监事职务①。从19世纪末到20世纪初，这些银行中的每一家银行都参加了数百个工业公司发行股票和债券的工作，这表明金融资本已成为德国经济中占主要地位的资本形态。

（五）俄国

在俄国，金融资本的形成是在20世纪初。俄国银行经过19世纪最后30年扩展，银行营业额及资本积累迅速增大，到20世纪初，加快了集中的步伐。1900—1914年，俄国的商业股份银行从39家增至47家，拥有资本由2.8亿卢布增加到8.36亿卢布，每家银行的平均资本额扩大了1.48倍。其中，资本在1000万卢布以下的小银行所拥有的资本额从44%降至11%，而中等以上银行拥有资本所占的比重由56%增至89%②。到第一次世界大战前夕，仅12家全国最大银行便占有银行资本总额的80%。不过，由于俄国资本主义的发展同法、德、英等国的垄断资本有着千丝万缕的联系，因而，在俄国金融资本的形成中也同样摆脱不了对它们的依赖。

到第一次世界大战前夕，全俄工业和运输业股票的一半已在银行业垄断资本手中。与此同时，工业垄断资本也通过购买股票向银行渗透，仅在彼得堡的几家大银行中，其流动资金的40%以上为“煤炭公司”、“五金公司”、石油业辛迪加、冶金业辛迪加和水泥业辛迪加所拥有。所以，20世纪初，俄国的金融资本业已形成，并主宰着整个国民经济的命脉。

（六）日本

日本金融资本的形成是在第一次世界大战前夕。19世纪末，日本的对外扩张刺激了国内资本主义的迅速发展，此时，工业和银行业的集中与垄断进程也大大加快。1903—1914年，日本的银行由2534家减至2153家，而实缴资本却

① 宋则行、樊亢．世界经济史［M］．北京，经济科学出版社，1998：284.

② 宋则行、樊亢．世界经济史［M］．北京，经济科学出版社，1998：288.

从3.4亿日元增至6.45亿日元，平均每家拥有的资本额增加了1.2倍。1913年，仅占银行总数0.2%的三井、三菱、住友、安田、第一（涩泽）等五大银行，便集中了全国银行存款总额的22.5%和放款的18.4%①。这些大银行正式建立于19世纪后30年代，隶属日本几个最富有的家族，其前身是这些家族的钱庄或兑换店。在日本经济资本主义化过程中，由于国家的大力扶持，这些与封建政权紧密勾结的“官商”家族，便摇身一变而成为现代资本家，他们从来就是既掌管银行，垄断高利贷业，又经营工业、商业和运输业，集银行资本家和工业资本家于一身。日本资本主义发展进程的这一特点决定了日本的资本主义经济一开始就带有垄断的性质，而且日本的垄断资本本身就是银行资本与工业资本的混合，由封建家族演化而成为现代金融资本，由它们控制着整个国民经济的发展。

总之，19世纪末20世纪初，随着生产集中进程的加速，以卡特尔、托拉斯等形式出现的垄断组织在各主要资本主义国家的工业中已成为占统治地位的经济力量。与此同时，以工业生产的集中为基础，并受到它的强有力的推动，各国银行资本的集中得到了迅速增长，随之而来的是，银行业中的垄断也相继产生和发展。银行业的这种集中，反过来又促进了工业中的集中，加快了工业中垄断组织的产生过程。当整个银行业已发展至由少数几家大银行所垄断时，银行的作用便有了根本的改变：它由过去的单纯支付、中介作用，转化为支配整个社会货币资本的万能垄断者。这时，银行业中的垄断资本与工业中和家族中的垄断资本的界限已难以划分，它们互相渗透，混合生长，形成一种新的、最高形态的垄断资本，即金融资本。至此，金融资本成了各主要资本主义国家以至整个资本主义世界经济中占统治地位的力量，而掌握这些金融资本的大垄断资本集团便成为各国经济乃至资本主义世界经济的实际操纵者。金融资本的形成及其统治的建立，表明资本主义已经由自由竞争过渡到垄断阶段，即帝国主义阶段。

---

① 宋则行、樊亢．世界经济史［M］．北京，经济科学出版社，1998：289.

二、非银行金融机构的涌现

本章所描述的时期，正是资本主义工业革命兴起和发展的时期，同时也是金融业大发展的时期，这其中包括了诸多非银行金融机构的发展，如保险、证券等。

（一）保险业在工业化进程中的发展

近代保险制度则是资本主义发展的产物，而通往东方的新航线的开辟和美洲大陆的发现，资产阶级革命在欧美各国的陆续进行，以及世界市场的形成，均为近代保险制度的形成奠定了基础。与处于起源阶段的原始保险相比，近代保险最显著的标志就是专门格式的保单和专门从事保险的机构、人员的出现；而海上保险、火灾保险两大险别的产生与不断发展，不仅使保险具备了一个有生命力的新兴产业的雏形，更成为现代保险制度得以建立和发展的基础。

18 世纪后期产业革命兴起，工商业逐步繁荣，国际贸易日渐频繁，劳动保险业有了较大发展，生产规模的扩大使保险标的的价值越来越大，这使单个的保险人越来越难以承受危险带来的巨大损失，保险人本身也越来越需要进行危险的分散，相应地，对再保险业务提出更多的要求。因此，18 世纪是近代保险与现代保险的分界线。这一阶段的特殊时代背景是工业革命在欧洲多国取得了胜利，机器大生产开始取代手工生产，人类社会由此从农业社会迈向工业社会，生产方式与生活方式均发生了巨大的变化，对危险保障的需求也在持续扩张，因此，18 世纪不仅给保险的发展创造了条件，而且推动着保险由近代走向现代。

中世纪的西欧，被称为“基尔特”（guild）的行会制度盛行一时，它实际上是一种原始的合作保险形式，不同于以前的宗教组织，它是由相同职业者基于相互规避风险、互相扶助的精神组成的一个团体，它由参与该组织的成员共同出资，救济的范围包括死亡、疾病、伤残、年老、火灾、盗窃等人身和财产损失事故等等。

意大利是近代海上保险的发源地，14 世纪中期的意大利北部经济繁荣，成为国际贸易的中心。在威尼斯、热那亚、佛罗伦萨等地，出现了类似现代形式的海上保险。起初，人们仅在口头上达成海上保险合同，后来，出现了书面形式。随着资本主义的发展，海上航线不断开辟，贸易范围空前扩大，海上保险得到了迅速发展。与此同时，各种有关保险赔偿的纠纷也日趋增多。为了解决纠纷，规范海上保险，有关当局制定法令对保险行为做出统一规定，使相关的保险法律也逐步系统化。例如，在1468年，威尼斯制定法令，以保证保单实施和防范欺诈行为；1523年，佛罗伦萨制定了一部较完整的保险条例，规定了标准保单的格式等。

而近代海上保险则发展于英国。美洲新大陆发现之后，英国的对外贸易获得了空前的发展，保险的中心转移到了英国。1554年，英国商人得到国王的特许来组织贸易公司垄断海上业务；1568年12月，伦敦市长批准成立了第一家皇家交易所，为海上保险提供了交易场所。交易所的做法取代了以前在露天广场上交易的习惯；1575年，英国女王特许在皇家交易所内成立保险商会，保险商会的主要职能是制定标准保单和条款，同时也办理保单登记手续；1601年，英王颁布了第一部有关海上保险的法律，以解决日益增多的海上保险纠纷案件；1720年，英国政府批准了“皇家交易”和“伦敦”两家公司独享海上保险的经营权，实行一种垄断式的经营，其他公司或合伙组织不得经营海上保险业务。这为英国公司经营世界范围内的海上保险业务提供了便利条件；1756—1778年，当时的首席法官曼斯菲尔德收集整理了大量的海上保险案件，编写了一本海上保险法案。

1683年，英国人爱德华·劳埃德在泰晤士河畔开设了一家咖啡店，顾客主要是经营远洋航海业的船东、船长、商人、经纪人和高利贷者，他们经常在此交换航海信息，达成海上保险交易，该咖啡馆逐渐成了海上保险交易的中心，因此，劳合社在海上保险的发展过程中占有重要地位。

1666年的伦敦大火事件促使英国的火灾保险走向了大发展。1666年9月2日晚，英国伦敦皇家面包店的烘炉引发了火灾，造成了巨大的损失，这为火灾保险观念的传播提供了一个契机，推动了英国火灾保险业的发展。1667年，英国的牙科医生巴蓬博士成立了一家火灾保险商行，开创了私营火灾保险的先例，巴蓬也因此获得了“近代保险之父”的美誉，并开创了火灾保险的新时代。火灾保险的产生与发展，标志着近代保险业进入比较成熟的阶段，这一时代以海上保险与火灾保险的并存发展为主体内容。

1693 年，英国人埃德蒙·哈雷依据德国西里西亚勃来斯洛市 1187—1191 年的死亡统计资料，精确地计算出了死亡率，制定出生命表，为人寿保险的发展提供了数理基础。哈雷生命表的制定在人身保险史上具有划时代的意义，精算的进步是人身保险尤其是人寿保险发展的基础。

1762 年，英国人辛普森和道森成立了世界上第一家人寿保险公司——人寿及遗嘱公平保险社，该社依据生命表收取保费，这标志着现代人寿保险的开始。在此之前，人身保险已经附在其他保险上出现。工场手工业时代，手工业者成立了各自的行会，一旦行会成员受伤或丧失劳动能力时，行会来给予救济。1774 年，英国颁布了具有历史意义的人身保险法，要求投保人必须具有可保利益，以防止道德风险的产生，进一步促进了人身保险的健康发展。1844 年，英国政府曾制定股份公司法，着手对保险公司进行监督，但效果不明显。于是在 1870 年英国又通过了人寿保险公司法，该项法律要求保险人实行账务公开，接受社会的监督，从而将保险人的经营引向正轨，标志着英国人身保险制度走向成熟。

这里，还需要提及法国的“联合保险法”。1689 年，法国国王路易十四为筹集战争经费，采纳了意大利银行家洛伦佐·佟蒂设计的“联合保险法”（“佟蒂法”），这其实是一种类似于养老年金的保险制度。它规定在一定时期以后开始每年付息，对年龄组越高的给付越多。当认购人死亡后其利息在该组的生存者中间平均分配，直至该组认购人全部死亡为止。尽管有许多不足之处，“佟蒂法”毕竟引起人们对人寿保险的关注和生命统计研究的重视。

19 世纪初，法国《拿破仑法典》中的有关责任赔偿的规定为责任保险的产生提供了法律基础。1855 年，英国率先开办了铁路承运人责任保险，自此之后，责任保险日益引起人们的重视。1870 年，保险商开始对因爆炸造成的第三者财产损毁和生命伤害提供赔偿。

1852 年，德国成立了世界上第一家专业再保险公司——科隆再保险公司。

1863 年瑞士再保险公司成立，1907 年英国的商业综合再保险公司成立。由于是专业化经营，再保险人在分保技术方面显示出独特的优势，对再保险业务的发展起到了巨大的推动作用。

美国的保险早期由于受英国保险人独占权的影响，起步很晚，但自美国独立后保险发展迅速。最初美国的人寿保险仅仅满足少数人的需要，如商人和官员，其中 1809 年的宾夕法尼亚人寿保险公司的成立标志着营利性人寿保险开始出现。1813 年，纽约鹰星火灾保险公司与联合保险公司签订了最早的固定分保合同。1890 年美国再保险公司成立。

此外，中国最早的现代意义的保险公司是 19 世纪初，1805 年英商在广州设立的保险公司，主要经营与英商贸易有关的海上运输保险。英商 19 世纪 70 年代起，陆续又在中国设立太阳保险公司、巴勒保险公司、中华保险公司、扬子保险公司、香港保险公司、保安保险公司等等，英商怡和洋行、太古洋行也设立保险部。而中国人自己设立现代保险公司是洋务运动后洋务派于 1876 年和 1878 年设立的“仁和”、“济和”两个保险公司，1912 年，黎元洪等官僚又设立华安合群人寿保险公司，为第一个人寿保险公司。第一次世界大战时期，欧洲各国忙于战争，美国趁机在中国设立十几家大的保险公司，经营国外保险业务。第一次世界大战期间，中国人自办的保险公司又有中国联保公司、永安公司等数家，初步形成了中国民营的保险公司阵容。

（二）证券业在工业革命时期的发展

证券市场是商品经济发展到一定阶段的产物。股份公司的出现和信用制度的深化，是证券市场形成的基础。

17 世纪初，一些西方资本主义发达国家，如荷兰、英国等，已经出现了带有现代股份公司特征的海外贸易公司，并在规模、行业范围、组织形式等方面得到了迅速发展。18 世纪工业革命之后，股份公司遍及整个资本主义世界。资本信用逐渐代替了商业信用成为主要的信用形式，直接资本信用逐渐代替了以银行为中介的间接信用，股票、债券等信用工具随之出现，推动了证券市场的产生和发展。

早在 16 世纪，西欧就有了零散的证券交易，在一些地方出现了证券交易所的雏形。1680 年，荷兰的阿姆斯特丹出现了世界上第一家正式的证券交易所，成为证券市场产生的标志。在资本主义发展最早的英国，16 世纪中期就有了股票发行，17 世纪又开始发行政府公债。1698 年，伦敦出现了挂牌证券交易所和经纪人，最初的交易场所集中在伦敦的咖啡馆内。1802 年，在乔那森咖啡馆的基础上正式成立了伦敦证券交易所。美国的证券市场形成于 18 世纪末期，1792 年，24 名商人在华尔街梧桐树下的交易，成为最早的股票市场。1863 年，纽约证券交易所正式成立。纽约证券交易所成立于 1863 年，前身是于 1792 年成立的纽约证券交易协会，该所是会员制的非法人团体。20 世纪，由于美国经济实力的增强，纽约取代伦敦成为世界证券市场的龙头。伦敦证券交易所是历史最悠久的证券交易所之一，起源于 17 世纪末的伦敦交易街露天市场，1773 年正式命名。它采取会员制股份有限公司的组织形式，是英国目前唯一的全国性证券交易所。东京证券交易所成立于 1878 年，后因战争原因一度中断营业。

除上述三家证券交易所外，规模和影响较大的还有德国的法兰克福证券交易所、法国的巴黎证券交易所和中国的香港联合交易所等。

随着市场经济和股份制的发展，证券市场的规模和影响也在不断扩大。1891—1900 年世界证券发行金额为 1004 亿法郎。20 世纪初，资本主义由自由竞争阶段过渡到垄断阶段，证券市场适应了资本主义经济发展的需要，有效地促进了资本的积聚，从而获得了巨大发展。证券市场的结构也发生了很大变化，在证券市场中占主要地位的已不再是政府公债，而是股票和公司债券，它们占证券发行总额的 60% 。

当时的证券市场缺乏相关的法律、法规，证券的发行和交易基本上处在自由放任的阶段。证券业呈现出无序竞争的局面，证券交易所纷纷成立，各种证券鱼龙混杂，证券价格远离其实际价值，证券欺诈和证券投机现象十分严重。

中国证券市场最早产生于鸦片战争时期，在资本主义的军舰和枪炮中打开中国的大门后，中国的自然经济开始瓦解。外国资本主义企业首先在中国发行股票，随后，在“洋务运动”中成立的官办企业和民族工业企业也开始发行股票，如轮船招商局首次发行了中国自己的股票。与此同时，清政府开始仿效西方资本主义国家设立债券发行制度。1867年，清政府向外商借款400余万两白银作为镇压捻军起义的军费，首次的国内债券发行是1894年的“息借商款”由户部向富商巨贾发债借款，筹措甲午战争的军费。1914年，第一家由中国人自己组织并经政府批准成立的证券交易所“上海股票商业公会”成立，并且由北洋政府颁布了《证券交易法》。此后，以北京证券交易所、华商证券交易所和上海证券物品交易所为代表的证券交易市场迅速发展起来，这标志着中国证券市场从自发、零星、分散的交易阶段进入到了有组织、有管理、集中交易的正规化阶段。

第四节　资本市场的发展

一、公司制度与股份筹资

欧美国家资本主义经济的发展，经过产业革命，到19世纪中叶已达到成熟阶段；各国之间商务往来频繁，资本输出入日益增加，金融市场日益扩大，一个世界性的资本主义经济体系已经形成，而这种资本主义经济体系的形成又反过来进一步强化了新型金融机构的产生和发展，在这一阶段主要表现为股份制金融机构的发展。

1847—1848年的经济危机是第一次世界性的危机，1873—1875年的危机影响更为广泛，这次危机是在70年代初的繁荣后发生的，其主要原因是由于后起的资本主义国家特别是德国、美国滥设工厂与金融市场的投机所引起的，“城门失火，殃及池鱼”，此后所有发达国家都受到震荡，表现为物价跌落、市场呆滞、生产萎缩、信用紧缩，持续时间达两年之久。

为了开辟国内外广阔市场，要求实行自由贸易政策，各国间订立商约，实行互惠，降低或免除进口关税。在19世纪上半期至中叶，各国普遍实行自由资本主义或垄断资本主义，并在六七十年代发展到了顶峰。随着技术的进步与整个生产力的增长，需要更多的资本与大规模的企业组织，并用科学方法进行管理。工业家要求银行家提供资金，银行家反过来也要求干预工业，这样，银行资本与工业资本融合进来形成金融资本，少数金融寡头渐渐居于统治地位。这时大企业家为了垄断国内市场，转向要求实行保护贸易或高关税政策。同时，资本输出日益增加，渐渐取代商品输出的地位。

在这一过程中，从19世纪末起，欧、美发达国家发展了一种较为流行的公司组织——股权公司（Holding Company）。股权公司是由一家大公司掌握了别的一些公司股票，对其实行垄断控制。股权公司收购了其他许多公司的股票，然后在暗中加以控制。这一组织形式迅速在金融机构中借鉴运用起来。

由于股票大部分分散在许多小户手中，故在事实上只需持有百分之二三十甚至5%至10%的股票就足够加以控制；股权公司有的以收购别家公司股票来实行控制的，本身别无经营；有的除了对其他公司控股外，同时还经营某种业务。股权公司本身为母公司，由它控制另一些公司的一定股权，另一些公司就作为它的子公司，然后由子公司再控制较多公司的股权作为它的孙公司，子公司与孙公司在形式上是独立的，有其自己的人事系统，但营业方针全受母公司支配。这种以母公司为核心的组织系统，通过层层控制股权，犹如金字塔一样。股权公司组织方式，可使少数金融寡头以有限的资金营运比它本身大若干倍的业务，所以很为垄断资本家所乐于利用。

股权公司最初出现于美国，1892年美孚石油公司为了逃避法律制裁，实行解散，化整为零，分成20家公司，大部分股权仍操纵在大股东手中。1899年时其中有一家新泽西美孚石油公司的股金从1000万美元增至1.1亿美元，并将它的股票换作其他19家公司的股票，这家公司就成为股权公司。1911年新泽西美孚石油公司再度解散，但仍以股权公司的方式维持下去。美国大公司中属于股权公司组织的为数不少，这种组织目前在英国及其他西欧国家也颇流行。

资本主义发展到了垄断阶段，不但工业集中，银行业也同样集中。大银行凭它们的优越条件不断排挤和并吞中小银行，加速银行资本的集中，构成银行的垄断组织。银行与保险公司等不仅从事金融业务，还过问到工矿运输等企业，因为这些企业须依靠银行贷款或投资，银行为确保投资安全，需要调查或了解企业的经营情况，有时也插手干预。银行的经济职能与社会地位愈来愈重要，银行与产业的关系也日益密切，不仅资金相融通，人事关系也彼此参与，有些银行的巨头兼企业的董事或监事，有些企业的巨头也兼银行的董事或监事，相互间结下了不解之缘。这样，银行资本与工业资本相融合，就形成金融资本，资本主义的垄断阶段后来成为金融资本支配的时代。少数金融寡头不但掌握国家的经济命脉，甚至还足以支配政治影响国内外的局势。

二、泡沫与危机

（一）经济金融大发展中的泡沫形成到危机发生

在 17 世纪近代金融业刚发端的时候，许多商人及一般人发财的念头非常强烈，常把专场买卖股票与债券当做致富的捷径，他们中大多数对此没有经验，当时也缺乏正确的信息，因而容易轻信，受投机家的拨弄，而这些投机家一有机会就哄抬股票价格，以至哄抬到了出奇的程度，这样就引起了投机狂热，形成了所谓的“泡沫经济时代”。在 18 世纪二三十年代前后，有两个事件值得注意，一是南海泡沫，二是密西西比泡沫。

南海泡沫（South Sea Bubble）的情况是这样的：事情发生在英国，时间在 18 世纪 20 年代，有个英国政界要人哈利（Robert Harley）于 1711 年开设了一家殖民地贸易公司名叫南海公司，公司愿意承受所有政府公债持有人的债券来认购公司股票，这样公司成了政府的债权人，政府就授予公司在南美洲的贸易垄断权，公司原以为获利很有把握，所以夸大其词诱使许多人投资认股。但对此英国政府并不能够真正做主，这主要须看西班牙是否愿意将垄断权给予公司，而由于西班牙国王腓力五世对英国人的贸易限制很严，公司盈利的前景显然不可乐观，而政府仍让公司哄抬股票价格，在1720年几个月内股票行市大涨，那年1月每股为128.5英镑，8月份涨到1000英镑，显然是由投机家从中操纵所致。但因为这样的上涨是没有基础的，到9月份泡沫破裂，股市直往下泻，许多股票持有人破产。当时，英国政府虽然想种种方法试图恢复公司信用，但没有生效。

密西西比泡沫（Mississippi Bubble）则发生在法国，时间同样在18世纪20年代。这事件的主角是约翰·劳（John Law），此人原籍苏格兰，因在一次决斗中杀死了人，逃往阿姆斯特丹，在那里乘机学习银行业务。1700年回到苏格兰，向议会建议做财政与贸易改革，发表《货币与贸易论见》（1705），因未被采纳，就转往法国。当时法国正值路易十四死后财政极度困难，他乘机提出一个缩减公债与奖励工商业的计划，认为鼓励投资、发行纸币可使法国经济重新得到繁荣。他取得了摄政王奥尔良公爵的信任，1716年批准他设立私人银行，特准发行纸币。

维多利亚时期是英国历史上最大盛世，女王从1837年践位到1901年逝世。而19世纪中叶，即从50年代到70年代，更是英国经济的全盛时期，在工业、商业、对外贸易、金融事业等各方面都非常兴旺。政治方面，保守党与自由党轮流执政，议会政治运用得非常得体。在国际范围，由于贸易关系的扩大，资本与技术的输出，海上霸权的保持，与灵活的外交政策，这些都提高了英国的大国威望，在欧美资本主义国家中居于首屈一指的地位。

1851年是这个黄金时代的开始，那年所举办的大工业博览会便是一个重要的标志。博览会主要由维多利亚女王的配偶亚尔培亲王主持，他花费了2年的时间辛勤筹备，地点选在伦敦市中心的海德公园，为此建造了一所别致的水晶宫，在6个月中参观博览会者达6百万人次。博览会主要展示英国产业革命的成果，英国数以千计的厂家都将他们的产品展出，表现出英国的工业水平确实高出其他国家，这也是一个国际博览会，除了英国本国的展品外，还有像法国出产的绸缎、天鹅绒和德国克虏伯厂所出的钢铁等等。这个盛大的博览会的规模是空前的，以后继起举行的许多世界性的博览会——如巴黎博览会（1867）与芝加哥博览会（1893）等都受了它的影响。

维多利亚中期的经济繁荣是建立在如下三个基础上的：

第一是工业产品的大量增加。英国最重要的工业产品要算煤、铁、棉布与呢绒。而且，1856年贝色麦炼钢法发明后，两年中钢的价格降低了一半，用这种方法可以大量炼钢，不久火车轨道、机器与船只多用钢制造。靠着这些工业品的增产，英国经济日渐繁荣，出口价值几乎增加了4倍，英国成了名副其实的“世界工厂”。

第二是航业与造船业的发达。19世纪中叶，由帆船过渡到轮船，由木船过渡到铁船，约在1840年新旧帆船给明轮船代替，1858年后明轮船又为螺旋桨船所代替。从帆船改用轮船的过程很慢，初时是机帆并用，到70年代才完全改成轮船，但发展很快，使英国成为世界的运输行。

第三是存款与投资的增加。这个时期英国国民收入增长很快，存款也迅速增加。伦敦几家大的股份银行的存款，在10年中增加了将近4倍。由于英格兰银行的黄金储备充足，故信用十分巩固。私人投资原来须负无限责任，大家不免有所顾虑，自1856年通过《股份公司法》后，投资只负有限责任，投资者至多只冒牺牲股份的风险，而在利市时可收到大笔红利。英国在国内投资之外尚有多余剩余资金可向外投放，在19世纪中叶投到欧洲国家铁道建设上的很多，法国、德国、奥地利、意大利、西班牙、比利时筑路时都利用英国资金，英国对美国的投资也特别多。这说明，英国既是“世界工厂”，同时还是“世界银行”。英国以一个国家而兼为世界工厂、世界运输行与世界银行，在当时是独一无二的。

英国自从由农业国家变成工业国家以后，人力与财力多投至发展工业方面，本国农业渐渐被放到无足轻重的地位，而倾向多多输出工业品而输入粮食与原料，这样对本国大大有利，可提高国内的生活水平。英国因为工业发达早，工业生产水平在当时超过世界所有国家，为各国制造订货，以“世界工厂”的地位自居，希望长期保持这种工业垄断的地位，让许多国家长期处于农业国的地位，而进行对它有利的国际分工。

英国想长期做一个农业世界中的工业国家的主观愿望是不现实的，而且资本主义经济的发展总是有盛衰波动的，英国即使在全盛时期，顺境中也有逆境，不免要发生危机，而且还有战争及其他意外的事故发生。1854年发生的克里米亚战争，英国也卷入，战场虽不在英国，但战费的支出不少，幸亏当时国家财政收入多，还不难应付。60年代初美国发生南北战争，棉花来源中断，一时发生棉荒，英国多数棉纺织厂被迫停工，厂主靠将纱布涨价而得到补偿，受损失的则是工人。在那20年中，英国分别在1858年和1867—1868年两次发生经济危机，虽然对英国经济造成影响，但当时英国整个经济实力并无多大衰退。从各方面看来，19世纪五六十年代算是英国经济最发达的时期，资本主义企业不断进行资本积累与扩大再生产。

（二）金融危机引发了经济危机

1825年末，首先由金融危机而引发的英国危机揭开了资本主义经济危机史的序幕。这场危机，引起大批银行破产，从而企业破产连续发生，破产总数达到3549起。危机期间，纺织业所受的打击最为沉重，1826年棉花进口量减少了23%。英国新兴的机器制造业以及建筑业、造船业等也受到了危机的打击，而这时其他国家尚未具备爆发普遍生产过剩危机的内部条件，但由于英国当时在世界经济中所处的特殊地位，1825年的危机已殃及很多国家，不仅与英国有密切经济联系的美国和欧洲的很多国家受到影响，而且危机还波及刚赢得独立并成为英国新市场的巴西、墨西哥和拉丁美洲的其他一些国家。

19世纪30年代后，英国本土连续几年农业丰收，由铁路建设带动的工业发展更加迅速，同时，由于更多的欧美国家开始了工业革命，对英国某些商品的需求增加，更刺激了英国国内的工商业兴隆，金融市场上集聚了大量的资本，寻找有利的投资场所。当时美国国土在不断扩大，人口剧增，工业革命正在蓬勃开展，成为英国资本的乐园。大量英国资本源源流入美国，扩展了那里的工商业，也助长了各种工商业投机活动。美国的工商业发展和外资大量涌入，引起美国对进口商品主要是英国商品的大量需求。1836年7月，美国杰克逊政府通令制止在购买国有土地中出现的投机活动，这一举动导致西部一些州的银行发生挤兑而陷入倒闭，一些商业和工业企业也随之破产。美国的事态迅速影响到英国，1837 年，英国向美国的出口几乎减少 2/3，一些大量贷款给美国进口商的大银行陷入债务危机，1837 年英国的破产数字比 1825 年增加 64%，危机中遭受打击最重的仍是棉纺织业。美国在这次危机中受到的打击较轻，主要是因为这时美国的农业出口的增加扩大了国内工业品的需求，以及外资的大量涌入充实了金融市场。

继 1857 年危机之后，世界资本主义国家生产再次出现高涨，到 19 世纪 60 年代中期，由于美国南北战争的爆发，使各国棉纺织业首先受到影响，更多的闲置资本进入流通领域，用于投机活动和操纵金融。1866 年，在金融领域首先出现危机，继而扩展到各个部门。1866 年的危机同样具有世界性，虽然它主要是在英国展开的，但陆续波及了美国、法国和德国等国。这次危机在信贷金融领域内表现得特别尖锐。

（三）银行业的重建

这里以法国的银行重建加以说明。

第一家最大的银行就是里昂信贷银行于 1863 年在里昂创立的，不久就成为全国极重要的银行，在股份银行中无出其右。该行除办理贴现外，还兼营所有各项银行业务，它的创业资本实缴 2000 万法郎，以后不断增资，到 20 世纪中叶资本额达 4 亿法郎，储备金达 8 亿法郎，里昂信贷银行的总行设在巴黎，分支行遍及全国各地，在伦敦也有分行，在比利时、瑞士、西班牙、埃及诸国都有分行，在 20 世纪中叶就达到 1300 处①。

第二家股份银行是法国兴业银行，这家银行于 1864 年经政府批准设立，其宗旨是在协助法国工商企业的发展，该行吸收大量存款，以工商企业投资为主要业务，此外，还经营租赁、信托、抵押、代理发行债券等业务。兴业银行的创业资本实缴 1.2 亿法郎，经不断增资，到 20 世纪中叶，资本额已达 3.22 亿法郎，储备金达 3.9 亿法郎②。兴业银行很注重国际金融业务，总行设在巴黎，分

① 夏炎德．欧美经济史［M］．上海，上海三联书店，1991：319.

② 同上。

支行遍及法国各地，在世界30多个国家都有分行，总计在1500处以上。

再次是国民贴现银行。这家银行资格很老，仅仅次于法兰西银行，它成立于1848年，当时称为巴黎贴现银行，其主要业务是票据贴现。这家贴现银行在多年中经营非常成功，用多种方式支持工商企业，所起的作用很大，该行一度因投资到一家五金公司吃了倒账，遭到很大损失，幸赖法兰西银行及其他银行的支撑才得以恢复信用。1891年，有一家大的储蓄银行并入该行，资金大大充实，业务继续发展。该行总行设在巴黎，分支行遍布全国，在国外许多城市如伦敦、曼彻斯特、利物浦、布鲁塞尔等都设有分行。该行多年来不断增资，在20世纪中叶资本额达4亿法郎，储备金达4.52亿法郎①。

在法国的股份银行中，除上述三大家之外，还有法国商业信贷银行、国民工商银行与工商信贷银行等三家银行也相当重要。此外，法国的农业合作银行也具有本国的特色。另外，邮局兼营一般银行业务，给居民不少方便。法国的银行为结算票据方便，同英国一样设有票据交换所，不过因为法国支票使用不像英国普遍，每日交换数额也不如前者多。但就1929年说，票据交换的总价值也有51200亿法郎②，由此足见法国工业化进程中对于金融需求之大。

第五节　政府对金融发展的推动作用

一、德国革命与金融

由于德国资本主义经济发展较英国起步要晚，资本积累有限，国内工商企业自有资本率低和对银行的依赖性大等原因，德国自觉推行适度金融超前发展战略。

---

① 夏炎德．欧美经济史［M］．上海，上海三联书店，1991：319.

② 夏炎德．欧美经济史［M］．上海，上海三联书店，1991：320.

在1848—1870年，确立形成了近代德国银行兼营多种金融业务的综合化特征。政府为适应经济发展的客观需要，大力促进经济的发展，极力鼓励大企业的创办。对银行所能从事的各项业务提供方便条件，不加限制或很少限制。对银行同工商企业的关系，特别是对持股关系和人事结合渗透积极加以鼓励，从而使银行参与企业之创办、改组和合并。从1870年开始，政府对股份有限公司的设立采用标准化的原则，大大促进了独资或合伙私人小银行的股份化。

德国式综合银行体制和同工商企业特别密切的控制依赖关系，在政府的积极支持和鼓励下获得特别的发展。

1871年，普法战争以德国的胜利而告终，巨额赔款的获得，阿尔萨斯及洛林领土和资源的夺取，对缺少资源和资金，急需迅速发展而又采取适度金融超前发展战略的德国来说，是重要的补充。普法战争中德国不仅获得领土和赔款，而且对内统一了德意志帝国，通过撤除各邦林立的税卡，统一国内市场和进行币制改革，扫清了资本主义大规模发展的障碍，大规模的创业再次掀起。德国政府已不再满足于前期那种对私人银行供应企业长期资金和充当企业保姆的角色，转而自己亲自发挥更加直接的作用，国家集资设立大规模的新式长期信用银行数家。

1875年，德国的产业革命完成，这种兼营形态的银行有了更进一步的发展。信用银行业务中存、放、贷业务已与创业业务并驾齐驱，成为银行的两种主要业务。这是德国银行业务发展过程中的一大特征。一般商业银行同时兼营投资信用业务，主要直接从事企业的创业投资和股票等有价证券的发行与买卖业务。一般国家都是先有经营短期资金融通业务的商业银行，然后随着商品经济的发展、积累和扩大，资金宽余度的增强和信用关系的复杂化，而逐步建立长期信用银行、证券银行或创业发起银行。即在发展阶段或发展时间上，明显地显示出从事短期资金融通业务的银行发展在前，从事长期性资金融通业务的银行发展在后的特点。在这一点上，由于德国特殊国情需要，突出地表现了长期金融超前发展的态势。德国这种长期性信用投资银行业务的发展，采取了在同一金融机构内长期金融业务兼营或综合化的形态，而同期在英、美、日等国则采取了长期金融业务在机构上各自相互分离独立的形式。大多数国家长短期金融业务在同一机构内的交叉一体化，只是到了20世纪80年代伴随金融创新和自由化潮流才见端倪。1875年，德国中央银行德意志国家银行建立，至此德国近代银行体系最终形成。

与英国和法国不同，德国在19世纪的大部分时间里都处于政治上的分裂状态。在1871年统一之前，德国至少由30个公国、共和国和王国组成，它们的大小从像法兰克福般的城市到如普鲁士般的大国不等。在19世纪初期，德国至少有四个重要的金融中心：法兰克福（Frankfurt）、科隆（Cologne）、汉堡（Hamburg）和柏林（Berlin）。这个时期最为重要的金融机构都是家族式的私人银行：如法兰克福的罗思柴尔德家族（Rothschilds）、科隆的奥本海默家族（Oppenheims）、汉堡的海涅和沃伯格家族（HeineandWarburg）、柏林的布莱切尔德家族（Bleichr6der）。

直到19世纪中叶，德国才出现了联合股份银行，即1848年在普鲁士成立的德国舍夫豪森银行（Schaffhausen´schen），它被赋予了广泛的权力。随后在1850—1857年出现了以此银行为模型建立银行的浪潮，其势头因1857年的金融危机被遏止。但是，受到国家统一和单一流通货币出现的刺激，第二次浪潮于1866—1873年再次兴起。这时期不少的德国银行家都到过法国，并受到法国的动产信贷银行（Credit Mobiler）经验的影响，因此，德累斯顿银行就是专门成立来寻求产业贷款的银行。其他银行，如汉堡的商人银行和柏林的德意志银行，则是为了向对外贸易提供援助而建立的，但不久，它们都转为向产业贷款，因为它们发现在国际领域，难以与已占主导地位的英国和法国进行竞争。

这段时期，德国的金融市场与英国相比是落后的，在1850年之前，德国很少有联合股份公司。虽然金融市场确实存在，但主要分布在法兰克福和柏林，且主要是为各种形式的政府债券服务，并向贵族、城镇、外国政府提供贷款。虽然柏林的金融市场在为德国铁路提供资金方面确实发挥了一些作用，但并没有发展到能为产业大范围融资的程度。在这一时期，银企关系有了长足的进展。银行派出公司的董事，而产业界也在银行的董事会拥有席位，这种相互联系相当普遍但并非绝对。一些企业，如钢铁业的蒂森（Thyssen）、斯丁尼斯（Stinnes）和化工等行业就不采取这种相互介入的方式。不过，大部分的企业还是主要依赖于银行贷款和内部融资。据推测，许多行业存在的卡特尔（在当时是合法的）提高了企业的利润，使得内部融资变得更加容易。银行和产业间的紧密关系推动了开户银行制度的发展，企业和特定的银行建立长期关系，并利用它们满足自身大部分的资金需要。但关于银行拥有对企业多大的控制权为宜一直都存在争论，看来，银行的影响在不同的企业间是不同的。

从第二次银行的形成浪潮开始，大约是从德国统一到20世纪初这段时间，德国银行也建立起遍布全国的网络，情况与英国和法国类似，但德国银行建立全国性分支机构和网络的速度比其他地方都要快。此外，19世纪的第一个十年，地产公司（the Land sehaften）作为抵押银行在普鲁士成立。这些银行并不追求利润的最大化，而是以公众利益为经营目标，其董事会成员由当地政府任命；到了19世纪中叶，合作银行出现，给农民提供乡村信用，帮助小店主和零售商，并且服务于存款者的利益。可以说，这些机构自它们成立之日起就成为德国银行系统的一个重要组成部分。

二、美国独立与金融

美国的金融史与其他大多数工业化国家相比有很大的不同，这主要归因于美国与众不同的政治历史。

（一）独立战争前的美国金融

在美国内战以前银行业还是相当新奇的行业，1780年以前，商业银行尚未问世，与其他一些十分重要的社会机构相比，银行对于人们仍较陌生。那时人们的金融需求主要是为利用重要港口的商人来提供金融服务的，独立战争前，英国当局曾对殖民地银行的注册设置过障碍，如一些州滥用纸币，便曾对各州纸币的发行规定了各种限制。然而，即使他们没有障碍和限制，当时的美国也不可能像今天这样开办许多的私人银行。

在1780年以前，美国经济是以其他方式来提供金融方面的服务的，与商业银行相比，这些方式所提供的服务平均费用虽然要高些，但总的来说还是比较低的。1780年以前，美国人通过商人的信用票据而得到货币服务，这种票据就是由一些巨商签发的，到期之前可以一直流通的期票。此外，他们还相当多地利用易货贸易和贸易信贷之类的货币替代形式。然而，殖民地居民在结账或在进行少量的日常交易时则必须使用硬币。虽然这种交换媒介的花费巨大，代价也高昂，但它在当时，仍不失为一种切实可行的办法。

1780年以后美国人创造出了更好的金融形式。在随后的50年间，即1780—1830年，最为显著的变化是商业银行的迅速发展。1781年，北美银行在费城问世。仅10年功夫，银行便遍及了所有重要的港口城市。到1800年，除了一些人烟稀少的地区之外（如佛蒙特），各个州都设立了银行。据不完全统计，到1836年，美国已经有700多家银行，它们所发行的钞票和发放的贷款总额达2亿美元，平均每人10多美元①。

在这段时期，商业银行作为一个发展部门，很快就在国民经济中承担起金融服务的主要责任。尽管人们对商业银行的作用有相当多的误解和怀疑，但是，这种新型组织形式的优越性极大，银行迅速在全国发展起来而日益盛行。商业银行能以比当时现有方法更加有效的方式提供大量的金融服务，这是它迅速发展的主要推动力。

到1830年，商业银行已在美国茁壮成长，这些商业银行所提供的服务使顾客觉得特别有吸引力。因而，在20余年时间内，银行家的职业为许多人所青睐。最初的银行家往往是一些商人，后来，在其他的行业中，也涌现出了银行家，这说明实业与金融业之间的联系，是商品贸易向银行信用转变的自然延伸。

① 【美】杰拉尔德·冈德森．美国经济史新编［M］．北京，商务印书馆，1994：254.

（二）早期银行的建立：社会的创新

同今天一样，美国内战以前的银行也是采取一种商业公司的形式。但是，与后来不同的是，关于批准这些公司成为银行或别的重要类型的企业，当时还没有现成的法律程序。结果，每个银行不得不依靠它所在的州立法机关通过一项专门立法而获得营业执照。那些认为能从银行营业中得到好处的选民全力支持银行申请执照；那些对银行抱怀疑态度的人，以及担心新的竞争者的出现将会使他们直接蒙受损失的现有银行家则竭力反对。

当然，取得了银行执照并非像通常所说的就拥有了印发钞票的权力（银行发行的钞票还必须赢得公众足够的信任，否则，它们在流通中必然会大打折扣）。但不管怎么说，取得银行营业执照毕竟是生财之道，因为银行家从此可以发行钞票作为准合法货币，钞票的发行量可以数倍于该银行所实际拥有的货币资产的价值。在银行创建初期，其利润率相当高。银行出售的股票总值通常是已缴资本，因此能获得大量贴水。这种贴水就是大大超过从其他途径可能获得的利润，当时只有在银行业进行资本投资才能获得收益，这也表明了获得银行业营业执照的重要性，因为它是人们能否获得超出正常利润水平收益的关键因素。

反对颁发银行营业执照的人们也通过赢得选票而得到实实在在的好处，他们的反对并不只是由于抱残守缺。如果用某种股票资源在国民经济中扩大货币服务，那对整个国民经济都是有利的，而收益的分配则并不平均。新银行发行的钞票显然会引起现行纸币的相对贬值。每发行一种新的美元钞票，都会引起可与任何既定数量的商品和劳务相交换的现行货币贬值。从这个角度看问题有助于解释不同地区在对待银行的创建以及给银行发行钞票的自由权这件事情上为什么态度有天壤之别。总的来说，西部和边远地区各州在颁发银行营业执照和准予发行钞票方面是最为开明的，相比之下，东部各州，或如路易斯安那等金融系统比较发达的州，则普遍采取限制的做法。

历史学家通常把给予银行经营自主权程度的差别，归之于哲学方面的争议。各地区（州）在做法上的差别表明了它们按照各自的情况采取了对自己最有利的办法。那时，西部地区正在迅速发展，资本净输入的数量很大。自由银行法使得那些地区能够以较低的利息获得贷款，要不然，它们就得支付较高的利息才能借到钱，当时，有些人已经注意到这一事实。至于发达地区，刚好相反，它们很少需要新的资本，而保护他们现有资产的价值则会收益更多。

（三）野猫银行与初次尝试建立中央银行

人们经常把美国内战以前的银行业说成是混乱、冒险、动荡不定以及事倍功半的，又常常用“野猫银行”一词概括这些特征。

野猫银行比一批“正规”银行所能提供更多的货币储备，因而，在经济发展时期，它也就能使存款额得到更大的绝对的增长。不过，这未必意味着货币与经济活动量比率会相对变化增加。以美元数量比率的变化来衡量货币流通和经济活动量的变化确实是增加了，但不能就此认为这种变化的比率会大于（或者小于）正规银行给国民经济造成的影响。

事实上，在内战以前时期，一些实力较强的银行却更加经常地陷入窘境，不过像现在的银行破产那样，灾难性的事件倒也不常发生。大部分破产的原因是中止偿付，即无法用硬币承兑银行钞票，或者无法偿付存款。但是这样的中止偿付只有一天或者几天的时间，到该行筹借到硬币，或把它的部分资产换成硬币，就又能偿付了。

美国内战时期以前的人们已经学会了应付银行破产的方式。实际上，在那个时期，中止偿付相对地说是人们习以为常和意料之中的，人们事先做了安排，以便一旦发生中止偿付时尽可能地缩小影响。亚历山大·汉密尔顿（Alexander Hamilton）受到他在英格兰银行经历的影响，在独立战争（the Revolution）后就提倡建立一个分支遍布全国的大型联邦许可银行，美国第一银行（1791—1811年）由此而诞生，随后是美国第二银行（1816—1836年）。这些机构所代表的权力集中形式受到公众的质疑并引发过争论。由于当时银行承担风险的程度大，所以它们破产的比率也就大于现代银行。美国内战以前历史上最为著名的公案之一就是有关中央银行成立问题的争论，它发生在安德鲁·杰克逊与美国第二国民银行总裁尼古拉·比德耳之间。当时，杰克逊和很多的人都把银行描绘成一个魔鬼，说它运用金融垄断权损害商人们的利益，而与此相反，比德耳等人则认为，成立中央银行则是银行系统稳定和有信心的体现。双方争论的焦点在于中央银行是否适用于内战以前美国经济的发展，支持创立中央银行者认为中央银行应掌握充分的权力，以减少商业周期的涨落幅度，并且可改善金融系统的服务质量。反对者认为，中央银行的这一权力可能会导致经济的多样性受到限制，特别是那些规模较小的经济单位更易受到损害。在当时，由于还没有成熟的诸如像国民生产总值、失业率、货币供应量及国民经济运转情况等指标可供调控掌握，因而，中央银行在内战以前要执行货币政策其难度可想而知。

另一个难度是要找到某种实施货币政策的办法，在这方面，美国第一国民银行和第二国民银行也跟现代的联邦政府储备委员会一样颇感无能为力。一家真正的中央银行应该具备确定储备要求，或者利用法令约束各个银行的经营活动的合法权利，但它们并没有这样的权力。由于它们基本上都是些私人的银行，尽管规模较大，但它们只能是利用自已对金融市场的影响来控制货币的流通情况，它们唯一的特权是作为政府的财政机构而持有可在全国营业的执照。但是政府的全部存款都放在它们那里，同时，它们还得免费管理政府的各种财政事务。当安德鲁·杰克逊于1883年从第二国民银行撤走联邦政府的存款时，该行实际成为了一家巨大的私人银行。自此以后，第一国民银行和第二国民银行通过各种途径来影响国民经济中的各种金融活动，由于规模巨大，又处于联邦政府机构的地位，它们就成了流通中各种银行证券的天然交易所。只要它们认为某家银行滥发钞票，它们就向这家银行去兑现它们手中的全部票据，以此向这家银行施加巨大的压力。但是，这些手段并不是无所不能的，因为它们要受到这两家银行的私有财产的限制。

一般说来，国民银行为帮助整个国民经济所进行的经营活动，从作为私人银行的角度来看，并不是最有利可图的。因此，这两家银行作为稳定国民经济所采用的任何利他主义行动，都得运用它们的资产，并且最终都是它们的股东来掏腰包。然而，使这些私人银行进退两难的是，它们不能既要稳定美国的经济，又要使本行的资本产生具有竞争力的收益，结果，由私人集团利用私人资产而勉强维持的“中央银行”面临着困难的选择。如果它们要坚持稳定整个国民经济，那么相对于银行系统的其他同业来说，它们自己的实力就要下降，总而言之，它们坚持承担协调国民经济的时间越长，从事这一活动的能力就会减弱。当比德耳的银行于 1841 年通过他人为保持棉花高价以援助国民经济而使自己濒于倒闭的境地时，这一严酷的现实就更显著了。

可见，内战以前的美国人还没有一个像现代这样行之有效的中央银行。当时，也有一些人出人意外地对于如何使货币政策发挥作用领会颇深。但是，仅有货币政策还是十分不够的，其主要问题是没有执行这样一种政策的机构。从实施有效的货币政策所要求的条件来看，当时美国的金融系统根本还没有得到充分的发展，也没有实行必要的货币控制的政治气候。因此，过了一个世纪，美国才出现了一个具备必要的权力、洞察力以及持久力的名副其实的中央银行。

结果是，美国内战以前（1791—1811 年，以及 1816—1836 年）开设的两家中央银行，其主要影响在于经济领域而不在于商业周期。实际上，中央银行大部分的影响是控制国民经济中的货币流通量。正如我们业已指出的那样，这两家国民银行起着各种银行证券交易所的作用，所以它们在这方面具有相当大的实力。它们有效地限制了个别银行的钞票发行量，并且推而广之，也就有效地控制了整个银行系统的钞票发行量，从而使发行的钞票与银行系统已有的资本基础相称。从上述讨论中可以看出，若银行系统的营业成本高些，则经营就较为安全。

在整个 19 世纪，美国的银行系统都是高度分散的。不同于其他任何一个工业化国家，美国从未建立过拥有广泛分支网点的全国性银行。在国内战争之前，州政府享有管理州内银行系统的自由，并且不存在全国性的银行系统。许多州都采用了“自由银行”系统，即允许银行业的自由进入。结果，在 1837 年、1857 年相继爆发了严重的银行恐慌，并使得衰退和严重的经济混乱接踵而至。

始于 1861 年的国内战争和为战争集资的需要大大地改变了联邦政府在金融

系统中的作用。1863 年和 1864 年颁布的《国家银行法》设立了一个国家银行系统，并限制了银行的权利。尤其是 1864 年的法案，把每家银行限制在单一的行政区域内。当产生银行是否能够持股的疑问时，最高法院规定，因为 1864 年法案没有具体地批准这项权利，所以银行不能持股。但是，国家银行系统并没能阻止恐慌的发生和与之相关的经济混乱和衰退。1873 年、1884 年、1893 年和 1907 年都相继地出现恐慌。在 1907 年的危机之后，一位欧洲的银行家在总结欧洲的失败经验时比照了美国银行系统的无效率，称呼美国是“金融体系的一大麻烦（Nuisance）”。终于，在 1913 年，联邦储备系统建立起来了。

正如 18 世纪的英法战争有助于推动伦敦资本市场的发展一样，美国的国内战争也促进了纽约市场的发展。而且，经最高法院解释的 1864 年《国家银行法》对银行持股的禁止和银行系统的普遍弱势，有助于强化金融市场的作用。第一次世界大战期间，纽约市场充当着替所有党派融资的角色，尤其是替英国和法国融资，使纽约无可争议地取代伦敦成为了世界金融中心。1917 年的前四年间，美国从一个负债 30 亿～40 亿美元的净债务人变为拥有 50 亿美元债权的净债权人，而大英帝国则经历了多个世纪才得以达到相似的地位。

（四）政府控制金融部门的其他手段

有些人认为，内战以前美国的中央银行是（或将会是）美国经济的一笔财产，他们相信中央银行会使国民经济的稳定性和效率得到改善。毕竟，一家中央银行不可能对整个国民经济的稳定做出很大的贡献，即使它使银行资产的安全情况有所改善，一般也都是以效率降低为代价的。中央银行的政策只是经济交易的延伸，在对待野猫银行的问题上就可以看到这一点。因此，与其把中央银行看做是增加当时国民经济净产出的一种革新，不如说它的主要作用是影响国民经济内部的收入分配。

这种对自由经济的集体干预在当时并不是例外。内战以前的一段时期，往往被历史学家称为自由放任时期。虽然还需要做比迄今为止所做的更为周密得多的研究才能使人对此确信无疑，但是与近代美国的情况相比，当时却是比较自由放任的。如果说那是个只对国民经济做有限干预的时代，不管怎样，与其说是人们出于哲学的什么好恶而不加干预，毋宁说是因为他们认为这样做更为有利。每当良机出现时，美国人从来都是毫不踌躇地去抓住不放的，这方面一个引人注目的例子就发生在金融部门。

1. “沙福克制度”

19 世纪 20 年代，在波士顿各家银行和周围乡村市场地区的银行之间商定了一种安排，后来成为（继中央银行之后）众所周知的“沙福克制度”。如果参加“沙丽克制度”的各乡村银行同意在指定的波士顿银行的账户中保有最低限度的结余，那么“沙福克制度”就可保证它们发行的钞票以平价在波士顿流通。“沙福克制度”一直实行到美国内战爆发，在那之后，银行的钞票受到了严格的限制，几乎快要消失。平时在纽约、费城等其他大城市也采用了与“沙福克制度”类似的各种制度。这些制度显然是要解决自第一批乡村银行建立以来一直使城市银行和商人伤脑筋的一个问题。乡村银行发行的钞票当然是用于商业交易的，因此在像波士顿这样的城市市场上不断用来支付贷款。城市商人不愿意按其票面价值接受乡村银行的钞票，因为兑现时花费甚大，而且乡村银行经常不能承兑硬币。结果，乡村银行的钞票打了折扣，它们的交换价值低于票面价值，所打折扣的多少取决于发行这些钞票的银行的地理位置以及信誉，因而城市银行不乐意经营这些他们常贬称为“可笑的货币”的钞票。更具体地说，乡村银行的钞票与城市银行的钞票发生了竞争，城市银行为了自身的利益，必然会阻碍乡村银行钞票的流通。由于这个原因，在一些大城市中用乡村银行钞票进行的交易，有相当大的一部分是在那些没有任何竞争意向的专业的货币经纪人那儿了结的。

“沙福克制度”排挤了这种价值打折扣的银行钞票的流通网。历史学家通常都把这誉为向货币稳定和统一前进的一步。“沙福克制度”确实消除了这些钞票七折八扣的情况，从而使它们能以非常接近其票面价值的价值进行流通。然而，沙福克制度的制订是否要使所有参加者都有利可图，那还不得而知。只是当所有的城市银行结成共同阵线，并威胁要把它们所掌握的全部“没有担保的”乡村银行钞票向没加入沙福克系统的那些银行要求承兑之后，大部分乡村银行才参加了沙福克制度。这不仅要求乡村银行在沙福克银行的账户上略有结余，以便足以承兑它们在波士顿流通的全部钞票，而且还要有一种额外的专用结余(通常为5000美元)。实际上，这些最低限度的结余成了乡村银行的一种费用，因为它们本来可以利用这部分资金去谋利的。这就意味着，与没有沙福克制度时相比，乡村银行被迫把它们所发行的钞票的资本或准备金的比率提高了。这也意味着波士顿各家银行自愿联合起来后，必须在马萨诸塞东部市场地区实施十分类似于美国中央银行曾在开业期间谋求向全国推行的那种金融经营办法。沙福克制度的建立是那些靠保护现行金融资产的安全而获利的集团的一次胜利，它们击败了那些从没有足够清偿能力的借贷和通货膨胀中获利的集团。从这种意义上说，像沙福克制度这样的一种安排在内战以前时期，为什么不是在迅速发展的西部地区出现，而是在马萨诸塞州得以顺利地实施，以及在东部其他发达地区也一定程度上得到实施，那是没有什么奇怪的。与美国其他地区相比，在东部地区，这些保守的金融制度所获得的收益是比较高的，那个时期保守派在马萨诸塞获得成功的一个象征，是该州的价格水平趋向下降。相反，其余大多数州的价格水平普遍趋向上升。

2. 安全基金制度

19世纪30年代，事情已经很明显，纽约将成为东海岸或者全美国的最大城市。在当时，美国经济的两个发展部门——商业和金融业中，纽约都是主要的创新者，人们所熟知的“安全基金制度”，就是纽约最早设计出来的金融制度之一。它是纽约州对私营银行实行的一种限制性保险计划。它的经营业务与目前的联邦存款保险公司很相似，就是把参加该制度的各银行资产的一小部分集中起来，用以支付某家银行倒闭时债权人提出的偿付要求。安全基金制度的好处是通过集体保证来确保所参加该制度的银行的安全，而不用像纽约邻近的马萨诸塞州那样，通过加强保守的银行业务，用一些更加费钱的办法才做到这一点。通过安全基金制度取得了银行业的安全所需要花费的成本至多不过占一家银行资产的3%，如果实行保守的银行业务政策则通常使一家银行的有效资产减少20%～40%。由于安全基金制度十分成功，密执安和佛蒙特两州都起而仿效，在它们的银行系统内也提供这种保障。虽然安全基金制度能够抵挡温和的经济紧缩，但它终究不是用来对付大萧条的。在1837年那场严重的全国性经济紧缩中，接连不断的银行倒闭，使安全基金的储备告罄，这种制度被迫中断。因而，纽约州一方面努力保持在金融界的竞争地位，另一方面不得不重新去冥思苦想，寻找另一种确保银行业安全的办法。

3. 自由银行制

1838年，纽约州创设了一种新型的银行管理制度，后来被人们广泛地效仿，并且在历史学家中引起更为广泛的争论。这种制度当时被称为“自由银行制”，这个名称曾引起许多人的误解。以前，每一家新的银行都得由州立法机构分别批准才能开业。州立法机关使得颁发每一份新的银行营业执照都成了一次政治决策，因此引起公众对审批方法的很大怀疑。另外，申请开业的新银行数量急剧增多，在1836年美国第二国民银行解散之后，这种情况尤为突出。

所谓自由银行是指符合一定条件的任何集团都能获准开设银行。然而，有些条件，较之于由立法机关审批银行开业执照所形成的障碍还要严格。例如，新银行必须把它一定比例的缴入资本存进州政府指定的银行，在银行资产与其钞票发行量的比例和银行发放贷款的类型和期限等方面也都有所限制。具有讽刺意味的是，这种自由银行于获准开业之后，在开展银行业务方面，其自由程度可能反倒不如那些通过立法机关审批的银行。

事实业已证明，自由银行制是内战以前20年间管理州银行业的最为广泛采用的办法。看来，它能兼顾安全和效率，使这两者之间一直存在的矛盾得到正确的解决。纽约州的一些条例禁止经营那些被公众一致认为对银行制度造成威胁的银行业务，但是它们又允许银行自行制定出它们同顾客通融的办法。不过，自由银行制并没有解决内战以前银行业的一个主要问题。虽然，各银行必须在一个指定的银行存放一定的准备金，但是，如果银行突然需要流动资金以便满足储户提出的偿付要求，这些准备金是帮不了什么忙的。一个银行基本上必须依赖于本身的资本储备，以便对付集中提款。遇到了麻烦的银行，可以出售一些流动性的资产，诸如债券、抵押单之类，以便在金融市场兑换硬币，但是，因为其他银行此时往往也迫切需要增加流动资金，所以这种变卖资产之法就成为了一种代价昂贵而又难于收效的筹集短期流动资金的办法。从根本上说，确保有一笔全国范围的流动资金储备的唯一办法，就是建立起拥有充足的准备金以提供流动资金的金融管理当局，而在这方面中央银行最可能胜任其责。

过了整整一个世纪之后，这种中央银行在美国还没有正式出现。在这期间，各银行不得不自己勉力为之，不惜任何代价准备应付最坏的情况。这种预防措施的主要代价之一，是银行对金融资产的利用受到了严重的限制，有些本来可以作为资金加以利用的，却只得用作不能生息的储备。实际上，在 19 世纪的大部分时间里，金融界一直争论不休的就是这个问题。这场争论是在“真正可兑现的票据”理论的拥护者和“通融”方法的倡导者之间进行的。前者主张，银行的贷款必须限于向商业企业储存货物提供资金，并且应该是短期的和有自我清偿能力的。坚持这种主张的人说，那将自动地使银行贷款与国民经济的需求相适应，也将确保银行随时都有可满足短期内兑换硬币要求的流动资金。当然，这种主张也有一些严重的缺点，比如缺乏进行长期资本投资的资金等等，但是，如人们自觉地遵循上述主张，银行业务就比较安全可靠。

主张通融的人强调，大部分的商业贷款需求都是长期贷款，而不是短期贷款，假如企业要想继续经营下去，即使是银行为它备货而提供的短期贷款也必须予以展期。因此，这些人虽然同意发放短期贷款，但是，他们认为，在情况许可的条件下应该准予展期。在银行界继续就这一问题开展争论的同时，主要是学术界对这个问题进行争论。尽管银行家口头上都支持总的原则，但这个问题实际上是由他们在日常业务中如何安排各种资金所决定的。总的来说，“真正可兑现的票据”理论的拥护者往往到头来占优势，不管公众怎么说，银行不得不准备好资金，以应付那些大储户突然一齐来提款。确切地说，人们可以认为，存款危机到来之前，这些银行在经营贷款业务方面也是倾向于通融的，一旦危机出现，就会转向拥护“真正可兑现的票据”理论。

于是，1780—1830 年，商业银行是美国经济中的一个发展的部门。但是在 1830 年以后的 30 年中，商业银行的发展放慢了，以存款额和其他一些指标来衡量银行业务的发展速度，只是与共他经济部门的发展速度相等而已。同时，一系列其他金融中介机构——其中有些是新的，但多数却是早就问世了的——开始迅速发展。其部分原因在于，它们显然提供了商业银行所未能提供的一些服务。这些机构的一个共同特点是，它们能够提供期限较长的贷款。

三、日本明治维新中的金融发展

（一）明治时代的货币制度及其通货情况

据说，在日本古代的镰仓时代（1192—1333 年）开始就有众多的借贷资金的业务了，然而真正的借贷资金却是在日本的江户时代（1603—1868 年）。另外，德川幕府时代的大阪的“藏元”、“两替”和江户时代的“札差”，尤其是江户（现在的东京）、京都和大阪三地的“为替组”[①] 等业务，全部是以一种金融机构的形式出现的，主要的有：江户的大间屋（营业机构的名称）就是针对商品的采购以及农民、渔民为服务对象进行借贷而设立的金融机构，即所谓的“间屋金融”。这种金融机构，即使今天仍然有一部分在那些从业者之间经营着（这并不能称为特殊的金融）。但是，与这些特殊的金融业务相区别，主要是集中在江户、京都和大阪三地的金融机构，它们之间在经营业务上有相当多的交易。然而，无论如何，当时的这些金融业务的服务对象主要是针对各藩[②]内部的。把大众作为服务的对象而设立金融机构则是在明治维新后，在欧美各国的金融制度传入日本以后建立的。

---

① 从事外汇交易的金融机构。

② 日本江户幕府时期，把全国 1/4 的土地作为幕府的直辖领地，而幕府领地以外的近 3/4 的土地，则分给 260 多家大名统治，这些大名被称为藩。

明治时代除了银行外，还产生了一些包括保险公司在内的金融机构，它们无疑属于金融机构，但是它们事实上的业务活动是在进入大正和昭和时代了。此外，还有证券经纪人。这些证券经纪人有：于明治32年（1889年）东京的诸井时三郎、明治35年（1902年）大阪的藤本清兵卫。他们以各式各样的“手形仲卖业”，也即所谓的证券经纪人执业，全面开展业务已经到了大正时代了，特别是到第一次世界大战期间，发展成为“战争景气”。再次，关于“信用组合”。依据明治24年（1891年）的法律、明治33年公布的产业组合法，其后陆续在各府县都设立了机构，但由于资金力量弱小，加之，活动范围所限，这些在明治时代的金融史上并无重要地位。最后，说说保险公司，明治12年（1879年）成立的东京海上保险公司、明治14年成立的明治生命保险公司、明治20年（1887年）成立的东京火灾保险公司，这些机构的纷纷设立，使得以生命和损害为保付对象的保险业在明治时代得到了空前发展。但是这些保险公司在重要的金融机构中而有一席之地时，已经是昭和年代了。

综上所述，明治时代的金融机构当中银行独占鳌头，占有很大的比重，由于金融市场的狭小，金融领域的变化主要集中于银行的设立，与其去反映这些银行营业的消长，不如去从银行史的状态变迁认识日本的金融史。

江户幕府时代一个显著的特征是全国缺乏统一的货币管理制度。当时有“金江户，银大阪”的说法，这两个东西交易地，货币的基本单位不一，用金或银又更多些，以此相伴的是把金银比价的变动作为投机交易的目标。当时日本货币的基本单位是“两”，它的1/4叫“分”，分的1/4叫“朱”，银币则采用称量的方式决定货币。除了金和银之外，还有所谓的“钱”，它的最低单位是“文”，一千文为一贯，625文为一朱。在这种货币制度下，各地的藩主①发行的称为“藩札”② 的纸币仍可流通，但是其流通范围到了别的诸藩领域内则受限。

---

① 日本江户幕府时期，把全国1/4的土地作为幕府的直辖领地，而幕府领地以外的近3/4的土地，则分给260多家大名统治，各地蕃地的主人称为藩主。

② “札”在日语中是纸牌子，在此指票据、证券之类的东西。

与这种货币制度相适应的金融机构主要是那些为幕府缴纳租金、上缴外汇的“御用为替组”（进行兑换的机构），还有为旗本①、御家人②及诸多藩士从事金融、外汇等业务的机构，如江户的札差；大阪的藏元、银挂屋、御用达等。此外，在东西两大城市，都有从事以金、银、铜的货币交易为基本业务的机构，特别是江户的越后屋（以后发展为三井组）、小野组（日本将商业机构称为“组”）；大阪的天王寺屋、平野屋、鸿池屋、泉屋（后来的住友）等等。这些金融机构的从业者，以“御用商人”的立足点中受益并利用公众的存款，常为生息进行民间借贷。

这些机构多是接受广大的公众的储蓄存款，放贷或是贴现的方法来融通资金，这种普遍的融通资金的中介机构并不能全面地发挥作用。即使它们中的一部分有从事工商业的交易对象，并且在同行业中有像浮动的或是固定的汇率进行交易、收取手续费，而事实上，它们是幕府或各藩主的金融御用机构。但是，到了幕府后期，幕府或者多数的各藩逐渐陷入财政困难，币制越来越混乱以至崩溃，越后屋及小野组等两三个有实力的从业者勉勉强强地维持着，江户、大阪的金融机构多数都没落下去了。然而，作为明治新政府，并没有理会废除旧的对封建保护的政策，在民间如何废旧立新并无办法，经济曾一时陷入极度混乱。明治元年（1868 年）及 2 年（1869 年）又经受了非常打击，除民众苦难外，又有会津等东北地带的战事重重，工商业蒙受了巨大打击。

（二）金银复本位制度下的银本位制

如前所述，与通货相关的金融制度在明治维新中被打断。明治政府在明治元年（旧历）四月设立了商法司的政府机构，在财政经济上实施新政，无论如何确立货币制度成为当时的急切重任。建立全国货币统一目标，同时在财政上给以支持成为一举两得的策略。

在此意图下，首先在明治元年新政府设立会计事务所，随后又设立了会计

① 日本江户幕府时期，在幕府辖属的武士中把能直接接近将军的叫旗本。

② 不能直接接近将军的武士，叫御家人。

事务局判事，任命由利公正（前福井藩士，三冈八郎）担任，根据其财政政策，新政府在元年五月，发行了后述的太政官札（金札）。次年（1869 年）五月，发布公告宣布此金札可在五年后兑换新的货币，决定要铸造新币。这一本币的一银元，以十进法计，在太政官（相当于今天的内阁首相）决定下，同年（1869 年）11 月开始铸造新货币。

可是，这项决定刚欲施行，很早就被派遣到美国从事财政经济的研究工作的大藏少辅伊藤博文于同年 12 月从美国呈送了意见书，建议采用金币本位制度。意见书中主要陈述了欧美诸国逐渐采用金本位制，日本应当顺应此大势实行金本位制。

太政官据此建议决定采用金币本位制，并于明治 4 年（1871 年）5 月 10 日公布了《新货币条例》，宣布日本采用金本位制，除发行 20 元、10 元、5 元、2 元和 1 元的金币外，作为辅币的有 1 元、50 钱、20 钱、10 钱和 5 钱的银币。更进一步，在此所谓的圆银（日本的银元）下，“开港场”（神奈川、兵库、长崎、新潟和函馆）内允许无限制地使用银元，其余地方也开始用之了。

然而，按照《新货币条例》计算出的金银比价是 1:13.2，当时的市场比价已经达到 1:15 ~ 1:16 了，特别是圆银对其他银币的比价更是上升，达到了一元金币兑换圆银一元一钱的程度。这种圆银的流通是为了对抗当时流入日本的金额多的墨西哥银元（以下简称墨银）。此后，明治八年（1895 年）银价下落，到 9 年（1896 年）7 月金银比价暴跌为 1:20。

这样在无限制地通用银元而使其暴跌关系上，海外的墨银和日本银元兑换都很便宜，日本国内的黄金兑换显得更便宜，于是国内金币纷纷流向国外。鉴于此，日本政府于明治 11 年（1878 年）5 月 27 日发布通告，撤销对于贸易用银元区域的限制及支付高额费用的限制；同年 11 月 26 日布告中又宣布日本银元同一元金币的比价对等，这样一来，实际上日本银元取得了同墨银同价、同地位。于是，日本名义上是金本位制，但事实上其通货制度是金银复本位制，更确切地说，是同墨银同价、同地位的日本银元本位制。

（三）由于财政紧张而导致的不兑换纸币的继续发行

同币制建设相关，或者说作为币制确立过程中的一部分，更困难得难以想象的大问题是纸币的整理。

中央军队的所谓的“征讨费用”，除三井组、小野组等富豪，比如由利公正从京都、大阪富豪那里筹措的三百万两、江户的伊藤八兵卫处所借外，无处可筹，为完成新政府的财政收入，只好借助于纸币发行来应急。这样作为新政府治世的手段，如前所述，首先在明治元年（1868 年）4 月 19 日发布告示从同年 5 月发行金札（即所谓的太政官札），到次年（1869 年）2 月 12 日发行的 10 两、5 两、1 两、1 分、1 朱的金札（全部折算为日元）共计 4800 万日元。此外，明治 2 年（1869 年）9 月 17 日以后，由民部省（日本内政管理机构，相当于今天的厚生省）发行了用于兑换一两以上的金札的 2 步、1 步、2 朱、1 朱等札，而为民间小额货币不足而补充的可兑换大札禁用，这些都曾告示。

然而，国库日竭，财政收入不平衡之窘状下，重又启用原本禁用的金札。截至明治 3 年（1870 年）10 月，尽管发行的民部省札已达 750 万日元，但可兑换的金札大部分再次使用，政府纸币的发行额达 5400 万～5500 万日元。即使这样，仍言国库枯竭，政府以岁入补充之名，于明治 4 年（1871 年）10 月 15 日委托三井组发行了可兑换大藏省证券，10 元、5 元、1 元各券共计 680 万日元，此后，明治 5 年（1872 年）1 月 14 日仍委托三井组以北海道开拓费用之名，发行了以政府纸币面额为 10 元、5 元、50 钱、20 钱、10 钱的合计 250 万日元。到明治五年，全部发行的政府纸币及可兑换的证券累计达到六千数百万日元以上。

可是明治 4 年（1871 年）7 月 14 日，随着实行“废藩置县”，以前由各藩发行的藩札全部由新政府负担起来。这些种类的各藩通计 1600 多种，但是纸质、印刷行却极差，明治政府连纸币制造都难自全。明治政府遂在明治 3 年（1870 年）由德国印制了面额为 100 日元、50 日元、10 日元、5 日元、2 日元、1 日元、半日元 、20 钱、10 钱的九种新纸币；又于 4 年（1871 年）12 月 27 日发布布告可用新纸币兑换旧纸币。前面提及的在明治 2 年（1869 年）5 月 28 日布告中所说的五年后将以新币兑换的金札、政府发行的纸币和证券，以新纸币之名进行兑换。

然而，前述明治2年（1869年）5月依布告所兑换的金札，由于当时的政府财政面对的信用薄弱、流通不畅等情况，在发布此布告的同时，又另外发布告称金札的期限满后，将以年利息6%支付。为此发行了金札转换公债券，随着纸币的升值，能充当公债券的可兑换纸币也伴随着银行的设立而发行，为了完成纸币的整治，明治5年（1872年）11月15日发布了《国立银行条件》，以后又于6年（1873年）3月30日发布了《金札可兑换公债券条例》，同年7月20日国立第一银行创立。

政府曾在明治元年闰四月设立了商法司负责收税及通商等事宜，伴随财政收入的充实，政府对工农商业进行干涉以保护民间的经济活动，助其成长。为了更好地适应这一现状，纠正不适应的地方，明治2年（1869年）2月又设立了通商司，于明治3年（1870年）废除了商法司，其方针修改为救治当时的有关贸易的困难、振兴内外商业、间接增加财政收入等。

通商司欲实施的方策有多方面，其所实现的最重要的是在民间设立了通商公司和外汇公司。这两个公司相互配合，共同受命于通商司，制定了各种各样的经营制度。前者主要是振兴内外商业，同时以经营为目的；后者是对前者的必要的资本进行融通、流转，从民间筹措资金以供经商之便。

对于这两个公司，政府给予特别的保护，明治2年（1869年）5月、6月相继开业，主要有东京、横滨、新潟、京都、大阪、神户、大津、敦贺等8个营业场所。此外，在界、出云、伯耆等地方，还设立了派出机构。同时，一些营业不景气的机构关闭。外汇公司的职员尽责尽力，多数来自旧幕府时代“御用为替”（幕府政府的官办机构——译者注）中的优秀职员，尤其是三井、小野、岛田、奥田等富豪。

外汇公司是学习欧美银行制度、通过纸币发行而获得的特权，即一种筹措资金的组织机构，对于这些资本金的本金称之为外汇。

回顾维新前的合作人士在业务和合资方面不是很习惯，仅是一种组合或是名义上是组合而已。然而，这些机构通过组合或是通过股票而组合起来的，仅是一种营业上的便利。而到了明治维新后，设立的外汇公司在组织的本质上则完全不同，可以说，是政府通过民间而建立起来的一种典型的示范。

依据外汇公司在业务方面的有关规则，“即使公司外的人员向公司内缴纳存款也是自由的”，但从公众那里一般所获得的存款较少，而主要是营运资金、最初政府拨付的太政官札、委付的周转官金、公司发行的金银钱券以及洋银券等。这样公司的贷款经营业务，促进了信用制度的发展，而后金融也融通了。这些贷款支付或者说交易证券预付，为了融通资金的需要，从事外汇、兑换及金、银买卖的外汇公司在明治维新前后最初是以金融机构而称的。

为了充实外汇公司的营运资金，金、银、钱券的发行不久就得到了政府的许可，此即为日本金融机构纸币发行的雏形。政府为了便利民间融通资金的需要，将以前在旧藩发行的藩札销却，于是发告示严禁增发藩札，以前未经政府许可发行的诸藩、私立公司的米票、金、银、钱的票据之类的也都禁止通用。

外汇公司发行的纸币、银券、铜券及钱券，由于缺乏流通所需而加以补充。在东京发行的叫银目，在大阪、京都发行的叫钱目，加上原先发行的太政官札和民部省札等，不久也停止流通，其流通期间还不足一年。各公司发行的金券，可用之与本币进行兑换，这确实是可兑换券。

（四）国立银行成立的由来

外汇公司以其业绩普遍失败而告终，政府的货币金融政策并未达到目的。这就必须改变政策，特别是有新设立金融机构的必要了。在融通资金、增进贸易的同时，促进经济稳定发展，这既是前述整治不可兑换纸币的目的，也是新设立金融机构的重要目的。

然而，由于外汇公司自身不能获得政府外部机构的认同，缺乏私营的性质。根据共同出资而设立的公司如何经营、如何分配利益，并未从一般意义上得以理解。大凡创业初期，正值革新之际，一个资本贫乏的国家，要实施殖产兴业的国策，这是不得不面对的现实。

如此一来，全国普遍以资本作为合作的纽带，民间信任度增强，邮政事业的发展、开设公司的必要知识的掌握，都是有利的条件。明治 3 年（1870 年）设立了“驿递寮”（今天的邮政储蓄前身），明治 4 年（1871 年）9 月涉泽荣一著述了《立会略则》、福地源一郎撰写了《公司办》杂志，此为民间公司设立的启蒙做了努力，促使民间资合企业的生长。这些基本对策的成果之一是促成了国立银行的设立。

在此情势之下，产业及贸易得以促进，以出资合作而设立的金融机构在民众间抬头，从明治 4 年（1871 年）末起，私立银行或类似银行的业务纷纷出现，这些数目突破了一百。其中，比较有实力的有东京商法会议所（于明治 11 年 3 月 3 日设立，是东京商业会议所的前身），会员以出资本金 700 万日元的资本金获得了为日后拥有纸币发行权的东京银行的发起人，还有三井银行以 7.5% 的常备储备率拥有可兑换证券的发行。

但是从政府方面看，考虑到前面外汇公司设立后由于普遍业绩不良而失败的事实，当局对于新设立一金融机构所具备的必要的法律制度尚未确立，而对新设立银行不许可。如何与现状相适，有必要制定一个必须遵守的条例用以规范那些欲设立银行的行动。这便是制定国立银行条例的动机之一。

促成国立银行条例制定的事由之一是不可兑换纸币的回收。即政府为了回收不可兑换纸币而发行了金札可兑换公债券，设立这种能充当公债券的发行的银行，在明治 2 年（1869 年）5 月 28 日的布告中已经决定。而且政府的财政持续困难，增加了将公债券用不可兑换纸币回收的难度，这个原本简单的目的不能达到。在流通顺畅的东京、京都、大阪三地尚有金札 100 两兑换正货 40 两的交换记录。这样的状态确有必要制定国立银行条例。

综前所述，明治 3 年（1870 年）12 月 29 日尚在美国考察的大藏少辅伊藤博文那边就采用金币本位制提出了建议，这项建议共三条，一条是关于金本位制，另外两条是关于发行金札可兑换券和建立纸币发行公司。这时正值美国的南北战争（1860—1861 年），发行的不兑换纸币其价格暴跌，发行的公债券成为建立不久的银行的基本业务，这些银行遂又开始回收整理不可兑换的纸币。当时日本朝野对于理财知识极度贫乏，政府对不可兑换纸币的整理，虽然竭力去做，但收效甚微。受此困惑的当权者对于伊氏建议颇有微词，决心制定国立银行条例，此乃设立条例经过之一。

依据大藏少辅伊氏所提建议，美国的国家银行（National Bank）当是日本仿效模式，待此条例制定时，政府内部就此所发表的反对意见强烈。反对派的关键人物是同伊氏同渡而被派往英国调查研究其财政经济的吉田清成，依其反对意见，他的对策提案的核心要点是英国据其金券银行（Gold Bank）组织而设立的可兑换制度好。换言之，美国的国家银行说被驳斥，这种制度不适合日本的国情，并且据此不能达到纸币流通的目的。

赞成和反对的两派各持己见，互不相让。明治 4 年（1871 年）11 月参议大限重信、大藏大辅井上馨及大藏少辅伊藤博文在一起会谈时，主张国立银行论者放弃纸币，通货的可兑换方式得以接受，金券论者建议用公债券抵押来发行银行纸币，此提议无异议，于是双方意见协调，遂开始国立银行条例及其实施细则的制定。明治 5 年（1872 年）6 月草案制定，同年 11 月 15 日，国立银行条例颁布。

（五）国立银行条例简介

国立银行条例通计 28 条，161 节组成。条例就银行的设立、有关组织、经营业务、贷款限制、存款准备金率、国库金的支付等主要事项一一列举，从今天看，其中的法规条项，更像是以教训的示意。比如贷款的利息以及外汇筹方面，尽力便宜。然而，当时人们对于银行业务内容的理解并不深刻。这个条例在前指出“为得以货币流通通畅，通过货币交换杜绝不畅，以物产兴旺作为根基之际。”条例还指出国立银行是政府发行公债券的机构，归大藏省支配，依靠纸币寮获得纸币，取得准备金的发行，专事此业务。这样，不言而喻，意味着国立银行的两大使命是资金的融通及发行政府纸币。其中第六条提到，“银行的本金金额的限制及筹集办法、公债券、纸币回收等手续要明确”。

据此条款，国立银行的本金（资本金）要依设立地人口数目的多少来定，即使少的也要有5万日元以上的必要金额。银行依其资本金的6/10的金额从大藏省缴付同等金额的公债券而获得纸币，而且，这些公债券作为抵押后方可从大藏省取得同等数目的银行纸币；同时要将其他的4/10作为本位货币以政府纸币的方式取得后存在大藏省作为银行存款准备。这些准备金无论如何，不得低于纸币发行额的2/3。同时，还有这样的规定，即使很少的纸币要同黄金进行交换时也不得拒绝或是怠慢。

国立银行发行的纸币，除可用于公债的利息、海关税之外，在日本国内的任何地方，用于租税、官方及公有物产方面的使用费用等、借贷方面的交易、薪金等其他一切公私交易方面，同正金（黄金）一样通用。为保证此条款有效，有“如果有拒绝或阻碍纸币流通或其他不正当行为的，此行为者将依法处治”的规定。此条例外的其他任何的纸币或金券都禁止发行，为了国立银行独享其权，不久除了政府还享有纸币的发行特权外，其他的银行都无此权利了。

然而，前述的金札可转换公债券到期后，国立银行要抵押此可转换公债券而发行银行纸币，作为这种抵押的公债券的年利息是6%，预存入的公债、同额纸币的发行，这些运转事宜准备就绪。如此一来，即使是资本金总额的四成作为交换准备金在库中休息，仍有存款的运用和兑换费用等的收益，其收益合计约占一成以上。因此，一方面是民间对于这等盈利事业的涌入；另一方面是伴随着国立银行的设立，多面额的不可兑换纸币经银行的回收，同本位货币相兑换的银行纸币在民间的流通，不久期望以金融通货的调整结合起来而实现之。事实上，当初的设想并未实现，条例制定后不到四年，到了明治9年（1876年），此制度的关键点即需修改而不得以停止，再次陷入困境。

（六）国立银行的设立及营业

国立银行条例发布后，以此为准据设立的银行是东京第一国立银行（现在的第一银行的前身）。与此并行的还有以前的作为“御为替组”而吸收官方资金的三井、小野两家主要的出资者，明治 5 年（1862 年）8 月 5 日在此条例获准前就已提出了创办金融机构的申请，并于同年 8 月 17 日获得许可，于次年 6 月 11 日开办了创业总会，同年 7 月 20 日开始营业。

在第一国立银行创立之初，明治 5 年又有三井组和小野组共同联合成立了“三井小野组合银行”，在筹建准备组织过程中，购置了必要的设施，但按国立银行条例的要求，在第一国立银行设立后，此“组合银行”的计划即告中止。第一国立银行的资本金预定为 300 万日元，大部分是从三井和小野这两家获得的，总经理、副总经理、负责人等职员也都从双方均等取得，统一指挥这些的是总监涉泽荣一，同时他还是事实上的管理者。据明治 5 年（1862 年）11 月东京日日新闻刊登的出资公告，所应募款项 44. 08 万日元，而三井组和小野组就出资 200 万日元，以两项共计 244. 08 万日元的金额。

第一国立银行建立之后的是横滨第二国立银行，此前身是在附记中提及的横滨外汇公司，其变更后而形成该银行。当时，在大阪准备设立第三国立银行，正值设立的批准决定公布之时，那些股东们纷生争议，最终未见开业遂解散。事实上，第三个成立的银行是新潟（新潟在当时同东京、大阪、京都及五港口的横滨、神户、涵馆、长崎等都是日本的大都市）第四国立银行（现在的第四银行的前身）。之后是大阪的第五国立银行。从条例发布以来的一年九个月内，就有四家银行开业。这四家银行开业时期的资本金额及纸币发行准许额如表 4 – 1 所示。

表 4 – 1　　日本最初设立的国立银行一览表　　单位：千日元

地点	银行名	开业时间	资本金额	纸币发行准许金额
东京	第一国立银行	明治 6 年（1873 年）7 月 20 日	2500	1500
横滨	第二国立银行	明治 7 年（1874 年）8 月 15 日	250	150
新潟	第四国立银行	明治 7 年（1874 年）3 月 1 日	200	120
大阪	第五国立银行	明治 6 年（1873 年）12 月 10 日	500	300

资料来源：明石照男、铃木宪久著《日本金融史》东洋经济新报社，昭和 32 年。

国立银行的主要业务根据条例第 10 条规定，外汇、兑换、约定外汇、存款、申请贷款、贷款证书、其他证券及金块的交易等业务。各行自开业后由于状态不一，繁闲程度也有所差异。概观其业务最多的是贷款，各种存款及票据次之，而外汇和贸易外汇几乎不足。大凡外汇多的原因是由于当时政府奖励从事外汇工作的人，因而官金或外汇机构的金额并不少。在此状态下，国立银行的约束范围小，加之当时国库资金的取得比较分散，因而最终国立银行的预付官金未能增加。而且银行的职员对业务不习惯，银行的领导层对于银行的业务到底为何也不理解。这样，存款交易业务不发生，在社会上看来银行仅是从事贷款，不过如此。

对于国立银行开业之初银行纸币的流通状况，政府一方面保障银行纸币的安全性，另一方面又对银行实施严格的监管和保护。当时，纸币同本币之间的价格显著地拉开，从前流通的藩札和官札给世间所带来的苦难不现，银行纸币流通不滞，也不再受银行的本币兑换的要求所限制，一时银行的业务要实现了。但是，这样的良好势头，其后不久就与最初的预想迥异了。

四、资本主义国家对殖民地的金融控制

（一）资本主义国家的商品输出与海外殖民地扩张

开辟新航路和发现美洲大陆后，西欧国家开始掀起了海外殖民活动和争夺殖民地的狂潮。早在 15、16 世纪，葡萄牙和西班牙按不同的方式建立起近代早期殖民帝国。17 世纪新兴的荷兰崛起，从事海外殖民活动，一度成为垄断海上贸易的霸主。继荷兰之后，法国和英国也开始进入殖民争夺的行列，它们的足迹遍及亚洲、非洲和美洲。从 18 世纪末到 19 世纪 20 年代，欧洲和美洲的政治局势发生了剧烈的变化，直接影响了殖民活动和殖民地占有的格局。在欧洲，大多数国家都卷入了拿破仑战争。英国作为拿破仑的首要对手，同法国进行了全力厮杀。一些传统的殖民国家荷兰、葡萄牙、西班牙等，都曾被法国占领或合并。这些情况就造成了海外殖民活动在那时处于低潮。

在美洲，政局发生了更大的变化。1775—1783 年的美国独立战争使英国丧

失了北美 13 个殖民地。对殖民制度打击更为严重的是拉丁美洲独立战争。经过这场革命战争，除古巴、波多黎各、圭亚那等地外，拉丁美洲绝大多数国家取得了独立。葡萄牙和西班牙两个早期殖民帝国已完全衰落。在这一时期，荷兰也丢失了大部分海外的殖民地。

拿破仑帝国的崩溃，使法国几乎丧失了全部海外殖民地。此后，由于国内政局的动荡，法国无力顾及海外。1830 年七月王朝建立后，才在有限的程度上重新开始海外殖民地活动。到第二帝国时期，法国的殖民扩张大为加强起来。在非洲，1830 年法国派 3 万大军进入阿尔及利亚，到 40 年代中期初步征服阿尔及利亚。40 年代，法国还在象牙海岸建立殖民据点。50 年代扩大了塞内加尔殖民地，60 年代占领了加蓬沿海地区，建立了几内亚殖民地，并宣布对达荷美实行“保护”。60 年代初，法国势力开始渗入摩洛哥和突尼斯，取得一些特权。

在英、法资本的控制下，埃及的经济和政治越来越受制于人，埃及的贸易、金融、财政、工业、交通运输各个部门都渗透了英、法资本。英法银行除控制埃及的对外贸易外，还通过向政府贷款控制埃及财政。英、法通过直接投资，控制了埃及的城市公用事业、电报网、铁路建筑、航运事业等，并涉足轧棉和食品加工等部门。

在亚洲，法国于 1844 年 10 月强迫中国签订了中法第一个不平等条约——《中法黄埔条约》，获得很多特权。1856 年，法国参加了英国发动的第二次鸦片战争，1858 年、1860 年法英等国强迫中国签订了不平等的《天津条约》和《北京条约》。同时，法国于 1858 年同其他国家一起，强迫日本签订了不平等条约。1858 年法国发动侵略越南的战争，1862 年 6 月，强迫越南签订了第一个西贡条约，强行占领了越南南部。1863 年又强行宣布柬埔寨为法国的“保护国”。此外，在 19 世纪 40 年代法国占领了太平洋上的一些岛屿。

（二）殖民地扩张下的金融

资本主义发达国家需要商品市场，需要原料供应地，也需要适当的投资场所，就是说，它们不但要输出过剩商品，也要输出过剩资本。因国内有利方面有利的投资已被垄断组织所控制，而有些利益不厚的企业对他们缺乏吸引力，因而觉得有必要向外另行觅有利的投资场所。发达国家因资本积累较多，在资本市场上供应充足，利率较低，而不发达国家因资本缺乏，对之需要较切，利率极高，同时新工业与铁道事业等亟待发展，投资利益非常优厚，这是前者所不及的。

在殖民地扩张下的世界经济初步确立以后，各国之间还一直缺乏一种共同的货币制度，在国际支付体系中须进行不同货币的兑换。世界币制的趋势是从金银复本位制进至金本位制度。

1. 英国

英国于 1816 年首先采用了金本位制度，长期以来信用非常巩固，在国际收支中起着重要的作用，被当做各国货币汇兑的标准，伦敦成了世界金融中心。以后许多国家步英国的后尘，于 19 世纪 70 年代起先后实行金本位制。1867 年在巴黎召开欧洲国际货币会议，会上主张实行金本位制度的国家占优势。德国在统一后不久于 1873 年实行金本位制度，同年改行金本位制度的国家还有瑞典与丹麦，两年后即 1875 年荷兰与挪威也实行金本位制度。法国原来也有意改行金本位制，因普法战争开始后纸币停止兑现，后来战败对德国付出巨额赔款，存金全都出笼，也就无法实现；不过，法国虽在国内同时使用金银币，但对外收支全以黄金为准。美国虽在长时期中金银并用，但金币早已占据优势地位，最后于 1900 年正式实施金本位制度。金本位制度有极大的优点，黄金价值稳定，为举世所接受，可以作为理想的世界货币。凡实行金本位制度的国家，其货币单位须以一定分量与成色的黄金为基础，各国中央银行须以规定的价格买卖黄金，黄金可以自由输出入，不受任何限制。实行金本位制度各国间的货币汇率根据金平价来定，比较简单明确。在世界普遍实行金本位制度下，物价与汇率都比较稳定，计算也极为方便，这对世界经济的正常维系起着极为重要的作用。

2. 法国

法国在金融领域方面与其工业方面是不同的，法国信贷系统集中的趋势发生较早，走在别的国家前面。法国的资产阶级早就清楚地划分为产业资本家和银行资本家，后者显然占据上风，这在七月王朝时期已经如此，以后的发展也非常迅速，他们吸收广大人民群众节俭起来的存款加以运用。到 19 世纪末，银行业更加集中，全国的金融大权操纵在一小撮金融寡头手中，他们的权势压倒一切，不但深入到各个产业部门，而且渗透到政权机构中。

法兰西银行处于中央银行的地位，享有发行纸币的特权，为其他银行进行再贴现，控制着全国的贷款，在公开市场运营中起很大作用。法兰西银行的势力足以支配政局，在背后操纵着历届内阁人选，并决定其进退。而它的股权由私人资本家掌握，集中地操纵在 200 个家族手中，他们是法兰西第三共和国的真正统治者。

法国私人股份银行的资本集中于三家最大的银行，即里昂信贷银行、法国兴业银行与国民贴现银行（前已分别说过），它们后来都成为银行托拉斯的组织。在 19 世纪末 20 世纪初，它们的资产存款与分支行数目都迅速地增长起来。1880—1912 年，几家银行本身的资本从 2. 53 亿法郎增至 0. 26 亿法郎，所吸收的存款从 9. 53 亿法郎增至 50. 11 亿法郎。在第一次世界大战前，这三家银行集中了全国存款的 70% 左右。这三家银行在巴黎与外省的分支行，从 1878 年共有 141 处到 1912 年已增至 1610 处。

除上述三大银行外，法国还有不少公私设立的大银行，有些是早些时候建立起来的，这时候得到很大的发展，有的是稍后才建立起来的，中间经过多次合并的过程，关系相当复杂，如有一家银行称为工商信贷银行，早于 1859 年建立。由私人资本创办，吸收存款极多，有家巴黎国民贴现银行，于 1848 年建立，另一家国民工商银行于 1913 年建立，本来都是私立的，后来实行合并，现被收归国有，称巴黎国民银行，成为法国和世界最大银行之一，巴黎荷兰金融公司是在 1872 年由巴黎银行与荷兰存款与信贷银行合并而成立的，是法国一家极大的存款银行。犹太资本家罗特希尔德家族所创办的罗特希尔德银行已经有很久的历史，1905 年改为股份银行。法国商业信贷银行于 1892 年成立，是一家私人创办的大银行，吸收存款极多，法国地产信贷银行于 1852 年成立，是一家半官方的股份银行，主要经营房地产的抵押借款，从事高利贷借款，农民将土地抵押，到期不能偿还时即被没收。法国大众银行与法国农业信贷银行是互助合作性质的金融组织，先后于 1917 年与 1920 年成立，前者是私人资本办的，后者属于半官方性质。

法国的殖民地银行在帝国主义时期获得了巨大的发展，到 1904 年时已经达 20 家左右，分支机构有一百几十处。它们在法国殖民地发行纸币吸收存款，再以高利率贷出或购买当地公债，法国工商业资本家还通过它们以低价取得当地原料，这些银行垄断了殖民地的银行业务，阻碍当地金融业与民族工业的发展，成为法国帝国主义对殖民地人民进行剥削的重要工具。法国最大的殖民地银行要算东方汇理银行，于 1875 年成立，由国内几家大商业银行出资创办，目的在于帮助对印度支那进行拓殖，这家银行的主要活动范围在东南亚，还将势力伸展到中国境内，在上海等地设立分行。

3. 美国

美国的金融资本由银行资本与工业资本融合而成，银行在社会上本来只起融资的作用，随着工业化的深入发展，工业资本越来越依靠银行提供，银行就借此插手工业企业，以至对它们实行控制，银行资本家凌驾于工业资本家之上。工业资本家感到银行威力之大，不愿仰其鼻息，后来自己也兼营银行，于是工业资本为增强实力结成一种财团，经营银行、工矿、交通运输、贸易等各种经济事业。少数实力雄厚的大财团成了金融寡头，不但掌握经济命脉，还进一步操纵政治，左右国内外大局，政府不断换班改组，而豪富大家则代代相传，永远居于统治地位。在 20 世纪 30 年代有的政府机构曾将美国最大的垄断集团列为“八大财团”，后来根据情况的变化，又改为“十大财团”，这些财团越来越发达，但大多数是在 19 世纪末 20 世纪初打下的基础。

第六节　工业化进程与金融业的发展

迄今为止，人类的文明大体经历了农业文明和工业文明两大发展阶段。本节叙述的即是金融业在工业文明中的发展，由于工业文明是人类创造的全部物质和精神成果的重要表现部分，因此，工业文明在人类社会发展中占有极其重要的地位。在由农业文明向工业文明发展的进程中，金融成为了工业文明的重要推动力之一。

世界历史同时也是一部世界文明发展的历史，其中，金融在工业文明及其以后发展的历史是一个重要的组成部分。可以说，研究世界史就不能不研究经济金融史。世界金融史尤其是工业化进程及其以后的金融史，是人类文明发展史的重要组成部分。

一、金融在工业文明与农业文明中发展的比较

在本书前面的叙述中，已提及农业文明时代农业是其发展的主要动力，农业时代所使用的能源，主要是人力、畜力、风力和水力等可再生能源。作为重要生产力的人口受到土地资源等制约，增长缓慢。农业文明时代的生产不发达，各文明之间往往还隔着广大的空间，道路阻隔，交通不便，因而文明的交流特别缓慢。这样整个农业社会中，农民是人口中的大多数，分散居住在广大的乡村地区，人口、财富、消费乃至拥有一定知识的文化精英也集中在城市（而城市在当时是少数的），这使得许多重要的发明创造，由于得不到传播，而需要各地区自己去发明、探索，使得发展进程极其缓慢（事实上，农业发明，就是在地球上 7 个不同地区分别起源的，而其时间则从距今 1 万年到距今 4 千年，先后长达 6 千年之久）。这样的状态，对于交换、消费以及资金的需求极为有限，因此，在农业社会中金融不可能大规模地发展起来。

到了工业文明时代，其生产力开始以蒸汽机的使用为标志，能源多为煤炭、石油、天然气等不可再生能源，科学和技术在生产力中的作用日益重要。工业加上商业，这时逐渐取代农业成为人类文明发展的主要支柱，并且逐渐改变了农业的面貌和性质。生产力的发展使得人类自身的生产所受的限制减弱，再加上医药卫生条件的改善，人口增加的速度大大加快，城市日益发展和膨胀，成为经济、政治、文化、教育等的中心，知识精英在人口中的比重也在增大，并在文明的发展、传播中起着“火车头”的作用。人口数量的增长和寿命的延长使得人们在农业社会中满足不了的欲望显现出来，需求增加，这导致了交换的扩大，消费的增长，进而强化了对资金使用的各种需求，尽管这些动机可能是多方面的，如预防动机、交易动机或投机动机等等，在这些各种需求的刺激作用下，对于金融的需求也不断显现并日益增强和紧迫，这就有力地促进了金融的发展，从而使得金融在工业文明这一时代得到了大发展、大飞跃。

二、金融在工业文明进程中东西方发展的比较

从工业化的兴起看，金融与工业文明如鱼水不分。工业化发展的过程中，也是金融业加速发展的过程。从工业革命开始截至第一次世界大战爆发的将近一个半世纪中，在欧洲是相对和平的时期，没有发生大规模的战争。各国相继实行了金本位，金融机构也得以迅速发展起来，成为金融发展的黄金时期。可以说，工业化刺激和推动了金融业的发展，然而，工业化何以首先在西欧发生？而农业文明发展相对较早的一些东方国家为何没有首先发生工业革命，没有较早地由农业文明向工业文明转变呢？

20 世纪 70 年代一些西方学者，从研究荷兰、英国的情况开始，提出了原工业化的理论，认为原工业化是西方工业革命的准备阶段，为西方的工业革命准备了资金和技术等。东方国家的农村中，农民从事的是为远方市场进行商品生产的手工业（主要是纺织业），他们以手工业为主业，而农业只是副业。他们往往受到商人的控制，由商人为他们提供资金和商品销售。但也有人认为原工业

化使生产长期陷入内卷化，没有对工业革命做出贡献。原工业化的理论对工业化起因的研究很有帮助，历史学家进而研究西欧以外的地区，发现也有这种原工业化的现象。例如，乔杜里就指出在 18 世纪之前，在中国、印度、日本等地，都产生了为远方市场生产的手工业，也有强大的商人资本，只是因为东方的政府不支持这些商人资本的活动，所以，它们没有能像西方的商人资本那样成长起来，并进一步控制手工业生产①。

工业化是从西欧（主要是从英国）开始的，其之所以能够率先进行工业化，率先发展金融，这其中有一系列复杂的原因。一方面是英国较早开始了工业化之前的工业化，在生产力的发展方面走在了前面；而另一方面，由西欧 16 世纪开始的对实验科学的重视，也是一个不可忽视的重要原因，这可能和西欧文明的特殊性有关。当然，西欧工业化的实现，也不是一帆风顺的。在西欧农业文明向工业文明的过渡中，也有许多曲折反复，如经济发展的困难和危机，政治、阶级斗争的紧张和尖锐。但是工业革命的实现，使西欧文明在各个方面都得到了大发展，无论在生产力方面，还是经济金融、政治制度、文学艺术等方面，都创造出辉煌灿烂的成就，这是人类的共同财富。与此同时，世界上其他的悠久文明，在向工业化过渡的道路上却遇到了很大的困难。

在工业化进程中，东西方国家经历了不同的发展道路。尽管东西方都在试图发展本国的工业，但东西方的工业化道路并不相同，因而金融业也经历了不同的发展道路。一些东方主要的国家由于受帝国主义的侵略，成为这些帝国主义国家的殖民地、半殖民地，使得金融业的发展也蒙上了一层阴影，比较典型的如中国、印度等国。西方国家工业化开始后导致了生产集中的趋势，最终导致了银行垄断组织的形成，“垄断协定”、银行托拉斯、银行康采恩等垄断金融组织形式相继出现。当金融资本、金融寡头产生后，其触角逐步伸向世界的各个角落，为了把为数众多的国家和地区变成自己的原料市场和投资场所就需要

① 布罗代尔．资本主义论丛［M］．北京，中央编译出版社，1997：12－24.

进行侵略扩张。然而，帝国主义国家征服殖民地、半殖民地国家后，并不是要帮助殖民地、半殖民地国家进步，而是考虑如何使殖民地、半殖民地国家更适合帝国主义国家的剥削和榨取，所以在经济上只实行有利于宗主国的政策，并不积极地发展殖民地、半殖民地国家的工业，而把殖民地、半殖民地国家变成为帝国主义国家的原料供给地，发展工业只是为了便利其掠夺殖民地、半殖民地国家的廉价原料和帝国主义国家工业品的供应和运输，结果使殖民地、半殖民地国家陷入了深重的灾难中，使殖民地、半殖民地国家的发展更加落后，使得他们由农业文明向工业文明的过渡更为艰难。

总之，工业革命后，人类经历了前所未有的大变化。先是西欧文明的发展壮大，之后是美国的崛起，其后西欧诸国因罹两次世界大战而渐衰。俄罗斯及东欧国家、亚洲诸国则与西欧的工业化、现代化走了不同的道路。更为重要的是，在全球的所有地方，原来落后的许多农业文明都在向工业文明过渡。这种过渡，初步克服了先前遇到的自身和西方所强加的困难，积极谋求、找寻适合自己的工业化道路，并且取得了不同程度的成功。

三、金融在工业文明进程中的特征

金融史不同于世界史，就是它所研究的单位是各个阶段的金融发展状况，是在历史长河中世界金融的整体的流动、发展、变化的态势。金融的发展有许多不可分割的联系，也有其自身的特有规律。这些规律可以概括如下：

首先，金融业在工业革命中得到了快速发展，这个发展进程和规律正是马克思生产力和生产关系、经济基础和上层建筑矛盾运动的发展阶段和发展规律的体现。

工业化开始后，当西方踌躇满志于自己的科学技术和工业文明成就时，他们的金融业也在不断地发展着、演化着。伴随资本主义生产的发展，社会生产力得到了迅速的发展，商品生产和交换也达到了前所未有的程度。与此相适应，对金融业的要求也提高了。于是，那些新型的、能够反映并适应资本主义要求的银行业发展起来了，也使得金融业的发展更加迅速、更加适应生产力和生产关系发展的需要。工业革命对金融业产生了重大的影响，如城市的行会制度瓦解，取而代之的是行业公会、合伙公司、股份公司等新的企业制度形式，为适应这些新的经济发展，出现了银行业、交易所等新型的近代金融组织，金融业在这一时期得以较快发展，成为金融业发展的黄金时代。

其次，金融的作用在以工业文明为核心的人类文明进程中越来越显著，范围日益扩大并初步形成了金融全球化的雏形。

工业革命开始于18世纪的英国，其在整个人类社会的演进中只是一个短时段，并没有很长时间，但金融在工业文明进程中的作用却越来越显著。工业化进程可划分为工业化的兴起和工业化的传播发展两大阶段，金融在这两个阶段的作用是持续增大的。同时，金融业随着工业文明在全球的扩展传播而不断扩展，金融呈现出全球化的趋势。

在工业文明时代，生产力有了很大的发展，交通运输便利，电话、电报、报纸、书籍等大众媒体则更使一个地方的信息能在较短时间内传遍全世界，这些传播媒介畅通无阻使得文明的交流较前更容易、更便捷。这就使得文明的成果更容易为大众所分享，成为人类的共同财富，使世界的进步更加快速，工业文明前进的步伐大大加快了，金融也相应地加快了其发展。由于许多国家竞相实现以电力、钢铁、化工为代表的工业革命，工业化的水平在极度扩展和提高，金融的步伐、作用以及全球化趋势仍在持续着。生产力的大发展、信息技术的大发展，国际金融、国际贸易的大发展，使得金融的作用在以工业文明为核心的人类文明进程中越来越显著，范围日益扩大并初步形成了金融全球化的雏形。这主要表现在金融组织的发展上，如随着垄断组织首先在一些发达的资本主义国家的产生、发展，并逐步成为其全部社会经济生活的基础，垄断也渗透到了金融领域之中，国际银团的雏形开始在全世界范围内形成。银行垄断组织的实力进一步增长、加强，资产和存款猛增；银行合并继续发展，不仅大银行吞并中、小银行，而且大银行之间也进行合并；金融机构呈现出多样化的趋势；对外扩张活动急剧加强，国外庞大的分支机构，形成了具有国际意义的跨国银行，进而由此发展成为更为庞大的“银团银行”和“集团银行”，如“欧洲联合银行有限公司”、“欧洲银行国际公司”。

再次，世界各主要发达国家银行业的发展基本遵循发展—整治—再发展这样的道路，这其中离不开政府的作用。

起初，市场运行机制尚未形成，市场竞争基本处于无约束状态，一些新的商业和金融组织的出现，加剧了这种状态，突出地表现在市场行为的掠夺性和投机欺诈性（如各国发生的大小不一的金融危机）。但当资本主义完成对财富的原始积累后，对竞争的有序化就提出了要求，于是经过大浪淘沙，市场逐步走向规范、有序。比如，从金融机构看，在金融领域独资的私人银行比例逐渐缩小，股份银行则又发展起来，在此基础上中央银行也逐步完善发展起来，一些国家还制定了相关的法律加以规范、约束市场行为。到18世纪后半期，适应资本主义生产关系的金融格局已经在各主要资本主义国家初步形成。这一时期的中央银行多是因各国的不同情况和形势要求，意识到货币发行需要统一管理，而开始组建，但限于各国经济发展水平和金融业发达程度的高低，致使中央银行在这个时期还比较简单幼稚，作用也较有限。此外，一些国家为了战争还纷纷把本国的国民经济转入军事化的轨道，开始关注并加强国家对经济的干预，尤其是对财政和金融的干预。在生产遭受巨大破坏的情况下，生产的集中和垄断，银行的集中和垄断，不但没有被停滞被消灭，反而进一步发展起来。银行集中和垄断的形成其实质正是自由资本主义向帝国主义迈进的表现形式之一。这主要表现为，银行的数目急剧减少，而银行的资本却在大大增加；银行所支配的资本绝大部分都掌握在大银行的手中；大银行的分支机构迅速发展和扩大。同时，他们也向政府部门渗透，寻找其在政府中的代言人。

最后，金融在其发展中需要同社会、经济协调发展，金融危机恰是经济与社会矛盾的体现，是其不协调发展的结果。

19世纪中叶，资本主义生产的迅猛发展，引起了生产和资本的集中，也引起了资本主义所固有的矛盾的最终激化，并最终导致了金融领域的经济社会危机。1871 年的巴黎公社起义和 1873 年空前严重的经济危机，是这一时期资本主义政治、经济基本矛盾的集中表现。自由资本主义向垄断过渡的 30 年间，由于科学技术的进步和生产的发展，以及频繁的经济危机的不断震动，生产和资本的集中达到了一个新的水平，生产的集中，要求更大规模的信用、更大规模的银行提供。再加上空前的危机及其后长期的经济萧条，促使企业之间的竞争加剧，生产和资本的集中迅速，垄断组织也广泛发展。这些都为垄断的金融组织的形成和发展提供了可能和条件。

第五章

金融在发展中的危机与重建

(1914—1945 年)

在 19 世纪末 20 世纪初，世界资本主义有了长足的发展，各资本主义国家开始由自由竞争向垄断过渡，到第一次世界大战爆发前完成了这一过渡。在垄断资本主义发展时期，资本主义经济发展表现出严重的不平衡。经济金融实力对比的变化导致资本主义各国的矛盾进一步加深，由此爆发了人类历史上的第一次世界大战。本章的主要内容是资本主义各国战前经济金融实力对比的变化及发展的不平衡，以及各国金融垄断资本的初步形成。

从 19 世纪 70 年代起，资本主义开始从自由竞争向垄断过渡。在这一时期，资本主义企业的规模迅速扩大，生产的集中和资本积聚达到了相当高的程度。随着生产集中和资本积聚，银行的集中也有了较大的发展，左右经济生活的金融资本和金融寡头开始形成。

第一节　资本集中积聚与世界金融发展不平衡

一、资本主义国家的生产集中与金融资本形成

（一）生产集中与垄断的产生

从19世纪70年代到20世纪初的这段时期，资本主义企业加快了彼此兼并和发展股份公司的步伐，同时，在这一时期资本主义世界遭受了三次周期性经济危机的袭击，频繁爆发的经济危机对生产的集中起了较大的促进作用。危机使大批的中小企业倒闭，而那些大企业则乘机予以吞并和兼并，极大地加速了生产和资本的集中进程。生产集中和资本积聚的总体情况是，美国、德国始于20世纪70—80年代，紧接着英国、法国也加快了步伐，俄国、日本虽起步较晚，但在19世纪末20世纪初也达到相当规模。

美国是一个后起的资本主义国家，但其技术革命进展迅速，竞争开展得比较充分，因此其资本集中过程发展较快，集中程度也远比其他国家高；德国的生产和资本集中进程虽在1882年后有了明显加速，但由于德国在资产阶级革命后仍在经济的各个方面大量保留着封建制度的残余，因而其生产和资本的集中程度及企业的规模都远低于美国；英国、法国虽然工业革命发生较早，但其经济发展没有后起资本主义国家所具有的跳跃性质。它们作为老牌殖民帝国，在严重依赖海外市场、廉价劳动力来源以及资本输出的情况下，经济缺乏广泛竞争的强有力推动。此外，英国的股份公司多数为家族式企业，所筹集的公共股份有限。因而，其企业设备陈旧、技术落后、规模小、生产和资本的集中进程较慢。法国的情况也大抵如此；俄国和日本也是后起的资本主义国家，虽然其生产和资本的集中出现较晚、经济发展程度不如美国、德国、英国、法国，但借助于政府的干

预和外国资本的扶持，其工业集中程度到 20 世纪初也达到了相当高的水平。

在资本主义自由竞争条件下，技术的进步，生产力的发展，生产社会化程度的提高，必然引起生产和资本的集中以及资本主义生产关系的重大变化，最终导致垄断的产生和垄断统治。垄断最初只发生在少数部门，随后扩展至所有部门。实际情况是，垄断最先发生在流通部门，然后深入到生产部门和金融部门，并成为普遍性的经济现象。

垄断组织的主要形式有卡特尔、辛迪加、康采恩和托拉斯。卡特尔是指生产同类商品的一些大企业在商品销售价格上达成某种协议，形成垄断价格来获取垄断利润的组织形式。它对生产同类商品的各个企业规定了统一的销售价格，并规定各企业的产量和销售量。这种垄断组织形式最早出现于 19 世纪 40 年代的英国，但除了个别地区性的行业卡特尔之外，其余的不久即趋于瓦解。美国从 19 世纪 60 年代起也出现了卡特尔这种垄断组织形式。其中，较有代表性的有两个：一个是 1870 年签定的《芝加哥铁路公司联营协定》，另一个是 1876 年签定的《密执安盐业联合协定》。卡特尔这种垄断组织形式发展比较普遍的是德国。从 19 世纪 70 年代到 20 世纪初，德国工业、商业和运输业中的主要垄断形式是卡特尔。德国的第一个卡特尔产生于 1857 年，到 1910 年，卡特尔组织达到了 500 ~ 600 个。[①]。这些卡特尔组织不仅规定销售价格，还规定各成员的产量，实行巩固的垄断同盟。

辛迪加是在卡特尔基础上进一步发展起来的垄断组织形式，它是生产同类商品的少数大企业在商品销售和原材料采购方面实行的联合。卡特尔和辛迪加都是以发生在流通领域里的垄断为特征，二者联系密切，可以互相转化。德国的卡特尔组织在 1905 年后开始向辛迪加转化。19 世纪末 20 世纪初，各资本主义国家均出现了辛迪加形式的垄断组织，辛迪加也是俄国的主要垄断组织形式。与德国不同的是，俄国的垄断组织一开始就采取了辛迪加的形式，这是由于俄国工业集中程度较高的特征。

随着生产集中程度的提高，流通领域高度发展的垄断联合，必然要向生产

---

① 【英】克拉潘. 1815—1914 年法国和德国经济的发展［M］. 北京，商务印书馆，1965：349.

领域延伸。托拉斯是垄断组织的一种高级形式，它是指由若干生产同类产品的或彼此在生产上联系密切的企业通过实行统一生产和统一销售的联合而结为一体，各参与企业实际已失去产销自主权，变为持股者，由各企业组成的理事会来控制所属成员公司的股票。托拉斯产生于19世纪70年代，最早出现于美国，普遍发展于20世纪，其盛行是在第一次世界大战后。英国由于拥有广大的海外市场，在销售上享受优惠待遇，因而其20世纪初的大股份公司大多采取了托拉斯的形式。但在美国，由于托拉斯限制了自由贸易的发展，损害了美国中小企业的利益，美国国会遂于1890年通过了《谢尔曼反托拉斯法》，宣布这种组织形式为非法，限制托拉斯的发展。美国企业为了从形式上符合《谢尔曼反托拉斯法》的规定，遂将托拉斯改组为控股公司，以持股公司的形式来控制许多股份公司，这实际上也是一种企业联合的高级形式。

康采恩是更高程度的垄断联合。它是指不同行业的大公司，以某巨型公司为核心，通过横向和纵向联合而结合在一起，形成跨行业的综合性企业集团。参与这一联合的各企业虽然在形式上仍然独立，但其中的核心企业借助于持股和在财务、人事及销售等方面拥有的优势和特殊权力，实际上把参与企业置于控制之下，从而形成庞大的垄断实体。康采恩的一个重要特点是依托于核心企业在金融及财务上对参与企业的控制。第一次世界大战前夕，康采恩首先在具有军事封建性质的德国和日本出现，第一次世界大战后在主要资本主义国家逐渐广泛发展。德国的大康采恩组织有克虏伯及西门子等，康采恩也是日本垄断组织的主要形式。日本的大垄断资本家具有浓厚的封建家族色彩，它们既拥有钱庄，又开设工商业，在经济上实行跨行业经营。随着日本经济的资本主义化，在生产集中基础上形成的垄断组织也大都实行从生产到销售的跨行业联合。

（二）银行业的集中垄断与各国金融资本的形成

19世纪末20世纪初，随着生产集中及资本积聚进程的加速，银行资本也迅速集中，银行业的垄断随之而来。此时，银行的作用已有了根本的改变，它由过去的单纯支付中介和信贷中心，转化为支配整个社会货币资本的万能垄断者。

银行业中的垄断资本与工业中的垄断资本已混合在一起，它们互相渗透、混合生长，形成一种新的、高级形态的垄断资本，即金融资本。金融资本成了整个资本主义世界中占统治地位的主导力量。

早期的金融资本和金融寡头都具有浓厚的家族色彩。在美国，金融资本和金融寡头是所谓的八大财团和60家族。一方面，银行资本通过贷款和投资渗入到工业中；另一方面，工业资本通过持股与兼并，打入银行业中，沿着这两条途径而形成与发展的摩根和洛克菲勒两大金融资本集团最具代表性。美国历史上的银行业是十分分散的，直至1913年，美国仍未建立严格意义上的中央银行，因而在金融领域起较大作用的是那些联邦政府特许拥有货币发行权的银行。由于美国实行单一银行制度，不允许银行跨州开设分支机构，所以银行业的集中程度远低于工商业，直至19世纪90年代后银行业集中的步伐才有所加速。到1900年，全美12427家商业银行中，最大的20家所拥有的存款已占到全国存款总额的15%；1898年，作为美国银行业中心的纽约，其最大的17家银行已集中了全市63家商业银行存款总额的70%。①

同一时期德国的金融资本基本上是通过银行垄断资本向工业渗透、与工业垄断资本混合生长而形成的。德国银行业中的垄断与工业中的垄断几乎是同时产生的，且垄断的程度比美国高得多。统治德国工商业的是德意志银行等九大银行，它们通过"参与制"把势力延伸至工业、商业和运输业。到1908年，德国资本达100万马克以上的大银行共172家，拥有存款计70亿马克，为全国存款总额的96%，其中，资本在1000万马克以上的57家特大银行拥有存款总额的79.5%，而这其中9家最大的银行拥有存款总额的47%。到了1913年，这些银行的资本及拥有存款的集中程度又有一定幅度的上升。②

---

① 《美国历史统计——从殖民时代到1970年》，转引自宋则行等《世界经济史》上卷第327页。

② 列宁．列宁全集（第22卷）：帝国主义是资本主义的最高阶段［M］．北京，人民出版社，1958：203.

英国工业的集中与垄断程度虽然水平较低，但其银行业的发展却较早，经过19世纪中期的迅速扩展后，银行业的垄断即已产生，其垄断程度远高于工业，且超过了美、德两国的水平。1910年，英国的银行机构已发展到7151家，遍布英国及其广大的殖民地地区。1913年，英国股份银行的总数减至61家，其中，资本在100万英镑以上的为27家，占44.3%，但其拥有的存款总额却占到了85.7%。英国的五大银行（米德兰银行、威斯敏斯特银行、劳埃德银行、巴克莱银行和国民地方银行）控制着全国的银行业，1913年，它们拥有全国存款总额的39.7%。英国银行业的特点是以经营海外存款和信贷业务为重点，在其银行业务中吸收存款、承办信贷和外汇业务始终占有重要地位，因而银行资本和工业资本的结合程度低于美国和德国。

法国的银行业可谓历史悠久，早在19世纪以前就已出现了不少银行和其他金融机构，是世界上金融业最发达的国家之一。至19世纪中叶，法国又相继出现了大量类似英国股份公司形式的商业银行。法国的银行体制除了法兰西银行、各注册银行、法国大众银行和法国对外贸易银行外，还包括其他一些具有银行性质的公营和半公营的专业信贷机构和私营金融公司。19世纪40—70年代法国的银行业已相当发达，70年代以后达到了很高的集中程度。法国金融资本的形成过程与英国很类似，其金融资本集团是由法国六大银行——巴黎荷兰银行、里昂信贷银行、巴黎国民贴现银行、法国兴业银行、工商信贷银行和东方汇理银行为核心组成的。1914年，法国银行资产总额增至110亿法郎，而为首的五家银行便占了72.7%。[①] 但由于法国资本主义发展中对殖民地的严重依赖，以及其腐朽、寄生的特点，因而其金融资本集团更热衷于从事国外投资，特别是经营借贷业务，以获取高额利润，而对国内投资却不太重视，这影响了其金融资本的形成。

俄国的金融资本形成于20世纪初，到1914年，12家全国最大的银行占有全部银行资本总额的80%。由于俄国资本主义的发展同法、德、英等国的垄断资本

① 【英】克拉潘.1815—1914年法国和德国经济的发展［M］.北京，商务印书馆，1965：428－431.

有很强的联系，因此，在金融资本的形成中也摆脱不了对它们的依赖。1913 年，俄国的 19 家大银行中，有 11 家是由法、德、英三国银行参与的，它们所拥有的资本占这 19 家银行资本总额的 77.3%，而其他 8 家银行仅占资本总额的 22.7%。

日本金融资本形成于第一次世界大战前，它们既掌管银行，又经营工业、商业和运输业，集银行资本和工业资本于一身。日本资本主义经济发展的这一特点决定了其经济一开始就带有垄断的性质，其资本本身就是银行资本和工业资本的混合。1913 年，统治日本的五大金融寡头——三菱集团、三井集团、住友银行、安田银行和第一银行股份公司，集中了全国银行存款总额的 22.5% 和贷款的 18.4%，而它们仅占到银行总数的 0.2%。

在意大利，按传统的差别分为国家控股银行、私人银行、合作银行、人民银行和储蓄银行。意大利最主要的五家商业银行为国民劳动银行、意大利商业银行、意大利信贷银行、罗马银行和那不勒斯银行。这五家商业银行均为意大利国家垄断资本金融组织。

中国的银行业在这一时期也发展起来了。中国的第一家银行是 1899 年创办于上海的通商银行。1905 年清政府创办了第一家国家银行——户部银行，1908 年改名大清银行，辛亥革命后改称中国银行，是中央银行性质的银行，享有一系列特权。1908 年设立了交通银行，清末民初还建立了一批地方银行。在上海、天津等城市成立了一些商办银行。中国银行业的发展，为近代中国工业的发展起到了一定的促进作用。

19 世纪 70 年代到 20 世纪初的这段时期，也是资本主义世界经济金融发展严重不平衡的时期，各资本主义国家经济实力的增长发生了较大变化，原有的经济格局被打破。经济金融发展的不平衡必然加深各资本主义国家之间的矛盾，而这种矛盾的发展最终必然导致重新瓜分殖民地的世界战争。

二、世界经济金融发展的不平衡

（一）主要资本主义国家经济实力的消长

在 19 世纪 80 年代以前，英国是资本主义工业最发达的国家，也是世界头号殖民大国。英国是典型的殖民帝国，在1914年其殖民地达3350万平方公里，人口39350万人，是本土面积的111.7倍和人口的8.46倍。1913年，出口总额中对殖民地的商品输出达到了37%以上。① 长期以来，英国一直在世界工业生产中占据首位，号称“世界工厂”和“日不落帝国”。但自1870年以来，德国、美国开始迅速崛起，成了英国在现代工业中的强有力竞争对手，同时其他大多数欧洲国家的工业也有了较大的发展。从此开始，英国的工业和经济便开始走下坡路，一步步地相对落后于美、德等后起的资本主义国家。

当英国的工业发展呈现停滞倒退趋势时，美、德等国却在大幅度前进。19世纪80年代末，英国钢铁工业的优势地位即宣告结束。到1913年，差距越来越大，英国生产的生铁只及美国的1/3，德国的50%多；钢只及美国的1/4，不及德国的一半；煤不到美国的3/5。1913年，在世界机器总产量中所占比例，美国是51.8%，德国是21.3%，英国仅占12.2%；在世界棉纺织品总产量中，美国占27.5%，英国只占18.5%。可见，在基本工业方面，英国的“世界工厂”地位已经丧失，只有造船业仍为世界第一。采煤和纺织两个部门，虽失掉了世界领先地位，却仍是欧洲第一。

1870—1913年，整个资本主义世界的工业生产迅猛发展，同时各国经济发展的不平衡进一步加剧。在此期间，美国工业增长了8.1倍，德国4.6倍，法国为1.9倍，而英国仅增长1.3倍，其在世界经济中的地位一再明显下降。1870年，英国工业总产值占世界第一位，80年代被美国超过，退居第二位，1910年，又被德国超过，成为世界第三。美国在世界工业中所占比重，由1870年的23%上升到1913年的36%；同期德国由13%上升到16%，英国则从32%下降为14%，法国从10%降至6%。

美国的跃进式发展加剧了世界经济发展的不平衡。到1913年，美国上升为世界头号工业强国，其工业生产总量相当于英、德、法、日4国的总和，占全

---

① 列宁．列宁全集（第22卷）帝国主义是资本主义的最高阶段［M］．北京，人民出版社，1958：247、250、234.

世界1/3以上，其在国际贸易中的比重位于英、德之后占第三位。由于美国是后起的资本主义强国，在国外很少有殖民地和传统的销售市场，随着其实力的增强，向外的资本输出和商品输出就成为必然。

德国在1870—1871年的普法战争中取得胜利，夺得法国富藏铁矿和钾盐以及棉纺织印染业发达的阿尔萨斯和洛林地区，又获得法国50亿法郎的巨额赔款，于是兴起了创办铁路、银行、工厂、矿山以及其他企业的热潮，这一切都给德国资本主义发展以强大刺激，使其工业进入一个跳跃式发展时期。德国在钢铁、电气化、化学工业等方面处于全球的最前列。到1906年，德国已超过英国、法国跃居欧洲头号工业强国的地位，在世界上仅次于美国，跃居第二位。德国工业和经济的迅速发展，加剧了世界经济发展的不平衡，改变了资本主义各国经济实力的对比。德国作为后起的资本主义国家，急需扩大世界市场的范围和规模，必然与老牌的英、法等国发生激烈的冲突，这成为后来第一次世界大战爆发的一个重要经济因素。

法国在普法战争中的失败，使其经济大伤元气，工农业生产发展的步伐缓慢下来，自1870年以来长期停留在世界第四的水平。

俄国垄断资本具有浓厚的封建、军事性质。俄国资本主义到第一次世界大战前由于扩军备战而有一定的发展，速度也较快，但基本上还是一个农业国。同时，对外国资本有很高的依赖性，法、英、德、比、美五国在俄投资分别占全俄外资总额的33%、23%、20%、14%和5%，总计占到了95%以上。

日本在1894—1895年的中日甲午战争中获胜，后又在日俄战争中获胜，靠着对中国、朝鲜的多次侵略及大力引进外国先进技术，发展速度很快。在1901—1914年，日本工业年平均增长速度为6.3%，而美国为4.8%，但从绝对数字来看，其经济实力远不能同美、德、英、法4国相提并论。1901—1914年，其工业在世界工业总产值中所占比重仅为1%。由于经济结构的落后性和技术上的落后性，日本的经济实力仍属于二流强国，而意大利和奥匈帝国在欧洲列强中经济实力则相对较弱。

总之，在生产和资本集中的垄断资本主义条件下，某些原来落后的国家能够迅速赶上和超过原来的发达国家。一些发展较晚的资本主义国家的垄断组织能够利用先进的技术成果，大力发展采用最新技术的新兴工业部门，而老牌资本主义国家则由于其寄生性和腐朽性，旧的技术装备和生产方法不易更新，使工业发展受到严重阻碍。资本主义各国经济不平衡的急剧发展，打破了1870年以前英国在世界经济中的霸主地位。美国虽然在工业生产上首屈一指，但其经济并未达到对世界经济具有决定影响的程度。到第一次世界大战前夕，英国在传统工业方面的优势已基本丧失，在新兴工业方面也明显地处于劣势，昔日的"世界工厂"霸主地位已不复存在。当然，英国还拥有世界第一的商船队，在造船业和国外投资方面仍保持着世界领先地位，在采煤、纺织、钢铁、机械工业方面，也还拥有相当大的实力。英、法在世界贸易、殖民地占领和资本输出方面，仍居第一、第二位。在这一时期，没有一个国家能在世界经济中占据垄断地位，而基本上是美、德、英、法四国统治世界，就这四个国家的经济实力对比来说，已和各自原来对世界市场和殖民地的占有情况不相符合。仅从各资本主义国家占领的殖民地来看，英、法老牌资本主义国家占有的殖民地多，1914年英国占有殖民地3350万平方公里，法国1060万平方公里，而德国只有290万平方公里，美国仅有30万平方公里。经济实力是政治、军事实力的基础，也是帝国主义争夺世界霸权和瓜分世界的"砝码"。因此，由于各资本主义国家之间经济实力的消长和利益冲突，1914年终于爆发了旨在争夺殖民地和势力范围的第一次世界大战。

（二）各资本主义国家金融发展的不平衡

19世纪末20世纪初，虽然英国在世界贸易中的比重急剧下降了，但它仍是世界第一贸易大国，它还具有优越的国际贸易条件。英国拥有的广大殖民地，使它可以把这些国家或地区的对外贸易垄断在自己手中，别的国家难以插足。

在与国际贸易紧密相连的国际金融业务及市场占有方面英国仍居首位。国际金融业在这一时期实行的是外汇自由买卖和多边结算制度，英镑是最主要的自由外汇，它和黄金一起执行着世界货币的职能。当时英镑被广泛地应用于国际贸易的计价、结算及资本输出入，是绝大多数国际贸易的结算手段及最终清算手段，也是最主要的外汇储备资产。

英国国内银行及海外银行的发展有着悠久的历史，如办理对外贸易的结算和支付、对外贸易信贷、外汇买卖、票据的承兑与贴现等。到 1910 年，英国的海外银行有 72 家，分支机构 5449 个，形成了巨大的国际贸易结算网络，各国的国际贸易都或多或少地倚赖于使用英镑和通过英国的银行来结算。为了适应对外贸易的发展，英国的保险业也在这一时期得到了很大发展，各种无形贸易急剧增加，在这一时期，资本输出成为金融资本对外扩张的重要手段。英国仍是世界上资本输出最多的国家，其资本输出大多采取直接投资的形式。这也推动着其国际金融业务的发展，各国纷纷在伦敦设立银行和金融机构，伦敦的银行也纷纷在世界各地设立分支机构。因此，绝大部分的国际金融业务要通过英国来进行，伦敦成了当时世界上最大的国际金融中心。

由于英国在国际贸易中占据着主要地位，并且有最发达的金融业，英镑又是最主要的国际贸易计价、结算及清算手段。因此，以英国为中心的国际支付体系，是当时条件下国际贸易及金融乃至国际经济能够协调运作发展的重要基础。这样，在世纪之交，尽管英国的工业已被挤出了第一把交椅，但它在国际金融领域里的地位仍是美国和其他后起的资本主义国家难以比拟的，英国仍占据着世界金融的垄断地位。

伴随着多边贸易支付体系和国际金融业务的发展，还有一些其他的资本主义强国在国际贸易结算中发挥着积极的作用。在这一时期，各资本主义国家的海外银行不断扩展，并形成网络，建立起从宗主国到殖民地附属国的金融统治体系。德国在东欧、中东和中、南美洲等地区建立了广大的贸易关系。美国在整个美洲及远东地区也建立了广泛的贸易网络。德、美等国在国际贸易关系上一方面与英国保持着紧密的联系，另一方面也在迅速形成着各自的贸易网络体系。后来，德国和美国的银行业也进一步发展，并在国外大量设立分支机构，从而在国际贸易及金融结算中发挥着半中心的作用。

这一时期在国际贸易及金融领域里的变化，加速了资本在全世界范围内的流动和重新配置，进一步加剧了资本主义生产和分配在世界范围的不平衡，从而使争夺世界市场及金融控制权的斗争异常激烈。

银本位是最早的货币制度之一。在货币制度发展的长河中，许多国家都实行过银本位。到了1870年前后，各国先后放弃了银本位，开始向金本位过渡，在这期间实行的是金、银复本位制度。其中，中国实行银本位的时间较长，并具有其自身的特点。

三、世界货币体系从银本位制向金本位的过渡

（一）金、银复本位的运行

在中世纪相当长的历史时期内，许多国家都实行过银本位制，这些国家主要有：墨西哥、日本、印度等国。大约在1870年前后，一些国家如德国、荷兰、斯堪的纳维亚半岛（挪威和瑞典）、芬兰、意大利、俄国、日本等，相继放弃了银本位。1870年，在美国西部发现了一些新的银矿，导致了银价的加速下跌。然而美国势力庞大的白银集团成功地说服政府于1890年通过旨在保护白银和增铸银币的“赛尔门条款”，该条款直到1893年5月美国货币危机爆发，才被美国政府于1900年3月14日废止，从而结束了美国的银本位。到了19世纪末期，大多数实行银本位制的国家都放弃了银本位。

各国放弃银本位制主要有两方面的原因：一是由于银价因白银开采和冶炼技术的提高而猛跌，不宜继续执行货币的职能。二是由于白银价值量小，在大宗交易中给计价、结算和运输都带来了不便，客观上要求由价值量较大的黄金来执行货币的职能。这样，各国就逐步由银单本位制向金银复本位制过渡。

金银复本位制是以金铸币和银铸币同时作为本位币的货币制度。在金银复本位货币制度下，这两种铸币均具有无限法偿能力，均可以自由铸造及熔毁，均可以自由输出入，辅币和银行券均能与金、银铸币自由兑换。金银复本位制

有平行本位制和双本位制两种类型。

平行本位制是金银两种本位币按其所含金属的实际价值流通，国家对两种货币的交换比率不加规定，而由市场上金和银的实际比价自由确定金币和银币比价的货币制度。在实行平行本位制的条件下，市场上每一种商品都必然有两种价格表现形式：一种是金币价格，另一种是银币价格。由于金银市价不断变动，金银铸币的兑换比率也不断变动，用金银两种铸币表示的商品的两种价格对比关系也随市场金银比价的变化而变化。这就使货币价值尺度功能的发挥受到影响，对商品价值的衡量缺乏统一的标准。因此，平行本位制是一种不稳定的货币制度。这种不稳定的根源在于：货币具有的排他性和独占性，不允许金、银同时执行价值尺度的职能。

后来，为了克服平行本位制的缺陷，各国法律规定了金、银币的比价，金、银币仍同时作为本位货币流通，这就是双本位制。在双本位制下，金币和银币是按照法律规定的比价来流通的，这就克服了平行本位制下那种混乱的局面。但在双本位制下，当市场上金、银的比价发生变化时，会引起金币或银币的实际价值与名义价值相背离。这时实际价值高于名义价值的货币（良币）就会被人熔化，退出流通领域，而实际价值低于名义价值的货币（劣币）则会充斥市场，这就是“劣币驱逐良币”规律。“劣币驱逐良币”是由英国人格雷欣首先论及的，所以又称“格雷欣法则”。例如，当金银的市场比价是1∶10时，如果由于采银技术进步或其他原因使银价跌落，市场金银比价变为1∶11，这时，倘若把金币熔化为金块，把金块在市场上按市价换成白银，再把白银铸成银币，并把银币按法定比价换为金币，如此循环一周，就可得到1份银的利润。这种情形发展的结果是金币敛迹，而银币充斥市场。因此，在双本位制下，虽然法律规定金银两种铸币可以同时流通，但实际上，在某一时期市场上主要只有一种铸币流通。银的市场价格低则银币充斥市场，金的市场价格低则金币充斥市场。

在由金银双本位制向金单本位制过渡时期，还出现过一种跛行本位制，它和双本位制的区别在于金币可以自由铸造而银币则不能自由铸造。由于限制银币自由铸造，银币的币值实际上不再取决于其本身的金属价值，而取决于银币与金币的法定兑换比率。因此，跛行本位制下的银币实际上已演化为金币的辅币。实行双本位制的国家之所以实行跛行本位制，是因为在“劣币驱逐良币”的情况下，各国不得不将劣币的铸造权收归国有，以保持流通中金币和银币的法定比价。19 世纪末，世界白银过剩，银价暴跌，金银币比价日益脱离市场比价，复本位制日趋没落，实行银本位制的国家或者是由于流通中的银币一时难以收回，改铸费用太大，或是由于缺乏黄金，于是只好用跛行本位制来维持复本位制的残局。

在金银复本位制下，只要金银中任何一种的供应出现明显变动，国内货币关系和商品价格水平便会发生剧烈变动。而且，一旦国际市场的金银比价发生变动，币值较高的那种货币就趋于从国内流出。随着经济和国际贸易的发展，复本位制的不稳定性日益造成商品价格的起伏不定和货币流通的动荡，这严重阻碍了资本主义经济和贸易的迅速发展，因而客观上要求建立一种稳定的货币制度。于是，各资本主义国家先后在 19 世纪 70 年代开始向金单本位制转变。到 20 世纪初，金本位制已开始在各国广泛流行了。

（二）中国的银本位及其废止

中国长期以来是一个以银为本位货币的国家。中国于清宣统二年（1910 年）颁布“币制则例”，开始实行银本位制，实际上是银两与银元两种币制并存的制度。由于银两平色不一，银两与银元之间换算方法复杂，这种制度极不利于经济的发展，早有废两改元的呼声与尝试。北洋政府时期，虽然颁布了《国币条例》，实行银本位制，银元也逐渐趋向统一，但银两制度并没有废除，银两、银元并行流通的局面没有改变，给商品交易和货币流通带来了很大不便。1933 年 1 月，财政部发布《废两改元令》，3 月 8 日，又发布《银本位币铸造条例》，规定银本位币定名为元，重量为 26. 6971 克，成色为银 88%、铜 12%，即含纯银 23. 493448 克，重量之公差不得逾万分之三，成色的公差不得超过千分之三，银本位币的铸造权专属中央造币厂。中央造币厂从 3 月起开始铸新银币，新银币正面为孙中山半身头像，背面为帆船图案。4 月 5 日，财政部又发布《废两改元布告》，规定在全国废除银两，一律以银元为单位，流通银元。

废两改元，废除了落后的银两制度，有利于币制的统一和标准化，对于商品交换、全国统一的商品市场及货币流通市场的形成，都有着积极的意义，是符合经济发展规律的、有积极意义的改革措施。

然而，在大多数国家进入金本位制的情况下，中国的银本位制仍是一种落后的、不健全的货币制度。1933 年 12 月，由于经济危机的影响，美国政府颁布了《银购入法》，1934 年 5 月又颁布了《白银法案》，其要点：（1）提高白银价格，国内每盎司价格为 0. 645 美元；（2）美国货币的准备金为黄金占 75%、白银占 25%；（3）财政部长有权在国外购银；（4）白银收归国有，总统有权命令国内存银全部交造币局。此外，美国政府还宣布美元贬值，放弃金本位，禁止黄金和白银出口，减少美元含金量 60%，等等。上述的法案和一系列政策，统称为“白银政策”。

按照上述规定的美国货币准备金的比例，美国需购进白银 1 亿盎司，美国政府在国外高价收购白银，计划每月购进 5000 万盎司，直到银价上涨至每盎司 1. 29 美元为止。于是，世界银价被人为地哄抬起来。

美国的白银政策造成中国白银潮水般外流，1934 年净流出白银 25673 万元，1935 年达 29000 万元，致使中国存银严重下降，银本位制基础根本动摇，国内市场上银根奇紧，拆息上涨，金融梗塞，物价下跌，工商各业资金周转困难，银行、钱庄、工商企业纷纷倒闭、停业，造成严重的通货紧缩。币制改革被提到议事日程。

在国民政府货币陷入危机，对币制改革有所考虑时，美、英两国都力图把中国的货币支配权掌握在自己手中。1935 年 6 月，英国派其财政部首席顾问李滋·罗斯来中国，同孔祥熙、宋子文商谈，同意中国提出的币制改革方案，废除银本位，采用纸币。在这种情况下，1935 年 11 月 3 日，国民党政府在英国操纵下，由财政部颁发《施行法币布告》，实行了币制改革，其主要内容如下：

1. 1935 年 11 月 4 日起，以中央、中国、交通三银行所发行之钞票定为法币。所有完粮纳税及一切公私款项之收付，概以法币为限，不得行使现金，违者全数没收，以防白银之偷漏。

2. 除中央、中国、交通三行以外，曾经财政部核准发行之银行钞票，现在通行者，准其照常行使。其发行数额，以截至 11 月 3 日流通之总额为限，不得增发。并由财政部确定限期，逐渐以中央银行钞票换回。

3. 凡银钱行号商店及其他公私机关或个人，持有银本位币或其他银币生银等类者，自 11 月 4 日起，交由发行准备委员会或其指定之银行，兑换法币。

4. 旧有以银币单位订立契约，应按照原定数额于到期日概以法币结算收付。

5. 为使法币对外汇价稳定起见，应由中央、中国、交通三行无限制买卖外汇。

由上可见，“法币改革”的主要内容是实施白银国有，废止银本位制。法币本身没有含金量，它与英镑维持固定的比价，实际上是同英镑相联系的金汇兑本位制。

美国不甘心于英国从中国币制改革中独得好处，所以在中国宣布采用纸币以后，认为是英国的胜利，就停止在伦敦市场上购银，给国民政府施加压力。美国是最大的白银买主，停止购银，造成伦敦市场上银价惨跌，使得主要依靠出售白银来获取外汇基金的中国政府受到重大损失，法币外汇基金的来源受到威胁。在这种情况下，国民政府于 1936 年同美国政府签订了《中美白银协定》，主要内容是法币按一定比率同美元联系，中国售银所得都作为法币的外汇储备存放于美国；美国则购买中国 7500 万盎司白银，国民政府可以用另外 5000 万盎司白银做抵押取得美国 2000 万美元的贷款。这样，中、美、英三国达成妥协，法币同英镑和美元都分别联系。美国的支持加强了法币的基础，但法币从此也和美元维持了固定的比价。

法币改革政策的实施，是中国近代金融史上的一件大事，影响很大。法币发行后，白银外流减少，银根紧缩的局面得到改变，产业资金充裕，利息率下降，金融市场趋于安定，物价普遍回升，刺激了生产的复苏，对于工商业发展、促进商品生产和商品流通的扩大，也有着重要的积极意义。此外，日本占领东北以后，实行金融殖民化政策，严管通货，发行伪钞，禁止白银“出口”，高价收购从内地私运出口的白银，再运往伦敦出售，用以购买军用物资。法币政策的实施，有力地打击了日本帝国主义。法币政策的实行是以纸币代替银铸币，而且使货币发行从以往的分散在30多家银行集中到了4家，这符合货币发展规律，有一定的进步作用。但是，也应该看到，法币政策的实行是国家垄断资本膨胀过程中的一个重大步骤，它使中央、中国、交通等银行的官僚金融资本垄断地位大大加强，为日后国民党政府实行法币贬值、通货膨胀的掠夺政策提供了便利条件。后来，国民党政府利用在金融资本上的垄断特权，滥发通货，最终导致了世界货币史上少见的恶性通货膨胀。

19世纪80年代到第一次世界大战开始是金币本位制运行的典型时期。在这一时期，资本主义的发展正处于上升阶段，金本位有一个良好的国际运行环境。由于有一个较稳定的国际货币基础，资本主义各国的经济和贸易也获得了较大的发展。

四、金本位制的建立与运行

（一）国际金本位制的建立

1717年英镑按黄金固定了价格，金价确定为每金衡盎司（纯度为0.9）3英镑17先令10又1/2便士，这个价格一直延续到1931年英国放弃金本位。虽然金本位制在英格兰可追溯到1717年（其中，1797—1819年、1914—1925年英镑中止过可兑换），但它在欧洲的普及却是从19世纪70年代开始的。随后，各主要资本主义国家先后通过立法确立金本位制度。在金本位制的实行过程中，世界上并没有一套规范该制度的规则与法律，它由各国的国内法规范。1870年前后，当主要西方国家的国内货币制度普遍实行金本位时，国际间即自动形成了国际金本位制度，国际货币体系便进入了金本位时代。国际金本位制的形成不是国际协议的结果，而是生产和国际贸易发展对货币制度的自然要求，目前普遍认为它大约形成于1880年末。英国是在1816年实行金本位的，法国虽说是1928年正式实行金本位制，但在1873年限制银币自由铸造时事实上已是金本位制了。美国在1900年正式实行金本位制，但实际上在1873年也停铸银元。德国在1871年，日本在1897年相继都实行了金本位制。不发达国家实行金本位制稍晚于发达国家。埃及是不发达国家中最早实行金本位制的国家之一，那是在南非发现大金矿后的第二年，即1885年。墨西哥是1904年实行金本位制的，印度到1927年才实行金本位制。

世界上最早实行金本位的是英国，英国从18世纪开始逐步向金本位制过渡，在1816年最终从法律上实行单一的金本位制，这在19世纪对其他国家的货币制度和货币政策产生了重要影响。但由于种种原因，其他主要资本主义国家直到19世纪下半叶才陆续采用金本位制。一个重要原因是这些国家担心实行金本位制后出现黄金短缺的问题。但当19世纪中期开始世界性的黄金大开采浪潮后，这种忧虑便消失了。1849年加利福尼亚和1851年澳大利亚金矿被发现后，据估计，世界黄金产量增长了10倍。世界性的黄金增产使金价下跌，金银比价由1850年的1∶15.70降为1865年的1∶15.40，此前最低点曾达到1∶15.21。[①] 在19世纪50年代末和60年代也曾在一些地区发现银矿，使白银供给量增长、白银对黄金的比价下降，这进一步促进了一些资本主义国家金本位制的实行。

法国从金银复本位向单一金本位过渡是从19世纪60年代开始，到70年代完成的。1865年，法国与意大利、比利时、瑞士在巴黎缔结了“拉丁货币同盟”，规定入盟各国共同实行金银复本位制。但条约实际上是把银币作为金币的辅币来对待的。条约签订后，白银的价格迅速跌落。1874年，金银比价已跌为1∶16.17，而条约规定的比价为1∶15.5。银币从而成为劣币，银币数量大量增加，迫使入盟各国不得不限制银币的铸造。1878年，各国又进一步停止了银币

① 金德尔伯格．西欧金融史［M］．北京，中国金融出版社，1991：91.

的自由铸造。这些国家实际上就过渡到了单一的金本位制。

德国也在19世纪70年代从银本位制改为金本位制。1870—1871年，德国在普法战争中取得胜利，获得了50亿法郎的战争赔款，从而积累了大量的黄金，具备了改革货币制度的条件。于是在1871年和1873年相继通过法案，正式实行金本位制。

在欧洲大陆，丹麦、瑞典、挪威和荷兰也继德国之后相继实行金本位制，俄国、日本则在1897年分别实行了金本位制。

美国从1792年开始实行金银复本位制。经过了一个世纪，几经反复，在1900年通过了金本位法案，正式确立金本位制，是各主要资本主义国家中最晚的。

这样，从19世纪20年代英国确立金本位开始，到1900年美国实行金本位止，各主要资本主义国家都实行了金本位制，各国的货币制度遂基本上统一了起来。金本位成了在世界范围内占主导地位的货币制度。由于英国在当时世界经济中的突出地位，国际金本位制实际上成为一个以英镑为中心，以黄金为基础的国际货币制度。

（二）金本位制的运行

金币本位制是典型的金本位制。传统的金本位制具有三个典型特征：金币可以自由铸造，银行券可自由兑换成黄金以及黄金可以自由输出入，其落脚点在于稳定币值。金币的自由铸造和熔化是为了保证金币的价值和黄金一致，可以自发地调节流通中的货币量；黄金的自由输出入，可保持国内外黄金价格维持在同一水平，从而保证外汇行市的相对稳定和国际金融市场的统一；银行券和辅币同金币之间的自由兑换，可维持这些货币之间按照法定比价流通。在金币本位制下，金币与可兑换的银行券和其他货币同时流通。银行券可随时向发行人兑换成黄金。这时黄金具有双重功能：在国际交易结算中它是公认的支付手段；同时，金币在国内市场上也作为支付和交换的媒介物。这是第一次世界大战前欧美各国所实行的货币制度。

在国际金本位制度下，货币体系的基础是黄金，黄金充分发挥着世界货币的职能，它是国际商品交换唯一的价值尺度和社会财富的代表。各国货币有了统一的定值标准，即含金量。由于各国货币的含金量是法定的，这就为各国货币汇率的相对稳定提供了客观的基础。各国货币按其含金量之比确定一个法定平价，这个汇率是相对固定的。虽然在外汇供求关系的作用下，外汇市场的实际汇率往往围绕法定平价而上下波动，但波幅总是限于黄金输送点之内，这为国际贸易的发展提供了有利条件。

此外，金本位制具有自动调节国际收支的作用。当一国国际收支不平衡时，由于金融市场上外汇供求压力的变化，会引起该国货币汇率的相应变化，进而引起黄金的输出入，而黄金的输出入又会使该国银行准备金发生变动，这将引起国内货币供应量的变化，从而影响国内物价，物价的变动又会导致进出口变动，最后纠正国际收支的不平衡。当然，金本位制下国际收支自动调节机制作用发挥的限定条件是很严格的，由于国际上缺乏一个有效统一的监督机制，因此这完全取决于各国对金本位制规则的执行情况。各国无条件完全遵守金本位制规则是不现实的，因此，金本位制自动调节作用的发挥也只是相对而言的。

1897—1914 年，金本位制的顺利实行主要取决于两方面的原因：一是世界经济发展环境比较稳定，各资本主义国家没有遭受较严重的经济萧条；二是由于重要金矿的发现，黄金的供应较充分，因而使国际金本位制得以维持。国际金本位制运行的外部环境是处于上升时期的资本主义自由竞争经济，这与金本位制的运行规则恰好相互适应。因此，金本位制的实行对这一时期资本主义经济的发展起了重要的促进作用。

在金币本位制下，国际金本位体系中的国际储备货币是黄金，汇率制度是以黄金作为基础的固定汇率制度，国际收支调节机制依靠市场的力量自动形成，其运行规则是自由放任，政府不干预经济，并且以对外平衡即维持本币与黄金的固定平价和自由兑换作为首选目标。在金本位制下，只要黄金供应量不出现大的变动，本国商品价格水平也就不会出现大的波动。统一和稳定的世界货币，对各国之间的经济交往是极大的推动和促进。因此，金本位实行时期，国际贸易、国际资本流动和国际信用的增长，都与此有一定的关系。

第二节　第一次世界大战时期的金融

1914年8月到1918年8月，资本主义各国爆发了为争夺世界殖民地的战争。这场规模空前的战争使资本主义世界遭受了沉重的打击，相应地给各国的经济带来了严重的不良影响。这个时期各国的金融活动也相应地围绕着战争而展开，战后资本主义各国经济实力对比发生了明显变化。在这一时期，金本位制经历了从繁荣到衰落的演变过程。这一章的主要内容是各国在战争时期的金融活动、中国官僚资本金融垄断体系的形成以及战后各国金融状况的变化情况。

金钱是战争的支柱，战争的进行总离不开金融的支持。为了筹措战争费用，各资本主义国家都采取了滥发纸币和公债、增加税收的办法。此外，第一次世界大战后还涉及巨额的战后赔款和战争债务问题，由此使得国际金融形势更加复杂化。

一、第一次世界大战时期的金融政策

（一）第一次世界大战时期各国战费的筹集

1914年7月末奥匈帝国在德国支持下在塞尔维亚点燃的战火，几天内便席卷欧洲，并扩大到非洲、亚洲和美洲，先后有30多个国家参战，持续4年，于1918年结束，史称第一次世界大战。

第一次世界大战期间，交战各国政府普遍利用纸币发行以弥补巨额军费支出，从而出现了严重的通货膨胀，征税和举债也是为战争筹资的主要手段。此外，各国还向国外借款，法国、英国、意大利和俄国部分地靠卖掉外国资产，特别是靠在国外借款来为战争筹措资金。

德国在大战期间直接军费开支约为800亿马克（按1914年不变价格计算），等于同期国民收入的40%以上，战争结束时的累积债务达60亿马克。在巨额的战费压力下，德国政府在战争之初即放弃金本位制，停止纸币兑换黄金，大量发行纸币。为了筹措战争费用，政府利用对银行的控制权向帝国银行借款，黄金兑换制度及纸币发行税均被废止（发行准备条例虽然没有一起被取消但在执行上也大大放松了）。取而代之的"现金准备"是政府机构的借款借据，而"银行准备"则是帝国国库券及帝国短期债券。这种以政府债券替代黄金储备向中央银行融资以扩张国家信用的战时体制，为战后发生的严重通货膨胀埋下了祸根。1914年6月4日，帝国银行颁布法规，终止用马克兑换黄金，取消货币发行超过5.5亿马克就征税的做法。组织战时信用银行，授权帝国银行把三个月期的国库券计入发行银行券的准备，发行信用银行券，使战时纸币流通量扩大到1913年的10倍。从1914年9月开始，德国政府曾9次发行公债，按1914年不变价格计算，总计约为620亿马克。在1916年3月的第四次公债发行中，22.7万个大额认购者购买了总债额的57%，而300万个小额认购者加在一起只购买了4%，可见，在战争中垄断资本的利润急剧增加，而劳动者的贫困化加剧了。德国还经常发行利率五厘的半年期政府债券，并每隔半年或一定时期发行战争债券来偿还。滥发纸币和公债使物价大涨，若以1913年的物价为100，则1916年升到了152，1917年为187，1919年为213，物价上升了113%，而信用发行增加了6倍。在税收方面，德国的税收占到战争经费的13%。1913年德国就通过了所得税法，但到1917年才实行。交易税除战前和战争初期的国防特别税之外，基本上被偷漏掉了。1913年，政府征国防特别税10亿马克，1914年和1915年又征了这种特别税。

在法国，最初估计对德战争的费用是200亿法郎，而最后的支出是1810亿法郎。政府和法兰西银行在1911年就取得了一致意见：一旦战争爆发，银行将立即向政府贷款29亿法郎。战时政府也采用滥发纸币、提高捐税、增加国债三管齐下的财政金融政策，并宣布停止银行券兑换，授权法兰西银行大量发行纸币，战时法国的税收占到战费的 14%。在战前不久经过激烈斗争之后，通过了分类所得税，但到 1917 年才开始起征。战时，法国货币发行增加 4.5 倍，造成了严重的通货膨胀。通货膨胀的顶点在 1926 年，流通中货币超过 580 亿法郎，比战前流通的 57 亿法郎多出 9 倍以上，外汇行市 1926 年 7 月跌到战前金平价的 12.8%，批发物价指数则比战前上涨 7 倍多，战时法郎购买力仅及战前的 1/5，1915 年财政赤字高达 167.95 亿法郎。此外，法国还通过短期债券长期化，即用新债券偿还旧债券的办法来筹集资金。短期政府债券和国防债券常常转换成战争债券，有四厘或者五厘的息票，发行时给予购买者各种不同的贴水。

英国为了支付战争的巨大耗费，财政部授权英格兰银行不受过去条例限制发行纸币。流通中的货币多达 5.55 亿英镑，比战前的 0.46 亿多出 11 倍。由于过量发行纸币，战时英国出现了严重的通货膨胀，货币购买力下降到战前 1/3 以下，外汇行市与战前的金平价相比下跌了 3%。同时，英国还用税收和公债来消化战争经费，英国的战争经费有 50% 靠征税，远远高于德国和法国的比例，并在战争爆发时及 1915 年两次提高了所得税率。英国还成立了全国战争储蓄委员会，建立了 19 万多个储蓄会，发行了 14.27 亿英镑的储蓄券。此外，英国还靠在国外借款来为战争筹措资金。1918 年 11 月停战以后，英国政府对美国政府的战争债务达到 41 亿美元。

俄国的战争经费达 414 亿卢布，其筹集战争经费的措施也是举借内外公债，滥发纸币和征税。到 1917 年 10 月以前，战时俄国通货膨胀是战前的 13.5 倍。

其他许多国家，如比利时、意大利、奥地利、匈牙利、日本及巴尔干各国战时也大都靠增发货币、增加税收等来筹措资金，各国均出现了剧烈的通货膨胀。持续而严重的通货膨胀导致货币购买力和外汇行市的急剧下降，给各国经济恢复和人民生活带来了严重影响，也造成了国际金融关系与国际贸易的混乱。

（二）第一次大战后赔款的支付

1914 年 7 月末开始的第一次世界大战，持续四年，1918 年 11 月 11 日同盟国和协约国签订停战协议，战争结束。

1919年6月28日，英、法、美、日、意等战胜国与德国签订《凡尔赛和约》，全称是《协约及参战各国对德和约》。《凡尔赛和约》最棘手的问题是德国向战胜国的赔款问题，也是德国和协约国长期争执的焦点。在《和约》签订时，关于德国的赔款问题尚未达成协议。《凡尔赛和约》剥夺了德国的全部殖民地，还没收了其全部对外投资，并规定向战胜国支付巨额赔款。在赔款的具体金额上，双方发生了巨大分歧。于是在这次会议上未能就赔款的具体数额达成协议，留待以后确定，赔款问题实际上悬而未决，随时可能引发出新的危机。1919年，凯恩斯参加了凡尔赛谈判的英国金融专家团，他非常厌恶赔款问题，写了一本书叫《和平的经济后果》。他说，德国特别依赖海外贸易，这就要有船只、国外投资和殖民地，而凡尔赛条约剥夺了这一切，他认为德国赔款100亿美元是适当的，但他的意见没有被采纳。

1920年6月，在布隆召开的一次赔款会议上，规定德国的赔款额为2690亿金马克，但德国并未执行。1921年1月的巴黎会议上，协约国同意把赔款减为2260亿金马克，加上13%的出口税，德国代表坚决反对，赔款问题仍无结果。1921年4月召开了伦敦会议，在英美的授意下，将赔款金额再降为1320亿金马克，加上出口税26%，并规定每年支付20亿金马克和年出口商品价值的26%，为期42年付清。德国仍不同意，但同盟国在1921年5月发出最后通牒，德国不得不接受最后通牒，被迫签署了条约。然而当时的德国事实上是无力偿付这笔巨额赔款的，或者根本就不愿付款。赔款负担的阴影笼罩着全国，赔款问题为此后德国同协约国的矛盾埋下了影响深远的祸根。1922年夏天和秋天，德国应以实物交付的赔款被拖欠了下来。1923年，赔款问题再度尖锐化，德国政府根据垄断寡头的意愿，终于由拖延进而拒绝支付赔款，引起了“赔款危机”。

法国遂在“德国故意不履行赔款”的名义下，于1923年1月11日，迅速联合比利时武装占领了德国的重工业区——鲁尔，试图强制交付。但这一招未能奏效，鲁尔区的矿工和工人举行罢工。为了帮助罢工者，德国政府增印钞票。到了1923年8月，德国马克在恶性通货膨胀中“爆炸”了。在1922年6月就已急剧上升的通货膨胀，这时达到了恶性通货膨胀的水平。1918 年底，1 美元可兑换 8.5 马克，而到了 1923 年末，流通中的纸币数量达到天文数字，即比战前增加了 1.7 万亿倍以上。纸币马克事实上成了废纸，商品流通几乎停顿，物物交换盛行。鲁尔区的被占领，以及德国政府采取的“消极抵抗”政策，给刚刚开始恢复的德国经济带来了新的严重打击。德国经济政治危机的空前尖锐化，引起了美、英、法等国的严重不安。

为了缓和矛盾、防止德国的彻底崩溃，阻挡社会主义革命浪潮扩展到整个西方，以及避免赔款和战债化为乌有，1923 年 10 月，在美国的策划和财政压力下，协约国匆匆成立了“国际专家委员会”，寻求解决德国赔款问题的新办法。摩根财团的亲信查理·格·道威斯担任了委员会的主席。他和美国代表团的其他成员，作为美国方面的代表，在委员会中起着决定作用。德国派往参加的代表，是国家银行行长，后来的法西斯战犯沙赫特。委员会的具体任务是研究稳定德国经济的方法，并制订出新的赔款计划。这个计划以后被称为“道威斯计划”，它于 1924 年秋在协约国伦敦会议上正式通过，并经德国政府签字同意，于同年 8 月 30 日起生效。“道威斯计划”的主要内容如下：（1）帮助德国政府实行货币改革，稳定通货。在德国国家银行之外，另行设立资本为 4 亿马克的“兑换银行”，负责发行新币和收回业已丧失信用的旧币。同时，规定把德国国家银行体系和全部货币流通业务置于协约国控制之下，由后者的特设机构管理。（2）进一步大量削减德国每年的赔款额，暂不规定赔款的总额和年限，只规定前 5 年度的具体赔款额。即 1924—1925 年度为 10 亿马克，以后逐年递增，到 1928—1929 年度为 25 亿马克。接受赔款的协约国认为，各国从德国取得的赔款，应该超过该国偿还美国的战债数额。（3）规定赔款的来源是，50% 由德国政府预算收入中的关税和啤酒、砂糖及其他酒类的间接税收入弥补；11.6% 由运输税收入弥补；26.4% 由铁路公司的国有红利收入抵充；另有 12% 则由工业公司的国有红利收入抵充。德国的铁路和税收，置于协约国监督之下，以保证赔款的筹措。（4）作为支付赔款的条件，德国可以从美、英等国获得贷款。第一批贷款称为“道威斯贷款”或“赔款贷款”，总数是2亿美元，即8亿马克，其中，美国提供1.1亿美元（55%），英国提供0.9亿美元（45%）。这批贷款供稳定通货及偿付赔款之用。（5）美、英、法、意、比五国组成“拨送赔款委员会”来监督德国履行支付赔款的义务。在委员会中，美国代表实际上掌握着处理一切有关赔款问题的大权。

此外，美、英、法等国还考虑到：德国要换取外汇以支付赔款，必然大量输出商品。为了阻止德国出口商品重新参加资本主义世界市场的竞争，同时为了扼杀苏维埃社会主义共和国的经济独立，“道威斯计划”的制订者把苏维埃俄国划为德国商品的销售市场。

“道威斯计划”受到德国资产阶级的欢迎，它对20年代德国经济的恢复和以后军国主义的再起，起了很大的作用。“道威斯计划”实行后，德国经济较快恢复并有相当发展，但赔款问题始终成为德国经济的一大负担。自1927年起，德国经济中出现了一系列消极现象。德国经济的恶化，引起了在德国拥有大量债权及投资的美国垄断资本的严重关切，这时“道威斯计划”也将满期。于是，在美国倡议下，协约国成立了新的专门委员会，于1929年6月制订了新的赔款计划——“杨格计划”。“杨格计划”是“道威斯计划”的继续，1930年经海牙会议正式通过，其主要内容如下：（1）明确规定德国的赔款总额和支付期限，把赔款总额削减到1139亿马克，贴现现值为370亿金马克，并将支付期限定为59年，规定在1929—1930年度支付7.4亿马克，以后逐年增加，到1965年度达到24.28亿马克，再逐年减少。（2）废除协约国在德国的一切监督机构，取消协约国对德国的直接的经济和财政控制。（3）协约国继续对德国提供贷款13亿马克（事实上超过了此数，1930—1932年贷款即达72亿马克）。

“杨格计划”在1930年4月付诸实施，赔款每年分两部分交付，一部分是无条件的，另一部分遇到汇兑困难时可以推迟交付。为了帮助第一年的帝国马克的汇兑，在欧洲铁路交叉点瑞士的巴塞尔设立了国际清算银行，德国的赔款由该行在德国投资，这些投资是国际清算银行的主要盈利资产。接受付款的国家得到的是在国际清算银行的账面存款，但不能使用或者兑现，德国以可兑换的外汇支付国际清算银行的投资利息。

“杨格计划”的实施，为德国取消赔款打通了道路。1929 年，德国政府向美国总统胡佛呼吁缓付赔款。1931 年 6 月 19 日，胡佛提出给德国延期偿债权，把赔款和战债推迟一年，此时赔款事实上已停止支付。1932 年 7 月，在瑞士洛桑召开的会议上，德国同意为赔款受益国向国际清算银行交付 30 亿帝国马克金债券，名义价值是 7.15 亿美元，该行在 3 年内暂不出售这批债券，债券利率为 5%，偿债基金为 1%，该债券的销售期限为 15 年，15 年之后还留在国际清算银行手中的债券一律作废，这实际上等于宣布赔款中止。由于 1932 年正处于世界经济大萧条的深渊中，债券的贴现值几乎肯定是零，因此，这批债券从未卖出去过。于是，困扰各参战国多年的赔款问题就此不了了之。

（三）第一次世界大战后战债的支付

和赔款紧密相关的另一个问题是战争债务。商业贷款、赔款和战争债务，在 20 世纪 20 年代的国际金融中造成了一种复杂的局面。战争对各国财力是一项极为沉重的负担，而这些财力主要靠金融来筹集。各国为了支付战争的巨大耗费，在战时都向别国特别是美国借入了大量的债务。1918 年 11 月停战以后，英国政府对美国政府的战争债务达 41 美元，法国的总债额更多一些。德国战争结束时的累积债务达 60 亿马克。

由于各国的具体情况不同，因此对赔款和战债的态度也就各不一致。法国从德国的赔款中得到了好处，想要取消战争债务，对商业贷款缺乏兴趣；德国人对战争债务没有兴趣，痛恨赔款，欢迎商业借款；英国准备取消赔款和战争债务，但不准备取消商业贷款；美国对赔款毫无兴趣，它只要收回数额庞大的战争债款，但同时也要维持商业贷款。

第一次世界大战结束后，如何解决协约国之间的战争债务？怎样使战败国德国按《凡尔赛和约》的规定向战胜国交付巨额赔款？这是 20 世纪 20 年代直到 30 年代初国际经济关系中的两大问题，因各国政府立场不同而各执己见、争执不休。大战期间直到战后初期，美国给协约国集团的 17 个国家提供了超过 100 亿美元的贷款，停战后又继续供应谷物、棉花及各类物资。而英、法两国与单纯是贷款国的美国不同，它们既是贷款国又是借款国。英国的基本债主是美国，而法国的主要债主则有美国和英国，同时英法两国又对其他协约国提供战争贷款。而且债权债务相抵，英、法两国处境又有根本差别，英国是净债权国，而法国则是净债务国。从债务方面来看，欠战债较多而紧排在英法两国之后的是俄国与意大利，然后是债务额小得多的东南欧国家及其他一些国家。

然而事物都有它的另一面。战时美国对协约国集团的大举贷款，对协约国取得战争胜利无疑起了重大作用。但是，这些巨额的战争贷款也给美国带来了极大的好处：首先，通过战争的胜利，可以使美国过去的有力竞争者德国退出竞争舞台，使英法等国遭到严重削弱并成为美国的债务国，从而使美国在世界市场上获得空前有利的地位和竞争优势。其次，对协约国的贷款本身对美国很有利，美国企业可借机大规模推销产品，包括军火和民用物资。按照贷款协定，得到贷款的国家要用贷款在美国购买商品。据统计，大战期间美国公司因政府战争贷款而出售给协约国盟友的军火及商品物资总价值达 119 亿美元，且当时美国出口军需物资是按垄断高价出售的。1929 年 7 月 11 日，法国前总统彭加列在议会发言时指出，第一次世界大战时期法国用美国贷款购买美国物资共支付给美国工业界 29. 33 亿美元，但这批物资实际价值仅为 10. 93 亿美元。最后，战后美国与协约国各国签订了还债协定，规定英国债务于 62 年内还清，利率 3. 3%，意大利的利率为 0. 4%，法国债务于 62 年内还清，利率为 1. 6%，到 1930 年 5 月 5 日，同美国签订还债协定的共有 15 国，其偿债期限与利率不等。美国除按协定收取战债利息外，还用战债作为手段，在一些问题上对债务国施加压力，以达到自己的政治、军事及经济目的。

一般来说，在战债问题上，美国与英、法等欧洲国家看法相左。美国坚持把战债与赔款问题分开处理，虽不接受德国赔款，但要求各国偿付战债本息。英、法、意、比等欧洲战胜国则主张把战债与赔款问题结合起来处理，即力图让德国交出巨额赔款，它们则在接受赔款的条件下偿还战债。德国则陷入经济十分困难的境地，根本就无法偿付赔款，因而英、法两国也就无法偿还美国的债务。双方不断争执，使这两个问题一直成为战后国际经济关系中的难题。美国在整个20年代都反复坚持赔款和战争债务之间没有联系，但在1931年6月19日胡佛提出给债务人德国延期偿债权之后就再也无法坚持了，其战债差不多也被勾销。

于是，各国基本上达成了默契，美国将减少其对外国债务人的债权，英国将承诺维持英镑币值的稳定，法国将保证取消进口限额，德国将停止控制对外国人的付款。战后困扰各国长达10年之久的战债和赔款问题遂告一段落。

在第一次世界大战及战后一段时期，中国的官僚垄断金融资本开始发展起来，“四大家族”的官僚资本几乎垄断了中国的整个金融业。在这一时期，国民政府成立了中央银行，改组了中国银行和交通银行，并通过对两行的渗透，取得了其控制权。此外，国民党官僚垄断金融体系——“四行两局一库”，利用他们的政治权势，使用各种手段，控制民族资本银行和钱庄。

二、中国官僚资本金融垄断体系的建立

（一）设立中央银行并控制中国银行、交通银行两行

1927年10月，国民政府颁布《中央银行条例》19条，次年10月，又颁布《中央银行章程》45条，规定中央银行为“国家银行”，享有发行兑换券、铸造及发行国币、经理国库及募集或经理内外债务的特权。1927年11月1日，中央银行在上海正式开业，采用总分行制的组织形式，当时任国民党政府财政部长的宋子文兼任第一任总裁，第二任总裁是四大家族另一成员孔祥熙。中央银行开业时，规定资本2000万元，以金融短期公债抵充。1935年4月，国民政府为了充实中央银行的资本力量，决定将中央银行资本增加为1亿元。

中国银行是辛亥革命后，在大清银行的基础上改组而成的。其前身是1905年清政府创办的第一家国家银行——户部银行，它开始时是中央银行性质的银

行，享有一系列特权。1912 年国民政府通过“中国银行则例”31 条，规定其为官商合办的股份有限公司，实际资本不足 300 万元，1915 年颁布招股章程，额定资本为 1000 万元。截至 1920 年，实收资本为 1229 万元，其中官股为 500 万元。中国银行除经营一般银行的存款、放款、汇兑等业务外，还代理国库，经理和募集公债，特准发行钞票、铸造银币。因此，它实际上是北洋政府的中央银行。1913—1922 年，中国银行存款由 1800 万元增至 1.87 亿元。

交通银行于 1908 年由清政府设立，并在 1913 年就取得了发行钞票的权力。1914 年国民政府修改该行章程，额定股本 1000 万两。交通银行除继续拥有经理轮、路、邮、电四系统的存款特权之外，还取得了代理金库、经付公债本息、代收税款等权利。1913—1922 年，交通银行存款由 3542 万元增至 7115 万元。

中国银行和交通银行从成立起，信用显著，在中国金融界占有重要地位。国民党政府要垄断全国的金融，必然要对这两家实力雄厚的银行进行控制。中国银行原有资本 2000 万元，1927 年国民党政府将该行总管理处由北京迁至上海，并修改其银行条例，额定资本为 2500 万元，强行加入“官股”500 万元，指定其为特许的“国际汇兑银行”。1928 年又将交通银行总行从北京迁至上海，额定资本 1000 万元，加入“官股”200 万元，实际只交 100 万元，并指定其为特许的“发展全国实业之银行”。这样，四大家族的官僚资本就渗入这两行。但是，“官股”在中国银行股本中仅占 1/5，在交通银行股本中只占 1/10。所以，“四大家族”对中国、交通银行两行还难以驾驭。因此，1935 年初，国民政府又修改中国银行、交通银行两行条例，分别予以增资。1935 年 3 月财政部规定中国银行增加“官股”1500 万元，以 1935 年金融公债拨给，资本总计 4000 万元。这样，中国银行的“官股”就占到半数。与此同时，将交通银行资本总额改为 2000 万元，从金融公债中增拨 1000 万元，连同前拨“官股”100 万元，共计 1100 万元，“官股”遂占到交通银行股本的 55%，取得控股优势。

中国银行改组后，宋子文任中国银行的董事长。交通银行改组后，其董事长也由四大家族的嫡系人物担任。至此，四大家族不仅建立了中央银行，同时也控制了中国银行和交通银行。

（二）设立中国农民银行及“两局一库”

中国农民银行的前身是1933年4月1日成立的“豫鄂皖赣四省农民银行”，1935年4月1日，改组为中国农民银行，资本额定为1000万元，并指定其为所谓供给农民资金，复兴农村经济的专业银行。除经营一般银行业务外，还享有发行“兑换券”、“农业债券”和“土地债券”等特权，总行设在汉口，后迁至南京。中国农民银行是国民党政府为了稳定在农村的统治而设立的，成为四大家族对农业进行控制、对农民进行残酷掠夺的工具。

为了垄断信托事业，1935年10月，国民政府公布了《中央信托局章程》，成立中央信托局，总局设于上海，各地设分局或代理处。中央信托局是中央银行的一个业务局，对外独立营业，垄断信托业务，对其他信托公司和银行信托部予以排挤。

1930年3月，国民政府在上海成立邮政储金汇业总局，1935年3月1日公布《邮政储金汇业局组织法》，将原邮汇总局和上海局合并改组为邮政储金汇业局。

1935年4月，国民党军事委员会颁布《合作金库组织通则》，并通令豫、鄂、皖、赣等省成立合作金库。1936年12月，实业部颁布《合作金库章程》，规定合作金库的机构分为中央、省市、县市三级，并在全国范围内推广。

由此，通过中央、中国、交通、农民“四行”及“两局一库”的建立，国民党在全国的官僚垄断金融体系基本形成。

（三）对民族资本银行和钱庄的兼并和掠夺

国民党政府为了实现对金融的彻底垄断，还利用政治权势，使用各种手段控制、兼并和掠夺民族资本银行和钱庄。他们所使用的手段主要有：（1）利用金融恐慌，向各银行参入官股，实行“官商合办”。如1935年6月，在白银风潮期间中国通商、四明商业储蓄、中国实业三家银行发生挤兑，国民党政府官僚资本银行事前将三行钞票集中起来，突然向这三家银行兑现，使各银行措手不及，被迫接受官僚资本的所谓“救济”而加入官股。四大家族官僚资本银行利用这种方式控制的银行先后有中国通商银行、四明商业储蓄银行、中国实业银行、广东银行、中国国货银行、新华信托储蓄银行等。（2）利用法币改革，取消民族资本商业银行的发行业务，并接收其白银准备。1935 年，国民政府趁币制改革之机，取消了包括中南银行、“南三行”等在内的 30 余家商业银行银行券的发行权，它们的发行准备也被接收，发行权集中于中国、中央、交通、农民四行。在 1935 年的金融危机中，多数钱庄周转不灵，国民政府以救济危机、安定市面为名，向中国、中央、交通三行借款 1800 万元，由财政部组织“钱庄监理委员会”，对钱庄进行监督管理和控制。（3）通过掌握票据清算资金，在业务上间接控制所有银行。（4）中国、交通两银行成立储蓄部、信托部，广泛开展储蓄、信托业务，排挤商业银行这两方面的业务。

第一次世界大战后，参战各国均遭受到了程度不同的严重破坏，经济实力受到沉重打击。战争以欧洲大陆为主要战场，而美国本土远离战火，因而获得了难得的发展良机，加上对参战国的军火及物资输出，其经济金融实力比战前有了显著的增长，为美国战后的崛起奠定了基础，由此导致了战后资本主义各国经济实力对比的显著变化。同时，第一次世界大战后苏维埃社会主义共和国的建立，也从根本上改变了资本主义和社会主义经济力量的对比。战后，资本主义各国都发生了严重的通货膨胀，尤其是德国，整个国民经济已彻底崩溃，国内物资奇缺，同时面临着对外支付巨额赔款、对内进行经济重建的严峻形势，因而爆发了前所未有的奔腾式通货膨胀。大战开始后，金本位的运行基础即遭到破坏，战后各国勉强恢复了不兑现的金本位，但和金币本位已有显著的不同，因此，大战结束后的这一段时期也是国际货币体系的严重混乱时期。

三、战后各国在国际货币体系领域地位的变化

（一）德国的超级通货膨胀

战后英、法两国向德国索取巨额赔款，美国向英、法两国讨还巨额战债。

德国要支付赔款，既无黄金和外汇储备，又不能向国外借债，只能靠扩大出口和减少进口来开辟外汇来源。但当时的德国既不能扩大出口，又不能削减进口。相反，为了恢复经济、维持生活还必须大量进口，因此外贸出现了巨额逆差。相应地，马克汇率猛跌，这又招致进口商品的涨价，物价水平节节攀升。而这又进一步加剧了外贸逆差，使马克汇率进一步下跌，从而促使物价进一步上涨，形成恶性循环。1914 年 6 月，流通中纸币为 63 亿马克，到 1923 年 6 月猛增到了 17 万亿马克。而流动债券在 1914 年 7 月为 30 万亿马克，1923 年 11 月达到 19 万万亿马克。国内批发物价若以 1914 年 6 月为基数 100，则 1923 年 6 月上升到 1998500。① 纸币发行过多和巨额的国际收支逆差相结合，造成了德国 20 年代初的超级通货膨胀。

随着货币贬值和国内通货膨胀的加剧，物价水平大幅度提高，并且价格变化很快，以致货币发行的速度赶不上物价上涨的速度，实际货币供应相对减少了。法国和比利时对鲁尔区的占领是德国超级通货膨胀的助推剂，德国政府靠印票子来向罢工的矿工提供资金，流通中的马克大量增加。于是人们千方百计寻找外币，并开始用外汇进行交易和标价，马克实际上已被抛弃，旧的货币制度崩溃了。

然而，也有一些人从通货膨胀中得到了好处。地主和富农利用实际已毫无价值的纸马克，清偿了对银行和政府多达 180 亿马克的债务。垄断资产阶级在这之前从国家银行得到数十亿金马克的贷款和补助金，马克的迅速贬值使偿还借款有名无实。垄断资产阶级还利用中小企业的经济困难，廉价收购它们的股票或进行直接吞并。

1921—1923 年，德国的恶性通货膨胀远不只是一个金融现象，它深深植根于德国人的社会、政治生活之中，德国人不愿意忍受战争与赔款的负担，于是孤注一掷，拼命印刷钞票。早在 1922 年 10 月，马克就已经不能再发挥价值储存

① 转引自《西欧金融史》，423，424 页。霍尔特·弗雷里克《1914—1923 年德国的通货膨胀》。

与记账单位的职能，1923年鲁尔区被占领，情况就更加恶化了。后来产生了土地银行和土地马克，目的是要产生一种过渡性货币来取代业已丧失信用的马克。在黄金不足、黑麦收成很不稳定的情况下，政府决定用德国的土地来支持新货币，形式是把这些土地抵押32亿金马克，抵押的持有者是新的中央银行——德意志土地银行，该行独立于政府。于是，帝国银行停止发行货币，土地银行以10亿马克换1土地马克的比价发行了24亿土地马克，一半向政府发行，另一半向公众发行。后来，土地马克又于1924年春天为帝国马克所取代。

（二）战后各国金融实力的变化

1914—1918年的第一次世界大战使欧洲遭受重创，英、法等老牌资本主义国家辉煌不再。在第一次世界大战期间，国际贸易成为两个敌对集团之间壁垒分明、互相对峙的集团性国际贸易关系。在集团之间进行受政治军事因素支配的经济贸易，互相封锁和隔绝；在集团内部，才存在着较正常的贸易和其他经济关系。各国在敌国的大量财产、投资、商品、存款被没收或者被冻结，战前原有的国际支付和结算关系不复存在，国际贸易和金融关系被彻底打乱。战后的1919年与战前的1913年相比，西方资本主义国家的工业生产下降了12.3%，世界贸易下降了23%。总之，第一次世界大战后，各国都陷入了经济困境之中，纷纷停止了纸币与黄金的兑换。到1921年中期，整个欧洲都爆发了恶性通货膨胀。

战前英国有最发达的国际金融业，很自然地围绕英国形成了国际贸易的支付体系，以英国为中心的国际支付体系，也是世界市场进一步扩大的重要条件。当时，各国之间由于国际贸易发生的债务债权关系，大都通过伦敦的银行进行结算。战后，英国经济和金融受到重创，国际市场的衰落和国际贸易的转移，使得其经济实力已今非昔比，占据“准世界货币”地位的英镑，其地位也大为削弱和下降。在不利的形势下，英国于1925年为挽回其国际金融中心地位，不顾国内生产成本与价格水平，仍按照战前汇率（1英镑=4.80美元）恢复金本位，高估了英镑价值。这在一定程度上削弱了英国商品的国际竞争能力，对英国的经济产生了不利影响。

德国在战争期间一直是超经济负荷运转的，其国内资源已消耗殆尽，且又是战败国，面临着巨额战争赔款的压力，其经济金融陷入了严重的困境之中。从第一次世界大战结束到1931年7月以前，德国支付给各战胜国的赔款总额为206.78亿金马克，这给德国造成了沉重的经济负担。

法国在战后虽然从德国获得了81.51亿金马克的战争赔款，但是，其经济的恢复有2/3的时间是在通货混乱中进行的。为了动员经济恢复资金，政府一再增加预算。1919—1925年，预算赤字高达1750亿法郎。为了弥补预算赤字，政府大举发行国债和滥发纸币，造成了通货膨胀，币值大幅降低。

而美国的情况则不同，第一次世界大战爆发时，美国正处于1913—1914年的经济萧条时期，工业生产指数在一年内下降了12%。第一次世界大战爆发后，英、法及盟国大量的钢铁、军火、粮食、棉花、药物等订货大量而来，使美国的这次危机尚未达到顶点便很快过去。从1914年6月到1917年6月，美国共输出了69亿美元商品，贸易顺差由4.3亿美元激增到35.6亿美元。出口的扩大，带动了生产的快速发展和就业的大量增加。从1915年起，美国经济又进入了一个为时5年的“战争繁荣”周期。1913—1916年，美国工业生产指数上升了30%。1917年4月美国宣布参战后，为了动员全国经济力量和一切资源投入战争，采取全面调节和统制国民经济的国家垄断资本主义措施，大大促进了生产、出口和对外投资的高涨。战争期间，美国的制造业增长32%，钢铁和汽车产量翻了一番。1914—1918年，美国国民生产总值从386亿美元增加到840亿美元。

美国在第一次世界大战中的最大收获还是在金融方面：由于英、德、法等国忙于战争，暂时退出了对世界投资市场和金融市场的竞争，使美国获得了难得的发展良机。1914—1919年，美国对外投资总额由35亿美元增加到70亿美元。战前美国在南美洲没有一家银行，到1921年已经有50家银行（包括分行在内）。1914年美国欠欧洲的私人净债务近40亿美元，而1918年战争结束时，欧洲反欠美国私人净债务30亿美元。到了1919年，全世界共有20个国家欠美国债务，美国由战前欧洲的债务国一跃而成为战后世界最大的债主。世界黄金储备的40%（约45亿美元）掌握在美国手中。战前英镑是世界核心货币，但战后英镑的购买力仅及战前的1/3，美元趁机成为国际汇兑的主要支付手段。纽约也成为世界金融交易中心和国际资本的供应中心，战后的一段时期内美国发行的国际债券几乎是英国的两倍。

日本也是第一次世界大战的受益者，战争使其经济进入了从1915年夏季直到1920年春季为止的空前兴旺的战争景气时期。

第一次世界大战对原有的国际经济关系及金融格局造成了巨大破坏和影响。战后战胜国之间最大的矛盾是美、英矛盾。美、英在世界经济及金融中的地位开始颠倒，国际金融中心开始由伦敦逐渐向纽约转移。美元在国际货币体系中的地位扶摇直上，大有取代英镑而发展成为世界货币的趋势。英镑的地位开始下降，较美元略逊一筹。美国的经济与金融实力极大地增强了，开始同英国竞争世界经济主导地位。因此，战后除美国外，各国都放弃了金币本位制。这反映了世界财富的再分配和各国经济金融实力对比的新变化。

（三）战后各国恢复金本位的努力

由于资本主义各国经济发展的不平衡，导致世界黄金分布的极端不平衡。1913年末，英、美、法、德、俄5国占有世界黄金存量的2/3，这大大削弱了其他国家金本位制度的基础。各国政府为了满足经济发展及战争的需要，都把大量黄金集中在自己手中，使金币本位制的自由铸造受到威胁。1914年第一次世界大战爆发，为了防止黄金外流，各国都实行贸易监管和外汇监管，禁止黄金输出，并实行停止纸币兑换黄金的措施。同时，各国为了备战，大量发行纸币，导致了严重的通货膨胀，战时的金本位制遂陷于瘫痪。

战后，稳定通货成为各国治理国内金融和调整国际经济金融关系的当务之急。如果不稳定各国通货，容忍国际货币关系长期混乱下去，战债与赔款的处理将变得更为棘手，也会严重影响国际贸易的发展。

战后的一段时期（大约1918—1925年），各主要资本主义国家的货币自由浮动，这一时期是各国调整国内经济，试图重建国际金本位制的过渡时期。国际金本位从1914年中断10年之久，在20年代中期欧洲经济出现繁荣以后，各国纷纷重建金本位。最初，各国曾企图恢复金币本位制，然而，战争期间各参战国为了筹集经费，均发行了大量不能兑现的银行券，这些银行券在战后大大贬值，造成了严重的通货膨胀。同时，各国货币汇率剧烈波动，再加上黄金供应不足和分配不均等原因，传统的金币本位制很难恢复。因战后各国处境相异，因此所恢复的金本位也不相同。

战时和战后初期，英镑贬值程度较小，在身价陡增的美元竞争压力下，为维持伦敦作为世界金融中心的地位，英国采取了使英镑保持旧平价的办法。当然，战前的金币本位已不可能恢复。1925年，英国开始实行金块本位制，规定3英镑17先令10又1/2便士等于1盎司标准金，中央银行应按一定价格购买黄金，银行券不能兑换金币，但可以兑换金块，且须有较大数额才能兑换（不少于1700英镑即400盎司）。在金块本位制下，国家停止铸造金币，黄金停止在国内流通，只用做国际支付的储备，流通中货币全部是可兑换的银行券，虽然银行券可在一定数量之上向发行人兑换黄金，但纸币被普遍接受，只有一小部分银行券被兑换。按照新的平价，1英镑可以兑换4.8665美元。但事实上，英镑的定值明显地偏高了。当时英国的财政大臣丘吉尔认为要保持大英帝国的地位，必须保持英镑的旧平价，以防止美元代替英镑主导货币的地位。虽然凯恩斯极力反对按旧平价恢复金本位，但丘吉尔还是决定恢复旧平价，让英镑定值过高，这使英国在国际贸易中的竞争力大大削弱，也为美元的崛起提供了机会。

法国也实行金块本位制，但与英国保持战前金平价不同，采用了通货减值的办法。按照1928年6月24日的法令，货币单位是金法郎，但其含金量（金成色为0.9）由战前的0.3226公分减至0.0655公分，减值约4/5。法兰西银行办理银行券兑换金币或金块，兑换最低额为21.5万法郎。

美国在战争中把世界黄金储备的30%集中到了自己手中，且其经济实力比战前又有了大幅度的提高，因此，只有美国仍保持了金币本位制。

稍后，德国、奥地利、挪威和意大利等主要资本主义国家勉强恢复了金汇兑本位制或称虚金本位制。德国实行金汇兑本位制是出于迫不得已，它作为战败国，战后黄金储备锐减（1918—1923 年由 23 亿马克减为 5 亿马克），殖民地和对外投资丧失，且需支付巨额赔款，只是借助于“道威斯计划”和 8 亿马克国际贷款，才实行了货币改革。在金汇兑本位制下，货币单位仍规定有含金量，但国内不流通金币，以国家发行的银行券当做本位币流通，银行券不能直接在国内兑换黄金，中央银行在另一个实行金币本位制或金块本位制的国家存储大量黄金和外汇作为平准基金，通过无限制在国内买卖外汇，以维护本国币值的稳定；并规定本国货币与该国货币的兑换比率，居民可按这一比率用本国银行券兑换外国货币，再向本国发行银行兑换黄金。由于实行金汇兑本位制国家的货币与实行金币或金块本位制国家的货币相联系，所以其货币与黄金的联系是间接的，从汇率制度上看可以说是一种盯住汇率制。

这样，在 1925 年前后，美国实行金币本位，英法两国实行金块本位，其他国家则实行金汇兑本位制。以美元、英镑和法郎等储备货币占主要地位的国际金汇兑本位制开始出现。这个制度使黄金和基准货币同时作为国际储备货币，基准货币汇率以黄金为基础，外围国家货币实行同基准货币相联系的固定汇率制度。

在金块本位制和金汇兑本位制下，国内均没有黄金流通，由于黄金失去了流通手段的职能，从而也就不能自发地调节流通中货币量；此外，银行券与黄金的自由兑换均受到限制，因而削弱了金币本位制所具有的相对稳定性。另外，实行金汇兑本位制的国家，其货币依附于他国，一旦所依附的这些国家币值变动或不履行义务，实行金汇兑本位制国家的币值就会随之变动。且本国货币依附于他国，必然在政治上、经济上受制于人。若实行金汇兑本位制的国家大量提取外汇储备兑换黄金，则实行金币或金块本位制国家的通货稳定也必然受到威胁。因此，金块本位制和金汇兑本位制都是不稳定的货币制度。

1929—1933 年资本主义世界爆发了严重的经济危机，英镑受到了巨大的压力，不得不于 1931 年 9 月宣布放弃金本位。德国于 1931 年 7 月、日本于同年 12

月也放弃了金本位，美国于 1931 年 3 月宣告美元与黄金脱钩，放弃金本位，最后法国于 1936 年 9 月黄金集团瓦解后宣告法郎贬值。在经济危机的冲击下，这种残缺不全的金本位制很快被摧毁了，代之以不兑现的信用货币制度。

金本位制的稳定性是以黄金的充分供应为前提的，然而黄金的供应量是有限的。尽管部分准备制可在一定程度上克服黄金不足的困难，但货币的供给仍受到金准备数量的制约。可见，金本位下货币供给的制约与经济增长对货币的需求之间的矛盾是导致金本位制崩溃的内在原因。此外，资本主义内在矛盾的发展势必导致政府干预经济，而这与金本位制所要求的经济自由竞争原则是背道而驰的。这也是大约实行了 40 年左右的金本位制崩溃的重要原因。

第三节　经济萧条的金融根源

一、20 世纪 30 年代经济金融大危机

（一）货币信用危机的爆发

资本主义世界经过第一次世界大战的经济困难及政治动荡之后，在 19 世纪 20 年代开始进入一个经济相对稳定的时期。从 1923 年到 1929 年秋，美国经济在股票、债券等经济泡沫的影响下迅速增长，每年的经济增长率达 4%。与此同时，整个美国社会的价值观念也在发生变化，发财致富成了人们最大的梦想，投机活动备受青睐。美国日益增长的经济供应能力大大超过了国内外有支付能力的需求，这一切都预示着一场大危机的到来。

美国股票市场在活期贷款的推动下有了极大的扩张，活期贷款很大一部分来自欧洲。但后来由于伦敦信贷紧张，外国贷款被催收回去了，活期贷款利率因而急剧上升。与此同时，商业银行开始抽走贷款，银行家们害怕在股市的跌价与抛售之中他们的活期贷款可能变成一种被冻结的资产，从而遭受损失。

1929 年 8 月，为了使过热的经济降温，联邦储备理事会提高了贴现率，但股票市场价格还是上涨。鉴于美国联邦储备理事会贴现率的提高，英格兰银行也开始抽紧银根，1929 年 9 月 26 日，英格兰银行宣布：为停止黄金外流和保护英镑在国际汇兑中的地位，将再贴现率从 5.5% 提高到 6.5%。9 月 30 日，伦敦又从纽约撤回数亿美元，从而诱发了美国股市大幅度下跌。此外，斯堪的纳维亚国家的贴现率也都提高了。

1929 年的货币信用危机是世界经济危机的一个组成部分，是在生产对于有实际支付能力的需求相对过剩的基础上爆发的，其背景和导火索是 20 年代经济高潮期间的投机狂潮，以及纽约证券市场的巨大风暴。纽约证券交易所从 1925 年 1 月 25 日到 1929 年 10 月，其上市股票从 4.43 亿股增加到 10 亿股以上，投机热潮不断升温，股票价格比票面价值高出了 3 ~ 20 倍，成千上万的人从事股市投机。然而正当人们做着发财美梦的时候，1929 年 10 月 15 日，纽约股市开始出现大量抛售，但由于大投机商抛售谨慎，市场反应较为平和。10 月 23 日，股票市价开始急转直下，10 月 24 日，纽约证券交易所出现了空前的抛售股票的大风潮，一天内成交额达 1300 万股。10 月 29 日，人们惊魂未定，一场更大的灾难发生了。大户不计行市高低，猛抛股票，一天内抛售了 1640 万股，创下了股票买卖的新纪录，这一天纽约股市行情下跌了 12.82%，它正式拉开了经济大危机的序幕。到 11 月，50 种热门股票的平均市价比 9 月最高市价下降约50%。美国股票市场的崩溃是一个征兆，宣告了资本主义世界经济危机的到来。危机从纽约证券交易所发源，迅速扩展到美国的商业、工业和农业，然后在世界各地蔓延开来，各国的股票市场都开始了抛售狂潮。从危机前的高点到危机时最低点，各国在大危机时股票行市的下跌幅度，比利时为 72.3%，加拿大 84.5%，法国 58.7%，德国 64%，日本 43%，荷兰 77.1%，瑞典 69.5%，英国 49.3%，美国 84.3%①。股票价格的直线下泻，是同商品滞销、价格跌落、企业利润降低

① C.P. 金德尔伯格 .1929—1939 年世界经济萧条 [M]. 上海，上海译文出版社，1986：128 - 132.

以及人们对经济前景的极度悲观相连的。证券市场的下跌，伴随着企业倒闭、债务无力偿还等现象，对银行体系和通货造成了巨大的压力，使货币信用危机向纵深发展。

在美国股票市场崩溃之前，德国、英国、意大利和奥地利已经出现了萧条。纽约股票行情暴跌传到了欧洲证券市场，股票价格下降削弱了那些拥有工业股票以及向有关工业企业发放贷款的银行的地位，使银行的清偿力变得极度紧张，接着国际市场上的商品价格也开始下降。

面对股市行情的暴跌，接替本杰明·斯特朗任纽约联邦储备银行行长的乔治·哈里逊指示纽约联邦储备银行在 10 月 30 日之后的这一周之内，购买了 1.6 亿美元的美国政府债券，接着，在 11 月又买了 2.1 亿美元，这是在危机中为了缓解清偿力问题而进行的最后贷款人业务。同时，联邦储备的贴现率迅速下降，11 月 1 日跌到 5%，11 月 15 日跌到 4.5%，但这些措施对提高物价没有起到多大作用。物价的下跌扩大了企业破产数目，企业的大批破产又引起银行的倒闭。到 1930 年春天，货币供应并没有急剧下降，利息率已经很低了，但证券和商品的价格继续下降，使债务负担愈益沉重，发生了“结构性通货紧缩”。

证券和商品价格下跌使银行处于不利的地位，这在那些实行混合银行制度的国家里尤其如此，比如美国、德国、奥地利等。1930 年 11 月，巴黎的亚当银行倒闭，接着法国的乌斯特里克银行破产。英国的一家清算银行在 1929 年开始失去支付能力，但被悄悄地援救了下来。意大利银行和意大利政府从 1930 年夏天起一直在秘密地营救一些银行，由于这些银行的财务状况没有公开，所以很少或没有波及效应。1930 年 11 月和 12 月，美国两家二流银行破产，美国出现了第一次公开的银行倒闭。1931 年 5 月，奥地利大银行奥地利信用银行破产，成为触发各国银行信用危机的导火线，引起了世界借贷市场的混乱。奥地利信用银行在 1931 年 5 月 11 日宣布，它已损失了资本的一半以上，根据奥地利的法律，这是银行宣布破产的标准。5 月 12 日，奥地利政府宣布了一个用 1.6 亿先令来抢救该行的计划。由于奥地利政府本身财力有限，于是向国际清算银行求援。接着在 1931 年 5 月，奥地利信用银行宣告破产，产生了波及效应。

对奥地利信用银行的挤提引起了匈牙利、捷克斯洛伐克、罗马尼亚、波兰和德国的挤提。此后，通货紧缩迅速蔓延，首当其冲的是德国，德国是一个信用基础较薄弱的国家，当时德国本身存在严重的国际收支危机，每年要支出大量战争赔款和利息，不得不向英美等国筹借短期银行信贷。奥地利信用银行宣布破产后，美英等国银行担心资金安全，纷纷从德国提取短期资金，大量外国短期信贷（计数 10 亿马克）被提走，德国第三大银行达姆施塔特银行首当其冲，发生了挤兑风潮。政府采取了措施，贴现率从 7% 提高到 10%，外国信贷被封存，然而德意志银行与德累斯顿银行同样遭到存户挤提存款。大银行纷纷合并，战前柏林 9 家大银行减为 4 家。从 5 月到 7 月，国家黄金储备由 23.9 亿马克骤减为 13.63 亿马克，减少了 43%。整个信贷体系及金汇兑本位制濒于崩溃的边缘。美国总统胡佛 1931 年 6 月 19 日提出建议，给“一战”赔款和战争债务一年的延缓偿付期。同年 9 月德国宣布停止支付外债，禁止黄金自由输出。

1931 年英国外贸逆差严重，国外多种收入锐减，出现了 1.04 亿英镑的国际收支赤字。7 月中旬，英镑开始缓慢贬值。英国政府求助于美国联邦储备银行和法兰西银行，7 月下旬先后达成各借款 5000 万英镑的协议。同时，英格兰银行于 7 月 23 日和 30 日两次提高贴现率，从 2.5% 提高到 3.5% 再到 4.5%。尽管如此，由于德国中止对外支付后，英国在德国的资金不能调回，加之大量资金从英国抽走，比利时、荷兰、瑞典、瑞士等国商业银行出售英镑以换取黄金，终未能阻止 7 月下旬英格兰 银行流失 2 亿美元的黄金储备，之后黄金继续流失。1931 年 9 月 21 日，英国宣布停止黄金支付货款，停止纸币兑换黄金，放弃金本位，同时英镑贬值 31%。由于英国放弃金本位，与英镑联系紧密的国家也纷纷放弃了各种形式的金本位。但英镑的贬值，未能提高用英镑表示的物价，反而使以黄金表示的物价急剧下降。与此同时，许多国家的银行大批破产倒闭。

紧随英国之后，一系列国家脱离金本位制，国际上出现了英镑集团、美元集团和法郎集团等货币集团。从此，拉开了货币集团林立，各国通货贬值，货币与贸易战逐步升级，货币信用危机向国际范围扩散并向纵深发展的新时期。

危机使1928年法郎贬值后一度稳定的法国财政再次处于混乱状况。1931年有118家银行破产。后来，德国停付战争赔款、英国放弃金本位后对法郎的冲击、对外投资收入的减少以及外贸逆差的不断增长等因素使国家财政收支失去平衡。1931年的财政预算出现了50亿法郎的赤字，1933年为100亿法郎。政府被迫抛售大量黄金应急，一度雄厚的国库再次空虚。

1931年英镑贬值后，接着出现了对日元的挤提。1931年年初，日本政府企图恢复金本位，决定解除黄金输出禁令。但事隔不久，在世界市场萎缩、日本出口贸易不振和英镑贬值的双重压力下，国际金融市场上大量抛售日元，引起日本黄金急剧外流，1930—1931年共流出67亿日元以上。到1931年底，国家黄金储备只剩下4.7亿日元，结果日本只得重新禁止黄金出口，加入到脱离金本位国家的行列。在金融危机中，全国各地的地方银行、中小银行，都因无力维持营业而纷纷倒闭。这就使得与地方银行和中小银行有密切关系的地方企业、中小企业的借款渠道日益狭窄，资金缺乏现象日趋严重。

1933年夏，美国的货币信用危机发展到了高潮。按照道琼斯指数，1929年9月~1933年1月，30种工业股票价格下降了82.8%；20种公用事业股票下降了80.3%；20种铁路股票价格下降了84.4%。整个来说，从证券市场大崩溃前夕的1929年9月到危机末期的1933年7月，美国股票市场市值总计消失了740亿美元。同时，接受美国大量贷款的债务国德国几家最大银行的破产，又直接促成了1933年初美国货币银行危机的全面爆发。1920—1933年，美国破产的银行达10500家，占全国银行总数的49%。由于大量黄金外流及债务人纷纷向各银行提取存款，1933年3月，国库黄金储备急剧减少，整个银行信贷体系濒于瘫痪状态。此外，危机期间，资本输出一落千丈，最后几乎完全停止。

20世纪30年代的这场资本主义货币信用危机，在银行信用领域里的情况相当严重，主要表现在以下四点：一是出现了大批银行倒闭风潮，而且引起了国际性的连锁反应和整个货币金融领域的严重混乱；二是中止了国内和国际的支付关系，危害和动摇了整个国际信用体系；三是造成西方金本位货币制度的崩溃，各国货币纷纷贬值；四是进一步加深了世界经济危机。

（二）大萧条时期各国的国际收支状况

经济金融危机爆发以来，世界工业生产和国际贸易分别比危机前缩减了44%和66%，物价下跌一半以上，大量的企业与大银行纷纷倒闭，从而引起各国对外贸易、劳务与投资收入减少，多数国家先后出现了国际收支困难，甚至发生巨额国际收支逆差。

由于拉丁美洲国家的出口大多以农产品及原材料为主，1929 年世界经济大危机爆发后，引起了世界市场上农产品和原料价格的猛烈下降，同时外资流入减少，因而拉丁美洲国家首先出现了国际收支的困难，各国国际收支状况迅速恶化。

美国在第一次世界大战中经济实力大大增强。20 世纪 20 年代，美国逐年保持着大量贸易顺差，并因此大量输出资本。但危机发生后，这种状况发生了改变，贸易顺差不断下降，由 1930 年的 7. 82 亿美元，降至 1933 年的 2. 25 亿美元。在资本项目方面，短期资本因外国资本对美国经济信心下降而纷纷外逃。美国的国外短期债务由 1929 年底的 30. 3 亿美元降至 1931 年的 14. 7 亿美元，并在 1931 年输出黄金 1. 76 亿美元。20 世纪 30 年代后半期，美国的贸易顺差重新回升，国际收支状况趋于改善，这主要是由于纳粹德国的扩军备战使得欧洲形势日益紧张，于是欧洲大量的黄金逃至美国。1934—1939 年，美国年均输入黄金 16. 65 亿美元，1939 年高达 30. 18 亿美元。

1924—1938 年，英国每年都有三四亿英镑的巨额贸易逆差，主要靠国外投资收入、航运业收入以及银行手续费和商业佣金收入等来弥补。英国在大危机爆发前，结算差额保持着顺差，1929 年超过 1 亿英镑。危机期间，英国国际收支状况迅速恶化，国外投资、航运业等各项收入锐减。1930 年结算差额的顺差降为 2800 万英镑，而 1931 年则出现了 1. 04 亿英镑的结算差额逆差。同年 7 月，因德国实行货币信用改革，超过 2 亿英镑的外国短期资本纷纷逃出英国，英国被迫输出3500万英镑黄金，并靠出售持有的外国有价证券以及提回短期贷款来达到国际收支平衡。1932年，结算差额的逆差达5100万英镑。此后，在30年代萧条和1937—1938年危机年份，英国的结算差额大都是逆差。

大萧条对法国的国际收支也有一定的影响。1929—1933年世界经济危机爆发生后直到1937—1938年新的经济危机来临，法国的贸易收支及资本项目收支长期处于逆差和波动状况。尽管法国商品的批发价格指数从1929年到1934年下降了46%，但由于法国政府的货币政策，使法国产品在国际市场上的竞争又重新处于劣势。1929年，法国在世界资本主义国家贸易中所占比重为6.4%，至1937年下降为5.1%。到1937年，法国的出口几乎比1929年减少了3/4。同时，资本输出下降，对外投资的收入也由于外国债务人的破产而缩减。结果，国际收支的逆差更为扩大，1929年贸易逆差升至100亿法郎，1931年达到132.6亿法郎，1932年及1933年逆差相继回落为100亿法郎和90亿法郎。此后仍是连续的贸易逆差，1937年再度超过100亿法郎。由于危机时期法国的各项国外收入来源锐减，其结算差额（不包括黄金流动）从1931年起一直发生逆差，当年为41.2亿法郎，1932年进一步增为63.2亿法郎。此后，结算差额的逆差减少。1937年再度升为40亿法郎。但是，由于法国从国外大量提回短期资金并将其转为黄金输入国内，故危机高峰时期的1931—1932年仍每年有180亿左右法郎，总的国际收支顺差。20世纪30年代后半期，欧洲局势日趋紧张，法国政局动荡，外资陆续外逃，法国国际收支转为逆差。据统计，1935—1937年，法国每年的黄金流出分别为150亿、207亿和65亿法郎。

德国是第一次世界大战的战败国，战后殖民地的丧失，加上对战胜国的赔款，使德国从战前的债权国变成负债最多的国家。1924年“道威斯计划”实施后，大批的外国贷款和投资，给德国经济的恢复注入了充足的资金，德国经济逐渐恢复。在国际收支方面，德国在1924—1929年仍有76亿马克的外贸逆差，加上支付贷款利息和赔款，其结算差额（不包括黄金输入）为148亿马克逆差。这些逆差主要靠美国等外国银行的贷款来抵补，德国经济对外资的依赖达到很高的程度，到1930年共欠外债268亿马克。1931年，达姆施塔得银行破产事件所触发的货币信用危机，使外国银行迫切要求德国归还借款，外国资本也大量流出德国，1931—1933年外资流出累计达39亿马克。于是，德国不得不从1931年起实行外汇监管和停止偿付外债。1933年希特勒法西斯上台后，进一步停付外债和利息。

日本除1930—1933年外，20世纪30年代的大多数年份国际收支均为逆差。但在大危机年代，由于日元对外大幅度贬值，使日本商品在国际市场上的竞争力加强，刺激了出口贸易的发展，从而使国际收支状况有所改善。30年代后半期，特别在日本帝国主义发动全面侵华战争后，其国际收支逆差越来越严重，黄金连年外流。

经济危机期间，几个主要资本主义国家的国际收支状况都毫无例外地恶化了，这是货币信用危机在国际经济关系上的反映。

（三）工、农业的萧条

1929—1933年的世界经济危机是从美国开始爆发的，它席卷了整个资本主义世界。世界经济危机从1929年到1933年持续了四年之久，1932年为危机的顶点。危机使资本主义各国的生产倒退了几十年，生产下降和失业增长都达到了空前猛烈的程度。整个资本主义世界的工业生产和危机前相比几乎下降了44%。失业人数高达3000万~4500万人，一些国家的失业率高达30%~50%。就美国来说，工业生产下降了56.6%，其中，生铁产量减少了79.4%，钢产量减少了75.8%，汽车产量减少了74.4%，失业人数达1200多万人。英国的工业生产指数从危机前的最高点到危机中的最低点，下降了23.8%。由于商品滞销，物价剧烈下跌，主要资本主义国家的批发价格大都下跌了1/3到2/5，只有英国价格下降幅度较小。在工业品大量过剩和市场问题极度尖锐的情况下，国际贸易遭受空前打击，整个资本主义世界的贸易额下降了66%。从1931年6月到1932年4月，76个国家提高了关税率，限制使用外汇购买外国商品，实行限额进口和直接禁止进口。由于工业欠发达国家主要以出口农产品和原材料为主，在原料和食品的价格惨跌的情况下，这些国家受到的打击更甚。

然而，在法国，1929 年、1930 年却是两次世界大战期间“繁荣时期”的最好年份。国家财政预算基本平衡、法兰西银行的黄金储备雄厚，金额不断增加，从 1929 年 5 月的 290 亿法郎增至 1930 年 5 月的 550 亿法郎。除农业外，绝大多数经济部门仍在持续发展。煤、铁矿和铝的产量创造了两次大战期间的最高记录，连技术落后的纺织业也因美国等国家的危机一度获利。1928 年，法郎大幅度贬值之后使法国产品在世界市场上的竞争能力大大增强。外贸方面传统的不平衡虽仍存在，但通过旅游业的发展和海外投资的利润得到很大补偿。失业问题并不严重，当美国、德国、英国分别有 160 万、190 万、140 万人失业时，法国的失业人数只有 9000 人。

这些现象导致法国朝野盲目乐观。这种乐观情绪在一般群众中也广为流行。而实际上，法国受这次大危机的影响虽然要晚于其他资本主义国家，但它仍难幸免。只是由于法国传统的历史条件，特别是第一次世界大战后社会经济发展的特殊条件使危机推迟发生：法国工业在资本主义发达国家中相对落后，使工业、农业相对平衡，构成法国经济总体上的平衡性；外贸在法国经济中所占比重不大，因而国际市场的冲击也相对较小。此外，受战争破坏地区的重建、各种规模浩大的公共工程、法郎的稳定和法国产品竞争力的加强、众多的农村人口及政府对农业的保护主义政策等因素都有利于推延危机在法国的爆发。

1930 年 11 月，法国乌斯特里克银行宣告破产，标志着法国经济危机的开始。接着，大批银行与企业纷纷倒闭、破产，生产下降，失业人数激增。1930 年 12 月，失业人口还只有 1.2 万人，第二年春天猛增至 5 万人，物价暴跌，资本输出锐减，对外贸易萎缩。1931 年，经济危机波及整个工业部门，该年工业生产下降 17.5%，其中，钢铁生产下降达 29%，破产的企业增加了 60%。1931 年秋失业人数达 18 万人，1932 年 1 月上升到 25 万人。轻工业部门受危机打击更大，尤其是纺织业在日本产品的激烈竞争下处境艰难，1931 年的生产指数只及 1913 年水平的 71%，1934 年的开工率比战前降低 66%，服装业和制革业的生产也有所下降。据估计，这次危机大约使法国的工业倒退到 1911 年的水平。危机也沉重地打击了长期处于慢性危机中的法国农业，农业危机在 1932 年和 1935 年表现得特别严重，农产品大量过剩导致价格暴跌。据统计，农民的收入从 1928 年的 430 亿法郎减少到 1934 年的 180 亿法郎。

在德国，随着战后经济的复苏，出现了政治上一定程度的平静。古斯塔夫·施特雷塞曼的外交政策通过洛迦诺公约（1925）和加入国联（1926）使战败的德国重获政治上的平等权利。随着 1929 年世界经济危机的爆发，德国的工业和农业遭受了致命的打击，失业人数急剧上升。这为希特勒法西斯的崛起提供了机会，他们利用了失业和普遍的贫困，将极端反民主的倾向和疯狂的排犹主义结合起来。由于世界经济危机造成的大批失业等现象都极大地动摇了人们对国家权力的信任，希特勒却通过各种就业和扩军计划恢复了经济并迅速减少了失业。此外，世界经济危机的结束也为他提供了有利条件。1932 年纳粹成为最强的政党，1933 年 1 月 30 日希特勒成为德国总理，同时也成为第二次世界大战爆发的隐患。

这次严重的生产过剩危机，持续时间特别长，生产下降幅度特别大，因而对资本主义世界经济造成的影响也非常深刻。

二、经济复苏中的金融政策

（一）国家宏观经济调控的初步实践

早在第一次世界大战时期，资本主义国家已开始对经济进行干预。随着各主要资本主义国家由自由竞争向垄断的过渡及金融资本和金融寡头统治的形成，国家对经济的干预开始增强。这种干预的加强，不仅促进了垄断的形成和发展，还在私人垄断的基础上，促使各国的国家政权不同程度地同垄断资本相结合，为国家垄断资本主义的产生和发展准备了条件。国家垄断资本主义的主要特点是垄断组织和国家政权结合在一起，垄断资产阶级利用国家政权，对经济生活进行全面干预和调节。国家垄断资本主义的最初发展是在第一次世界大战时期，它的普遍发展则是在20世纪30年代以后。

国家对经济进行干预的目的，如关税壁垒政策，为的是保护尚在成长中的幼稚工业。另外，表现在国家通过贷款、补贴、采购、投资的办法以及实行部分企业、行业国有化的办法，来促进经济增长。在第一次世界大战时期表现突出的是德国、俄国和日本，法国也较明显。德国资本主义的国有化最为发达，国家投资、国家采购和国家补贴的数量也很大、范围极广。俄国的情况与德国类似，沙皇政府不仅通过大量的军事订货、国家贷款和补贴以及实行殖民掠夺来帮助私人垄断资本的发展，而且广泛地建立国有经济来加速垄断的发展进程。日本是通过国家投资、兴办国有企业以及高价收购私人企业和廉价转让国有企业来促进垄断的发展，还大力发展国营军事工业。法国通过采取一系列国家贷款、国家投资来促进国家垄断的发展。如果没有法国政府的干预和直接参与，其经济就很难从普法战争失败后的困境中走出来。

1929—1939年是经济危机空前严重时期，也是国家垄断资本主义得到发展的时期。主要资本主义国家在20世纪20年代获得了相对的稳定和发展，但1929—1933年的资本主义世界经济危机的爆发打断了经济的平稳发展。这次大危机，严重打击和震撼了整个资本主义世界，使各国经济遭受重大损失。危机之后，国家垄断资本主义开始发展起来。在美、英、法等国，国家垄断资本主义的发展主要表现在国家对经济进行"反经济危机"的调节，国家全面干预和调节整个经济，突出代表是罗斯福总统的"新政实验"。而在德国，则主要表现在纳粹德国的"国家社会主义"改革，国家垄断资本主义开始成为世界经济政治中的重要势力。

第一次世界大战期间，国家军事垄断资本主义的兴起，是在大战和经济严重破坏条件下，各交战资本主义国家被迫采取的一整套国家调节战时经济的政策和措施，这是资本主义历史上国家垄断资本主义的首次大发展。大战结束后，这类披着军事化外衣的国家垄断调节法令和办法，相继撤销和隐退。20世纪30年代的资本主义经济大危机及其严重后果，又一次逼迫资本主义国家再次求助于国家垄断资本主义，自由放任经济的信条受到批判，国家干预经济的思潮风行起来，从而出现了资本主义历史上国家垄断资本主义的第二次大发展。与第一次世界大战时期不同，这次国家垄断资本主义的形态不只是国家军事垄断资本主义，德、意、日法西斯就采取了这种形态；而且还有非军事的国家垄断资本主义形态，西方所谓民主国家美、英、法等国属于这一类。这两类形态在发展中各自有其典型，前者是希特勒法西斯的军事统制经济，后者是美国总统富兰克林·罗斯福的"新政实验"即"罗斯福新政"。罗斯福的"新政"产生了深远的影响：它开创了政府全面干预市场的经济模式。

1932 年 11 月 8 日，在经济危机最严重的时刻，50 岁的民主党人罗斯福在总统大选中大获全胜，民主党也在国会两院中占有强大的优势。强大的民意支持，使罗斯福成为美国历史上权力最大的总统，这是他能够出台"新政"的政治基础。其实，"新政"一词并不是罗斯福自己发明的，而是出自一幅漫画。1932 年 7 月 2 日，即罗斯福发表接受总统候选人提名演说的次日，一家报纸发表了一幅漫画：一个疲惫的农民倚锄仰望天空掠过的一架罗斯福座机，机翼上标有"新政"字样，那迷惘的表情中透着些许希望，自此，"新政"一词就作为罗斯福的施政纲领而不胫而走。

1933 年 3 月 4 日，罗斯福正式就任美国第三十二届总统。所谓"新政"是为了摆脱严重的经济危机与萧条而采取的一系列社会经济政策的总称。其核心是 3R：改革（Reform）、复兴（Recovery）和救济（Relief）。用经济学的语言说就是：加强政府对经济生活的监管；增加政府开支，为失业者创造就业机会；为民众提供充分的福利保障。

新政分两个阶段：第一阶段从 1933—1935 年，通过了一系列"反危机"法令，其中，包括新政的两大支柱——《国家产业复兴法》和《农业调整法》。1933 年春天，罗斯福政府制定了旨在整顿工业的《国家产业复兴法》，成立国家复兴管理局，并在它的认可和监督下，由资方、劳方和公众代表组成的委员会制订分别适用于各行业的法规，鼓励企业之间合作，防止不公平竞争和超产。

其实质，就是把各个行业组成一个庞大的卡特尔，由它对本行业的价格、工资等等进行全面的控制，由政府制造全面的垄断。罗斯福当然意识到了这种做法是违反《反托拉斯法》的，所以，该法案首先宣布国家处于紧急状态，暂停部分反托拉斯法条款的实施。此外，《全国产业复兴法》的第二部分授权总统建立公共工程管理局，拨款 33 亿美元，举行公共工程以实施大规模的直接就业计划，即“以工代赈”。1935 年 5 月，围绕着新政实施的斗争激化，这两个主要法令因被美国最高法院宣布为违反宪法而遭到废止。1935—1939 年，“新政”转入第二阶段。罗斯福相应地通过一些替代性的法令和其他新法令，继续实施政府的全面监管措施，推行“新政”。他提出了“一揽子规约”的设想，以种种方式迫使企业保证遵守全国复兴总署规定的最低工资和最高工时的标准。“新政”一直持续到第二次世界大战全面爆发前夕。

“新政”的推行，在初期对缓和经济危机起到了一定作用，在此期间所修建的大量公共工程对美国后来的发展也是非常重要的。不过，也有经济学家指出，政府过多的干预，抑制了企业的灵活应变能力和市场的自发修复过程；政府持续大量投资，也产生了强大的挤出效应。大约正因为此，在罗斯福第二个任期，美国经济又出现了一次衰退。股票市场从 1837 年 8 月到 1938 年 3 月暴跌，市值损失达 50% 以上。此外，罗斯福政府为“新政”共支出了约 350 亿美元的巨款。结果，在政府预算方面，每年都出现了数十亿美元赤字。国债总额在 1932—1938 年增加了 130 亿美元以上，但 1939 年失业人口仍占到整个劳动人口的 17. 2%，未能从根本上解决就业问题。

在德国，这一时期希特勒法西斯军事统制经济主要表现出以下几个特点：第一，国家向垄断组织进行大规模的军事采购和订货；第二，国家采取强制卡特尔化等政策，这是法西斯政权扩大垄断组织统治及加速生产与资本集中的重要措施；第三，国家对经济实行全面的军事化的干预和调节；第四，国家全力支持垄断资本集团并同后者一起对其他国家进行经济扩张和军事掠夺。增加税收、扩大发行国债和实行通货膨胀，是希特勒政权开辟战费来源及重新分配国民收入的主要手段。国家税收收入由1932—1933年度的65.6亿马克骤增到1938—1939年度的177亿马克，同期国债总额由115亿马克上升到371亿马克。帝国银行和几家最大的私人银行是国债的主要持有者。帝国银行以国债为担保大量增发银行券，到1939年9月，流通中的银行券总额骤增至110亿马克。

（二）由自由金融向监管金融的转变

1933年3月4日，富兰克林·德兰诺·罗斯福就任美国第三十二届总统，罗斯福应对危机的一系列政策后来被称作“新政”（New Deal）。根据当时流传的种种理论，20世纪30年代的大萧条被认为是自由放任的结果，因此，罗斯福一上任，立刻就开始了对经济的全面监管。罗斯福在信贷危机最尖锐的时刻接任总统，因此，防止美国财政信贷体系的彻底崩溃，就成为新政府最迫切的任务。在这方面，罗斯福政府的基本措施：即清理银行、实行存款保险、货币贬值、黄金国有和收购白银等。

由于大萧条是由疯狂投机活动引起的金融危机而触发的。罗斯福总统的新政也先从整顿金融入手。在被称为“百日新政”（1933年3月9日至6月16日）期间制订的15项重要立法中，有关金融的法律占了1/3。罗斯福于1933年3月4日宣誓就任总统时，全国几乎没有一家银行营业，支票在华盛顿已无法兑现。在就职后的第三天，即1933年3月6日，罗斯福宣布全国银行“休假”4天，即延缓偿付期，并禁止兑换和运输黄金，以遏制各银行因挤兑而出现的普遍倒闭风潮，这是他所采取的重建银行和经济结构的第一步。在罗斯福的要求下，3月9日，国会通过《紧急银行法》，授权总统以监管信贷、通货、黄金、白银和外汇交易的紧急权力，授权财政部长把全部黄金和黄金证券储存起来，批准审计官员有权为处于困境的银行及其改组指派管理人员，并规定国民银行和各州银行须领取营业执照才能开业。于是，决定对银行采取个别审查颁发许可证制度，对有偿付能力的银行，允许尽快复业。从3月13日至15日，已有14771家银行领到执照重新开业，与1929年危机爆发前的25568家相比，淘汰了10797家。罗斯福在整顿银行的同时，还采取了加强美国对外经济地位的行动。1933 年 4 月 5 日，宣布禁止私人储存黄金和黄金证券，美钞停止兑换黄金，4 月 19 日，禁止黄金出口，放弃金本位；6 月 5 日，公私债务废除以黄金偿付。1933 年 10 月，罗斯福宣布降低美元的黄金含量，即把长期以来法定的黄金价格每盎司等于 20. 67 美元先改为 31. 26 美元，随之在 1934 年 1 月通过《黄金准备法令》后，又改定为每盎司等于 35 美元。

1933 年 6 月 16 日，国会通过了《1933 年银行法》，即《格拉斯—斯蒂格尔银行法》，规定金融分业经营，商业银行不得从事证券业务，将商业银行和投资银行业务分开，禁止经营存款业务的商业银行从事投资业务，同时禁止投资银行收受存款，借以抑制银行利用收受的存款进行证券投机活动。依据该“银行条例”还建立了联邦存款保险公司，建立了由联邦承担责任的联邦储备体系。为投保银行（包括联邦储备系统的所有会员银行和申请参加联邦储备保险并符合规定条件的州银行）每个存款户在法定限额内的存款提供保险（对破产银行的存户存款最高保险额最初定为 2500 美元，1935 年正式改定为 5000 美元，以后又几度提高，如 1950 年上升至 1 万美元，60 年代后期上升为 2 万美元，1980 年进一步提高到 10 万美元），以恢复存户对银行的信任，从而防止新的挤兑和银行倒闭风潮的发生。罗斯福还授权联邦贸易委员会监督新证券的发行，提请国会通过了《证券交易法》，规定了对证券交易的管理，并且于 1934 年成立了证券交易委员会，全面监管证券交易活动。1934 年 1 月 10 日，国会授权联邦储备银行，以国家债券为担保，增发 30 亿美元通货。这些措施导致了美元大幅度贬值达 40. 94%，通过美元贬值，提高了美国商品对外的竞争能力。

1935 年，政府又公布新的《银行法》，将联邦储备局改组为联邦储备管理委员会，赋予它以直接管理全国货币、信贷和利率的权力。联邦储备管理委员会和联邦储备银行成为事实上的中央银行，联邦政府通过它们大大加强了对货币和信贷的管理权。

罗斯福政府的银行改革政策实行以后，银行信用很快恢复，银行存款在不到一年的时间里增加了近 20 亿美元。美国银行制度得到一定程度的稳定。同时，也意味着结束了原有的自由经营银行制，标志着世界金融体系由自由金融制度向监管金融制度转变的开始。

1931—1939 年，各国货币先后放弃了本国货币与黄金的联系，资本主义国际货币体系趋于瓦解。这段时期国际货币体系一片混乱，没有一种货币能够代替过去的英镑成为主导的国际货币。各国以英镑、美元、法郎为中心组成相互独立的货币集团——英镑集团、美元集团、法郎集团等。各货币集团的主要货币之间汇率频繁波动、竞相贬值，并实行严格的外汇监管，货币不能自由兑换。关税、特惠、限额以及汇划结算与支付协议越来越多。在国际收支方面，各国竞相实行货币贬值以达到扩大出口、抑制进口的目的，各种贸易保护主义措施和外汇监管在当时非常盛行。三个货币集团之间的汇率战、贸易战愈演愈烈，结果是国际贸易严重受阻，国际资本流动几乎陷于停顿，正常的国际货币秩序遭到破坏，极大地抑制了世界经济的发展。

第四节　第二次世界大战时期的金融

一、布雷顿森林体系的建立与美元的霸主地位

（一）国际货币体系的瓦解和货币集团的形成

1929—1933 年的资本主义经济大危机席卷了整个资本主义世界。欧美各国先后爆发了货币信用危机，大批银行纷纷倒闭，整个信贷制度濒于崩溃，各国先后废止金本位，实行货币贬值。从此货币集团林立，资本主义国际货币体系瓦解，国际金融混乱，资本主义世界货币战、关税战、贸易战盛行。1929—1933 年的世界经济大危机后，接着是 5 年左右的持续萧条，在没有经济新高涨的条件下，又爆发了 1937—1938 年的世界经济危机。随着关税战、贸易战、资源争夺战、货币战的日益加剧和帝国主义国家间各种矛盾的极度尖锐化，终于

爆发了第二次世界大战。

各国放弃金本位制，必然引起以金本位制为基础的资本主义国际货币体系的瓦解，意味着日益加剧的货币战和国际金融关系的空前混乱。资本主义国际货币体系瓦解的最重要标志是各货币集团的形成及其相互间的矛盾斗争。在纸币制的基础上，主要发达国家又把一些在贸易、金融上与其有密切联系的国家以及国外殖民地联在一起，组成货币集团，建立其内部的依附性的汇率制度。主要的货币集团有英镑集团、美元集团和法郎集团，后来这些集团又先后发展为英镑区、美元区和法郎区。首先，建立的是英镑集团。1931 年 9 月英国放弃金本位和汇价下跌后，以英国为核心联合与它经济关系密切的国家，包括英帝国成员国及其他一些国家组成了所谓“英镑集团”。在除加拿大以外的英联邦各国和地区，以及爱尔兰、冰岛、马尔代夫、科威特、约旦、阿曼、巴林、卡塔尔、阿联酋、也门、塞拉利昂等国用英镑当基准货币，各国货币的汇率以英镑为准，可以自由兑换，贸易、信贷都用英镑结算。1936 年参加该集团的有希腊与伊朗。英镑集团各国，各国货币对英镑保持固定比价，随英镑的变动而改变汇率。区内各国货币可以自由兑换，贸易、信贷都用英镑结算。资金移动在区内不受限制，对区外国家则须经外汇管理机关批准。区内各国和各地区收入的黄金和美元须按一定的比例售给英国财政部，集中存入“美元总库”，作为英镑区的共同储备。各国以英镑作为它的主要的外汇储备，英镑集团虽然是一个松散的非正式组织，但在当时是势力最大的货币集团，具有一定的排他性。它是英国为其经济扩张，同美国等国家相对抗，以争夺国际市场的工具。1971 年世界货币危机深化后，不少成员国的货币与英镑脱离联系。1972 年 6 月，英国政府宣布对英镑实行浮动汇率，对区内资金移动加以监管，英镑区的范围缩小到了只包括英国本土和爱尔兰，英镑区基本上瓦解了。

在英镑集团成立的影响下，为保卫本身的货币金融利益，并与英镑集团相对抗，紧接着又出现了美元集团和法郎集团。美元集团是美国控制下的排他性国际货币集团，1934 年美国废除金本位制、实行美元贬值后所建立。美元集团不像英镑集团、法郎集团那样用法律形式固定下来。区内各国货币对美元保持固定比价，对外贸易不实行外汇监管，并把大部分黄金和外汇储备存于美国，贸易结算通过美元进行。这样，美国通过这个以美元为主的区内附属性汇率制度，增强其对世界市场和原料产地的控制。美元集团主要包括美国及其属地，玻利维亚、加拿大、哥伦比亚、哥斯达黎加、利比里亚、多米尼加、巴拿马、菲律宾、委内瑞拉等国都是美元集团的成员。

法国也纠合其原属殖民地国家组成了法郎集团。法郎集团是法国控制下的排他性国际货币集团，法郎区的成员主要是法国和当时的法国殖民地、托管地，其成员国主要有法国、塞内加尔、马里、象牙海岸、上沃尔特、贝宁、尼日尔、多哥、喀麦隆、乍得、中非、加蓬和刚果等。区内各成员国货币都与法郎保持固定比价，区内贸易用法郎结算，资金流动不受限制，黄金外汇储备集中在法国保管。法国殖民地和托管地纷纷独立后，有些国家退出了法郎区。

由于英镑区、法郎区和美元区的存在，世界上出现了以英镑、法郎和美元为中心的三个依附性汇率体系。这样，世界外汇活动就主要集中在英镑、法郎和美元之间，世界各国五花八门的外汇交易就简化为以几个大国货币为主的体系。而这些大国则利用各自的货币集团控制成员国，对抗其他货币集团，使外汇交易向有利于这些大国的方向发展。1929—1933 年的世界经济危机结束了 20 世纪 20 年代西方国家相对稳定时期，相对稳定的货币制度——金本位制也随之瓦解了，各种对立的、排他性的货币集团及其依附性的汇率制随之出现，以帝国特惠制为代表的贸易保护主义盛行一时。这一切使得国际贸易和金融关系受到严重影响而处于混乱和动荡之中，不难看出，这种国际金融的混乱和动荡对第二次世界大战的爆发所起的催化作用。

德、日法西斯也组成了以自身为核心的货币集团，法西斯德国建立了马克集团即双边清算集团。参加的成员国是被德国占领或控制的国家。日本组建的日元集团包括其殖民地和它占领的中国地区，第二次世界大战中又扩展到它侵占的缅甸、荷属印度、马来西亚及菲律宾等地。马克集团与日元集团，实际上是在武力威胁下强制形成的封闭性货币集团，完全由德、日法西斯操纵为其侵略战争需要服务，包括在划拨清算制度下通过清算账户强迫掠夺占领地区。

20 世纪 30 年代货币集团的林立与相互对抗，使国际贸易与金融受到了更多的阻碍与干扰。为此曾召开过国际会议，如 1933 年 6 月国际联盟就在伦敦召开过“世界通货经济会议”有 66 国参加，主旨是讨论 1929—1933 年危机后稳定各国币值、降低关税、取消外汇和贸易限制等问题。由于参加国之间矛盾重重，尤其在稳定美元、英镑、法郎等主要货币汇率上无法取得协议，会议没有达成最终结果。在废止金本位后，通货危机不断扩展，多数通货的黄金平价比 1929 年贬低了 40% ~60%，实行外汇监管国家的数目，1936 年多达 30 个国家和地区。为保卫本国货币的汇价，各国还采取过设立“汇兑平准基金”的办法。英国自 1932 年起即陆续增加这种基金数额，美国于 1934 年建立 20 亿美元的外汇基金，其他国家，如加拿大、法国、荷兰、瑞士也建立了汇兑平准基金。这种基金对维持、调整本国货币的对外汇价所起的作用是有限的。

1936 年 9 月，美、英、法三国从本身利益出发，企图恢复国际货币秩序，还达成过“三国货币协定”。按照协定，三国同意维持协定订立时的汇价，尽量不再实行货币贬值，并共同合作来保持货币关系的稳定。该年 10 月，美、英、法又签订了《三国黄金协定》，三国间可自由兑换黄金。货币战、外汇战在当时似有某些缓和，但由于主要资本主义国家已分裂为几个货币集团，国际货币关系充满着矛盾与冲突，《三国协定》最终未能导致货币战的休战，实际上各方转入了更复杂的争夺。随着黄金集团彻底瓦解，帝国主义国家加紧备战和黄金外流加剧，《三国协定》被冲垮了。以上事实说明，第二次世界大战前的资本主义国际金融关系既复杂混乱，又波动频繁。

大战全面爆发的 1939 年，为加强外汇监管，英镑集团和美元集团分别改成英镑区和美元区，比货币集团时期的约束力大大加强了。随着德、日法西斯的战败投降，马克集团与日元集团烟消云散。1944 年布雷顿森林会议建立起以美元为中心的战后资本主义新的国际货币体系，结束了第二次世界大战前货币集团林立的局面。

（二）第二次世界大战后美国对欧洲的援助

第二次世界大战期间，欧洲各国遭受了巨大的战争创伤，战后，各国均面临着巨大的经济困难。战争还留下了巨大的后遗症：纳粹德国曾经占领了14个欧洲国家，这些国家的经济都被纳入战争轨道。要把战时经济改变为平时经济，需要大量资金进行固定资产的更新和技术改造，这对于当时黄金外汇储备枯竭、资金拮据的西欧国家来说是难以独自完成的。此外，第二次世界大战时期，美国曾通过租借法案向盟国提供军用物资。从1945年起，美国停止实行租借法，这对依赖该法令的实施而增加进口的国家，尤其是对英国的打击很大，它不得不要求美国提供紧急贷款。

在此情况下，美国对欧洲进行了善后救济，实行了名为马歇尔计划（Marshall Plan）的援助，非但避免了第一次世界大战后的战债和赔款问题，还帮助欧洲恢复经济和着手重建。

美国执行“马歇尔计划”最主要的考虑是为战时大大膨胀的工业生产能力寻找市场。1947年，美国出口总额占国民生产总值的7%左右。据美国商业部估计，要适应美国现有的工业生产能力，对外贸易至少要占国民生产总值的20%以上。美国需要更广大的市场，而西欧却没有钱来进口重建物资。在这种情况下，以适当数量的美元叩开西欧市场的大门，对美国来说是合算的。

“马歇尔计划”是《欧洲复兴计划》的通称，是第二次世界大战后美国争夺全球战略重点——欧洲的扩张计划。1947年6月5日，国务卿G. C. 马歇尔在哈佛大学发表演说，首先提出援助欧洲经济复兴的方案。他说：欧洲经济濒于崩溃，粮食和燃料等物质极度匮乏，而其需要的进口量远远超过它的支付能力。如果没有大量额外援助，就会面临性质非常严重的经济、社会和政治的危机。他呼吁欧洲国家采取主动，共同制订一项经济复兴计划，美国则用其生产过剩的物资援助欧洲国家。1947年7—9月，英国、法国、意大利、奥地利、比利时、荷兰、卢森堡、瑞士、丹麦、挪威、瑞典、葡萄牙、希腊、土耳其、爱尔兰、冰岛16国的代表在巴黎开会，建立了欧洲经济合作委员会，决定接受马歇尔计划（1948年4月，德国西部占领区和的里雅斯特自由区也宣布接受），提出要求美国在4年内提供援助和贷款224亿美元的总报告。1948年4月3日美国国会通过《对外援助法案》，使这一计划具备了法律形式，其主要内容：即美国拨款100多亿美元援助西欧各国，以复兴战后经济；受援国必须购买一定数量的美国商品，尽快撤销关税壁垒，取消或放松外汇限制，并接受美国对使用援助的监督，向美国提供本国和殖民地生产的战略物资；保障美国的私人投资和开发的权利。此后，美国设立了由美国政府控制的经济合作总署，通过设立对等基金制度，干预和协调西欧经济发展计划并使之纳入一体化轨道。

英、法、意、联邦德国等西欧国家和土耳其共16国相继接受这些条件，并分别同美国签订双边协定。计划原定期限5年（1948—1952年），后来由于执行过程比较顺利，加上西欧政治经济局势也发生了很大变化，到1950年，西欧各国均已渡过了难关，经济已恢复到或接近战前水平。美国遂于1951年底宣布提前结束该计划。在执行该计划的4年中，美国所支付的全部费用近130亿美元。其中，赠款占88%，余为贷款。马歇尔计划实施期间，西欧国家的国民生产总值增长了25%。

马歇尔计划的成功，为北大西洋公约组织和欧洲经济共同体的建立奠定了基础，对西欧的联合和经济的恢复起到了促进作用。同时，该计划的实施，也缓和了美国国内即将发生的经济危机，为美国用经济手段全面控制西欧铺平了道路，为战后世界政治、经济格局的形成奠定了基础。

（三）世界金融中心的转移

纽约国际金融中心的形成和发展与两次世界大战密切相关。早在1810年，纽约就已取代费城，成为美国国内最大的金融和商业中心。但当时由于英国的经济地位，国际金融交易都集中在伦敦。第一次世界大战期间及战后，纽约迅速发展为国际金融中心，其主要原因：（1）美国经济在这期间迅速增长，成为世界主要工业强国和最大的债权国；（2）美国国际收支状况相应改善，大量黄金流入，美元地位加强，成为国际贸易和清算的重要手段；（3）美国联邦储备体系的建立，使美国的银行体制得到完善，纽约金融机构迅速增加；（4）欧洲许多金融中心，如巴黎、柏林，尤其是伦敦受到战争的严重影响，地位下降；（5）欧洲许多国家的货币动荡不稳，尤其是英镑汇价波动剧烈，伦敦作为国际金融中心的吸引力减弱。因此，纽约国际金融市场得到迅速的发展。

两次世界大战期间，伦敦和纽约是最主要的两个国际金融市场，伦敦继续维持其原有的国际结算中心和外汇中心的重要地位，纽约则崛起成为主要的国际资本供应中心。1924—1930 年，外国借款者在伦敦债券市场只发行了 35 亿美元的国际债券，而在纽约发行的外国债券则高达 65 亿美元。20 世纪 30 年代的资本主义世界经济大危机中，国际信用市场严重收缩。欧洲国家在美国发行的新债券，1928 年上半年数额较大（约 2 亿美元），但自第三季度起则呈下滑趋势，到 1930 年底则几乎完全停顿，其中，英、法、荷、比、捷、瑞士与瑞典等七个资本输出国当年在纽约市场已停止发行新债券。北美洲与拉美国家在美国发行新债券数额较大，1930 年，北美洲新债券发行额仍较稳定（全年共 2. 81 亿美元），但这一年后两个季度拉美新债券的发行差不多接近停止（分别只有 1610 万和 60 万美元）。亚洲及大洋洲国家在美国发行的新债券数额不大，1928 年、1929 年及 1930 年分别为 1. 37 亿、0. 58 亿和 0. 62 亿美元，其趋势大体上与欧洲国家相似。整个来说，外国在美国市场上的新债券发行，在这 3 年内呈现波动，最高点是 1928 年第二季度（近 5. 3 亿美元），此后开始下降，1930 年第二季度又有相当回升（4. 3 亿美元），然后直线下降，后两个季度仅 2 亿美元。

第二次世界大战以后，纽约金融市场在国际金融领域中的地位进一步加强。美国凭借其在战争时期膨胀起来的强大经济和金融实力，建立了以美元为中心的资本主义货币体系，使美元成为世界最主要的储备货币和国际清算货币。西方资本主义国家和发展中国家的外汇储备中大部分是美元资产，存放在美国，由纽约联邦储备银行代为保管。一些外国官方机构持有的部分黄金也存放在纽约联邦储备银行。纽约联邦储备银行作为贯彻执行美国货币政策及外汇政策的主要机构，在金融市场的活动直接影响到市场利率和汇率的变化，对国际市场利率和汇率的变化有着重要影响。世界各地的美元买卖，包括欧洲美元、亚洲美元市场的交易，都必须在美国，特别是在纽约的商业银行账户上办理收付、清算和划拨，因此，纽约成为世界美元交易的清算中心。此外，美国外汇监管较松，资金调动比较自由。在纽约，不仅有许多大银行，而且商业银行、储蓄银行、投资银行、证券交易所及保险公司等金融机构云集，许多外国银行也在纽约设有分支机构，这些都为纽约金融市场的进一步发展创造了条件，加强了它在国际金融领域中的地位。

（四）凯恩斯与怀特的争论

在资本主义自由竞争时期，随着国际贸易和国外投资的发展，逐渐形成了以英镑为中心、以黄金为基础的国际金本位制度。第一次世界大战结束后，多数国家开始实行以英镑、美元和法郎等储备货币为中心的国际金汇兑本位制，形成了一种不受单一货币支配的货币体系。1929—1933 年的世界性经济危机，最终使这种脆弱的国际金汇兑本位制彻底崩溃。纸币流通制度的普遍实行，使国际货币体系失去了统一的基础。各个货币集团的出现和外汇监管的不断加强，更使国际货币金融关系趋于混乱和动荡。为此，美、英两国政府于 1942 年 2 月签订了相互援助协定，明确规定由两国共同努力重整战后经济。两国政府从此开始了有关战后经济计划的讨论，而这一计划的核心内容，就是在战后建立一个统一的国际货币体系，通过国际间的合作来谋求国际货币金融关系的稳定。

事实上，早在 20 世纪 40 年代初，美国就积极策划取代英镑建立一个以美元为中心的国际货币体系。第二次世界大战的爆发使资本主义各国的力量对比发生了巨大变化。英国在战争期间遭受了严重创伤，国际收支出现了巨额逆差，但它仍试图保持自己的国际经济金融地位。英镑仍然是国际结算的主要工具和国际储备货币。当时 40% 左右的国际贸易仍用英镑结算，伦敦也依然是一个重要的国际金融中心。特别是由于英国还控制着庞大的英镑区，还有帝国特惠制，它在资本主义世界仍然保持着相当重要的地位。而美国在战争结束时，工业制成品已占世界的一半，对外贸易占世界贸易总额的1/3以上，黄金储备占到世界黄金储备的60%，国外投资急剧增长，它已成为资本主义世界最大的债权国。这为建立美国经济和美元的霸主地位创造了条件。美国深知其在国际经济中的重要地位，因此，它对世界经济金融格局的安排早有准备，并信心十足。于是，美英两国都从本国利益出发，设计新的国际货币秩序，并于1943年7月分别发表了“怀特计划”和“凯恩斯计划”。

“怀特计划”是由美国财政部官员怀特拟定的“联合国外汇稳定基金方案”。这个方案采取存款原则，建议：（1）设立一个国际货币稳定基金，资金总额为50亿美元，由各会员国用黄金、本国货币或政府债券缴纳，认缴份额取决于各国的黄金外汇储备、国民收入和国际收支差额的变化等因素。根据各国缴纳份额的多少决定其在基金里的投票权。（2）基金组织发行一种国际货币名为“尤尼他”（Unita）作为计算单位，其含金量为137又1/7格令，相当于10美元。“尤尼他”可以兑换黄金，也可以在会员国之间相互转移。各国规定本国货币与“尤尼他”之间的法定平价。平价确定后，非经基金组织同意，不得随意变动。（3）基金组织的主要任务是稳定汇率，并对会员国提供短期信贷以解决国际收支不平衡问题。会员国为了应付临时性的国际收支逆差，可用本国货币向基金组织申请购买所需要的外汇，但数额最多不得超过它向基金组织认缴的份额。“怀特计划”强调了黄金作为国际储备和决定汇率的作用，突出了拥有黄金储备垄断权的美国的地位，其目的显然是要把英镑排挤出“世界货币”之外，由美国凭借其日益强大的经济力量来操纵和控制国际货币稳定基金，建立一个以美元为中心的国际货币体系，从而在国际货币金融领域里取得霸主地位。

“凯恩斯计划”是英国财政部顾问、著名经济学家约翰·凯恩斯拟订的“国际清算联盟方案”的简称，其主要内容：（1）设立一个世界性的中央银行——国际清算同盟，由该机构发行以一定量黄金表示的国际货币“班柯”（Bancor）作为清算单位。“班柯”与黄金直接挂钩。各国可用黄金换取“班柯”，但“班柯”不能兑换黄金；同时，各国货币按一定比价与“班柯”建立可调整的固定汇率。（2）各国在国际清算同盟中所承担的份额，以大战前3年进出口贸易的平均额计算。会员国并不需缴纳黄金或现款，而只是在上述清算机构中开设往来账户，通过“班柯”存款账户的转账来清算各国的官方债权债务。当一国国际收支发生顺差时，就将盈余存入账户，发生逆差时，则按规定的份额申请透支或提存。这实际上是将两国之间的支付扩大为国际多边清算，如清算后，一国的借贷余额超过份额的一定比例时，无论顺差国或逆差国均需对国际收支的不平衡采取调节措施。“凯恩斯计划”强调透支原则和双方共同承担调节国际收支失衡的责任，这对当时经常发生国际收支赤字的英国是十分有利的。“凯恩斯计划”排除了黄金作为国际储备的必要性，强调“国际清算联盟”的清算作用，其目的是为了使英国能够摆脱黄金储备短缺、国际收支严重逆差的困境，并能从“联盟”的借款中保持对英镑区的控制权，从而与美国共同分享国际金融领域的统治权。

“怀特计划“和“凯恩斯计划”充分反映了美、英两国经济实力的变化和两国争夺国际货币金融领域霸权的意图。从1943年9月起，美、英两国政府代表团在华盛顿就如何建立战后的国际货币体系展开了长时间的、激烈的谈判。最终，美国仰仗其大大加强了的政治、经济实力，迫使英国忍痛放弃其“凯恩斯计划”，接受了美国的方案。当然，美国也做出了一些让步。

（五）布雷顿森林体系的建立

1944年7月2日，在美国新罕布什尔州的布雷顿森林市，召开了有44个国家参加的“联合和联盟国家国际货币金融会议”（简称布雷顿森林会议），通过了以“怀特计划”为基础的“国际货币基金协定”（又称布雷顿森林协定）和国际复兴开发银行协定，从而建立了布雷顿森林体系，其主要内容如下：

1. 建立一个永久性的国际金融机构——国际货币基金组织（IMF）。国际货币基金组织是战后国际货币制度的核心，它具有对成员国进行监督、与会员国就国际货币领域的有关事项进行磋商、对国际收支逆差国融通资金等职能，在一定程度上起着维护着国际金融领域秩序的作用。

2. 美元直接与黄金挂钩，规定每一盎司黄金等于35美元，其他国家的货币与美元挂钩，各国货币按含金量确定与美元的平价（或不规定含金量而只规定与美元的比价），即所谓的双挂钩制度，实行美元—黄金本位制。这就确立了美元的中心地位，美元成为最主要的国际储备货币。

3. 实行固定汇率制度，实际上是可调整的盯住汇率制（Adjustable Peg）。“协定”规定各国货币对美元的汇率一般只能在平价上下各1%的幅度内波动。只有在一国国际收支发生根本性不平衡时，才允许变动平价，平价的任何变动都要经过基金组织批准。为保持各国货币汇率的稳定，各国政府有义务在外汇市场上进行干预活动。

4. 国际货币基金组织向国际收支赤字国提供短期资金融通，以协助其解决国际收支困难。“协定”规定会员国份额的25%以黄金或可兑换黄金的货币缴纳，其余75%则以本国货币缴纳。会员国在需要国际储备时，可用本国货币按规定程序向基金组织购买（借贷）一定数额的外汇，并需在规定的期限内以购回本国货币的方式偿还所借用的款项。会员国认缴的份额越大，投票权也就越大，同时借款能力也就越强。

5. 取消外汇监管。国际货币基金组织协定第8条规定会员国不得限制经常账户的支付，不得采取歧视性的货币政策，各国要在兑换性的基础上实行多边支付。但有三种例外情况：（1）国际货币基金组织允许对资本移动实行外汇监管。（2）会员国在处于战后过渡时期的情况下，可以延迟履行货币可兑换性的义务。国际货币基金组织当初希望过渡期不超过5年，但实际上直到1958年末主要工业化国家才取消了对经常账户的外汇监管。直至今日，外汇监管在发展中国家仍相当普遍。（3）会员国有权对“稀缺货币”采取临时性的兑换限制。

6. 稀缺货币条款（Scarce－Currency Clause）。当一国国际收支持续盈余，并且该国货币在国际货币基金组织的库存下降到其份额的75%以下时（由于逆差国向基金组织借取该国货币），国际货币基金组织可将该国货币宣布为“稀缺货币”，逆差国有权对“稀缺货币”采取临时性兑换限制，或限制从该国的进口。这一条款的设置是希望盈余国能主动承担调节国际收支失衡的责任，但是这个条款并未得到真正实施。

布雷顿森林体系是金本位垮台后的第二个国际货币制度。布雷顿森林体系所确定的美元与黄金挂钩、各国货币与美元挂钩的原则，使美元等同于黄金，成为黄金的代表或等价物，发挥着世界货币的职能。由于各国货币不能直接兑换黄金，而只能通过美元间接地与黄金挂钩，从而使美元取得了在国际货币制度中的中心地位。美元代替黄金成为各成员国支付国际收支逆差的主要手段和唯一的国际储备货币，有些国家甚至用美元代替黄金作为发行纸币的准备金。因此，也有人把布雷顿森林体系称作以美元为中心的金汇兑本位制，或者说是美元—黄金本位制。

布雷顿森林体系的建立，意味着国际货币金融关系自20世纪30年代以来动荡不安局面的终结和新的国际金融格局的形成。由于美元成为主要的国际支付手段和国际储备货币，因而弥补了国际清偿力的不足，促进了世界经济和国际贸易的发展；可调整的盯住汇率制的实行，使各国货币汇率保持相对稳定，从而避免了对外投资、信贷活动中汇率变动的风险，对战后资本主义经济和世界贸易的发展起了一定的积极作用。此外，国际性的货币机构发挥着重大作用，如国际货币基金组织及世界银行等国际金融机构在监督各国汇率变动、调节国际收支不平衡、对会员国提供贷款、监督一国财政货币政策等方面产生着重要影响。而战前的国际货币体系缺乏一个这样的组织，处于松散状态。但由于布雷顿森林体系确定了美元在国际货币制度中的特殊地位，从而也为美国的对外经济扩张、独霸国际金融事务创造了有利条件。

需要指出的是，1944 年，苏联参加了布雷顿森林会议，然而它却没有参加 1945 年底同时成立的国际货币基金组织和世界银行。此外，波兰和捷克斯洛伐克也分别于 1950 年和 1955 年退出国际货币基金组织，这主要是由于政治经济制度的不同妨碍了两大集团之间货币金融关系的建立。苏联实行计划经济，反对市场经济和货币的自由兑换，其他东欧国家也倾向于自给自足，主张通过双边贸易方式来防止对资本主义市场的依赖。同时，苏联主张国际货币体系应以黄金为基础，而不应以某一国货币为主要储备资产。为此，苏联在20世纪50年代后期和其他东欧社会主义国家一起酝酿开展货币金融领域的合作，并建立一个独立于美元为中心的国际货币体系之外的经互会货币体系。

（六）布雷顿森林体系的内在矛盾

布雷顿森林体系是在特定的历史条件下，通过人为努力而产生的一种国际货币制度，是世界政治、经济力量不平衡在金融领域里的反映。正因为如此，它本身存在着一些固有矛盾和重大缺陷：

1. 特里芬难题，即对国际储备货币增长的要求和对储备货币信心之间的矛盾。布雷顿森林体系很好地满足了各国增强清偿能力的要求（虽然该体系规定美元同黄金挂钩，即美元发行量的增长要以黄金储备的增长为前提，但事实上这由美国的国内货币政策所规定），但同时相应地带来了各国对美元信心的缺乏。正如美国耶鲁大学教授特里芬（R. Triffin）所指出的：以一国货币（美元）作为主要国际储备资产，具有内在的不稳定性：要满足世界经济和国际贸易增长之需，国际储备必须有相应的增长，而这要依靠储备货币供应国——美国的国际收支逆差来实现。而美国的国际收支逆差必然导致美元的过量发行，美元发行越多，则国际社会对美元的价值稳定越缺乏信心，对美元能否兑换黄金越发怀疑。这是布雷顿森林体系的一个无法克服的难题。事实上，以任何一国货币作为唯一的国际储备资产都必然导致对国际储备货币增长的要求与对储备货币信心之间的矛盾。

2. 美元作为唯一的国际储备资产享有一种特权地位。美国可以利用美元直接对外投资，弥补国际收支逆差，操纵国际金融事务。这就造成拥有美元储备国家的实际资源向美国转移，从而美国可以获得“铸造税”（Seigniorage）收入。即由于流通中铸币或纸币所代表的面值和金银条块的价值之间有很大差额，货币发行国家通过发行货币可获得一个净收益，这不利于世界各国之间的公平竞争。

3. 布雷顿森林体系过分强调汇率的稳定，而忽视了国际收支的调节机制。在布雷顿森林体系下，汇率是固定的，各国有义务维持本国货币与美元的平价关系。只有当一国发生严重国际收支不平衡时，征得国际货币基金组织同意，才能变动法定平价，而事实上各国很少能够变动平价。即使变动平价的要求最终得到批准，失衡的国际收支也早已对该国造成了严重的影响。因此，就失去了汇率这一重要经济杠杆对国际收支的调节功能。于是各国要么实行贸易、外汇监管，要么只能放弃国内经济政策目标。此外，各国货币汇率盯住美元，造成了各国货币对美元的依附关系，美国的货币政策变动对各国经济政策有着重大影响。

4. 布雷顿森林体系规定了稀缺货币条款，但却很少实行。虽然逆差国可能会在压力下降低汇率或者实行紧缩性的货币政策，国际货币基金组织却无法迫使顺差国提高汇率或者实行较为扩张性的货币政策，国际收支不平衡的调节仍然落在逆差国一方肩上。尤为困难的是，因为美元是国际储备货币，即使美元定值过高也不能降低美元的汇率，即使美国大量的国际收支逆差也不能实行紧缩性的货币政策。事实上，布雷顿森林体系在一定程度上限制了美国货币政策发挥作用的空间。为维持布雷顿森林体系的运行，美国背上了沉重的包袱。

第二次世界大战后建立起来的布雷顿森林体系是全面国际合作的产物。它既有重建国际货币体系、维持国际经济金融秩序的初衷，又有经济强国实行霸主经济、控制世界金融体系的目的。和第一次世界大战后货币集团林立、国际货币体系严重混乱的局面相比，统一的国际货币体系有利于世界经济的健康发展，相对稳定的汇率制度对世界经济的增长和国际贸易的发展也起到了一定的促进作用，以国际货币基金组织为中心的国际货币合作使得成员国之间的政策协调成为可能。但由于僵硬的固定汇率使该体系下的国际收支调节机制存在着严重缺陷，这不能不影响到成员国国内经济政策目标，加上该体系在国际储备制度上的严重缺陷，因而最终不能人为地维持。

二、管理通货制度的建立

（一）国家垄断纸币发行

信用货币制度是货币制度的高级形式。信用货币制度又称纸币制度，纸币是国家强制流通的价值符号，具有无限法偿能力。纸币本身没有价值，不能兑换黄金。它的发行不以金、银为保证，而是依据经济发展的客观需要而决定。在纸币制度下，流通中的货币都是通过信用程序投入，这与金属货币制度下货币通过自由铸造投入流通有着根本区别。

纸币作为信用的最集中体现，从其诞生之日起就必然地需要内容上或形式上的担保。在金本位时代，货币的信用担保是货币材料本身，而在纸币本位下，纸币本身是由国家提供的信用担保的。因此，一个制度化的担保、管理和监管机构的存在就是必不可少的。

商业银行的形成和发展，为中央银行制度的产生提供了必要的前提。一方面，由于银行券分散发行、货币流通紊乱、银行破产及信用纠葛，政府迫切需要对银行业及金融活动进行有效的监督管理；另一方面，客观上已经出现了一些大银行，它们拥有大量的资本并在全国范围内享有较高的信誉，基本上垄断着全国的货币发行、控制着其他中小银行。因此，当政府需要一个对全国银行和金融活动实行监督和管理的代理人时，或出面使这些大银行的特殊地位合法化，或重新成立新的管理机构。于是，中央银行制度便应运而生了。

最早出现的中央银行是瑞典国家银行和英格兰银行。瑞典国家银行又称瑞典里克斯银行，于 1656 年由私人创立，1661 年开始发行钞票。1668 年，瑞典政府出面将其改组为国家银行。瑞典国家银行从此归国会所有，并对国会负责。由于瑞典国家银行最先享有发行货币的特权，最先由国家经营，因此被认为是中央银行的先驱。但它虽是国家银行，其早期业务却大部分属于商业银行业务的性质。同时，瑞典各商业银行也可以同时发行钞票。直到 1897 年，发行钞票的权利才被瑞典国家银行所垄断。所以，瑞典国家银行直到 1897 年才成为真正的中央银行。

英格兰银行的成立晚于瑞典国家银行，但由于它最先真正全面发挥中央银行的职能，故成为现代中央银行的鼻祖。英格兰银行成立于1694年，当时英国政府的主要资金来源之一是高利贷者（现代银行家的先驱“金匠”）的高利贷款，其贷款利率一般高达20%—30%，致使当时英国政府的几乎全部税收都不得不用来偿还高利贷者的高利贷款。为了开辟廉价的资金来源，英国议会经过激烈的辩论后，授权成立了英格兰银行，议会要求该银行为政府的军费和其他一些开支融资，作为交换，政府应把其财政收入存入该银行。英格兰银行成立之初所经营的业务和一般商业银行没有显著的差别，它在当时并没有独占货币发行权。之后，其他一些银行也被授权成立。这些银行与英格兰银行一样，也可用金银存款和商业票据做担保发行银行券，这些银行券是国家纸币的前身。银行券的发行和流通一方面剥夺了高利贷资本在借贷市场上的垄断；另一方面限制了贵金属的垄断，为政府和商人提供了大量廉价的资金，但同时也产生了信用问题。由于过量发行，银行券在交易中只有在其交换价值远低于票面价值的情况下才被接受。为了改变银行券流通中的混乱状况，确保银行券的稳定和信用，1708年，英国政府把银行券的发行特权限制在少数几家大银行。1833年，英格兰银行的银行券成为法定货币（Legal tender），即由国家信用担保的、通过法律强制流通的纸币。取得国家纸币发行特权，使英格兰银行在向中央银行发展的道路上又大大前进了一步。此后，英格兰银行作为国家银行和私人银行的混合物，在政府的支持下不断扩大股本，一步步垄断货币发行，逐渐成为全国银行的中心。

英格兰银行成为真正的中央银行是以1844年的银行法案——《皮尔条例》为标志的，该条例正式承认英格兰银行作为国家机关，赋予它发行货币的垄断权利，同时规定新设的银行、改组的银行及合并的银行不得发行银行券，而英格兰银行可以增发这些银行停止发行额的2/3，并把英格兰银行的内部机构划分为发行部和银行部两个部门。发行部确保纸币发行以英格兰银行的贵金属贮藏为基础，它持有1400万英镑的担保品（主要是政府债券），以及全部金银准备金（其中银不得超过1/4）。公众手里的银行券可随时到发行部兑换成黄金，发行部也以银行券交换公众手中的黄金。从银行金库中流出多少黄金，就有多少银行券流回发行部并被销毁，反之，有多少黄金流入金库，就有多少银行券进入流通。《皮尔条例》的制定者希望用这一制度来使纸币流通也严格遵守金属货币流通规律。银行部则持有全部公众手中之外的银行券，以此作为其准备金，并利用其准备金从事借贷业务，但其贷款量不得超过其持有的准备金量。因为银行券的发行以英格兰银行的金贮藏为基础，因此，银行部的准备金量也受发行部黄金准备的限制。这时英格兰银行在事实上已取得纸币发行的独占权，成为英国货币的管理者和票据交换中心。因此，1844 年的英格兰银行法的颁布标志着现代意义上中央银行的产生。

1846 年，英国农作物歉收。为了进口粮食，英国对外支付了 900 万镑的黄金，其中，750 万镑为英格兰银行的库存现金，结果引起了急剧的通货紧缩。银行贴现率在 1847 年 1 月为3% ~3.5%，到 4 月时已达 7%。英格兰银行的官方最低贴现率 10 月份达 7%，11 月达 10%。大量公司因无钱支付债务而破产，从而引起银行的破产。当时英格兰银行本身也濒于破产，银行部的存款准备金已大大下降，一旦伦敦大银行向英格兰银行提取存款，它就会破产，虽然当时发行部的金库中还贮藏着 800 万镑的黄金。在这种情况下，英国政府不得不宣布暂停执行“银行法”，这使该行可以不受其准备金的限制向流通界投放银行券，从而缓和了危机。

1857 年，英国又爆发经济危机，公众开始大量提款。英格兰银行的存款准备金再次大幅度下降，当时伦敦四家大股份银行准备向英格兰银行提取它们的存款。在这种情况下，1844 年的“银行法”被暂停执行，从而再次舒缓了危机。在 1866 年的危机中，英格兰银行甚至实行无限制地放贷，救助了大批商业银行，使它们渡过流动性危机。经历了这几次危机，英格兰银行岿然不动，其职能开始发生变化。它不再只是货币发行机构、一般贷款机构或票据清算中心，还执行“最后贷款者”的职能，即在经济危机或者金融危机期间向处于困境的银行等金融机构发放贷款，避免整个银行体系因为挤提风潮而瓦解。政府也打破了《皮尔条例》关于信用发行1400万英镑的法定限额，宣布英格兰银行可以超限额发行，从而确立了它作为银行界领导的特殊地位，成为“银行的银行”。由此，英格兰银行成为真正的中央银行。

瑞典国家银行从创建到垄断货币发行权、确立中央银行地位，共经历了240年（1656—1897年），英格兰银行经历了150年（1694—1844年）。与英格兰银行逐渐由商业银行发展为中央银行的道路相似，其他欧洲国家的中央银行也经历了这样一个发展进程。从这些银行成立到通过立法程序取得全国货币发行的垄断权，法国用了48年（1800—1848年），德国用了58年（1875—1933年），意大利用了33年（1893—1926年）。

（二）现代中央银行制度的建立与普及

中央银行是一国金融体系的核心。当今世界各国都已普遍建立了中央银行，尽管还有一些发展中国家和地区没有建立形式上的中央银行，但实际上仍有类似中央银行的机构在发挥着相应的功能。

从19世纪末开始，世界各国普遍开始建立中央银行以适应纸币时代的要求。在1800—1900年，先后成立中央银行的国家有法国、荷兰、奥地利、挪威、丹麦、比利时、西班牙、俄国、德国和日本等。第一次世界大战后金本位的动摇更推进各国建立中央银行的进程。在金融恐慌、货币混乱、货币平价迅猛变化及货币战、汇率战愈演愈烈的形势下，大多数国家意识到建立中央银行制度对稳定国内金融形势、保证经济稳定增长的重要作用。需要提及的是，为了促进国际经济和贸易往来、加强金融合作、共同维持国际货币制度的稳定，1920年世界主要国家在布鲁塞尔召开国际经济会议，建议未建立中央银行的国家要尽快建立中央银行，已建立中央银行的国家要进一步发挥其作用。这对现代中央银行制度的建立也起了进一步的推动作用。

第一次世界大战后成立的中央银行，一般一开始就具有明确的宗旨，其典型代表就是美国在1913年通过联邦储备法并于1914年11月成立的联邦储备体系。美国在建国之初盛行自由放任主义，反对任何形式的国家干预，因此，也反对建立管理全国货币流通和银行机构的国家机关——中央银行。1907年，美国发生严重的金融恐慌，使许多人认识到建立中央银行的必要性，于是1914年成立了具有中央银行性质的联邦储备系统（The Federal Reserve System）。与英格兰银行最初成立时把为政府筹措资金当做自己的目的不同，美国中央银行一成立就把防止金融危机推动经济增长当做自己的主要目的。美国是发达国家中最后一个设立中央银行的国家，但却是一个自觉建立的、宗旨和职能明确的中央银行，为世界中央银行制度的建立设立了一个模式。联邦储备体系是根据美国国情而建立的中央银行，它拥有更富于灵活性的通货制度、更合理的准备金制度和更严密的银行管理制度。其职能和宗旨包括：提供一个富有弹性的货币制度；实行更合理的准备金制度；提供再贴现商业票据的手段，建立更加严格、更有成效的银行监督、管理和调节体系。同时，联邦储备制度还较好地处理了联邦和州地方政府之间的关系。

美国的联邦储备体系包括联邦储备委员会、联邦公开市场委员会和区域性联邦储备银行等。联邦储备委员会是联邦储备体系的最高权力机构，它由7名委员组成，由美国总统任命，国会批准。为防止总统对联邦储备委员会的控制，联储委员会理事的任期为14年，不得连任，同时每四年（总统任期内）只改选其中2个名额。另外，为防止国家政策向少数地区倾斜，理事须来自不同的地区。联邦储备委员会的主要职能：即制定货币政策，控制贴现率，在规定范围内改变银行的法定准备金率，进行公开市场业务，充当总统和国会的经济顾问，并对联邦储备银行各区域性分行、会员银行和商业银行的活动及业务有广泛的监督和管理职责。

联邦公开市场委员会是联邦储备系统用以执行货币政策的主要机构，由联邦储备委员会7名委员和5名区域联邦储备银行的行长组成（其中，必须包括纽约联邦储备银行行长，其余各分行轮流参加）。因为前者占多数，故实际上由联邦储备委员会控制。联邦公开市场委员会的主要职能是从事联储委员会的公开市场业务，即证券的买卖。但实际上，联邦公开市场委员会并不从事证券买卖，而是通过向联邦储备纽约银行的交易柜台发出指令来从事证券交易。

区域性联邦储备银行是按照1913年国会通过的联邦储备法成立的，这是联邦储备体系的地方机构。在全国划分12个储备区，每区设立一个联邦储备银行分行。其中，以纽约、芝加哥和旧金山等三家规模最大，占有联邦储备体系总资产的一半。纽约银行资产占联邦储备体系总资产的30%以上，是最重要的储备银行。每家区域性储备银行都是一个法人机构，拥有自己的董事会。地区储备银行是半公共机构，资本由本地区作为联邦储备体系成员的私人银行拥有。股息分配每年限制在6%以内。每个地区储备银行有9名董事，其中6个由成员银行选举产生，3个由联邦储备委员会任命，以便使该机构能代表广泛的社会利益。

在这一时期，不少中等发达国家都是采取这种自觉的方式建立自己的中央银行的。这一时期建立的中央银行有：美国联邦储备体系（1914年）、苏联国家银行（1918年）、澳洲联邦银行（1924年）、希腊银行（1928年）、旧中国的中央银行（1928年）、土耳其中央银行（1931年）、墨西哥中央银行（1932年）、新西兰准备银行（1934年）、加拿大银行（1935年）、印度准备银行（1935年）和阿根廷中央银行（1935年）等。

第二次世界大战以后，由于中央银行逐渐成为政府进行宏观经济调控的一个工具，不仅垄断货币发行、代理国库，而且负责制定并执行政府货币政策，监督和管理整个银行体系的金融活动，因而不允许个人在中央银行中占有绝对多的股份（这些股票可以在市场上出售，但股东只能收取股息而无权参与经营管理决策，是一种极其特殊的股票）。这使得西方许多国家对中央银行实行国有化政策，如意大利、法国政府以高于原面值的债券收兑银行私股。日本银行私人持股占45%，但股东无管理权，只能领取股利。1945年12月，法兰西银行率先被收归国有，从此完全受制于政府。1946年，英国财政部以四倍于原有价值的政府公债收兑了原有股东的全部股票，英格兰银行遂由私人所有的公司组织变成国有的金融机构。此后，许多资本主义国家纷纷步英国、法国的后尘实行中央银行的国有化。从资本结构来看，既有全部国有（如英、法、德等国），又有会员制（如美国、意大利等），还有公私混合所有（如日本、瑞士和比利时等）以及多国共有（实行跨国中央银行制国家）等多种资本结构的中央银行。此外，在许多发展中国家，以国家资本为主要来源，纷纷建立起自己的中央银行。

就中央银行的组织形式看，既有英、法、日等国那样的单一中央银行制（可以设立分支机构），也有像美国、德国那样由各州中央银行构成的会员制中央银行，还有像中国香港、新加坡、利比里亚等那样不设立专门的中央银行，而由几个履行有限中央银行职能的机构组成的准中央银行制度，还有像西非货币联盟和中非货币联盟那样的跨国中央银行制。

但在政府与中央银行的关系问题上，长期以来存在着争论。赞成中央银行保持独立性的主要理由包括：（1）政府是由政党领导的，因而政府可能出于党派利益而不是社会利益而干预中央银行业务。（2）政府一般倾向于增加开支、扩大经济建设规模。在政府可以干预中央银行业务的情况下，政府可能强迫中央银行在公开市场上购买政府新发行的债券，从而引发通货膨胀。（3）政府有一定的任期，因而可能实行以短期利益为导向的货币政策，而在长期给国家造成损害。反对中央银行独立性的理由包括：（1）在民主制度下，政府是民选的。人民既然选举他们，就应该信任他们。不能既要他们对全体选民负责，又不给他们通过货币政策管理国家经济的权利。在民主制度下，执政党滥用权利会受到失去政权的处罚。（2）中央银行过于独立可能使国家的各项经济政策不能相互协调。（3）中央银行的独立性使其可以不对任何人负责，社会不能对其进行有效的监督，因而在其做出错误决策时不能得到及时的纠正。

如果说“国有化”从所有制形式上保证了中央银行作为国家机构的特殊地位，那么，中央银行职责立法化则从法律上保证了中央银行宏观经济调控的权力。在权力结构上，美联储采取了集决策、执行和监督于一身的形式，而英格兰银行却只负责决策和执行，另设监督机构。日本、德国、法国、澳大利亚和韩国则是决策、执行和监督权力分别由不同机构承担：一般由中央银行的专门委员会进行决策，执行理事会负责执行，并在中央银行另设监督委员会。在政府对中央银行的控制上，各国一般是通过委派代表进入其权力机构，进而影响中央银行的货币政策来实现的。许多发展中国家也与发达国家一样，通过立法来明确和强调中央银行在贯彻和执行货币政策、维持币值稳定方面的职责。

中央银行就其性质和职能而言，一方面，它是政府的银行，既要代理国库，又要与政府的其他经济政策协调，实施适当的货币政策，并在一定场合代表政府出面活动，不允许它背离政府自行其是。另一方面，它作为发行的银行，又必须保持自己的独立性，不能受到政府收支和财政盈亏状况的影响，避免成为政府的附庸。中央银行是政府的银行，但它与政府的关系却是相当微妙的。它必须与政府协调一致，同时又必须保持一定的独立性。中央银行的身份是双重的，它不仅代表政府的意向和利益，也代表社会公众和银行体系的利益。因此，它常常要在政府、社会公众和银行体系三者之间斡旋，既要满足由财政政策目标决定的政府融通资金的需求，又要符合由货币政策目标决定的币值稳定的要求。美国经济学家 James L. Pierce 在《货币、金融、经济学》一书中说，联邦储备委员会“在政府内部是独立的”（Independent Within the Government），而在外部，则属于政府的一个组成部分。实际上，有两点决定了中央银行不可能有完全的独立性：中央银行是政府机构，中央银行的货币政策是政府管理国民经济的重要工具。当然，各国也通过立法来严格限制政府对中央银行发钞机制的滥用。

中央银行与政府的关系集中体现在其与财政的关系上。货币政策和财政政策是各国经济政策的主体，也是政府干预经济的两个主要手段。中央银行与政府之间这种微妙的关系导致各国中央银行制度中存在一定的差异性，具体来说有以下几种情况：中央银行隶属于财政，独立性较小，如意大利等国；中央银行名义上隶属于财政，实际上独立性较大，如日本、英国、法国等。1946 年，英格兰银行法规定财政部有权向银行发布命令。而事实上，财政部从未使用过这一项权力；中央银行与财政部平行，如丹麦等国；中央银行独立于财政之外，具有很强的独立性，如美国、联邦德国、瑞典和南斯拉夫等国。

在中国，当时最早以立法形式成立的中央银行是 1928 年成立的国民政府中央银行。1927 年 10 月，国民政府颁布《中央银行条例》，次年 10 月，又颁布《中央银行章程》。1928 年 11 月 1 日，中央银行在上海正式开业，采用总分行制的组织形式，总行设于上海，宋子文任总裁，副总裁为陈行。中央银行除设总裁外，另设有理事会和监事会等。《中央银行章程》规定，中央银行为国家银行，注册资本 2000 万元，由国库一次拨出 2000 万元公债预约券作为股本。中央银行享有经理国库、发行兑换券、铸发国币、经理国债等特权。中央银行成立之初，尚未完全独占货币发行权，当时能同时充当法偿货币的，还有中国银行、交通银行和中国农民银行等几家银行发行的银行券。到 1942 年 7 月 1 日，根据“钞票统一发行办法”，将中国银行、交通银行和中国农业银行三家银行发行的钞票及准备金全部移交给中央银行，由中央银行独占货币发行权，同时由中央银行统一管理国家外汇。1945 年 3 月，当时的财政部授权给中央银行检查和管理全国的金融机构，其管理职能得到了强化。同年，中央银行随着国民政府在大陆的崩溃也就名存实亡。

三、国家干预经济与宏观金融调控

（一）凯恩斯理论的兴起

凯恩斯（1883—1946 年）是著名的英国经济学家，一生从事货币金融的理论政策研究和实践活动。第一次世界大战结束后，他作为英国财政部首席代表参加了巴黎和会。1929—1933 年资本主义经济大危机爆发后，他担任了英国内阁财政经济顾问委员会主席。第二次世界大战期间，他担任英格兰银行董事。1944 年，他率领英国代表团参加在美国布雷顿森林召开的联合国货币金融会议，接着又担任国际货币基金组织和国际复兴开发银行的董事。

凯恩斯一生著述颇丰，主要著作有《货币改革论》（1923 年）、《货币论》（1930 年）、《劝说集》（1932 年）和《就业利息和货币通论》（1936 年）等。早期的凯恩斯理论主张政府实行金融政策管理通货，调节货币数量以稳定物价，并认为货币数量的变动不能直接影响物价，而必须通过利率的变动才能发挥作用，即货币供应量发生变动后，首先通过流动性偏好（Liquidity Preference）影响利率水平，再通过利率水平的变动促使投资变动，最后导致名义收入发生变化。其作用过程为：R—M—r—I—Y，式中代表的内容分别是准备金数量、货币供应量、利率、投资和名义收入。《货币改革论》、《货币论》、《劝说集》等著作都反映了他的这种观点。可见，凯恩斯很重视利率在货币政策中的作用。

在货币政策理论方面，凯恩斯认为货币也重要。但他又认为，在经济衰退时期，人们的流动性偏好很强，对资本未来边际收益率的预期也很低，存在着“流动性陷阱”，使利率弹性大大降低，扩张性货币政策在增加消费需求和投资需求方面的作用可能十分有限，他开始怀疑货币政策的有效性。因此，他虽然基本肯定货币供应量的重要性，但又认为货币政策有时无效，不乐意使用货币政策。但在论述工资问题时，他指出由于工资刚性的存在，扩张性货币政策又是降低利率的有效办法。

20 世纪 30 年代以前，资产阶级经济理论认为资本主义借助于市场力量能够使经济达到充分就业均衡。然而 1929—1933 年爆发的资本主义世界经济大危机使以前的经济理论陷于困境，不能对危机的原因做出适当的解释，也提不出有效的对策，这时凯恩斯理论诞生了。凯恩斯认为通常情况下经济处于小于充分就业的均衡，其根源在于有效需求的不足，就业水平实际上取决于有效需求。产生有效需求不足的原因是，消费偏好、灵活偏好和对资产未来收益预期等因素影响。凯恩斯以有效需求不足理论为依据，得出了必须依靠政府来调节经济、使总需求与总供给相等的论断。他主张政府依靠财政政策来刺激消费、增加投资，以提高总需求水平。

凯恩斯的基本理论观点是有效需求不足理论，因而其基本政策倾向就是用膨胀性的宏观经济政策刺激经济，实现充分就业。从凯恩斯理论的发展看，在《劝说集》中，他从第一次世界大战后各国经济的实际情况出发，分析了在处理宏观经济失衡问题时不同政策给经济带来的影响。他认为当决策者在通货膨胀与通货紧缩之间必须做出选择时应取前者，而在价格稳定与汇率稳定之间应选择价格稳定。为维持经济增长，政府应选择偏重内部平衡而又带有膨胀性的货币政策。在《货币论》中，凯恩斯从货币角度阐述了物价决定的理论，论述了如何维持物价水平的稳定和经济均衡，如何维持投资与储蓄的相等关系，如何促使市场利率与自然利率保持一致。他认为，物价是否稳定与经济是否均衡，取决于投资与储蓄是否相等，而这又取决于市场利率与自然利率是否相一致。因此，他提出的建议就是放弃金本位这种野蛮而荒谬的制度，采取货币管理本位，由中央银行实施适当的货币调节措施，操纵并调节利率，影响投资，并使之与储蓄相等。凯恩斯还认为：即使“纯”利率较低，有关风险的考虑也会阻碍私人投资开支达到适当水平。因此，除非国家进行直接的干预，促进和资助新的投资，否则便无法避免长期的，也许是漫无止境的萧条。在《通论》中，他指出消费倾向递减使消费增长慢于收入增长，造成消费不足，宏观经济失衡。与《货币论》相比，写作《通论》时期的凯恩斯逐渐脱离了瑞典学派的经济学范式并逐渐形成自己的体系，他更强调扩张性财政政策对摆脱萧条、恢复宏观经济均衡的作用。

后凯恩斯主义的代表人物萨缪尔森、汉森等，主张财政货币政策的“逆经济风向行事”。财政政策方面：萧条时期减税和增加财政支出，提高总需求；高涨时期增税和减少财政支出，降低总需求。必要时不惜扩大财政赤字，靠国债来弥补。货币政策方面：在经济危机和萧条时，中央银行应增加货币供应量、降低利率以扩大总需求；在经济处于高涨时期，则应紧缩货币供应量，提高利率以抑制总需求，防止经济过热和通货膨胀。至于是运用财政政策还是货币政策，使总需求升降多大幅度，政府可以灵活地“相机抉择”，同时主张货币政策与财政政策综合运用。

需要指出的是，政府干预经济的主张并非最早出于凯恩斯。在20世纪30年代资本主义世界经济大危机期间，西方经济学界要求政府调节经济的呼声越来越高。1933年，美国罗斯福总统开始实行“新政”，以加强国家垄断资本主义的一系列措施来应对经济危机。“新政”的实施主要是受当时美国社会上要求政府干预经济的思潮影响，受罗斯福周围的一批经济学家影响，而不是受凯恩斯的影响。1932 年，美国十所大学和布鲁金斯学会的 24 名经济学家就已联名向政府建议，主张加强政府在财政金融方面的调节，包括运用政府资金和实行公共工程计划，以解决失业问题。

后来的凯恩斯主义经济学家为罗斯福的财政政策提出了一个非常有说服力的论证，叫“乘数理论”。不过，实际的结果似乎并非如此。政府尽管投入了大笔资金，但却远没有实现充分就业的目标：美国在 20 世纪 30 年代整个 10 年的平均失业率是 18%，中间曾经有所下降，到 1939 年，也就是经济危机发生 10 年后，罗斯福“新政”已经实行 6 年之后，官方登记的失业人口仍然高达 950 万人，占到全部劳动人口的 17.2%，而失业问题本来是罗斯福“新政”所要解决的主要问题。

然而，罗斯福所执行的特定政策，却成为战争时期及战后各国效仿的常规性政策，成为凯恩斯主义政策的典范。不过，罗斯福可不是照着凯恩斯的书本制定政策的。跟绝大多数美国政治家一样，罗斯福对抽象的理论从来不感兴趣，但他具有敏锐的洞察力，善于感受公众的情绪，并把这种愿望转换成政策，他关注的是结果而不是抽象原则，倒是凯恩斯为罗斯福的政策提供了理论上的论证。作为英国政府的经济顾问，凯恩斯经常来往于华盛顿与伦敦之间，并在 1934 年 6 月拜访过罗斯福，他发表了大量文章支持“新政”。

经过战前 30 年代及第二次世界大战时期国家垄断资本主义的发展，西方国家在政府干预、调节经济生活以及在资本主义制度范围内对生产关系进行局部调整等方面，积累了比较丰富的经验和教训。公共部门在战时和战后获得了较大发展，各国政府对经济干预的加强和政治及军事的需要导致了政府开支在战后稳步增长。

（二）中央银行宏观金融调控及货币政策的实施

中央银行宏观金融调控及货币政策的实施，是通过货币政策工具实现的。它是指中央银行为实现货币政策目标所运用的直接或间接影响货币供应和信贷活动的策略手段。宏观金融调控的过程，就是选择适当的货币政策工具用以启动金融过程的扩张或收缩，并且通过传导机制作用于宏观经济过程，最后达到货币政策目标。由于各国在中央银行制度及整个金融制度中存在的差异，以及由此造成的金融过程中出现的各种特点，导致其在货币政策工具的选择上和在各种工具的使用频度上也有所区别。但一般而言，存款准备率政策、再贴现政策和公开市场业务政策是各国货币政策的三大基本工具。

准备金政策是指中央银行通过调整准备金比率影响商业银行信贷规模的一种政策工具。它最初是为了保持银行资产的流动性，加强银行的清偿能力而设立的一种预防性措施。它作为控制银行信贷的工具则最早起源于1933年联邦储备委员会向国会提交的《关于联邦储备体系的银行准备金的报告》，国会授权联储可以相机抉择、变动准备率，并在1935年修订的《联邦储备法》中加以确认。此后，德、英、日等国相继采用了存款准备金制度。存款准备金政策是一种比较剧烈的手段，因为基础货币具有创造派生存款的乘数作用，存款准备率的变动会引起信用的多倍变化，且该政策又是对所有缴存存款准备金的金融机构实行一视同仁强制性的扩张或紧缩，容易引起不顾实际情况的盲目紧缩或扩张。

再贴现是指中央银行向一般银行的再贴现、再贷款和抵押（政府证券）、再抵押（其他合格证券）的融资行为。其前提条件是中央银行必须使商业银行依靠贴现窗口的贷款，否则这一政策工具难以生效。如果一国金融市场发达，商业银行融资门路广，对中央银行再贴现的依赖性减少，自然会降低这一政策的效应。同时，商业银行向中央银行的借款不但取决于利率的高低，也取决于资金的需要，在经济危机或衰退时期，中央银行的再贴现政策无法吸引银行的借款。因此，再贴现政策不仅是一种被动的工具，而且和准备金政策一样，也成为一种次要的工具。

公开市场业务是指中央银行在金融市场上公开买卖政府债券，用以影响和控制货币供应量的行为。公开市场业务可决定买卖证券的种类和规模，进行微调，以产生连续性效应，而商业银行也可根据价格主动买卖，易于为商业银行所接受。公开市场业务大体可以决定整个银行系统的基础货币量，直接影响和灵活调控国内金融市场。因此，公开市场业务是中央银行监管信用、调节金融最有效的方法。央行可随时运用这一工具主动出击，而其他两种工具都须经过特定的审批讨论。在配合财政政策方面，公开市场业务可配合财政，大量买入新公债，压低公债利率，维持较稳定的公债市价，以利政府发行，而其他两种政策多是间接影响（贴现政策影响短期利率，多用于实现国际收支平衡）。相比之下，公开市场业务政策已成为英、美等西方国家日益重要的货币政策工具。其应具备的条件是，中央银行具有金融主导地位，并且资金力量雄厚，金融市场较发达，市场机制完善，市场统一，市场组织发育健全，使中央银行在金融市场中心采取的措施能立即影响全国。同时信用制度发达，市场上有足够的证券数量和种类，以便中央银行有选择地进行买卖。

和财政政策相比，中央银行的货币政策具有灵活、间接、简便、微调的特点，更适宜于市场经济对宏观经济调控方式方法的要求，也更易于为市场主体所接受，尤其在诸如国际收支、汇率、利率等经济变量的调节方面更是财政政策所鞭长莫及的。因而，第二次世界大战后，大多数市场经济国家更倾向于使用财政政策和货币金融政策相配合对宏观经济进行调控，中央银行的地位也普遍得到了加强。

第六章

第二次世界大战后金融业的稳定发展

(1945—1973 年)

本章主要讨论第二次世界大战后到 20 世纪 70 年代初世界金融业的稳定发展，共分四节，第一节，介绍战后金融业发展的政治经济背景以及金融格局。战后金融业发展的政治经济背景主要体现在战后以美国为首的资本主义阵营和以苏联为首的社会主义阵营的冷战格局的形成，第三世界的兴起以及他们所采取的不结盟运动，积极寻找民族经济发展之路；战后的金融格局主要体现在国际货币体系的演变，布雷顿森林体系的建立及其崩溃。第二节主要介绍的是战后以美国为首资本主义世界经济的发展和金融支持，主要介绍英美市场主导型国家、德日银行主导型国家经济的发展以及金融对经济的支持。第三节主要介绍的是社会主义阵营经济发展和金融支持，重点介绍了苏联模式及其形成过程中的银行国有化思想和中国的高度集中的计划经济体制以及与此相适应的高度集中的计划金融体制、财政性融资体制。第四节主要介绍的是以新加坡、韩国为代表的新兴市场型国家经济发展与金融支持，重点介绍了这些国家所采取的金融先导战略以及对经济发展的促进作用。

第一节　战后世界格局与国际货币体系的演变

战后金融业是在相对稳定的政治、经济环境下稳定发展。战后政治经济军事格局的最大特点就是冷战的形成、和美苏的对峙，这为战后经济、金融的发展提供了一个相对稳定的环境。

第二次世界大战的最直接最深刻的结果是，它大大加速了欧洲作为传统力量中心的衰落和美国与苏联这两个欧洲侧翼大国的真正崛起，从而最终改变了世界范围内的力量对比，彻底打破了依靠欧洲列强之间的力量平衡所建立并在欧洲主导之下的以国际联盟为代表的旧的国际秩序结构，取而代之的是美苏对峙的两极格局，形成了以美国为首的资本主义阵营和以苏联为首的社会主义阵营。这个新的两极格局的基石，就是第二次世界大战中后期由“三巨头”罗斯福、丘吉尔和斯大林通过多次会谈所签订的一系列协定而确立的雅尔塔体系；而两极格局的外在表现，则是美苏在战后逐渐形成的“冷战”态势。所谓冷战，是指20世纪40年代中后期至80年代末90年代初，以美苏两个超级大国以及分别以它们为首的两大集团之间在政治、经济、军事、外交、意识形态、文化乃至科学技术等一切方面的既非战争又非和平的对峙与竞争状态。这场冷战持续了40多年，构成了第二次世界大战后近半个世纪中的国际关系的主旋律。[①]

---

① 徐蓝 试论第二次世界大战后国际秩序的建立与发展 http://www.coldwarchina.com/zwxz/zgxz/xl/001880.html.

一、战后世界政治经济格局

战后到20世纪70年代初的世界政治经济军事格局大体上划分为两个阶段。

（一）雅尔塔体系形成，两大阵营的对峙时期（1945年—20世纪50年代中期）

1. 美苏冷战对峙局面的形成

第二次世界大战以后，世界经济与政治关系发生了急剧变化。首先，在德意日法西斯遭到严重失败、英法老牌帝国主义国家遭到极大削弱的同时，美国的经济、政治、军事实力得到增强，美国成为世界的霸主。其次，苏联社会主义经过二十余年的发展，国际地位大大提高，政治影响力和军事实力大大增强。中国革命的胜利和东欧一系列国家人民民主制度的建立，使得社会主义突破一国的范围成为一个世界体系，形成了强大的社会主义阵营，形成了以美国为首的资本主义阵营和以苏联为首的社会主义阵营。两大阵营的对立是战后世界经济与政治关系的一个重大特征。

战后，为了取得世界霸权，维护美国自由的经济制度和经济利益，遏制社会主义力量的发展，实行统治世界的野心，美国凭借其战后强大的经济实力，推行了全球扩张的总战略。美国的全球扩张战略与苏联的保障国家安全战略针锋相对。为了遏制苏联以及战后社会主义国家蓬勃发展，以美国为首的西方国家对苏联等社会主义国家采取了除直接武装进攻以外的一切手段遏制共产主义"冷战"政策。冷战政策，在政治上表现为1947年的杜鲁门主义出台，经济上表现为马歇尔计划的实施，军事上表现为1949年北大西洋公约组织的建立，北大西洋公约组织的成立，标志着以美国为首的资本主义阵营的形成。苏联则针对马歇尔计划，提出了莫洛托夫计划，成立经互会，把东欧的经济拉入苏联的轨道，军事上1955年成立了华沙条约组织，华沙组织的成立标志着以苏联为首的社会主义阵营的成立。近代以来，以欧洲为中心的国际关系格局被以美苏为首的两极格局取代，形成了美苏共同支配世界的雅尔塔体系。

2. 以美国为主导的战后资本主义世界经济体系的形成

第二次世界大战不仅使得战败国几乎成了一片废墟，而且战胜国中的英国、法国也是遍体鳞伤。唯独美国的实力在战争中大大膨胀起来，到 1945 年，美国占有资本主义世界工业产量的 60%，占对外贸易总量的 32.5% 以及黄金储备总量的 59%，彻底取代欧洲占据了世界经济的中心。这种压倒性的经济优势，使美国奠定了在世界经济领域内的霸主地位，在美国的主导下，形成了资本主义世界经济体系，主要表现在：

（1）在国际金融领域，建立了以美元为中心的国际货币体系。1944 年 7 月，在美国的新罕布什尔州布雷顿森林召开了由 44 国参加的国际货币金融会议，通过了《联合国货币金融会议的最后决议书》，以及《国际货币基金协定》和《国际复兴开发银行协定》两个附件，总称“布雷顿森林协定”。1945 年 12 月，在华盛顿成立了国际货币基金组织和国际复兴开发银行（世界银行），并凭借资金优势保证了对两个国际金融机构的控制。“布雷顿森林协定”建立了以美元为中心的国际货币体系，实际上是一种国际金汇兑本位制，其核心是“双挂钩”：一是美元与黄金挂钩，固定 1 盎司黄金 = 35 美元，按照此价美元可以自由兑换黄金；另一个是其他货币与美元挂钩，美元与其他货币根据黄金含量确定平价，保持固定汇率，其他国家货币只能通过美元兑换黄金。这就意味着美元成了主要的国际储备货币，可以替代黄金作为国际支付手段，从而确立了美元在战后资本主义世界金融领域的中心地位，加强了美国在国际金融中的特权和支配地位。美国垄断组织依赖美元的特权地位，增发美元代替黄金，作为输出资本，购买外国货物、企业以及支付海外驻军的庞大费用。

（2）在国际贸易领域，缔结了以贸易自由化为基本原则的“关税与贸易总协定”。第二次世界大战结束以前，为了增强或保持自己在战后国际贸易和金融中心的地位，美英两国各自都提出了有关在上述领域进行国际合作的方案。按照美国提交的方案，1946 年，联合国经济及社会理事会召开了联合国贸易与就业会议，由美英等 19 个国家派代表组成了筹备委员会，负责起草了《联合国国际贸易组织宪章》。1947 年 4～10 月，筹委会在日内瓦召开会议，通过了美国提出的成立国际贸易组织的决议及《联合国国际贸易组织宪章》。1947 年 11 月在古巴的哈瓦那举行了联合国贸易与就业会议，通过了《国际贸易组织宪章》（这就是习惯上所称的《哈瓦那宪章》），但国际贸易组织未获得多数国家的赞同而夭折。1947 年 10 月 29 日，美、英、法等 23 个国家在日内瓦签署了《关税及贸易总协定》。该协定旨在逐步削减关税及其他贸易障碍，取消国际贸易中的歧视待遇，促进生产，贸易的繁荣。关税及贸易总协定是布雷顿森林会议的补充，连同布雷顿森林协定，形成了一个以外汇自由化、资本自由化和贸易自由化为主要内容的多边经济体制，客观上为资本主义世界经济贸易创造了一个自由贸易的环境，从而推动了战后国际贸易和世界经济的发展，同时也为美国对外经济扩张提供了便利，为美国在经济领域谋取全球霸权地位起了巨大的作用。

（3）实施马歇尔计划和扶植日本 。1947 年 6 月，美国国务卿马歇尔提出了“欧洲复兴方案”，即“马歇尔计划”。1948—1951 年，美国向西欧 16 个国家提供了总额为 130 多亿美元的援助，帮助西欧各国渡过了难关，促进了西欧经济的恢复，同时也加强了资本主义世界之间的联系。此外，“马歇尔计划”使大量美国资本和商品打入了西欧市场，加强了对西欧国家政治和经济的控制，把西欧纳入美国对苏联冷战的战略轨道。

在亚洲，新中国成立和朝鲜战争爆发以后，美国对日政策从改造转变为扶植。1949 年为日本制定了复兴经济的“道奇路线”，向日本提供了大量贷款和援助，同时迫使日本在经济上对美国开放，为美国控制日本打下了基础，从而进一步确立了美国的经济领导权。

（4）实施两个“安全网”。美国通过多边或双边的共同军事安全条约体系，在向西欧和日本提供“军事安全网”的同时，还建立了“经济安全网”，其核心内容是美国向西方国家提供稳定的美元和自由兑换制度、开放的市场和自由贸易制度以及廉价的石油稳定供应制度。这种做法，既增强了西方盟国的经济安全感，又使西方盟国完全接受美国的领导地位。

（5）实行“第四点计划”，推行新殖民主义政策 。针对广大亚非拉民族独立国家的情况，1949 年 1 月 20 日，杜鲁门在其连任就职演说中提出了援助和开发落后地区的“第四点计划”。该计划的实质是在给亚非拉地区的不发达国家以技术援助和投资的幌子下，加强对外经济扩张，控制不发达国家中的受援国，是一种新殖民主义政策。

（6）对社会主义国家实行经济技术封锁，遏制社会主义的发展 。为了“遏制”第二次世界大战后社会主义蓬勃发展的势头，1948 年 6 月 26 日，美国总统杜鲁门宣布监管对苏联的物资输出。1949 年 11 月 12 日，在美国的提议下，15 个西方国家成立了旨在对社会主义国家进行经济、技术封锁的“巴黎统筹委员会”，导致了东西方经济关系的隔绝。1951 年 8 月 28 日，美国国会又通过《共同防御援助监管法案》，通称“禁运法案”，使得几乎所有西方国家都对社会主义国家实行封锁禁运。

3. 以苏联为首的社会主义经济体系的形成

1947 年 3 月 12 日，美国发出明确地对苏遏制和与对抗的冷战信号——杜鲁门主义。它标志着美国越来越以两极的思维来看待这个世界。在强化冷战并在两极格局形成中起到关键作用的则是以经济方式实践杜鲁门主义的马歇尔计划。

1947 年 6 月 5 日，美国国务卿乔治．马歇尔提出了一项大规模帮助欧洲恢复战争创伤的“欧洲复兴计划”，即马歇尔计划。马歇尔计划刻意“淡化”意识形态，并把东欧和苏联也包括在受援国之内。该计划的主要制定者凯南等人认为，如果苏联拒绝美国的提议（实际上许多美国官员希望共产党国家不接受援助），美国“正好就把分裂欧洲的责任推到苏联头上”，如果苏联接受，那么美国就以援助为手段迫使东欧国家“放弃其经济生活中的几乎是排他性的苏联取向”;[①] 另外，美国还可以通过美援进一步加强西欧“在美国领导下的西方倾向”以抵制苏联的影响[②]。

马歇尔计划的提出与实施，对东西方关系产生了巨大影响。对苏联来说，

---

① 徐蓝 试论冷战的爆发与两极格局的形成 http：//www. coldwarchina. com/mgyj/lzqy/000724_ 6. html.

② 同上。

这个计划，恰恰是在以全面遏制苏联的杜鲁门主义刚刚出世不到3个月就提出的，因此苏联对它充满疑虑。在经过一段时间的试探之后，苏联断定：美国计划是要强化西方国家造成的德国的分裂状态，真正目的是要把欧洲分裂成两个国家集团，为了某些谋求霸权的强国的利益，利用一些欧洲国家去反对另一些欧洲国家，因此它最后还是拒绝接受援助。由于波兰和捷克斯洛伐克曾想参加这个计划，苏联担心东欧国家对苏离心力的增长，最终迫使苏联决心进一步加强对其东欧安全带国家的经济与政治控制，从而导致了莫洛托夫计划的产生、共产党情报局的成立，以及东欧政权的苏联模式化。

1947年7月到8月的一个多月时间内，苏联先后迅速与保加利亚、捷克斯洛伐克、匈牙利、南斯拉夫、波兰等国签订了双边贸易协定，被西方称为莫洛托夫计划，初步筑起了东欧的经济壁垒。紧接上述经济措施而来的是1947年9月，在苏联的主持下成立了欧洲九国共产党和工人党情报局，同时提出战后的世界已经分裂为两大对立的阵营：帝国主义反民主阵营和反帝国主义的民主阵营，即“两大阵营”理论，并以此作为各国共产党的路线和行动的根本出发点，苏联对世界政治的两极看法正式确立。

随后，苏联开始以驻扎在东欧的几十万红军作为威慑力量，彻底改变斯大林原本对东欧各国共产党和国家政权采取的较为宽松灵活的政策，取消了东欧各国共产党的自主权，并对这些国家进行政治、经济、思想文化等全方位的内政改造，将斯大林模式移植过去。与此同时，苏联把不愿俯首帖耳的南斯拉夫共产党开除出情报局，并在东欧各国进行了无情大清洗，将包括共产党著名领导人在内的几十万人清除出党。1949年1月经互会成立，东欧的经济完全纳入了苏联的轨道。一个与美国和西欧相对立的以苏联为首的苏东集团，已经在经济上和政治上基本确立。

为了从军事上遏制共产主义，首先是遏制中国，并在加紧迅速扶植日本的同时，逐步在亚太地区签订了一系列军事防御条约以构建军事体系，在欧洲设立了以艾森豪威尔为总司令的北约欧洲盟军最高司令部，陆续将数万美军派驻欧洲，使北约成了一个真正的军事实体。随后北约两度扩大，在先吸收了希腊和土耳其之后，1955 年使联邦德国成为北约的正式成员国。这样，美国建立了一个从大西洋经中东到西太平洋的军事条约网，以实施在全球遏制共产主义的战略。作为对西德加入北约的即时而公开的反应，苏联建立了包括东德和东欧国家在内的与北约直接相抗衡的另一个欧洲军事集团——华沙条约组织。

综上所述，美苏双方通过一系列相互作用与反作用的敌对政策和具体措施，到 20 世纪 50 年代中期终于形成了政治、经济、军事和地缘政治版图的两大集团的全面冷战对峙，使两极格局最终形成并相对固定下来。

但是，这个两极格局存在不对称性和不完全性。[①]

首先，在两极格局中，以美苏为首的相互对立竞争的两极之间并不是完全对称的。美国和它的伙伴国实际上要比苏联集团强大。苏联虽然只在军事能力上与美国基本相当，但是在整个冷战期间却有能力摧毁美国的西欧盟国。因此，尽管在冷战的大部分时间里美国在整体军事能力上优于苏联，但是这种优势从没有大到使美国领导人觉得足以直接向苏联挑战的程度，于是便导致了双方的军事威慑和军备竞赛特别是核竞赛的持续攀升进行。鉴于苏联的经济实力始终远逊于美国，因此，在两国对立的整个历史时期中，冷战对苏联的伤害程度远远甚于苏联对美国的伤害程度。

其次，即使在冷战最高潮的年代里，两极格局也未能完全囊括所有的国家和地区。一些独立的国家或没有加入两个竞争的集团，或被开除出其中的某一集团，还有主要处于亚非地区的尚未获得独立的广大旧殖民地区。这些国家和地区仍然处于对立的两个联盟集团之外，使两极格局多多少少受到了牵制与限制。随着战后非殖民化运动的进行，亚非地区的独立运动和不发达国家的政治经济发展，不仅在一定程度上缓和了美苏之间最初的对抗，而且在两极格局的基础上不断生长出多极的力量。

---

① 徐蓝 试论冷战的爆发与两极格局的形成 http：//www. coldwarchina. com/mgyj/lzqy/000724_ 6. html.

（二）大动荡、大分化、大改组时期（20 世纪 50 年代中期至 70 年代初）

20 世纪 50 年代中期至 70 年代初，由于世界经济发展的不平衡性以及民族解放和民族独立运动蓬勃开展，帝国主义殖民体系土崩瓦解，广大亚、非、拉国家的纷纷独立，这些国家成为一支新型的力量登上了政治的舞台，显示出了一定的力量，世界向多极化发展。这一时期国际格局的大特点是大动荡、大分化、大改组。

1. 资本主义阵营经济发展的不平衡及其分化

在美国经济的影响下，各主要资本主义国家经济发展速度也明显加快。西欧从 1951 年建立煤钢共同体起步，到 1967 年欧洲共同体正式成立，经济得到巨大发展，终于在 20 世纪 70 年代末，欧共体的经济实力超过了美国。日本经济在 20 世纪 60 年代高速增长，成为美国越来越难对付的竞争对手，到 20 世纪 70 年代初，更是一跃成为资本主义世界第二经济大国。在贸易方面，西欧、日本与美国的矛盾和摩擦愈演愈烈。美国为了维持其霸权地位和冷战的需要，负担了沉重的经济援助和军费开支，因此，美国的国际收支状况从 60 年代初开始不断恶化，国际市场多次出现美元危机。1971 年，美国首次出现贸易逆差。随着“欧共体”和日本的经济实力日益增强，美国在政治经济上受到严重挑战。1971 年 8 月和 1973 年 3 月两次宣布美元贬值，自此西方各主要国家的货币同美元的比价，由固定汇率制变为浮动汇率制，标志着“布雷顿森林体系”的瓦解，战后以美元为中心的国际货币体系最终崩溃，它标志着战后美国世界经济霸主地位的丧失。德国的马克、日本的日元继美元之后成为国际货币，美国称霸的局面开始演变为美、欧、日三足鼎立，资本主义世界三大经济中心确立。

2. 社会主阵营瓦解

第二次世界大战后，中国革命的胜利和东欧一系列国家人民民主制度的建立，使得社会主义突破一国的范围成为一个世界体系，形成了强大的社会主义阵营。新生的社会主义各国都不同程度地依照苏联模式进行了社会主义建设，提高了国家的经济实力，使人民的生活水平有所提高，但同时也暴露了苏联模式存在着种种弊端。所以从20世纪50年代中期开始，社会主义国家纷纷进行了改革，但苏联和东欧的改革由于历史和现实的原因都没有取得明显的成效。而中国自20世纪70年代以来，提出了改革开放，走出了一条具有中国特色的社会主义道路，取得了巨大的成就。

在社会主义内部，由于中国等国坚持走独立自主的道路，而苏联却力图控制，使中苏关系破裂，社会主义阵营不复存在。

3. 帝国主义的殖民体系崩溃，世界向多极化发展

第二次世界大战进一步沉重地打击了殖民势力。战后，亚非及世界各地的民族独立运动普遍兴起，建立了一系列新兴国家，使帝国主义的殖民体系最终瓦解。20世纪50年代末60年代初，一大批亚洲、非洲和拉丁美洲国家赢得了民族独立。50年代后期美苏争霸的国际格局日益明朗，“北约”、“华约”两大集团的对峙日益加剧，这些新兴的民族主义国家为了维护自己的主权和独立，不愿介入美苏之间的斗争，而希望能在两极化的国际关系格局中保持“积极中立”的地位，坚持反帝、反霸的立场，采取不与任何大国或军事集团结盟的外交政策，掀起了不结盟运动。在取得了政治独立的同时，又进行了民主改革，并积极发展经济，他们在学习西方和东方并创造性地寻找本国经济赶超的路子，为实现国家和民族的富强而努力奋斗，并取得了巨大的成就。其中，典型的代表有亚洲“四小龙”之称的韩国、新加坡和中国香港、台湾地区，以及拉美的巴西、阿根廷和墨西哥等国家。

同时，为了改善不利的国际经济秩序，发展中国家团结起来，同主要资本主义大国进行了不懈的斗争，并取得了可喜的成果。随着经济的发展，全球化进程加快，发展中国家既面临着更大的挑战，又有更多的发展机遇。为了争取和平，建立良好的发展环境，人们反对任何形式的政治、经济或军事霸权，成为推动世界经济朝着多极化方向发展的新兴力量。

二、战后国际货币体系的演变

战后初期到20世纪60年代末美国称霸世界经济领域。20世纪后半叶的50

年中，除了实施马歇尔计划和扶植日本外，在国际贸易领域缔结了以贸易自由化为基本原则的“关税与贸易总协定”，在国际金融领域，建立以美元为中心布雷顿森林体系和世界银行。关贸总协定和世界银行、国际货币基金组织被认为是支撑世界经贸和金融格局的三大支柱，这三大支柱实际上都源自1944年召开的布雷顿森林会议，后两者人们又习惯称之为布雷顿森林货币体系。这里重点介绍战后国际货币体系的演变，国际货币基金组织和世界银行具体内容则略去。

（一）布雷顿森林体系的建立

在布雷顿森林体系以前两次世界大战之间的20年中，国际货币体系一片混乱。国际货币体系分裂成几个相互竞争的货币集团，主要的国际货币有三个，即英镑、美元和法郎，各国货币之间的汇率不是固定的而是浮动的。为了解决自身的国际收支和国内的失业问题，各国以牺牲他人利益为代价，竞相把货币贬值以便达到扩大出口、限制进口的目的，有些国家还采取外汇监管和贸易保护主义的措施，结果是国际贸易大大减少，资本流动几乎停顿了。这样的国际货币体系对于20世纪30年代的经济大萧条和严重失业问题非但不能解决，而且起到了加剧的作用。

第二次世界大战使帝国主义国际之间的实力对比发生了巨大的变化。德、意、日是战败国，国民经济破坏殆尽。英国在战争期间受到了巨大的创伤，经济遭到了严重破坏。1945年，英国工业生产缩减，民用消费品生产只达到1939年水平的一半，出口额还不到战前水平的1/3，国外资产损失达40亿美元以上，对外债务则高达120亿美元，黄金储备降至100万美元。尽管如此，英镑区和帝国特惠制仍然存在，国际贸易的40%左右仍用英镑结算，英镑仍然是一种主要的国际储备货币，伦敦依旧是国际金融的一个重要中心。因此，英国还想竭力保持它的国际地位。战争结束时，美国的工业制成品占世界制成品的一半，对外贸易占世界贸易总额的1/3以上，国外投资急剧增长，它已成为资本主义世界最大的债权国。从1941年3月11日到1945年12月1日，美国根据“租借法案”向盟国提供了价值500多亿美元的货物和劳务，黄金源源不断流入美国，黄金储备从1938年的145.1亿美元增加到1945年的200.8亿美元，约占资本主义世界黄金储备的59%，登上了资本主义世界盟主地位，美元的国际地位因其国际黄金储备的巨大实力而空前稳固。美国已成为资本主义世界最大的债权国和经济实力最雄厚的国家，这就使建立一个以美元为支柱的有利于美国对外经济扩张的国际货币体系成为可能。

在第二次世界大战还没有结束的时候，美国和英国等就着手研究如何建立一个新的国际货币体系，使它促进世界经济的发展。因此，1943年，美国和英国分别从本国利益出发，设计战后国际货币金融体系，提出了两个不同的计划，即"怀特计划"和"凯恩斯计划"。

"怀特计划"是美国财政部官员怀特提出的国际稳定基金方案。这个方案采取存款原则，建议建立一个国际货币稳定基金，资金总额为50亿美元，由各会员国用黄金、本国货币和政府债券缴纳，认缴份额取决于各国的黄金储备、国民收入和国际收支差额的变化等因素，根据各国缴纳份额的多少决定各国的投票权。基金组织发行一种国际货币名叫"尤尼他（Unite）"，作为计算单位，其含金量为1371/7格令，相当于10美元。"尤尼他"可以兑换黄金，也可以在会员国之间相互转移。各国要规定本国货币与"尤尼他"之间的法定平价。平价确定后，非经基金组织的同意，不得任意变动。基金组织的任务主要是稳定汇率，并帮助会员国解决国际收支不平衡，维持国际货币秩序，会员国为了应付临时性的国际收支逆差，可以用本国货币向基金组织申请购买所需要的外币，但数额最多不得超过其向基金组织认缴的份额。基金组织的主要任务是稳定汇率，并对会员国提供短期信贷以解决国际收支不平衡的问题。美国设计这个方案的目的，显然是由美国一手操纵和控制基金组织，从而获得国际金融领域的统治权。

"凯恩斯计划"是英国财政部顾问凯恩斯拟定的。他从英国的立场出发，主张采取透支的原则，设立一个世界性的中央银行，叫做"国际清算同盟"，由该机构发行一种国际货币名叫班柯（Bancor），作为清算单位。班柯与黄金之间有固定的比价，"班柯"等同于黄金，各国可以用黄金换取班柯，但不得用班柯换取黄金。会员国的货币直接同“班柯”联系，各国货币按一定比价与班柯建立固定汇率，这个汇率是可以调整的，但不能单方面进行竞争性的货币贬值，改变汇率必须经过一定程序。

各国在“国际清算联盟”中所承担的份额，以战前3年进出口贸易的平均额计算，会员国并不需要交纳黄金或现款，而只是由各国中央银行在国际清算同盟中开立往来账户，通过“班柯”存款账户的转账来清算各国官方的债权债务。当一国发生顺差时有贷方账户，逆差时有借方账户，不论借方还是贷方数字都可以累积起来。但不是无限制的，发生逆差时，则按规定的份额申请透支或提存，各国透支总额为300亿美元。实际上，这是将两国之间的支付扩大为国际多边清算，如清算后，异国的借贷余额超过份额的一定比例时，无论顺差国还是逆差国均需要对国际收支的不平衡采取措施，进行调节。“国际清算联盟”总部设在伦敦和纽约两地，理事会会议在英美两国轮流举行，以便英国能与美国分享国际金融领域的领导权。这一方案反对以黄金作为主要储备，还强调顺差国和逆差国共同负担调节的责任，这对国际收支经常发生逆差的英国是十分有利的。

“怀特计划”与“凯恩斯计划”有一些共同点：都只着重解决经济项目的不平衡问题；都只着重工业发达国家的资金需要问题，而忽视了发展中国家的资金需要问题；探求汇率的稳定，防止汇率的竞争向贬值。但是在另一些重大问题上，这两个计划是针锋相对的，因为两国的出发点不同。美国首先考虑的是要在国际货币金融领域处于统治地位，其次是避免美国对外负担过重。由于战后各国重建的需要异常庞大，这是美国无法满足的，因而坚持存款原则货币体系要以黄金为基础，“稳定基金”只有50亿美元，以免产生无法控制的膨胀性影响。英国显然考虑到本国黄金缺乏，国际收支将有大量逆差，因而强调透支原则，反对以黄金作为主要储备资产，“清算联盟”要能提供大量的清偿能力(约300亿美元)。另外，怀特方案建议由“稳定基金”确定各国汇率，而反对“清算联盟”所设想的汇率弹性。

不难看出，这两个计划反映了英美两国经济地位的变化和两国正对世界金融霸权的斗争。1943 年 9 月到 1944 年 4 月，两国政府代表团在有关国际货币计划的双边谈判中展开了激烈的争论。由于美国在政治和经济上的实力大大超过英国，英国被迫放弃“国际清算联盟”计划而接受美国的方案，美国也对英国作了一些让步，最后双方达成协议，于 1944 年发表了《专家关于建立国际货币基金的联合声明》。同年 7 月，在美国新罕布什州的布雷顿森林城召开由 44 国参加的“联合联盟国家国际货币金融会议”，通过了以“怀特计划”为基础的《国际货币基金协定》和《国际复兴开发银行协定》，总称布雷顿森林协定，从而建立起布雷顿森林体系。该协定的宗旨：即建立一个永久性的国际货币机构以促进国际货币合作；促进汇率稳定，防止竞争性的货币贬值，建立多边支付制度，以促进国际贸易的发展和各国生产资源的开发；向成员国融通资金，以减轻和调节国际收支的不平衡。根据上述宗旨，协定还就战后国际货币制度的具体内容作了规定。1945 年 12 月 27 日，参加布雷顿森林会议的国家中有 22 国代表在《布雷顿森林协定》上签字，正式成立国际货币基金组织和世界银行。两机构自 1947 年 11 月 15 日起成为联合国的常设专门机构。从此，开始了国际货币体系发展史上的一个新时期。

（二）布雷顿森林体系的内容

布雷顿森林体系的主要内容可概括为两个方面，第一方面是关于国际货币制度的，涉及国际货币制度的基础、储备货币的来源和各国货币相互之间的汇率制度。第二个方面，是有关国际金融机构的，涉及国际金融机构的性质、宗旨以及在国际收支调节、资金融通和汇率监督等国际货币金融事务中的作用。相对而言，第一个方面的内容是主要的，是区别于以后牙买加体系的主要特点之所在。[①]

在布雷顿森林体系下，美元可以兑换黄金和各国实行可调节的盯住汇率制，

---

① 姜波克．国际金融新编［M］．上海，复旦大学出版社，1995：185.

是构成这一货币体系的两大支柱，国际货币基金组织则是维持这一体系正常运转的中心机构，它有监督国际汇率、提供国际信贷、协调国际货币关系三大职能。

根据《布雷顿森林协定》的规定，布雷顿森林体系下的国际货币制度是以黄金、美元为基础的，实行黄金—美元本位制。

1. 美元同黄金挂钩

充当国际货币的是可以按固定价格兑换黄金的美元，固定价格为 1 盎司黄金 = 35 美元，每一美元的含金量为 0. 888671 克黄金。各国政府可随时用美元向美国政府按这一比价兑黄金。为使黄金官价不受自由市场金价冲击，各国政府需协同美国政府在国际金融市场上维持这一黄金官价。“协定”中关于货币平价的规定，使美元处于“等同”黄金的地位，成为各国外汇储备中最主要的国际储备货币。

2. 其他国家货币与美元挂钩

参加这个体系的会员国政府规定各自货币的含金量，通过含金量的比例确定同美元的固定汇率，叫汇率平价。但在出现对外收支基本不平衡时可以经过国际货币基金组织批准后进行调整，所以叫可以调整的固定汇率制度。《国际货币基金协定》规定，各国货币对美元的汇率，一般只能在汇率平价上下各 1% 的幅度内波动。若市场汇率超过法定汇率 1% 的波动幅度，各国政府有义务在外汇市场上进行干预，以维持汇率的稳定。若会员国汇率平价的变动超过 10%，就必须得到国际货币基金组织的批准，只有当一国发生了“根本性国际收支不平衡”时，才允许升值或贬值。1971 年 12 月，这种即期汇率变动的幅度扩大为上下 2. 25% 的范围，而决定“平价”的标准，也由黄金改为特别提款权。布雷顿森林体系的这种汇率制度被称为“可调整的固定汇率制度”。但在实践中，平价变动若小于 10%，一般可自行决定。只有当平价变动大于 10% 时，才须基金的批准。由于各国货币均与美元保持可调整的固定比价，因此，各国货币相互之间实际上也保持着可调整的固定比价，整个货币体系就成为一个固定汇率的货币体系，在这种情况下，平价的单方面变动就显得比较困难。

布雷顿森林体系的上述内容又被称为“双挂钩”，即美元与黄金挂钩，各国货币与美元挂钩。

3. 国际收支的调节

对于会员国对外收支的调节机制有两个内容，一是逆差国可以向国际货币基金组织取得贷款来弥补逆差。国际货币基金组织会员国份额的25%以黄金或可兑换成黄金的货币缴纳，其余则以本国货币缴纳。会员国发生国际收支逆差时，可用本国货币向基金组织按规定程序购买（借贷）一定数额的外汇，并在规定时间内以购回本国货币的方式偿还借款。会员国所认缴的份额越大，得到的贷款也越多。贷款只限于会员国用于弥补国际收支赤字，即用于经常项目的支付。但贷款是有各种各样的条件的。贷款是有期限的，要求在3—5年内改正逆差，归还贷款。二是可以通过汇率调整来纠正对外收支的基本不平衡。

在这个货币制度下，储备货币和国际清偿力的主要来源依赖于美元，美元成了一种关键货币。它既是美国本国的货币，又是世界各国的货币，即国际货币。这就是布雷顿森林体系的根本特点。因此，布雷顿森林体系下的国际货币制度实质上是以黄金—美元为基础的国际金汇兑本位制。但布雷顿森林体系的国际汇兑本位同第二次世界大战前的国际汇兑本位完全不同，其主要差别在于：战前的国际金汇兑本位下，英国、法国、美国几种货币均处于主导地位，其主导作用取决于各国的势力范围。而布雷顿森林体系下的主导货币仅美元一家；战前的国际金汇兑本位缺乏一个协调机构，而布雷顿森林体系下的国际金汇兑本位由国际货币基金来加以维持；与战前相比，在布雷顿森林体系下的国际金汇兑本位制中，储备货币即美元的作用得到了突出和加强。

4. 成立国际货币基金组织

建立永久性的国际金融机构——国际货币基金组织是布雷顿森林体系的一大特色。“协定”确定了IMF的宗旨：（1）建立IMF机构，促进国际货币合作。（2）促进国际贸易和投资的均衡发展，提高会员国的就业和实际收入水平，扩大生产能力。（3）促进汇率稳定，维护正常汇兑关系，避免竞争性货币贬值。（4）建立多边支付体系，设法消除外汇监管。（5）为会员国提供资金融通，纠正国际收支失衡。（6）缩小或减少国际收支赤字或盈余的扩大。国际货币基金组织作为布雷顿森林体系正常运转的中心机构，它有监督国际汇率、提供国际信贷、协调国际货币关系三大职能。

（三）布雷顿森林体系的历史作用

布雷顿森林体系对第二次世界大战后资本主义经济发展起过积极作用。

布雷顿森林体系的建立，是符合当时世界经济形势的。第二次世界大战结束后，各国亟须建立和恢复多边支付体系和多边贸易体系，以促进贸易的发展和各国经济的恢复和发展。当时，只有美元才有能力在全球范围向这样一个多边体系提供所需要的多边支付手段和清算手段。因此，布雷顿森林体系促进了战后经济的恢复和发展，促进了国际贸易的发展和多边支付体系多边贸易体系的建立和发展。

布雷顿森林体系的形成，暂时结束了战前货币金融领域里的混乱局面，维持了战后世界货币体系的正常运转。固定汇率制是布雷顿森林体系的支柱之一，但它不同于金本位下汇率的相对稳定。在典型的金本位下，金币不仅本身具有一定的含金量，而且黄金可以自由输出输入，所以汇价的波动界限是狭隘的。1929—1933年的资本主义世界经济危机，引起了货币制度危机，导致金本位制崩溃，国际货币金融关系呈现出一片混乱局面。而以美元为中心的布雷顿森林体系的建立，使国际货币金融关系又有了统一的标准和基础，混乱局面暂时得以稳定。

布雷顿森林体系的形成，美元作为国际储备货币等同于黄金，源源不断地流向世界，在一定程度上弥补了当时普遍存在的清偿能力和支付手段的不足，因而，也有利于外汇监管的放松和贸易的自由化，在相对稳定的情况下扩大了世界贸易。美国通过赠与、信贷、购买外国商品和劳务等形式，向世界散发了大量美元，客观上起到扩大世界购买力的作用。同时，固定汇率制在很大程度上消除了由于汇率波动而引起的动荡，在一定程度上稳定了主要国家的货币汇率，有利于国际贸易的发展。布雷顿森林体系的建立，在战后相当一段时间内，确实带来了国际贸易空前发展和全球经济越来越相互依存的时代。

布雷顿森林体系的形成有助于生产和资本的国际化，由于汇率的相对稳定，避免了国际资本流动中引发的汇率风险，这有利于国际资本的输入与输出。同时，也为国际间融资创造了良好环境，有助于金融业和国际金融市场发展，也为跨国公司的生产国际化创造了良好的条件。

布雷顿森林体系形成后，国际货币基金组织的活动促进了国际货币合作和世界经济的稳定增长。一方面，基金组织提供的短期贷款暂时缓和了战后许多国家的收支危机，也促进了支付办法上的稳步自由化，基金组织的贷款业务迅速增加，重点也由欧洲转至亚、非、拉第三世界。另一方面，世界银行提供和组织的长期贷款和投资不同程度地解决了会员国战后恢复和发展经济的资金需要。此外，基金组织和世界银行在提供技术援助、建立国际经济货币的研究资料及交换资料情报等方面对世界经济的恢复与发展也起到了一定作用。

（四）布雷顿森林体系缺陷

布雷顿森林体系延续至 1973 年初，其由胜到衰的历程反映了体制固有的缺陷。

布雷顿森林体系是建立在黄金—美元基础之上的，美元既是一国的货币又是世界货币。作为一国的货币，美元的发行必须受制于美国的货币政策和黄金储备。作为世界的货币，美元的供应又必须适应世界经济和国际贸易增长的需要。由于规定了双挂钩制度，由于黄金产量和美国黄金储备的增长跟不上世界经济和国际贸易的发展，于是，美元便出现了一种进退两难的状况；为了满足世界经济增长和国际贸易的发展，美元的供应需要不断地增长，美元供应的不断增长，美国的黄金储备有限，这就使美元同黄金的兑换性日益难以维持。美元的这两难，是美国耶鲁大学教授罗伯特·特里芬（Rorberb. triffin）于 20 世纪 50 年代首先提出的，故又被称为特里芬难题（Triffin Delimma）。特里芬两难指出了布雷顿森林体系的内在不稳定性及危机发生的必然性和性质。这个性质就是：美元的可兑换性危机，即美元无法按固定比价维持同黄金的兑换性。随着流出美国的美元日益增加，美元同黄金的可兑性（按固定价格）必然日益受到人们的怀疑，美元的可兑换性信誉必将受到日益严重的削弱。换言之，布雷顿森林体系的根本缺陷是美元的双重身份和双挂钩制度，由此导致的体系危机是美元的可兑换性危机或人们对美元可兑换性的信心危机。

在20世纪50年代和60年代，美国的对外贸易是顺差，但在国外的军事开支、各种援助和投资的数额很大，所以持续地发生了逆差。这些逆差一部分通过减少黄金储备来弥补，大部分则用国外负债来弥补。各国中央银行手中的美元资产不断扩大，形成了美元的供给。在50年代，由于各国中央银行需要积累美元，所以美国的国际收支逆差形成的美元供给问题不大。第二次世界大战后美国的黄金储备达到246亿美元，在1950年，美国对外短期债务（包括各国中央银行、政府和银行的短期负债）对美国黄金的比例不过是0.39。到了60年代，美国国际收支逆差不断扩大，各国中央银行持有的美元储备越来越多，大大超过了美国持有的黄金储备，动摇人们对美元的信心。1960年对外短期债务对美国黄金的比例提高到1.18，1965年又提高到2.10，1970年提高到4.24，即对外短期债务等于黄金储备的4.24倍（见表6－1）。国际上对美元的信心动摇，要求用美元兑换黄金。

表6－1　　**美国的对外清偿力情况**　　单位：亿美元

项目	1961年	1963年	1965年	1967年	1970年
黄金储备	169.5	156.0	144.5	120.7	110.7
对外债务	229.4	263.3	291.2	356.7	469.6

资料来源：钱荣堃．国际金融专论［M］．北京，中国金融出版社，1991：13.

1960年美国的对外短期债务（衡量美元外流的重要指标）首次超过了它的黄金储备，终于引发了第一次较大规模的美元危机。市场纷纷抛售美元，抢购美国的黄金和其他硬通货。为了解决这次危机，在美国的要求下，国际社会采取了“互惠信贷协议”和“借款总安排”，设置“黄金总库”等措施。60年代中期，因侵略战争的扩大，美国的财政金融状况明显恶化，国内通货膨胀加剧，美元对内不断贬值，贸易逆差不断扩大，美元同黄金的固定比价又一次受到严重怀疑。1968 年又发生了第二次美元危机，市场大肆抛售美元，抢购黄金，美国政府已无力维持固定比价，1968 年 3 月，美国不得不实行“黄金双价制”，这意味着以黄金—美元为中心的布雷顿森林体系的局部崩溃。1969 年又创设了特别提款权，对美元进行补充。美元第二次危机后，各国对美元的信心受到很大动摇。1971 年底，美国国际收支逆差由 1960 年的 39 亿美元增至 220 亿美元，对外流动性短期私人资本负债由 1960 年的 210 亿美元升至 642 亿美元，而黄金储备已由 1960 年的 178 亿美元降至 102 亿美元，只够偿付其对外流动负债的 1/6。世界各国持有的美元储备在 1971 年猛增 271 亿美元，1950—1971 年累计总额达到 677 亿美元，美国已完全丧失向外国中央银行兑换黄金的能力。1971 年爆发了第三次猛烈的美元危机，美国的黄金储备再也支撑不住日益泛滥的美元了，尼克松政府于 8 月 15 日宣布实行“新经济政策”，停止履行外国政府或中央银行可用美元向美国兑换黄金的义务，这意味着，支撑国际货币制度的两大支柱有一根已倒塌。1973 年 3 月，西欧又出现抛售美元、抢购黄金和马克的风潮。3 月 16 日，欧洲共同市场 9 国在巴黎举行会议并达成协议，联邦德国、法国等国家对美元实行“联合浮动”，彼此之间实行固定汇率。至此，战后支撑国际货币制度的另一支柱，即固定汇率制度也完全垮台，这宣告了布雷顿森林制度的最终解体。

布雷顿森林体系崩溃后，国际货币金融领域再度陷入混乱和无秩序的状态。美元的国际地位不断下降，出现了国际储备多样化状况；许多国家纷纷放弃了固定汇率制，实行浮动汇率制，汇率剧烈波动，全球性国际收支失衡现行日益严重，国际收支的调节方式也日趋多样化。1976 年 1 月 8 日，国际货币基金组织达成了“牙买加协定”，4 月通过了《国际货币基金协定第二次修正案》，逐渐形成牙买加体系。

（五）布雷顿森林体系崩溃原因的进一步分析

如上所述，布雷顿森林体系的崩溃根源在于特里芬难题，但同时，布雷顿森林体系的崩溃给人们至少提供了三个方面的反思。

1. 资本主义国家经济发展的不平衡性

货币问题是经济问题的综合反映。布雷顿森林体系的崩溃，是战后美国、日本、西欧等经济发展不平衡的结果（见表6－2）。战后初期，美国在世界经济中处于绝对优势地位，不仅占有世界2/3的黄金储备，而且在工业生产、对外贸易领域均独占世界鳌头。但在20世纪50年代中期—60年代，日本、西欧国家的经济都经历了一个高速发展时期，对外出口不断增加，经济实力不断增强。而美国由于冷战的需要，大搞军备，60年代后经济增长受到牵制，国际收支逆差持续，支撑起霸主地位的各项条件，有的削弱，有的消失，有的正在恶化。以出口贸易为例，日本和德国的出口贸易在战后初期几乎为零，1962年，分别上升到美国出口贸易的23.4%和63.1%。到了1968年，日本和德国的出口贸易之和已经超过了美国（见表6－2、表6－3）。这表明，日、德两国在国际经济领域中已经可以与美国分庭抗议了。随着日、德、法以及其他一些工业国际经济实力的增强和对外贸易的发展，世界对这些国际货币的需求自然增长，对美元独占鳌头的地位提出挑战。

表6－2　　1950—1982年美日欧国家经济增长率　　单位:%

国家	1650—1960年	1960—1970年	1970—1982年
美国	3.2	3.9	2.7
日本	8.0	11.1	4.6
欧共体	—	—	2.9*

注：*表示1971—1980年。

资料来源：储玉坤、孙宪钧．美国经济［M］．北京，人民出版社，1990：21.

表6－3　　美、日、德三国国际贸易地位的变化（1962—1971年）　　单位:%

年份	日本出口占美国出口的百分比	前西德出口占美国出口的百分比
1962	23.4	63.1
1965	31.7	67.1
1968	39.1	73.1
1971	55.4	89.7

资料来源：姜波克．国际金融新编［M］．上海，复旦大学出版社，1995：198.

2. 国际收支调节机制的不对称与不公正性

国际收支调节机制的不对称性是指在布雷顿森林体系下，美国与其他国家之间的调节不对称，以及逆差国与顺差国之间的调节不对称。布雷顿森林体系在国际收支调节机制方面主要是通过国内政策来调整的。当一国出现了国际收支顺差或逆差的时候，主要需要通过国内紧缩或扩张的经济政策来调节，这在一定程度上影响了一国经济的发展。但是，由于美元的国际货币地位，因此，美国和其他国家之间，美国可不必采取国际收支逆差的调节措施，只需通过输出美元即可弥补其国际收支逆差。美国通过输出美元，从国际社会获得了大量铸币税，而且不需要影响本国经济的发展。在其他国家之间，由于国际收支顺差可以积累美元储备并可以向美国换取黄金，国际收支调节的负担基本上都落在逆差国身上。单方面地要求逆差国调节，就要求压缩逆差国的需求，容易引发逆差国的经济衰退。因此，布雷顿森林体系下的国际收支调节具有某种紧缩性倾向。

3. 汇率制度过于刚性

布雷顿森林体系的固定汇率制度，虽然汇率可以调整，但因固定汇率的多边性而增加了调整平价的困难，并且，汇率的波动只允许在平价上下的1%，从而使汇率显得过于刚性。据查证，布雷顿森林时期，西方主要货币汇率调整是极其缓慢的。加拿大元在1962年5月2日—1970年5月30日汇率一直盯在USD = CAD1. 081；英镑1949—1967年长达18年一直维持在同一汇率水平，即GBP1 = USD2. 80；日元在1971年之前始终盯在USD1 = JPY360的水平；法国法郎1949年30%；西德马克自1949年贬值至USD1 = DMK4. 20后，1969年3月6日升至USD1 = DMK4. 0，1969年10月26日才升至USD1 = DMK3. 66①。这说明，在资本主义经济不平衡发展后，由于布雷顿森林体系汇率制度的刚性，在汇率上却没有及时地调整和反应，这样，就必然导致对美元的高估，并进一步抑制出口，贸易逆差扩大。布雷顿森林体系已经不能适应资本主义经济的不平衡发展，它的崩溃也成为必然。

---

① 【美】麦克尔·梅尔文．国际货币与金融［M］．上海，上海人民出版社，1996：63. 孔祥毅．百年金融制度变迁与金融协调［M］．北京，中国社会科学出版社，2002：310.

第二节　战后发达资本主义国家的重建与金融支持

一、战后美国的经济重建与金融支持

美英是自由主义经济模式的代表，这种模式并非排斥政府对经济生活的干预，而是与其他西方发达国家相比更多地承袭了古典的自由放任和自由竞争的自由主义的历史传统。其基本特点是，政府尽量让市场机制发挥作用，充分鼓励自由竞争，政府主要通过财政政策和货币政策对市场进行间接调控，依法对企业经营活动进行必要的监管。

（一）战后美国经济的恢复和发展

1. 战后美国经济恢复和发展

美国在第二次世界大战中不仅没有遭受到战火的破坏和损害，反而由于得到了本国政府和各国大量的军事订单，经济取得了巨大的发展。战后，美国顺利实施了从战时经济向平时经济的转换，实行了以民用工业为中心的经济增长方式。1948 年美国的工业生产在整个资本主义占了 53.4%，超过了其他资本主义国家的总和，成为经济上和军事上具有压倒性优势的超级大国。20 世纪 50 年代初到 1969 年，美国经济进入持续高速发展增长的“黄金时期”。1955—1968 年，国民生产总值年增长速度为 4%①，经过黄金时代的发展，美国国民生产总值从 1961 年的 5233 亿美元上升到 1971 年的 10634 亿美元；1965—1970 年工业生产以 18% 年均增长率增长；失业率从 1960 的 5.5% 下降到 1970 年的 4.9%；1970 年，美国的农产品比 1950 年增长了 2 倍，一个农民能养活 47.1 个人；1971 年美国拥有汽车 1.11 亿辆，83% 的家庭至少拥有一辆汽车。

---

① 4% 的增长速度对美国而言，是高度繁荣的增长。

2. 战后拉动美国经济的三大动力：消费、投资、出口

美国经济的增长对国内消费的依赖越来越大。第二次世界大战时，美国为了进行战争和从中获利，采取了物资控制的方法并进行军工生产。人民的消费受到压制，消费品与资本货物奇缺，更为严重的是住房问题，这个问题在战前就长期存在，除了为军队和国防工人建造住房外，实际上住宅的建筑停止了4年，再加上20世纪40年代美国的高出生率，进一步强化了住宅需求。因此，消费的增加是美国战后经济迅速发展的一个重要原因。1945—1946年，耐用消费品的购买量，比战前几乎增加1倍。在短缺的消费品项目中，持续到1948年还没有解决的是汽车和住房。到1948年底，汽车的产量实际已经达到年产400万辆的速度，但仍不能满足需要。到1950年，不但必需的消费品短缺已经得到解决，而且某些极端重要的需要，如农林电气化，也正得到满足，一些新消费品，特别是电视机也进入了市场。[①] 消费信用在美国出现于20世纪三四十年代，并从50年代开始得到了长足发展。

在国内，为了弥补30年代大危机和第二次世界大战期间严重耗损及未来得及更新的工业设备，战后美国工业的固定资本进行了大规模的更新和扩大。1944年美国私人固定资本投资（按不变价格计算，不包括住宅建筑）仅为187亿美元，1952年增至521亿美元，平均年增长率为13.7%，但以后的增长就显著减缓。战后初期美国居民对住宅建筑和耐用消费品的需求也大大增加，这也是由于经过20世纪30年代大危机和第二次世界大战，这两项生产也大为缩减了，直到战后才得到弥补。但住宅建筑的高潮到50年代末就结束了，而耐用消费品的购销热潮到50年代也停顿了下来。

战后，资本主义世界以“国际货币基金”协定和“关税贸易总协定”为支柱，形成了以美国为中心的资本主义国际货币体系，并促使关税壁垒逐步降低。美国利用它在国际金融方面的特权地位和经济、军事实力大肆向外扩张，对美

---

① 【美】H. G. 沙伊贝 等著，彭松建等译. 近百年美国经济史［M］. 北京，中国社会科学出版社，1983：485－488.

国经济的发展起了很大的促进作用。在战后初期，美国利用战时膨胀起来的经济实力，对外大肆扩张。1946—1952财政年度，在“杜鲁门主义”、“马歇尔计划”的名义下，美国向70多个国家和地区提供了380亿美元的“援助”，私人对外直接投资增加75亿美元，外贸出超累计达31亿美元，商品和资本的大规模输出推动了经济的增长。

3. 科学技术的迅速发展有力地推动了战后美国经济的发展

20世纪50年代中期和末期，美国科学技术有了迅速的发展，弹道导弹、原子动力、电子设备和人造卫星都是在此期间发展起来的。由于把军事科研的成果逐步引用到民用工业方面来，一些新工业和新产品，如原子能发电站、喷气机、电子计算机、电视机、商业通讯卫星等纷纷出现，再加上生产自动化的普遍推广，提高了劳动生产率，使相对剩余价值和利润增大了，从而在一段时期刺激了投资，推动了经济的发展。

（二）战后美国金融对经济恢复和发展的支持及金融显著特点

资本形成对推动一国经济增长具有重要的作用。美国的金融体系是美国经济活动和发展的心脏，它和美国经济的各个部门有密切联系。战后，美国的金融无论是对大企业，还是对中小企业、农业、消费、出口以及高科技，通过发达的证券市场和发达的商业性金融以及政策性金融，提供了大量而全面资金支持，大大促进了美国经济的恢复和发展。金融体系作为金融资本活动的机构，它的行动范围和影响，不仅渗透到各个国民经济部门，而且对美国政府的财政经济政策，对每个美国人民的经济生活，都起着越来越大的影响作用。适应于美国社会经济和历史文化环境而逐渐形成的美国的金融体系，与西方发达国家相比，具有独特之处，形成了独具特色的鲜明特征。

1. 证券市场主导型融资模式

英美是典型的自由市场经济国家，金融市场体系已经相当成熟和完善，资本市场非常发达，企业制度也已非常完善，企业行为也已高度市场化。因此，英美是典型的证券融资方式代表的国家。即证券市场主导型融资模式，企业主要通过发行企业债券和股票方式从资本市场筹集长期资本，证券融资占企业外援融资的55%以上，证券融资成为企业外源融资的主导形式。

证券市场主导型融资模式也称距离型融资模式。这种模式的特点是企业融资结构的选择遵循所谓“啄食顺序理论（The Pecking order Theory）”，即企业偏好内部融资，如果需要外部融资，则偏好债权融资（债券和借贷），最后才是股权融资。换言之，企业先依靠内部融资（留利和折旧），然后再求助于外部融资，而在外部融资中，企业一般优先选择发行债券融资，资金不足时再发行股票融资。这一融资顺序的选择反映在企业资本结构中是内部融资占最重要地位，其次是银行贷款和债券融资，最后是发行新股筹资。

战后美国工商企业不断扩大生产规模，向多样化经营发展，并积极向国外扩展，企业对资金需求的绝对额急剧增加。此外，战后美国工商企业面临国内外激烈竞争，不得不花费大量资金从事科研和发展，不断更新技术设备，进一步引起资金短缺。虽然企业采取各种措施增加企业的内部积累，但内部资金仍远远不能满足投资的需要。发达证券市场为美国战后经济的发展提供重要的资金支持。(见表6－4、表6－5)

表6－4　　战后美国企业融资结构　　单位:%

时期	内部资金	内部融资结构			外部融资结构		
		总量	银行融资	证券融资	总量	银行融资	证券融资
1958—1962年	62.0	38.0	17.0	21.0	100	44.7	55.3

资料来源：孔祥毅．百年金融制度变迁与金融协调［M］．北京，中国社会文献出版社，2002：159.略有改动。

表6－5　　美国企业发行新证券统计（1960—1977年）

年份		1960	1965	1970	1972	1973	1974	1975	1976	1977
绝对量（10亿USD）	总额	10.0	14.6	37.4	40.2	32.0	38.3	53.6	53.4	53.8
	债券	8.0	12.5	29.0	26.1	21.0	32.1	42.7	42.3	42.0
	股票	2.0	2.1	8.4	14.1	11.0	6.2	10.9	11.1	11.8
	优先股	0.4	0.7	1.4	3.4	3.35	2.2	3.5	2.8	3.9
	普通股	1.6	1.4	7.0	10.7	7.65	4.0	7.4	8.3	7.9

续表

年份		1960	1965	1970	1972	1973	1974	1975	1976	1977
相对量（%）	总额	100	100	100	100	100	100	100	100	100
	债券	80.0	85.6	77.5	64.9	65.6	83.8	79.7	79.2	78.1
	股票	20.0	14.4	22.5	35.1	34.4	16.2	20.3	20.8	21.9

资料来源：褚葆一．当代美国经济［M］．北京，中国财政经济出版社，1981：264.

从表6－4中可以看出，美国企业的内部资金所占比例较高，企业主要依靠内源性融资，在内源性融资不足的情况下，企业也选择银行融资，但在企业的外部融资中，证券市场融资的比例高于银行融资的比例。

从表6－5中可以看出，1960—1977年，美国企业发行的新证券规模不断增加，证券市场为企业提供了资金支持，同时，在证券融资中，债券融资比例明显高于股票融资的比例，反映了美国企业的啄食顺序。

美国证券市场主导型融资模式的形成，与美国的经济发展水平、历史背景有着深层次的渊源。第一，美国有发达的证券市场。美国没有经历封建社会，从殖民地经济挣脱出来之后直接进入资本主义社会，原来的经济基础比较薄弱，资本原始积累主要依赖证券融资。证券市场伴随着资本主义商品经济的发展而自发、独立地形成，并逐渐在经济生活中占据了主导地位。到19世纪后半期，企业就能够很方便地通过股票市场为扩张自己事业大量融通资金。第二，美国有反对金融势力集聚的传统。早在1863年，美国国民银行法案就把商业银行的业务限制在一个州的范围之内。20世纪30年代初期，由于受世界经济危机的冲击，美国银行大量倒闭，信用体系遭到毁灭性的打击，美国政府把经济危机和金融恐慌的原因主要归咎于商业银行经营证券和保险业务，这不但造成短期负债与价格波动剧烈的长期资产（股票、债券等）之间严重失衡，而且刺激了商业银行在证券市场大规模投机的倾向，降低了商业银行经营的稳定性，对存款人的利益造成严重损害。于是，1933年美国制定了《格拉斯—斯蒂格尔法案》，禁止商业银行、投资银行和保险公司在业务上相互渗透，禁止商业银行参与投资银行业务，特别是证券的承销和自营买卖业务，而且禁止商业银行与从事证券业务的机构联营或人员相互兼职，规定商业银行从证券市场获得的收益不得超过总收入的10%，商业银行被迫退出股市。随后相继颁布了《1934年证券交易法》、《投资公司法》、《1968年威廉法》等一系列法案，实行严格的分业经营管理体制。美国的法律规定，银行只能经营短期贷款，不允许经营7年以上的长期贷款，因此，美国公司的长期资本无法通过银行间接融资，而只能主要依靠资本市场的直接融资来解决，而以银行为中介的间接融资主要用于满足企业的短期资金需求，企业长期资金的需求就只能依靠证券市场的直接融资。同时，由于美国税法规定公司股息分配前要上缴所得税，然而债券利息分配之前，免缴所得税等，这样为了降低融资成本，企业在外部融资是首先选择公司债券，其次，才是发行股票，公司债券就成为美国债券市场占主导地位的融资工具。①

美国经济的增长中一个重要的因素是科学技术的发展。历史上的每一次技术革命，都是大大地促进了生产力的提高，而金融对科学技术的促进作用主要体现在风险资本的投资上。风险投资最早出现于20世纪30年代的美国，是为适应当时新技术新产品创新的资金需要产生并发展起来的。自1946年成立世界上第一家现代的创业投资公司“美国研究与发展公司”以来，创业投资事业虽有起伏波动，但总的发展态势是令人欢欣鼓舞的。到了战后五六十年代，随着新技术领域的兴起，风险资本的业务有了惊人扩展，在50年代，美国的研究开发投入占到西方7国的70.6% 。一些重要的科技成果和著名的高技术企业，都是首先依靠风险资本的扶助才发展起来的。例如，半导体集成电路，就是利用风险资本从实验室转到实用阶段，并自工业中广泛应用。没有风险资本的支持，新的科学技术便难以迅速转化为生产力，美国众多的高技术企业也不可能诞生。因此，20世纪70年代以来，随着以计算机、自动化、生物工程、新材料、新能源等现代高新科技及其产业的迅猛发展，风险投资的规模也日益扩大，成为高新科技产业化的重要资金依托。风险资本对技术革新和经济增长的影响是不可

① 孔祥毅等．百年金融制度变迁与金融协调［M］．北京，中国社会科学文献出版社，2002：158.

低估的，从一定意义上来说，风险资本投资是美国新技术革命的催化剂。

在证券市场主导的融资模式大背景下，高科技企业融资模式深深打上了这种体系的烙印[①]。高科技产业的外部融资以直接融资为主，股票市场为高科技产业的发展进行了大规模的融资。在高科技企业不同的生命周期或阶段中，有着不同的最优资本结构。在新生高科技企业的发展初期由于存在信息问题及道德风险问题，使得外部股权融资，特别是私人风险资本与风险资本的金融供给显得极为重要。在这个阶段，私人风险资本和风险资本两者合计占融资总额的15.99%，仅次于核心股东资金比例的19.6%，居第2位，第三位是商业银行贷款，其比例为15.66%，逼近风险资本的比例。当企业走向成熟期时，商业银行的贷款占30.84%。其次是核心股东和非金融机构的商业信用，分别为17.37%和13.2%。在企业发展的成熟期，其产品和市场的占有率已经得到承认，这时提供资金的最大成员是核心股东，占融资总额的31.94%；其次是商业银行的贷款和非金融商业机构提供的商业信用，分别为18.86%和17.1%。在企业的成熟期之后，有些资本通过股权转让或回购形式回到企业。

2. 商业银行双轨注册制度和单一银行制度

美国联邦和州都有立法权，因此，联邦政府和州政府都有权分别接受银行注册登记，并对注册银行进行管理监督。美国商业银行可以任意选择是向联邦政府还是向州政府注册，在联邦政府注册的是国民银行，由联邦级有关机构进行监管；在州政府注册的是州立银行，有州级有关机构进行监管。这就形成了最具特色的商业银行双轨注册制度。

单一银行制度是美国商业银行制度的一大特色。这一制度规定，原则上银行不得建立分支机构。美国历史上，州权与联邦政府职权就有一定的矛盾。全国各州一方面反对联邦侵犯他们的权力；另一方面由于竞争原因，各州又互相排斥对方，结果是各州各守壁垒、互不侵犯。1927年的《麦科弗登法案》不准

① 戴淑庚．美国高科技产业融资模式研究［J］．世界经济研究，2003（11）．

跨州建立分支机构，这迫使美国银行家只能在各州单独建立众多的银行。战后，银行持股公司的发展和银行持股公司法的实施，使单一银行制度发生了重大变化。20 世纪 60 年代，美国银行的集中过程加剧，掀起了银行合并的浪潮。银行持股公司冲破了单一银行制度的束缚，大银行通过持股公司控制了许多形式上独立的中小银行，等于有了分支机构。

3. 发达的政策性金融体系

美国是市场经济的代表，市场经济的逐利性和优胜劣汰的规则，使资金流向经济效益好、风险相对较小的大企业，而对于中小企业、农业、出口、消费信贷等方面，资金获得比较困难。如果单纯依靠市场机制的诱导，则“马太效应”会进一步出现。第二次世界大战后，为了解决这些部门的资金问题，美国成立了全面政策性金融机构，为这些部门的发展提供了有力的推动力，这些部门为美国经济发展作出了巨大的贡献。

第一，政策性金融对中小企业的支持。尽管美国政府鼓励和督促私营金融机构向中小企业提供贷款，但中小企业信用一般来说都不如大企业好，因而商业银行和其他金融机构对中小企业的贷款采取慎重态度，或索取较高利率。美国中小企业被誉为美国自由企业制度的基础，为美国经济的发展做出了巨大的贡献。美国政府为了保持一定程度的竞争以及经济的活力，向社会提供更多的商品和劳务，增加就业，推动技术创新的持续开展，同时也根据大企业的需要，美国政府采取立法、成立专门的行政机构向中小企业提供咨询、赞助以及财务、管理技术、政府采购、金融支持等多种手段，对中小企业进行扶持。美国通过《1953 年小企业法》，成立小企业管理局，专司向千百万中小企业提供资助和支持，维护广大中小企业的利益。小企业局通过向他们提供各种形式的贷款，满足他们对资金的需要，支持中小企业的创办和发展。美国 1971 年开辟了“二板市场”，即全美证券交易商协会自动报价系统（National Association of Securities Dealers Automated Quatation System，NASDAQ）简称为纳斯达克市场，专门为小企业尤其是科技型小企业的发展提供大规模权益资本。

第二，政策性金融农业的支持。农业是美国国民经济中国家干预最多的一个部门。战后，随着农业生产进一步发展，不仅需要购买各种农业机械设备，如拖拉机、联合收割机、农用卡车、烘干机，如果兼营畜牧业，还要盖牛棚、瓷料储存塔等等，这都需要大量资金；生产与消费、投资需求与资金来源的矛盾越来越突出。美国政府对农业生产和流通领域的干预随之加强，从价格、信贷、鼓励出口等多方面采取措施缓和生产扩大和市场相对缩小的矛盾。这些政策对于稳定农业收入，促进农业生产力不断发展起到了重要的作用。

农业信贷是美国政府支持农业发展的一个重要方面。随着农业资本密集程度的提高，农业信贷往往成为农场能否生存和发展的关键因素。农业机械化和现代化使农贷资金日益增大：1950 年为 124 亿美元，1960 年为 248 亿美元，1970 年为 530 亿美元。美国的政府农业信贷机构主要有三大系统：一是全国的 12 家联邦土地银行，负责发放 5 ~40 年的不动产抵押长期贷款。二是 12 家联邦中期信贷银行及其所属的 440 个地方信贷协会，负责中期和短期的生产贷款业务。三是全国的 13 家合作银行，专门经营农场主合作组织所需的生产和固定资产贷款业务。这些银行和信贷机构统称联邦农业信贷系统，它们的特点是：贷款利息低，偿还期限长，贷款的重点对象是那些难以从商业银行获得资金的中小农场。政府还通过这个系统开展由政府担保的商业信贷业务，以便帮助农场主从商业银行借入资金。

此外，农业稳定和保护局属下的商品信贷公司也负责向农场主发放贷款。商业信贷公司的设立目的，是为了维持某种农产品的价格和农产品市场的稳定。当价格下跌时，农民可按一定价格将产品充抵借款，价格上涨时则按市价出售。商品信贷公司缓和了农产品生产过剩所造成的危机，对促进战后美国农业发展起一定的作用。除了价格支持贷款外，它还发放农产品抵押贷款、农产品民间储存贷款，以及少量的农产品储备和干燥设施贷款。从 20 世纪 70 年代中开始，联邦小企业管理局也被授权向公司型农场提供少量的直接贷款和政府担保贷款。

20 世纪 50 年代美国的政府农业贷款占农场总贷款的约 18%，60 年代以来保持在10%以下。虽然政府贷款的比重不大，但由于贷款条件优惠，偿还期长，因此，在帮助农场主购买基本生产资料、帮助农民抗御天灾一级保护中小农场等方面起着不可忽视的作用。

第三，政策性金融对出口的支持。出口是战后美国经济发展的又一大动力。美国除了通过金融霸权、对外援助、资本输出、建立跨国公司等方式促进出口以外，还建立了专业的政策性金融机构——美国进出口银行，以促进美国的对外贸易。该机构除了对美国进出口贸易提供信贷外，还为出口商提供出口信贷保险，为商业银行的出口信贷提供保证。

第四，政策性金融对消费的支持。第二次世界大战以后，住宅建筑成为美国经济的三大支柱之一，住宅建筑的规模比较庞大，需要大量资金支持。住宅建筑业需要的大量资金，多半为联邦住宅信贷机构所提供的①。住宅信贷机构的建立，对美国住宅建筑业的发展起到了极大的积极作用。

住宅信贷机构有两个系统，一是联邦住宅放款银行系统，另一个是联邦全国抵押协会。前者在全国12个区各设立一家联邦住宅放款银行，为从事住宅抵押放款的金融组织的后备银行。后者为半官方组织，其职能主要是“转抵押”，即将银行、储蓄放款协会以及其他金融组织所承做的住宅抵押放款买进，使该协会在信用紧缩时可以增加资金的流通。实际上就是再抵押业务。

发达的政策性金融体系，为美国战后经济全面发展提供了重要的支持。

二、战后日本的经济与金融

日本是政府导向型市场经济模式的典型代表。日本政府对市场经济的行政干预、经济计划和产业政策的经验，受到了世界各国的重视。战后初期，为了恢复和重建经济，日本政府实行“统制经济体制”，对国民经济进行高度统制。20世纪50年代中期之后，日本逐步确立起以市场调节为基础的自由竞争机制，

① 储玉坤、孙宪钧．美国经济［M］．北京，人民出版社，1990：238.

但政府始终掌握制定社会经济计划和经济政策的决策权，保持对社会经济生活进行干预和调节，形成政府主导型市场经济，并相应建立了适合标准化大生产的企业制度以及受政府严格监管和充分保护的金融体制。要了解日本式政府导向型市场经济的主要特点，很难从一个方面来说清楚，而需要从外贸与产业政策、国内产业政策、经济计划、宏观政策与金融系统等多方面来加以了解。现拟从战后金融对经济的支持角度了解这一特点。

（一）战后日本经济的恢复和发展

日本作为第二次世界大战的战败国，其经济也在二战中遭受重创。在战争的废墟中，经过近 10 年的艰苦奋斗，日本经济在 50 年代中期恢复到战前水平。1955—1973 年，日本经济以年均 10% 左右的速度进入高速增长时期，并一跃成为世界第二大经济强国。1952 年，日本国民生产总值仅为英国或法国的 1/3 强，到 70 年代后期，日本国内生产总值已相当于英法两国的总和。这种速度，就连西欧发展火车头的西德也望尘莫及。战后日本经济的恢复和发展大体上也分为两个阶段。

1. 战后日本经济的恢复（1945 — 1955 年）

第二次世界大战给日本带来严重的破坏，战争刚刚结束时的日本经济几乎处于崩溃的边缘。粮食和工业品匮乏，物价飞涨，通货膨胀在战争中就逐年加剧，战后由于经济混乱变得更加严重。在这种情况下，投机性资金需求增加，大众抢购物资，存款大量被提取，日本银行的放款量急剧膨胀，局势十分险恶。为了医治战争的创伤，恢复和发展经济，日本大体上花了 10 年时间把战时工业改组为平时工业，即国民经济恢复和改组的时期（1945 — 1955 年）。

这一时期，随着东、西方冷战加剧和中国人民革命战争的趋向于胜利，从 1947 年起，美国对日本的占领方针有了改变，即由过去的严格监管改为鼓励日本独立，在经济上给日本很多援助。首先一再削减日本对美国的战争赔偿，到 1954 年 5 月干脆一笔勾销，已拆迁的工业设备也全部发还。其次是向日本提供恢复生产急需的资金和物资。

1950年朝鲜战争爆发后，美国在日本大量采购军火和给养，维修卡车、坦克、舰艇等，这对当时苦于需求不足的日本经济无异是一个求之不得的强刺激。日本从提供商品和劳务得到的“特需”收入为24.7亿美元，占同期日本出口总额的一半。另外，朝鲜战争促使西方各国扩军备战升级，掀起了一股采购物资热，这又为日本商品进入世界市场敞开了大门。“朝鲜战争”成了促进日本经济复兴的“天赐良机”。到1953年3月，日本经济已恢复到战前水平。

最主要的是日本政府提出了“经济自立”的口号，采取了“倾斜生产方式”。日本政府在实现“经济自立”的口号下，大力进行经济结构的改组和基础工业的建设，开始实施一系列国家垄断资本主义措施。第一，制订钢铁、煤炭、造船、电力等行业的生产合理化计划，把私人投资的40%吸引到这些行业，加快改造旧设备的步伐；第二，设立日本开发银行和日本进出口银行，对重点行业的设备投资和进出口提供长期低利贷款，并直接对铁路、港湾、电力等部门进行财政投资，支持基础工业的恢复和发展；第三，修订税制，对企业设备实行特别折旧制度，加速设备更新，扩大资本积累；第四，推行农地改革，建立以小土地所有制为基础的个体农民经济，鼓励增产化肥，推广良种，兴修水利，使农业生产逐年上升。

为了扭转处于破产边缘的日本经济，日本政府在经济上推行以煤炭、钢铁为重点的“倾斜生产方式”。即重点产业保护政策，就是在资金和原料严重不足的情况下，集中一切力量恢复和发展煤炭生产，用生产出来的煤炭重点供应钢铁业，再用增产的钢铁加强煤炭业，以此为杠杆，带动整个经济的恢复。

2. 日本经济的现代化和高速度增长

从1955年起，日本以赶超先进工业国家为目标，开始了实现国民经济现代化的新时期。1955—1973年，日本实际国民生产总值每年平均增长10%以上。所谓“经济奇迹”主要是指这一时期的发展。

日本经济高速发展的第一阶段（1955—1964年）主要是围绕重工业、化工业，进行了大规模的设备投资和设备更新，为国民经济全面现代化奠定了物质技术基础。设备投资大量增长，能源结构发生变化，对外贸易迅速发展。日本经济的高速增长时期，设备投资旺盛，1961—1970 年，日本企业设备投资的年平均增长率高达 15.2%，而其他发达国家中最高的法国也只有 9.1%，美国、英国、联邦德国、意大利和加拿大更分别仅为 3.9%、4.7%、5.7%、5.2% 和 5.4%，均远远低于日本的水平。

日本经济高速增长的第二阶段（1965 — 1973 年）从经济上、技术上全面赶上世界先进水平。工业生产规模向大型化发展，技术革新取得突破，国际贸易和金融的地位显著改善，产业结构逐步实现现代化。

20 世纪 70 年代中期，国内外经济形势的变化，使日本的经济危机、生态危机和能源危机交织迸发，不得不在经济政策和产业结构上进行适当调整。不过，经济增长率虽下降到 5% 左右，但仍高出欧美各国的一倍以上。

（二）战后金融对经济的支持

战后日本经济恢复时期，金融主要从两个方面对经济的恢复和发展提供支持。第一，配合日本政府的“倾斜生产方式”的需要，实施金融供给的倾斜；第二，改革和完善金融制度，重组金融机构，为经济全面恢复和发展提供资金支持。

1. 金融供给的倾斜

为了配合日本政府的“倾斜生产方式”的需要，在金融方面，日本采取严格的融资监管措施，实施金融供给的倾斜。即根据 1947 年 3 月的《金融紧急措施令》，公布了金融机构融通资金的准则，使限制性融资合法化。对融资限制的主要内容有两个：第一，限定商业银行（日本的普通银行）的融资以储蓄存款和积累资金为来源，抑制商业银行从日本银行获得贷款的数量；第二，商业银行贷出设备资金和流动资金要根据不同产业排出优先顺序，对重点产业优先提供贷款。[①] 为了保证向重点产业部门供应资金，日本政府于 1947 年 1 月成立“复兴金融金库”，其资金来源主要靠发行复兴金融债券，由日本银行认购，以保证

① 刘玉操. 日本金融制度 [M]. 北京，中国金融出版社，1992：11.

重点产业部门的资金需求。“复兴金融金库”曾为日本经济的复兴起重要作用。

2. 改革和完善金融制度，重组金融机构

第二次世界大战后，为了稳定金融和发展经济，日本在金融体制上进行了改组，改组后的日本金融机构，按业务性质、经营对象和体制可以划分为中央银行、民间金融机构和政府系金融机构三大系统，实行了专业化经营，各主要经济领域都有为之服务的民间或政府的金融机构，建立了适合国情的、颇具特色与成效的日本金融体系。

第一，日本银行提高了自主性。从 1955 年起，日本开始了技术革新运动，企业进行大规模的设备投资，生产发展很快。由于经济过度增长，出现过多次外汇危机，每次都实行金融紧缩政策以求缓解，经济不稳定性的加剧，要求中央银行发挥更大的作用，货币政策变得越来越重要。由于日本银行在战争中变成了国家军事机器的一部分，不适应战后日本经济发展的需要，曾多次试图改组，但由于改组是一件十分复杂而艰巨的工作，进展十分缓慢，比较大的变动是于 1949 年设置了“政策委员会”，作为日本银行的最高决策机构。日本银行从此提高了自主性，向独立的方向迈进了一步。

第二，改组民间金融机构。与此同时，民间金融机构也发生了变化。废除了一批战前建立起来的“特殊金融机构”，这些金融机构为侵略战争尽了犬马之劳，战后成为美国占领军改革日本国家机器的重要对象。1945 年 9 月，占领军总司令部命令关闭日本的国外银行和为战争服务的“特殊金融机构”。这样，朝鲜银行、台湾银行、资金统合银行、战时金融金库、南方开发金库、外资金库等被废除，横滨正金银行被关闭后改名“东京银行”，作为普通商业银行营业，还改组了一批金融机构，如改组了日本劝业银行、北海道拓殖银行，使其成为普通商业银行。在战后的通货膨胀时期，信托公司和储蓄银行的营业十分艰难，改组后的信托公司可经营银行业务，储蓄银行也变成了普通商业银行。1952 年 6 月，日本制定了《长期信用银行法》，根据这项法律，日本兴业银行变成了经营长期信用业务的银行，后来又新建“日本长期信用银行”和“日本不动产银行”

（现在的日本债券信用银行），1954 年制定《外汇银行法》，把东京银行改做外汇专业银行从事外汇业务。

第三，解散“复兴金融金库”，成立政府金融机构。“复兴金融金库”曾为日本经济的复兴起重要作用，但由于它可以发行复兴金融债券，并由日本银行承购，放款不受约束，因而给战后的通货膨胀火上浇油，造成了不良影响，于 1952 年解散了“复兴金融金库”。为了解决“复兴金融金库”解体而造成的资金短缺，日本政府陆续建立了一些政府金融机构，包括 2 家银行和十几家公库、公团、事业团①等。除政府金融机构外，其他金融机构也有很大变化，如 1949 年把大部分过去从事信用业务的“产业组合”改组成“信用协同组合”，1951 年又把信用协同组合中融资业务较多的组合改为“信用金库”，把过去从事合作融资业务的“无尽”组织改组成“相互银行”，1948 年成立了“农林中央金库”，作为农业协同组合的最高领导机关。1949 年证券交易所重新开业，1950 年短资市场重新开业等等。

总之，随着战后经济环境的改变，日本金融制度也开始重新组建，新金融制度的出现既是经济发展的结果，也是经济发展的重要保证。

（三）战后日本经济的高速发展时期金融的支持

这一时期，日本政府推行经济高速增长政策并取得了成功。在金融方面主要采取了两个方面的措施保证经济的发展：第一，为了实现日本经济的发展，日本政府和中央银行坚定不移地实行了低利率和贷款长期化的政策，保证银行向企业提供低息贷款，降低企业资金成本；第二，政府采取重点产业保护政策，引导金融机构向重点企业提供资金支持。

金融在经济发展中的特殊作用在日本有很深的历史渊源。明治维新以后，日本采取了“反弹琵琶”的金融超前发展战略，“即在日本商业资本和产业资本远未得到充分发展，……而优先发展银行资本。通过政权强有力的支持和扶植

① 公库、工团、事业团是规模较小的政府金融机构。

保护而使它迅速发展起来，进而反过来再大大促进日本商业资本和产业资本的形成和发展”。[①] 金融成为日本经济发展的启动器和发动机，在此基础上形成了日本金融资本对工业企业的明显优势和影响力。在战后财阀被解散的情况下，它进一步发展演变为对工商企业压倒性的优势和支配权。日本企业的自由资本率比大多数发达国家低得多，因此形成了日本产业对借贷资本的特殊依赖性。

由于日本产业对借贷资本的特殊依赖性，一般自有资本不足，而 70% ~ 80% 的资金是银行贷款。战后日本企业损失惨重，内部积累资金困难，自我积累能力低，证券市场又不能发挥融资功能，在资本市场筹资的比重较小。进入高速增长期，企业所需要的资金巨大，筹集恢复和发展经济所需巨额资金的重担主要落到了银行的肩上。1957—1974 年，在企业的资本结构中，内部融资（折旧和利润留成）所占比重仅在 25.6% ~ 37.7%，企业融资主要依赖外源融资。在外源融资中，银行融资所占比例很高，而股票和债券等证券融资所占比例低。

战后日本企业对银行贷款有很强的依赖关系，间接融资的确是日本经济高速增长时期的主要融资方式，企业筹资不是依靠股票、债券，而主要依靠银行贷款。银行贷款比例 1956—1960 年已经达到 78.2%，1961—1965 年上升到 81.6%，1966—1970 年高达 89.5%。银行贷款比例上升的主要原因是 1964 年以后，日本以赶超欧美先进国家为目标，加速实现重工业和化学工业的现代化，在政府重点产业保护政策下，金融机构则向上述重点产业部门投入大量的低利资金。金融当局对利率进行严格限制，银行的存款利率在经济高速增长时期很少变动，银行收益较为稳定，因而放款积极，经营顺利。尤其是市银行，尽管缺少筹措长期资金的手段，却用不着担心利率风险而增加设备投资的比重。而专事长期信用业务的长期信用银行、信托银行等更是大显身手，扮演着提供设备资金的重要角色。

---

① 白钦先．比较银行学［M］．郑州，河南人民出版社，1998：149.

银行贷款是以其吸收存款为基础的。战后日本金融机构之所以能向企业投放大量资金，是以其存款规模迅速扩大、储蓄率不断提高为条件的。在主要资本主义国家中，战后日本在西方国家中始终保持很高的储蓄率。

由于日本企业大量利用银行的贷款，就必然增加企业的贷款成本。为了降低工商企业的贷款成本，鼓励企业生产和投资的积极性，刺激总需求，保持经济高速增长，日本采取了人为的低利率限制策。其首要内容就是对各种利率进行人为的规定，将其限制在市场利率之下。直到20世纪70年代中期以前，只有短期金融市场利率和债券流通市场利率属于自由利率，其水平由市场上的资金供求状况决定，而存款利率、长短期贷款优惠利率、债券发行利率是通过法律或有关各方协商决定的限制性利率。人为低利率政策在刺激投资需求和保证投资两个方面，都对日本经济的高速增长起到了积极效果，是战后日本经济起飞的决定因素之一。

不难看出，在日本经济高速增长时期，政府、银行起着举足轻重的作用。一方面，在政府低利率和贷款长期化的政策支持下，企业不仅可以以较低的利率向银行借款，而且通过贷款可以比发行股票筹资得到税制上的优惠，因而可降低筹资成本，满足了企业长期资金的需求。另外，公共部门的资金不足并不明显，国债、地方公共债的余额较小，加上债券发行利率因受人为低利率的影响不能提高，发行量不大，债券市场不能充分发展，使间接金融处于主导地位，并形成了日本金融业、工商企业和政府间紧密关系的“日本铁三角”和银行主导企业的特殊的银企关系。

（四）战后日本金融体制的特点

战后，联合国司令部（GHQ）提议在日本实施战后金融改革。这项改革具有强烈的金融体制美国化的倾向。但是，1955年前后建立起来的日本金融体制并没有简单地“移植”美国金融模式，而是根据日本的特殊国情加以改造。在金融体制方面模仿了美国的做法，建立了分业经营与分业管理的金融体制，大力发展政策性金融，但在企业的融资模式上则形成了独特的间接金融模式，即主银行制度。

1. 主银行体制

战后所形成的日本金融制度最明显的特征就是主银行体制。通常的定义，所谓主银行，是指企业的借款总额中所占份额最大的银行，也就是最大贷款银行。但是，如果我们仅仅局限于从贷出—借入方面来把握主银行关系，那就忽略掉主银行制度所具有的本质内容①。青木、帕德里克和谢尔德认为②，企业与主银行的关系，不仅仅限于“借贷”方面，其他诸如“结算账户”、“股份持有”、“公司债券发行”、“经营”等四个方面也应当给予重视。

结算账户：一般来说，企业都将自己的结算账户集中于主银行。另外期票的贴现也较多地通过主银行来进行。通过对结算账户的日常观察，主银行在一定程度上就可以掌握企业资金状况的变化。所以，主银行就有机会获得其他金融机构不可能得到的信息。

股份持有：根据日本的禁止垄断法，银行以5%的份额为上限，可以持有特定企业的股票。通常情况下，主银行都在该企业股东的前五位之内，与其银行相比，则属于最大的股东。所以，主银行自身的持股比例虽不大，但主银行处于牵头负责具有稳定股东功能系列金融机构以及非银行金融机构的位置上，起着从被竞争对手企业购并的危险中保护顾客企业的作用。

公司债券的发行：企业要在国内市场上发行公司债的时候，主银行会通过接受企业委托来为其发行公司债。企业在海外发行公司债，主银行也会通过其在海外的证券公司，起着对企业给予保证等重要的作用。

参与经营：具体来说，诸如高级职员以及审计职员的派遣等。企业从外部聘任经理或审计员的时候，从主银行里聘请人才，已经成为一种习惯。

---

① 【日】青木昌彦 奥野正宽．经济体制的比较制度分析［M］．北京，中国发展出版社，2005：168.

② 【日】青木昌彦 奥野正宽．经济体制的比较制度分析［M］．北京，中国发展出版社，2005：168—169.

因此，主银行体制，是指企业以一家银行作为自己的主要贷款银行，并接受银行的金融服务以及财务监督管理的一种银企结合的制度。银行对企业人财物的处置权超出了债权的范围，从而对企业的经营活动发挥着相当程度的主导作用。

主银行制萌芽于第二次世界大战前，在第二次世界大战期间进一步发展，战后随着财阀的解体导致主银行制最终形成。

1927 年（昭和 2 年）日本发生了大规模的存款挤兑和银行破产风潮，一年之内共有 45 家银行破产，这一事件在日本金融史上称为昭和银行危机。虽然银行危机的直接原因是 1923 年关东大地震后发行的“震灾票据”得不到妥善处理而导致存款挤兑和银行破产，根本性原因是政府对银行业的自由放任政策。1890 年的银行条例没有最低资本金和贷款风险控制方面的规定，银行业的特征是数量多、规模小。与美国政府在 30 年代的银行危机后建立以存款保险制度为核心的银行监管和金融安全网不同，日本政府采取的危机处理对策是银行业的集中。1928 年开始实施的银行法要求普通银行的资本金达到 100 万日元，资本金不足的银行只能通过与其他银行的合并方式增加资本金，自我增资不予以承认。大藏省提出了“一县一行”的银行合并目标，由于有些银行不愿失去独立的经营权力，当时的合并并不顺利，直到进入战时金融监管后才真正实现了“一县一行”的目标，这些银行就是第二次世界大战后的地方银行。同时，国民储蓄不断向属于财阀[①]系统的大银行集中，这些大银行就是战后的都市银行，作为战后日本银行体系主体的都市银行和地方银行就是在这样的背景下形成的。

1931 年发动侵略中国的满洲事变后，日本进入了战时金融监管时期。金融监管的核心是控制资金分配，以保证军需企业的优先资金供应。1944 年，日本统治当局制定了《军需公司法》，开始实行“军需企业指定金融机关制度”，明确指定一些银行专门为军需企业服务。这些银行负责企业的存款、贷款、红利

① 日本财阀的形成由于军事目的而形成，战后被解散。

分配、公司债认购等项业务，甚至影响着企业的人事安排，因而被称为企业的主银行。战后虽然战时体制被废除，战时“配对”体制下企业与银行之间的密切关系保存了下来，银行仍主导着企业，战时军需企业的指定银行大多成了战后这些大企业的主银行，因为战后的经济复兴的需要，主银行制在更大的范围力推广。

如前所述，明治维新奠定了日本金融体制的基础。从明治维新以来，日本政府采取“殖产兴业”政策，对企业的发展提供了大量的财政资金，而不积极培育资本市场，战时金融监管又严重地限制了资本市场的发展，因此，在发达国家中，日本证券市场是发展历史最短、潜力极大的资本市场，也是监管最多、国内市场保护最强和国际化步伐较晚的市场。第二次世界大战后，日本股票市场投机性很大，不能吸引广大的投资者，不能发挥股票市场筹集资本的功能。1949 年恢复证券交易后，日本政府仍然采取低利政策，压低银行贷款利率，确保重点工业的资金供应。企业发行股票或债券的成本远远超过银行贷款的利息，银行贷款方便，企业对证券交易所的兴趣就薄弱了，日本企业资金主要利用银行贷款，主银行制在金融体系中一直居于主导地位。

在这种制度下，日本的主要企业都由一家大银行作为主银行，企业与银行交叉持股，主银行是企业主要的贷款人，又是这家大企业的主要持股股东，正是这种债权人与股东的双重身份，使得主银行有监督企业日常经营的动机，企业与银行之间形成了紧密的联系，保证企业拥有稳定的长短期资金来源。这样，贷款银行即主银行制度就形成了。主银行制度为日本战后的经济腾飞发挥过重要作用。

2. 典型的专业化银行制度

日本实行的是典型的“专业化”的金融制度。该体系的基本特征是金融机构在业务上有严格的分工界限，实行严格的业务领域限制，不同类型的金融机构承担不同性质的金融业务，不允许不同类型金融机构之间业务的相互交叉，建立了分业经营与分业管理的金融体制。

（1）长期信贷业务与短期信贷业务分离

这一做法开始很早。在1872年创建日本银行的建议中就强调区分商业资金和农工业资金，提出日本银行和“国立银行”均属商业银行，而扶助农业、振兴工业的任务应交给另一种银行承担，由此，明治政府于1890年制定了银行条例，将当时的普通银行定为商业银行，又于1897—1906年设立了日本劝业银行、日本兴业银行等所谓特殊银行。一方面，当时对普通银行筹措资金和运用资金的期限未做规定，但受“英国商业银行经营原则”的影响较深，实际上普通银行只经营短期融资业务。另一方面却允许特殊银行在各自的法定范围内发行债券，鼓励以不动产为抵押的长期贷款，以动产为担保的长期贷款，以及进行有价证券投资等。后来，由于经济发展很快，普通银行不满足于短期融资业务，通过短期票据期限的衔接，增加长期贷款业务。同时，学术界看到德国经济的飞快发展，对《商业银行经营原则》持批评态度。第一次世界大战前后，由于多次发生金融危机，普通银行的破产倒闭事件屡有发生，《商业银行经营原则》重新被重视，并于1927年制定银行法，再次强调银行业务必须明确分工，以保证经营的安全性。

战后日本在财政金融方面所面临的第一个难题就是克服通货膨胀，处理战争期间政府所担保的债务。道奇①严格推行紧缩财政金融的政策，结果是通货膨胀得到了治理，但资金严重不足，特别是对战后复兴至关重要的电力、海运、钢铁、煤炭等四大行业急需资金。在复兴金融公司因道奇政策停止融资，而日本国内资本市场尚不发达的情况下，只能考虑其他的方法筹集长期资金。因此，

① 指底特律银行董事、美国总统特使、占领军财政金融顾问，主张紧缩财政，实行超均衡预算（以预算盈余偿还债务），压缩国内有效需求、根治通货膨胀。1949年实行以均衡财政政策和单一汇率（1美元兑换360日元）为内容的所谓“道奇方案”。1951年2月，向日本政府提出加强税收、冻结工资、削减财政补贴、停止“复兴金融公库”放款等主张，实行所谓“道奇整顿”。“道奇整顿”使居民赋税加重，企业银根抽紧，货物积压，需求萎缩，但政府的财政收入在1949年度则首次由赤字转为盈余，货币发行量趋于减少，物价水平开始下降，猖獗一时的通货膨胀得到了缓和，为尔后的经济恢复创造了必需的前提。

经过一定的探索之后，日本于1952年实施《长期信用银行法》，决定设立从事长期金融业务的专门性金融机构，允许这些金融机构发行金融债券筹措长期资金。为了推行这一政策，日本政府调整了民间金融机构的分工，将民间金融机构分为两大类：一类是以吸收各项存款为其主要资金来源的金融机构，如城市银行、地方银行、相互银行等普通银行，它们的资金主要用于短期贷款；另一类是主要通过金融债券和信托等方式筹集资金的金融机构，如长期信用银行、信托银行等，它们的资金主要运用于中长期贷款，从而确立了长期金融业务与短期金融业务相分离的制度。

"50~70年代，日本的各长期信用银行以及开发银行为发展四大重点产业、救济与合并衰退产业发挥了重要作用。特别是在紧急发展初期，在从国内外筹资困难的情况下，这些长期金融机构不仅向企业提供了长期资金，而且提供了信息咨询服务。"①

（2）银行业与信托业分离

战后，与长期信用银行同样发挥重要作用的是另一类金融机构——信托银行。根据战前1922年制定的《信托法》和《信托业法》，所谓的"信托"是指委托人将其财产托付给受托人，以"受益人"享有利益为目的的管理及处理某种特定财产的制度。信托本身并非金融交易，但是在日本，由于信托的财产多为金钱，这部分资金具有长期储蓄的性质，因此，信托业一直被作为金融机构对待。根据法律，可作为受托人开业并从事信托业务的机构仅限于两类：一类是由《信托业法》规定的"信托公司"；另一类是1933年《关于普通银行等存款银行业务及信托业务的兼营等的法律》（通称兼营法）所规定的被许可兼营信托业务的银行。

第二次世界大战期间，由于财产信托需求减少，政府曾对信托公司进行整顿，到1945年末，只剩下7家信托公司，还有11家银行设有信托部兼营信托业

① 王洛林等．日本金融考察报告［M］．北京，社会科学文献出版社，2001：358.

务。第二次世界大战刚结束时，因通货膨胀十分严重，现金信托业务大量减少，信托公司难以为继，信托公司只能靠收取不动产或证券相关的手续费维持经营，1948 年制定的《证券交易法》规定，银行业务与证券业务剥离，信托公司不再享有证券交易手续费的收入，不得不转变为“信托银行”。20 世纪 50 年代，日本政府重新执行银行与信托业务分离的方针，将专业信托银行与兼营信托业务的银行信托部予以整顿合并，保留了 7 家专业信托银行，允许 1 家都市银行（大和银行）和 2 家地方银行（琉球银行和冲绳银行）兼营信托业务。信托银行出现后，政府只允许信托银行处理放款信托，把都市银行的“信托部”作为信托银行分离出来，继续推行银行业信托业分离政策，把现金信托与存款相区别，认为信托银行不能有长期金融以外的其他机能，不能像欧洲一些国家那样金融机构可兼营各种业务，这一功能定位，使信托银行成为经营长期金融的机构。与前所述，信托本来并不属于金融交易，但为了救济处在危机状态的信托业务以及为了解救长期资金不足的燃眉之急，日本政府不得不将信托划归长短金融分离制下的长期金融机构。

（3）银行业与证券业分离

第二次世界大战前，日本在法律上并未规定银行业与证券业分离，特别是在公债和公司债的发行中，银行和信托公司是主要的承销商。然而银行并非无限制地从事证券业务，只是作为附带业务予以对待，比如对认购股票和买卖债券，一般银行怕担风险，只有少数银行染指，主要由证券公司承担。这就是说，银行与证券业分离状况第二次世界大战前就存在，只是并不十分严格。根据日本馆龙一郎的论述 1946 年召开的第一次金融制度调查会上，与会者曾就公债、公司债的承销业务是否应由证券商专营的问题展开过激烈的争论。在 1948 年制定证券交易法的过程中，占领军司令部负责官员命令起草组将禁止银行、信托公司经营证券业的规定写入草案，禁止兼营就从此开始。一般认为，银行业务和证券业的分离主要是为了避免重蹈美国 20 世纪 20 年代末银行大崩溃的覆辙，确保存款户的安全。

这样，《证券交易法》[①] 把银行业与证券业分离作为原则确定下来。根据该法第65条的规定，除非银行根据投资目的和信托契约，否则禁止经营任何证券业务。对国债、地方债、政府保证债虽然允许银行经营，但实际上通过行政指导的方式只允许认购，批发、零售和中介业务仍不能进行。这些证券的发行与买卖业务只能由证券公司经营，从而确立了银行一般业务与证券业务相分离的制度。

（4）国内外金融市场分离

日本是实行外汇监管比较早的国家之一。1932 年制定了《防止资本逃避法》，以图限制资本外流。但是，当时日本经济处于不景气之中，为使经济得到复苏，政府发行由日本银行承购的国债，致使信用膨胀，而国内利率水平又较低，资本继续流向海外。1933 年日本参照德国的外汇监管措施，制定了《外汇管理法》，全面实行外汇监管，资本交易和经常项目交易均受该法约束。在第二次世界大战中，外汇监管进一步加强，直到战后的1947 年才部分地放松了对民间贸易的限制。1949 年又制定了《外汇及外贸管理法》，简称《外汇法》，该法在原则上对一切对外交易都有限制。1964 年，日本接受国际货币基金组织章程第8 条规定，对经常项目交易原则上不再限制，对资本交易的监管仍未全面停止，在1971 年尼克松宣布“新经济政策”之后的一段时间里甚至加强了对资本交易的限制。尽管在经济高速增长时期，总的来说外汇监管是逐步放松的，但就金融交易而言，监管一直存在。这种分割内外金融市场的做法，对保护本国市场不受海外因素干扰是有积极作用的。

（5）发达的政策性金融

战后，在日本经济恢复和发展过程中，逐渐形成颇具实力和特色的政策性金融机构，形成一个庞大、系统的政策性金融机构体系。政策性金融机构体系

① 根据日本馆龙一郎的论述，日本为何要将银、证分离，原因尚不明确。但通常的解释为，日本的证券交易法的母法是美国的1933 年《格拉斯—斯蒂格尔法案》，认为如果承认兼营，可能导致“利益相背”问题的发生；要避免银行对市场的支配力过强；为了保护存款人，须回避来自证券业的风险。

主要由“二行九库”等11家金融机构构成，“二行”是日本开发银行、日本输出入银行；“九库”是国民金融公库、住宅金融公库、环境卫生金融公库、公营企业金融公库、农林渔业金融公库、北海道东北开发金融公库、冲绳振兴开发金融公库。这些金融机构有特定的贷款支持的范围和对象，从不同的角度、不同程度地弥补了民间金融机构的投资不足。

日本开发银行以促进产业的开发和经济社会的发展为目的，提供长期的开发性资金，弥补民间金融机构的长期性开发资金贷款的不足，并鼓励和支持一般性金融机构从事经济开发的融资活动。

日本输出入银行是通过对进出口商提供优惠低利的中长期贷款，大力推动和扩大日本商品出口，资助原材料和必要的物资从外国进口到日本，并且，以国家资本带动和引导个人资本，从事有利于日本对外资本输出的业务。

国民金融公库是以从银行等其他一般金融机构融通资金比较困难的国民大众作为业务对象，提供维护生产的小额贷款和升学资金等的事业资金。住宅金融公库以解除战后严重的住房困难，满足住宅建设、住宅用地的购买与平整所需要的资本为目的，对向银行和其他金融机构借款比较困难的资金需求者，提供住宅建设资金，办理住宅用地购置资金贷款。

农林渔业金融公库对改良土壤、造林、林间道路的修缮、渔港建设等生产性基础设施建设提供低利率的长期性资本，维持和稳定农林渔业的经营，促进农林渔业生产能力的增加。

中小企业信用保险公库主要是对中小企业债务进行偿付担保的信用保证协会提供债务担保的保险业务，以及对信用保证协会融通业务所需资金。

公营企业金融公库为对公营企业发放贷款、办理农林渔业金融公库的委托贷款，从事地方债券的投资活动。

环境卫生金融公库从公众卫生的角度出发，以与国民日常生活密切相关的环境卫生单位作为主要业务对象，以提高环境卫生水平、促进现代化为目的，对在一般金融机构融通资金发生困难的环境卫生单位、个人等给予资金援助。

北海道东北开发公库以促进北海道、东北地区的产业开发、复兴为目的，通过提供长期性资本来弥补民间投资的不足，鼓励和支持民间投资以及一般金融机构从事开发性融资活动。冲绳振兴开发金融公库为冲绳的经济振兴和社会开发给予资助，促进冲绳的产业开发和经济发展，主要为冲绳的住宅需求者、中小企业者、环境卫生单位等提供贷款，为冲绳的产业开发提供长期资本，并辅助和奖励一般金融机构开展开发性融资活动和民间投资。

小企业金融公库主要是以中小企业作为业务对象，发放一般贷款和特别贷款，贷款方式既有直接贷款形式，也有通过银行等代理机构发放的代理贷款的方式。

在日本的金融体系中，政策性金融机构与商业性金融机构严格区分，自成体系，以政府金融机构为主体，部分合作性质金融机构为辅助，形成了一个比较完整的、系统的、有一定规模的政策性金融机构体系。政策性金融机构作为日本政府的财政投融资计划的一个组成部分，主要是由财务省进行管理，财政投融资资金成为政策性金融机构的主要资金来源；而政策性金融机构体系规模庞大、种类繁多，业务和规模比较巨大，贷款额大约占整个金融体系的1/3。日本的政策性金融机构与政府、商业性金融机构、产业界等保持着协调的关系，对各个行业、产业的发展给予一定的资金支持，提供各种各样的金融服务，与产业界携手合作成效是十分显著的。

三、战后德国经济与金融①

德国是社会市场经济模式的典型代表。它实行宏观控制的社会市场经济，既反对经济上的自由放任，也反对把经济统紧管死，而要将个人的自由创造和社会进步的原则结合起来。它既保障私人企业和私人财产的自由，又要使这些权利的实行给公众带来好处。在国家和市场的关系上，它的原则是国家要尽可

① 由于本章的内容是第二次世界大战后至20世纪70年代初资本主义国家经济的重建与金融支持，所以书中所出现的德国均指未统一前的联邦德国。

能少干预而只给予必要的干预。国家在市场经济中主要起调节作用，并为市场运作规定总的框架。所以，德国实行的社会市场经济，实际上是国家有所调节的市场经济，以保证市场自由和社会公平之间的平衡。

（一）战后德国经济的恢复和发展

1945 年 5 月 8 日，纳粹德国战败投降，由美、英、法、苏四国共管，后分裂为东、西德。此时，德国境内民生凋敝，生产停滞，经济完全无法满足国民的正常生活需求，完全是短缺和监管经济。以 1948 年 6 月 21 日西方占领区的币制改革为标志，德国充分利用了冷战造成的东西方竞争气氛，在马歇尔计划援助等的启动下，凭借高素质的人力资本，克服了两德分裂带来的产业和地区性结构断裂，在很短的时间内恢复了国民经济的运行和发展，达到并超过了战前水平。总体上看，战后德国经济的恢复和发展分为两个阶段。

1. 著名的“经济奇迹”时代（1950—1966 年）

联邦德国成立时，经济尚未完全恢复，政治上还不是一个拥有完整主权的国家，政府面临的首要任务是复兴经济。与西欧其他国家不同，1949 年上台的阿登纳政府没有进行大规模的国有化改革，推行的经济改革主要是废除以行政控制为特征的中央统制经济，建立介于计划经济和市场经济之间的“社会市场经济”，阿登纳和艾哈德政府任内的主导经济口号就是“增长、增长还是增长”。在这一口号的主导下，战后，西德经济奇迹般迅速恢复和发展，成为西欧经济的“火车头”，进入了著名的“经济奇迹”时代。20 世纪 50 年代国民生产总值和工业总产值年平均增长率分别为 7.9% 和 9.5%，超过了美、英、法、意等国，仅次于日本。私人消费活跃，机器和设备等的固定资产投资旺盛，出口增长迅猛，近乎充分就业（失业率跌至 0.7%）。60 年代国民生产总值的平均增长率达到 4.6%，到 60 年代中期，西德超过英国，成为欧洲第一和世界第三经济大国，这主要得益于全球经济恢复性需求，以及以朝鲜战争订货为标志的外需对德国出口的拉动。

2. 宏观平衡和总体协调的增长阶段（1966 年至 20 世纪 70 年代初）

1966—1967 年，德国出现了战后首次生产过剩危机，国民经济出现相对罕见的0.7%的负增长，“经济奇迹之父”艾哈德领导的政府倒台，让位于左、中、右共治的库尔特·基辛格大联合政府，它标志着迄今为止的战后经济恢复性补课和一路高歌猛进、唯有轻微周期涨跌的单边高速经济增长终止。

此时，崇尚市场力量和自由竞争、反对垄断，加上注重社会公正和平衡，成为经济发展的主流思想，并影响了政府的施政方向。经济政策思想也出现了较为鲜明的转变，出现了在德国战后历史上较鲜见的、以凯恩斯主义为主导的政府运用财政、货币政策刺激经济运行的总体调节政策，代表人物是当时的经济部长卡尔·席勒。以新自由主义为主旨的德国式社会市场经济模式加入了政府总控的凯恩斯主义新元素，政府对宏观经济目标追求也从增长转向了稳定平衡。自此，德国经济进入了一个需要强调宏观平衡和总体协调的增长阶段。西德政府致力于货币的稳定，用货币政策稳定经济，而不是用它来刺激经济。政府通过增减货币量来防止通货膨胀，使货币系统起到保证整个经济系统稳定的作用。为了货币的稳定，西德在经济恢复初期宁可忍受大量失业的压力。财政政策方面，政府不采用财政赤字的手段来解决就业问题，一直保持财政收支大体平衡。

其间，马克升值压力成为热议的话题。由于公众、其是工商界对马克升值损害德国出口的担忧，基辛格内阁做出了马克不升值的决定，此举让联合政府承受了巨大的国内外压力。不久，随着1969年该届政府的下台，联邦政府做出了顺应升值的决定。

随着经济增长的财富效应显现，社会市场经济理论的启迪，莱茵模式对社会保障的强调，东西方冷战的竞争压力要求社会公正、扩大社会福利待遇的改革呼声渐高。1969年左翼的社会民主党勃兰特及1974年施密特政府先后上台执政。左翼为主政府的执政，推出扩大政府支出、保障社会公正和加强福利保障等经济政策。以雇主、雇员平摊缴费为筹资方式、待遇均等的俾斯麦模式社会保险体制不仅得到恢复，而且空前扩大。但是，高福利国家的刚性特征其后日益显现，使其财政的可持续性备受挑战，为日后拖累总体经济发展埋下了伏笔。

20 世纪 70 年代初，西德工农业总产值比 1959 年增长了近 7 倍，在资本主义国家中国民生产总值位居第三，贸易位居第二，黄金外汇储备位居第一，马克成为西方最坚挺的货币之一。70 年代的欧美国家遭遇石油危机打击，经济发展受阻，西德却顺利渡过了这场经济危机。1974 年国民生产总值在历史上第一次超万亿马克大关，与当时主要资本主义国家形成鲜明的对比。

（二）战后德国金融对经济的支持以及金融特点

战后的德国能在较短的时间内克服战争所带来的精神上、物质上的混乱，从一片废墟中迅速崛起，一举成为欧洲最大、世界第二的经济强国，被经济学家誉为“经济奇迹”。其中，全能银行为主的银行体系、持续稳健的货币政策共同构成了德国金融业的两大显著特点，它们为战后德国经济的腾飞提供了强有力的金融支持。

1. 全能商业银行制度

德国是实行混业经营最为典型的国家，其金融体系的特征是全能银行，又称为综合银行，在国民经济中占据主导地位。全能银行不受金融业务分工的限制，不仅能够全面经营商业银行、投资银行、保险等各种金融业务，为企业提供中长期贷款、有价证券的发行交易、资产管理、财产保险等全面的金融服务（在不同的发展时期，德国全能银行的信贷与证券业务有不同侧重），而且还可以经营不具备金融性质的实业投资。

19 世纪中叶，德国相继出现了以股份制银行、储蓄银行、合作银行、抵押银行为主体，各自分工服务于不同领域的银行体系，如股份制银行和个体私营银行主要服务于工业经济领域，合作银行和储蓄银行主要服务于中小型加工企业、商业和农业领域，抵押银行则主要服务于工业中心的城市建设。到 1870 年前，工业化的加快对银行长期资金的需求日益增加，加上德国政府对银行提供全面金融业务的鼓励和支持，使德国银行业务迅速从传统的金融业务拓展到包括证券、保险等各种新兴业务上。同时，德国银行通过合并、兼并等方式向大银行、合规银行发展，出现了德意志银行、德累斯顿银行、商业银行等金融巨头，它们都被允许经营几乎所有的金融业务，储蓄银行、合作银行也在竞争中逐渐向全能银行演变。经过6次修订的《德国联邦银行法》规定，银行业务包括存贷款业务、贴现业务、经纪人服务、保管箱服务、投资基金业务、担保业务、资金转账业务、证券承销业务等几乎所有金融业务，这样，逐渐形成了全球最具代表性的德国全能银行制度。

德国之所以采用全能银行制，具有深刻的历史背景。首先，德国19世纪后期才开始进行产业革命，是后期的资本主义国家，在工业化初期，德国既缺乏充足的资本积累，又缺乏必需的证券交易机制来为工业化融通资金，企业不仅需要银行提供大量的短期流动资金，而且还需要银行提供大量的长期资本，以便进行基建及购置设备。由于当时投资不活跃，政府鼓励企业创办，对银行所提供的服务不加干预，鼓励银行参与企业的创办和对企业持股。国家对商业银行经营的证券业务不加限制，对企业的持股比例也没有严格的规定，企业也依赖强大的银行体系来为工业化筹措资金，银行和企业之间建立了长期的信贷关系。因此，从一开始，德国的商业银行就要既为企业提供创业资本，又要提供短期流动资金，以后又要不断为企业发行股票和债券来筹集归还旧债的资金，这就形成了既经营商业银行的普通业务，又可以经营证券、投资银行等业务的全能商业银行制度。

德国工业化的进程也促进了大银行的形成。通过激烈的竞争，银行业为了适应工业化的需要而逐步形成了对经济生活有着强烈影响的大型全能银行，德国的企业也形成对银行的严重依赖，银企之间的关系极其密切，这一传统一直延续到20世纪80年代。在第二次世界大战期间，由于金融危机的爆发，银行曾被迫购买企业的大量股票以抵偿银行的贷款，此即所谓的“债券股权化”，使银行与企业的关系更加密切，进一步形成了银企紧密结合的特色。这种制度适应了德国经济发展战略及政策要求，为产业发展提供了有效的支持和援助。第二次世界大战以后，作为战败国，德国全能银行制度受到美国等盟国的压力，被要求分离，但是，德国全能银行制度经历了一个由分散到集中的过程，保留了全能银行制度。

其次，工业化初期，德国主要通过合资形式建立银行，这样做可以达到两个目的：一方面可以扩大其股东数，从而满足银行自身不断扩充资本金的需求，满足银行进行风险管理和资金期限管理的需求；另一方面通过持有非银行部门的公司股份，当持有的公司公开上市后，银行可以取得较大的收益。

德国全能银行主要通过四个渠道影响企业的投资行为、参与企业的公司治理，一是发放贷款，二是直接持股，三是担任监事，四是代理投票。与美国相比，德国企业的主要资金来源是全能银行和保险公司。全能银行通过直接持股、担任监事、代理投票等充分介入了企业的治理过程，有利于银行更广泛、更深入地收集企业信息，以更好地监督贷款资金的利用状况，为未来的贷款决策提供有用信息。企业也可以从银行参与治理过程中得到益处，这种益处不但表现在企业可以获得稳定的信贷资金，而且它们可以共享银行在金融、技术等领域的专业知识，银行通过担任企业监事，直接参与了企业重大投资、融资、人事等决策，掌握了第一手资料，避免了信贷市场上通常存在的由于信息不对称而导致的逆向选择问题，有助于银行针对企业特定的信用状况和财务状况制定特定的贷款利率、贷款担保、贷款偿还等政策，这对于银行优化信贷资源、降低信贷风险、提高信贷收益具有十分积极的作用。

由于银行在信息不对称条件下实现最优贷款安排，对于信用状况和财务状况良好的企业来说，它们可以通过有效地将内部信息传递给银行监事和银行本身，从而获得条件优惠的贷款，避免成为逆向选择的受害者，企业的资金成本也会随之大大降低。

事实证明，在全能银行制度的运行初期，德国的银行体系一直发挥着重要的作用，特别是在战后的重建时期，德国银行业以其高效率的运作，为国民经济的发展发挥了重要的作用。全能银行制度不仅没有使德国的金融体制陷于不稳定和动荡之中，而且还有力地促进了德国银行业发展壮大，推动了德国经济的迅速崛起和经济奇迹的出现。

2. 间接融资为主的融资体制

强大的全能银行和密切的银企关系对德国的融资模式影响很大，总的来说，德国也是以间接融资为主的融资体制，银行在金融体系中具有支配地位。

德国与日本一样属于后起的资本主义国家，在其资本主义商品经济发展初期，国内产业资本积累低，近代工商业是在一种极不发达的金融环境中发展起来的，企业更习惯于同银行打交道，加之居民储蓄倾向较强，使得银行系统掌握的资本远远大于证券市场流动的资本。因此，企业主要依靠银行系统而不是证券市场筹措资本，相应地，其金融活动的重心位于银行信用一边，形成的商业银行及银行间接融资在德国金融市场上占据着最重要的地位。其银行资产是其股票融资的7.5倍，是其债券融资的2.6倍，其银行资产与GDP之比不仅远远高于美日两国，也高于欧元区国家平均水平。相反，股票融资与GDP的比例低于欧元区平均水平和美国水平，这在很大程度上与德国股票市场发展缓慢以及企业大量依赖银行提供长期融资有关。

德国实行全能银行制，银行和企业之间建立了良好的银企关系，企业可以很便利地从银行得到各种期限的资金和多样化的服务，没有发行债券筹集资金的动力和压力，因此，公司债券市场一直规模不大。但是企业借助银行贷款的融资方式将发债压力转移到银行身上。为了解决资产和负债的期限不匹配问题，德国银行成为债券市场上的主要发行主体，金融债券的发行规模不断扩大，形成了以金融债券为主体的债券市场结构，公司债券的比重较低，可以说，银行的债券融资取代了企业的债券融资。

德国的股票市场不发达、监督功能也不明显，公司的股权结构较为集中，许多上市公司的投票权集中在全能银行手里，公司控制权市场少，不能发挥什么作用。由于德国实行全能型银行制度，银行与企业联系紧密，企业通常不愿意公开内部的情况，因而更多是通过银行申请贷款方式筹集资金，而不是发行股票，加之股息税和股东所得税的征收，影响了企业发行股票的积极性，企业不愿采取股份公司的形式进行生产经营，因此，在证券市场上，股票种类、股票发行数量以及交易规模严重不足，交易活动极为不活跃，证券市场的发展缓慢，滞后于经济和金融业的发展。

以银行为主体的德国长期融资制度对德国战后工业奇迹作出了巨大贡献。长期融资有利于企业的研究与开发、劳动力技能培养和与其他企业之间的战略合作。德国政府和监管当局均鼓励银行提供长期融资，德国政府通过建立长期信贷银行为全能银行提供再贷款融资，鼓励定期储蓄，允许银行发行长期金融债券。同时，德国自1960年实行利率自由化以来，通过紧缩货币政策，确保通货膨胀率处于较低水平等措施，使长期资金利率保持相对稳定，降低了利率风险。德国银行业对大型企业之间的长期融资模式以及储蓄银行、合作银行等其他中小银行对中小企业的金融支持，成就了德国发达的工业和数百万充满生机活力的中小企业。

3. 真正独立的中央银行制度

德国联邦银行是德国的中央银行，其资本归联邦政府所有，只有联邦银行才有权发行货币。但联邦银行又是一个具有公共法人资格的联邦直接法人，独立于联邦政府，政府不具有任何影响联邦银行独立性的权力。相反，尽管政府要求联邦银行支持其经济政策，但联邦银行在行使《联邦银行法》所赋予的权力时无须服从中央政府的指示。联邦银行有义务就货币政策的一些重大问题向政府提供咨询，根据政府的需要提供有关信息。联邦政府也邀请联邦银行行长参加有关重要货币政策问题的讨论。

联邦银行的经费不列入政府预算，独立开支。当政府和银行在政策上发生分歧时可以协调，但联邦银行按理事会决议行事，联邦政府对这种决定只有暂时推迟实施的权力。

联邦银行的权力机关是联邦银行中央银行理事会，它由联邦银行行长、副行长、董事会其他成员和州银行行长组成，由联邦银行行长任主席。联邦银行行长、副行长、董事会其他成员经联邦政府提名，由联邦总统任命，任期8年，为联邦总理任期的一倍。除个人原因或联邦中央银行理事会的意见外，联邦银行行长在任期内不受联邦政府更迭的影响，不能被解职。联邦银行中央银行理事会每两周开会一次，以简单多数做出决议。董事会是联邦银行的中央执行机构，负责执行联邦银行中央银行理事会的决议。

联邦银行致力于货币的稳定，用货币政策稳定经济，而不是用它来刺激经济。为了货币的稳定，西德在经济恢复初期宁可忍受大量失业的压力。根据对经济形势的预测和对市场行情的分析，通过增减货币量来防止通货膨胀，使货币系统起到保证整个经济系统稳定的作用。联邦银行还可以用提高或降低商业银行在联邦银行的存款额，提高或降低它对商业银行的贴现率，在金融方面刺激或冷却经济。

在经历了过去所有的动荡之后，德国人出于对通货膨胀的恐惧，对政府与中央银行之间的关系进行了重新审视。他们发现两次货币崩溃①都是由政府操纵银行，滥发货币和债券以弥补战争赔款和财政赤字所引起的②。有鉴于此，1957年，颁布了《德意志联邦银行法》，成立了德意志银行。法律规定发行纸币的权力属联邦银行，赋予联邦银行以独特的地位和职权，保卫币值稳定是联邦银行的首要职责，联邦银行独立于联邦政府，履行不受政府干预的货币政策。这使得德国在战后迅速建立了一整套比较健全的货币制度和金融体系，制定了相对稳定的金融货币政策。独具特色的金融体系和货币政策为德国战后经济发展奠定了良好的基础，也极大地支持了德国经济的稳定增长。实践证明，这种相对独立的联邦银行体制及采取的货币政策基本上是成功的，虽没有达到通货膨胀率不超过2%的理想目标，但平均通货膨胀率只有3%左右，是所有西方发达国家中最低的。德国马克的稳定性和坚挺也是举世公认的，德国马克成为仅次于美元的第一重要储蓄货币。

---

① 德意志联邦银行雏形的帝国银行成立于1875年，但是其独立于政府则是1924年的事情。第一次世界大战到1923年，帝国银行成为财政部的一个执行机构，为了解决战争的财政支出问题，无限制地滥发钞票，造成了恶性通货膨胀，

② 针对这种情况，德国于1924年颁布了新的银行法，要求帝国银行独立于政府，其目的是保持币值稳定。

第三节　战后社会主义国家的计划经济与金融

战后建立的社会主义国家，曾先后形成了大体相同的经济体制、金融体制和企业融资模式。在经济方面，大多数建立了高度集中的计划经济体制；在金融方面，建立了与经济体制相应的高度集中的、单一的金融体制，在企业融资方面，建立了既有别于英美等国的市场主导型的融资模式，又有别于德日等国银行主导型的融资模式，我们称之为“财政主导型的融资模式”。苏联①是世界上第一个社会主义国家，是全世界所有社会主义国家中的典型代表，它的经济体制、金融体制以及企业融资模式对东欧国家和其他社会主义国家有过重大影响。新中国成立以后，也主要是学习苏联的经济模式和金融模式，发展经济。但随着时间的流逝，苏联解体了，而中国作为社会主义国家改革比较成功的典范，却成为世界民族之林中的一个正在和平崛起的大国。因此，本节以这两个国家为代表，介绍战后社会主义国家经济金融模式与特点。

一、苏联经济模式

在苏联社会经济史上具有重要作用的是20世纪20年代后期到30年代初期实行国家工业化和农业集体化时期。苏联高度集中统一的政治经济体制就是在这时形成的，并延续了四五十年。它不仅直接决定了苏联的发展方向，而且对第二次世界大战后许多新型社会主义国家产生了巨大影响。

（一）苏联高度集中的计划经济模式：工业化和农业集体化

1. 苏联模式的经济模式的形成

1926年，经济恢复时期基本结束，苏联开始实行社会主义工业化。当时的

① 本书中的苏联均指前苏联。

苏联党政领导人对国民经济发展方向出现了不同看法。以哈布林为主的一派坚持新经济政策方向，以斯大林为主的另一派则主张转向集中统一的指令性计划经济。1926 年联共（布）第 15 次代表会议通过决议，提出要改变经济管理体制，决议认为苏联“国民经济已进入新的发展时期”，十月革命后 9 年中建立的生产组织体制、商业生产网体制、信贷机构体制已经不能适应“正在改变的环境和新的任务”，必须“重新审查经济管理机构的整个体制”。从 1927 年起，采取一系列措施改变管理体制，1927 年 12 月联共（布）中央发布“关于改组工业管理”的决议，这是走向管理体制全新方法的第一个步骤。

针对当时工业技术落后、门类狭窄、主要为轻工业的状况，斯大林提出了以重工业为中心的高速工业化的思想，提出工业化的任务是建立强大的重工业、国防工业和现代农机制造业。建设资金要靠国内积累，主要来源是国有经济的利润，被废除的沙皇时期缴纳的外债利息，农民的“贡税”（相当于被免除的过去缴纳的地租）。社会主义工业化促使工业迅速增长，1929 年工业在工农业总产值中已占据优势地位，1932 年苏联从农业国变成了工业国，工业产值在国民经济总产值中的比重增加到 70%，并建立了能以现代技术改造整个工业和农业的重工业基础。

另外，工业中的社会主义成分不断增大，到 1932 年已把工业方面的资本主义成分消灭，成为工业中的唯一经济体系。同时，工业化又暴露出新的矛盾，即工业的现代化大生产与农业的落后小生产的矛盾，工业的迅速增长与农业的缓慢发展和商品粮提供不足的矛盾。斯大林认为，出路在于实现农业的集体化和机械化。在工业化后期取得集体农庄运动初步成果的基础上，苏联从 1930 年起开始实行农业的全盘集体化，到 1934 年农业集体化已取得决定性的胜利，集体农庄和国营农场约占全部播种面积的 90%，到 1937 年农业的集体化已经完成，集体化的农户占农户总数的 93%，集体化的耕地占耕地总面积的 99.1%，实现了以集体的机械化的社会主义大农业取代富农经济和农民个体小生产，商品粮的成倍增加支持了工业化的实现。同时，实行了从限制富农过渡到消灭富农阶级的政策，使消灭资本主义成分的进攻从工业和城市扩展到农业和农村，取得了对资本主义成分总进攻的胜利。

通过国有化、工业化和集体化，苏联的生产资料所有制发生了根本变化。1929 年 4 月党的第十六次代表会议确定国民经济五年计划具有指令性质，这标志着计划经济体制的确立。由于认为商品货币关系的主体和社会性质发生了变化，商品货币关系对生产不再起支配作用，而成为计划管理的工具。1929 年 12 月联共（布）中央做出《关于改组工业管理》的决定，开始改变工业管理体制，特别是从 1932 年起逐步由国民经济委员会的分级管理体制改变为高度集中的部门管理体制。这样，以公有制为基础的高度集中的计划经济体制便在苏联形成了。1936 年苏联颁布新宪法，斯大林在第八次苏维埃代表大会上论新宪法草案的报告中指出，苏联经济已经完全改变了，资本主义成分已被消灭，社会主义体系已在国民经济一切部门中获得胜利，生产资料公有制已成为社会主义制度的基础，最终形成了社会主义的苏联经济模式。苏联模式确认，社会主义经济在本质上只能是产品经济。

2. 苏联经济模式的特点

苏联经济模式可称为高度中央集权的指令性计划经济体制，其特点如下：

（1）“一大二公”单一的社会主义公有制（虽然苏联存在全民、集体两种所有制形式，但集体所有制受国家的控制和干预较强，实质上近似于全民所有制），这既是苏联经济模式乃至整个苏联模式的基础，也是苏联经济模式乃至整个苏联模式的最重要内容与特征。

（2）高度中央集权的指令性计划管理体制。苏联的指令性计划体制是以行政权力直接控制和干预全部经济运行的典型制度，它具有集中性——由政府集中制定指标，自上而下地下达，全面性——全部经济生活无所不包的单纯计划体制，强制性——计划具有法律效力，用行政命令体制保证计划履行。国家成了产权所有和生产经营的唯一主体，国家既是企业的所有者，又是企业的经营者。管理经济的主要方法是行政手段，而不是经济方法。行政手段则主要是国家的命令、决议和行政组织手段。

（3）以速度为中心、优先发展重工业，使苏联经济走上了以实现赶超为目标的非平衡和粗放型经济发展道路。

从斯大林晚期开始苏联的改革之风拂起，从赫鲁晓夫到戈尔巴乔夫，各届领导人都对传统的斯大林模式进行了一些改革尝试，但是进展缓慢，步履艰难，收效甚微。在这几十年里，苏联仍然是高度中央集权的、以行政管理经济为主的、有限利用市场机制的计划经济体制。它既对斯大林时期的经济模式有所修正，又是斯大林模式的巩固和发展。戈尔巴乔夫企图在政治上对苏联进行“革命性变革”，用“人道的、民主的社会主义取代斯大林模式的社会主义”，在经济上则向市场经济推进，其最终的结果却导致苏联社会的瓦解。

（二）苏联单一的、高度集中的银行体制

在苏联70年的金融事业中，最主要的、最具有特色的部分是，从20世纪20年代中期开始30年代确立、以高度集中的计划经济体制为基础的金融体系。在以后相当长的一段时期内，这种金融体系成为各个社会主义国家采取的基本模式，并且成为完全不同于市场经济条件下金融体系的一种新的模式，其特点是单一的、高度集中的银行体制，即有一个中央银行和几家专业银行垄断全国的金融业务。企业采取财政性融资模式，即企业的基本建设所需要的资金都由财政部通过银行无偿拨给，而各地的银行只是中央银行的一个拨款机构。信贷融资和市场融资很小，甚至没有，这样就使苏联忽视了信贷、利息等经济手段的作用，同时使银行在经济管理中处于被动地位。

苏联银行体制的发展经历了以下几个阶段：

1. 十月革命到1921年春，这是第一阶段

十月革命后，苏维埃政权在金融领域内采取的行动首先就是实行银行国有化，并实行一系列加强国家集中管理和控制监督的措施。战时共产主义时期，预算拨款制是企业、机关财务管理最为方便的办法，这种情况导致金融体系活动日趋衰退。在内战时期，除了财政人民委员会所属的合作部外，全国已经不

存在任何一家信用机构，1921 年 1 月甚至撤销了当时国内最主要的银行——俄罗斯人民银行，到内战末期，信用体系实际已不存在。

2. 新经济政策时期，这是第二阶段

1921 年春，国内战争结束，苏联开始全面推行新经济政策，同年成立了苏联国家银行。但是，由于苏联国内当时存在多种经济成分，仅靠国家银行很难满足各种经济成分的贷款需要，因而，苏共十一大做出决议，决定在保持国家银行主导地位的情况下，按照“统一领导、分散管理”的原则，设立多种形式的辅助信用机构。这样，从 1922 年起，苏联国内先后成立了工业银行、农业银行、消费合作银行、工商合作银行、城市公用事业银行、对外贸易银行等一大批部门银行和地区性银行。在整个信用领域内，呈现了明显的多样性，不仅有国营银行、合作银行和带有资本主义性质的私营银行，而且直接融资与间接融资并存，允许企业间发展商业信用。同时，各银行信用机构作为相对独立的经济组织，具有广泛的自主权。它们的职能虽然有所衡重，但其业务活动并不受行政的严格限制，不仅可以自由选择客户，对客户发放短期贷款和中长期贷款，而且在相当大的程度上还具有调整和制定利率政策的权力，可以吸纳各种不同的存款，彼此开展竞争，参与证券市场和外汇市场的买卖，等等。而国家对整个金融活动的控制，则主要体现在两个方面：一是成立由国家银行领导的银行管理委员会，负责制定不同时期的金融信贷政策，从宏观上指导各银行信用机构业务的开展；二是通过经济手段，由国家银行向各银行信用机构发放贷款，制约和调节其信贷行为。因此，总的来看，在苏联银行业初创期，实行的是一种以间接控制为特征的分散多样型银行体制，这种体制与苏联国内当时存在的多种经济成分状况相适应，对苏联国民经济的迅速恢复和发展起到了积极的促进作用。

与此同时，国内还开办了证券市场和外汇市场。证券市场虽然并不发达，但为国家融通短期资金提供了方便；外汇市场办理黄金、外汇的买卖，进入市场的不但有企业公司和单位，而且还有个人。国家银行对外汇市场进行调节和干预，以维持当时货币“切尔文”对外汇率的稳定。此时，在建立银行的经济体制方面进行了重要的探索和试验，这些在金融领域也得到了充分的体现，例如，中央集权与地方分权相结合问题，重建银行体系时就比较充分地照顾到全国性的银行系统的重要性和反映地方、部门需要的信用机构的必要性。在计划管理和市场调节相结合方面，为适应商品货币关系的发展，允许商业信用存在，允许企业在资金周转方面有一定的灵活性和自主性，比较注意以经济方法来调节金融，较少运用强制性的行政手段。

总的来说，这个时期的金融机构、金融工具和金融市场还处于发展时期，有许多不完善的地方，但整个金融领域充满生机，对经济的恢复和发展起到了积极的促进作用。

新经济政策时期金融领域的生动活泼局面之所以能够形成，主要决定于当时的经济政策和经济环境。多种经济成分的存在和商品生产的恢复和发展，是金融业充满活力的根本原因。20 世纪 20 年代后期，苏联的经济政策出现急剧变化，对国民经济实行高度集中统一的指令性计划管理，新经济政策被迫中途停止，宣告结束。1930—1932 年实行信用改革后，金融领域一度出现的活跃局面最后彻底消失。

3. 20 世纪 30 年代初中期，这是第三阶段

高度集中统一的指令性计划经济体制，要求与此适应的同样是高度集中统一的金融体制。这种体制下的金融业由国家垄断，高度集中，一切听从计划安排，没有自主性，缺乏灵活性，成为国家经济管理的手段和工具。为了适应此时经济高度集中的计划经济体制的要求，从 1930 年开始，苏联金融体制进行了整顿与改组，其内容主要包括四个方面：

其一，统一信贷制度，把地区性银行改组合并为国家银行的地方分行，并将贷款、现金出纳及非现金结算业务一律集中起来由国家银行统一办理，使国家银行成为全国信贷、现金出纳、非现金结算和货币发行的中心。信用改革后，全国短期信贷集中于国家银行，苏联国家银行成为唯一的对经济提供短期信贷

的银行，原来的部门银行成为对基建提供长期信贷和拨款的银行。

其二，取消基本建设长期贷款，代之以国家财政拨款。1932 年 5 月 5 日，苏联中央执行委员会与人民委员会“关于组织长期投资专业银行”的决议规定，在现有部门银行的基础上成立下列四家长期投资银行：

（1）工业银行：工业及电气事业基本建设拨款银行。

（2）农业银行：社会主义农业拨款银行。

（3）全俄合作银行：合作社基本建设拨款银行，1936 年又改组为全苏贸易及合作社基本建设拨款银行即贸易银行。

（4）中央公用事业银行：公用事业及住宅建设拨款银行。

上述四家长期投资银行是苏联财政人民委员会的组成部分，专门办理国家财政的基本建设投资拨款和负责投资使用的监督。

其三，将国家银行和各部门基本建设投资银行划归财政部统一领导，其业务经营活动实行指令性计划管理，并由财政部门分级设立国家储金局，集中办理居民储蓄业务，负责国家银行的信贷资金供给。

其四，关闭资金市场，禁止商业信用。个人持有的国家公债券不得流通，外汇不得自由买卖，所有企业也不得发行任何有价证券。企业扩大再生产所需的基本建设投资，一律由国家财政通过部门投资银行无偿拨给。企业组织生产所需的流动资金，自有部分由国家财政预算拨给，非自有部分则由国家银行贷款提供，并规定企业只能在一家指定银行开户，通过开户银行办理存款、贷款和结算。

其五，对农业信贷体系进行了改组。1930 年 1 月 30 日，关于信用改革的决议将中央农业银行改组为全苏农业合作社——集体农庄银行，并移交全苏农业合作社理事会管理。同时，取消了共和国、边区、省的农业银行，改为全苏农业合作社——集体农庄银行的分支机构。农业信贷体系各银行机构的全部资产负债均移交该银行，从而形成了集中的农业信贷体系。改组以前，农业信用体系包括：共和国银行 6 个，农业信用协会 45 个，农业信用协会的分支机构 105

个，信用社联合社35个，农业信用社9648个。改组后，农业信用体系共包括全苏农业合作社集体农庄银行的48个分支机构和2932个区信用社。

1930年12月5日决议，为了加强集中管理，将过去农业信用体系所办理的农业生产贷款移交国家银行。1931年4月1日起，各区农业信用社停止工作，在这些行的基础上成立国家银行分行。

自1931年1月1日起，合作社集体农庄银行与其地方分行也不再存在。该行及各农业信用社的资产负债均划归苏联国家银行，国家银行内设立长期农业生产贷款特别基金。从1930年初到1932年下半年，国家银行已成为长短期农业信贷的唯一中心。

信用改革以后形成的银行体系适应指令性计划和高度集中的体制的需要。这时，对货币和信用制度的领导，对银行的管理都集中到国家手里。银行业由国家垄断并处于国家政权的上级机关和国家管理机关的领导之下。经过这次大规模的整顿与改组，苏联的银行信用业务迅速由分散走向集中，并由此形成了以行政控制为特征的集中垄断型银行体制。这个时期，银行在宏观上无法对经济发挥调节作用，在微观上不可能对企业起引导作用。银行只是国家计划分配资金的渠道，实际是财政的出纳和簿记。

4. 第二次世界大战后—20世纪80年代，这是第四阶段

20世纪50年代末至60年代初，苏联大力推行以“扩大企业权力，加强经济核算和经济刺激”为内容的经济体制改革，对其银行信用体系再一次进行了大规模的调整和改组。这次调整和改组以“理顺财政银行关系，提高银行在国民经济中的作用”为核心，分三个步骤在机构上实现了银行与财政的脱钩。银行体系进一步集中。首先，国家银行于1959年从财政部划出，改属部长会议领导。1961年撤销了由财政部领导的各部门投资银行，相继成立了由部长会议直接领导的苏联建设银行和苏联外贸银行两个专业银行。1963年，国家储金局也从财政部门划出，改由苏联国家银行领导。外贸银行采取股份公司的形式，主要股东由国家银行、外贸部及一些有对外经济联系的大型托拉斯企业和联合公

司组成，全苏对外贸易及外经工作的金融和结算业务均由它独家办理。1957 年撤销了贸易银行，1959 年停止了农业银行和公用事业银行的活动，这些银行的业务转交国家银行和新成立的全联盟基建拨款银行（建设银行）办理。建设银行作为国家管理基本建设投资的专业银行，它的职责是负责统一办理国民经济除农业以外各部门的基本建设投资拨款、结算和其他金融服务业务。而苏联国家银行，则集中央银行与商业银行职能于一身，既负责货币发行、制定国家金融政策和信贷计划、监督各专业银行的金融业务活动，又具体经办一般信贷业务，不仅独揽了全国工业流动资金信贷和农业方面的基本建设投资拨款，而且还通过其直属的国家储金局，垄断了全国的居民储蓄。

经过调整后的银行体系是苏联国家银行、苏联建设银行、苏联对外贸易银行和国家储金局，几乎整个国民经济的流动资金形成费用贷款、采用新技术和改善生产的费用贷款、民用消费品生产扩大费用贷款、对农业基建投资的拨款和长期贷款都由国家银行办理。苏联外贸银行长期以来只负责对外非贸易支付结算的业务，一切有关外贸周转业务项下的国际结算和信贷业务等均由苏联国家银行国外业务局办理。从 1961 年 1 月 1 日起，苏联国家银行将外汇结算与信贷业务全部移交苏联外贸银行办理。1962 年 8 月政府批准了苏联外贸银行章程，1982 年批准了新章程，大大扩充了苏联外贸银行的职权。建设银行办理对国民经济各部门（除农业外）的基建投资拨款和贷款、承包建筑单位的贷款和结算。国家储金局办理居民的货币存款，分活期、定期两种，活期利率为年息 2%，定期为年息3%。国家银行在各加盟共和国、边区和州中心以及大多数区中心都设立分支机构，建设银行在各加盟共和国和边区、州中心以及那些集中了大规模建设的城市设立了分支机构，在建设银行没有设立分支机构的地方，其有关业务由国家银行办理。

自这次银行改组之后，从 20 世纪 60 年代中期到 80 年代中期，苏联政府又先后在金融领域开展了一些改革，但由于整个经济管理体制没有改变，银行体制也无法进行实质性改造。

由此可见，苏联银行体制的基本特点就是国家高度垄断、高度集中，一切银行机构由国家掌握，所有业务由国家的银行经营。银行实行严格的垂直领导，各级银行服从上级银行领导，各级银行无权制定地方性规章、制度和条例。所有单位的货币资金周转集中于一家银行，通过开户银行办理存、贷和结算业务。具体表现就是金融机构行政化、资金财政化、利率人为化，银行表面上实行经济核算制，但只局限在成本核算、收支平衡，银行自主性、自我约束能力都很缺乏。这种局面一直持续到20世纪80年代，直到80年代中期，戈尔巴乔夫担任总书记后，推行政治经济的全面改革，对银行业的真正改革才算开始。

（三）列宁关于银行国有化的理论

苏联银行模式在20世纪30年代初开始形成，接着在半个世纪中获得迅速发展和较广泛地采用，仅就国家多少而论，世界上采用这一模式的国家仅有十几个而已，表面上似乎无足轻重，但事实上，这些国家分布在欧、亚、拉美广阔的地理范围之内，拥有世界1/3的人口和对世界形势有相当影响的许多国家，这些国家的存在和活动曾经极大地改变了世界历史的进程，并对世界经济和金融产生巨大的、持续的、深远的影响。① 这一模式的产生有着深刻的经济、政治、社会历史、理论和认识等方面的原因，本书中重点谈谈列宁关于银行国有化的理论。

对苏联银行体制模式的形成发展有重大影响的两点：即马克思关于银行国有化的理论以及列宁关于银行国有化的理论。

列宁在苏联十月社会主义革命与建设新的历史条件下，对银行国有化问题有一些新的论述，大体上分为四个阶段：

第一阶段：1917年2月革命胜利—1917年10月革命前夕

1917年2月革命胜利后不久，列宁即提出了国有化的主张和思想。在他的《无产阶级在中国革命中的任务》小册子中，有一小标题是“银行和资本家的辛

---

① 白钦先．比较银行学［M］．郑州，河南人民出版社，1998：224.

迪加的国有化”，提出：“实行土地国有化、把一切银行和资本家的辛迪加收归国有或至少由工人代表苏维埃立刻加以监督”；在《俄国的政党和无产阶级的任务》小册子中，列宁提出：人民是否应当把最大最强的资本家垄断组织如银行、厂主、辛迪加等等拿到自己手里？对此，他做了肯定的回答：“首先把所有银行合并为一个国家银行，然后由工人代表苏维埃对银行和辛迪加实行监督，最后把它们收归国有，就是说归全民所有。”列宁出席党的第七次全国代表会议，在会议上做了《关于目前形势的报告》，还做了有关的讲话。在这些地方，列宁使用了“国有化”、“ 收归国有”等概念，说明他提出了国有化的思想。1917 年 9 月，俄国的阶级矛盾和社会矛盾进一步激化，无产阶级革命日益迫近，列宁在《革命的任务》、《大难临头，出路何在?》等文章中，继续强调了这一思想，明确地论述了国有化的意义。

列宁这一时期所设想的国有化，就实施过程而言，主要的、重要的环节是加强工人监督和国家监督。所谓“ 颁布一项法令”，指通过颁布法令，宣布财产国有化。他认为，法令颁布以后，不需要办理复杂的手续，以下的工作就是由有关的工人组织加强监督，或者加强国家监督。不难发现，在他设想的国有化过程中，颁布法令是必要的环节，监督也是必要的环节，两相比较，主要的、重要的环节是监督。也就是说，在列宁的思想上，国有化实际上是通过监督实现的。

第二阶段：十月革命胜利初期（从 1917 年 10 月到 1918 年 5 月）

十月革命胜利初期，列宁领导苏维埃政权开展了国有化的工作。首先废除地主土地所有制，实行土地国有化。在 1917—1918 年先后两次进行土地改革，消灭了地主土地所有制，也废除了其他一切形式的土地私有制，建立了土地国有制。接着，进行大工业、银行、运输业和对外贸易的国有化。首先收归国有的是银行，1917 年 11 月 20 日接管了国家银行，不久又没收了私人股份银行。从 1917 年 10 月到 1918 年 5 月，苏维埃政权基本完成了银行国有化、铁路国有化、商船国有化和大工业企业国有化的任务。在实践过程中，列宁提出了国有化的主张和思想。1917 年 11 月 27 日，他在为人民委员会会议起草的《经济政策的若干问题》中提出："银行国有化""强迫辛迪加化"。1917 年 12 月 14 日，他在中央执行委员会会议上做了关于银行国有化的讲话，并且起草了《关于实行银行国有化及有关必要措施的法令草案》。他在这里提出："宣布一切股份企业为国家财产。""各股份公司的董事和经理以及一切属于富有阶级的股东，都必须继续有条不紊地经营企业的业务，执行工人监督的法令，向国家银行交出一切股票，并且每周向当地工兵农代表苏维埃报告本人的活动情况"。

这时，列宁认为，国有化有利于粉碎剥削者的破坏活动，巩固苏维埃政权。列宁在 1917 年 12 月全俄中央执行委员会会议上的讲话中，在讲到采取银行国有化的原因和意义时指出，革命胜利后，苏维埃政权力图实行工人监督，"为了实行监督，我们曾经把银行家找来，同他们一起制定了他们也同意的办法，以便在实行充分的监督和报表制度的条件下领取贷款。可是，银行里的敌人却在进行危害苏维埃政权的罪恶活动，这就使得苏维埃政权不得不采取国有化的措施。"他还说："我们本来想走同银行妥协的道路，我们给他们贷款以便向企业提供资金，可是他们却暗中策划了规模空前的破坏，实际情况使我们不得不采取另外一种办法来进行监督。"他要求立即通过和实行银行国有化的法令，说："如果现在不批准这个法令，那只会使银行采取种种措施，来加倍地破坏经济。立即实行这个法令，不然反抗和暗中破坏就会毁灭我们。"在他起草的《关于实行银行国有化及有关必要措施的法令草案》中，他明确地写道："粮食的紧张状况，投机倒把、资本家和官吏的怠工以及整个经济破坏所造成的饥荒威胁，使我们必须采取非常的革命措施来同这种祸害作斗争。"接着，他提出了银行国有化和工业国有化措施的任务。这说明，他关于国有化的思想是以"采取非常的革命措施"来同"祸害作斗争"为出发点的。从苏维埃政府当时颁布的关于国有化的法令来看，当时采取这项措施的目的就是粉碎敌人的破坏活动和巩固苏维埃政权。

在列宁这一时期的思想上，国有化措施同工人监督措施相比较，居于次要地位。在十月革命前夕，列宁曾经设想，无产阶级夺取政权以后将实行普遍的工人监督。革命胜利后，他领导建立了工人监督的制度，由于一部分资本家反对工人监督，他领导苏维埃政权对这些企业实行了国有化。这样，苏维埃政权当时采取的措施一是工人监督，二是国有化。在列宁的思想上，工人监督比国有化更为重要。理由在于列宁在革命前夕评价工人监督是革命的“主要任务”，并且在革命胜利后立即领导建立了工人监督制度，而国有化则是由于工人监督在实践中遇到了阻碍而不得不采取的措施。更重要的理由还在于，列宁此后不久提出必须暂停国有化，把力量集中到工人监督上。1918 年 4—5 月，他在有关文章中指出：“有决定意义的事情是对产品的生产和分配组织最严格的全民计算和监督。但是在从资产阶级手里夺取过来的那些企业、经济部门和经济领域中，我们还没有做到计算和监督。”“不能以继续向资本进攻这个简单的公式来规定当前的任务。为了今后进攻的胜利，目前应当‘暂停’进攻。”“如果我们现在想用以前的速度继续剥夺资本，那我们一定会失败，因为我们组织无产阶级的计算和监督的工作显然落后于直接‘剥夺剥夺者’的工作，而这是任何一个有头脑的人都看得很清楚的。”这里的意思十分清楚：由于工人监督落后于国有化，即无产阶级主要的、重要的任务落后于次要的任务，所以要暂停国有化，全力开展工人监督，完成无产阶级的主要的、重要的任务。

第三阶段：战时共产主义时期（1918—1920 年）

由于外国武装干涉和国内战争，苏俄从 1918 年 5 月开始实行“战时共产主义”。这是由于战争的环境和支持战争的需要，为动员一切力量捍卫新生政权，列宁领导苏维埃政权采取了许多非常措施，包括进一步开展工业企业国有化。主要措施有：一切大型、中型企业和大部分小企业收归国有，这样国有化范围从大企业扩展到中小企业；1919 年 2 月，《真理报》刊登了列宁起草的《俄共（布）纲领草案》。他在这里提出：“坚持不懈地把已经开始并已在主要方面基本上完成的对资产阶级的剥夺，把变生产资料和流通手段为苏维埃共和国的财产即全体劳动者的公共财产的工作继续下去并进行到底。”同年 10 月，他在著名的《无产阶级专政时代的经济和政治》一文中，在回顾革命胜利初期的斗争措施时指出："凡是一下子可以办到的事情，我们用革命的打击一下子都办到了。例如，在无产阶级专政的第一天，即1917年10月26日，就废除了土地私有制，无偿地剥夺了大土地所有者。在几个月内，又同样无偿地剥夺了几乎所有的大资本家即工厂、股份企业、银行、铁路等等的占有者。"这些论述意味着，列宁高度肯定了革命胜利初期国有化的实践，在这个问题上，他战时共产主义时期的思想同前一时期的思想是一致的，即认为国有化有利于粉碎敌人的破坏活动和巩固苏维埃政权。

第四阶段：新经济政策时期（1921—1925年）

1921—1925年苏维埃俄国进入国民经济恢复时期。列宁总结战时共产主义的经验教训时指出，在俄国即在一个小农生产者占绝大多数的国家里，无产阶级夺取政权以后，不能走直接向社会主义生产和分配过渡的道路，而必须走经过商品货币关系向社会主义过渡的迂回道路。在这一思想的指导下，苏俄开始实行新经济政策，允许多种经济成分并存，并为了满足各种经济成分的贷款需要，在保持国家银行主导地位的情况下，按照"统一领导、分散管理"的原则，设立多种形式的辅助信用机构。这样，在整个信用领域内，呈现了明显的多样性，不仅有国营银行、合作银行和带有资本主义性质的私营银行，而且直接融资与间接融资并存，允许企业间发展商业信用。国家对整个金融活动的控制，则主要体现在两个方面：一是成立由国家银行领导的银行管理委员会，负责制定不同时期的金融信贷政策，从宏观上指导各银行信用机构业务的开展；二是通过经济手段，由国家银行向各银行信用机构发放贷款，制约和调节其信贷行为。国内还开办了证券市场和外汇市场。国家银行对外汇市场进行干预，以维持当时货币"切尔文"对外汇率的稳定。

历史和现实都表明，银行的国有化对于所有社会主义国家和发展中国家来说无疑都是必要的。马克思和列宁关于银行国有化的理论无疑是正确的和必要的。但是人们在运用这一理论时，不可忽视一个基本前提，即马克思、恩格斯在做出上述论述时，由于受当时时代和历史条件的制约，曾设想无产阶级革命在世界若干主要资本主义国家同时取得胜利，取得胜利后有可能取消商品货币关系。而同马克思预言不同的是，无产阶级革命未能在主要的资本主义国家同时取得胜利，取得胜利的国家也未能在事实上消灭商品货币关系。忽视这一基本历史差别，就会犯教条主义错误。

其次，对于银行国有化的具体理解和运用方面，银行的国有化是否就是完全、彻底、干净的国家所有者一种形式，是否意味着就是排斥任何其他形式的银行？银行国有化是否意味着排斥和消灭其他一切非银行金融机构从而使金融机构单一化？银行的国有化是否意味着使银行的国家机关化、对财政的附庸化和行政机关干预控制化？银行的国有化是否就意味着必然是对企业固定资产投资的无偿供给和对流动资金贷款的无弹性供给？对上述问题的回答，无论是从理论上还是实践上说，都应该是否定的。可是苏联在20世纪20年代中后期和30年代，却做出了肯定的回答，犯了教条主义的错误，形成了大而公的、高度集中的、单一的银行体制。

（四）苏联传统金融体制的历史作用

苏联的金融体制作为高度集中的指令性计划体制下的产物，应该历史地、客观地看待它的功过和历史作用。

首先，高度集中的金融体制有利于保证苏联政权建立初期的稳定局面。20世纪30年代至40年代，苏联处于激烈的国内外阶级斗争的历史环境中。从20年代末期开始，世界大战的危机一天天临近，到30年代末终于爆发了第二次世界大战，苏联随后也开始了卫国战争。与此同时，在苏联国内，大规模的城乡社会主义改造引起了地主和资产阶级的激烈反抗，党内严重的斗争，各加盟共和国之间政治经济利益的冲突，俄罗斯民族同其他100多个民族之间长期存在的矛盾等造成了严峻复杂的环境。在这种条件下，要维持苏联政权的稳固，就需要一个高度集中的政治、经济和金融体制，国家必须把金融业全部控制在手中，一方面可以防止金融业本身出现不稳定，更为重要的是，金融业作为政府的“账房”和“金库”，能够成为支持政权稳定的资金后盾，应该说，在当时的历史条件下，形成高度集中的金融体制是不可避免的。

其次，高度集中的金融体制有利于支持苏联高速度发展重工业，实现社会主义工业化。苏联在实行第一个5年计划时期，工业化资金问题和粮食问题是两个最为尖锐的问题。当时，苏联的工业基础十分薄弱，而城乡急剧增长的人口又要求农业迅速增加粮食供给。如果按照一般经济发展的常规，苏联不可能在较短的时间内实现工业化的发展目标。高度集中的经济管理和财政金融体制也正是适应这种特殊历史要求而产生的。依靠这种体制，政府可通过财政税收和银行信贷的渠道，采用行政性的手段，较快地筹集大量资金，财政性资金集中用于基本建设，信贷资金则全力保障工业生产的流动资金需求，为高速度发展重工业创造条件。实践证明，高度集中的财政金融体制比较适应于推动粗放式经济发展的需要，在30年代苏联特殊的历史条件下，在不太长的时间内，促进了苏联经济的迅速发展，创造了震惊世界的苏联“工业化奇迹”。

最后，高度集中的金融体制有利于促进苏联集中使用有限的资源，迅速调整经济结构和生产力布局。

十月革命胜利后的苏联是在较缺乏大工业和孤立无援的艰苦条件下建设社会主义国家的，这就要求政府必须尽可能集中一切经济资源用于建设，特别是基建投资。同时，当时苏联的生产力布局也很不平衡，主要的工业生产能力都集中在欧洲部分，而亚洲部分的广大地区主要是落后的农业区或沙俄宗主国的殖民经济。因此政府必须运用指令性计划、行政性管理手段，依靠高度集中的财政金融制度，统一安排有限的资源，调整国民经济结构。除了努力改造和发展原有的工业基础以外，还不断加强了对苏联东部地区的投资建设，减少地区差距，推动全国经济综合发展。

应该说，在苏联计划经济体制中，资金筹集和分配的主渠道是财政，金融业只是起辅助作用。因此，在上述三个方面，金融业的作用是附属于财政所发挥的，直到20世纪60年代中期以前，银行只能是作为财政的组成部分而存在，不是完全独立的行业，这是“大财政”、“小银行”体制所决定的。

从60年代后期开始，苏联依靠粗放形式发展经济的潜力已经用尽了。在经济高速增长的同时，劳动生产率在下降，单位产品的物资消耗量在增加，产品质量差，投资效率低，这种矛盾的对比表明，苏联国民经济的粗放式经营已经遇到越来越大的困难。高度集中的金融体制也日益暴露出明显的弊端。

第一，银行没有自主经营的活力和动力，资产负债业务只能在低水平状态下运行，尽管银行贷款有区别对待的原则，但实际上，银行并不关心企业的经营状况，对于落后的企业、生产质次产品的企业，或者生产成本很高的企业依然给予贷款支持，从而使经营不善的企业依靠银行贷款来维持其低效率的经营。

第二，由于银行都是国家所有，银行的信贷业务活动大都按照指令性计划安排进行，因此，银行不存在任何经营风险的制约，贷款以及结算等业务都在一定程度上具有了行政性的色彩，银行作为金融服务中介的职能十分淡化了，这使银行的服务效率无法提高。

第三，尽管政府要求银行应该讲求所谓的经济核算原则，但没有明确银行的企业性质和利润目标，没有确定银行经营好坏的衡量标准，银行的经营状况与银行职工的报酬也没有直接挂钩，因此，银行业基本上没有处于企业化经营的状态之中，更多是类似行政机关的运作。

世界各国的银行在几百年的发展过程中，逐步积累了大量的经验，其中达成共识的最主要的看法是，银行业经营的“三性”原则，即流动性、安全性、盈利性原则。实际上，“三性”原则也是对于银行本身所具有的特性和功能的高度概括和总结。苏联金融体制所暴露的问题，正好与银行经营“三性”原则背道而驰。金融业作为一种经营货币信用业务的行业，自有其特有的运作要求和内在运作规律。尽管世界各个国家的情况千差万别，所有制形式也不尽相同，但各国金融业本身内在的运行规律是基本相同的。其中，“三性”原则就是重要的规律之一。苏联金融体制所存在的根本性问题，在于它打破了金融业本身所不可缺少的运行规律。这不仅使得苏联金融业越来越失去了自身应具有的特性，而且还使金融业失去了发展的活力和内在的推动力。这样一种体制的存在，在相当长的一段时间内又不进行改革，它无疑会越来越限制生产力的发展，影响社会主义制度优越性的发挥，最终导致这种制度的结束。

从苏联金融体制发展的全过程可以看出，社会主义是人类历史上全新的、未被充分认识的社会形态，要想认识和掌握这一全新社会形态的发展规律，建立并运用符合社会主义发展客观规律的经济、金融体制，必然要经过漫长的、艰苦的探索。

二、中国的计划经济模式

（一）中国高度集中的社会主义计划经济体制的形成、原因及特点

新中国成立初期，中国高度集中的社会主义计划经济体制是适应当时中国的国情及发展需要，并参照原苏联模式逐步建立起来的。这一体制的选择具有历史的必然性，是当时主、客观因素共同作用下的必然选择。

1. 中国高度集中的社会主义计划经济体制的形成

建国头七年，中国逐步走上了计划经济体制的轨道。它的基本形成过程，大致可以分为三个阶段：

第一阶段（1949 年 10 月—1950 年 6 月）是计划经济体制的萌生阶段。1949 年底没收了 2858 个官僚资本主义的工业企业，建立了国营工业（占全国工业资金的 78.3%），掌握了国民经济命脉，开始建立了社会主义公有制。不久，对非公有制的私营工商业实行了调整，使私营企业初步纳入了计划生产的轨道。在组织机构方面，1949 年 10 月建立了中央财政经济委员会。以后，又相继成立了其他专门性的负责计划管理的中央机构，如全国编制委员会、全国仓库物资清理调配委员会，指定人民银行为国家现金调度的总机构等。通过这些机构，国家开始对经济活动实行行政指令的直接管理。1949 年冬，中央确定实行全国财政经济统一管理的方针，并通过 1950 年 2 月召开的全国财政会议，以指令性方式提出了“六个统一”：财政收支统一、公粮统一、税收统一、编制统一、贸易统一、银行统一。这一时期已开始提出发展国民经济的某些计划和措施，如

粮食、皮棉、煤炭等安排了1950年生产的计划指标。在此期间，还进行了某些年度计划的试编工作，如1949年年底编制出《1950年全国财政收入概算草案》，1950年5月又试编了包括农业、工业、文教卫生等20多项内容的《1950年国民经济计划概要》，为后来编制中、长期的国民经济计划摸索了经验。1950年6月举行的党的第七届三中全会认为，这一时期在对旧的社会经济结构进行不同程度地重新改组的同时，老解放区“特别是东北，已经开始了有计划的经济建设”。但在新解放区“还没有获得有计划地进行经济建设的条件”。

第二阶段（1950年6月—1952年8月），是计划经济体制的初步形成阶段。党的七届三中全会以后，开始在全国范围内创造有计划地进行经济建设的条件。1950年8月，中央召开了第一次全国计划工作会议，讨论编制1951年计划和3年的奋斗目标，要求各部门先订出3年奋斗目标和1年计划，然后由中央综合拟出全国计划纲要。会后，3年奋斗目标虽然没有形成计划文件，但已初步形成了中国计划经济体制决策等级结构的雏形，即决策权归国家，决策权力的分配采取行政方式形成条块分割的等级结构。以后，中央首先加强了对国营工业生产和基本建设的计划管理。“在工厂内，以实行生产计划为中心，实行党政工团的统一领导”。第一，在基本建设方面，把建设单位划分为“限额以上”和“限额以下”两种具体投资额，并确定把重点摆在交通运输的建设上。其二，对农业、手工业的计划领导方面，在1951年9月召开的第一次互助合作会议上，提出在完成土改的地区，通过开展互助合作运动，克服农民分散经营中的困难，以保证国家农业生产计划的实现，并积极地推广生产互助组与供销合作社的“结合合同”制度的经验，使互助组有计划地生产和消费，供销社实现有计划地经营。对手工业生产，中央要求各地将组织和发展手工业生产合作社的计划，纳入地方工业计划，并以国家和上级合作社的订货作为发展手工业生产的关键。其三，在1950年调整私营工商业的基础上，要求私营工商业遵照执行政府制定的产销计划。其四，在市场管理方面，国家指令要求国营贸易公司正确地执行价格政策。

第三阶段（1952年9月—1956年12月），是计划经济体制的基本形成阶段。1952年9月，毛泽东提出了“10年到15年基本上完成社会主义”的目标。为了实现这一目标，计划经济体制进一步健全并得到法律的确认，在已建立的各种专门性的计划管理机构的基础上，1952年11月成立了国家计划委员会，1954年4月中央又成立了编制五年计划纲要草案的工作小组。该小组在1951年以来几次试编的基础上，以过渡时期总路线为指导，形成了第一个五年计划草案（初稿）。经过法定的审批程序之后，“一五”计划由国务院以命令形式颁布，要求各地各部门遵照执行。1954年，中国制定和颁布了第一部《宪法》。

总之，新中国成立初期，经过社会主义改造，基本实现了对社会主义公有制目标的追求；在对经济活动的管理形式方面，以行政命令方式制定颁布了发展国民经济的第一个五年计划并于1956年底提前完成了“一五”计划中预定的大部分指标。在实际经济生活中运行的这种计划经济体制已被《中华人民共和国宪法》明文确认为国家法定的经济体制。

2. 新中国成立初期中国计划经济体制建立的历史必然性

新中国成立初期，中国高度集中的社会主义计划经济体制是适应当时中国的国情及发展需要，并参照原苏联模式逐步建立起来的。这一体制的选择具有历史的必然性，是当时主、客观因素共同作用下的必然选择。

（1）新中国成立初期中国社会主义计划经济体制建立的认识根源

根据马克思和恩格斯的理论构想，社会主义社会是一个高度社会化，实行生产资料公有制和按劳分配，取消商品货币关系，以计划作为资源配置的唯一方式的社会。新中国成立初期的高度集中的计划经济体制，就是依据这一理论建立起来的。马克思、恩格斯关于社会主义社会的预测和构想，是建立在以下两点的基础上的：其一，社会主义制度是在多个资本主义生产力高度发达的文明国家同时进行社会主义革命并取得胜利的基础上建立起来的；其二，社会主义社会是建立在资本主义发展最高成果基础上的，是社会生产力发展到资本主义的生产关系已经不能容纳的程度，而社会主义作为一种更高级的新的生产关系取代原来的资本主义生产关系。但由于理论准备不足，我们党在进入社会主义社会以后的实践中，却对马克思和恩格斯的这些设想做了教条式的理解，把其基于纯粹成熟的社会形态基础上而做出的高度抽象的理想化的设想作为现实社会主义的本质特征，这是传统社会主义计划经济体制形成的理论根源。

对苏联模式的认同与学习，是中国传统计划经济体制形成的又一认识根源。新中国成立初期，高度集中的计划经济体制是从当时的苏联学习过来的。而当时，苏联模式的弊端尚未充分暴露，并且原苏联在这种模式下，集中了有限的人力、物力和财力资源，在较短的时期内，由一个落后的农业国变成世界上主要的工业国之一，创造了世界历史上经济发展的奇迹，这对缺乏经验的中国来说具有相当的吸引力。同时，苏联模式恰又基本上符合我们党当时对马克思和恩格斯关于未来社会主义社会的理论构想的认识与理解，这就使得我们党在建设社会主义初期以苏联这个唯一的样本作为参照物，选择了高度集中的计划经济体制。

（2）决定新中国成立初期中国社会主义计划经济体制建立的客观因素

第一，新中国成立初期的国际环境和“一边倒”的外交政策，是导致以苏联模式为样本而确立高度集中的计划经济体制的重要因素。对于新成立的中华人民共和国来说，急需技术、资金等方面的援助，面对以美国为首的资本主义阵营的敌对政策，只能靠社会主义苏联。1949 年 6 月，毛泽东在《论人民民主专政》一文中，公开宣布了“一边倒”的外交政策。当时的苏联也确实给予了我们极大的帮助，在“一五”计划期间，派来 3000 多名专家，承担了 156 项重点工业建设项目的援建工作，为中国建立基础工业体系和国防工业体系奠定了初步基础。在这种情况下，我们党提出向苏联学习的口号，是很自然的。原苏联经济体制模式自然也就在原苏联的援助和我们向原苏联学习经验的过程中，对中国的经济体制产生了重要影响。

第二，新中国成立初期严峻的国内经济形势是计划经济体制建立的又一重要因素。新中国刚刚成立时，面临着物资、资金短缺，通货膨胀，市场混乱等极为复杂而严峻的经济形势。1949 年中国经济水平与历史最高年份相比，急剧下降。1949 年工农业总产值中，农业占 70%，工业占 30%，而现代化的工业只占工农业总产值的17%左右。工业布局极为不合理，70%以上的工业集中在东部沿海城市，内地只有不到30%的份额，很少甚至根本没有现代工业。铁路只有2.2万公里，能通车的还不到一半。农业生产状况也非常落后，自然经济仍占统治地位，商品经济极不发达，全国不少地区处于封闭和半封闭状态。在这种状况下，新中国面临着极为严重的财政负担，加上投机资本趁机扰乱市场，严重地影响了经济形势的稳定。从1949年10月至1952年4月，连续出现四次大规模的物价上涨风，国民经济形势极为严峻。在这种情况下，国家只能采取集中统一调拨和管理全国的物资、资金的方法、手段，保证物资集中有效地使用，以稳定物价，恢复国民经济。

第三，当时的经济发展战略也是影响这一体制选择的重要因素。新中国经济落后的基本国情以及所面临的国际环境，决定了当时优先发展重工业的经济发展战略。而要优先发展重工业，建立独立的工业体系，在资本极度匮乏、生产要素极为不足的国情下，通过建立高度集中的计划经济体制，以集中有限的资源进行重点建设，是一个合乎逻辑的选择。因此，以国有经济为基础的计划经济体制，就成为中国当时历史条件下寻求发展的必然选择。

3. 新中国成立初期中国经济体制的特点

就新中国成立初期的计划经济体制而言，它是在参照苏联模式的基础上建立起来的，但是，我们并没有完全照搬苏联的做法。毛泽东在强调学习苏联经验的同时，仍然重视结合中国实际情况。

第一，在所有制结构方面，允许多种经济成分存在。从1953年开始的社会主义改造，虽然以建立社会主义公有制为目标，但从当时中国的实际情况出发，在实践上保留了非公有制经济成分的存在和发展，试图将公私合营经济和个体经济作为公有制经济的补充，并发展农民家庭副业和集市贸易。如在对私营资本主义工商业的社会主义改造中，就根据具体情况保留了一些公私合营经济的存在。

第二，在计划管理方面，实行多种计划类型。毛泽东等同志根据当时中国的具体经济结构情况，对计划管理进行了灵活的调整，把中央经济决策机构的计划管理分为直接计划、间接计划和估算性计划三种类型。对不同的经济成分有不同的计划，对国营经济实行直接计划；对于合作社经济与公私合营经济实行间接计划，只要求对它们编制简要计划；而对个体和私营资本主义经济，则由计划部门做估算性计划，提出方向性的控制目标。这里所说的间接计划和估算性计划，实际上也就是指导性计划。这种间接计划和估算性计划在1956年以前曾占很大比重，据统计，上海1956年按间接计划完成的工业产值占工业总产值的70%左右。

第三，在财政管理体制方面，实行统一领导，分级管理。1949年冬到1950年春，为了稳定物价和全国的经济形势，党在提出并实行统一财政经济工作的方针时，强调了高度的集中统一，这是当时特殊历史条件下的客观要求。随着国家财政经济状况的基本好转，在“一五”计划期间，逐渐演变为在中央统一领导和计划下，中央、省（市）、县分级管理，层层负责的财政管理体制。在这个时期的财政总收入中，中央占80%，地方（包括省、县两级）占20%；在财政总支出中，中央占70%，地方占25%。

第四，注意运用价值规律，对某些生产和流通，从价格、税收和供销关系上进行调节。鉴于当时中国客观上存在着不同水平的生产力，党在建立计划经济管理体制的同时，对于当时国内客观存在着的一些商品经济并没有完全取缔，而是承认它们的存在并通过间接计划和估算性计划对它们进行计划管理。同时在实际工作中加强了对商品市场的管理，努力运用价值规律，发挥市场机制的作用。

4. 高度集中的计划经济体制的作用

新中国成立头七年在中国基本形成的这种具有某些中国特点的计划经济体制，起过重要的积极作用。

首先，运用这种新的经济体制有助于在短期内医治旧中国遗留下来的经济恶性波动，以顺利地渡过经济困难时期。建国伊始，面对国民党政府留下的财政枯竭、通货膨胀的局面，由于国家加强了集中管理，不出一年时间，就基本制止了通货膨胀，经济初步获得稳定。

其次，在经济发展水平低，建设资金严重短缺，国力有限的条件下，运用这种行政集权的计划经济体制，保证把有限的资源集中到重点建设上，奠定了国民经济良性循环的物质基础。在国民经济恢复时期结束后的第一个五年计划时期，正是由于国家利用手中的行政力量对重点建设进行集中统一的管理，才建成了以苏联帮助中国建设的156项工程为中心的694个大中型建设项目和一些骨干企业，使中国建立起比较完整的基础工业体系和国防工业体系的骨架，积累了经验，培养了干部，为国家工业化奠定了初步基础，从而为国民经济的长远发展创造了有利的条件。

但这种高度集中的计划经济体制随着条件的变化，越来越不适应现代化建设的要求。

首先，国家管理经济的职责，主要限于宏观经济领域，微观的经济活动应属于生产者的职责范围，而用行政手段配置资源的最大弊端，在于限制和排斥商品经济的发展和市场的调节作用，包办或代替本属市场经济主体权力范围内的微观营运职责。新中国成立头七年，在经济生活中就已暴露出种种“统得过死”的弊病。

其次，计划经济体制的基本形成，还在人们的思想观念上形成一种错觉，以为搞计划经济就是搞社会主义。搞社会主义就只有搞计划经济；搞市场经济就是搞资本主义，搞资本主义就只有搞市场经济。总之，把计划经济等同于社会主义，而把商品经济等同于资本主义，并把指令性计划等同于计划经济。

中国经济体制改革确定什么样的目标模式，是关系整个社会主义现代化建设全局的一个重大问题。而这个问题的核心，是正确认识和处理计划与市场的关系。邓小平在1992年视察南方的讲话中指出：计划与市场都是经济手段，计划多一点还是市场多一点，不是社会主义与资本主义的本质区别。这使我们对计划与市场关系问题的认识有了重大突破。新中国成立头七年关于在集中统一原则下中央与地方两个积极性的结合、在以计划管理为主的同时重视市场管理、在计划管理上实行多种计划类型、注意宏观调控、综合平衡等历史经验，为探索社会主义经济体制下计划与市场的关系，提供了一个好的思路。今天，在建立社会主义市场经济体制的过程中，我们又面临着如何把市场经济与宏观调控相结合的问题。对此，借鉴历史经验，去弊存利，进行大胆探索，以促进经济体制转换的顺利进行，是很必要的。

（二）中国高度集中的金融体制的形成

1. 高度集中的金融体制的形成

新中国成立初期，在设立了解放区银行并发行货币的基础上，接收官僚资本主义银行，改造私营行庄，普设国家银行机构，组织了农村信用合作社和其他金融组织，建立了中国的社会主义金融体系。新型的社会主义金融体系在五种经济成分并存、国家面临财政经济困难、通货膨胀极为严重的情况下，发挥了十分重要的作用。通过货币的投放与回笼，银行贷款的松紧和利率的高低，金融体系有力地支持了国营经济的发展，促进了对生产资料私有制的社会主义改造。为了稳定货币、制止通货膨胀，银行体系一方面支持国营商业集中掌握物资，另一方面运用信贷手段打击资本主义投机势力。这一时期，我们保留旧中国金融业的一些灵活有效的银行业务种类和金融工具，同时从解放区带进来一些新的业务活动方法和工作方法，取得了建立和利用社会主义金融体系、促进并服务于社会主义改造和经济建设的经验。

生产资料社会主义改造基本完成及以后的大规模社会主义建设时期，中国在大规模经济建设中建立了统一集中的计划经济管理体制。为了服从于计划经济体制的需要，按照苏联的金融体制，中国金融领域也建立起高度集中的金融体制，包括集中统一的银行体制、信贷资金管理体制以及集中信用于国家银行。

1952 年底，随着私营金融业社会主义改造的完成及私合营银行的建立，中国高度集中统一的银行体制开始确立雏形。进入“一五”时期，所有制结构也渐趋单一，高度集中的银行体制也开始强化。1954 年 6 月，中国人民银行各大区分行因大区行政机构撤销而撤销，中国人民银行总行直接面向各省、市、自治区分行，加强了总行对全国金融活动的统一领导和集中管理，形成了银行部门垂直领导的体制。1955 年 2 月，全国 14 个城市的公私合营银行同当地中国人民银行储蓄部合署办公，相当于人民银行的一个部门，它们的工商业业务归并人民银行，外汇业务归并中国银行，其他如房产、仓库等业务分别由有关部门接管。翌年 7 月，公私合营银行总管理处同中国人民银行总行私人业务管理局合署办公，公私合营银行被纳入了中国人民银行体系，不再作为专业性质的银行而独立存在。1957 年 4 月，撤销了成立仅两年的中国农业银行，① 其机构与中国人民银行同级机构合并，中国人民银行设立了农村金融管理局，管理全国的农村金融业务。至此，中国人民银行成为既管理货币、管理金融，又直接经营城乡金融业务的大一统银行。

在建立高度集中的银行体制的同时，中国人民银行又建立了高度集中的信贷管理体制，即全国的信贷资金，无论资金来源还是资金用途，一概由人民银行总行统一掌握，实行“统存统贷”的管理办法。1952 年 9 月，中国人民银行召开大区行行长会议和银行计划工作会议。会议强调，在有计划经济建设时期，要建立和加强银行系统的计划管理体制，各级国家银行的基本任务是了解情况，掌握计划，贯彻政策，一切营业部门的业务活动都要有计划地进行。会议通过了《中国人民银行综合信贷计划编制办法（草案）》（简称《办法》），明确指出，银行的信贷计划是国民经济和社会发展计划的一部分，要经过国家对财政、信贷进行综合平衡并批准后才能执行。《办法》要求全国银行吸收的一切存款统一上交总行，各级银行不得自行支配；各级银行发放的贷款由总行统一分配，分别核定各类贷款计划指标，逐级下达，不允许自行改变用途（简称统存统贷）。《办法》第一次较全面地提出了信贷计划编制的依据、内容、管理体系、权限划分、审批程序和检查制度等做法。根据这个《办法》，从 1953 年起，全国各级银行开始编制年度、季度的信贷计划并逐级上报，最后由中国人民银行

① 中国农业银行成立于 1955 年 3 月 25 日，1957 年 4 月 12 日国务院发出通知决定撤销。

总行统一平衡指标，下达各地贯彻执行。高度集中的信贷管理体制从此确立。

在建立高度集中的银行体制和信贷管理体制的过程中，商业信用被取消，集中信用于国家银行。1951 年，中国人民银行要求各单位之间的资金往来实行划拨清算，取消商业信用，不过那时还存在五种经济成分，无法取消一切商业信用。在“一五”计划初期（1953—1954 年），社会主义企业之间的商业信用仍占企业流动资金的 10% ~20% 。但当时的认识是，商业信用扩大了企业流动资金的占用，不利于国家对流动资金的集中管理，不利于资金分配计划的贯彻执行，不利于银行对计划执行情况的监督，因此，应该取消商业信用，集中信用于国家银行。1954 年 3 月，中国人民银行和财政部共同清理了国营商业系统内的商业信用，规定国营商业企业的商品购销货款和资金往来一律通过中国人民银行办理结算。1955 年 5 月，中国人民银行和商业部共同发出指示，商业信用一律取消。

为了加强信用管理，方便工商企业转账结算，中国人民银行进一步健全了银行结算制度，制定了 8 种结算方式并在国营商业系统试行。1955 年上半年，又在 8 种方式的基础上制定了《国营企业、供销合作社、国家机关、部队、团体间非现金结算暂行办法》，于当年 9 月起在全国实行。随着商业信用的取消和 8 种结算方式的推行，一切信用已集中于国家银行，中国人民银行对资金的集中统一管理进一步加强。

“一五”计划开始以后，基本建设已提到首要位置。当时基本建设投资的拨款监督工作是由公私合营的交通银行办理的，该行同时又兼办公私合营企业的公股股权清理和财务管理工作。随着国家经济建设和国家资本主义的开展，交通银行的机构和任务已不相称，其公私合营的性质同基本建设的重大机密性也有矛盾。“为使国家投资能发挥最大效能，根据苏联经验，必须建立专业银行，按照国家预算办理基本建设投资的拨款监督工作”，① 中共中央决定，在财政部

① 财政部《关于在交通银行原有机构和干部基础上正式建立办理基本建设投资拨款监督工作的专业银行的报告》，在交通银行总行、中国第二历史档案馆：交通银行史料，（第二卷）［M］. 北京，中国金融出版社，2000：246.

系统内，“在交通银行原有机构和干部基础上，以不增加编制的原则”，[①] 成立中国人民建设银行。1954 年 10 月 1 日，中国人民建设银行成立，机构设置分为总行、分行和支行三级，总行直接受财政部领导，各级行可在中国人民银行的代理处设立办事处，作为拨款行的委托代理机构，但不作为一级机构。

中国人民建设银行的任务：一是办理拨付和监督国家用于基本建设的资金。国家用于基本建设的预算拨款和国家企业、事业、机关等用于基本建设的自筹资金，均集中由中国人民建设银行根据国家批准的计划和预算监督拨付。二是根据国家批准的信贷计划对国营企业和地方国营包工企业办理短期放款。三是办理基本建设拨款的结算业务，但其现金出纳业务仍由中国人民银行办理。四是监督基本建设资金专款专用，并对建设企业和包工企业的资金运用、财务管理、成本核算和投资计划的完成情况等进行检查和监督。中国人民建设银行成立后，交通银行原经办拨款的一切现行方针、任务、章程、规则、办法及机关内部制度，均由中国人民建设银行接办。

中国人民建设银行的主要任务是办理财政基本建设的拨款监督工作，同时也办理中央和地方两级国营企业的短期信贷业务和结算业务，是金融组织的一部分，是一个高度集中统一的金融机构，因此，也是高度集中金融体制的组成部分。

建立这种金融体制的理论基础是产品经济思想，它既来源于苏联的影响，也带有解放区银行资金供给制的传统痕迹。这种金融体制完全适应并服务于以指令性计划为主的计划管理体制和以服务于实物分配为主的资金管理体制。在当时的历史条件下，在聚集资金、支持社会主义工业体系迅速发展方面发挥了一定作用。特别是在三年经济调整时期，国家利用当时的金融体制，颁布银行六条，通过信贷和货币发行的集中、统一管理，使银行起守关把口作用，在压缩基建开支的同时，严格控制信贷，紧缩银根，区别对待，有紧有活，促使应

① 交通银行总行、中国第二历史档案馆：交通银行史料，（第二卷）［M］．北京，中国金融出版社，2000：248.

当关、停、并、转的企业尽快调整，对农业和轻工业采取扶植政策，取得了促进经济调整的重要经验。但是，由于经济管理体制和金融体制本身的弊病，不能适应经济发展变化的客观需要，使银行发挥作用的范围和程度受到一定的限制，随着社会主义生产流通规模的日趋扩大，这种局限性暴露得越发明显。党的十一届三中全会以来，根据党中央对内搞活、对外开放政策的要求，对金融体制进行了初步的改革。这次改革标志着中国金融工作正在开始一个重要转折，它在指导思想上第一次明确地把银行当做发展经济、革新技术的杠杆来使用，在理论上突破了一些长期束缚我们的框框，在实践上打破了某些长期的习惯做法。

2. 财政主导型企业融资制度的发展过程、内容及其特点

与中国传统的计划经济体制相适应，企业融资模式上则具有鲜明的财政主导型企业融资制度的特点。①

从新中国成立初期一直到20世纪70年代的30年中，国家在主要依靠税收和财政来集中和分配资金，社会各项行政管理费用以及大规模的工业建设投资需求，主要依靠财政政策来支持。财政系统成为资金运动的主动脉，国家支配着社会经济剩余的绝大部分，并以低价或无偿的方式直接进行经济资源的供给和配置。信贷融资活动很不发达，垄断了全国金融业务的国家银行实际上不过是财政部门的“钱袋子”，银行业务完全听命于计划和财政部门的资金安排。企业作为政府的一个附属物，其财政收支也必然隶属于政府预算计划的管埋，国家对国有企业盈利实施充分的吸纳的同时，也包揽了企业的资金供给。企业既不是投资主体，也不是融资主题，仅是政府投资主体“外壳”的载体。因此，企业投资资金来源渠道单一，80%以上基本建设资金来自国家的预算内资金，并主要采取无偿供给的国家财政形式。银行贷款仅是临时性、季节性的超定额贷款。企业自筹资金和银行贷款所占比重很小（见表6-6）。

① 孔祥毅．百年金融制度变迁与金融协调［M］．北京，中国社会科学出版社，2002：172-175.

表 6 - 6　　计划经济体制下企业融资结构

时期	"一五"	"二五"	1963—1965 年	"三五"	"四五"	"五五"
财政资金	90.3	78.3	88.1	89.3	82.5	77.2
企业自筹及银行贷款	9.7	21.7	11.9	10.3	17.5	22.8

资料来源：孔祥毅．百年金融制度变迁与金融协调［M］．北京，中国社会科学出版社 2002：173.

这就是说，在计划经济体制下，企业的融资结构也只能是单一的财政主导型融资，即主要是运用财政融资方式，其他融资方式很少使用，甚至被禁止，如商业融资和证券融资方式等。

根据这一制度安排，国有企业的固定资产投资资金全部由国家无偿提供，而流动资金则由财政资金和银行分别提供，具体来说：

第一，在企业新增固定资产投资资金供应方面，1956 年以前，中国基本建设预算与分配职能由财政部直接行使；1956 年以后，财政部和人民银行总行共同商定，对基本建设预算拨款，由人民银行同建设银行配合，实行"上存下支"的资金供应体制。"上存"是指建设银行从财政部领取的基本建设资金存入人民银行总行，"下支"是指各地建设银行对建设单位的基本建设拨款由当地人民银行保证供应，两个总行统一清算，这个办法一直沿用到 1980 年。

第二，在企业原有固定资产使用方面，1953—1966 年企业折旧基金全额上缴国家财政，由财政统一安排使用。1967 年以后曾全部下放给企业，1977 年又产生了国家、主管部门和企业对折旧基金分成的办法。

第三，在企业流动资金供应方面，基本上实行"分口"方式，其中做过多次调整。1951—1954 年实行定额流动资金由财政和银行分别供应的办法。1955—1957 年取消流动资金贷款，实行自由流动资金计划定额全部由财政拨款，银行只发放超定额流动资金贷款。1958 年恢复定额流动资金由财政和银行分别供应的办法。1959—1961 年上半年，实行全部流动资金由银行供应的"全额贷款"办法。1961 年下半年又恢复定额流动资金由财政和银行分别供应的办法。1962—1965 年实行定额流动资金由财政拨款的办法，银行负责超定额的季节性、临时性资金供应。1966—1971 年实行在核定流动资金占用总额的范围内，由财政和银行分别供应的办法。1972—1979 年又恢复定额流动资金由财政供应，银行负责超定额的办法。[1]

财政主导型企业融资制度的主要特征有：

第一，国家对企业的资金实行无偿供给制，企业没有营运资金的自主权。在以财政为主导、一切信用集中于银行的财政金融体制下，企业生产经营所需的资金主要由财政无偿拨付。与财政相比，银行在积聚和供应资金方面的作用非常有限，表现在，在固定资产投资方面，全部由财政无偿拨给企业进行基本建设，银行不得插手固定资产投资；在流动资金供应方面，定额流动资金基本上由财政无偿拨付企业使用，银行只低息供应一小部分定额资金。从表面上看，企业使用银行贷款，必须向银行支付利息，不是无偿的。但是，由于贷款利率水平很低，企业利息支出占成本支出的比重很小，贷款利率对于企业资金需求缺乏调节作用，事实上，银行贷款也可以被认为是无偿供给的，至少是近似于无偿供给的。

计划经济体制下无论是固定资产投资资金还是流动资金，虽然其供应方式和管理制度频繁更换，但国家对企业的资金始终实行的是供给制。这表明在计划经济体制下，企业始终没有充当一个资金营运的主体，不论资金从哪一个渠道供应，企业总是处于被动调节对象的位置，只是被动地接受资金的注入和抽出，很少有营运资金的自主权。

第二，国家按照投资计划向企业供应资金，获得投资计划指标是企业取得财政拨款的先决条件。在统一的计划下，国家每年的投资计划先是逐层拨给地方和各部门，再由地方和各部门依次下拨给企业。与投资计划相配套的是相应的财政拨款、物资供应和招工指标，这意味着争得了计划指标才有可能获得生产经营所需要的资金和生产要素，而争的指标越大，企业获得的拨款和生产要素就越多。因此，传统体制下的企业关心的不是如何筹集资金，而是如何获得

① 孔祥毅．百年金融制度变迁与金融协调［M］．北京，中国社会科学出版社，2002：173. 转引刘彪．企业融资机制分析［M］．北京，中国人民大学出版社，1995：29－30.

计划指标和生产要素，尤其是实物要素对企业具有特殊意义。而这种局面的形成是与产品经济体制联系在一起的，在生产资料不是商品的条件下，生产要素的流动并不需要以货币为媒介或用货币来推动，货币只表现为对生产要素进行事后核算的一种工具，而并不表现为生产过程中的第一推动力和持续推动力。

第三，单一的国家银行体制，信用融资活动不发达。为适应工业化战略及其相应的计划经济体制的要求，通过将公私合营银行纳入中国人民银行体系（1956 年），撤销中国农业银行（1957 年），实行“统存统贷”的信贷资金管理体制（1953 年），取消商业信用（1955 年），建立现金出纳计划制度（1952 年）和现金管理制度（1950 年），形成了中国高度集中的金融体制。其特征是，金融组织体系实行“大一统”银行体制，中国人民银行既代表国家管理金融业、行使中央银行的职能，又对社会办理存贷款及结算业务。从企业融资的角度看，社会信用活动集中于银行信贷，国家严格禁止民间信用和商业信用，银行与财政并存成为国家统一分配的两大手段，致使企业融资渠道单一，融资方式简单。

第四，中国长时期内几乎与世界金融市场处于隔绝状态，对外融资规模极小。20 世纪 50 年代，中国利用外资的方式主要是外援和创办中外合资企业，外资来源主要是前苏联和东欧一些国家。60 年代，重点转向西方资本主义国家，主要方式是由设在中国香港、澳门的银行吸收存款和接受外商银行存款，在外贸使用方面则使用延期付款的方式。70 年代，从美国引进了一些成套设备。但总体上，这一时期，中国与世界金融市场联系不多，利用外资规模较小。

第四节　战后新兴市场国家经济发展与金融支持

第二次世界大战结束后，殖民地民族解放运动形成高潮，大批亚、非、拉国家取得政治独立，民族主义思潮在第三世界蓬勃兴起。发展民族经济被普遍提到发展中国家的议事日程。一般认为，工业化道路是加速民族经济发展的必由之路。因此，战后亚、非、拉国家在争取民族独立之后走上了工业化的道路，产生了一系列新兴工业化国家，所谓“新兴市场”经济体也主要分布在拉美和东亚。

一、战后拉美和亚洲新兴工业化国家经济的发展及其异同

战后，亚洲和拉美的一些国家取得独立以后，先后实现了工业化发展道路。通过工业化，亚洲和拉美这些国家经济得到了快速发展。

拉美制造业 1950—1975 年年均增长率为 6.9%，产量增长 5 倍；1975 年在发展中国家制造业总产值中，拉丁美洲约占 56%，居于领先地位，拉美地区人均 GDP 1980 年为 2512 美元，典型代表国家巴西，在著名经济学家、财长、被誉为“奇迹之父”的德尔芬·内托的“蛋糕”理论和“结”的理论[①][②]指导下，1968—1973 年 GDP 年均增长率为 11%，被称为继西德、日本之后的“巴西经济奇迹”。委内瑞拉，被称为“拉美的瑞士”，1945—1978 年 GDP 增长了 11 倍多，人均 GDP 增长 3 倍多。

在亚洲，第二次世界大战后，特别是 20 世纪 60 年代以后，东亚经济发生了巨大的变化，其经济增长速度远远领先于世界其他地区，创造了“东亚奇迹”。第二次世界大战后，发展中国家成功地实现了经济持续几年的快速增长，但像东亚国家和地区那样，近三十年持续高速增长是罕见的，而且，在经济增长的同时收入不平等现象减少。“它们最明显的共同点是经济高速增长，而与此同时，收入不平等现象减少，有时是显著的减少。快速增长和减少收入的不平等，

① 吕银春．对巴西经济奇迹的再认识［J］．拉丁美洲研究，1994（4）：12-15.

② “蛋糕”理论即先增长后分配理论。它强调要“不惜任何代价加速经济增长”，“只有先将蛋糕做大，然后才能考虑合理分配”。“结”的理论即负债发展理论。它认为，巴西经济发展的主要障碍是国内积累不足，打开缺乏资金这个“结”的方法是借贷和使巴西经济与国际经济融为一体。这两种理论互为条件，互相补充。

这两个结果就是所谓‘东亚经济奇迹’的根本特点。”① 典型代表国家（日本除外）是亚洲“四小龙”，1970—1980 年经济平均增长率为 9.3%，1965—1996 年，韩国国民生产总值从 30 亿美元增长到 4846 亿美元，人均国民生产总值从 150 美元增加到 10548 美元，成为跃居世界第 11 位的新兴工业化国家。②

拉美和东亚的新兴工业化国家（地区）具有两个最为明显的共同之处：第一，它们都是第三世界中工业化程度最高的国家和地区；第二，制造业是带动经济发展的“火车头”；第三，在工业化过程中都积极引进外资；第四，政府都对经济进行强干预。

拉美和东亚之间也有显而易见的差异性。正是这些差异，导致了在 20 世纪 80 年代，两个地区的差异更加明显，拉美陷入了“失去的 10 年”，而东亚却在快速发展，东亚经济发展模式得到了世人的称赞，而拉美则出现了“拉美现象”。

差异一，两个地区经济发展模式的差异。

亚洲新兴工业化国家和拉美国家新兴工业化国家的工业化道路却是不完全相同的，经济的成效也大相径庭。

亚洲“四小龙”在政府主导下，工业化的道路分为两个阶段，即 20 世纪 50 年代的“进口替代”战略，但随后，根据国际市场的变化，适时推出的“出口导向”战略。这种外向发展模式的优势：第一，规模经济效益高。第二，竞争性强。第三，外汇收入来源大。第四，能优化资源配置，尤其能发挥劳动力资源丰富的比较优势。

拉美国家工业化道路则自 20 世纪 30 年代以后近半个世纪，主要采取的是“进口替代”战略。拉美国家在发展初期选择进口替代工业化战略具有其历史必然性，但问题在于当内外条件发生变化后，事实已证明该战略自身有其严重的

① 世界银行工作人员编，财政部世界银行业务司译．东亚奇迹——经济增长与公共政策［M］．北京，中国财政经济出版，1997：17. 转引自李玉珍．东亚经济发展模式再研究［M］．北京，民族出版社，2006：57.

② 李玉珍．东亚经济发展模式再研究［M］．北京，民族出版社，2006：59.

局限性，许多拉美国家仍然坚持运用有关的经济政策而不加改变，表现出在战略转换方面的动作迟缓，只是在随着债务危机爆发继而出现经济危机后，才开始普遍调整发展战略，进行经济改革，但为时已晚。至50年代中期，巴西和墨西哥的进口替代初级阶段已基本上失去活力，陷入了“枯竭”状态，国际收支状况持续恶化，通货膨胀不断上升，国内市场因收入分配得不到改善而呈现出日益“饱和”的趋势。对此，巴西和墨西哥的决策者做出了用垂直型进口替代（进口替代的第二阶段）取代水平型进口替代（进口替代的第一阶段）的抉择。然而，一方面，进口替代第二阶段固有的资本密集型性质使资金需求量进一步扩大；另一方面，国内的资本积累能力未见显著提高。因此，利用外部资金成了理所当然的最佳途径。这样，外资积累数量越来越大，而“进口替代”的内向经济不能积极创汇，因而偿债能力下降。

这样，尽管经过工业化发展的初期，亚洲和拉美这些国家经济得到了快速发展，但以后拉美的新兴工业化国家陷入债务危机，经济走向滑坡；而许多东亚国家和地区，经历了令人羡慕的经济增长，尤其是中国香港、中国台湾、新加坡和韩国，因经济的起飞而被称为亚洲“四小龙”，成为“东亚经济奇迹”的典范。

差异之二，利用外资的思路不同。

在外资与发展战略选择之间的关系上，问题的关键在于政府发展战略的选择决定外资的作用，还是外资决定政府的发展战略。

亚洲新兴市场国家在利用外资方面，一方面积极引进外资；另一方面，加强了对外资的合理利用和必要的管理，使外资为本国经济发展战略服务。在“进口替代”工业化发展阶段，由于本国资金的匮乏大量引进外资，发展本国工业，但同时，通过本国工业化的发展，加强了国内积累，从而为经济的高速增长打下了基础。因此，在随后的“出口导向”战略下，主要引导外资投向高、精、尖产业，并随着本国国内积累的增加，外资的比重相对降低。通过外向型经济的发展，壮大了出口部门，有效地增强了偿债能力，同时，政府在引进外资的形式上，在外国直接投资和外国信贷方面更注重外国信贷，这样，政府就有更大灵活性和控制权，以保证政府对外资数量的可控性，一方面通过出口，积累了大量的外汇，偿债能力不断增强；另一方面国内积累增加，外资比重减少，再加上政府的控制，亚洲新兴市场国家就大大避免了拉美国家20世纪80年代的债务危机。

拉美国家在加速工业化的过程中，改善了投资环境，吸收了大量外资，对外国直接投资的政策较为宽松。① 但忽视提高利用外资的质量和适度控制外债，吸收的外资主要以外国直接投资为主，一方面，大量外资进入国内市场，使用效率低，使引进外资成为经济发展战略的负担，拉美国家背上巨额债务；另一方面，片面发展制造业，长期赤字财政，急于求成，脱离了自身实际，过分追求高投资和高速度，不注意经济稳定和改善分配状况，不仅没有促进经济稳定发展，反而导致经济形势动荡。从80年代初开始，拉美许多国家几乎同时陷入空前的经济衰退与社会动荡之中。1981年出现停滞和衰退，1982年爆发债务危机，后出现超高通货膨胀，陷入持续10年的发展危机，拉美国家的GDP年均增长率1981—1989年为1.1%，期间通货膨胀率平均高达994.2%，成为“失去的10年”，债务危机对拉美经济的打击是非常沉重的。事实上，债务危机是构成拉美“失去的十年”的主要原因之一。

差异三，政府的强化干预不同。

无论东亚还是拉美，政府都曾通过实际参与（国有企业）和多种政策手段对经济的诸多方面进行过调控，但由于它们对经济干预的着眼点不同，后果也不同。

在拉美，多数国家在第一次世界大战后采用了结构主义的政策主张，推行进口替代工业化战略。为此，它们首先大力发展国家资本主义，通过国有化和国家投资建立了大量国营和半国营企业，并以法律形式规定，凡对国家安全和经济生活起决定作用的一些产业，只能由国家经营，强化国家在经济生活中的作用。其次，采取了一系列扶持本国工业发展的政策，如政府利用强有力的关

① 世界银行．东亚奇迹：经济增长与公共政策（中文版）［M］．北京，中国财政经济出版社，1995：205.

税和非关税手段，限制外国产品进入本国市场。同时还通过汇率、税收、信贷、价格补贴等政策，对本国企业特别是国营企业给予一系列的优惠，有意识地以扭曲市场机制的办法来保障本国企业的顺利发展。这种政府保护的消极后果，一方面，人为地割断了国内外市场之间的联系，企业既感受不到国外产品的竞争及国外先进技术和管理经验的压力，又能得到政府的多种优惠，因而无意改善经营管理；另一方面，干扰了国内市场机制的正常秩序，政府的行政手段排斥和代替了市场调节的手段，由此造成微观领域企业经营不善，产品质次价高，宏观领域财政赤字和外贸赤字剧增，经济出现内外双重失衡，为弥补赤字而大量积累的外债，终于导致债务危机的爆发。

反观东亚国家（地区），尤其是“四小龙”，政府在经济发展中也发挥着主导作用，但政府的职能与市场是互补的，而不是互替的。东亚国家（地区）政府的作用，突出的表现在：首先，它们选择了政府指导型的出口导向经济发展战略，强调利用国际资源和国际市场来促进本国经济的发展，通过协调国内经济的状况与对外经济政策，实现了国内外市场的接轨。其次，政府通过财政金融汇率政策，从宏观经济指标进行调控，实行稳定的宏观经济管理。再次，政府以法制建设为手段，约束政府、企业、个人的行为，建立和完善市场机制，为企业提供竞争和合作的环境。最后，在让市场充分发挥作用的同时，政府注重弥补市场在公共设施上的缺陷，重点加强了基础设施的建设，并注重人力资源的投资，以确保经济总体的正常运行。

东亚国家（地区）经济干预表现出了灵活务实的特点，有效的措施通常能被继续采用，而失败的措施通常被放弃。在经济发展过程中问题不是要不要政府干预，而是政府如何干预。与拉美相比，东业国家（地区）政府所选择的干预领域和政策，以及在干预过程中表现出来的灵活务实性，更为有效地推动了经济发展。①

---

① 韩琦．对拉美、东亚经济发展特点的比较［J］．山东经济，1999（1）：24－26.

总之，亚洲和拉美新兴市场国家分别于20世纪30年代和50年代开始了工业化过程，拉美工业化进程明显早于亚洲，但东亚早已经赶上并超过拉美，造成经济发展最终结果的巨大差异，原因是多方面的，关键的因素无疑与发展模式有关，因为发展模式反映了决策者的主观意图以及实现这一意图而采取的一系列政策性措施。这又说明从最根本上来讲，两个地区政府强干预的不同造成这两个地区经济发展的巨大差异。亚洲新兴市场的经济发展成功的根本原意是，国家在政府主导下，抓住国际经济形势的变化，适时制定了与本国经济状况相适应的工业化战略，采取了工业发展、资金为先的金融先导政策，不仅使金融业自身得以发展，还推动了经济的腾飞，金融和经济发展呈现出相互促进的良好状态。

二、亚洲新兴市场国家的政府主导、金融先导的政策

第二次世界大战以后，东亚各国政府都充分认识到，发展民族经济是维护政权和抵御外来压力的重要手段，但是，当时东亚面临两难困境。外部发达资本主义国家对发展中国家经济的掠夺和压制，内部又不可能像老牌资本主义国家那样，以原始的资本积累来集中资本。因此，东亚各国只能选择强政府方式的赶超战略，采取政府主导、金融先导政策。一般情况下，金融业的发展是经济发展需求引起的，即金融业随着经济发展而发展。但是，在一定的条件下政府为了给经济发展创造必要的金融环境，可以通过政策让金融领先发展，特别是某些金融创新的成功推进，能够改变原有经济结构与经济发展水平，提升一个国家的综合国力，使一个民族或国家迅速崛起。① 战后亚洲新兴市场国家经济发展过程中表现出了明显的金融先导策略，主要表现在：政府主导下，适时地推出了工业化发展策略；为了解决工业化过程中的资金缺口问题，在国内，完善本国金融体系，提高对工业化的资金支持力度，提高利率，增加国内积累；同时采取有力措施，积极引进外资，并加以合理利用；建立优良的基础设施，制订完

---

① 孔祥毅．晋商与金融史论［M］．北京，经济管理出版社，2008：298.

备的法令规章及优惠的财税政策，创造吸引国际金融机构和人才的优良环境和条件。我们以韩国、新加坡为例，重点介绍一下政府主导、金融先导的政策。

（一）韩国政府主导的金融先导策略

韩国在 1945 年 8 月 15 日新中国成立后不久，1948 年南北分裂，从此“南农北工”相互补充的经济结构被切断。当时，韩国有 70% 的农业人口，加之朝鲜中断供电，韩国经济陷入极其困难的境地。李承晚政权确立之后，也持续了商品极度紧张、恶性通货膨胀、财政赤字等混乱的经济局面。朝鲜战争爆发后，韩国经济濒于毁灭，这促进了绝对贫困的恶性循环。

韩国战后经济的复兴离不开美国的援助。在 1953 年到 1961 年的 3 年时间里，接受的援助额是 22.8 亿美元，以此为基础推进了以“三白”工业，即纺织、制粉、白糖等生活必需品为中心的轻工业和教育医疗等的社会间接资本的建设。但是由于美国援助中的 81% 是消费品，从海外进口使经济严重对外依赖。结果，20 世纪 50 年代末，美国的援助急剧减少，导致工厂开工率急降、物价高企，失业率增加等，韩国面临了深刻的经济危机。所以在 20 世纪 60 年代以前，韩国是一个非常贫穷的国家，缺乏工业，也没有什么经济前景。但是，进入 60 年代，韩国经济开始起步，以第一个“五年经济发展计划”为标志，韩国开始了工业化进程。1961 年以后，实施经济开发五年计划以来，经济有了较高的增长，农业部门的生产和就业人数明显下降，相应地，工业部门的比重有了提高。60 年代的经济增长因素，不是援助而是基于借款、直接投资等引进外资的出口导向型工业化发展战略。产业发展，资金先行。为了加速工业化的进程，克服资金匮乏的困难，韩国政府采取了金融先导的策略。

1. 补充和完善金融体制①，支持经济的发展

第一，由政府直接控制金融体制和投资资金。1961 年，政府将当时可以说是金融机构全部资金的 5 个城市银行的股权转移到自己手中，1962 年修改韩国

---

① 张明梁、闻岳春．韩国金融体制与运作［M］．北京，东方出版社，1995：3.

银行法，掌握了对银行行长的任命及银行内部的日常经营等的决定权，从而强化了政府对韩国银行货币政策的干预，操纵了商业银行资金的流向，使由一般商业银行动员的资金可以集中供给到政府与投资部门。

第二，为配合“不均衡增长战略”的重点投资政策的实施，加强金融部门对落后部门和具有战略意义的部门的支持，进一步设立了许多专业银行。20 世纪 60 年代早期，为了扶植一些重要然而落后的产业的发展，政府成立了各种形式的专业银行。如，国民农业合作联盟、国民渔业合作联盟、中小企业银行和国家公民银行等，60 年代后期又相继成立了韩国外汇银行和韩国住宅银行。

第三，着手发展非银行金融机构和证券市场。60 年代末 70 年代初，当局意识到已有的银行体系不能充分满足继续实施的经济开发计划所需要的巨额资金，在金融政策上，试图通过建立许多非银行金融机构及培育证券市场来实现投资资金来源的多样化，以扩大国内投资规模，如设立了韩国长期信用银行、进出口银行、投资金融公司等为大工业提供中长期信贷支持的金融机构。

第四，在投资资金的安排运用上，实行利差补贴制度。为了扶植财阀等大工业和支持不同时期重点部门的发展，往往采取优惠信贷政策，发放低息贷款。金融机构的存贷利差则由政府从财政预算中给予补贴。如，对出口主导型经济体制下，对出口支持的金融优惠措施：一是利率上的优惠，当时出口金融的利率只有其他放款种类利率的一半。二是贷款数量上的优惠，对经营出口业务的厂商，不限制其贷款的数量。当然，对得到优惠贷款的资格有许多限制，对那些不履行出口合同的厂商则有制裁措施。

2. 提高利率，促进内部积累

为了促进内部积累，韩国当局还着重刺激国内储蓄，曾于 1965 年 9 月末实行利率改革，把利率提高了近 2 倍，使储蓄额迅速增加，1964—1975 年，储蓄额（包括个人、企业和政府的储蓄）增加了 30 倍多，也就大大提高了国民总产值中的储蓄比例，即从 1961 年的 4% 提高到 1973 年的 22. 1% 。1956—1964 年，韩国的投资只增加了 7 倍，而 1964—1975 年却增长了 24 倍。内部积累的不断增加，为不断扩大固定资本的投资提供了大量的资金，促进了经济的快速增长。①

3. 鼓励出口，实施金融倾斜政策

为了鼓励出口，政府在财政金融政策上给予了特殊的待遇，以增强其出口产品的国际竞争力。

第一，实行出口奖励补助金制度，鼓励出口，如黑白电视、电冰箱和轿车的出口价格只占成本的50% ~70%，由国家给予补助。

第二，出口信贷。韩国在1964年以前，对出口产业曾给予了若干直接补贴，此后，则开始将直接出口补贴改为出口信贷，其种类很多。其中，主要有支援出口信贷、支援大型工业品出口信贷、支持非信用证方式出口信贷、卖方信贷、创汇用原材料及设备进口信贷、外汇支付担保制（这实际上是一种间接的外币贷款）、中长期出口工业设备贷款、扶持中小企业出口信贷和使用国产原材料信贷等9种。这些贷款的利率一般都要低于国内的其他贷款利息率。如果加上其他一些补助和优惠待遇，韩国每年1美元出口货物得到的金融扶持额，1962年为1.13美元，1965年增加到3.97美元，1967年为7.08美元，1969年为11.81美元，1971年则达到了最高水平，为15.34美元，比1962年增加了14倍。

第三，货币贬值。如，1974年韩国降低本国货币兑美元的汇率，下降幅度达19%，以利于出口，并将多元汇率体系转为单一汇率体系。

第四，对出口企业减免法人税、所得税以及关税等办法，增加企业的收益，促进企业的发展。

4. 积极利用外资，以解决面临的缺乏建设和发展基金的难题

韩国在积极采取措施扩大出口的同时，还制定了《外国资本促进法》，以鼓励外资的流入。1957—1961年，是援助经济时期。这个时期，以美国为中心的发达国家的援助成为韩国经济复苏的基础，政府的外资政策在于确保大规模的援助。20世纪50年代后期开始，随着美国无偿援助的减少，扩大引进有偿外资

① 蔡北华. 新加坡、南朝鲜、中国香港、台湾经济研究［M］. 上海，上海社会科学院出版社，1989：39.

成为现实。因此，在1960年制定了“引进外资促进法”。1962—1972年，是引进外资制度整顿期。这一时期，美国的援助大幅度减少，加上进入第一个“经济开发计划”，这加剧了资金的严重不足。在国内资金积累有限的条件下，就急需引进外资，又因吸引外国直接投资的环境不具备，只好向外国举债，从而形成基于促进外资引进的法律制度的基础。1962年出台的“有关借款支付保证的法律”、“有关长期结算方式资本品引进的特别措施法”。1966年把这两种法和1960年制定的“引进外资促进法”一起合定为“引进外资法”。为了适时引进公共借款，1973年制定了“有关引进公共借款及其管理的法律”，这项法律和“外资管理法”于1983年合并为“引进外资法”，提高了引进外资及事后管理的效率。

20世纪60年代后期，韩国第一个五年经济发展计划即将完成，但经济情况尚处于不发达国家的行列。1962年韩国政府为了国家经济的发展，引进外国投资，开始允许外国银行进入韩国。韩国政府允许外国银行进入韩国的目的是引入外国资金，协助经济计划资金的来源。1965年，韩国的资金51.2%依靠外资①。不能否认，外国银行运作对韩国经济的发展曾起过重要的作用。

从1967年到1984年的18年间，韩国的外国资金总额增长了65倍，而且在外资来源中，长期借款所占比重很高，高达74.6%，最低的也高达56.8%。这样，外国资金的流入，不仅解决了韩国国内资金匮乏的问题，而且为韩国经济的发展提供长期资金的支持，大大促进了韩国经济的迅速发展。

韩国的金融先导措施，在当时的历史条件下是可行的，为韩国经济的迅速起飞，动员和提供了大量的资金，再加上国内的高积累率和高投资率以及贸易的增长，大大促进了韩国经济的迅速发展，取得世界瞩目的成绩。如表6-7所示，韩国5年计划执行实绩。韩国在1962—1966年第一个五年计划期间，GNP的实际增长率为7.8%，1967—1971年GNP的实际增长率为9.6%，1967—1971

① 张明梁、闻岳春．韩国金融体制与运作［M］．北京，东方出版社，1995：30.

年 GNP 的实际增长率为 9.7%。经济增长率持续保持高速增长，失业率逐步下降，产业结构有了明显升级，为经济的发展作出了重要的贡献。这样，韩国经济在经历了 20 年的高速发展后，一举成为“亚洲四小龙”之一。

表 6－7　　韩国 5 年计划执行实绩

单位:%，亿美元

项目	1962—1966 年	1967—1971 年	1972—1977 年
GNP 实际增长率	7.8	9.6	9.7
产业结构	100.0	100.0	100.0
农林渔业	34.8	26.8	23.5
工矿业	20.5	22.2	28.4
商品出口	2.5	11	78
商品进口	6.8	22	84
总投资率	21.6	25.1	25.6
国内积累率	11.8	14.6	23.9
失业率	7.1	4.5	3.9

资料来源：李玉珍．东亚经济发展模式再研究［M］．北京，民族出版社，2006：70.

（二）新加坡的政府主导的金融先导政策

新加坡 1824 年沦为英国殖民地，第二次世界大战期间，被日本占领。在日本占领期间，新加坡的经济遭到了严重的破坏，经济变得脆弱和萧条。日本战败后，英国重新控制了新加坡，此后经过新加坡民众的不懈努力，1959 年新加坡成为自治邦。1963 年 9 月 16 日，根据全民投票，新加坡正式加入马里西亚联邦。由于印度尼西亚反对马来西亚的成立，两国形成军事对抗局面，新加坡的经济因此也受到了影响。1965 年 8 月 9 日，新加坡宣布脱离马来西亚，同年 12 月 22 日成立一个独立、自主的国家。

从 1959 年自治到 1965 年独立期间，新加坡政府经济活动的重点是恢复经济，解决就业问题，并为下一步的发展打下基础，主要采取了“进口替代”战略。1960—1965 年，进口替代工业化时期，解决了国内严重失业问题，基础设施得到了改善，满足国内市场工业品的需求。同时，由于减少进口，节约了外汇支出，在促进经济发展方面起到了积极的作用。1965 年独立以后，因国内市场狭小，进口替代失去了马来西亚这一原料供应来源和商品销售基地，加上 1967 年英军撤退，新加坡失去了军事和经济的支柱。为了摆脱所面临的危机，新加坡政府奉行了以促进出口为目的的出口导向战略和全面开放政策，推出了反经济衰退计划。这个时期正值世界贸易迅速扩大、跨国公司为了廉价的劳动力、向发展中国家进军的时期。结果，60 年代末开始，以电气、电子部件关联产业为中心的跨国公司进入新加坡，推动了工业化发展。这个时期，主导工业化的产业并不是轻工业，而是造船、电器、电子部件为中心的重工业。1968—1970 年，国民生产总值年平均增长率都在 13% 以上①。1971 年，新加坡开始执行第一个十年经济发展计划（1971—1980 年），1978 年，新加坡政府兴起了“第二次工业革命”，后称为“重组经济”，要求逐步淘汰本国传统工业，加快高、精、尖新兴工业发展，重点鼓励发展高技术、高附加值和在国际市场上竞争力较强的工业。到 70 年代末，炼油业、修造船业和电子电器也已成为新加坡工业的三大支柱，制造业的先进技术产品的比重不断增加，生产力逐年提高，保持经济发展的良好势头。②

与西方发达国家的经济模式不同，新加坡市场经济从一开始就是在政府的规划和扶持下进行的。经过 30 年的不懈努力，新加坡的经济发展出现了惊人的奇迹，不仅成为新兴的工业化国家和亚洲“四小龙”之一，而且还在 1996 年步入发达国家行列，并创立了新加坡经济发展模式，为发展中国家树立了榜样。

产业发展，资金先行。新加坡经济发展奇迹的出现，在金融方面一个重要的原因就是新加坡政府所采取的政府主导的金融先导政策，为新加坡经济的发展注入了强有力的推动力，主要表现在：

第一，积极引进外资，并加以合理利用。新加坡是通过引进和利用外资发

---

① 张书．新加坡金融制度［M］．北京，中国金融出版社，1998：6.

② 蔡北华．新加坡、南朝鲜、中国香港、台湾经济研究［M］．上海，上海社会科学院出版社，1989：12，16.

展经济并获得成功的典型国家之一。1965 年新加坡独立以后，一直实行对外资的开放政策，并通过与其他国家签订避免双重课税协定，对外国投资者解除税收方面的后顾之忧。1978 年，新加坡撤销了外汇监管，允许外商的资金、利润和利息自由汇出，进一步鼓励了外资的大量流入。1965—1970 年，外国在新加坡的投资总额为 8. 5 亿美元，1970—1975 年达到 23 亿美元，1975—1982 年上升到 71 亿美元。另据统计，1972—1982 年外国在新加坡制造业的直接投资达 94 亿美元，石油部门的外国投资数目最多，达 36 亿美元，占总数的 38%，电子部门为 18 亿美元，占 19%，机电部门为 15 亿美元，占 16%；其次是化工部门 7 亿美元，占 7%，运输部门 3 亿美元，其他部门 15 亿美元，投资项目达 1473 项。外资在新加坡的总投资总额中占有很大比重。①

新加坡在利用外资发展经济中十分注意根据不同时期的需要来确定发展的重点，以使经济稳步增长。在 1961—1965 年，新加坡针对当时失业严重，基本消费品缺乏，国际收支出现大量逆差的情况，颁布了“经济发展方案”，重点鼓励外资投向劳动密集型的工业，并按照“进口替代”模式来实现工业化，以减少失业和对进口消费品的依赖。在 1965—1979 年，新加坡政府在继续推行工业化计划的同时，将重心从“进口替代”转向“促进出口”，使整个经济面向市场，重点鼓励外资向用人少、产值大、劳动生产率高的资本密集型工业投资，使电子电器行业、炼油业、修造船业、精密仪器和机械设备制造业等获得了迅速的发展。80 年代以后，新加坡为向技术密集型工业转变，实行电脑化、自动化和建立竞争能力强的装配、制造和销售中心，实行“第二次工业革命”，重点鼓励外资向技术密集型工业投资，以推动制造业的发展和技术水平的提高。

为了有效引进和利用外资，新加坡政府十分注重创造良好的投资环境和条件，如强调基础设施的建设，建立高效率的办事机制和运用机制，稳定劳资关系，与有关投资国家签订投资保证协定，政府对一定时期内发生非商业性风险

---

① 蔡北华. 新加坡、南朝鲜、中国香港、台湾经济研究［M］. 上海，上海社会科学院出版社，1989：16.

等给予补偿，以保护投资者的利益。同时，还采取各项鼓励投资的政策和措施，如在税收优惠政策上，对先驱工业免税，扩大现有企业免税范围，实行出口企业减免税，非居民减税，免征资本利润税和财产税等。此外，为保证引进外资核工业现代化的需要，新加坡利用各种形式和途径培训人才，吸引海外人才，大力兴办高等教育和科技园区，防止人才外流，重视教育投资和提高国民素质。

总结新加坡经济发展的成功经验，可以发现，外资发挥了巨大的作用。尤其是新中国成立初期，成功地推行一些吸引外资的政策而收到显著的成效，大量外国企业、资金、技术、人才的涌入，使得新加坡很快地摆脱困境，走上了经济高速增长的轨道。可以说，新加坡经济发展的成果，很大程度上归功于利用外资大力发展了对外贸易。

第二，抓住时机，建立亚洲美元市场，扩大资金来源。从新加坡金融业发展的历史看，新加坡金融中心的成长模式是典型政府主动塑造的，政府大力策划推动而形成的。

新加坡利用其优越的地理条件，一方面在工业、商业、服务部门吸引外资，另一方面特别重视在金融行业上的引进外资。1965 年新加坡独立后，政府便把新加坡发展成为金融中心作为经济发展计划的一个重要组成部分，新加坡金融业在政府的政策引导和扶持下发展迅速。1968 年 10 月，新加坡政府鉴于 60 年代中期美国为减少资金外流、缓和国际收支逆差而采取紧缩金融的措施所致的欧洲货币市场对美元的需求大增和利率上升，以及亚洲地区对美元的需求和石油垄断资本在亚洲活动的需要，抓住有利时机，批准了在新加坡的美国美洲银行经营“亚洲货币单位”，并通过各项优惠政策，创建了新加坡亚洲美元市场。到 1970 年，新加坡政府又先后批准了花旗、麦加利、华侨、华通、渣打和汇丰等 16 家外国银行经营境外货币业务。为了避免扰乱本国金融市场，新加坡政府要求各经办行，通过设立专门账户，使境外货币业务与本地金融业严格区分开来，从此形成了两个金融体系：即在岸银行体系和离岸银行体系，后者专门经营境外外汇业务。

20 世纪 70 年代初，为了创造有竞争力的高效率的运转机制，新加坡政府放宽对利率、外汇和银行业务范围的监管，强化宏观调控和维持金融发展秩序，修订了《银行法》和《外汇管理法》，颁布了《新加坡金融管理局法》和《新加坡规定银行之执照核发及规章之条例》等一系列重要的金融法规，并于1971年1月正式成立了金融管理局，以改变以往新加坡的中央银行业务由数个政府部门来执行的状况。

为了巩固新生的亚元市场，除了进一步完善各项经济和金融法规，为外国银行到新加坡设立分行经营境外货币业务提供可靠的法律保障外，还采取了种种优惠政策加以扶持。如，1969年取消了对非居民利息所得40%的预扣税；1972年废除了对亚洲货币单位提缴20%存款准备金的制度，不仅允许本地公司和居民在亚洲货币单位上设立外币账户和购买亚洲美元债券，而且还取消了他们在亚洲货币市场借款的限制；废除了亚元债券、流通存款证、亚元离岸贷款合同有关的印花税；1973年修订了《所得税法》，把经营境外货币的所得税从原来的40%降为10%；批准了7家国际货币经纪商前来开业，并协助一些大银行合资创办了4家贴现公司，以便利资金的多渠道融通。至1975年，开设亚洲货币单位的银行从16家增加到66家，存款总额增加到125.97亿美元。大量跨国银行的涌入使亚洲本地区的借贷关系网络迅速形成，并改变了以往的资金流向，由原来投向西欧或北美，改为投向亚太地区，1965—1975年，年均外资流入量为1.49亿美元，1979—1980年年均外资流入量增值3.87亿美元[①]。亚洲美元市场的形成，不仅为本地区资金的筹集和利用提供了更为有利的条件，支持了新加坡炼油业、修造船业和电子电器业等工业的发展，而且在新加坡推行经济结构重组，向高科技产业发展方面起到了重要作用，极大地推动了新加坡经济的发展，而且还增强了外国投资者到新加坡投资的信心，使新加坡对外资更具吸引力，极大地提高了新加坡在国际金融领域的地位。

此外，为使新加坡发展成为各种跨境金融交易中心，从1970年初开始，在政府的扶持下，黄金、证券、保险、期货等市场不断发育成熟。1976年，政府

---

① 张书．新加坡金融制度［M］．北京，中国金融出版社，1998：27.

牵头成立了出口信用保险公司，对离岸保险与再保险，给予降低印花税与所得税的鼓励。1984 年，新加坡成立国际期货交易所。1986 年，新加坡外汇市场委员会成立，以推动市场的发展，政府采取对汇率及货币的监管政策，以维持稳定价格和低的通胀率。1987 年，新加坡证券业实行公司化，并将证券业发放给所有本、外资金融机构。为了鼓励中小企业上市筹集资金，同年又成立第二证券市场，对上市的中小企业提出必须连续 3 年盈利的要求。目前，新加坡已形成各种要素的金融市场。1978—1993 年，新加坡金融业收入由占国民经济总值的 5.2% 上升到 33%①，成为增长最快（年均 13.1%）、贡献最大的行业，并带动了贸易业、制造业、旅游业、石油化工业和高科技产业的高度发展。

（三）政府主导、金融先导政策的原因及条件

金融史研究中，后进国家为了实行经济快速发展追赶经济发达国家，或者在经济变革时期，都不能任凭市场经济与金融的自然演进，常常需要政府主动采取超常的手段，即政府主导下的金融先导政策。②

金融先导之所以能够使经济超常发展，主要有以下几个原因决定的。③

第一，金融先导能够引起社会创造出新的信用工具，加快社会商品化、货币化、市场化、城市化。在相对落后的社会中，一般都是商品化、货币化、市场化程度比较低，倘若政府政策能够主动引导、支持社会创造出新的信用工具和信用机构，自然能够扩大商品交易规模，包括商品交易数量和交易地域，推动社会商品化、市场化、城市化程度的提高；同时，增加政府的财政税收，从而使政府可支配收入用于经济社会发展之处相应扩大，国家经济社会发展便进入良性循环。第二，金融先导能够引导社会将各界闲散资金转化为资本。第三，金融先导能够引导社会创造出新的货币拉动生产和流通。第四，金融先导能够引导金融服务以价值流拉动物流提速。第五，金融先导能够引导资源配置，优

① 张书．新加坡金融制度［M］．北京，中国金融出版社，1998：28.
② 孔祥毅．晋商与金融史论［M］．北京，经济管理出版社，2008：293.
③ 孔祥毅．晋商与金融史论［M］．北京，经济管理出版社，2008：298－300.

化产业结构。

需要指出的是，金融先导是有约束条件的。第一，金融先导的主体只能是政府，而不是市场，所以是政府主导的金融先导，并且需要政府谨慎而科学的决策。第二，金融先导是政府的金融经济发展战略，需要相应的政策措施，通过周密的研究设计与安排，方能发挥出金融对经济的拉动作用，否则可能适得其反。第三，金融先导的效应是发展变化的。20 世纪 70 年代以来，随着国家控制的有管理的信用货币制度的建立，金融对经济发展的“先导性”进一步加强，有有限性转变为普遍性。第四，金融先导需要优先发展新兴金融业，以新兴金融业促进新兴产业的发展，优化产业结构，提升经济发展的水平。

第七章

现代金融的新发展
（公元 1973—）

第一节　制度变迁与科技进步带来的金融发展

不论金融业生存的内在动力有多大，它总是要受一定制度环境的制约和技术水平的限制。20 世纪 70 年代以来，国际金融领域最令人瞩目的变化就是金融监管的逐渐解除和科技进步给金融业带来的巨大影响。本章准备就这方面做一介绍，首先描述一下 70 年代以来金融监管解除的概况；其次，重点介绍监管解除所引起的金融并购活动；最后以电子银行的发展为例介绍科技进步带来的金融发展。

一、20世纪70年代以来金融制度变迁的主要特征——解除金融监管

20世纪70年代以前，不论是发达国家还是发展中国家都普遍实行了金融监管政策，70年代后又纷纷走上了金融自由化的道路。这一转变是有其深刻的历史背景的。首先从第二次世界大战到70年代，政治上冷战思维盛行，两类不同政体的国家之间对立严重，导致两类政体国家之间交往的严格监管；其次，布雷顿森林体系确定的可调整的固定汇率制，也迫使国家为维持汇率稳定不得在对外商品和资本往来上施加各种监管；最后，凯恩斯思想的盛行也使各国政府过高地估计了政府监管的力量。但是发展中国家和发达国家实行金融监管的出发点不同，解除金融监管的过程和效果也不尽相同。

（一）发达国家解除金融监管的背景与过程

发达国家的金融监管更多是受经济大萧条和凯恩斯思想的影响，实行金融监管是为了保证金融业的稳定。但随着经济金融的发展，监管的负面效应不断涌现，以规避监管为目的的金融创新层出不穷，也使监管的效力大大下降，全球化条件下各国竞争日益激烈，为了维持各国金融机构的竞争力，政府的角色就是放松金融监管，给金融业松绑。放松金融监管又称为“金融自由化”，各主要发达国家金融自由化始于60年代后期，在70年代初曾一度停顿，到70年代末又重新发展，并在80年代中后期达到高潮。发达国家的金融自由化是在金融抑制程度较低、金融业国际化程度较高的条件下进行的。发达国家金融自由化主要是为了解决市场深化进程中出现的金融结构与金融管理体制矛盾与冲突，其本质是市场深化进程中的金融重构。

美国采取了渐次解除金融监管的方法。20世纪70年代美国开始放松利率监管，1980年，美国国会通过的《对存款机构放松监管和货币控制法》则彻底打破了利率监管，实现了银行利率市场化。80年代后期，美国金融业就是否允许银行跨地域、跨业务范围经营展开了激烈的讨论，1994年9月颁布的《里格—

尼尔1994年银行跨州经营及跨州设立分行之效率法》允许银行自1997年6月起，以持股、收购或设立分行的方式经营跨州银行业务。1999年11月，美国国会通过了《金融服务现代化法案》，推翻了《格拉斯—斯蒂格尔法案》66年来不允许银行业、证券业、保险业之间相互经营的限制，准许金融机构兼营各种金融业务，实现全能型服务。至此，美国终于取得了金融体制改革的圆满结果，它标志着美国超级金融服务时代的到来。

在日本，首先是逐步扩大浮动利率存款的范围，从1989年起，又以融资成本为主要考虑因素对短期贷款基准利率的确定方法进行了改革，使利率的确定进一步市场化。在逐步放开利率的同时，日本还对其银行法第65号条款进行了改革，取消了银行与其他金融服务业之间的行业限制。日本《1981年新银行法》和修改后的《证券交易法》规定银行可以经营公债，同时允许其设立中期债券基金，并用这些基金开设现金管理账户。此外，证券公司还获准向顾客发放以公债为担保、不限用途的贷款。以自由、公开、国际化三原则为核心的日本版“金融大爆炸”于1998年正式启动，它标志着日本金融自由化的全面推进。

在英国，1986年10月27日，伦敦股票交易所允许外国银行、保险公司以及证券公司申请成为交易所会员，允许交易所以外的银行或保险公司甚至外国公司100%地购买交易所会员的股票，此次改革被人们称之为金融“大爆炸”，其核心就是利率的自由化和金融业务的自由化。1985年，欧共体推出了“银行业协调第二指令”的金融改革方案。该方案规定：一是欧共体成员国的金融机构在本国获得营业执照以后，均可在其他成员国设立分支机构，经营母国所批准的诸如存款、租赁、参与股票发行、投资管理等广泛的金融业务，而不考虑东道国的银行是否允许经营这类业务。二是在对待非成员国金融机构方面，遵循对等原则，凡给予共同体银行与本国金融机构同等待遇的非成员国，其银行也可在欧共体获得同等待遇。

发达国家这些放松金融监管的措施给了金融业以最大的自由，极大地促进了金融业的发展，也进而刺激了经济的发展，因为发达国家有较成熟的制度和市场基础，所以这一金融自由化的进程较为顺利，收到了利大于弊的效果。

（二）发展中国家解除金融监管的背景与过程

发展中国家大都是在第二次世界大战后伴随着政治经济的独立逐步建立起来的，生产力落后、金融资源短缺、金融体系薄弱，为了把落后的农业经济转变为现代工业经济，把有限的资金资源导向优先发展的工业部门，发展中国家的政府对货币金融体系进行严格的监管，普遍建立起以抑制为特征的货币金融体制，并实施封闭的、计划指令性的进口替代工业发展战略。这种发展战略虽然使发展中国家的工业部门迅速增强了力量，但资源配置的扭曲、资金使用的低效率以及越来越严重的资金短缺，使发展中国家在长期发展过程中遇到了“瓶颈”，金融压抑的负面效应表现得日益突出。

20 世纪 70 年代，国际冷战思维渐渐消退；布雷顿森林体系解体，浮动汇率制时代到来；政府监管带来的负面效应使自由主义的思想深入人心，各国纷纷放松监管，强调市场的力量。在这一前提下，发展中国家与发达国家之间的国际贸易和资本往来日益增加，金融国际化的趋势加强，发展中国家在封闭条件下形成的各种金融监管措施失去了存在的理由和基础，不放松金融监管便没有出路。此外，从 20 世纪 70 年代开始，利率自由化即成为国际货币基金组织对发展中国家实行经济稳定计划的一项基本要求，而金融深化理论的产生，也为发展中国家金融自由化改革提供了理论基础。自 20 世纪 70 年代开始，大多数发展中国家先后走上了金融自由化的改革之路。

20 世纪 70 年代中期拉美国家首先进行了金融自由化的改革，在遭遇了 80 年代的债务危机之后，拉美国家掀起了第二次金融自由化，这次涉及的国家更多。在实施金融自由化的过程中，拉美国家吸取了上次金融自由化的教训，采取了谨慎监管和放松监管并重的策略，具体措施有：（1）放松对利率的监管；（2）取消或减少政府对银行放贷（尤其是定向放贷）的监管；（3）降低银行的存款准备金要求；（4）对国有银行实行私有化。

亚洲的发展中国家也在 70 年代末和 80 年代初相继实施了金融自由化的改

革。韩国于1981年初颁布了十年金融改革计划，随后又出台了许多金融自由化的措施，并逐步放松金融监管。为了进一步推动金融自由化，韩国政府在1993年推出了在5年内实施一系列内容庞大、范围广泛的金融改革计划，主要包括如下方面：（1）取消利率监管，实现商业存贷款、短期公司债券、政府债券、银行定期债券利率自由化；（2）改革政策性融资制度；（3）逐步完善货币工具的使用；（4）开放资本账户。在国内金融市场和利率完全自由化后，开放证券投资，发展外汇市场，逐步实现韩元汇率市场化，至1997年实现韩元自由兑换。

印度尼西亚的金融自由化始于1982年。首先取消了对国有银行的存贷款利率上限的控制，并鼓励这些银行放贷，但造成银行之间的竞争变得越来越激烈，利率开始上升。1988年印度尼西亚实施了金融自由化的第二阶段。金融改革的重点包括：（1）降低进入金融部门的壁垒，放松对本国银行开设分行和外国银行进入国内的大多数限制。（2）允许公共部门实体将不超过50%的存款存入非国有银行。（3）允许非银行机构办理定期存款业务。（4）允许银行和非银行在股票市场上筹措资金。放松对租赁业、保险业、风险资本、消费信贷和证券业的监管。（5）将银行准备金要求从15%降低到2%。上述改革措施为银行业的发展创造了条件。

泰国的金融自由化始于20世纪80年代末。泰国的金融自由化主要包括以下内容：（1）1990年和1992年取消存款利率和贷款利率上限；（2）外汇交易逐步被放开，首先是经常项目，然后是资本项目；（3）允许商业银行和金融公司扩大业务范围，尤其是允许金融公司经营以前只能由商业银行从事的业务（如外汇交易）；（4）一边发展离岸银行业务，另一边把泰国建成东南亚地区的金融中心。

中国则从1978年起采取了渐进式的金融自由化改革，包括政策性银行与商业性银行业务的分离、允许银行业务的交叉经营、取消贷款额度限制、实行一定范围内的利率自由化等。

在东欧，苏联进行了“突变式”的金融自由化改革，其他国家则大部分采取了渐进式的改革。

非洲国家也在这一期间放松了对金融业的监管，尤其是放松了对外资进入金融业的限制，但由于其薄弱的经济基础和金融业发展的严重不充分，放松监管反而使本国金融业越发无力与外来的金融业竞争。

总之，发展中国家实施金融自由化大都是以扩大本国经济开放和消除“金融压抑”为出发点和目标的，其金融自由化主要集中在价格的自由化、业务经营自由化、市场准入自由化和资本流动自由化四个方面。

金融自由化使发展中国家在一定程度上减缓了“金融压抑”，带来了本国经济增长。然而，发展中国家国内金融市场的不成熟和制度环境较薄弱的现状，以及对发达国家的严重依赖，使金融自由化在进行了一段时间后便面临着来自内部和外部的不可持续的因素，最终以各种金融危机的形式表现了出来。金融危机之后，发展中国家充分吸取了以前金融自由化的教训，纷纷走上了谨慎自由化的道路，这时的自由化显得比以前要成熟和稳健得多。

二、制度变迁引起的金融并购

全球金融业自19世纪末20世纪初以来先后经历了三次大规模的并购高潮。第一次是在20世纪20年代，以大银行对小银行的纵向并购为主，还有银行资本与产业资本的相互渗透，并购的结果是出现了银行的集中和几大可以左右一国经济的金融寡头，如美国的十大财团、英国的五巨头、日本的五大财阀等；全球金融业的第二次并购出现于50年代中期，但直到80年代才形成高潮，此次并购涉及在布雷顿森林体系框架下的50~60年代、浮动汇率与国内监管并存的70年代以及放松金融监管及金融自由化开始起步的80年代。全球金融业的第三次并购高潮出现于90年代后期，此次金融并购以巨型并购和跨国、跨行业并购为主要特征。

信息技术、全球化、监管的放松都对金融并购产生了影响，而金融监管是金融并购能否实现的一个重要制约因素，因此，金融监管的放松是金融并购产生的一个重要制度背景。下面，我们详细探讨一下这方面的发展。

金融并购涉及跨地域和跨业务范围的并购，各个国家对金融并购的限制有所不同，一类是以德国为代表的全能银行制度，又称为综合化业务制度或混业经营制度。金融机构可以提供包括银行业务、证券、信托和保险业务在内的全方位金融服务，金融体系主要由全能金融所组成，在金融并购方面，不存在地域和业务范围的限制。德国、瑞士、荷兰等欧洲大陆国家一直采用该制度。另一类是以美国银行业与证券业分离制度为代表的分业经营制度，即金融机构不能既经营银行业，又经营证券业、信托业、保险业或三者之一，即实现银行和后三者的分离。这种制度又称为专业化业务制度。分业经营曾经是许多国家，如美国、加拿大和日本等国家金融机构业务制度的基本模式。但随着金融创新、放松监管以及金融业国际化的发展，综合化业务制度已成为全球金融业发展的趋势，专业化制度受到了严重的挑战。

从金融并购自70年代以来的发展历程来看，每一次放松金融监管和金融自由化都会引起一轮金融并购的高潮。70年代欧洲货币市场的发展，是离岸金融市场并购增加的主要原因；1979年英国取消外汇监管，刺激了英国金融业向海外的扩张；1986年英国的金融大震，引起了银行、保险、证券通过并购形成综合性金融机构的热潮；80年代末90年代初，日本的金融自由化和经济繁荣，是日本金融业通过并购跃上国际舞台的主要动力；1996年日本的金融大爆炸、1999年美国的《金融服务现代化法案》、欧元区单一货币市场的形成、90年代新兴市场经济国家的金融自由化运动，不仅使美国成了引领世界金融并购的主力，也使全球的并购热迅速升温，最终在90年代末形成第三次金融并购高潮。

（一）20世纪70年代的全球金融并购

20世纪70年代是一个动荡的年代，巨幅波动的汇率代替了稳定的汇率机制，石油危机加速了发达国家的衰退，各国一方面靠财政手段刺激经济，另一方面加强了对国内金融领域的监管。此时，金融领域最繁荣的不是传统的银行部门而是各种证券市场，不是国内金融领域而是在70年代大放异彩的欧洲货币市场。因此，金融并购主要体现在以上这些市场，银行部门的并购特点是想方设法摆脱严格的金融监管。

70年代，主要发达国家的国内银行业为了抵消监管带来的不利局面，一方面通过金融工具创新来分享证券市场的利润；另一方面通过隐蔽的形式进行金融并购，扩大自己的规模。如美国通过单一银行持股公司的形式突破不许跨州经营的限制，仅1979年，美国就有217家独立的银行成为大银行的分行，到1979年美国共有36403家银行分支机构，此数量是1947年的8.8倍，1960年的1.54倍。

在欧洲货币市场上，各国都积极地抢占地盘。美国银行首先成为欧洲货币市场的主力军。1960年美国银行有境外分支机构124个，到1973年猛增到573个，1979年则上升为779个。同时，因为外国银行在美国所受的限制比美国银行要少得多，因此，70年代后外国银行在美银行的分支机构迅速增加，在纽约的外国银行分支机构从1970年的75家增加到1979年的244家。英国伦敦作为国际金融中心，也吸引了大批的外国银行，1970年外国银行在伦敦的分支机构为163家，到1979年则上升为389家。在著名的离岸金融中心卢森堡，1970年只有37家外国银行，1979年则增加到108家。大银行在国外发展自己的机构往往通过合资（Joint Venture）的形式，因为这样可以节省成本和人员培训费用，并容易满足东道国法律的要求，1981年伦敦就有46家这样的银行，而在远东地区，尤其是中国香港、马来西亚、新加坡、印度尼西亚和韩国这种形式就更加普遍。

（二）20世纪80年代的全球金融并购

到80年代各国的经济金融化、金融证券化趋势进一步加强，70年代的经济“滞胀”使西方各国纷纷放弃了长期奉行的凯恩斯主义，转而倾向于主张自由化的货币主义。1979—1980年撒切尔夫人和里根总统执政后，发达国家的金融领域掀起了一场放松金融监管及金融自由化的浪潮，这一浪潮使全球金融并购达到了其第二次顶峰。

在80年代的全球金融并购活动仍以西方各国为主，英国的自由化进程最快，所以英国的金融并购走在了前列；日本在80年代的高速经济发展，及相伴随的金融自由化改革，也使日本金融部门成为全球金融并购活动中的一个重要角色；美国的金融监管与放松监管是在不断斗争中进行的，但美国金融业的全球化和综合化的战略方针并未因此动摇，在国内和国际的金融并购活动中都能体现出其称霸世界的雄心；西欧国家的金融部门在这一轮并购中也显示出了充分的热情。其他国家则在进行市场转轨，还不能迅速融入这一轮并购潮流。80年代金融并购的另一个特点是银行业向证券业、保险业的渗透明显加强，金融集团化、国际化的趋势初露端倪，金融并购仍以购买中小型金融机构为主。

1979年10月英国率先放弃外汇监管，英国金融业并购外国金融业不再受资本项目的监管，英国的证券业纷纷寻找最佳的并购市场，美国、日本、加拿大和澳大利亚是它们的首选。1981年英国宣布用5年的时间来准备，争取在1986年取消证券市场的固定佣金制，拆除了证券业和银行业的藩篱并全面推进金融电子化操作进程，人们称之为伦敦“金融大震”。为了在这一轮改革中抢占先机，首先在英国掀起了金融业的扩大规模和交叉并购活动。如，1981年秋，英国的三家贴现公司Cater Ryder、Allen Harvey和Ross合并为Cater Allen，成为英国第三大贴现公司；1982年英国的金融服务集团RIT&Northern购买了Kitcat&Aitken；S. G. Warbug的母公司Mercury Securities作为一家商业银行，在1982年兼并了伦敦一家最大的经纪人公司Akroyed & Smithers，1984年又宣布兼并两家股票交易所和一家经纪人公司，变成了一家美国式的投资银行。在证券公司扩大规模以及银行和证券联姻的时候，英国的证券交易商Quilter Goodison则主动出击与瑞士的一家保险公司结盟。

美国的金融公司一方面在国内扩大自己的领地，另一方面也不放弃在国外抢占地盘。在国内，1981年出现了以下金融兼并：Shearson与American Express、Prudential与Bache、Dillon Read与Bechtel，Roebuck与Dean Witter，1982年平安证券（Security Pacific）购买了证券交易商Hoare Govett。为了拯救储贷银行，美国有关当局同意跨州兼并危机中的储贷银行，花旗银行1982年兼并了圣弗兰西斯克的Fidelity储贷机构，1983年又兼并了Grindlays，在国外，美国金融机构也极力抢占有利地盘，华盛顿的Riggs National Bank在81年兼并了伦敦的AP Bank；芝加哥的Harris Trust & Saving Bank则兼并了伦敦的Montreal银行；芝加哥第一国民银行（First National Bank of Chicgo）收购了巴西一家投资银行Banco Denasa de Investimento，花旗集团还和伦敦的几大证券交易商组成了银行团，Morgan Grenfell与西德最大的银行Deutsche

Bank 结盟，Chase Manhattan 则实现了兼并两家英国证券交易商的目的。

在80年代的并购潮流中日本并不落后，国内的四大银行首先通过分支机构的形式分别成立了四家证券公司，在国外，日本银行进军美国、伦敦，在银行和证券领域扩展自己的地盘，如 Nomura 早在60年代就在伦敦经营证券业务，1987年7月，日本的 Katsumi、Kawashima 和 Sanwa International 进入了伦敦，日本银行在美国也购买了大量的银行。日本公司的海外兼并在1984年不到50例，1988年就超过了230例，1988年日本银行拥有255家海外分支机构，其中大部分分布在美国和亚洲。

除美、日、英国外，加拿大、瑞士、法国、德国的兼并活动也很频繁，可以看出各国的金融机构都在通过兼并这一快速通道实现大规模、跨行业、国际性的金融战略方针。这一时期的兼并活动大部分是通过购买对方部分股权来进行的，被兼并对象大部分为中小型的金融机构，因为在当时花费20亿—70亿美元购买一家中小型金融机构，比自己建公司要省时省力得多，不失为一笔好买卖。

（三）20世纪90年代以来的全球金融并购

20世纪90年代以来金融监管的全面放松，金融全球化、金融电子化、信息化、综合化的趋势把全球金融并购推到了一个前所未有的高潮，金融业出现了巨型并购、跨境并购和跨业并购的趋势，其并购的地理范围也不再局限于少数几个发达国家，而是几乎覆盖了全球（见图7－1、图7－2）。

从图7－1可以看出：全球金融业的并购涉及的靶子（target）机构的数量从1990年的324家上升到1999年的887家，2.74倍于1990年的数字。1990—1999年的累计总数为7304家。其中，北美占58.1%，环太平洋国家占6.68%，欧洲国家占34.73%，美国的并购数量在这一期间占世界的58.11%。

全球金融业的并购总额从1990年的380.0亿美元上升到1999年的3531.71亿美元，是1990年的9.3倍，10年累计金额为16230.91亿美元。

全球金融并购平均从1990年的2.276亿美元上升到1999年的6.753亿美元，说明了巨额并购的趋势。此次金融并购的高潮从数量上看发生在1997年，从金额上看则发生在1998年。

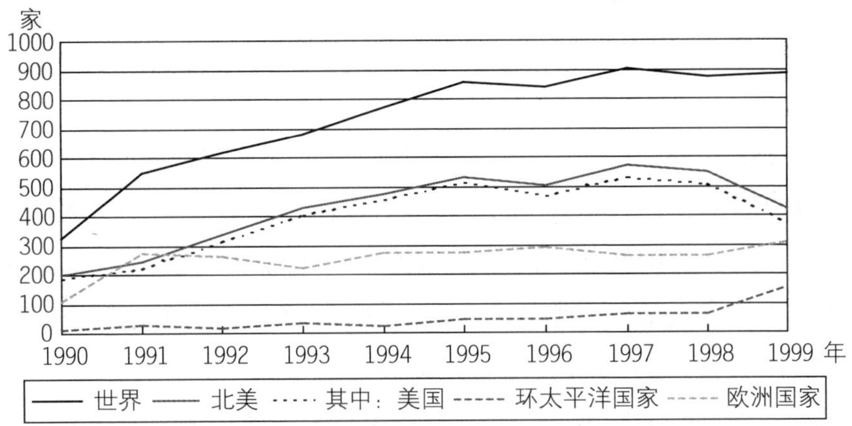

图 7－1　20 世纪 90 年代全球金融并购数量（按靶子机构统计）

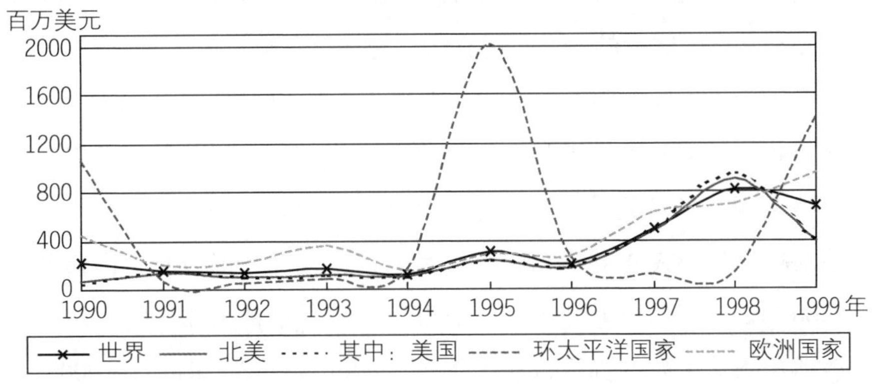

图 7－2　20 世纪 90 年代全球金融并购年平均金额

环太平洋地区的并购数量不大，但在并购平均金额上却出现 1990 年、1995 年、1999 年 3 次高潮。这是因为日本的几次巨型并购导致的。

1990 年日本的协和银行（Mitsui）和崎玉银行（Taiyo Kobe）合并为旭日（Sakura）银行，其在世界银行的级别排名中迅速从 1990 年的 21 位和 34 位上升为 1991 年的第 7 位。1994 年日本的 Mitsubishi 银行和 Nippon Trust 银行合并为三菱银行，其名次由 1994 年的分别为第 6 位和第 281 位上升为 1995 年的第 6 位，1995 年 3 月，三菱银行和东京银行又宣布合并，成为世界超一流的银行。

1992年《巴塞尔协议》对银行资本充足率的要求迫使一些银行通过并购达到这一目的。从1989—1992年世界前200家银行中的34家银行的大型并购结果看，通过并购产生的13家银行中，并购后银行的资本资产比率超过并购前的任一家银行的该比率的银行家数为7家，超过并购前各家银行该比率的平均数的为3家，稍低于并购前各家银行的平均数的也有3家，可见，并购是银行满足《巴塞尔协议》中资本资产比率要求的一个重要目的。美国银行跨州限制和跨行业限制的逐步取消（最终表现为1999年11月通过的《金融服务现代化法案》），使美国成为引领世界金融并购潮流的主战场，90年代上半期美国银行业所发生的并购案占发达国家总量的74.8%，所涉及的并购案值占发达国家总案值的54.1%。比较典型的是1995年化学银行与大通曼哈顿银行的兼并，1999年美国弗利特银行与波士顿银行的合并，花旗银行与旅行者集团联姻等。

单一欧洲货币市场的形成使欧洲国家的并购在1999年前达到了高潮。1995年瑞士银行收购英国最大的投资银行华宝集团的投资银行业务，形成瑞银华宝公司（UBS Warburg），随后于1998年收购德威（Dillon Read）公司并经重组后最终形成瑞银华宝德威公司；1998年6月1日，旅行者集团成为日兴证券最大股东；2000年，大通银行兼并英国投资银行集团罗伯特·弗莱明；瑞士联合银行集团收购美国第4大投资银行潘·韦伯公司（Paine Webber）；2000年3月，巴黎、阿姆斯特丹和布鲁塞尔宣布合并组建单一证券交易市场——EURONEXT。其他新兴市场国家也主动或被迫加入了这一行列，因此，国际金融领域的并购高潮出现在20世纪80~90年代，进入21世纪后，尤其是2002年以来受国际经济衰退的影响，国际金融并购进入低潮时期，但是这一活动仍在继续，并未停止。

20世纪90年代以来金融并购的显著特点是巨型并购增加，跨国、跨行业并购增加。全球金融并购的跨业、跨境并购金额很大，但从总体来看，仍以境内并购、同业并购、银行并购为主。如果从并购机构数字的增长速度来看，银行业的并购数量1999年是1990年的2.45倍、保险是1.9倍、证券是4.16倍，同业并购数量

1999 年是 1990 年的 2.69 倍、异业为 2.82 倍，境内 2.88 倍、跨境 2.08 倍。可见，证券业并购和跨行业并购的增长速度要快于银行业并购和同业并购的增长速度，这也许预示了未来金融并购的方向。90 年代的金融并购相对于 70 年代的合资、80 年代的购买来讲，主要是通过在金融市场上的“并”来进行，大部分是强强联合，是善意并购，兼并方和被兼并方都认为并购是一件“双赢”的事，甚至出现一些金融机构主动寻求被兼并的情况，这一点与 70、80 年代有很大的区别。

三、科技进步给金融业带来的发展——以电子银行的发展为例

电子银行是指用电子的手段来进行银行业务，即银行的交易记录、信息及资金的转移、存款的吸收、贷款的发放及各种银行业务的进行采用电子手段而非人工手段的方式。也许大多数人认为电子银行是近几年的新生事物，但其实不然，电子银行的过程已经演进了近 50 年了。之所以有这样的认识，是因为和消费者有关的电子银行过程才刚刚开始，如 ATM 的普及、电话银行、网络银行、电视银行的兴起等都是近 20 年的事。也许还有一件人们没有意识到的事是随着我们的社会从工业时代进入到信息时代，全球的金融业也正从“纸的世界”进入到“电子世界”，就像 20 世纪上半期金融界花了几十年的时间摆脱沉重的“金属”羁绊一样，目前他们正在扔掉堆积如山、烦琐的“纸片”，进入便捷、灵活、快速、自由的“电子时代”。

20 世纪 50 年代，昂贵而笨重的计算机的面世揭开了银行电子化的序幕。最先受益的是银行的账务处理和业务流程，即办公自动化。这种办公自动化，一开始是简单的脱机处理，相当于是用计算机代替了笔和纸，后来则发展到联机处理，即能根据业务流程在人工的帮助下，自动处理、记录相关的业务。在一些发达国家，如美国，银行内部的记录在 60 年代已经计算机化了，但在其他国家则要晚一些。一直到 80 年代末期，信息技术在银行的应用仍主要是交易程序，是为了使银行的业务活动机械化，而不是为了销售。到目前几乎所有国家的银行都实现了办公自动化，这在大大提高银行工作效率的同时又节省了银行

的成本。这种办公自动化在不断提高自身效率的同时也向更大的范围扩展，先是直接的上下级银行之间联成小范围的局域网，后来扩大到全国的同一银行系统的联网，一些国际性的大银行甚至拥有自己的国际性的网络。

20世纪60年代随着国际交易的增多，银行间的跨国通讯也迅速增加。为了赢得竞争优势，一些大银行纷纷建立自己的通讯网络。当时北美洲和欧洲大陆几乎被迷宫一样交叉的网络所覆盖，这些网络的通讯代码、格式和规则极不一致，给银行的行际和国际交流带来了很大的困难。为了克服这一困难，1973年来自15个国家的239家银行促成了SWIFT（Society for Worldwide Interbank Financial Telecommunication）环球银行间金融电讯协会——一个非营利性的金融合作组织的诞生。SWIFT建立了世界上第一个国际金融信息通讯网，公布了第一个文本信息标准。当时，银行是通过电报传递信息的，一天只能接收1万封电报，他们期望SWIFT的传输速度达到每天30万条信息。30年过去了，如今SWIFT每天可以传输的信息达到了800多万条，每笔信息的传输时间从最初设计的30分钟到现在的不足20秒，每条信息的价格则在过去十年来下降了70%。SWIFT的会员也由成立时的239个增加到了目前来自199个国家的7400多个金融机构，它的会员类型由最初仅限于银行发展到了现在的证券经纪业和投资管理公司。SWIFT采用的体系也由最初的SWIFT1发展到后来的SWIFT2，现在SWIFT正在转向SWIFTNET，2002年8月15日，SWIFTNET发布了它的第一条信息，标志着SWIFTNET转移的开始。

1999年1月1日欧元面世后，与欧元区各国国内的清算系统（RTGS）相连的泛欧实时总额清算系统（TARGET）出现。欧洲除了TARGET外还有同样与各国国内的清算系统相连的、由14个国家的100多家银行参加的（EBA）欧洲银行协会系统，它以商业银行的净清算为主，付款指令简单、费用低。目前几乎所有的国家都有了自己的国内清算体系，如日本的“日银网络”、中国香港的CHATS（票据交换自动划拨系统）、韩国的BOK—Wire跨行差额清算系统等。大部分发达国家都实现了“实时的、总额、直通式”的清算，其他国家的清算体系正在向这个方向努力。可以说，大额交易的支付已经实现了全球范围内的电子化，小额交易的全球支付系统及标准也正在建设中，网络支付及信用卡全球联网体系的出现将会大大减少小额交易的纸制票据传递的使用。

银行为客户提供服务的电子化进程最早可以追溯到 20 世纪 50 年代第一张银行卡的发行，真正的起步则在 20 世纪 70 年代末期，其标志是 ATM（自动提款机）的开始使用；80 年代出现了银行电子化的繁荣期。在这一时期，银行卡实现了国内联网和互通互用，维萨卡和万事达卡等著名的信用卡公司则实现了国际信用卡支付体系的联网。ATM 普遍推广，电话银行开始推出；90 年代中期出现了网络银行（1995 年 10 月 18 日，全球第一家纯网上银行——安全第一网络银行在美国诞生），电话银行开始普及，移动电话银行出现、部分银行卡允许在网上使用，并且能进行“钱包—钱包”的资金转移，90 年代末期电视银行开始在英国出现；目前网络银行的发展一路领先，银行为客户提供服务的渠道逐渐统一到一个平台，在服务的质量提高、内容增加的同时，价格却大幅度下降。

制度变迁与科技进步是金融发展的两个轮子，本章分别从金融并购和电子银行的发展两个典型角度展现了其对金融发展的推动作用，虽不全面，但足可窥其一斑。

第二节　金融全球化

金融全球化是经济金融化、经济全球化的必然结果。进入 20 世纪 70 年代以来，金融全球化的发展成为全球化进程中的一个亮点。贸易和生产的全球化增加了对金融全球化的需求，而金融自由化、信息技术、金融创新的发展又使金融全球化的供给迅速增加，世界贸易组织、世界银行、国际货币基金组织、国际清算银行等国际组织又从全球的角度，为金融全球化的演进提供了组织支持和制度保障。金融全球化的发展极大地改变了金融体系的面貌，金融领域越来越呈现一体化的特征，但利益和损失的分担却显得更加悬殊。

一、推动金融全球化的因素

首先，贸易和生产的全球化——金融全球化的动力。

金融是为经济服务的，金融服务的收益主要出自于此，经济活动范围的延伸和扩大决定了金融活动范围的延伸和扩大。因此，贸易和生产的全球化离不开金融服务的推动，同时金融全球化又极大地促进了贸易和生产的全球化。

世界贸易增长超过世界生产的增长，说明世界各国的经济交往和相互依赖增加，人们认为这是经济全球化的最好证明。1950—1999 年，全球生产（GDP）增长 6 倍多，而同期的全球贸易则增长了 16 倍多，经济全球化的特征已很突出。在世界贸易增长的同时，世界贸易的格局也发生了变化。战前形成的贸易格局是工业化国家作为世界工厂和制造业产品的输出国，而发展中国家作为原料产地和商品市场的格局，现在则变成了由多个区域贸易集团形成的“板块状”结构，在每个区域贸易集团内部又形成了“中心—外围”的分工格局（最具影响力的区域集团是北美自由贸易区、欧盟和亚太地区，因此又有人认为是一种“三元”结构的贸易格局）。贸易区内的、自由化、一体化进程非常迅速，但贸易区之间的各种壁垒和障碍又很明显（在一段时间内，贸易区的保护主义抬头，阻碍了贸易全球化的进程，如在 1978—1988 年，由强权国强加的“资源出口限制”增加了 5 倍，达到 260 项。里根总统执政时期，美国进口的份额限制和官方限制的比例由原来的 12% 增加到了 23%，据估计，其他的非关税贸易壁垒在 1966—1986 年增加了一倍，达到 40%）。尽管如此，受世贸组织条款的约束及外向型经济发展的推动，世界贸易还是越过了这些壁垒，向纵深化和全球化发展。在这种格局的影响下，金融领域也同时具有了区域化和全球化的特征。

在世界贸易增长的同时，跨国公司的迅速发展直接导致了生产的全球化。据联合国统计，截至 1999 年底，全球跨国公司已增至 5.4 万家，其海外销售额达 10

万亿美元，贸易额占全球贸易总额的60%，所掌握的高新技术占全球高新技术的70%，所控制的国际技术贸易占全球该项贸易的70%，产值占世界总产值的40%，投资额占各国对外投资的23%，境外直接投资占国际直接投资的90%以上。对跨国公司而言，利润最大化是它们追求的唯一目标，民族、国家、地区的概念在跨国公司的内部资源配置中被渐渐淡化，世界各国被纳入到跨国公司开辟的、全球范围内的产业层次、企业层次、产品层次、工艺层次的全面联系中。

同时，由跨国公司的发展所带动的直接投资也迅速增加。1950—1999年，全球对外直接投资增长了21倍，超过了国际贸易（16倍）的增长。国际直接投资增长的结果是各国尤其是发展中国家，对直接投资的依赖越来越强。1995年，外国直接投资占国内投资的比重，发达国家平均为8.6%，发展中国家平均为12.5%。目前，中国已成为吸引外商直接投资最多的发展中国家。全球直接投资的增长，也表明国际分工日益超越传统的以自然资源为基础的产业部门间的分工，发展到以现代工艺、现代技术为基础的功能分工，发展到产业内部的沿着生产要素界限形成的分工。

世界贸易、跨国公司、国际直接投资的增长推动了经济全球化的进程，也增加了对跨国金融服务的需求。正是为了适应这种需求，金融自由化、开放化、全球化的步子才迈得越来越大。20世纪90年代掀起的轰轰烈烈的全球金融并购浪潮，推出了一批巨型的、能提供全球范围内的综合金融服务的金融“巨人”。据统计，目前排名全球前100家的大银行几乎垄断了所有跨国商业性金融服务。

其次，技术进步与金融创新是金融全球化的双翼。

信息和电子技术的进步使金融业焕发出新的生命，使它有能力提供全球性的金融服务；层出不穷的金融创新工具又使全球范围的金融交易变得灵活多样、得心应手，因此，可以说技术进步和金融创新是金融全球化的双翼。

信息和电子技术的飞速发展，使我们在提到金融的时候，脑海中不再呈现一个具体的、遥远的、某个建筑物中的金融机构，而是一张高度精密、复杂、运转效率极高的“金融网”，它覆盖全球，24小时随时准备为你服务，只需轻点鼠标，你便立刻“触网”。目前金融部门的前台、后台服务都实现了“电子化”，提供服务的渠道有柜台、ATM、POS 机、电话银行、手机银行、网上银行、电视银行等，因此你不必再担心距离的远近；除了在客户服务方面实现了地区和全球的联网外，金融部门也早就在信息及资金的转移上实现了地区、全国、全球联网，资金的转移实现了实时清算、通过 SWIFT 转移的信息每条仅需 20 秒、从计算机、电视、甚至移动电话上可以看到实时的证券市场交易信息，因此，你也不必忧虑会出现时间的延误；那么费用呢？过去十年来 SWIFT 传递每条信息的价格下降了 70%，发达国家证券市场经纪人的费用下降了 50%，网上银行每笔交易的费用仅为 0.1 美元。因此，技术进步使金融部门能在全球范围内提供方便、快捷、低廉的金融服务。金融创新细分了金融服务，能够满足各种金融需求。据统计，20 世纪 60 年代以来，作为大类的金融新品种就有 200 多种，小类的有 2000 多种，这些金融创新不仅实现资金跨部门、跨国界转移的梦想，更提供了在全球转移风险、获取利润的渠道和便利。

最后，金融自由化及放松资本监管为金融全球化提供了便利。

金融自由化包括对内的自由化和对外的自由化。对内的自由化主要指利率和费率的市场化以及银行、保险、证券业经营范围界限的取消，对内的金融自由化构造了一个市场化的国内金融市场。对外的金融自由化主要指资本监管的放松，对外自由化的结果是阻碍资金跨国流动的藩篱不断被拆除，“国内金融”与“国际金融”的界限日益模糊，各国原先独立运行的金融体系被迅速纳入全球金融运行体系中，金融全球化的局面出现。

第二次世界大战后资本项目监管的放松，最早可以追溯到 20 世纪 50 年代英国允许本国银行直接对外发放美元贷款的时期，随后在此基础上逐渐形成了一个欧洲美元市场。1958 年欧洲国家货币自由兑换市场的形成进一步刺激了欧洲美元市场的发展，同时这一市场的巨大诱惑力也吸引了其他国家的加入，新加坡于 1968 年允许美国商业银行从事境外金融中心业务，对于非本国居民外币存款利息免税，并分 10 年放宽外汇监管。至 1978 年 6 月 1 日起，所有外汇监管全部撤销，本国居民也可自由买卖各种外币。欧洲美元市场的迅速发展和布雷顿森林体系的解体直接导致了各国资本监管的放松。

1979 年英国率先解除了外汇监管，1986 年伦敦“金融大爆炸”又拆除了证券、银行、保险之间的界限；日元的国际化大约从 1978 年开始，1980 年 12 月通过的《外汇、外贸控制法案》全面解除了日本的外汇监管，放开了日本的资本账户；美国曾在 20 世纪 60—70 年代对美国的对外投资、本国居民购买外国债券实行过不同形式的限制，但由于形势所迫，美国也不得不取消这些限制。特别是从 1981 年 12 月3 日起，美国联邦储备局允许美国的商业银行成立国际银行机构 IBFs，免除存款准备金利率高限及存款保险的规定。从此，IBFs 不仅对外国居民进行美元或其他通货的存贷款业务，也成了美国境内的欧洲通货市场。

在发达国家放松资本监管、金融自由化的热潮中，不少发展中国家也随之跟进。在 20 世纪 70—80 年代，拉丁美洲和亚洲一些国家不同程度地进行了资本账户开放的改革。例如 1977—1979 年，阿根廷取消了投资收益汇出、居民购买外汇及外国贷款期限等限制。同一时期，智利资本账户迈出的步子更大，打开了银行及资本市场对外开放的大门。在亚洲，马来西亚在 20 世纪 60 年代就进行了一系列放松资本监管的改革，以便使资本市场保持更高的开放性。不过对大多数亚洲国家来说，资本账户开放是 20 世纪 80 年代中后期才真正开始。在这个时期大多数发达国家放松了资本监管，资本账户开放进展顺利。但对一些发展中国家来说，由于受国内经济环境的限制或国内经济条件准备不足，资本账户开放后随之发生了国际支付危机，从而使这些过早开放资本账户的国家经济陷入了困境。这些国家为了阻止资本的大规模外逃，缓解其支付危机，种种资本监管措施又复归到原点。不过危机过后这些国家对资本监管又重新放松，但有以往的经验为借鉴，资本账户开放有了明显的选择性。

20 世纪 90 年代以后，世界各国资本账户开放的步伐进一步加快，据 IFM 的统计，1991—1993 年，有 12 个国家放松了对长期证券投资流入的限制，3 个国家放松了对短期证券投资流入的限制，5 个国家对居民到国外购买长期或短期证券所实行的汇兑监管被取消。事实上，几乎所有的发展中国家放松了对国外进行证券投资或直接投资的限制，有25 个发展中国家取消了居民外币业务的监管等等。在这个时期实施资本账户自由化的发展中国家已由1975 年的20 个增加到1995 年的31 个。

资本监管的放松极大地推动了跨国资金流动和跨国金融服务的提供，为金融全球化松了绑，扫除了前进的障碍。为工业国和发展中国家放松金融监管并增加促进资本流动的策略的走势图，它很清楚地说明了这一点。

世界贸易组织已涵盖143 个成员，它及其前身——关贸总协议所奉行的一系列原则，尤其是贸易自由化原则（贸易自由化原则中指出：成员国应当限制和取消所有关税和非关税壁垒，消除国际贸易中的歧视性待遇，提高本国市场的准入程度。经过多轮关税减让谈判，发达国家的平均关税水平已从1948 年的36%，降到20 世纪80 年代的4.5%，发展中国家的平均关税水平同期已降到13%。大大地推动了世界贸易的发展。特别是1998 年3 月1 日生效的“全球金融服务协议”对金融全球化起到了直接的推动作用。该协议的主要内容有：（1）允许外国在国内建立金融服务公司并按照竞争原则运行；（2）外国公司享受同国内公司同等进入市场的权利；（3）取消跨境提供服务和跨境消费的限制；（4）允许外国资本在投资基础上的比例超过50%。这项协议涉及数十万亿美元的金融服务贸易，全球金融服务贸易的95%以上在该协议的控制范围之中，协议的签字国达102 个，可以说，这项协议不仅推动了金融全球化的进展，而且开辟了良好的金融服务贸易环境。国际货币组织则致力于推动成员国经常项目的自由兑换，把消除不利于国际贸易发展的外汇监管避免成员国操纵汇率或采取歧视性的汇率政策以谋取不公平的竞争利益作为自己监督会员国的一项重要内容。国际金融统计年报显示，到2001 年底，接受国际货币基金组织第八条款，实现经常项目可自由兑换的成员，已从1970 年的35 个增加到152 个。除此之外，它还通过向会员国提供援助贷款的机会，在贷款条件中提出要求会员国进行结构改革、实现金融自由化、市场化，及放松资本项目监管等内容。世界银行则是通过发放长期、优惠的贷款支持落后国家的发展，并通过投资担保及咨询机构鼓励跨国投资。国际清算银行不仅为金融全球化提供资金清算等技术支持，而且通过其下属的巴塞尔委员会来观察全球金融风险、制定规则、实施监管。其他地区性的金融机构、七国集团和二十国集团，以及最近成立的金融稳定论坛也为金融全球化的协调、稳健发展作出了贡献。因此，可以说，这些国际组织是金融全球化的“保护神”。

二、金融全球化的表现

（一）离岸金融市场由盛转衰是金融全球化的一个重要表现

金融全球化的第一阶段可以追溯到1960年。在这一阶段中，彼此分割的货币和金融体系并存，各国严格的金融管理占据统治地位，在这些管理的夹缝中存在着一小块具有全球化性质的金融市场——欧洲美元市场。欧洲美元市场是在各种限制的挤逼和一系列刺激的诱惑中产生的。20世纪50年代的朝鲜战争期间，美国对中国美元存款的冻结，迫使苏联把它的美元存款转移到了欧洲银行，形成了第一笔欧洲美元存款；苏伊士运河危机期间，英国政府私下鼓励用美元贷款来替换原来的英镑贷款，开始了第一笔境外美元贷款的业务；1958年底，西欧国家自由兑换市场的出现，刺激了国际银行欧洲美元业务的高涨；60年代美国对利率和资本流动的限制促使美国的跨国公司将更多的资金滞留在海外，也促使美国银行通过在国外开设分行来逃避限制①。1973年的石油危机给这个市场补充了大量的“石油美元”，欧洲货币市场的银行机构通过辛迪加贷款的形式把大量的“石油美元”贷给了发展中国家，这一市场于是成了当时各国平衡国际收支的主渠道。欧洲美元市场的优越性和吸引力使得一些国家纷纷通过设立“离岸金融中心”来分享其中的利益，尤其是一些岛国，后来连美国也通过在本土建立国际银行机构（IBFs），来吸引“离岸”业务的“上岸”。目前，分布在

① 从1964年到1973年，在海外设有分行的美国银行数目从11家增至125家，分行的数目在同一时期从181家增至699家。

西欧、加勒比、中美洲、中东、亚洲和美国等主要区域的离岸市场已有 40 多个，其经营的币种也扩展到了包括欧洲美元、欧洲马克、欧洲英镑、欧洲瑞士法郎、欧洲法国法郎和欧洲日元等在内的 20 多种可自由兑换货币（欧元出现后欧元区的货币在欧洲货币市场上应称为欧洲欧元）。

与此同时，欧洲美元市场的业务也在不断扩大，1952 年，欧洲美元市场大约经手 200 万美元。1960 年，在纯中间贸易方面，经过欧洲美元市场的美元也还只有 45 亿美元。在石油价格上涨前夕，这方面的总额已经达到了 1600 亿美元，自 1973 年起至 1983 年，该市场经手的数额每三年就翻一番。① 据估计，20 世纪 90 年代初期，世界货币存量的 50% 通过离岸市场周转，世界私人财富约有 1/5 集中于离岸市场，1/5 多的银行资产投资于离岸金融市场。

但自 20 世纪 90 年代开始，离岸金融市场在全球金融市场中的重要性日趋下降，其业务增长率也呈递减趋势。据统计，60 年代末到 70 年代中期，离岸金融市场的资产和负债年增长率均超过 40%；而 80 年代中期到 90 年代中期，资产和负债的增长率均下降为 10% 左右，其中一些市场，如巴哈马离岸市场等，甚至出现了负增长②。

离岸金融市场衰落的原因在于各国普遍采取的放松金融监管政策，使在岸金融市场与离岸金融市场的运作法则和经营条件渐趋一致。20 世纪 80 年代末期以来，主要工业化国家大大降低了对存款准备金的要求，公司所得税率也从 70 年代中期的 50% 左右下降到 90 年代中期的 30% 左右，从而使得刺激离岸金融发展的主要因素消失。其他方面如管理制度、优惠政策和法律环境等等原先导致资本向离岸中心流动的经济制度因素，也因金融自由化进程的深入而逐渐消失。

离岸市场由盛而衰，从一个侧面显示了第二次世界大战以来金融全球化的历史进程。在 80 年代下半叶之前，由于各国尚未解除对本国金融业的控制，金

① 【法】弗朗索瓦·沙奈著，齐建华 译资本全球化［M］．北京，中央编译出版社，2001：9.

② 李扬．金融全球化问题研究［J］．国际金融研究，2002：7.

融全球化的发展仍然需要借助于有别于各国金融体系的独立形式。离岸金融就适应这种需要而产生并获得高速发展的。80 年代下半叶之后，由于各国金融自由化改革取得了实质性进展，金融全球化的进程更进一步深入到国际市场和国内市场一体化阶段。

（二）金融机构设置和金融业务活动的全球化

金融机构设置和金融业务活动的全球化是金融全球化的一个重要特征，其原因主要来自三个方面。

一是客户日益增加的需求。越来越多的公司从事世界范围内的业务，越来越多的人跨境旅游，因此对跨境金融服务的需求日益增加。1993—1996 年前 100 家跨境公司中，来自外国市场的收入增加了 20%，1994—1997 年，美国消费者在海外贷记他们的信用卡的次数增加了 35%，客户需求的增加促使金融机构通过增加海外机构或从事海外业务来适应这一需求。1999 年全球最大的 1000 家金融公司中，有 1/3 至少在 2 ~ 3 个国家开展业务，走向全球是许多打算跟随其海外客户的金融服务公司的首要议事日程。在 1999 年前 50 家全球银行中，排名第一的以伦敦为基地的标准渣打银行（Standard Chartered Bank）有 73. 34% 的资产和 83. 43% 的收入来自于海外。在 1996/7 的排名中，有 12 家银行的海外资产超过了资产总额的 50%，而在 1995/6 的排名中，这一数字为 8 家。

二是不断放松的金融监管，促使金融机构加快了抢占海外市场和其他业务市场的步伐。不断放松的金融监管，解除了过去限制金融部门发展的地理界线和业务界限。金融部门突然面临一个日益庞大的市场，谁能占领这一市场谁就会是未来的赢家。正因为如此，90 年代全球掀起了金融并购的又一次高潮。1990—1999 年，金融业跨境并购的机构数为 913 家，金额为 1871. 65 亿美元，异业并购的机构数为 1376 家，并购金额为 2530. 38 亿美元，其中，证券业并购和跨行业并购的增长速度要快于银行业并购和同业并购的增长速度。

金融发展的一个重要特点是金融非中介化的趋势，这一趋势不仅迫使银行向证券、保险领域扩展，也刺激了各种非银行金融部门规模的扩大。1995 年，七国集团国家的保险公司、养老基金、投资公司和其他机构投资者管理的资产总额超过了20万亿美元。这一数额相当于七国集团国家GDP总额的110%，也相当于七国股票与债券价值的一半以上，是其银行体系总资产的90%。与此相对照，1980年，主要发达国家机构投资者的总资产仅是1995年的1/10，且没有一个国家的机构投资者的资产超过了GDP。随着机构投资者的规模增大，他们开始在全球进行多元化证券投资。1980年，多数国家机构投资于海外证券市场的资产总额不到其总资产的5%，至90年代中期，其投资组合中海外资产的平均份额已上升至20%左右。机构投资者的全球活动是金融全球化的重要表现。

三是信息技术的发展降低了金融机构和业务全球化的成本。因特网培养了一批新的赢家。在90年代中期以前还不存在的基于因特网的公司，已经凭着它们生来就有的全球化模式占据了家庭和海外市场的显著的份额，这些公司以网络的速度向市场提供产品并把它们的操作全球化。比如，E *Trade已经形成一个全球品牌，并在3年内实现了在33个国家的运营，美林公司花费了30年才达到同样的覆盖规模。

（三）国际资本流动的速度加快，规模扩大

20世纪90年代是国际资本流动增长最为迅速的时期，国际资本市场融资和外国直接投资总额由1986年的28000亿美元增加到1998年的138000亿美元，增加了3.9倍。1984—1998年的15年，国际资本市场融资累计额的年平均增长速度为12.34%，外国直接投资的年平均增长速度是13.53%，同期，全球GDP的年平均增长速度是3.37%，国际贸易的年平均增长速度是6.34%，国际资本流动以远远高于GDP和国际贸易的增长速度快速增长。①

在国际资本流动速度加快的同时，国际资本流动的规模也迅速扩大。国际资本市场筹资总额从1971年的7492.4百万美元上升到了1995年的832243百万美元，是1971年的111倍。全球外汇市场的交易量也迅速增加。国际清算银行

① 朱民、鄂志寰．世纪之交的全球资本流动和国际金融格局［J］．国际金融研究，2000（3）．

自1989年以来每三年一次的外汇市场调查显示，1998年外汇市场的日交易量将近1.5万亿美元，是1989年的2.52倍，2001年受欧元区统一货币及金融并购的影响，外汇市场日交易量下降到了1.2万亿美元。

（四）金融市场的一体化加剧

金融市场进一步一体化的表现是跨境交易的增加及金融市场融合程度的增加。

1975年，主要发达国家债券与股票的跨境交易仅占GDP不到5%的水平，但1997年却为GDP的1—7倍，例如，美国与外国投资者之间的证券交易总额高达17万亿美元。在欧洲，外国投资者对证券市场的介入甚至高于美国和日本，这与欧盟企业几乎一半的证券交易发生在母国之外的主要趋势相一致。金融市场一体化不仅表现在发达国家的金融市场境外融资的增加上，还表现在发达国家与发展中国家的资本流动障碍解除上，这一行动的结果是流入发展中国家的资本迅速增加。

金融市场融合的另一途径是各交易所跨越国界进行联网。全球第一次交易所海外联网是1984年9月新加坡商品交易所与芝加哥商品交易所联网，在这一体系下，两个主要时区可以就受市场青睐的欧洲美元合约进行交易。1999年5月4日，欧洲8大股票交易市场在马德里签署一项关于建立泛欧股票市场的谅解备忘录。计划建立的泛欧股市将拥有71.4亿欧元的资金，交易规模将超过纽约和东京，居世界之首。2000年3月，巴黎、阿姆斯特丹和布鲁塞尔宣布合并组建单一证券交易市场——EURONEXT。2000年5月3日，伦敦证券交易所和法兰克福证券交易所在伦敦宣布合并，成立国际证券交易所，双方各占50%的股份，它将成为欧洲最大的交易所。这些交易所的合并进一步促进了全球各地金融市场的融合程度。

一方面金融市场的融合度增加；另一方面金融市场的参与度增加，更多人参与的全球融资活动变得越来越普遍。场内交易更多地利用计算机进行，扩大市场参与度，而场外交易由于大多采用电话、传真、电传和其他电子技术，使得地理位置在交易中的重要性下降，因而更能适应全球性交易的要求，目前，场外交易正以非比寻常的速度增长，远远超过了场内交易的增长速度，规模最大的市场交易——如外汇和政府证券交易——都是通过场外交易进行的。由四大集团——路透（Reuters）、布鲁伯格（Bloonberg）、道琼斯（Dow Jones）和桥（Bridge）主导的金融信息业，也促进了金融全球化。在提供全球性金融服务竞争中，提供信息与从事交易之间的区别日益模糊。如路透不仅提供金融信息，而且还成功地设计出完整的交易系统。主要面向零售客户的INSTINET交易系统和主要面向复杂外汇交易经纪人的R2000-2系统，都是路透社实时交易系统的成功范例。

三、金融全球化的利弊

金融全球化的发展给世界各国（地区）和整个国际社会带来的好处是显而易见的。首先，它为各国的投融资活动提供了便利，在世界经济的现代化发展时期，起到了及时调节资金余缺的作用，特别是发展中国家可以从中获得国际资本，用于补充国内投资和对外贸易两个缺口。其次，为各国投资者开辟了广阔的投资空间，使它们能在世界范围内寻求最佳投资机会和投资组合，从而使有限的资源在全球范围内得到合理配置。再次，在全球化金融活动中，国际范围内有形资本形成的增加、人力资源的开发、技术知识的转移、生产能力的利用、市场的开拓和对外贸易的扩大，有力地推动了各国经济的发展。最后，促进了全球金融业的发展，金融机构可以在全球范围内经营业务并开展竞争，金融创新的成果可以在全球范围内普及推广，有利于提高全球金融业的服务质量和管理水平，推动各国金融体制的改革完善和金融结构的合理调整。

但是，正像任何事物都是有利有弊一样，金融全球化也有它不利的一面。这种不利主要表现在以下三个方面：

（一）金融脆弱性加大

金融脆弱性表现在纵向和横向两个方面。

纵向的脆弱性表现在金融资产相对于实物资产来说规模太大，而且随着金融市场的发展，金融资产中风险性资产所占的比重加大，整个社会总资本呈现出一种“倒金字塔形”。1999 年全球总产出约为 3.3 万亿美元，世界劳务和商品贸易总额约为 5.7 万亿美元，而外汇市场的年交易额为 500 万亿美元，是国际商品贸易额的约 100 倍。就增长速度来看，世界劳务和商品贸易总额约 20 年翻一番，而国际金融资本实现翻番的周期为 5 ~ 6 年。因此，无论从规模上还是从速度上，社会总资本均呈“倒金字塔”形。资本的本性决定了它们之间的关系必然是一种剩余价值索取的关系，也就是说，产业部门必须将自己的真实利润源源不断地输送给越来越庞大的上层资源，这将导致作为塔基的产业部门难以承受如此巨大的压力，全球经济将陷入灾难性的崩溃之中。

横向的脆弱性主要表现在金融企业的生长机制、国内的金融政策环境、国际金融政策环境之间的不协调上。无论在发达国家还是在发展中国家，金融企业追求利润的本质不会改变，重要的是在不同的制度环境下，其追求利润的途径不同。如在法制不健全、市场不完善的部分发展中国家，金融企业往往通过拉拢政府要员、通过非正常的风险性投机来获利，这一活动使本不完善的金融环境变得更加混乱和脆弱，在未经过滤的国际资本流动的冲击下容易演变成金融危机。发达国家的金融企业、国内金融环境与国际金融环境之间的协调性要更好一些，所以往往能化解一些危机，但即使如此，市场的无序和缺陷仍然使发达国家难避其累。在市场日益开放的情况下，各国面临着内外均衡的矛盾；各国间相互依赖与维护国家主权之间的矛盾；本国利益与地区利益的矛盾，如日元贬值对日本及周边国家带来的不同影响；眼前利益与长远利益的矛盾，如东南亚国家通过吸引外资带来了短暂的繁荣，却换来了长期经济失衡的痛苦。这种不协调和各种矛盾相互作用，相互强化，最终加剧了金融的脆弱性。

（二）金融危机频繁爆发，危机易感性增强

金融全球化的结果是资本能更加快速自由地在国际间流动，尤其是一些短期资本会迅速地聚集到某个国家的金融市场，而又突然地撤退。资金的这种不稳定和危机时的逆向流动会激化和暴露一国金融领域的矛盾，加大金融风险，

酿成金融危机，并迅速波及其他国家和地区。自布雷顿森林体系崩溃之后，国际金融领域的危机就没有间断过，而且间隔期限也在逐渐缩短。从20年代80年代的拉美债务危机→1992年英镑汇率危机→1997年东南亚金融危机→1999年初的巴西及南美货币危机→2001年的阿根廷金融危机，每一次危机的产生和危机后的波及效应都不只局限于单个国家之内，而是牵涉包括发达国家在内的许多国家和地区，困扰着各国和国际社会。如果说过去的金融风险主要来自于一个国家内部的话，那么随着金融全球化的发展，现在的金融风险来自于外部的比重明显增加，特别是发展中国家，开放程度越高受国际金融风险的冲击就越大，这主要是由于在金融全球化进程中各种原有的金融风险在增加，同时还形成了新的金融风险。因此，金融风险问题成为金融全球化进程中最大的弊端。

（三）金融集中度加强

金融全球化更适宜以全球为舞台的大的金融机构的成长，金融业的兼并和收购活动造就了许多金融“巨无霸”；金融市场全球化拆除了金融市场间的障碍，资金向最具有流动性的市场集中，于是金融全球化带来了金融业务在少数金融机构的集中和金融市场在少数地域的集中。

根据国际清算银行每三年一次的外汇市场调查，伦敦和纽约占全球外汇市场交易量的47%，占全球柜台期货市场交易量的49%。同时大量的资料显示，在这些市场上，机构集中度也在大大增加。在外汇市场上，2001年3/4的外汇交易是由30家交易商进行的，而1995年是40家交易商。更明显的是，在美国银行登记的已发行的名义外汇期权合同存量中，三家银行的持有量从1995年的51%上升到了2001年的89%。在美国利率衍生交易市场上，三家最大的银行在2001年拥有名义发行量的86%，而在1995年为56%。在美国信贷衍生市场上，前三家银行的市场份额从1998年的79%上升到2001年的94%。

共同基金和机构投资者的增长更是令人瞩目。共同基金自20世纪70年代以来一直以两位数的速度在增长，其持有的金融资产在10年间增长了近10倍，占全部机构投资者持有资产的25%，甚至一家较大的基金管理机构所持有的金融资产就可能相当于全球官方外汇储备之和。美国300家大机构投资者的资产总额占美国GDP的比重1975年为30%，1993年即为110%，而兼并使集中化的趋势更加加剧，美国最大的10家银行的总资产就占到银行业总资产的55%，荷兰前三家银行拥有国内银行资产总额的80%，德国的前3大银行、英国前6大银行、加拿大前5大银行分别拥有本国银行资产总额的2/3。

全球化带来的金融业务在机构和地理两方面的集中，给金融领域带来了巨大的风险。如市场交易者数量的下降容易引起少数机构操纵市场交易的现象，集中导致了金融力量对比的不均衡，弱小的国家面临着如何应对大额资本流动冲击的困难，金融市场的命运可能会受少数金融机构命运的左右等等。

总之，金融全球化已成为世界上所有的国家都不得不玩的游戏，是世界发展的潮流，在这个充满机遇和风险的浪潮中，真正的“弄潮儿”将是那些懂得趋利避害的勇者和智者。

第三节　持续而频繁发生的金融危机

一、20世纪70年代的金融危机

20世纪70年代的世界是一个异常艰难和动荡的世界。西方国家在经历了五六十年代的高速增长后，由科技革命推动的产业结构调整和新兴产业的成长已步入了稳定的成熟阶段，新的技术群和新的产业群尚未形成，这种经济状况已不宜再使用凯恩斯主义政策。然而西方国家并未适时调整，仍然一味实行扩张性赤字财政政策和廉价货币政策，终于酿成了困扰70年代的通货膨胀；1973年的石油危机加剧了当时的通货膨胀，并使已经衰退的经济处于停滞状态，即所谓的“滞胀”；1973年布雷顿森林体系的解体，浮动汇率制的到来，更是把这个举步维艰的世界推入了剧烈动荡的“旋涡”之中。经济增长率比60年代下降了近一半、通货膨胀率呈两位数增长、日益庞大的失业大军、每况愈下的国际贸易、急剧动荡的金融市场……这一切不幸终于把西方国家拖入了1973年底爆发的，第二次世界大战后最严重的经济危机之中。

经济危机引发了1974—1975年西方国家的金融危机。在这次危机中大量的银行破产，全球股市大跌。引发金融危机的渠道来自三个方面：一是银行最重要放款和投资的对象——在1972年经济高涨后膨胀最快，这也是在这次经济危机中受影响最严重的那些行业，如房地产和建筑业、油轮业、航运业、航空业等，这些行业的不景气不仅使债券、股票等有价证券暴跌，而且导致银行大量放款和投资难以收回；二是西方各国战后长期实行信用膨胀政策，导致银行的信贷投放增加很快，造成银行业财务上日益脆弱，表现在自有资金比重减少，放款对存款比例增大，存款准备金不足，如从1960年到1974年，美国全部商业银行资本额占资产额的比重从8.1%降为6.9%；放款占存款的比例由56.2%升至82%；存款准备金的比例结构失调①；三是外汇投机遭受损失。1974年5月、6月西德最大的私人银行之一的赫斯塔特银行和美国第20大银行富兰克林国民银行因经营远期外汇投机蒙受损失，被迫倒闭。这些银行的倒闭又牵连到其他欧美银行，据不完全统计，这场金融危机波及大大小小银行、金融公司有一百多家。美国不少有名的大银行，如花旗银行和大通银行都被列入美国“问题银行”名单，引起国际金融界的震惊。危机后西方各国纷纷加强了对银行的监管和清理整顿。

可以看出，这次金融危机是经济危机在金融领域的直接表现，金融危机受到了来自经济衰退、能源危机、汇率危机三方面的影响，大量银行倒闭，股市、汇市大跌是这次危机的特点，而银行是危机传播的主要渠道。这次金融危机之所以没有发生在发展中国家，是因为在70年代发展中国家的市场发育普遍不成熟，经济上严重分割，与国际金融领域的联动性很低，有些国家仍实行严格的计划经济管理。因此，虽然在70年代发展中国家也存在程度不等的通货膨胀，

① 吴念鲁．金融危机及其防范［J］．国际金融研究，1999（6）．

但并未发生类似的金融危机。

二、20世纪80年代的金融危机

（一）欧美国家的金融危机

20世纪80年代虽然在西方发达国家出现了1982年的金融危机和1987年的股市危机，但影响深远、波及范围广的应是发生在发展中国家的债务危机，其中，以拉美债务危机规模最大和最具代表性。

1981年3月，外债总额为260亿美元的波兰政府无力偿付数额为25亿美元的到期债务本息，拉开了发展中国家债务清偿危机的序幕。1982年8月，墨西哥宣布全部外汇储备基本耗尽，无力偿还到期债务的本息；9月，第三世界最大的债务国巴西宣布急需175亿美元的新贷款来解决清偿困难；12月，阿根廷提出与西方债权者进行重新安排债务的谈判。越来越多的国家卷入这场债务危机。债务危机爆发后，债务国政府、债权国政府、债权银行和国际金融机构采取了一系列措施，逐渐遏制了危机的蔓延。为了详细了解国际债务危机的起因和过程，我们把拉美危机作为主要的考察对象来进行描述。

1. 1982年的拉美债务危机

1982年8月中旬，墨西哥因无力偿还到期外债本息而发生支付危机，结果引发一场席卷拉美地区的严重债务危机。

这场债务危机的发生有其深刻的原因，70年代当西方发达国家纷纷陷入经济衰退之中的时候，拉美国家的墨西哥、阿根廷、巴西保持了较高的经济增长速度，于是，这一地区成了游离在欧洲货币市场的大量“石油美元”的竞相放贷之地，而拉美国家也因石油危机的冲击面临着巨额的需要弥补的经常项目赤字。当时国际信贷市场上受通货膨胀和资金供给大于需求的影响，利率很低，实际利率几乎为负数。拉美国家为了保持较高的经济增长速度也采取了政府担保等鼓励借入外债的政策。于是，大量以浮动利率计息的、以美元为偿还货币的、来自国际商业银行的短期贷款流入了拉美国家。从1972年到1979年欧洲货币银行发放给非石油出口的发展中国家的贷款由15亿美元增加到354亿美元，占其总贷款的比例从22%上升到43%，而阿根廷、巴西、墨西哥三个拉美国家的贷款就占净贷款额的83%。进入80年代，受内外双重因素的影响，拉美国家不仅没有因借债而走上经济起飞的道路，反而陷入了沉重债务负担的泥潭，80年代因此成了拉美国家的“失去的十年”。

从内因来看，拉美国家纷纷通过借入外债来扩大公共开支（包括日常开支和公共投资），力图提高经济增长速度和产业结构调整步伐，但其中许多项目无助于经济的增长和增加为清偿债务所需的出口。所以，这一政策不仅没有带来预期的收益反而引起了进口的急剧增长和国内的通货膨胀，导致出口竞争力下降，外汇来源不足，进一步强化了对外债的依赖性。面对大量的短期外债，拉美国家不仅没有对外债的举借采取一定的限制措施，反而采取了鼓励的政策，如由政府对外债担保或对由于贬值造成的资本损失进行补偿，这一政策鼓励了国营或私营企业去利用廉价的外汇而不是通过内源融资或利用本国的储蓄资源。同时，这种补贴和担保使政府极力通过维持僵硬的固定汇率来减少还债负担，而高企的汇率水平不仅打击了出口创汇的能力并且使国内资本大量外逃，1979—1982年委内瑞拉、阿根廷、墨西哥、乌拉圭等国家资本外逃占资本流入总额的百分比分别为136.6%、65.1%、47.8%、27.3%，于是拉美国家陷入了一个“借入外债—增加进口—增加投资和消费—经济增长—国内通胀、汇率僵化—投资收益、出口创汇能力下降、资本外逃—偿付能力下降—借入更多的外债”——这一可怕的且不容逆转的债务恶性循环中。

其次，外部环境的恶化加剧拉美国家的债务问题。

1979—1980年，美国的货币政策从以控制利率为目标转为以控制货币总流通量为目标，利率变化更加捉摸不定，而发达国家的衰退使国际市场产品价格下跌，实际利率上升。美国的长期实际利率由1975年左右的负值上升到1984年的8%左右，这使拉丁美洲以浮动利率计息的债务利息急剧增加。1977年，拉美地区支付外债利息将近69亿美元，1982年猛增至390亿美元。1983年和

1977 年相比，拉美地区外债总额增加 195%，而债务利息增加 415%。

发达国家在经济衰退期间所采取的贸易保护政策，导致了国际贸易的停滞和初级产品价格的普遍下跌，这使出口严重依赖发达国家的拉美国家受到很大限制。拉美国家出口的初级产品约占总出口的 70% 以上，其中 70% 左右是向各市场经济国家出口的；其余占出口总额 30% 的制成品的一半出口给市场经济国家。在 1981—1983 年，拉美地区出口商品的贸易比价累计下降了 20%。出口创汇减少，甚至出现赤字，它们被迫转向了早年所奉行的内向政策，而这一政策使债务清偿能力的提高更加渺茫。

20 世纪 80 年代的债务危机不仅影响了包括拉美国家在内的众多发展中国家，也使西方发达国家遭受了损失。例如，1982 年 6 月，拉美欠美国 9 家主要银行的债务相当于这些银行原始资本的 178. 9%，可见，这些银行面临风险之大。同时工业国的出口也因此受损，美国向主要债务国制成品的出口在 1980—1981 和 1983—1984 年下降了 40%，这使西方发达国家担心出现类似 30 年代的国际金融崩溃。因此，西方主要国家在牢牢地操纵债务问题的主导权的前提下，精心设计了债务战略，先后采取了 1982 年的“拯救行动”，1985 年的“贝克计划”，1987 年的债务转换为债券、债务转换为资本的“市场选择单”建议，以及 1989 年的“布雷迪计划”，才慢慢平息了这场债务危机。

2. 1982 年和 1987 年西方国家的金融危机

1982 年受经济危机、国内高利率、能源贷款及拉美债务危机的影响，西方银行大量亏损，出现了大批银行倒闭的现象。其中，倒闭最多的要数美国，全年倒闭近 50 家，平均每周一家。值得注意的是，有些小银行的倒闭导致一些大银行严重损失，如宾尼亚广场银行的倒闭，使排名第 6 位的伊利诺斯大陆银行吃了 2. 2 亿美元的倒账，震惊了美国金融界。除美国银行外，加拿大、西班牙、西德、比利时、荷兰、意大利银行也出现了亏损和倒闭，还有一些发展中国家的银行也出现金融风波。

值得一提的是，1982 年的银行风潮虽然不如 1974 年大，但是这次危机的特点是发展中国家的债务危机影响到了这些银行的正常经营，因此这些国家的政府、银行以及国际金融机构不得不联合起来共同解决国际债务危机问题。

1987年8月以后，纽约股市出现较大波动，10月19日（星期一）纽约华尔街股市道·琼斯工业股票平均指数一天之内暴跌了22.6%，超过了1929年10月大危机时股票暴跌的幅度（当时的下降幅度为12.8%），上市5000家公司整个股票的价值在一天之中就减少了5000亿美元①，称为纽约股市“黑色星期一”。这场动荡迅速波及东京、伦敦、香港等地的股市，出现了不同程度的狂跌。

（二）日本20世纪80年代末—90年代末的金融危机

20世纪80年代末至90年代末，日本出现了数次以银行的大量不良债权为特征的金融危机，时至今日，金融机构的不良债权问题仍然困扰着日本经济，而且未能从根本上得到解决。

1986年底到1990年初，日本经历了历史上第二次、为期长达四年的大“泡沫经济”过程；1995年爆发了战后最严重的金融危机。1995年日本有1家银行和10家信用社破产；1996年，大和银行纽约分行由于非法交易美国国债导致11亿美元巨额亏损，另外在美国的11家分行和信托投资公司也被美国金融管理当局下令在三个月内结束业务。住友银行发生违规交易丑闻；阪和银行破产；日本住宅专门会社在房地产投机失败后陷入危机；在世界证券业中位列前四名的野村、大和、日兴和山一证券公司在强烈的银行赤字风暴的打击下连年亏损；1997年6月，野村证券、山一证券及第一劝业银行又发生丑闻。由于日本是东南亚地区最主要的直接投资和融资国，因此，东南亚发生金融危机爆发后，使日本的不良债权问题更加严重②。股市、汇市频频下跌；1997年11月，日本许多银行及证券公司，如十大证券之一的三洋证券、十大城市银行之一的北海道拓殖银行、四大证券之一的山一证券、地方银行德阳市银行、丸壮证券等宣布

① 游光中、冯宗容．世界经济大事典［M］．北京，中国经济出版社，1995：315.

② 1995年3月，日本金融机构的不良债权约有40万亿日元，到1997年12月，这一数字上升为70万亿日元。

倒闭。

日本的不良债权问题来自两个方面的原因，一是泡沫经济破灭后的结果，另一个就是日本僵化的经济、金融结构的结果。

20 世纪 80 年代末到 90 年代初的泡沫经济的破灭，一方面使日本金融机构贷给房地产商的大量贷款难以收回，另一方面不动产价格的大幅下跌，又使日本大量以不动产担保的贷款回收无望。自 1986 年以来日本进行了一系列金融自由化的改革，改革使日本金融机构的融资成本加大，而实业部门的利润率不可能迅速提高，因此一方面是客观条件所限，另一方面是由于竞争，日本金融机构并没有通过提高贷款利率的办法来转嫁融资风险，反而趁监管不严把大量的资金投入到了泡沫严重的房地产和证券市场，当泡沫经济破灭后，日本的金融界和实业界都遭到了沉重的打击。

如果说 1995 年的金融危机是泡沫经济破灭的后果，而时至今日仍难以解决的不良债权问题则和日本的经济金融结构有很大的关系。日本的经济体系可以分为两大领域，一是面向国内的生产率低下的制造业和服务业，另一个是面向出口的、生产效率很高的轿车、家用电器等产业。就面向出口的企业而言，它们已具备了在国际市场生存的能力，据美国一家资产评估公司估测，这些企业的生产率是美国高生产率企业的 120%，而且它们往往能很容易地在国际金融市场上融资，不需要依赖国内的金融企业，相反，它们还是日本高额外汇储备最主要的来源。而面对国内市场的企业，则是一些缺乏竞争力的企业。这种竞争力的缺乏来自两个方面，一是日本僵化的经济金融结构。日本长期以来在政府、银行、企业之间形成了一个牢不可破的“铁三角”，银行与企业之间通过相互持股形成了紧密的关系，政府一方面保护企业和银行，另一个是又干涉银行向效率低下的国内企业贷款，这样形成的“铁三角”关系，能在日本经济增长期起到牢固的支撑作用，也能在日本经济衰退时成为改革的最大阻力。日本的金融体系在 80 年代就进行了一系列“自由化”的改革，1998 年的金融改革更被称为日本版的“金融大爆炸”，但是正是因为日本的银行、企业、政府之间这种牢固的关系，使企业的改革滞后于金融改革，日本金融机构的不良债权也就迟迟难以解决。而使日本的国内企业属于劳动力成本很高的企业，尤其是服务业，因此，很难和周边国家相竞争，不得不长期依赖政府的保护来生存，日本政府的债务余额也因此占到了 GDP 的 140%。

三、20 世纪 90 年代的金融危机

20 世纪 90 年代以来，世界先后爆发 46 次金融危机，而且破坏力越来越大。影响较大的有：1992 年 9 月欧洲货币体系危机、1994 年的墨西哥金融危机、1997 年的东南亚金融危机、1998 年的俄罗斯金融危机和 1999 年巴西金融危机、80 ~ 90 年代日本的金融危机以及 2001 年阿根廷金融危机。

从表 7 – 1 中可以看出，拉美国家 20 世纪 90 年代前后发生的金融危机，可见，克鲁格曼把金融危机等同于拉美国家也是有一定理由的。从表 7 – 2 可以看出同期亚洲国家发生的金融危机。

表 7 – 1　　　　20 世纪 90 年代拉美国家的金融危机

国家	时期	表现
阿根廷	1980—1982 年	不良贷款比重由 9% 上升至 30%，168 家银行关闭
	1989—1990 年	不良资产达总资产的 27%，占国有银行的 37%，倒闭银行资产占金融机构总资产的 40%
	1995 年 1 ~ 9 月	1995 年 12 月发生存款挤提。1995 年 1 ~ 3 月，银行存款下降 16%，达 80 亿美元。随后，28 家信用社、5 家批发性银行被关闭，15 家地方银行被私有化、关闭或收购
	2001 年	爆发挤兑风潮，政府实行金融管制，限制居民银行提款和资金流出
巴西	1980—1986 年	23 家银行倒闭
	1994 年	近 50 家银行倒闭（包括 3 家国有大银行）
智利	1981—1987 年	银行危机造成的 GDP 损失达 30% ~ 40%
墨西哥	1991—1995 年	1991—1994 年底，不良资产比重由 4% 上升至 9% 1995 年 2 月，半数银行达不到《巴塞尔协议》规定的资本比例 1995 年底，不良贷款比重上升至 12%

资料来源：国际货币基金组织　世界经济展望，1998（5）.

表 7－2　　　　20 世纪 90 年代亚洲国家的金融危机

国家	时期	表现
印度尼西亚	1992—1995 年	1992 年 1 家大型私人银行倒闭，1993 年国有银行不良贷款比率为 25%
	1997 年 11 月	1997 年 11 月初，央行关闭 16 家中小银行。1998 年 11 月，成立银行重组局。1998 年 4～8 月，重组局下令 10 家中小银行停业，并接管另外 8 家中小银行。银行部门不良贷款率 1999 年达到 75%～85%
韩国	1997 年 2 月	1998 年 3 月底，金融机构不良贷款（包括关注贷款）总额为 118 万亿韩元，5 家银行被关闭，4 家银行被兼并，占全国 33 家银行的 27.3%
马来西亚	1985—1988 年	1988 年不良贷款占总贷款的 32%
	1998 年 8 月	1998 年 8 月 4 日，马来西亚成立国民资金公司对国内脆弱的银行体系进行资本重组。1998 年底，不良资产占银行总资产的比率达到 20.13%。1999 年底坏账占贷款总额的 27.75%
菲律宾	1981—1987 年	银行倒闭，2 家国有银行被政府接管，其资产占银行总资产的 30%。1986 年不良资产达 19%
	1997 年	1 家小型商业银行，7 家储蓄银行倒闭（但不到银行总资产的 1%），不良贷款率上升到 14%
泰国	1983—1987 年	银行不良资产比重达到 15%，发生银行挤提，15 家金融机构倒闭
	1996—1997 年	曼谷商业银行等银行发生危机，1997 年初，呆坏账总额超过 200 亿元
	1998 年 1 月	58 家金融机构停业，整顿后仅 2 家获准重新开业，其余划入由金融业重组局指定的资产清算委员会管理。到 1998 年 2 月，中央注入泰国金融体系的资金高达 7171 亿泰铢

资料来源：国际货币基金组织．世界经济展望，1998（5）．

以下择其有代表性的金融危机，逐一介绍并做简要分析。

（一）1992 年阿尔巴尼亚金融危机

1992 年，阿尔巴尼亚开始推行市场化改革时，其传统的银行系统功能很弱，加之银行信贷控制严格，无力为筹资者提供贷款，因而一些投资公司的高息集资活动也随之开始。自 1992 年改革以来，阿尔巴尼亚经济从 1993 年开始好转，然而因存在较严重的问题，1996 年经济开始下滑，GDP 年增长率从 1993 年的 9.6% 下降到 8.2%；通货膨胀率连续 3 年大幅度下降后，1996 年又升至 17.4%。造成此次阿尔巴尼亚金融危机的原因主要是其一，国民经济发展失衡。改革后，阿尔巴尼亚 GDP 连续 3 年保持了高达 9% 的增长，但是促进经济发展的主要因素是旅游业以及商店、饭店的繁荣。阿尔巴尼亚经济基础脆弱，改革后政府并没有将主要精力放在调整经济结构上，而是过快地推行私有化，使各个产业的增长结构越发不合理。该国工业一直是负增长，只有到 1995 年才因为个体纺织业和制鞋业的兴起勉强增长 1%。

其二，财政赤字严重，且依靠国内银行贷款和透支解决。几年来，政府收入占 GDP 的比重维持在 24% 左右的水平，1996 年降至 20% 以下。财政赤字占 GDP 比重虽然有所下降，但 1996 年又升至 2 位数。

其三，国际收支经常项目赤字。1996 年贸易赤字达 6.5 亿美元，占 GDP 的比重上升到 25%；经常项目逆差升至 2 亿美元，占 GDP 比重上升到 7.7%。

其四，金融体制不健全。1992 年以来，阿尔巴尼亚开始实行双轨制的银行体制，由中央银行和 3 家国有商业银行构成。后来，又批准成立了 3 家小规模的私人银行，业务范围很小。虽然银行体制开始实施新的机制，但整个银行业基础薄弱、体制不健全。一是中央银行缺乏行之有效的政策工具和风险意识。该国的货币政策主要通过直接控制信贷来实现，中央银行不仅对投资公司以及基金会的设立不严格审批，而且对他们的高息集资活动也没有进行干预。二是在金融市场不完善及金融工具极少的情况下放开利率管制。三是国有商业银行效益低，信誉差。从 1992 年起坏账和不良贷款逐年增多，其中，国民商业银行和农村商业银行的不良信贷问题比较严重，尤其是农村商业银行，其不良信贷在其信贷总额中已占 60%。国有商业银行下降。此外，银行提供的服务项目少，而私人银行规模又小，这些促进了非银行中介机构的迅速发展。

其五，在条件不成熟的情况下放开贸易和外汇管制。1992 年，阿尔巴尼亚的国际储备总额为 7200 万美元，只能满足 1～2 个月的进口额，贸易赤字也高达 4.5 亿美元。在外贸赤字状况并未好转、列克（阿尔巴尼亚货币）汇率也不稳定的情况下，1992 年当局宣布对汇率和贸易完全放开限制，采取活动汇率制，最终导致 1996 年贸易赤字急剧上升，列克大幅贬值，爆发了金融危机。

（二）1994 年的墨西哥金融危机

分析 20 世纪 90 年代的墨西哥金融危机，还需要提及其 80 年代的情况。拉美国家不合理的经济结构造成其更多地依赖于进口，包括石油等产品。20 世纪 70 年代的石油危机，加重了拉美国家的负担，迫使这些拉美国家外债加重，特别是 1982 年美国又提高了利率，刺激了国际资金利息上涨，墨西哥大量资本外流。原本沉重的外债支付压力又被石油危机和美国加息推向了绝境，比索不得不贬值 60%。1982 年 8 月 20 日，墨西哥政府宣布已无力偿付 800 亿美元的外债，并要求延期 90 天偿还。此举成为拉美国家金融危机的导火索，拉美各国陷入了长达 10 年之久的经济大衰退，而到 1990 年时拉美的贫困人口比例高达 48.3%。

然而，当年的墨西哥到 90 年代后却成为新兴市场国家的典范，1988 年萨利纳斯总统就职后，进行了一系列全面的市场化方面改革，大力推进贸易自由化、金融自由化和全面私有化的政策。在推行全面对外开放政策的同时，墨西哥还同美国、加拿大签订了三方自由贸易协定（NAFTA），一时间，萨利纳斯总统在西方主流世界成为了锐意改革的样板。

虽然，这场市场化改革取得了一些成果，经济增长稳步提高、财政亦字消失以及通货膨胀率稳步下降等。墨西哥市场化改革和经济状况被国际社会普遍看好，从而吸引大量外资涌入。但是，大规模的资本通过证券投资的方式，流入了墨西哥，在增加外汇储备的同时，也使其持续严重的经常项目逆差成为日益严重的问题，在社会贫富分化等国内政局的影响下，终于引发了墨西哥金融危机。

1994 年是墨西哥的大选年。这一年墨西哥国内陷入了政治动荡，引发动乱和暴力事件。1994 年 1 月，一些没有享受到改革成果的贫困农民举行起义，攻占城市，扣押政府官员，暗杀事件在大城市频频发生，墨西哥政局急转直下，甚至一些富豪政要的人身安全也受到了威胁。在这样动乱的国内背景下，引发了外国投资人纷纷撤资，这对一直使用短期外资来弥补贸易逆差的墨西哥政府不啻是一沉重打击。1994 年 12 月 20 日，墨西哥政府突然宣布，比索对美元汇率的“浮动”范围扩大到 15%，与其说是“浮动”，不如说是“贬值”。此话与

1994 年春天墨西哥政府信誓旦旦地保证“绝不贬值”形成了明显反差，墨西哥政府信誉扫地。于是，热钱狂撤，比索狂跌，终于在 1994—1995 年，墨西哥发生了一场比索汇率狂跌、股票价格暴泻的金融危机。

1994 年 3 月，墨西哥革命组织党的总统候选人与总书记遇刺，使人们对墨西哥政局的稳定产生了怀疑，面对外汇储备的潜在流失，墨西哥当局用发行一种美元指数化标价的国库券（Tesobonos）来应对。然而，此时的墨西哥政府信用降低，已经无人相信，为了维持比索的汇率，墨西哥政府被迫动用外汇储备买进比索卖出美元，结果在两天之内就失去了 40 亿 ~ 50 亿美元的外汇储备。1994 年年初的时候，国家外汇储备还有 280 亿美元，而到 11 月时外汇储备急降至 170 亿美元，到 1994 年 12 月 22 日，外汇储备几近枯竭，降到了低于 1 个月进口额的水平，最后墨西哥政府被迫宣布新比索自由浮动，新比索贬值 65.8%。事情继续恶化，到 1995 年上半年时，就只剩余几十亿美元，而 1995 年第一季度到期的美元债券就达 100 亿美元，债券总额更是高达 300 亿美元。在汇率急剧下挫的同时，墨西哥股票交易也崩溃了。危机给墨西哥带来了严重冲击，大批银行、企业因支付困难濒临倒闭，经济从 1995 年开始出现全面衰退，GDP 下降了 6.9%，失业率从 3.2% 上升到 6.6%。

分析 1994 年末到 1995 年的墨西哥金融危机，可以看到这既是一场货币危机，也是一次金融危机。说它是货币危机，是由于比索汇率暴跌是此次危机的主要原因；说它是金融危机，是由于分析此次危机的前因后果，可以看到比索贬值不过是导火索而非全部原因，整个经济过分依赖外资才是此次金融危机的深层次原因。

这场墨西哥金融危机不仅仅是对拉美国家产生影响，而且，还对全球金融和经济产生了广泛影响，这场金融危机不仅导致拉美股市暴跌，也让欧洲股市指数、远东指数及世界股市指数出现不同程度的下跌。

（三）1997—1998 年东南亚金融危机

东南亚金融危机是 1997—1998 年在泰国等东南亚国家之间由泰铢贬值引发的一场金融风暴。

此次金融危机的时代背景是1971—1991年，泰国经济年均增长率达7.9%，1991—1996年的年均增长率则达到8%，这种持续高出世界经济平均水平的增长速度使得泰国成为继“亚洲四小龙”之后的“第五小龙”。而且长期以来，泰国通胀率一直有效地控制在3%～6%。然而，1997年5月中旬泰铢贬值，由此引发了一场由局部蔓延全球的金融风暴。自泰铢贬值开始，马来西亚、印度尼西亚、菲律宾、新加坡、中国台湾、中国香港等国家和地区的货币和股票市场都受到了不同程度的冲击。

1997年2月初，国际投资机构掀起抛售泰铢风潮，引起泰铢汇率大幅度波动。于1997年2月开始向泰国银行借入高达150亿美元的数月期限的远期泰铢合约，而后于现汇市场大规模抛售，使泰铢汇率波动的压力加大，引起泰国金融市场动荡，泰国央行为捍卫泰铢地位，仅在1997年2月就动用了20亿美元的外汇储备，才初步平息。3月4日，泰国中央银行要求流动资金出现问题的9家财务公司和1家住房贷款公司增加资本金82.5亿铢（合3.17亿美元），并要求银行等金融机构将坏账准备金的比率从100%提高到115%～120%，此举令金融系统的备付金增加500亿铢（合19.4亿美元）。

泰国央行此举旨在加强金融体系稳定性并增强人们对金融市场信心，然而不但未能起到应有的稳定作用，反而使社会公众对金融机构的信心下降，从而发生挤提，仅5日、6日两天，投资者就从10家出现问题的财务公司提走近150亿泰铢（约兑5.77亿美元）。与此同时，投资者大量抛售银行与财务公司的股票，结果造成泰国股市连续下跌，汇市也出现下跌压力。在泰国央行的大力干预下，泰国股市和汇市暂时稳定下来；进入5月，国际投资机构对泰铢的炒卖活动更趋猛烈。5月7日，货币投机者通过经营离岸业务的外国银行，悄悄建立了即期和远期外汇交易的头寸。从5月8日起，以从泰国本地银行借入泰国铢，在即期和远期市场大量卖泰铢的形式，在市场突然发难，沽空泰国铢，造成泰国铢即期汇价的急剧下跌，多次突破泰国中央银行规定的汇率浮动限制，引起市场恐慌。本地银行和企业及外国银行纷纷入市，即期抛售泰铢抢购美元或叙做泰铢对美元的远期保值交易，导致泰国金融市场进一步恶化，泰铢一度兑美元贬至26.94 ∶1 的水平。面对这次冲击，泰国中央银行加大对金融市场的干预力度，动用约50 亿美元的外汇进行干预，并取得日本、新加坡、中国香港、马来西亚、菲律宾、印度尼西亚等国家和地区中央银行不同形式的支持。同时，泰国中央银行又将离岸拆借利率提高到1000% ，令投机泰铢成本倒增，又禁止泰国银行向外借出泰铢。在一系列措施干预下，泰铢汇率回稳，泰国中央银行又暂时控制了局面。6 月中下旬，泰国前财长辞职，又引发金融界对泰铢可能贬值的揣测，引起泰铢汇率猛跌至1 美元兑28 泰铢左右。泰国股市也从年初的1200 点跌至461. 32 点，为8 年来的最低点，金融市场一片混乱。

这场危机从1997 年7 月2 日爆发，大约到1998 年底结束，大体上可以分为三个阶段。

第一阶段：7 月2 日，泰国中央银行突然宣布放弃已坚持14 年的泰铢盯住美元的汇率政策，实行有管理的浮动汇率制。同时，央行还宣布将利率从10. 5%提高到12. 5% 。泰铢当日闻声下跌17% ，创下新低，泰国金融危机就此爆发，当天泰铢汇率狂跌20% 。和泰国具有相同经济问题的菲律宾、印度尼西亚和马来西亚等国迅速受到泰铢贬值的巨大冲击。7 月11 日，菲律宾宣布允许比索在更大范围内与美元兑换，当天比索贬值11. 5% 。同一天，马来西亚则通过提高银行利率阻止林吉特进一步贬值。印度尼西亚被迫放弃本国货币与美元的比价，印尼盾7 月2 日至14 日贬值了14% 。继泰国等东盟国家金融风波之后，中国台湾的台币贬值，股市下跌，掀起金融危机第二波①。11 月下旬，韩

① 1997 年10 月17 日，台币贬值0. 98 元，达到1 美元兑换29. 5 元台币，创下近千年来的新低，相应地，当天台湾股市下跌165. 55 点。10 月20 日，台币贬至30. 45 元兑1 美元。中国台湾股市再跌301. 67 点，中国台湾货币贬值和股市大跌，不仅使东南亚金融危机进一步加剧，而且引发了包括美国股市在内的大幅下挫。10 月27 日，美国道. 琼斯指数暴趴554. 26 点，迫使纽约交易所9 年来首次使用暂停交易制度，10 月28 日，日本、新加坡、韩国、马来西亚和泰国股市分别跌4. 4% 、7. 6% 、6. 6% 、6. 7% 和6. 3% 。特别是香港股市受外部冲击，香港恒生指数10 月21 日和27 日分别跌765. 33 点和1200 点，10 月28 日再跌1400 点，这三大香港股市累计跌幅超过了25% 。

国汇市、股市轮番下跌，形成金融危机第三波①。与此同时，日本金融危机也进一步加深，11 月日本先后有数家银行和证券公司破产或倒闭，日元兑美元也跌破 1 美元兑换 130 日元大关，较年初贬值 17.03%。

第二阶段：1998 年初，印尼金融风暴再起，面对有史以来最严重的经济衰退，国际货币基金组织为印尼开出的药方未能取得预期效果。从 1998 年 1 月开始，东南亚金融危机的重心又转到印度尼西亚形成金融危机第四波。1 月 8 日，印尼盾对美元的汇价暴跌 26%。1998 年 1 月 12 日，在印度尼西亚从事巨额投资业务的香港百富勤投资公司宣告清盘。同日，香港恒生指数暴跌 773.58 点，新加坡、中国台湾、日本股中分别跌 102.88 点、362 点和 330.66 点。直到 2 月初，东南亚金融危机恶化的势头才初步被遏制。

第三阶段：1998 年 8 月初趁美国股市动荡、日元汇率持续下跌之际，国际炒家对中国香港发动新一轮进攻。泰铢贬值引发的金融危机沉重地打击了泰国经济发展，造成泰国物价不断上涨，利率居高不下，企业外债增加、流动资金紧张、经营困难、股市大跌，经济衰退。1997 年泰国 GDP 增长率从 1996 年的约 7% 下降至 2% 左右。

这次危机波及范围广，持续时间长，是继 1995 年墨西哥金融危机以来最严重的区域性金融危机。它造成了东南亚国家的股市动荡，大批金融机构破产，货币严重贬值，抑制了东南亚国家经济的发展。1997 年 10 月下旬，东南亚金融动荡一度引发全球性金融市场波动，几乎世界各国都因此调低了对 1998 年经济增长率的预期。此次东南亚金融危机持续时间之长，危害之大、波及面之广，远远超过人们的预料。然而，危机的发生绝不是偶然的，它是一系列因素共同促成的必然结果，其中，国际投资的巨大冲击以及由此引起的外资撤离是一重要原因。据统计，危机期间，撤离东南亚国家和地区的外资高达 400 亿美元。但是，这次东南亚金融危机的最根本原因还是在于这些国家和地区内部经济结构。

① 11 月，韩元汇价持续下挫，其中 11 月 20 日开市半小时就狂跌 10%，创下了 1139 韩元兑 1 美元的新低；至 11 月底，韩元兑美元的汇价下跌了 30%，韩国股市跌幅也超过 20%。

（四）1998年俄罗斯金融危机

俄罗斯自1992年开始全面的经济转轨以后，一直陷于严重的经济危机中。受东南亚金融危机的波及，俄罗斯于1997年10月和1998年5月先后爆发了两次金融危机，危机首先反映在货币市场和证券市场上，具体表现：占俄罗斯国债总额约1/3的外国资本大规模外逃，引起汇率下跌和股市大幅下挫，再贷款利率一度高达150%，股市、债市和汇市基本陷入停盘状态，银行无力应付居民提款，整个金融体系和经济运行几乎瘫痪。1998年8月，政府决定让卢布自由浮动，宣布单方面延期偿付以卢布计价的内债和部分外债，并禁止银行兑现外汇承诺，金融危机全面爆发。金融危机造成卢布大幅贬值，股票、政府债券价格大幅缩水。大量企业和银行倒闭，通货膨胀加速上涨，经济活动开始急剧衰退。俄罗斯金融危机不仅导致国内金融体系和经济运行几近瘫痪，还带动欧洲和中亚地区的股市、债市和汇市全面下挫。乌克兰、土耳其、哈萨克斯坦等国受其影响最大。

1998年俄罗斯金融市场动荡加剧，5月19日股价和债市价格大幅下跌。此后，8月，国内经济恶化。8月17日，俄罗斯政府在无路可退的情况下被迫宣布实行新的卢布“汇率波动区间”，使得俄金融市场投资者的心理防线崩溃，最终引发了一场自俄独立以来积蓄最久的、最为严重的金融危机。

1998年8月17日，俄政府及中央银行发表了“联合声明”，对俄国内出现的金融危机采取“三大措施”，即

第一，扩大卢布汇率浮动幅度。放弃1997年11月11日宣布的1998—2000年“外汇走廊”，即6.2卢布兑1美元，浮动幅度正负15%。从8月17日起，这一走廊扩大到6~9.5卢布兑1美元，卢布在此范围内浮动。外汇市场当天的成交价，即是央行的官方汇率。

第二，延期清偿内债。1999年12月31日前到期的国家短期债券转换成新的国家有价证券，期限和收益率等条件另行公布。在转换手续完成前国债市场停止交易。此前，俄罗斯政府曾号召国债持有者在自愿基础上将债券转换成7

年期和20年期的外汇债券，利率在12%以上。但在700多亿美元的内债市场上，响应者寥寥，同意转换的债券，仅有44亿美元，没能解决内债问题。

第三，冻结部分外债。俄罗斯商业银行和公司从国外银行、投资公司等处借到的贷款、用有价证券做担保的贷款的保险金，以及定期外汇契约，其支付期冻结90天。同时，禁止国外投资者将资金投入偿还期在一年以内的卢布资产。政府强调，“冻结”不涉及政府借的外债。

“三大措施”出台后，俄罗斯国内金融危机并未得到缓解，相反，对俄罗斯政治、经济和社会产生了巨大的负面影响。（1）金融市场上出现汇市乱、股市跌、债市瘫的局面。卢布同美元的比价由8月17日的6.3:1暴跌为9月9日的22.4:1，贬值257%，6天后又反弹为8.9:1，升值150%。俄罗斯交易系统股价综合指数从上年的230点跌到40点左右，日交易额从危机前的近亿美元跌至最低时期的数十万美元。进入欧洲企业500强的俄罗斯14家工业企业的股票总市值由一年前的1140亿美元缩水为160亿美元，俄罗斯债市停业近4个月，4360亿卢布国债券的重组方案迟迟未能实施，政府债券在国际市场上的市值仅为面值的6%。（2）受冲击最大的是银行系统，其总资本、存款和贷款均减少了1/3。1998年第三季度，俄罗斯1500家银行中有590家亏损。在即将开始的银行系统重组中，近一半银行将被迫宣布破产。（3）金融危机使卢布贬值70%，失业人数大幅上升，生活在贫困线以下的人口由年初的1/5增至年底的1/3，90%以上的居民生活水平下降。（4）金融危机不仅冲击金融市场，恶化人民生活，还殃及整个国民经济。

俄罗斯政府实行的“对外延期支付”和强制性“国债重组”，对与俄罗斯金融市场和商业银行有着密切关系的西方银行造成了巨大损失。据初步统计，到1998年8月24日，属“延期支付”范畴的俄罗斯商业银行对西方银行债务为192亿美元，俄企业的欠债为60亿~80亿美元，而根据8月25日公布的强制性“国债重组”方案，西方投资者称他们在此项的投资“将损失70%”。受上述措施影响，凡对俄罗斯有债权关系的西方银行的股票在8月17日以后均大幅下跌，尤以对俄罗斯银行贷款高达180亿马克左右的德国商业银行为甚，对俄罗斯有直接投资以及大量出口的俄罗斯的国外企业也不例外。

此次俄罗斯金融危机在全球引起震动，尤其是拉丁美洲的一些与俄罗斯相似的石油出口国家，如委内瑞拉、巴西、阿根廷等均受到很大冲击，至1998年8月底，这些国家股票平均下跌30%，而拉美和东欧国家的金融动荡又波及欧美国家；8月27日，西欧国家股票市场价格平均下跌4%。

（五）1999年的巴西金融危机

1999年1月13日，拉丁美洲第一经济大国——巴西政府宣布对本国货币雷亚尔实行贬值，并任命费朗西斯科·洛佩斯为中央银行新行长。此举致使拉美各国以及世界其他地区的股市发生动荡，货币危机发展成为一场全面的金融危机，举世震惊，令人深思。

巴西此次发生金融危机绝非偶然。事实上，从1999年10月起，由于受亚洲金融危机的影响，特别是1998年8月俄罗斯金融危机的冲击，巴西的股市和汇市多次发生动荡，金融动荡引起巴西资金大量外流，大量的资金外流又打击了巴西经济，并导致巴西外汇储备急剧减少，货币贬值压力越来越大。

1996年1月6日，巴西发生一起特别事件：当年刚刚上任的巴西第三大州米纳斯吉拉斯州州长伊塔巴尔·佛朗哥宣布，该州欠联邦政府的154亿美元的债务拖延90天偿还；另有11个州也要求与联邦政府重新谈判债务问题，加上传出巴西中央银行行长易人的信息，这使得整个巴西的信誉成了问题，早已十分脆弱的外国投资者信心更加动摇。随即，他们开始抛售股票和有价证券并大量撤资，美元的外流不断加快，仅1月12日一天就有12亿美元外逃，达到了顶峰。为了防止外汇储备过度流失，巴西政府于1月13日扩大了雷亚尔的管理波幅，从原来的1美元兑1.12~1.22雷亚尔的范围扩大至1美元兑1.20~1.32雷亚尔，当日雷亚尔贬值近10%。15日，巴西中央银行被迫放弃爬行式盯住汇率制，任凭雷亚尔自由浮动。到1月19日，雷亚尔贬值了23%。

当有关巴西中央银行行长易人及货币贬值的传闻成为事实后，饱受巴西金融动荡（在当地被称为“桑巴效应”）惊吓的投资者纷纷逃离拉美新市场，致使拉美各国以及世界其他地区的股市发生动荡。

据此间媒体报道，连续动荡了 4 天的拉美两大股市——圣保罗和里约热内卢股市 13 日一开盘就直线下跌，13 分钟内主要股票指数均跌破 10% 大关，股市当局不得不启动“断路装置”，中止交易半小时，以避免造成更大损失。

巴西总统卡多佐立即发表讲话，解释说央行行长易人及货币平均年贬值 6% 并不意味政府经济政策的改变，要求公众保持“镇静”。总统讲话后，圣保罗和里约股市交易略有回升，终盘分别下挫 5.04% 和 5.5%。

在遭受巴西“桑巴效应”冲击的地区中，拉美国家首当其冲，南方共同市场的盟友阿根廷的股指下跌了 10.37%，跌幅居拉美之首。

投资者对于巴西“桑巴效应”的恐惧心理也迅速感染到拉美地区以外的股票交易市场。亚太地区中国香港、新加坡和澳大利亚等主要股市分别下跌了 4.09%、2.01% 和 0.85%。伦敦、纽约、巴黎、苏黎世、法兰克福、西班牙等世界著名股市全线下跌，其中，西班牙股市跌幅达 6.5%，创历史纪录。

1999 年初爆发的巴西金融危机，表面上看似由货币危机引起，但深入分析之后可以发现，巴西货币雷亚尔在贬值之前高估的幅度约为 7.6%，并非是危机的主要根源，真正引发这场危机的是债务危机。

首先，财政赤字靠举债弥补。作为拉美第一大经济强国，巴西从 1994 年中开始推出以实行“爬行式盯住美元”为核心的“雷亚尔计划”，成功地遏制了持续十几年的恶性通货膨胀，通货膨胀率从 1994 年高达 2100% 的水平骤降至 1998 年的 4% 左右；国内经济由此走上了平衡发展之路，1994—1998 年国内生产总值平均增长 4%。然而，公共部门的赤字问题一直没有得到有效解决，政府债务占国内生产总值的比重不断上升，到 1998 年约为 8%；1998 年国债余额达到 3500 亿美元，约占国内生产总值的 60%。政府背负巨额债务的主要原因有：（1）虽然通货膨胀率骤然减少，但是政府的名义支出没有相应减少，仍然保持高通货膨胀时的支出规模；（2）过于宽松的养老保险政策导致养老金支出庞大；（3）就业政策规定不能随便解雇公务员和工人，存在就业刚性；（4）中央政府对地方政府的财政支出无严格约束；（5）间接税等税制不合理，等等。

巴西政府的债务问题非“一日之寒”。为了弥补赤字，政府只得发行巨额国债，据统计，巴西国内银行体系中44%的资产为政府的债券和贷款。由于政府是在高利率的情况下发行国债（短期国债的利率高达25%以上），巨额国债的发行又进一步抬高了市场利率，因此，国债还本付息的压力很大。同时，由于国内私人部门净储蓄率不高，政府只能通过大量举借外债来满足资金需要。从1994—1997年，巴西经常项目下的贸易余额从正的108亿美元恶化为负的83亿美元；从贸易余额体现出政府部门净储蓄与私人部门净储蓄的原理来看，巴西巨额的贸易逆差在很大程度上反映出政府部门的净储蓄缺口必须通过境外的资金来支持。从1993—1997年，巴西资本项目余额从76亿美元增长至260亿美元。除外国直接投资大幅增长以外，外国投资人购买巴西债券的数额平均每年递增几十亿美元，境外贷款也快速增长。据统计，到1998年底，巴西的外债余额为2300亿美元左右。由于巴西公司部门借用外债的水平不是很高，所以巴西外债中有很大一部分为政府外债。另据统计，巴西的偿债率为40%，远远高于20%的国际警戒水平。对外支付的巨额外债利息在很大程度上造成了经常项目的赤字。

其次，巨额债务使政府偿债压力过大。从1997年开始，巴西进入偿还内债的高峰期，政府必须从国内外市场借入巨额新债来偿还旧债。这一方面加大了国内货币市场的压力；另一方面，也给外汇市场造成相当大的冲击。与此同时，1998年8月爆发的俄罗斯金融危机进一步影响了国际市场对发展中国家的信心，这既提高了巴西政府借用外债的成本，又造成了大量资金外流，从8月起至10月，巴西损失了近300亿美元的外汇储备。

为了应付这一局面，巴西政府推出了一系列措施，其中包括提高官方利率、降低外国固定收入投资的所得税和改进财政状况等。1998年11月，国际货币基金组织为巴西安排了415亿美元的一揽子经济调整计划，上述措施在一定程度上有助于减少国内债券市场和外汇市场的压力。12月，巴西仍需偿还大量外债，许多外国银行不再为巴西提供贷款展期，国内公司为了防止本币贬值提前赎回发行的债券，这些因素导致巴西资本项目恶化，外汇储备日益减少。在这种情况下，地方政府的发难对联邦政府来说是雪上加霜，这大大动摇了投资者对巴西政府偿还内外债的信心，终于引发了债务危机。

最后，外资大量流出、外汇储备急剧下降。巴西在 1994 年进行经济改革，由于改革成功，1995 年以后外资大举流入巴西，特别是美国金融机构在巴西有大量投资。1998 年巴西对外债务上升到 2940 亿美元。其中，短期外债达 500 亿美元，加上国内短期债务，巴西短期债务总额达 1500 亿美元。高额债务令巴西财政负担沉重，而 1997 年爆发的亚洲金融危机使石油价格下跌，令巴西出口收入下降，国际收支状恶化。在卢布贬值之后，投资者担心巴西货币雷亚尔也将贬值，因此外资大量出逃。7 月巴西有 23 亿美元的资金流入，但到了 8 月就出现 83 亿美元的流出。到 9 月上旬，平均每天有 15 亿美元流出。资金流失令巴西外汇储备急剧下降，从 7 月的 700 多亿美元减少到 9 月的 490 亿美元。为阻止资金外流，巴西将短期利率提高到近 50 厘，使巴西经济受到严重打击。8 月初到 9 月中旬，巴西股市下跌 55. 5%，巴西 1998 年经济增长率将从 1997 年的 3. 1% 下降到 1. 5%。巴西金融危机将严重损害美国的经济增长，美国股市债市在 10 月上旬大幅下挫，道·琼斯股指从 9 月 28 日的 8108. 84 点下跌到 10 月 25 日的 7726. 24 点，美国长债年利率 10 月 9 日升破 5%，达 5. 12%。国际货币基金组织为避免巴西危机引发全球性经济衰退，迅速向巴西伸出援手，宣布给予巴西 400 多亿美元贷款。巴西政府为取得这项贷款，在 10 月宣布一项为期三年，削减 800 亿美元财政支出的改革计划，以加强投资者对巴西金融财政的信心。

11 月巴西议会否决政府计划中关于福利改革的方案，令巴西金融市场再度动荡，12 月外资流出又呈上升趋势。12 月巴西平均每天资金流失量从 11 月的 1. 07 亿美元增加到 1. 83 亿美元。对此，巴西政府被迫调整汇率，宣布本国货币雷亚尔贬值 8. 5%，债务危机引发了货币危机，又进一步演变为全面的金融危机。这主要表现为：

股市受影响。1999 年新的两周的纽约股市因巴西政府宣布其货币贬值而下滑，而且在1月14日一天内大跌228点，当巴西政府决定不再捍卫本国货币对美元的汇率后，纽约股市随即大幅反弹，飙升219点。即使这样，该周纽约股市仍然总体下跌了303点。危机在继续深化，据报道，1月27日，纽约股市受影响而全面下挫，道·琼斯指数开盘半小时曾上升61点，最后却急挫124.35点，以9200.23点报收。大盘交易标准普尔500种股票综合指数下滑9.14点，以1243.17点报收。纳斯达克综合指数重挫26.27点，以2407.14点收盘。

市场受影响。1月9日，在纽约和芝加哥两个大宗农产品交易市场上，食糖、咖啡、小麦、大豆等价格全面滑落，其中食糖价格下降9%，降至近3年来的最低点，咖啡价格降幅也达8%。市场分析家认为，农产品的新一轮降价是由巴西货币大幅贬值引起的。美国市场农产品价格将继续走低，这对已陷入困境的美国农场主更是雪上加霜。

进出口贸易受影响。对美国企业来说，雷亚尔贬值使它向巴西的出口变得更加困难。在美国全部出口商品中，有23%是销往拉丁美洲的，同时由美国各银行提供的国际信贷中也有50%投向拉美。由于巴西的经济规模占拉美一半，巴西经济衰退，势必把邻国也拖入经济泥潭。连锁反应必将殃及池鱼，严重打击美国在拉美地区的投资及现有债权关系，连带冲击美国本土的金融市场。

巴西金融动荡引发的“桑巴效应”威胁着拉美经济，也使其近邻美国甚为担心“后院”起火。巴西的金融动荡还影响波及了世界各地，欧洲股市普遍下跌。1月19日西欧股市全线走低，欧洲其他几大股市也告下跌。当日，伦敦《金融时报》100种股票平均价格指数比前一交易日下跌96.3点，以6027.6点报收。法兰克福DAX30种股票平均价格指数比前一交易日下跌38.40点，以5038.45点报收。巴黎CAC40种股票平均指数比前一交易日下跌35.69点，以4115.99点报收。

从金融监管来看，这次金融危机的教训值得我们引以为戒。首先，一国的金融稳定需要金融监管，但其前提条件是国内财政要保持平衡。在国内储蓄率不高的情况下，财政赤字必然靠举借巨额外债来弥补。这是因为在财政赤字的情况下，一旦国际市场对政府的偿债能力失去信心，将对该国的货币造成巨大压力，引起汇率大幅波动，最终会影响国内整个金融环境和经济增长。因此，财政稳定是一国金融稳定的前提条件之一，为了避免债务危机引发全面的金融危机，一国必须振兴财政，减少财政缺口。其次，对外资既要大胆利用，并积极为之改善投资环境，引导投向，但又要避免过分依赖。要保持良好有序的金融秩序，坚持循序渐进的原则开放资本市场，切实防范和化解金融风险。

四、21 世纪前 10 年的金融危机

（一）土耳其金融危机

进入 21 世纪以来，全球金融危机仍持续不断，比较典型的有 2000 年的土耳其金融危机和 2001 年的阿根廷金融危机。这些金融危机的共性之一就是大多发生在新兴市场国家，且在其自身宏观经济条件尚未成熟时急速进入全球金融体系，完成资本项目下的本国货币可自由兑换。尽管经济学家和政府官员普遍认为，允许资本在各个国家间无限制地自由流入和流出对于债务国和世界经济有益，但大量的资本项目自由化的同时，也带来了投机性外汇交易，进而可能会引发银行危机。有的新兴市场国家在经济基本面出现问题的背景下，一旦本国货币被国际炒家狙击，往往首先汇率失守，本国货币大幅贬值，然后银行业遭遇危机，大量中小银行倒闭，危机扩散到整个社会，导致本国经济发展水平出现倒退，多年成果毁于一旦。

2000 年 11 月土耳其爆发金融危机，同时也带动了俄罗斯股市的暴跌，引发了国际社会的广泛关注。

危机主要体现在由银行流动性引发的利率飙升、股市暴跌，国外投资者纷纷提现，造成银行挤兑风潮，外汇波动①。本币需求方面，由于全国范围内的挤兑风潮，中央银行不得不通过公开市场回购国债的方式，放出大量现金，其数

① 自 2000 年 11 月中旬开始两周内，投资者的外汇需求达到 66 亿美元，而中央银行大约抛出 70 亿美元以应付外汇需求。12 月 3 日，中央银行官员披露，该国 240 亿美元的外汇储备尚余 188 亿美元。

额远远超过了 1999 年底与 IMF 达成的控制货币发行规模的协议。从遵守有关协议出发，11 月 30 日，土耳其中央银行宣布停止向市场发放现金，导致同业拆借市场利率猛涨。投资者从股票市场中撤出大量资金，投入银行间拆借市场，导致股市暴跌。伊斯坦布尔股票交易所的全国 100 指数从 11 月 6 日的收盘 14369.45 点到 12 月 4 日 7329.61 点，在不到一个月的时间内，下跌幅度达到 50%。

这场金融危机的导火线，是土耳其银行监管当局宣布对 10 家银行展开刑事调查。此举引发外国投资者大量抛售土耳其国债和股票，以图撤离土耳其市场，由此导致众银行出现外汇偿付危机。两周来，土耳其央行不断接到银行缺乏现金的告急电话。为了应对挤兑风潮，该行先后投放了 60 亿美元的外汇储备。虽然土耳其央行行长称，该行有 188 亿美元的外汇储备可以用于应付危机，这个数字还不包括 10 亿美元的黄金储备，但如此大数量的现金投放，已经远远超过了土耳其 1999 年与国际货币基金组织（IMF）谈判达成的有关控制通货膨胀的协议条款。2000 年 11 月 30 日晚，土耳其央行停止向市场投放现金，转而向 IMF 提出救援。

一年前，IMF 曾批准向土耳其提供 40 亿美元的贷款，以帮助土耳其实施一系列的经济改革措施，消除金融隐患，并将两位数的通货膨胀控制在一位数的水平上。一年来，土耳其政府大刀阔斧地推行了其稳定经济和结构调整的改革计划，并且做得非常出色，比如，不仅大幅度提高了财政收入，而且建立了独立运作的银行监管处，排除一切政治干扰，加大对金融系统的监管力度。更令世人瞩目的是，在得到世界银行 10 亿美元的贷款承诺后，土耳其国会通过了一项法案，决定对过去由于代表政府发放补助性贷款而亏损将近 250 亿美元的三家大型国有银行实行私有化。

土耳其的银行系统脆弱，许多银行都有官商勾结、管理松懈、内幕交易的特征。加之，两位数的通货膨胀，使得防范危机的效果并不理想。在金融危机发生之前的 18 个月内，土耳其政府已经接管了数十家涉嫌官商勾结的银行，但银行业问题远未解决。2000 年 11 月 20 日，政府公布了必须重点监督的十多家银行的名单，同时警方也展开对这些银行的调查活动。市场又传闻全国大小银行83家，多为经营不善。国内外投资者担心整个金融体系安全性而发生“挤兑”，导致银行周转不灵，向中央银行求救。挤兑风潮迅速扩散到全国各地，外资开始撤离市场，市场出现外汇短缺。

此次由银行体系引发的这场危机将会对土耳其的整个国民经济产生很大影响。不仅是银行体系，还有以控制通货膨胀为目标的整个有限浮动汇率体制也受到冲击。从金融监管来看，土耳其当局由于将大量的资金注入其金融系统，而不是选择加速关闭有问题的银行也是一个教训。之所以这么说，原因有三：一是总的资金注入并不能满足个别银行的饥渴。二是额外的流动资金注入，正好与政府抑制通货膨胀的计划背道而驰，抵消了这一计划的成效。众所周知，要抑制通货膨胀，就要求控制国内的货币供应。三是额外的资金注入使得有限浮动汇率体制更加扛不住了。

这一错误的直接后果就是削弱了货币当局的信用，耗尽了国家的外汇储备，并且进而为了防止外汇抽逃而使国内利率飙升到令人不可思议的高度。正是由于这个错误，一部分银行的财务隐患被最终放大升级成全面的金融和外汇系统的危机。

土耳其现任政府是该国历年来最稳定并且最具改革意识的政府，它值得国际社会伸出援助之手。IMF的援助贷款使土耳其有实力捍卫抑制通货膨胀的根本——有限浮动汇率体制。

（二）2001年阿根廷金融危机

阿根廷金融危机是1982年拉美国家债务危机的悲剧在阿根廷又一次重演。作为拉美第三大经济实体的阿根廷，自1970年以来已经发生8次货币危机。2001年初以来，阿根廷金融形势不断恶化，数次出现金融动荡，7月危机终于爆发。证券股票一路狂跌，反映一个国家信贷风险度的国家风险指数狂升不止，资金大量外逃，国际储备和银行储备不断下降，同时，政府财政形势极端恶化，已经濒临崩溃的边缘。

2001 年 7 月，由于阿根廷经济持续衰退，税收下降，政府财政赤字居高不下，面临丧失对外支付能力的危险，酝酿已久的债务危机终于一触即发，短短一个星期内证券市场连续大幅下挫，梅尔瓦指数与公债价格屡创新低，国家风险指数一度上升到 1600 点以上，国内商业银行为寻求自保，纷纷抬高贷款利率，其甚至达到 250% ~350% 。几天来，各商业银行实际上停止了信贷业务，布宜诺斯艾利斯各兑换所也基本停止了对美元的出售。8 月阿根廷外汇储备与银行存款开始严重下降，外汇储备由年初的 300 亿美元下降到不足 200 亿美元。危机爆发后短短几个星期内，阿根廷人已从银行提走了大约 80 亿美元的存款，占阿根廷私人存款的 11% 。11 月阿根廷股市再次暴跌，银行间隔夜拆借利率更是达到 250% ~300% 。受此影响，纽约摩根银行评定的阿根廷国家风险指数曾一度突破 2500 点。12 月，阿根廷实施限制取款和外汇出境的紧急措施，金融和商业市场基本处于停顿状态，并进一步削减公共支出，加大税收力度。同时，阿根廷政府与 IMF 有关 12 亿美元贷款到位的谈判陷入僵局。有关阿根廷陷入债务支付困境和货币贬值的谣言四起，银行存款继续流失。2002 年 1 月 3 日，阿根廷没有按时偿付一笔 2800 万美元的债务，正式开始拖欠该国高达 1410 亿美元的债务。1 月 6 日，阿根廷国会参众两院通过了阿根廷新政府提交的《经济改革法案》，为放弃执行了 11 年之久的联系汇率制和比索贬值开了绿灯。此后，在国会的授权下，阿根廷终于宣布放弃了比索与美元 1∶1 挂钩的货币汇率制，阿根廷比索贬值 40% 。目前，由杜阿尔德总统领导的新政府正号召全国团结起来，积极配合国际经济组织，寻求国外援助，尽快摆脱经济崩溃的厄运。但阿根廷政府面临的经济和社会形势依然不容乐观，新经济措施的实施仍然面临严峻的挑战。

本次债务危机虽然没有 1982 年墨西哥债务危机那样迅速，其“多米诺骨牌效应”也远未达到引发全球金融危机的地步，但其影响仍是巨大的。

首先，政府和银行信用降至最低。到危机爆发时阿根廷外债已达 1322 亿美元，其中，946 亿美元为政府债务，其余为国际金融机构的贷款。并且财政赤字居高不下，仅2001年上半年财政赤字就接近50亿美元，由于一再突破国际货币组织规定的财政赤字指标，其与各国借款银行及货币基金组织的借款谈判举步艰难。与此同时，阿根廷银行面临挤兑危机，各大银行门前纷纷出现排队提款的现象，于是政府不得不实施金融监管，直到下令冻结个人存款，甚至到了出动警察搜查外资银行，以防止大量资金外逃的程度。

其次，债券市场大幅波动。梅尔瓦股票指数几经反复，政府公债价格一路下跌，在纽约上市的布雷迪债券价格也遭受相同命运，银行贷款利率更是成百倍的上涨。

再次，波及周边国与债权国。首当其冲的是阿根廷的邻国，巴西及智利货币兑换美元迭创新低，尽管巴西央行曾入市干预，但是其货币雷阿尔仍大幅贬值。阿根廷放弃比索与美元1：1汇率而将比索贬至40%，立即在巴拉圭和乌拉圭等国产生了连锁反应，这两个国家目前已相继宣布货币贬值，以减少阿比索贬值后阿根廷商品的竞争冲击。与此同时，欧洲、中东及非洲等地新型债券、货币及股票市场，在波兰货币兹罗提及南非货币兰特的带动下全面大跌。

最后，引发社会动荡。阿根廷债务危机爆发后，阿根廷政府数易总统及经济部长，经济政策也屡屡调整，但成效不大。政府先后采取的提高税收、削减公有机构员工工资和补贴、冻结个人存款等极端措施，遭到民众的强烈反抗，骚乱时有发生。

（三）2007年美国的次贷危机

1. 次贷危机发生过程概述

2007初以来，因美国次贷危机引发的金融动荡正不断扩散和深化，次贷危机已经演变成全球金融危机。在此次次贷危机的演化和发展中，以金融衍生品为线索，可把这一危机过程分为三个阶段：第一阶段金融风暴主要表现为“次级抵押贷款”业务巨额亏损，并导致包括美国新世纪金融公司等在内的一批抵押贷款公司破产；第二阶段则是由“次级抵押贷款支持债券”及“担保债务凭证”业务巨亏，造成包括美国第五大投行贝尔斯登在内的一批金融机构破产；

第三阶段是由于“信用违约互换”业务巨亏，造成美国最大的两家住房抵押贷款公司（房利美和房地美）和全球最大保险公司美国国际集团（AIG）因陷入困境被美国政府接管、美国第四大投行雷曼兄弟破产、第三大投行美林被美国银行收购，排名前两位的投行高盛、摩根被迫转为一般性银行，整个华尔街模式崩溃。

这三个阶段形势不断恶化，金融危机的态势一步步蔓延，而且暴露的深层次问题也一次比一次严重，倒下的金融机构规模和所引发的全球金融市场震荡程度也持续升级。

2. 次贷危机中的金融创新——金融衍生品

在美国次贷危机中，部分金融衍生产品起了推波助澜的作用，使得危机不断放大。这里，笔者对这次次贷危机中所运用的部分金融创新品种进行简要剖析，以便能够从金融监管的视角采取对策。

（1）次级按揭贷款（Sub - prime Mortgage）

美国住房抵押贷款市场自20世纪90年代以来高速发展。贷款对象大致可以分为三个层次：优质（prime loan）抵押贷款、近似优级（Altermative）贷款和次级（Sub - prime）抵押贷款。这三种信用等级不同的房屋抵押贷款其信用等级依次降低，大致情况如下：

优质抵押贷款→近似优级贷款→次级抵押贷款

优级贷款主要提供对象给信用评分最高的个人（信用分数在660分以上），月供占收入比例不高于40%及首付超过20%以上；近似优级贷款的提供对象为信用评分较高但信用记录较弱的个人，如自雇以及无法提供收入证明的个人；次级贷款的对象则为信用分数较差的个人，尤其是消费者信用评分（FICO）分数低于620分、月供占收入比例较高或记录欠佳，及首付低于20%。

通常情况下，信用分数较差的个人或月供占收入比例较高和首付低于20%的人是很难获得住房抵押贷款的。然而在2001—2004年，美国新经济泡沫破裂后，美联储为刺激经济，实施低利率政策，连续13次降息，利率从6.5%降至

1%的历史最低水平，并实施了宽松的房贷政策，鼓励人们消费买房，因此刺激了次级抵押贷款市场的繁荣发展。

（2）按揭贷款抵押支持债券（Mortgage Backed Security）

美国的房屋贷款大多通过证券化后向市场发行，所产生的债权产品叫房屋按揭抵押支持债券（Mortgage Backed Security，MBS）。房屋按揭公司将一些按揭贷款汇集成一个贷款池，然后进行分割打包证券化发行。由于获得贷款者还本付息的资金流是投资房屋按揭抵押支持债券的所得，因此，根据贷款人的资质、获得现金流和承担违约损失顺序的先后，债券评级机构如标准普尔、穆迪公司等会对不同按揭产品进行评级划分，AAA 级的为优先级（Senior Class），AA 和 A 级的为夹层级（Mezzanine Class），其他更低的 BBB 级到 B 级为低层级（Subordinate Class），而另有平均仅为约 5% 债权为无评级的最低的权益级（Equity Class），用来最先承受违约损失（First loss piece）。

一般来说，优级贷款由包括美国联邦国家房屋贷款协会（Fannie Mae 房利美）、联邦住房抵押贷款公司（Freddie Mac 房地美）等有一定政府信用支持的按揭债券发行机构进行发行，信用等级为 AAA。而近似优级贷款和次级贷款则多被划分后重新打包，成了发行的资产支持型抵押债务权益（ABS、CDO）的抵押品。这一金融创新方式使得不同风险偏好的投资者得以参与，因此使更多的次级按揭得以证券化发行。但这一证券化过程牵涉到对按揭贷款种类进行复杂的细分，并且只能用金融计算模型来估计未来 CDO 债券的现金流状况，而不同的债券评级机构、按揭发行人、投资机构的金融模型都不相同，这虽然促进了此类产品交易的活跃，但同时也埋下了定价机制模糊、评级变化巨大的隐患。

（3）资产支持债券型抵押债务权益（ABS CDO）

资产支持证券（Asseted - Backed Security，ABS）是以其他资产的现金净收入为价格支持而进行的一种证券化过程。通常的 ABS 包括对房贷、住房权益贷款（Home Equity Loan，HEL）、车贷、信用卡还款等未来现金流进行证券化发行后出现的产品。抵押债务权益（Coltateralized Debt Obligation，CDO）是购买某种证券池，并以该证券池内的资产和未来现金值为抵押品而发行的一种权益产品。归根结底，CDO 是证券化金融创新下创造出的一种衍生品，支持 CDO 的证券池包括各种企业债券、杠杆贷款和资产支持债券（ABS）。而以资产支持债券为证券池的抵年债务权益称为资产支持型抵押债务权益（ABS CDO），约占所有 CDO 的65%。

资产支持型抵押债务权益（ABS CDO）对于原有次级贷款池中的 BBB 级贷款部分进行再分割并人为分出还款先后次序，将其再次分级为高级（High Grade）和夹层级（Mezzanine），高级的在 A 级以上，而夹层级为 BBB 级。这种分割后再分割的“金融创新”甚至还可能不止一次，于是就创造出了 CD02、CD03……这样的多层衍生产品。一个标准的 ABS CDO，其抵押证券池可能包括住房权益贷款（HEL）、其他 CDO、住房按揭支持债券和其他资产，这样就形成了非常庞大而又复杂的资产支持结构。而普通的 CDO 不但可能包括各种 ABS，而且还会含有各种级别和收益率的企业债、贷款等产品，使得整个 CDO 的评级和收益率达到优化，吸引市场投资者购买。在这其中，发行者和承销商得到了巨大的发行承销盈利，但其中的风险却在市场中累积了起来。2003 年以来，以次级按揭为支持的 CDO 规模膨胀十分迅速。

（4）信用违约互换

信用违约互换（Credit Default Swap，CDS）是一种金融资产的违约保险合约。债权人通过该合约将债务风险出售，合约价格可以视作保费。购买信用违约互换的一方被称为买家，承担风险的一方被称为卖家。双方约定，如果标的金融资产没有出现违约情况，买家向卖家定期支付“保险费”；一旦发生违约，则卖方承担买方的资产损失。在 CDS 合约中，CDS 买方定期向 CDS 卖方支付一定的费用，该费用一般用基于面值的固定基点表示。如果不出现信用主体违约事件，则 CDS 卖方没有任何现金流出；而一旦信用主体出现违约，CDS 卖方有义务以现金形式补偿债券面值与违约事件发生后债券价值之间的差额，或者以面值购买 CDS 买方所持债券。CDS 卖方可由主承销商或商业银行等第三方来担任，并且可以在银行间市场或其他市场进行 CDS 的交易，从而转移自身的担保风险。

CDS 是目前全球交易最为广泛的场外信用衍生品。ISDA（国际互换和衍生品协会）于 1998 年创立了标准化的信用违约互换合约，在此之后，CDS 交易得到了快速的发展。信用违约互换的出现解决了信用风险的流动性问题，使得信用风险可以像市场风险一样进行交易，从而转移担保方风险，同时也降低了企业发行债券的难度和成本。截至 2007 年底，CDS 达到顶峰，规模为 62 万亿美元，最大的部分是企业债（占 80%），而 MBS 仅占 20%。

3. 次贷危机中金融衍生品的风险传递过程

2004 年前，房地产市场和消费市场的繁荣拉动了美国经济高速增长。在这一阶段，美国次级抵押贷款快速扩张，使大量无法获得优级贷款的低收入群体或信用等级不高的购房者可以通过次贷购买住房。强劲的购房需求刺激房价快速上升，房价上涨预期又反过来增强了购房者贷款买房的动机。房价和贷款需求的相互促进创造出大规模的次级贷款。在这个过程中，美国贷款机构为了分散风险和拓展业务，实现利益最大化，把住房按揭贷款打包成 MBS 进行出售回笼资金。大量的次级贷款通过证券化过程，派生出巨额 MBS。在 MBS 的基础上，经过进一步的证券化，又衍生出大量 ABS。投资银行购买 MBS 后，把基础资产的现金流进行重组，设计出风险和收益不同档次的新债券，也就是担保债务凭证 CDO，然后再推出能够对冲低质量档次 CDO 风险的信用违约互换 CDS。金融机构在 CDO 和 CDS 等衍生品交易中，还往往运用高杠杆比率进行融资。于是基于 1 万多亿美元的次级贷款（SM），创造出了超过 2 万亿美元的次级债（MBS），并进一步衍生和创造出超万亿美元的 CDO 和数十万亿美元的 CDS，金融创新的规模呈几何级数膨胀。这些结构化的组合产品形成了我们所谓的次贷价值链 SM－MBS－CDO－CDS。美国次贷危机的爆发正是由于这一金融创新链条的过度膨胀而造成的。

自 2006 年开始，美国的经济环境出现逆转，利率上调、房价下跌、经济放缓，这一系列的变化导致贷款人的还款压力迅速增大，房市的低迷又使得借款人无法靠房产增值、重新融资来减轻债务负担，以住房为抵押的次级贷款违约率上升，以美国第二大次级抵押贷款公司新世纪金融公司为首的一批抵押贷款公司破产，次贷危机爆发。次级抵押贷款的损失引发了连锁反应，随着次级抵押贷款的违约率不断上升，次级贷款支持的金融产品 MBS、ABS 等，因基础资产出现问题，其违约风险骤然上升。此时，信用评级公司纷纷下调这类证券的评级，导致大量拥有此类产品的机构投资者出现大规模亏损，终于造成包括美国第五大投行贝尔斯登在内的一批金融机构倒闭，次贷危机恶化。随着危机的深入，一直被华尔街捧为赚钱机器的 CDO、CDS 等金融衍生品遭受了更大的损失。对于处在次贷危机金融链条末端的 CDO 和 CDS 等金融衍生工具而言，本身它们就存在两大制度性风险：一是完全通过场外交易市场（Over - the - counter, OTC）在各机构间进行交易，没有任何政府监管；没有集中交易的报价和清算系统，流动性非常差；二是普遍具有杠杆经营的特征，实行保证金交易，并实施按市值定价（mark - to - market）的会计方法。一旦 CDO 和 CDS 快速跌价，市场价值缩水，在杠杆作用下，追加巨额保证金就会给持有者带来灾难性的损失。在经过不断的衍生和放大后，CDO 和 CDS 的规模是次贷的数十倍，将整个金融市场暴露在一个前所未有和无法估量的系统性风险之下。“两房”、雷曼、美林和 AIG 的破产和被收购等一系列事件将次贷危机推向深渊。

（四）2009 年迪拜金融危机

阿联酋迪拜 2009 年 11 月 25 日宣布将重组其最大的企业实体迪拜世界，这是一家业务横跨房地产和港口的企业集团。迪拜还宣布，将把迪拜世界的债务偿还期延迟 6 个月，迪拜的信用评级被大幅下调。围绕迪拜债务危机的风波目前稍稍平息。迪拜是阿联酋 7 个酋长国之一，与阿联酋首都所在的阿布扎比酋长国不同，迪拜没有丰厚的石油储藏，经济以地产、金融和旅游开发为主。迪拜世界是迪拜最大国有集团，堪称迪拜经济发动机。迪拜当局 25 日宣布，受巨额债务困扰，迪拜世界将重组，公司所欠近 600 亿美元债务将至少延期 6 个月偿还，其中包括迪拜世界下属地产巨头纳西勒公司即将于 12 月到期的 35 亿美元伊斯兰债券。

作为政府经济多元化的主导政策之一，迪拜2002年宣布建立国际金融中心。2004年9月，迪拜政府决定设立迪拜国际金融中心（DIFC）。DIFC成立后，在国际金融中心建设上取得了很大的成就，基本奠定了在伊斯兰世界金融中心的地位，对国际金融发展也有很大的影响。美国道．琼斯公司还专门与迪拜国际金融中心以及总部设在迪拜的一家投资银行共同发布“道琼斯—迪拜国际金融中心指数”。该指数以巴林、埃及、约旦和阿联酋等10个阿拉伯国家的50家公司的股票为编制对象，与道琼斯指数、日经指数和伦敦金融时报指数等同时公布。

迪拜债务危机实际是2008年美国金融危机的深化，也从侧面说明此次全球金融危机影响之深。迪拜设立DIFC的一个重要原因是为迪拜大规模的经济建设融资。DIFC成立后，确实对吸引国际资金，尤其是伊斯兰资金起到重大作用，从而导致了迪拜资本市场和房地产市场的繁荣，也带动了迪拜经济和建设的快速发展。迪拜经营的一个很大特点是高杠杆率。在金融危机的冲击下，国际资本对风险的偏好下降，放弃债务率高的高杠杆资产、追求低杠杆资产成为一种趋势。在这种全球范围的“去杠杆”浪潮下，国际资本不断撤离迪拜，导致迪拜资产价格持续下跌，很多DIFC发行的各种金融工具是建立在迪拜资产之上的，资产价格的下降，加速了持有迪拜金融产品机构的财务紧张状况，最终导致迪拜世界债务危机。

迪拜世界的债权人主要分布在海湾地区，但也有不少欧美金融机构涉足。作为主权投资公司，迪拜世界还是一些境外上市公司的主要股东。由此，迪拜世界冲击波迅速从海湾扩散到全球金融市场。迪拜金融危机的影响至少有以下几点：一是迪拜信用评级遭下调，信用已不及冰岛。二是祸及五大银行：最大的阿布扎比商业银行和阿联酋NBD PJSC，其他债权银行包括汇丰、巴克莱和苏格兰皇家银行。三是或引发新兴市场违约浪潮。四是打击了市场信心。五是全球股市期货大跌。

客观地说，尽管迪拜也出现了主权债务危机，但由于其违约风险存在于国有企业，并非主权政府本身，违约事件其后的应急措施也较为迅速，因此，迪拜危机对于世界金融市场的影响相对较短。

在现代经济运行中，债务融资是金融杠杆的重要方式，而在决策过程中，对于风险的判断与衡量，又是确定融资杠杆率的关键一环。在有利市场条件下，较高的杠杆率将放大收益，而一旦条件逆转，高杠杆率也将成为锁喉的绳索。

迪拜近年来选择了高度倚重高端的房地产和金融等相关行业的发展战略，以实现经济突进。但是超速的发展蕴含着巨大的风险。随着全球经济走势预期降低，由于资金偏好的转移，迪拜的各类高端项目未能吸引足够的租客或者买家，其账面价值也因此不断缩水。这导致了融资或再融资日益艰难，出现“烂尾”工程项目不断涌现、盈利模式搁浅，企业和政府最终难以为继。

迪拜危机并非孤立的样本，各国为应对危机而逐渐造就的利率极低、资金丰裕的金融环境也正产生新问题，特别是依赖低成本美元资金的套期投机，一旦风险监管缺失或再度放松，可能给经济带来新的风险。

具体而言，迪拜危机直接影响了不少欧洲的金融机构，美国同业遭受损失的可能性也不能排除。这些在金融危机中受到明显冲击的银行类机构在修复“堤坝”的同时为何再次“失察”，值得业界深思，应引起发达国家监管当局的高度警醒。迪拜危机也给新兴经济体敲响了警钟：地产泡沫破灭牵连甚广，如果出现市场异动，或者类似信用风险危机再次爆发，新兴市场整体或将受到冲击。

当前，全球的危机应对行动还处在“进行时”。如何防范金融危机再次“探底”，推动、巩固全球经济的复苏势头，是重要而严峻的全球性课题。正如国际货币基金组织总裁卡恩所言：世界经济正在企稳好转，但依然高度脆弱。因此，各经济体当局仍需重视风险，加强监管，而金融领域的风险管理尤其重要。

（五）2009—2010 年希腊债务危机①

2009 年 10 月初，希腊政府突然宣布，2009 年政府财政赤字和公共债务占国内生产总值的比例预计将分别达到 12.7% 和 113%，远超欧盟《稳定与增长公

① 本部分内容参阅了英国《金融时报》中文网站 2010 年 2 月 9 日刊登特约撰稿人周浩的文章，题为《希腊的债务危机》。

约》规定的3%和60%的上限。鉴于希腊政府财政状况显著恶化，全球三大信用评级机构惠誉、标准普尔和穆迪相继调低希腊主权信用评级，希腊债务危机正式拉开序幕。希腊成为了政府救市风潮中倒下的第一个欧盟国家。

2010年希腊金融危机扩展的速度远远超过了大多数人的想象，全球股市不断下滑之余，欧元也节节败退，而葡萄牙、西班牙也纷纷爆出债务危机的风险，希腊的主权评级也被调降一档，从A－降至BBB＋。随着主权信用评级被降低，希腊政府的借贷成本大幅提高。从目前的情况看，希腊政府必须在2010年紧急筹措540亿欧元资金，否则将面临破产“威胁”。除希腊外，目前处于欧洲债务负担重灾区的葡萄牙、爱尔兰和西班牙等国的财政状况也引起投资者关注，意大利、比利时等国的主权信用也受到投资者广泛猜疑。

希腊债务危机的产生，具有一个逐步积累的过程。从2004年开始，希腊的经常项目账户赤字不断升高，2004年希腊的经常项目赤字仅为GDP的6%，而到了2008年已经达到了14.4%，在5年的时间内，经常项目赤字占GDP之比上升超过一倍。对于经常项目账户的赤字，我们可以将其分为两个部分，一部分来自于私人部门的赤字，另一部分则来自于政府的财政赤字。从IMF公布的数据看，希腊政府每年的财政赤字约占GDP的3%至5%，从2006年开始，财政赤字占GDP之比就一路上升，具体来说，2006年财政赤字约为GDP的2.8%，到了2008年则达到GDP的4.4%。尽管如此，财政赤字与总体的经常项目账户赤字之间只有仍然占GDP10个百分点的差距，理论上来讲，这10个百分点来自于私人部门。

从整体财政的角度来说，如果每年存在财政赤字，就意味着要发国债。一般而言，公共债务占GDP的比重这个指标不应超过50%①。IMF的数据显示，在经济危机前，希腊的公共债务几乎是GDP的100%，严重超过警戒线，此外，由于财政赤字长年较高，经常项目存在较大的逆差也意味着较低的外汇储备，然而希腊就走在这样一条危险的道路上，出于经济刺激的需要，2009年的财政

---

① 当然这一指标也并非绝对不可逾越，比如日本就是一个例外，其公共债务超过GDP的200%，但很少有人认为日本会出现偿付危机。

赤字达到GDP的12%，这是2008年水平的3倍，而公共债务余额则从GDP的100%左右一下上升至GDP的130%，同时，主权评级被调降意味着政府需要提高国债的收益率以吸引投资者，这样一来又多出了一笔利息支出。更糟糕的是，危机一旦产生，将无可避免地对欧元产生巨大压力，同时，对世界金融市场来说，投资风险偏好的不断下降也对实体经济的恢复有着不可忽视的制约力量。

希腊同其他欧元区一样，一方面失业率高，另一方面又以高福利著称，基数大、补偿高，这便会导致政府长期受到失业救济的拖累。由于受到选民的压力，政府又无法随意减少或者取消失业救济。希腊的失业率常年在10%左右，在欧洲地区并不算最高，但对于一个底子相对较薄的国家来说，失业救济却是一个沉重的压力。失业人口多，也限制了政府的税收收入的增加，因为上班族才是纳税人。希腊的总体税收一直维持在GDP的40%，多年没有提高，而支出却在逐年增加。

而从更加广泛的社会因素来看，希腊高企的老龄化人口，才是财政遭遇困难的根本原因。希腊老龄化问题严重，老龄人口占总人口之比在欧洲名列前茅。而根据欧盟老龄化工作小组的统计，希腊的老龄化负担约占GDP的15.9%，是全欧洲最高的。老龄化的沉重压力意味着政府更高的养老金支出，而养老金的管理水平较低也造成了大量的浪费。在2008年之前，希腊有133个养老金基金，这造成了政府的多头开支和高企的行政费用，2008年，希腊政府痛下决心，将其合并为13个养老金基金，但更多的管理问题的解决，仍然需要时间和政府的决心。

欧元区私人部门的储蓄率较低，政府鲜向老百姓借钱，一般是从海外市场借入美元。希腊政府的税收收入是欧元，一旦欧元汇率出现大幅下滑，就需要拿出更多的欧元来偿还美元的债务。这也意味着债务的变相增加，如此一来，政府更加无力偿还，那么主权信用评级和主权货币都要被继续调降和贬值，又会造成债务的增加，这就是典型的债务危机的形成过程。

分析这次希腊债务危机产生的原因有以下一些因素：

其一，在希腊由于私人部门的赤字巨大，几乎达到了GDP的10%，究其原因，这实际同希腊的社会和人口年龄结构有关。由于人口老龄化，生产产出由于劳动人口的减少而逐渐降低，而社会支出却会不断提高。换言之，供应小于需求，而内需旺盛、供应不足的希腊只能求助于进口，这就导致了私人部门的开支也出现了“赤字”。同时，风险被转嫁到金融部门，从希腊整体的银行负债表来看，其核心资本充足率已经出现了逐年下降的情况，这也成为希腊宏观经济的一个隐忧。

其二，财政支出的增加也来自于政府本身的开支巨大，其中政府公务员的收入一直被 IMF 所诟病。从希腊整体的情况看，社会工资水平一直在高速增长，尽管 GDP 增速永远徘徊在 1% ~2%，实际工资增速却一直高于 5%，在 2008 年甚至达到了 8%，这高于欧盟国家 4 个百分点。在整体收入提高的情况下，更容易享受到加薪的公务员，也就成了收入提高的最大获益者。加之，政府人员工资支出增加、人浮于事而效率降低，也使政府的总体财政状况不断恶化。

国外也有媒体撰文分析了另外的原因①。这种观点认为，华尔街采取和造就美国次贷风暴近似的策略，帮助欧洲政府掩饰其与日俱增的负债，导致动摇希腊的金融危机恶化，以及欧元的地位遭受破坏。在华尔街的协助下，希腊过去十年来一直努力在躲避欧洲负债的限制。由高盛制造的一笔交易，让希腊数十亿美元的债务，得以躲过布鲁塞尔预算监督人员的审查。即使危机一触即发，这些美国银行仍在寻求帮助希腊，在负债遭清算前找出先发制人的方法。2009 年 11 月初，亦即雅典成为全球金融危机冲击前三个月，高盛一组人马抵达雅典，对号称要偿还负债的希腊政府提出一个非常现代化的建议，要利用衍生性金融商品帮其躲债，此举导致华尔街在全球最新一场金融危机中所扮演的角色备受质疑。

在希腊加入欧洲货币联盟的 2001 年，高盛帮该国政府悄悄贷进了数十亿美元。因为被视为货币交易而非贷款，并没有对外发布，这笔交易帮助雅典在入不敷出下，不只达到欧洲赤字的规定，还得以继续挥霍。希腊为此支付了高盛

---

① 参阅财经报道 2010 年 4 月 14 日，《希腊金融危机 真正的帮凶是华尔街》，作者：cee-teesty 参见《纽约时报》相关报道。

大约3亿美元的费用。

正如美国次贷危机以及美国国际集团（AIG）倒闭事件爆发，金融衍生性商品在希腊快速累积的负债上也扮演了重要的角色。由高盛、摩根大通以及其他多家银行发展的金融工具，让政治人物得以掩饰希腊、意大利或是其他地区的额外借款。华尔街并非欧洲债务问题的创造者，不过美国的银行让希腊和其他国家透过完全合法的交易借款，而不管这些国家早已入不敷出。

解决上述问题之措施，不外是“开源节流”，即通过改善税收体系和税种来增加收入，同时，通过降低公务员工资和养老金的支出来减少开支。但说易行难。当希腊总理宣布一系列节衣缩食的改革措施后，利益受到损害的希腊民众同时在60多个城市发动示威游行，面临大选压力的执政党不得不出面安抚。同时，希腊政权一直不够稳定，在本次危机前，代表中右派利益的新民主党在2007年以微弱优势获胜，而左派的社会党却在2009年7月的欧洲议会选举中获胜，并要求提前大选，这无异于雪上加霜。重重压力让希腊政府错过了在经济形势相对理想的2003—2007年进行财政结构调整，根据希腊政府对IMF的承诺，希腊本希望2009年把财政赤字控制在GDP的3.7%，并在2010年达到3%的欧元区最低目标。但事实上，希腊在2009年和2010年的财政赤字都超过了GDP的10%。

总之，希腊经济存在结构性弊端，竞争力下降、政府财政入不敷出、深陷债务泥沼等因素都对我们有深刻的借鉴和启示。当然从市场角度看，投资者的非理性投机炒作也是助推欧洲债务危机不断升级的重要原因，这些都需要我们引以为鉴。

第四节　区域经济与区域货币制度建立

一、区域经济及其发展

区域经济发展的相互依赖自古有之，在原始社会，人类最初的商品交换出现在部落的交界处；农业时代，交易的范围受马车行进距离的限制；工业时代，电话、电报的出现，航海技术的发展极大地扩展了人们交易的范围；信息时代，卫星通讯、互联网的出现使得进行全球交易成为可能，因此，人们高呼“全球化时代到来了!”，然而全球化和“无国界”只是一种趋势或开始。虽然全球资本流动和国际贸易的发展已渐渐冲淡了国家主权的鲜艳色泽，距离、陌生感在交通、信息技术飞速发展的情况下，已不再是人们跨国交往的障碍，但真正全球化最起码的要求是交易双方技术和能力的对等，如网上交易就要求交易参与者都要接入互联网并具备从事网上交易的能力，这还没有涉及支持网上交易的运输、配送、法律等的配套制度安排。由于各国的发展速度不同、历史及生活习惯不同，使得全球化在世界范围内的渗透不可能一步到位，国与国的交往仍以周边区域为主，不过这一区域的范围在逐渐扩大。从时间上看，世界经济区域集团化是20世纪50年代出现的新现象，80年代兴起，90年代形成全球趋势。据统计，地区经济一体化组织的数目在不断增加。1948—1994年，先后出现过109个地区经济组织，其中2/3是在1990年之后出现的（英国《经济学家》杂志1995年10月）。目前，在世界各地区，或已经建立，或正在建立，或拟建立的各种类型、各种层次的区域性经贸集团或经济合作组织约有30~40个，参加的国家有140多个。但在这些地区经济集团和组织中，若以它们在世界经济中的地位和作用来看，则首推正在形成中的欧洲、北美和亚太三大区域集团，因为这三大区域集团是当今世界经济最发达、最活跃的地区，是制约和影响当代世界经济和政治格局的主体集团。

区域国家之间的相似性和相互依赖，使得它们自觉或不自觉地结成了一定的同盟，尤其是在外部环境动荡的情况下，如政治压力、战争压力、贸易战、汇率剧烈波动等环境下。这种同盟可能采取不同的形式，加拿大经济学家利普西（R. Lipsey）根据一体化程度的不同，把经济一体化分为六种类型：特惠关税区、自由贸易区、关税同盟、共同市场、经济与货币联盟和完全的经济一体化。根据欧元区的经验，经济一体化有从低级向高级发展的趋势，货币一体化是目前为止经济一体化发展的最高阶段。经济一体化强化了区域国家之间的经济贸易和联系，表 7 – 3 显示了几大经济区之间的贸易联系，贸易联系的增强伴随的是对汇率波动的反感，因此，区域货币安排成为区域经济一体化所追求的目标，也成为国际金融领域一项至关重要的事件，下面我们将详细介绍现有的区域货币安排及货币一体化的其他形式。

表 7 – 3　　2001 年几大经济区商品贸易进出口方向　　单位:%

项目	APEC (21)	EU (15)	NAFTA (3)	ASEAN (10)	CEFTA (7)	MERCOSUR (4)	ANDEAN (5)
向区域内国家出口	71. 78	61. 85	55. 46	23. 46	12. 37	17. 26	11. 19
向区域外国家出口	28. 22	38. 15	44. 54	76. 54	87. 63	82. 74	88. 81
从区域内国家进口	69. 92	60. 89	39. 55	22. 77	9. 91	18. 88	13. 32
从区域外国家进口	30. 08	39. 11	60. 45	77. 23	90. 09	81. 12	86. 68

资料来源：根据 2002 年世界贸易组织的部分统计资料编制。

二、已有的区域货币安排

（一）欧元区

欧元区是目前为止最为成功的区域货币安排的典范，欧元的成功面世及其对欧元区内国家带来的利益，成为激励各个区域货币安排的有力动力，也从根本上改变了国际金融体系的结构，下面从欧元区的形成过程来做简要介绍。

1. 从罗马条约经巴尔计划（1960）到韦尔纳报告（1970）

为分派马歇尔计划提供的援助和促进世界贸易的自由化，欧洲经济合作组织于 1948 年 4 月 16 日成立。根据法国政府的提议，1948 年 4 月 18 日签订建立欧洲煤钢联营的条约，比利时、法国、意大利、卢森堡、荷兰和联邦德国 6 个国家加入这一条约。1952 年 5 月 26 日的巴黎条约拟定了建立欧洲经济共同体的方案，但在 1954 年被法国国会拒绝后，欧洲合作的重点就放在了经济合作上。1957 年签订罗马条约，欧洲共同体由此诞生。条约确定 12 年后建立一个完全的经济联盟，从此商品、人员、服务和资金都可以自由流通；在各个领域实施共同的政策成了保证实现经济联盟的一个必要条件。60 年代末期，经济联盟取得了关税同盟和统一农业政策的成果。共同体的内部贸易增长，成员国的相互依赖加强。此时，布雷顿森林体系的维持遇到了困难，国际通货膨胀和货币危机，成了维护共同体取得的利益的外部威胁，于是，欧共体开始关心货币领域里的问题。1968 年 2 月，欧盟委员会向在罗马召开的共同体六国财政部长理事会提交了关于共同体在货币领域缩小浮动幅度的备忘录，但没有引起注意。1968 年 12 月的法郎危机，使欧洲共同体委员会认识到货币联盟对经济联盟的重要性，于是委员会向理事会提交了一个称为“巴尔计划”的文件，其核心是各国经济政策的趋同和货币政策的协调，其中提到了中短期的货币援助问题，但具体如何援助没有提。“巴尔计划”引发了有关共同经济政策的辩论，为此，1969 年 12 月，成员国国家和政府首脑在海牙开会，会上同意建立一个真正的欧洲经济与货币联盟。海牙会议责成“韦尔纳工作小组”起草关于经济与货币联盟的报告，1971 年 3 月 22 日这份报告在欧洲理事会上通过。

2. 从韦尔纳报告经“欧洲货币蛇”（1972 年）到欧洲货币体系（1979 年）

韦尔纳报告确定了分阶段向货币联盟过渡的办法，第一阶段是缩小欧洲货币间的浮动范围，这直接导致了 1972 年 3 月到 1973 年 3 月间“欧洲货币蛇”（根据史密森协定的规定，其他货币围绕美元本位允许的总浮动率由原来的 ±1% 扩大到 ±4.5%，而欧共体各国货币之间的最高浮动幅度为 ±2.25%，这个缩减给人一条“蛇”在隧道里游动的形象，称为“隧道里的蛇”）。由于货币震荡的冲击，1972 年 6 月—1973 年 2 月，英国、丹麦、意大利先后被迫放弃了这条“蛇”，1973 年 3 月，欧共体货币与美元脱钩，“蛇”自己游出“隧道”，1978 年在英镑、里拉和法郎相继退出后，所谓的“货币蛇”缩小为一个“德国马克区”。瓦莱里·吉斯卡·德斯坦有个说法：“货币蛇从此躺倒在地，千疮百孔。”①，第二阶段的内容是取消汇率浮动幅度，确定不可改变的汇率，但由于各

① 伊夫—蒂博·德·希尔基. 欧元［M］. 北京，中国商业出版社，1998：16.

国意见不一，第二阶段的启动不了了之。在提到单一货币的问题上，“韦尔纳报告”认为“采用单一货币不被认为是必需的，但是作为心理和政治理由应视作上策”。①

韦尔纳计划的失败，使欧共体各国开始重新思考其经济、货币合作的进程。欧盟委员会在1974年初成立一个名叫“1980经济与货币联盟思考小组”的工作组，这个工作组的任务是审查从当时起到1980年将出现的重大变化会带来的各种问题。工作组发表的报告总结了欧洲建设取得的成绩、教训，并建议为实现经济与货币联盟而采取一系列措施，包括：以建立长期稳定汇率为目标、建立一个汇率稳定基金以便扩大成员国之间短期支持的可能性、引入一个新的欧洲记账单位以利于稳定基金会的运作。这些建议为欧洲货币体系的建立确定了一个框架。1979年3月13日，欧洲货币体系正式生效。这个体系有三个因素组成：埃居，这是一种混合货币，由不同的欧洲国家货币集合而成，它是欧洲货币体系的枢纽；一种汇率与干预机制；若干信贷便利。

3. 从欧洲货币体系经德洛尔报告（1989年）到马斯特里赫特条约（1992年）与创立欧元（1999）

欧洲货币体系自创立到1992年9月间运行平稳，但从1992年起，它遇到了强烈的货币动荡的冲击。这次动荡不是像20世纪70年代遇到的冲击那样来自外部，而是来自欧共体内部。两德合并引起德国利率高企，而英国、法国、意大利正处于衰退阶段，无法承受这样的高利率，这给欧共体各国维持它们之间相对固定的汇率造成了困难，也给投机者带来了可乘之机。在投机者的攻击下，这种设计精巧的“篮子体系”和“格子体系”的汇率机制险些崩溃，1993年8月，欧共体各国不得不宣布把双边汇率的浮动幅度扩大到15%，这一措施缓解了危机，欧洲货币体系勉强维持了下来。

欧洲货币体系建立以后，各国政府首脑曾委托雅克·德洛尔领导的“经

① 伊夫—蒂博·德·希尔基．欧元［M］．北京，中国商业出版社，1998，16.

济与货币联盟委员会”研究如何推进欧共体各国的经济与货币联盟。德洛尔委员会认为，没有某种程度的经济趋同就不能设想货币联盟，经济联盟与货币联盟之间有不可分离的联系，单一货币是“货币联盟的自然的、众所盼望的延伸”。为了实现经济货币联盟的最终目标，德洛尔报告指出各国应借助明确的、强制性的规则有效执行其预算政策，会员国应将其部分货币政策主权移交给一个独立的、以维持货币稳定为使命的欧洲中央银行系统来实施，报告最后还指出创立单一货币需要分三个阶段进行，以便逐步实现经济与货币联盟。1989 年 6 月，欧洲理事会马德里会议决定把 1990 年 7 月 1 日定为经济与货币联盟第一阶段启动日期，并着手召开会议以拟定第二阶段与第三阶段。1992 年 2 月 7 日欧洲理事会签署了马斯特里赫特条约，这个条约大量参考了德洛尔报告的内容，但它比德洛尔报告更坚固和精确，它决定了向欧元过渡的严格经济条件，规定了达到这个目标的手段和时间表，为欧洲经济与货币联盟奠定了坚实的基础。1992 年欧洲外汇市场的动荡并没有打消它们实现单一货币的信心，欧共体各国仍如期于 1994 年 1 月 1 日进入了经济与货币联盟的第二阶段。

1994 年 1 月 1 日，欧洲货币研究院成立，1997 年 6 月 16 日，《稳定与发展公约》在阿姆斯特丹会议上通过，第二阶段的一系列工作，为欧洲经济与货币联盟顺利进入第三阶段奠定了坚实的基础。1999 年 1 月 1 日，第三阶段开始，11 个符合条件的参加国（这些成员国是，比利时、德国、西班牙、法国、爱尔兰、意大利、卢森堡、荷兰、奥地利、葡萄牙和芬兰）成为欧元区的首批成员，参加国货币之间及与欧元的汇率最终被不可更改地确定，欧洲央行成立，欧元可以在账面使用。2001 年 1 月 1 日，希腊正式加入欧元区，使欧元区国家从原来的 11 国扩大到 12 国。2002 年 1 月 1 日，欧元纸币和硬币与各成员国货币一起，在欧元区内流通，3 月 1 日各国货币退出流通领域让位于欧元。

欧洲货币区取得的骄人业绩大大吸引了周边国家，东欧国家为了搭上欧洲经济共同体的这趟快速列车，纷纷提出了加入申请。为了迎接欧盟的扩大，1997 年 7 月 16 日，欧盟委员会通过了《2000 年行动计划》。这一计划为欧盟的扩容提出了一整套方针，包括为扩容而需要进一步加强和深化的欧盟内部政策、申请国从加入欧盟到最终加入欧元区的一系列条件和程序、欧盟 2000—2006 年新的金融框架设想。不久，有 13 个国家提出了官方申请：保加利亚、塞浦路斯、捷克共和国、爱沙尼亚、匈牙利、拉脱维亚、立陶宛、马耳他（马耳他于 1995 年撤销申请）、波兰、罗马尼亚、斯洛伐克共和国、斯洛文尼亚和土耳其。其中 10 个可能在 2004 年加入欧盟，同时可能加入欧洲货币机制的第二阶段，为了达到加入欧元前的趋同标准，它们至少要在这个阶段停留两年。

（二）西非法郎区和中非法郎区

非洲有两个著名的货币联盟，一个是西非法郎区，被称为西非经济货币合作联盟（WAEMU），它由贝宁、布基纳法索、科特迪瓦、几内亚比绍（1997 年加入）、马里（1962 年离开，1984 年又重新加入）、尼日尔、塞内加尔和多哥（圣多美和普林西比可能不久会加入）；另一个是中非法郎区，又称为中非经济货币共同体 CAEMC（1945— ），中非法郎区由喀麦隆、中非共和国、乍得、刚果人民共和国、赤道几内亚（1985 年加入）和加蓬组成。中非法郎区和西非法郎区几乎具有相同的特征。它们最初由法国建立，1939 年法国殖民者在非洲建立了非洲法郎区，1945 年非洲法郎以 1∶0. 02 的比价盯住法国法郎，进入流通领域，1951 年非洲法郎区货币委员会成立，随后加强了当地中央银行之间的货币合作和协调关系。独立后，非洲的经济联盟并没有解散，而是分成了西非经济货币联盟和中非经济货币共同体两个区。1959 年这两个共同体分别成立，并分别拥有自己的银行和自己的货币，西非的货币是西非金融共同体法郎，中非的货币是中非金融合作法郎，它们统称为非洲法郎。这两种货币在理论上可以有不同的价值，但实际上它们的价值始终是相等的。1994 年它们对法郎的比价同时贬值了 50%，变为 1∶0. 01 法国法郎。1999 年欧元区成立后，它们共同盯住欧元，币值为1欧元=655.957非洲法郎。

就货币一体化进程而言，西非经济共同体进展得要快一些。西非经济共同体（ECOWAS）于1975年建立，它包括所有的西非国家、两个法语国家，6个英语国家（冈比亚、加纳、几内亚、利比里亚、尼日利亚、塞拉利昂）和讲葡萄牙语的佛得角。西非经济共同体的货币合作项目是西非次区域范围内货币一体化的最重要的机制。它最初预定在1991—1994年完成，后来延长到2004年。

货币合作项目的目标将分三个阶段完成。短期内，它的目标是通过解决清算体系内大量的欠账问题来强化西非清算所现存的支付机制，引入新的支付工具如旅行支票，引入信贷保证基金来支持清算机制，取消国家货币在经常账户用作支付手段（如旅馆账单和飞机票）的非关税壁垒限制；中期目标是取消在使用国家货币方面的限制，最终实现货币在有限区域内的完全可兑换；长期目标，也就是最终目标是建立单一的西非经济货币合作共同体的货币区，包括使用可自由兑换的共同的货币、建立共同的中央银行、建立共同的外汇资产储备池、和一个适当的国际中介进行外部可转换担保的谈判。为了实现这些目标，会员国必须着手进行经济改革以达到宏观经济政策的趋同，政策改革项目包括：重新安排汇率机制并采用以市场为基础的汇率政策、取消外汇监管、通过政府支出和税收的改革减少财政赤字和融资。事实上，西非经济共同体的短期目标并没有完全实现，中期和长期目标也没有实现，因此不得不一再推迟单一货币区的建立。

西非经济共同体一体化进程失败的原因在于不可能在所有成员国之间展开同步的一体化进程。一方面，非洲法郎区已经形成一种稳定的安排，尤其是在法国和欧盟作为后盾的情况下；另一方面，非洲法郎区外的一些国家，都有各自的国家货币，加强次区域范围内一体化的挑战更多地集中到了这些国家。这种形势使西非国家渐渐认识到在次区域范围内没有平行的、竞争性的货币安排，是影响西非向单一货币区迈进的主要因素。为此，它们采取了一种被称为“快车道”的激进的方法，即在几个符合趋同标准的非法郎区的国家之间先成立一个货币区，这就不必等待所有的国家都达到标准就可以进入货币一体化的实质阶段，因此把这种方法称为“快车道”方法。

从1999年12月起，由加纳和尼日利亚带头重建经济合作，几内亚、冈比亚、塞拉利昂、利比亚后来也参加了进来，这使“快车道”的方法成了一个切实可行的建议。这个建议最终以西非货币区的形式出现，它的目标是在2004年与西非法郎区合并。

2000年12月15日，西非国家经济共同体首脑会议签署协议，决定在西非共同体内成立第二货币区，名为西非货币区。西非货币区的六国首脑还决定建立一个共同的中央银行，在2003年引入一个单一的货币，2004年将这一“第二共同货币区”与西非经济货币联盟的西非法郎区合并为一个统一货币区。位于加纳阿卡拉的西非货币机构将成为建立西非货币区的专门机构，为共同中央银行的建立、单一货币的引入做准备工作，它在2001年1月进入实际操作阶段。六国国家首脑会议提出了为建立六国货币联盟必须达到的宏观经济趋同指标：在2000年把通货膨胀率降到9%以下，到2003年争取降到5%以下；2000年外汇储备达到不低于3个月进口额的水平，到2003年底增加到不低于6个月进口额的水平；到2000年底为止，预算赤字不超过上年度税收收入的10%。六国元首还决定建立宏观经济数据统计库，提高经济活动和决策的透明度，加强西非地区多边监督体制。六国还将建立一个地区赔偿与稳定机制，以帮助各国为达到宏观经济趋同指标而实施经济调整计划。

（三）南非货币区

目前在南非、莱索托、纳米比亚和斯威士兰之间紧密的货币合作是基于“多边货币协定”（Multilateral Monetary Agreement，MMA）进行的，以在这些国家间产生一个共同的货币区。

1921年南非储备银行the South African Reserve Bank（SARB）建立后，南非磅就成了今天称之为共同货币区Common Monetary Area（CMA）的国家（但包括

博茨瓦纳）间的唯一的、法定的流通媒介。这些国家之所以愿意卷入这种包括汇率稳定在内的非正式安排，是因为它们对南非的贸易有很强的依赖性，如莱索托从南非的进口就占其进口总额的90%，稳定的汇率能增进这一地区的高额贸易。然而，当时只是一种自然形成的、事实上的货币区，国家之间没有签订任何协议，也不存在任何正式的磋商框架。直到1974年才在南非、斯威士兰、莱索托之间签订一个正式的货币协定，这个协定被称为“兰特货币区协定（Rand Monetary Area agreement）”。那时博茨瓦纳决定不参加这个正式的协定，而选择追求拥有本国货币和中央银行的独立货币姿态。1986年7月，根据三个国家间的“三边货币区协定”Trilateral Monetary Area Agreement的条款，共同货币区The Common Monetary Area（CMA）代替了兰特货币区the Rand Monetary Area。当纳米比亚正式加入共同货币区后，共同货币区CMA就被1992年2月成立的多边货币区MMA代替。

多边货币协定的目标是保持共同货币区的持续经济发展，特别关注欠发达国家的进步，以及所有会员国拥有平等的利益。这个货币区有着与其他货币区显著不同的特点。首先它没有把引入单一货币作为自己的最终目标，南非兰特可以在货币区内合法流通，每个国家也都有自己的货币，这些货币与兰特以1:1的比例挂钩，除了兰特可以在所有签字国使用外，其他的货币都只能在本国使用；其次，没有要求参加国移交部分权力或资金给某一个共同的机构，每个签约国都要控制自己的金融机构、对自己的货币政策单独负责，但当某个签字国的利率和通胀率可能与整个货币区产生偏离的时候，南非储备银行会给出明确的政策建议，为了保证各国货币政策的一致，货币区内也建立了咨询和协商机制；在此这个货币区的协定时非常灵活的，具有双边协定和多边协定相交织的特征，区外的国家可以申请加入，如纳米比亚，区内的国家也可以自由退出，如博茨瓦纳。

从以上的特征可以看出，以南非为中心的货币区是一种自然形成的、制度框架松散、约束力不强的但又相当稳定的货币区。之所以会形成这种局面，是因为南非是这些国家中经济实力最强的国家，其GDP占整个货币区GDP的96%，南非的金融体系也是最完善、最有管理经验的体系，区内其他国家对南非贸易和资本有严重的依赖性，因此，即使不采取什么严格的措施，这些国家的货币政策也会与南非保持一致，其货币会与南非兰特保持稳定的汇率。另外，共同货币区的四个国家（也包括博茨瓦纳）都隶属于南非关税联盟，因此资本和商品在共同货币区内具有高度流动性，但劳动力的流动就不这么容易了。

（四）南非发展共同体内的货币合作

南非发展共同体于1992年8月成立，其前身是为摆脱对南非的依赖，促进会员国发展项目的合作而于1980年4月成立的南非发展合作委员会，南非发展共同体的目标是通过区域经济的一体化促进会员国的发展和经济增长。这个目标通过会员国经济政策的协调与合作以及建立适当的区域机构来实现。南非于1994年加入南非发展共同体，目前共同体内的成员有：安哥拉、博茨瓦纳、刚果民主共和国、莱索托、马拉维、毛里求斯、莫桑比克、纳米比亚、塞舌尔、南非、斯威士兰、坦桑尼亚、赞比亚和津巴布韦。每一个成员国负责管理某一部门的发展问题，南非发展共同体的国家元首们是最主要的决策者，部长委员会会定期召开会议以讨论合作进程的问题。1995年金融和投资部门成立，并委任南非来负责这个部门的事务，央行行长委员会也于1995年建立，它向金融部长组成的部门委员会做报告，处理金融机构和市场的良好管理和发展问题，处理区域和国际金融的合作关系及货币、投资和外汇政策的协调问题。为此，他们采取了一系列措施。如建立可比较的金融、经济统计数据库、一个拥有关于结构、政策和市场的详细信息的数据银行、发展共同体内的支付与结算系统、监督取消外汇控制的必要过程、中央银行官员的培训合作、使用兼容的信息技术体系、继续进行共同体内中央银行的法律和操作框架上的比较、银行监管实践上的协调、区域股票市场的密切合作等。

数据表明，南非发展共同体的经济趋同还远未达到，在经济趋同基础上的密切的货币合作也是较遥远的事情。南非发展共同体的一个显著特征仍然是南非占优势，南非的 GDP 占共同体 GDP 的 65%。南非发展共同体的货币合作将会向什么方向发展，南非货币区在南非发展共同体的货币合作中又将起什么作用？其将来的发展会如何？这些问题都是南非诸国应仔细考虑的问题。

东加勒比海货币区 Eastern Caribbean Currency Area（1950—）：

东加勒比海货币区的成员有：安圭拉岛、安提瓜和巴布达岛、多米尼加、格林纳达（1968 年加入）、蒙特塞拉特岛（英属）、圣基茨和尼维斯、圣卢西亚和圣文森特以及格林纳丁斯。一些以前的成员离开这个地区去建立它们自己的货币，如特立尼达和多巴哥在 1962 年离开，圭亚那在 1965 年，巴巴多斯在 1972 年离开。东加勒比元盯住美元（1976 年以前盯住英镑），但美国不是签订协议的成员之一。

东加勒比中央银行于 1983 年建立，以替代作为英国加勒比货币局的接替者的东加勒比货币当局。东加勒比银行具有准中央银行的性质，同时有保留一些货币局的特征；它持有至少 60% 的外汇头寸（1975 年前为 70%，1965 年前为 100%）实际上这个外币头寸常常超过 95%。东加勒比海货币区的经济规模很小，大约有 50 万的人口。

三、货币局制度与美元化倾向

实行货币局制度的国家和地区相当于通过固定的汇率把本地区的经济与被盯住货币国的经济紧密地联系了起来，并且放弃了货币调控的权利，以此来寻求经济的稳定，如阿根廷、巴哈马、波斯尼亚、保加利亚、吉布提、爱沙尼亚、中国香港特别行政区、莱索托、中国澳门特别行政区、纳米比亚等国家实行的都是货币局制度。

类似货币局制度的是美元化，包括名义上的美元化，即美元是本国合法的流通货币；和事实上的美元化，即流通货币或存款中美元占相当大的比重，美元对本国货币的替代性较强。

货币局制度与美元化的情形与区域货币的不同之处在于，区域货币制度是区域内的国家把一部分货币管理权上移给了区域的货币管理机构，各成员国通过共同参与区域货币政策的制定来分享利益和分担风险，货币局制度与美元化的收益和风险则全部由选择这种制度的国家承担，与其盯住货币的发行国无关。面对越来越多的国家的美元化倾向，美国明确表示：美国不支持也不反对其他国家的美元化选择，任何国家选择美元化的政策，都得独立为自己的选择负责，美联储也没有义务成为美元化国家官方机构的最后贷款人，不会对美元化国家的金融机构进行监管，制定政策时也不会考虑美元化国家的利益。

四、区域货币的发展及其对国际金融的影响

从已有的和建议中的区域货币安排来看，区域内国家间的互补性、依赖性越强，一体化程度越高，区域货币制度安排就越稳定，如欧元区和南非多边货币区。这种一体化和依赖性可以是自然形成的，如南非多边货币区；也可以是人为强化的，如欧元区。从一些美元化或盯住美元的国家间的货币区安排来看，它们的区域内贸易较少，相互依赖不强，区域内一体化程度较低。如阿拉伯湾国家，区域内贸易很小，劳动力流动性很低，资本运动受限制，金融市场缺乏透明和一体化。在这些国家间形成区域货币的内在动力不强烈，往往是受外部压力影响所导致，这些区域货币的特点更多的在于其经济特征的相似性。亚洲地区的区域货币安排既不同于严重依赖美元的美洲和海湾国家，也不同于欧元区国家，相反与西非货币合作的情况有一些相似之处。亚洲与西非的相似之处是区域内贸易很高，区域内国家的相互依赖性较强；另外，西非由于历史的原因，过去以法郎，现在是欧元作为外部货币锚，亚洲国家则大多选择美元作为盯住货币，日元目前还没有成为这一区域的关键货币；与西非国家不同的是，亚洲地区的经济发展较快，但同步性较差，内部联系较松散，一体化程度不强，这些都是阻碍亚洲区域货币安排过程中的主要因素。

之所以有这么多的国家愿意放弃货币主权而选择区域货币，是因为在金融全球化、资本流动的规模和速度加剧的情况下，任何一个国家都无力单独应对外部风险，而经济一体化和共同货币的使用不仅可以强化区域内贸易也可以在区域国家间形成合力来共同抵御外部风险。区域货币的形成改变了布雷顿森林体系时代的美元霸主的单极国际金融结构，而形成了多极化的中心外围结构。虽然世界上目前已有为数不少的区域货币安排，但其可以划分为三种类型，这三种类型又形成三种力量对比，加上其他未采纳区域货币安排的国家，这些力量较量与合作的结果将决定未来的国际金融的走向。

这三种类型是：以法国、德国为核心的制度化的区域货币安排；严重依赖美元的区域货币安排，包括拉美和海湾地区的正式与非正式货币安排；既依赖外部锚又相对独立的中间地带，亚洲和非洲的情况应属于这一类。可以看出，美元与欧元的力量对比将是决定区域货币稳定的一个外部关键因素，内部因素则是区域内国家的一体化趋同程度如何。事实上，金融全球化的发展已促成了全球范围的金融合作与协调，包括 7 国集团与各种国际金融机构的协调，及各种国际金融规则的出台，如银行、证券、保险监管上的国际统一标准和联合监管的办法，这些措施和规则也是区域板块日益融合的黏合剂，所以金融全球化将以区域货币为跳板继续向前发展，最终实现真正的全球化。

第五节　全球金融的协调

一、全球金融的国际协调

（一）金融稳定论坛和“金融部门评估规划”（FSAP）

国际清算银行于 1999 年发起成立了“金融稳定论坛”，国际货币基金组织和世界银行也于该年联合推出了“金融部门评估规划”（FSAP），旨在对成员国的金融体系进行全面评估和监测。2009 年 6 月成立的国际中央银行——金融稳定委员会标志着全球金融监管领域的又一里程碑。

国际货币基金组织和世界银行在 20 世纪 90 年代末推出“金融部门评估规划”（FSAP），试图从宏观经济政策环境（包括中央银行的职能和货币政策）、金融基础设施、金融监管框架、金融机构和金融市场等角度，并参考各国际组织制定的 10 项国际标准和准则，对一国金融稳定状况进行全面评估，同时引入金融稳健指标和压力测试等新的方法。应当说，以金融稳定评估项目为代表的评估框架比较典型地反映了金融稳定的第二个层次的内容，标志着当代金融稳定的实践上升到了一个新的高度。

国际货币基金组织和世界银行于 1999 年 5 月联合推出了“金融部门评估规划”（Financial Sector Assessment Program，FSAP），以对成员国和其他经济体的金融体系进行全面评估和监测。经过几年的发展，FSAP 目前已经成为被广泛接受的金融稳定评估框架。

在 FSAP 框架下进行的金融稳定评估，通常采用三种分析工具。

一是金融稳健指标。金融稳健指标是国际货币基金组织为了监测一个经济体中金融机构和市场的稳健程度，以及金融机构客户（包括公司部门和居民部门）的稳健程度而编制的一系列指标，它用来分析和评价金融体系的实力和脆弱性。金融稳健指标包括核心指标和鼓励指标两类。

二是压力测试。压力测试是对金融稳健指标分析的有效补充。压力测试的目标是通过分析宏观经济变量的变动可能对金融体系稳健性带来的影响，来对因宏观经济与金融部门之间具有内在联系而产生的风险和脆弱性进行评估。FSAP 评估的风险主要来源于利率、汇率、信贷、流动性以及资产价格的变动。为了对这些风险的影响进行评估，压力测试采用几种不同的方法来衡量宏观经济冲击对金融稳健指标带来的影响，以达到评估金融机构潜在脆弱性的目的。

三是标准与准则评估。FSAP 的内容之一是评估金融机构对标准和准则的执行情况。FSAP 下的标准与准则评估目前最多涉及九个领域，即“货币与金融政策透明度良好行为准则”、“巴塞尔有效银行监管核心原则”、“具有系统重要性的支付系统的核心原则”、“反洗钱与反恐融资 40 + 8 条建议”、“证券监管的目标和原则”、“保险业监管的核心原则”、“公司治理原则”、“国际会计标准”及“国际审计标准”。其中前四项是在 FSAP 框架下必须进行评估的。

（二）全球金融协调的国际组织

当前，全球金融监管的国际协调与合作机构主要有：国际清算银行（Bank for International Settlement，BIS）、国际货币基金组织（International Monetary Funds，IMF）、世界银行（World Bank，WB）、巴塞尔银行监管委员会（Basel Commission Banking Surpervision）和世界贸易组织（World Trade Organization，WTO）等等。有关情况如表 7 – 4 所示。

表 7 – 4　　全球金融协调机构一览表

机构名称	基本情况	在协调方面的主要职责
国际清算银行（Bank for International Settlement，BIS）	1930 年 5 月，英、法等国在瑞士的巴塞尔成立国际清算银行，处理第一次世界大战后德国赔款问题，这是建立国际金融机构的重要开端。国际清算银行以股份公司的形式对外发行股本，其法定股本为 15 亿金法郎，共 60 万股，即每股面值2 500金法郎。国际清算银行发行的股本，既可以由各国中央银行认购，也可以由公众认购，目前大约有 86% 已发行股本由中央银行持有，其余则为私人持有。根据规定，全部股份都可分配红利，但私人股东无权参加股东大会，也没有投票权。国际清算银行的管理机构包括股东大会、董事会和管理当局。	国际清算银行的业务大体有四部分。一是商讨国际金融合作问题。世界各国的中央银行行长和其他官员经常在巴塞尔举行会议，就货币和经济领域里共同感兴趣的问题交换意见，加深了解，以促进国际合作。对国际金融体系的稳定进行监测和维护，一直是会议的中心议题。二是从事货币和金融问题研究。国际清算银行设有货币与经济部门，其研究工作偏重于与中央银行有关的问题，如收集并公布国际银行业和金融市场的数据，管理一个方便各国中央银行合作的经济数据库，出版相关经济论文、文件和报告等。三是为各国中央银行提供各种金融服务，主要包括吸收中央银行存款，对中央银行提供投资服务，对中央银行进行融资并提供过渡性信贷等。四是作为协助执行各种国际金融协定的代理和受托机构，为执行协定提供便利。

续表

机构名称	基本情况	在协调方面的主要职责
国际货币基金组织（International Monetary Funds，IMF）	第二次世界大战之后，在生产国际化和资本国际化的基础上，国际经济关系得到了空前发展。美、英等国为了避免再出现20世纪二三十年代世界范围内的经济和金融混乱状态，决定建立一种新的国际金融秩序。于是，1945年成立了人们所熟知的国际货币基金组织和世界银行，其目的是重建一个开放的世界经济和一个稳定的汇率制度，并为各国经济发展提供资金。IMF的资金来源主要是成员国认缴的份额。我国于1980年恢复在国际货币基金组织的合法席位。目前，IMF已经成为美国同其他发达国家以及发展中国家同主要工业化国家之间互相依赖又互相斗争的场所。	根据IMF协定第一条的规定，IMF有六条宗旨：第一，设立一个永久性的就国际货币问题进行磋商与合作的常设机构，促进国际货币合作；第二，促进国际贸易的扩大与平衡发展，借此提高就业和实际收入水平，开发成员国的生产性资源，以此作为经济政策的主要目标；第三，促进汇率的稳定，在成员国之间保持有秩序的汇率安排，避免竞争性的货币贬值；第四，协助成员国建立经常性交易的多边支付制度，消除妨碍世界贸易发展的外汇管制；第五，在有适当保证的条件下，向成员国提供临时性的资金融通，使其有信心且利用此机会纠正国际收支的失衡，而不采取危害本国或国际经济的措施；第六，根据上述宗旨，降低成员国国际收支不平衡的程度。 其业务活动包括四个方面：一是监督成员国的外汇安排与外汇管制；二是与成员国进行定期或紧急磋商；三是为成员国之间就国际货币问题进行磋商与协调提供一个国际性论坛；四是向成员国提供短期资金融通即提供贷款或紧急资金援助。
世界银行（World Bank，WB）	世界银行也是联合国的一个专门机构，是在1944年7月布雷顿森林会议之后，与IMF同时产生的两个国际性金融机构之一。世界银行的成员国必须是IMF的成员国，但IMF的成员国不一定都参加世界银行。作为一个全球性的金融机构，世界银行与IMF二者起着相互配合的作用。IMF主要	按照《国际复兴开发银行协定条款》的规定，世界银行的宗旨包括四点：一是对用于生产目的的投资提供便利，以协助会员国的复兴与开发，并鼓励不发达国家的生产与开发投资；二是通过担保或参与私人贷款和私人投资的方式，促进私人对外投资；三是用鼓励国际投资以开发会员国生产资源的方法，促进国际贸易的长期平衡发展，维持国际收支平衡；四是将

续表

机构名称	基本情况	在协调方面的主要职责
	负责国际货币事务方面的问题，其主要任务是向成员国提供解决国际收支暂时不平衡问题的短期外汇资金，以消除外汇管制，促进汇率稳定和国际贸易的扩大。世界银行则主要负责经济的复兴和发展，向各成员国提供发展经济的中长期贷款。	提供贷款担保同其他方面的国际贷款配合。世界银行对会员国提供的是中长期贷款，以促进各会员国经济的恢复与重建。目前，世界银行主要是向发展中国家提供开发性贷款，资助其兴办长期建设项目，以促进其经济增长与资源开发。
巴塞尔银行监管委员会（Basel Commission Danking Surpervision）	1975 年，巴塞尔银行监管委员会成立（其成立同 1974 年发生的国际银行业危机有关）。成立该委员会的一个主要目的是建立银行监督的基本原则，促进管理者之间的沟通，以管理银行资本和风险。这是一个正式的常设机构，是中央银行监督国际银行活动的一个联席代表机构和协调机构，由国际清算银行提供秘书人员。巴塞尔银行监管委员会没有强制执行权力，其决策以达成共识的方式形成，其建议和标准的实施依赖于成员的合作。巴塞尔银行监管委员会自成立后，展开了一系列的工作，其中最重要的工作就是先后达成若干重要协议。巴塞尔银行监管委员会的这些协议或报告体现了它一贯倡导的对国际银行业进行监督管理的指导原则。其工作重点体现在三方面：一是为国际银行活动提供了一些非正式的协调指导原则和标准；二是确立了在联合和综合的基	巴塞尔银行监管委员会的积极作用体现在以下几方面：一是抑制国际银行业之间的不公平竞争。巴塞尔银行监管委员会通过的一系列协议，对国际金融关系的主体特别是国际银行的资格提出了法律性要求，这有利于国际统一监管和银行之间的公平竞争。二是规范国际银行行为。巴塞尔协议设计出以资本充足性管理为核心的风险管理模式来约束银行的贷款及防范投资的资本金风险。同时，将表外业务纳入监管体系，为国际银行业的经营行为提供了积极的建议和准则。三是稳定全球金融体系。通过巴塞尔协议，银行业的国际监督正在扩展到更多国家，越来越多的国家也已接受了这些协议，并自觉地参与到了这个国际惯例和行为规则之中，从而为稳定全球金融体系作出了积极的贡献。 巴塞尔银行监管委员会的不足之处表现在以下几方面：一是巴塞尔协议未能完全消除各国在国际银行业管理政策上的差异，这使得它的实施效果在一定程度上受到削弱。二是监管责任划分仍不明确。母国和东道国的共同监管在一

续表

机构名称	基本情况	在协调方面的主要职责
	础上监督国际银行业务的技术；三是促进各国国内监督活动的强化与完善。	定程度上意味着双方都不参与监管。三是巴塞尔协议未就最后贷款人问题做出规定，因而外国银行的分支机构都享受不到诸如获得中央银行的救助和存款保险等待遇，这将会影响到外国银行分支机构的信誉。
世界贸易组织（World Trade Organization，WTO）	1995年1月1日正式启动（取代1948年成立的GATT），它是按照经成员国政府和立法机构批准的国际条约创建的常设经济组织。我国于2001年正式加入世界贸易组织。 从发展趋势来看，世界贸易组织在制定并贯彻游戏规则、调节争端、协调多边贸易政策方面将发挥越来越大的作用。对金融业而言，世界贸易组织不仅意味着金融市场准入标准的国际趋同，也意味着市场监管标准的趋同，笼统地可称为增加金融体系的透明度和使金融监管符合国际惯例，其主旨是极力敦促发达国家和新兴市场国家采用并有效实施良好的监管方法。	其职能有：一是促进共同构成世界贸易组织的双边及多边贸易协定的执行、实施和管理，并为执行上述各项协议提供统一的体制框架；二是为成员提供处理和协商有关事务的谈判场所，并为世界贸易组织发动多边贸易谈判提供讲坛和场所；三是解决成员之间的贸易争端，负责处理世界贸易组织争端解决事宜；四是监督各成员的贸易政策，按贸易政策审议机制，定期对各成员的贸易政策与措施进行审议；五是与制定全球经济政策有关的其他国际机构进行合作，以协调全球的经贸政策；六是为发展中国家提供技术援助和培训。

除上述几个大型机构以外，还有国际证券委员会组织（IOSCO）[①]、国际保险监管者协会（IAIS）[②]、国际会计准则委员会（IASC）[③] 等等，它们也为金融监管的国际协调发挥着重要的作用。

总之，从 BIS、IMF、GATT 到巴塞尔银行监管委员会，从国际证券委员会组织和国际保险监管者协会，到 1995 年开始正式运行的 WTO，金融监管国际协调与合作的主体在不断增加，它们之间的协调与合作也越来越频繁。

---

① 国际证券委员会组织或协会成立于 1984 年，其前身是创立于 1974 年的旨在帮助拉美证券市场发展的“国际证券委员会及类似机构国际协会”。在国际证券委员会及类似机构国际协会 1984 年的年会上，与会成员国批准了一项新章程，决定将该组织转化为 10 个更具国际性的实体，这就是国际证券委员会组织。在 1986 年的巴黎年会上，该组织成员决定在蒙特利尔设立永久秘书处，它的会员组织分为正会员、准会员和协作会员，主要是证券监管机构、自律组织和有联系的国际组织，只有正会员才有投票资格。国际证券委员会组织是目前国际上唯一的多边证券监管组织，是国际证券业监管者合作的中心。

② 国际保险监管者协会是一个推动各国保险监管国际协调的组织，该协会成立于 1992 年，现成员数目已逾 70 个。国际保险监管者协会的秘书处原本设在位于华盛顿的美国全国保险监管者委员会，后来根据该协会 1996 年的决议，新成立的秘书处已于 1998 年迁往国际清算银行，从而在更大程度上便利了各监管组织之间广泛而及时的合作。国际保险监管者协会致力于保护投保者的利益和保险市场的稳定与效率，推动国际保险业更广泛的监管合作。该协会的基本工作包括为各国（地区）监管者之间的会晤与交流提供场所与机会，及时向成员传达保险业监管发展的最新信息，制定各国（地区）协调一致的、非强制性的监管标准等。该协会也成立了专门的新兴市场经济委员会，制定和颁布了《新兴市场经济保险规则及监督指南》。国际保险监管者协会虽然成立较晚，但是国际金融领域的种种新的发展形势，已经使它很快成为与国际证券委员会组织和巴塞尔银行监管委员会并列的推动金融监管国际合作的重要力量。

③ 国际会计准则委员会是在会计准则的国际规范化方面做出努力的组织。该机构 1973 年由澳大利亚、加拿大、法国、墨西哥、荷兰、联邦德国、日本、美国和英国等国的职业会计师团体通过协议而成立。国际会计准则委员会成立后不断壮大，至今已吸纳了 80 多个国家的 100 多个会计职业团体。国际会计准则委员会由理事会、咨询集团和筹划委员会以及联合处组成，在伦敦设永久秘书处，由秘书长处理一切会务。国际会计准则委员会的主要任务就是通过制定合适的国际会计准则，实现会计工作的国际协调。它制定的国际会计准则（IAS）虽不具有强制力，但世界各国的会计准则或会计制度都或多或少受其影响。自从国际证券委员会组织加入国际会计准则委员会咨询委员会以后，国际会计准则的更新与贯彻，都得到了它的强力支持，受到了它的极大影响。1995 年 7 月 11 日，国际会计准则委员会与国际证券委员会组织技术委员会达成协议，规定由国际会计准则委员会制定一套核心会计准则，作为跨国证券发行和上市公司编制会计报表的依据。

二、特别提款权与国际货币体系改革

（一）特别提款权及其国际货币变革

特别提款权（Special Drawing Rights，SDR）是国际货币基金组织（IMF）在1969年创设的一种储备资产和记账单位。其创设的一个重要目的是为了解决国际流动性不足以及国际货币体系的不对称性问题，其从诞生之初就和国际货币体系改革联系在一起。

战后建立的布雷顿森林体系就是典型的以单一主权货币作为国际储备货币的国际货币体系，其不可避免地遭遇到了特里芬难题。在20世纪50年代，国际货币体系面临的问题主要集中在“特里芬难题”上。这个时候迫切需要新的储备资产以弥补美元储备资产，解决国际流动性不足的问题。而在20世纪60年代末70年代初，美元开始泛滥，各国美元储备资产不断增加，世界走向了“特里芬难题”的另一面。

SDR最初的设想是为了解决国际流动性不足问题。20世纪60年代动荡的国际金融形势为SDR的推出奠定了现实基础。然而，接连爆发的多次美元危机，使人们对以美元为中心的国际货币体系产生了质疑，美元的国际储备货币地位岌岌可危，而此时其他国家的货币又都不具备作为国际储备货币的条件。这时若不能增加国际储备货币或国际流通手段，就会影响世界经济的发展。发行SDR，补充现有储备货币或流通手段以保持外汇市场的稳定，就成了基金组织最紧迫的任务。1967年9月，基金组织理事会通过《基于基金组织特别提款权的融资便利纲要》，并督促执董会着手修订《国际货币基金组织协定》。从1968年4月到1969年7月，经过执董会、理事会以及各成员国的批准，《国际货币基金组织协定》修订正式生效，并最终在1969年8月推出了SDR。

（二）特别提款权与国际货币体系改革

国际货币体系的不对称性决定了其不稳定性。牙买加体系下，美元供给已经不再受到黄金供应量的限制，而是服务于美国国内的经济目标。因此，美联储在未考虑到美元作为国际货币而带来的外部性时，过度发行货币造成了美元的过多供给，导致全球的外汇储备规模不断增大与全球流动性的泛滥。1969—2007年全球储备资产近乎增加了10000%，1995—2007年全球的美元储备资产也增长了近3.3倍。随着外汇储备的增长，储备货币的持有者与发行者的风险同时增加：持有者担心储备货币贬值缩水，发行者则担心由于持有者的信心丧失而造成国内经济的巨大调整，这都增加了整个国际货币体系的潜在风险。

SDR为终结这种不稳定性和不对称性提供了一种可能。SDR具有其他储备资产所无法比拟的许多优点（Clark and Polak，2002）。首先，以篮子货币作为SDR定价的基础，保证了SDR作为储备资产购买力的稳定。其次，SDR可以降低信用风险与系统性风险。SDR分配是对世界储备的永久性增加，不存在收回的风险（除非85%投票权同意撤销），而通过借贷市场获得的储备，会面临由于国内经济条件的变化被收回的危险，新兴经济体爆发的一系列危机就是最好的说明。最后，SDR的成本更低。SDR的创造成本几乎为零，同时如果一国持有的SDR与基金组织分配的SDR相等，那么该国与基金组织就不会发生任何有关SDR的费用。而通过贸易盈余或国际借贷市场来获得储备资产的成本则相对较大，且不易获得。

按照基金组织当初的预想，SDB作为重要的国际货币，将在国际清算、商品与资产标价、储备资产等各方面发挥作用。然而，从40年的发展历程来看，SDR并未获得相应的地位，发挥其应有的作用。SDR仅在20世纪70年代和80年代分配过两次，这使得其在整个国际储备体系的地位越来越低；SDR的使用仅限定在基金组织等少数国际组织范围内，在私人领域的使用仍然很少；SDR在国际贸易、大宗商品、金融资产中的定价职能作用有限。

美国金融危机发生后，国际社会重新讨论了SDR的分配问题。2009年4月2日，20国集团领导人宣布支持一个2500亿美元SDR普遍分配计划，以增加全球流动性，同时敦促尽快完成《基金组织协定》的第四次修订。如果以上行动达成落实，这无疑会提升SDR在整个国际货币体系中的地位。

2009年3月18日，美联储宣布购买3000亿美元长期国债和1.25万亿美元抵押贷款证券，美国的“定量宽松”货币政策虽然遭到多方非议，但并没有阻止美元的泛滥和无节制的发行，导致世界各国美元外汇储备价值缩水风险进一步增大。一方面美元大量流向世界，另一方面各国对美元的任意发行又没有任何制约机制，美元的特权超越了国家范畴。美国的做法越来越被一些发达国家和经济体仿效。4月2日，欧洲中央银行宣布将主导利率从1.5%下调至1.25%，并宣布在未来将“很有分寸”地进一步降息，同时还将采取一些“非常规的措施”促进经济复苏。鉴于欧洲经济衰退的持续深化，自2008年年10月以来已经第6次降息，降息的作用和空间越来越小，欧洲央行未来采取何种“非常规的措施”，市场纷纷猜测。依照欧洲央行的解释，“非常规的措施”包括向银行提供长期贷款，或者通过增发货币购买欧元区公司债等。尽管受欧盟法律和欧元区成员国之间协调困难的限制，欧洲央行通过增发货币直接购买各国国债的难度较大，一旦成形，就意味着大量向市场投放欧元，欧元外汇储备价值缩水的风险也将随之而来。

三、巴塞尔协议章程及其修订

（一）主要的国际金融监管章程

1. 三个《巴塞尔协议》

巴塞尔银行监管委员会是国际清算银行“银行管理和监督常设委员会”的简称，是国际金融监管、协调和合作的主要国际机构。巴塞尔银行监管委员会制定并通过了一系列以《巴塞尔协议》为总题目的国际协定和文件，这些协定和文件是比较系统化的规范国际金融机构和国际金融活动的规则。巴塞尔银行监管委员会公布和通过了以下主要文件。

1975年12月，十国集团和瑞士中央银行批准了《对银行的外国机构的监管》，这一文件后来被国际社会称为第一个巴塞尔协议。它制定了国际合作监管的指导原则。这些原则包括任何银行的外国机构都不能逃避监管，在这方面母国和东道国应共同负责。东道国有责任监管在其境内从事金融经营活动的外国银行；东道国和母国应共同分担监管责任。跨国银行的流动性主要由东道国负责监管，但是其子银行的流动性应由其总行负道义上的责任。跨国银行外国分行的清偿力主要由总行负责，但是其外国子银行的清偿力的监管则主要由东道国负责。为了促进合作，跨国银行所在国的监管机构和跨国银行分支机构所在国的监管机构不应局限于银行保密法，而应相互提供信息。东道国应允许跨国银行总行直接检查其海外机构，或者跨国银行总行应允许东道国当局代为检查。

1983 年 5 月，巴塞尔银行监管委员会又通过了《修改后的巴塞尔协议：对银行国外机构监管的原则》，这被称为第二个巴塞尔协议，它对第一个巴塞尔协议做了补充。协议重申应当使用综合监管法来检查一家银行的全球营业，而且应当考虑对跨国银行的最后贷款人在母国和东道国之间的责任分担问题。在监管方面，母国和东道国不仅应责任分明，而且应互通信息，密切合作；该协议在外国银行机构类型划分中新增了一项条款，即持有银行全部或多数股权的工商业公司属非银行机构；协议强调任何银行不得逃避监管，而且这种监管是充分的，因此，如果母国金融监管当局对其银行的海外分支机构监管不够充分，东道国可以禁止这些银行在其境内经营，或者它有权加强对这些银行分支机构的监管，另外即便母国金融监管当局对其银行实施了综合监管，东道国仍然有权拥有对其个别银行分支机构进行监管的权力；确定了监管责任的分工体系，规定了分行的清偿能力的监管由母国金融监管当局负责，但是其子行的清偿力监管则由东道国和母国共同负责，东道国当局之所以要担负责任，是因为子行是其境内的独立法人，母国金融监管当局之所以要担负责任，是因为子行是其综合监管的一部分。在流动性方面，分行的流动性管理改为由母国和东道国共同负责，由总行控制分行的流动资产和流动负债，总行一般从全球角度综合管理其流动性，子行和合资银行的流动性监管虽仍由东道国承担，然而总行也应开具保函，保证对子行提供备用信贷。在外汇头寸方面，外国机构的外汇头寸监管由母国和东道国共同负责，跨国银行总行管理其全球外汇头寸，东道国只监管其境内的外汇交易和外汇头寸。

1988 年的巴塞尔协议为《关于统一资本衡量和资本标准的协议》。该协议规定了资本的构成，它应分为核心资本和附属资本两部分，且两部分之间应保持一定的比例。核心资本主要由其实收资本和公开储备组成。实收资本包括已发行和缴足的普通股和永久非累积性优先股。附属资本主要包括资产重估储备、普通准备金或一般贷款损失准备金等。附属资本的规模不能超过核心资本。该协议将资产负债表内的资产，按信用风险划分为0、10%、20%、50%和100%五个风险权数，表内风险资产由表内资产和其相应的权数乘积决定；对资产负债表外资产，则按确定的信用转换系数换算为相应的表内资产的风险权数，即表内资产 = 表外资产 × 信用转换系数 × 表内相同性质资产的风险权数。

1997年，巴塞尔银行监管委员会颁布了《有效银行监管的核心原则》（以下简称《核心原则》），该原则是巴塞尔银行监管委员会继《巴塞尔协议》之后推出的又一份重要文件，它顺应了新的经济、金融发展的形势。《核心原则》共25条，其基本内容可概括为七类，即银行业有效监管的先决条件①、获准经营的范围和结构②、审慎管理和要求③、银行业持续监管的方法④、信息要求⑤、监管人员的正当权限⑥以及跨国银行业监管⑦。它的公布推动了国际银

① 规定监管机构要有明确的责任和目的，各个金融监管当局应拥有适当的人力和物力资源，能自主地实施监管，在监管者之间共享监管信息并对所获信息进行保密安排，有相应的、适当的银行监管法规框架。

② 规定对银行机构和人员方面的监管，包括对新银行的审批、对高级管理人员的资格审查、银行股权的转让、银行的重大收购或投资等，应达到的最低标准。

③ 规定监管者应要求银行达到1988年《巴塞尔协议》中关于资本金的最低要求；监管者应要求银行加强信用风险管理，建立稳健的信用审批、监测的标准和程序，建立资产分类制度和资产质量评估政策，防范集中性风险，控制关联贷款的发放；监管者应要求银行建立有效、充分的内部控制机制和风险管理系统，加强对市场风险、主权风险和其他风险，如利率风险、流动性风险、操作性风险的管理和控制。

④ 规定监管者应能在综合并表的基础上对银行实施现场检查和非现场检查，并保持与银行管理层的定期联络。

⑤ 规定监管者应确保银行的财务登录符合会计原则和会计惯例，以便准确、公平地评价银行的财务状况和盈利能力，并保证银行定期发布的财务报表真实地反映其状况。

⑥ 规定监管者应掌握充分的监管手段，以便在监管当局作出种种努力后，银行仍不满足审慎监管要求，如最低资本充足率要求时，监管者能采取及时的纠正措施或行动。

⑦ 规定监管者必须实施全球性综合并表监管，加强监管的国际合作，保证监管信息在监管者之间的流动和对外保密。

行业经营与监管方面的变革，对于实现银行业的有效监管，防范金融风险，加强金融监管的国际协作具有重要意义。

1999 年 6 月，巴塞尔银行监管委员会推出了《新的资本充足比率框架》征求意见稿[①]（以下简称新协议），提出了更复杂、更具有风险敏感性的框架和管理规则。在信用风险方面，新协议提出了标准方法和基于内部评级的基础方法和高级方法，强调了三大支柱在现代监管体制中的作用，进而提出了衡量资本充足率的新思路、新方法。

新协议的主要内容体现在“三个支柱”中，支柱一为“最低资本要求”[②]，支柱二“资本充足性的监管约束”[③] 和支柱三“市场约束”[④] 为支柱一的补充手段，三个支柱必须协调使用才能真正实现新协议的主旨。

---

① 1988 年的《巴塞尔协议》中的最低资本要求主要是针对信用风险而言的，其他风险没有考虑在内，这显然不符合国际银行业发展的实际。为此，巴塞尔银行监管委员会于 1996 年颁布了《巴塞尔资本金协议市场风险修正案》，把市场风险纳入协议中。然而，监管与逃避监管是一个不断反复的过程，在《巴塞尔协议》实施后，逃避监管或钻监管空子的活动就没有停止过，资产证券化的急剧发展就是一个例子。此外，《巴塞尔协议》有关以 OECD 国家和非 OECD 国家为基础确定风险权重的规定一直是人们攻击的对象。

② 最低资本要求包括三个方面：资本的定义、最低资本充足率和风险的衡量。最低资本要求的方案建立在 1988 年协议内容的基础上，新协议保留了现有的资本定义以及 8% 的资本与风险权重资产比率的最低要求。新协议改善了风险度量方法，资本充足率公式分母中的信用风险度量更趋精密。新协议提供了两种信用风险度量方法，第一种是标准法，第二种是基于内部评级的方法（简称 IRB 法）。IRB 法又可进一步分为基础 IRB 法和高级 IRB 法。使用 IRB 法必须事先向监管当局申请，监管当局依据巴塞尔银行监管委员会的标准决定是否批准。

③ 这部分是第一次被纳入协议框架中。新协议认为，为了促使银行的资本状况与总体风险相匹配，监管当局可以采用现场和非现场稽核等方法审核银行的资本充足状况。监管当局应当考虑银行的风险化解情况、风险管理情况、所在的市场性质、收益的可靠性与有效性等因素，全面判断银行的资本充足率是否达到要求，在其资本水平较低时，监管当局要及时对银行经营活动进行必要的干预。

④ 市场约束机制是第一次被正式引入，它体现了现代公司治理结构研究的重大进展，其作用在于进一步强化资本监管和促进银行体系运作中的安全与稳健。新协议充分肯定了市场具有迫使银行合理地分配资金及控制风险的作用，市场奖惩机制可以促使银行保持充足的资本水平，支持监管当局更有效地工作。为了市场约束的有效实施，必然要建立银行信息披露制度。新协议规定：①银行必须披露关于资本结构的扼要信息；②银行必须对每一风险领域提供定性和定量信息；③银行应披露按协议要求的方法计算的资本率，以及关于其评价资本状况的内部程序的定性信息；④银行每年至少披露一次，必要时还应增加。

(二)有效银行监管核心原则的修订

金融危机的爆发显现出全球银行体系的脆弱，银行危机的频繁发生加剧了经济衰退，面对严峻局面各国政府逐渐认识到必须加强国际合作，改善危机防范和管理机制。那么，什么样的金融监管体系才是好的监管体系，怎样利用有限资源建立起这样的金融监管体系成为许多国家尤其是发展中国家面临的问题。

巴塞尔银行监管委员会从推出有关章程以来，一直致力于金融监管的完善。委员会在总结主要工业国家银行监管的成功经验和广泛征求新兴国家意见的基础上，平衡折中了发达国家设置高标准的愿望和新兴国家尊重各国不同发展阶段的认识，提出了衡量银行监管有效性的最低标准。例如，1997 年 9 月，巴塞尔委员会发布《有效银行监管核心原则》。1999 年 10 月，巴塞尔委员会又联合世界银行和国际货币基金组织，出台了较原则更加清晰明了、更富操作性和便于执行、检查与评估的具体标准。①

有效银行监管核心原则在发达国家的全面实施以及世界银行与国际货币基金组织通过金融部门评价项目（Financial Sector Assessment Program，FSAP）的推动下，已得到超过 150 个国家的认可②，成为带有一定强制性色彩③的银行监管领域最为重要的国际标准。

2004 年底，巴塞尔银行监管委员会开始对 1997 年版的《有效银行监管核心原则》和 1999 年版的《核心原则评价方法》同步进行修订，在面向各国监管当局、银行业界和社会公众广泛征求意见的基础上，2006 年 10 月在墨西哥召开的第 14 届国际银行监督官大会上，巴塞尔银行监管委员会正式颁布新版核心原则及其评价方法。

---

① *See BCBS*，*Core Principles Methodology*，*Oct*，1999.

② See WB&IMF，Implementation of the Basel Core Principles for Effective Banking Supervision，Experiences，Influences，and Perspectives.

③ See Robert P. Delonis，International financial standards and codes：mandatory regulation without representation，36 N. Y. U. J. Int1 L. & Pol. 563（2004）. Also see Duncan E. Alford，Core principles for effective banking supervision：an enforceable international financial standard? 28 B. C. Int1 & Comp. L. Rev. 237（2005）.

世界金融史大事记

公元前

BC3218 – BC3079 神农氏时代出现“日中为市”。

BC21 – BC16 世纪在中国以贝成为货币。

BC1500 – BC1122 年中国开始铸造铜贝。

BC1154 – BC1122 年传说中国商纣王厚赋税，实鹿台之钱。

BC1122 年中国周克商，散鹿台之钱。

BC7 世纪中国早期空首布出现。

BC7 世纪——地中海盆地出现最初的钱币（首先在吕底亚，继而在埃奥尼业与亚哥斯）。

BC6 世纪——希腊出现德拉克马（根据城邦不同，或 4. 36 克或 6 29 克白银）波斯出现德利克（x 41 克黄金）与米底亚的希克勒，1 德利克相当 20 希克勒。希腊第一批私人银行出现。

BC524 年中国周景王铸大钱、单旗提出子母相权理论。

BC4 世纪——最初的货币理论——柏拉图、亚里士多德。马其顿人统一了希腊与波斯货币。希腊第一批公共银行出现。

BC3 世纪第一座罗马铸币工场于公元前 269 年在卡皮托利山开办——与铜币阿斯（重量逐步由 12 盎司降到 1 盎司）同时出现奥莱玉斯（10 Q1 黄金）与德尼安（4. 55 克银，后降到 3 90 克）。奥莱玉斯相当于 25 德尼安或 250 阿斯。

BC248 年安息铸银铜币。

BC221 年秦始皇统一中国货币，推行半两钱，黄金以镒为单位。

BC119 年中国发行白金和皮币。

BC118 年中国汉行五铢钱。

BC114 年中国汉颁布告缗令。

BC113 年西汉统一铸币权，由上林三官铸五铢钱。

BC81 年——汉昭帝始元 6 年，举行“盐铁会议”。

公元后

7 年至 14 年王莽连续四次币制改革。

40 年东汉光武帝废除王莽币制，恢复五铢钱制度。

227 年波斯萨珊王朝铸金银币。

3 世纪罗马帝国境内，硬币荒引起经济紧缩，物价上涨。

325 年尼撒主教会议禁止神职人员从事有息放款。

4 世纪——301 年，戴克里先发布“最高值法令”。

312 年，君士坦丁进行货币改革—新铸金币（索利都斯奥莱土斯，重 4. 55 克，其后成为比尚斯苏又称贝桑）与银币（半西里克，重 1. 30 克，其后又复名德尼安）。

6 世纪，在东罗马帝国查士丁尼皇帝时期开始确定利率为 3.6% ~12%。

621 年中国唐高祖废五珠钱，铸开元通宝。

7 世纪——阿拉伯人着手铸造蒂纳尔（仿贝桑金币）。

8 世纪—781 年，查理大帝进行货币改革，制定银本位制，1 镑相当于 1 斤白银——1 镑相等于 20 苏或 240 德尼安。

789 年，在西方帝国（查理帝国）查理大帝把禁止有息放款扩大到在俗教土范围。

9 世纪中国开始使用飞钱。

970 年，越南丁部铸太平兴宝。

996 年，朝鲜铸乾元重宝铁钱和铜钱。

10 世纪，诺曼底人早在军事征服英国人之前把查理大帝的货币制度引进谊国。1 英镑下分为 20 先令或 240 便士。

1023 年，中国四川设立交子务。

1024 年，政府在四川发行第一界交子，自 1 贯到 10 贯。

11 世纪，阿拉伯人在西班牙铸造马拉微蒂斯，一种仿蒂纳尔的备币，其后成为银币，后又成为掺银铜币，最后转为铜币。

1107 年，交子务改钱引务。发行钱引。

1251 年，中国元定银钞相权法。

1260 年，元发行中统钞。

1252 年，佛罗伦萨铸造了基督教西方最初的金币——佛罗伦（3.6 克），最初，1 佛罗伦相当 1 里拉。

1360 年，法国铸造了法郎，重 3.88 克金币，开始时，1 金法郎相当于 1 金图尔镑。

1294 年，波斯仿行中国钞法。

1295 年，日本仿行钞法。

12—14 世纪意大利的商人兼银行家兴盛。法国香槟地区交易会（定期的）名扬西欧，商界和银行界活跃，圣殿骑士团骑士参与银行界的竞争。

15—16 世纪，出现私人大银行（意大利的梅迪契、斯特罗西、奇吉等家族银行—德国的富格尔家族银行法国的雅克·科尔银行英国的托马斯·格雷沙母银行）。文艺复兴时期公共银行的复兴（巴塞罗那、瓦朗斯、热那亚）。银行界集散场所形成（布鲁日、安特卫普、里恩）。典当兴盛。

1472 年，意大利锡耶那的帕斯奇银行（典当）创立。

1497 年，西班牙人初次使用新大陆输入的白银铸币——都罗，或价等 8 雷阿（25.9 克）。

1519 年，不莱梅约阿西姆斯达尔银矿所有人铸造了一种重 35 克白银名为约阿西姆斯达尔的银币，一般简称达勒——达勒与金佛罗伦等值。

1531 年，世界第一个交易所——安特卫普交易所创立。

1535 年，西班牙人初次在美洲铸造银币皮阿斯特，即价值 8 雷阿的钱币（24 4 克），这种钱币取名“美元”，因为与德国的达勒相类似。

1537 年，西班牙人初次使用新大陆进口的黄金铸造钱币——埃斯库多（3 10 克）及双埃斯库多，又名皮斯多尔（6.20 克）。

1539 年，意大利创建皮依特银行（典当），它于 1794 年成为“双西西里银行”的组成部分。

1543—1551 年，英镑贬值。

1557 年，西班牙菲利浦二世财政亏虚。

1559 年，法兰西工亨利二世财政亏虚（里恩大党危机）。

1563 年，伦敦格雷沙母银行成立。

1570 年，西班牙人入侵东南亚开外国银元流入中国之路。

1601 年，英镑复值，重 111 克白银。

1602 年，第一张股票诞生在荷兰。东印度公司成立，面向荷兰公众发行价值 650 万荷兰盾的股票。

1609 年，世界上第一个真正意义上的公共银行——阿姆斯特丹银行成立。1. 世界最早的证券交易所——阿姆斯特丹证券交易所诞生。2. 第一次卖空行为发生在荷兰阿姆斯特丹交易所。

1624 年，东印度公司夺取中国台湾，每年运回荷兰财富达 40 万荷兰盾，相当于 4 吨黄金。

1626 年，荷兰属美洲新尼德兰省总督彼得花了大约现值 24 美元向美国印第安人买下了曼哈顿岛取名新阿姆斯特丹。

1633 年，东印度公司偷袭中国福建厦门的明朝水师。明朝正规军与东印度公司交战，打败。崇祯派郑成功之父郑芝龙调集自己的私人海上武装决战，荷军败。

1637 年，英国东印度公司船初来中国。同年 2 月 4 日，荷兰郁金香泡沫破灭，荷兰经济遭到重创。

1640 年，阿姆斯特丹银行发行可转让的存款证单。

1652 年，英荷战争爆发，英国人缴获了 1700 多艘荷兰船只。当时英法两国人口总数相当于荷兰的 15 倍，国土面积是荷兰的 20 倍左右。

1656 年，在斯德哥尔摩成立威塞尔银行，1666 年受清理，1668 年被王国联合银行（后来的瑞典皇家银行）取代。

1660 年，斯德哥尔摩的约翰·帕尔姆斯特鲁吏银行发行最初的纸币。

1664 年，英国人占领了曼哈顿岛。英国国王将新阿姆斯特丹更名为新约克，就是现在的纽约。

1667 年，法国纳费利兹银行建立。

1674—1680 年，法国“借贷银行”成立。

1694 年，英格兰银行和巴莱克银行在伦敦成立。

1705 年，约翰·劳尔在法国出版了《论货币和贸易》。

1711 年，南海公司成立。

1715 年，在法国，一个纪律检查法庭成立，对非法爆发的银行家、金融家课以重税。

1716 年 5 月 5 日，约翰·劳尔成立劳尔银行，路易十五批准这家银行的纸币可以缴税。

1717 年英国政府接受了牛顿的建议，将英国的黄金价格定为每盎司 3 英镑 17 先令 10 又 1/2 便士，英国金本位确立。8 月约翰·劳尔在法国创建了密西西比公司。

1717—1720 年法国实行“约汉·罗”金融货币制度。

1720 年，广州商人组织公行，外国银元大量流入。英国国会通过了《1719 年皇家交易所及伦敦保险公司法案》，简称《泡沫法案》，南海泡沫破裂，股市一落千丈。5 月约翰·劳尔发布了股票贬值令，密西西比股票一泻千里。

1724 年，巴黎交易所成立。

1717—1779 年，为了支援独立战争，美洲英属殖民地大量发行纸币。

1727 年，苏格兰皇家银行成立。

1730 年，日本德川幕府正式批准大阪堂岛大米市场的运作，被公认为期货交易所的雏形。

1731 年，北京设立官钱局。

1733 年，机械师凯伊发明了飞梭，大大提高了织布速度，棉纱顿时供不应求。

1737 年，北京设立官钱局 10 所，以平物价。

1747 年，比利时纳热尔迈克尔银行成立。

1755 年，瑞士银行成立。

1756—1763 年，英法七年战争。法国与奥地利、俄国、瑞典结成同盟来对抗英国、普鲁士联盟。法国战败，英国从其手中夺得加拿大、密西西比河左岸和俄亥俄州流域、非洲的塞内加尔并驱除了印度的法国势力。

1757 年，康熙二十二年，英国占领了鸦片产地孟加拉国后，英商成为最大的鸦片贩子。

1764 年，七年战争使英国财政赤字高达 1.4 亿英镑。英国宣布对北美殖民地从英国以外的国家输入商品，增加征税的税率和商品项目。

1765 年，劳埃德银行在英国成立。织工哈格里夫斯发明了“珍妮纺纱机”，大幅增加了棉纱产量。“珍妮纺纱机”的出现首先在棉纺织业中引发了发明机器、进行技术革新的连锁反应，揭开了第一次工业革命的序幕。

1767 年，英国议会通过《东印度公司管理法》，各省总督均由英王直接任命，英国政府开始通过东印度公司直接统治印度，东印度公司垄断贸易，攫取赋税。

1769 年，梅耶·罗斯柴尔德成为威廉九世的投资代理人，宫廷经纪人。

1770 年，罗德希尔德银行德国法兰克福成立。

1775 年 4 月 18 日，波士顿民兵在莱克星顿打响了独立战争第一枪。

1776 年，亚当·斯密发表《国富论》一书。7 月 4 日，大陆会议在费城正式通过《独立宣言》，美国宣布独立。瑞士金融家伊萨克· 潘乔德在巴黎建立了贴现银行发行纸币。

1776—1793 年，法国贴现银行创立。

1777 年，巴黎典当在法国创立，于 1918 年成为巴黎市政信贷银行。

1781 年，独立战争的最后之战——约克敦之战法军全歼英军，迫使英军退出美国。美国的独立战争让法国背上了沉重的债务负担。

1782 年，北美在美国创立，后来改为第一宾夕法尼亚银行。

1789 年 7 月 14 日，法国攻占巴士底狱。11 月 2 日，革命政府立法将所有教会财产收归国有。12 月 19 日，发行 4 亿里弗赫的指券。同年美国财政部成立，亚历山大·汉密尔顿就任第一届财长。

1790—1797 年，法国指券（法国资产阶级革命时期发行的货币，由国有财产担保）流通。

1791—1811 年，美国仿效英格兰银行成立了第一家中央银行——美国第一银行，它垄断了纸币的发行。

1792 年，美国确定美元重 24. 06 克白银或 1603 8 毫克黄金。5 月由 21 个经纪人和 3 家经纪公司，在华尔街 63 号的一棵梧桐树下，签订了一个协议，即《梧桐树协议》。

1793 年，英国银行业经历多事之秋。

1794 年，美国开始铸银元。

1797—1821 年，实行英镑强迫流通市价。

1799 年，美国曼哈顿银行创立。

1800 年 1 月 18 日，拿破仑 · 波拿巴建立法兰西银行，它是法国的中央银行。

1803 年，确定法郎重 4 5 克白银或 290. 33 毫克黄金。美国从法国购买了路易斯安那，这是世界上规模最大的土地买卖，使美国国土面积增加了一倍。

1805 年，美国商人开始对华鸦片贸易，成为继英国之后第二大对华鸦片贸易国。

1806 年，加尔各答银行创立。后来成为印度国家银行的一部分。荷兰被法国占领，阿姆斯特丹的金融家与资本家逃往英国避难，英格兰银行成为欧洲唯一能维持纸币信用的银行。

1808 年，巴西银行创立。

1811 年，在杰斐逊等人的阻挠下，美国第一银行停办。

1812 年美国纽约花旗银行创立。美国对英宣战，企图趁机夺取加拿大。

1814 年，阿姆斯特丹银行更名为尼德兰银行（荷兰银行）。拿破仑被反法联盟击败后，英国入侵华盛顿。同年 12 月，英美签订《根特合约》，结束军事对抗。

1815 年 6 月 18 日的滑铁卢战役之后，拿破仑宣布退位并被流放到圣赫勒拿岛。欧洲黄金价格随之大跌。

1816 年英国通过《金本位法案》，并建立金本位制，规定英镑价值只许以黄金为定值标准，按照 1717 年确定的平价基础。法国信托局成立（存款与信托金库）。

1817 年，加拿大蒙特利尔银行成立。澳大利亚新南威尔士银行成立。伊利运河开工，资金由发行的运河债券提供。

1821 年，英国正式启用金本位制，英镑成为英国的标准货币单位，每 1 英镑含 7. 32238 克纯金。

1822 年，阿根廷国家银行成立。

1823 年，山西日升昌票号成立。美国总统詹姆士·门罗向国会提交“门罗宣言”，提出“美洲是美国人的美洲”。

1824 年，荷兰创立了荷兰商业银行。

1825 年，罗斯柴尔德家族的资金总额超过了法兰西银行，是巴林家族的 9 倍。

1826 年，一项英国法律准许通过股票方式创办银行（股份银行）。

1830 年，全长 35 英里的英国利物浦—曼彻斯特铁路建成通车，这是第一条全线用蒸汽机车牵引的客货铁路，人类开始走进铁路时代。

1831 年，法国爆发“七月革命”，在其影响下意大利发生了大规模革命起义。教皇向奥地利求助，奥地利出兵救援，重建教皇秩序。罗斯柴尔德家族为避免动乱引发各国债券价格下跌，安排了一笔 40 万英镑的贷款给教皇，并抛售奥地利债券，逼迫其退军。

1832 年，欧文发行劳动券。

1834 年，美元继续价值 24. 06 克白银，但仅值 1504. 7 毫克黄金黄金。黄金价格上涨到 20. 79 美元 1 盎司。

1841 年，希腊国家银行成立。

1844 年，《银行特别条例》规定在英国发行纸币。

1845 年 10 月，英国铁路股价大跌 30% ~40%。

1847 年，英国铁路线建设停工，大批工人被解雇，钢铁、冶金和煤炭工业遭到沉重打击。英国为进口食品消耗了3000 万英镑，导致大量黄金流到国外。

1848 年世界上最早的期货交易所芝加哥期货交易所（ CBOT）成立。英商丽如银行在广州设立分行。意大利西西里岛爆发革命。七月王朝被推翻。奥地利首都维也纳和普鲁士首都柏林爆发革命。

1848—1850 年，法郎实行强迫流通市价。法兰西银行发行货币的专利扩大到令国范围。法国创办了 60 余家贴现银行。法兰西银行获得全国货币发行垄断权。

1849 年，英国完全占领了印度，印度沦为英国的殖民地。

1850 年，舒尔茨在德国创办第一批信用社（银行）。

1852 年，佩雷尔兄弟创立法国动产信贷银行和法国地产信贷银行。路易·巴拿马登基。

1853 年，美国虽未采纳金本位制，但缩减了白银的货币职能。莱非森在德国创办第一家农业互助信用社。渣打银行在伦敦、印度、中国、澳大利亚创立。因为太平天国革命北京发生挤兑。清政府令各省成立官钱局。1854 年英国有利银行和汇丰银行在上海设立分行。

1854 年，“黑船事件”发生。随后日本与美国签署《日美亲善条款》并和西方其他列强签订了一系列不平等条约，条约规定外币可在日本自由流通，且与外国人交易时只能用外币交易。由于日本金银的兑换率是 1:5～1:6，国际兑换率为 1:15，日本黄金大量外流。日本随后出现严重通货膨胀。

1857 年，英麦加利银行在上海设立分行。

1861 年，杰伊·库克承销美国国债，改变了债券的销售模式。华尔街证券逐渐从私募变成全民投资的公开发行，美国资本市场规模迅速扩大。

1861—1865 年，美国南北战争爆发。纸币大量发行，实行美元强迫流通市价，一直持续到 1879 年。

1862 年 2 月 25 日，林肯签署《法定货币法案》，发行 1.5 亿无息的绿背美元。

1863 年，美国建立一批国民银行，它们与州银行开展竞争。

1865 年，通过以法国为核心的拉丁联盟协定，法国、意大利、比利时与瑞士四国均采用以法国货币体系为基础的金银复本位制。比利时储蓄与退休金总行创立。香港及汇丰银行在伦敦创立。芝加哥期货交易所推出了标准化的商品期货合约交易。

1866 年 5 月 10 日伦敦交易所“黑色星期一”，股票暴跌。

1866 年，香港铸造银元。

1867 年，卡尔·马克思的《资本论》出版。普鲁士人在英国人的支持下断然拒绝加入拉丁货币同盟。涩泽荣一参观法国巴黎世博会后创立了日本第一家近代银行和股份制企业第一国立银行，并创建了日本式的现代化大企业财团——株式会社。

1868 年，日本明治维新。日本的国外银行纷纷倒闭后，日本从 2 月开始发行“太政官纸币”。

1870—1871 年，普法战争爆发。1870 年 7 月 14 日，俾斯麦发表了挑战性的“埃姆斯电报”，触怒了法国政府。7 月 19 日，法国对普宣战。战争开始后，法军接连败北。9 月 2 日，拿破仑三世亲率近十万名法军在色当投降。4 日，巴黎爆发革命，成立法兰西第三共和国。但普军仍长驱直入，包围巴黎。1871 年 1 月 28 日，巴黎失陷，两国签订停战协定。2 月 26 日，双方在凡尔赛签订初步和约。5 月 10 日在法兰克福签署了正式和约，这次战争使普鲁士完成德意志统一，结束了法国在欧洲的霸权地位。德意志银行成立。银行创始人乔治·威廉·西门子是创建西门子公司的维尔纳·冯·西门子之子。德意志银行的成立为改变德国对外贸易的金融大权被英国人掌控的局势提供了契机。实行法郎强迫流通市价，一直维持到 1878 年。

1870—1872 年，日本大藏卿大隈重信以海关收入和铁路收益为担保，发行了 100 万英镑、年利率 9% 的国债作为建设基金，建设了日本第一条铁路——东京至横滨铁路。

1873 年，德国采纳金本位制。美国铸造贸易银元。日本第一银行在东京成立。

1875 年 1 月 4 日，美国国会通过了《恢复硬币支付法》，撤销绿背美元的法定货币地位，并授权财政部于 1879 年 1 月 1 日起，用黄金兑换绿背美元，实行金本位制，加入了以英国为核心的国际货币体系。罗斯柴尔德提供 400 万英镑帮助英国从法国手中夺取了苏伊士运河的控制权。

1876 年，法国赠送美国自由女神像，作为其独立 100 周年的礼物。

1878 年，拉丁同盟各国采用“波足金本位制，该制度接近金本位制。

1879 年，牛与熊这两种动物第一次出现在描绘股票市场的油画中。

1881 年，沙皇亚历山大二世遇刺，罗曼诺夫王朝最后两位沙皇亚历山大三世和尼古拉二世以“寻找民族的敌人”为借口开始大规模、有组织地迫害犹太人。俄国的排犹政策引起以罗斯柴尔德家族为首的犹太金融财团的极大不满。

1882 年，日本银行成立。法国联合总行股票暴跌。查尔斯·亨利·道与爱德华·琼斯创立了道琼斯公司。

1883 年，日本中央银行创建。

1892 年 5 月 26 日，道琼斯公司选择在纽约证券交易所上市的 12 家最具行业代表性的公司，将他们的股票价格的平均值取名为道琼斯指数。

1895 年华俄道胜银行成立。1895 年 7 月 6 日，法俄两国代表与中国驻俄公使许景澄签订了《中俄四厘借款合同》。借款总额 4 亿法郎合一亿两白银，年息 4%，偿还期 36 年。清政府从这项贷款中只拿到 9000 余万两交付日本，但实际支付本息为 2.05 亿两。

1896 年，俄、德、法三国与日本发生“三国还辽”事件。日本索取 3000 万两将辽东还给中国。清政府与汇丰银行和德华银行签订《英德借款详细章程》，清政府借入 1600 万英镑合白银一亿两，年息 5%，佣金 5.5%，以海关收入为担保抵押，不得提前一次性还清。

1897 年，中国通商银行在上海成立。

1898 年，清政府与英德签订《英德续借款合同》，同为 1 亿两，年息 4.5%，偿还期 45 年，不得一次提前还清。

1900 年，美国采纳金本位制。美国取代英国成为世界第一经济强国。

1901 年，《辛丑条约》签订，中国赔款 4.5 亿两白银，以关税、盐税和常关税做担保，分 39 年还清，年息 4 厘，本息共 9.8 亿两。

1903 年 12 月 17 日，美国的莱特兄弟制造的飞机试飞成功，实现了人类翱翔天空的梦想，预告了交通运输新纪元的到来。

1904 年，日俄战争爆发，在金融家支持下日本获胜。清政府推出《公司律》，这是中国第一部专门的商事法律。

1905 年，中国户部银行成立。上海众业公所成立，这是中国历史上最早的证券交易所。

1906 年，全球发生了大规模的货币危机与经济危机。为了稳定金融，吸引美国黄金流入，英格兰银行将利率提高到 6%。但仍有大量黄金被巴西、印度等国家提走。关键时刻，在罗氏家族的帮助下，法兰西银行出手相救，暂时躲过一劫。

1907 年 3 月 13 日，美国股市暴跌，仅仅一天中，铁路股价就下跌了 20%，纽约交易所的全部市值下跌了 20 亿美元。8 月，英国金融情况再度恶化，罗氏家族又一次出面从法国募集 260 万英镑的黄金，自己又拿出 40 万英镑的黄金接济英格兰银行。

1908 年，中国交通银行成立。德国各储蓄银行向客户推出使用支票簿措施，银行和用户双方手续简便化。户部银行改大清银行，颁布《大清银行则例》。

1910 年，清颁布《币制则例》，采用银本位制度，制定《造币厂章程》铸大清银币。

1911 年，中国票号有 26 家，在全国 80 个城市设立分支机构 459 家。辛亥革命时钱庄、票号纷纷倒闭，存款户提款，存入外商银行。

1913 年，美国中央银行美联储成立。世界上第一台家用电冰箱在美国芝加哥诞生。

1914—1918 年第一次世界大战爆发，普遍实行黄金禁运及纸币强迫流通市价。

1917 年，北洋政府批准上海证券交易所开设证券经营业务。

1917—1923 年，俄国、奥地利及德国物价飞涨。

1918 年，由中国人自己创办的第一家证券交易所北平证券交易所成立。

1919 年，意大利投机商庞氏（于 1903 移民到美国）设庞氏骗局。

1920 年，法国成立国家农业信贷局。上海证券物品交易所批准成立，是当时国内规模最大的证券交易所。

1921 年，苏联成立俄罗斯银行中央银行。

1922 年，热那亚会议召开，主张回到新形式的金本位制。

1924 年，奥地利、德国及苏联（理论上）恢复金本位制。美国第一家共同基金在波士顿成立，哈佛大学的 200 多名教授将总共 5 万美元交给了马萨诸塞投资信托公司。

1925 年，大不列颠基于大战前的兑换平价恢复金本位制。

1927 年，美国人研制出最早的电视机。

1928 年，法国基于大战前兑换平价的五分之一恢复金本位制。

1929—1933 年股市崩溃，经济大萧条。

1933 年，美国国会通过了《证券法》，成立了证券交易委员会，第一届美国证监会主席是约瑟夫·肯尼迪。

1934 年，罗斯福政府通过了《白银收购法案》，在国内外市场大量收购白银。希特勒成为国家元首。日本通过中国银价与世界市场银价的价差积累巨额资金建造军舰和稳定日本币值。

1944 年 7 月 1 日，全球 44 国代表讨论美英两国政府分别提出的“怀特计划”和“凯恩斯计划”。最后通过了以怀特计划为蓝本的布雷顿森林协定。其他国家货币与美元挂钩，美元与黄金挂钩（当时美国黄金储备为世界黄金储备的

59%）。12 月，凯恩斯重病复发，一个月后病逝。

1948 年 8 月，在国民政府财政部长王云五、中央银行总裁俞鸿钧的策划下，国民政府行政院又公布了《金圆券发行办法》，规定金圆券每元法定合纯金 0.22217 厘，私人不得持有黄金、白银和外汇。11 月由于军政费用短缺，放宽发行限额，再次大量印发金圆券。12 月 1 日，在华北银行、北海银行、西北农民银行的基础上合并组成中国人民银行，发行人民币，宣布旧币作废但在短时间内允许兑换成人民币。

1952 年，中国证券交易所停业。私营工商业进行了社会主义改造，股份制企业改组为公私合营企业和国营企业。

1955 年 3 月 1 日，中国发行第二套人民币，收回旧币，新币 1 元等于旧币 10000 元。新币最大面额 10 元。

1964 年，全面收回第二套人民币中 3 元、5 元、10 元面额纸币，中国的货币从此完全由中国自行设计、自行印刷。

1971 年，美国推出纳斯达克。8 月 5 日，尼克松宣布“暂时中止美元与黄金或其他储备资产之兑换，除非要求兑换的数量和条件符合货币稳定和美国的最高利益。”美元成为了不可兑现的白条，布雷顿森林体系瓦解。

1972 年，芝加哥商业交易所（CME）创立国际货币市场（IMM），并首次推出以金融资产为基础的衍生品合约——外汇期货合约。

1973 年，芝加哥期权交易所（CBOE）成立，这是全球第一家期权交易所，并于当年 4 月 26 日开始股票看涨期权交易。

1975 年，芝加哥期货交易所推出首个以按揭贷款为基础资产的利率期货合约。

1977 年，芝加哥期货交易所推出长期国债期货合约。芝加哥期权交易所推出股票看跌期权交易。

1981 年，经所罗门兄弟公司中介，IBM 与国际货币基金组织进行了第一笔货币互换，这是互换交易的发端。利率互换产品出现。IBM 发布了第一台个人计算机。

1982 年，美国堪萨斯交易所推出全球首个股票指数期货合约——价值线指数期货合约，芝加哥期货交易所紧随其后，同年推出了 S&P500 指数期货合约。

1983 年，芝加哥期权交易所推出首个股票指数期权交易（CBOE——100 指数期权，后更名为 S&P100）。芝加哥商业交易所推出了美国长期国债期货的期权，这是首个以金融衍生品为基础资产的衍生品。所罗门兄弟公司开发了按揭贷款支持证券（MBS），随后出现了以汽车贷款和信用卡贷款为支持的资产支持债券（ABS）。

1985 年 9 月 22 日，美国、日本、西德、英国和法国在纽约广场饭店达成“广场协议”。此后，日元迅速升值。汇率从 1 美元兑 220 日元左右上升到一年后的 1 美元兑 150 日元。

1991 年 7 月，深圳证券交易所成立并营业。郑州粮食批发市场开业并引入期货交易机制。上海真空电子器件股份有限公司成功在香港发行了人民币特种股票 1 亿元。

1993 年，日本经济泡沫破灭，将日本拖入漫长的衰退期。

1995 年，发生巴林银行事件，有 223 年历史的英国老字号投资银行进入清算状态，最终被荷兰国际收购。J. P. 摩根开发出信用违约互换和债务抵押债券（CDOs），信用衍生产品逐渐成为衍生品市场发展最快的分支。2 月 23 日，财政部发布公告称，327 国债将按 148. 50 元兑付，上演了中国金融史上有名的“327 国债”事件。5 月 17 日，中国证监会发出紧急通知，宣布暂停国债期货交易试点。

1997 年 7 月 2 日，亚洲金融风暴席卷泰国，泰铢贬值。不久，这场风暴扫过了马来西亚、新加坡、日本和韩国等地。

1998 年 8 月，美国一家大型对冲基金长期资本管理公司因在国际债券期货市场上投机失败而濒临倒闭。

1999 年，巴西爆发金融动荡，汇市、股市双双暴跌，最后由国际基金组织

（简称 IMF）出面组织援助。

2001 年 12 月 11 日开始，中国正式加入世贸组织，标志着金融业对外开放进入了一个全新的阶段。

2008 年次贷危机爆发，9 月 14 日星期日，雷曼兄弟在美国联准会拒绝提供资金支持援助后提出破产申请，而在同一天美林证券宣布被美国银行收购。

2009 年 10 月 20 日，希腊政府宣布当年财政赤字占国内生产总值的比例将超过 12%，远高于欧盟设定的 3% 上限。随后，全球三大评级公司相继下调希腊主权信用评级，欧洲主权债务危机率先在希腊爆发。中国深圳证券交易所设立创业板。

2010 年 4 月 16 日，股指期货正式挂牌交易。

2011 年 12 月 16 日，中国证监会、中国人民银行、国家外汇管理局联合发布《基金管理公司、证券公司人民币合格境外机构投资者境内证券投资试点办法》，开启了 RQFII 的试点。

参考文献

[1] 宋则行、樊亢．世界经济史［M］．北京，经济科学出版社，1998.

[2] 高德步、王珏世界经济史［M］．北京，中国人民大学出版社，2001.

[3] 齐世荣、钱乘旦、张宏毅．十五世纪以来世界九强兴衰史［M］．北京，人民出版社，2009.

[4] 夏炎德欧洲经济史［M］．上海，三联书店上海分店，1991.

[5] 黄志刚．丝绸之路货币研究［M］．新疆，新疆人民出版社，2010.

[6] 陈其人．世界经济发展研究［M］．上海，上海人民出版社，2002.

[7]，王正毅．世界体系论与中国［M］．北京，商务印书馆，2000.

[8] 王家范．百年颠沛与千年往复［M］．上海，上海远东出版社，2001.

[9]《日本经济史》,【日】朝仓孝吉著，岩波书店，昭和十五年。

[10]【美】塞缪尔·亨廷顿．文明的冲突与世界秩序的重建［M］．北京，新华出版社，2010.

[11] 麦迪森．世界经济千年史［M］．北京，北京大学出版社，2003.

[12] 保罗·肯尼迪．大国的兴衰［M］．北京，国际文化出版公司，2006.

[13] 【美】斯塔夫里阿诺斯．全球通史［M］．北京，北京大学出版社，2011.

[14]【美】彭慕兰著，史建云译．大分流：中国、欧洲与近代世界经济的形成，［M］．南京，江苏人民出版社，2003.

[15]【德】安德鲁·贡德·弗兰克著，刘北成译．白银资本：重视经济全球化中的东方［M］．北京，中央编译出版社，2008.

[16]【美】王国斌著，李伯重、连玲玲译．转变的中国：历史变迁与欧洲经验的局限［M］．北京，江苏人民出版社，1998.

[17]【美】道格拉斯·诺斯（Douglass C. North）、罗伯特·托马斯（Robert P. Thowmas）：厉以平、蔡磊译．西方世界的兴起［M］．北京，华夏出版社，1999.

[18]【法】费尔南·布罗代尔（Fernand Braudel）：顾良、施康强译．十五至十八世纪的物质文明、经济和资本主义［M］．北京，三联书店，1992.

[19]【日】朝仓孝吉著，日本金融史［M］．北京，岩波书店，昭和十五年。

[20] 西欧金融史（第二版），【英】金德尔伯格，中国金融出版社，2007 年。

[21] 中国金融通史（六卷本）李飞、赵海宽、洪葭管等主编，中国金融出版社，2002 年。

[22] 孔祥毅，金融票号史论，中国金融出版社，2004 年。

[23] 孔祥毅，晋商与金融史论，经济管理出版社，2008 年。

后　记

案前笔落思文魂

在本书即将付梓之际，欣闻孔祥毅教授荣获2016年度“中国金融学科终身成就奖”。作为后辈晚生，得此消息，倍感自豪和荣幸。

学海泛舟，有幸在经济学的殿堂中相识孔祥毅教授，先生高尚的人品、精湛的学问给我留下至深的影响。作为我国著名的金融学专家，他的一系列的学术成果和思想观点（特别是在金融史领域）无远弗届，深令学人钦敬。

半个多世纪来，孔先生植根于现实生活的沃土，密切关注着经济金融领域的发展变化，在金融史园地中辛勤耕耘，取得了丰硕的成果。作为孔老师的一名学生，聆听先生的教诲，景仰先生的才华，也希冀能够与先生一同在金融史领域前行。本书即是这样一个实践的成果。

孔祥毅教授对金融史学的研究开始于1963年初参与山西票号的研究和1975年对阎锡山时期山西银行的研究，他五十多年如一日潜心攀登金融史研究的高峰，为金融史的研究和发展作出了积极的贡献。

佛教讲，人心内有佛性。作为深受儒家思想影响的孔裔，先生内心深处有着真正的佛心。佛禅之心是希望众生能得到福慧、慈祥的润泽。这些馨香般的品质，不仅能福泽他人，也可让自己在浮世时时处处保有赤子之心。认真、入世、奉献、创新和博学，这几点成为先生重要的品格，是其文魂所系，生命之托，这一切都深深地印在我的脑海之中，铭记在我的心中。在当今的社会中，我想这种人品会日久弥香，日显珍贵。

英国科学家牛顿临终前曾说，他自己是一个知识岸边的拾贝者，他认为自己并不怎么样，只是在许多的宝贝中捡了几个，还说自己之所以能够这样，并非他本人特别聪明，而是由于他站在了巨人的肩膀上。也许这番话更能表达我对学术先辈的景仰。查尔斯·P. 金德尔伯格在其所著的《经济过热、经济恐慌及经济崩溃——金融危机史》一书中曾经说过，“经济学需要历史，更胜于历史需要经济学”。

本书的写作肇始于我离开生活卅载的三晋大地北赴辽沈读博的2000年秋季，16年后书稿初成，案前笔落，掩卷遐思，管窥所及，思绪难已，遂以此为记。

往事如昨，碌碌然、惶惶然十几载春秋，辽宁大学毕业之后我来到首都经济贸易大学金融学院工作，专注于金融监管、中外金融史等方向的研究与教学工作。

当前，伴随着金融史研究的新发现和学术研究的不断深入，一批批在金融史研究领域的后起之秀如雨后春笋，不断涌现，一大批新的研究成果也陆续问世。这一批批的研究成果和优秀的学术人才的涌现，也鞭策着吾辈以更加勤奋忘我的学术精神，在金融史园地中辛勤耕耘。

本书以全球金融史研究为重点，注重突出学术著作的创新性和理论研究的系统性，内容涉及考古、历史、民族、宗教、文化、艺术等多学科领域。由于涉及的内容和时间跨度极大，而我们获取的资料和文献又很有限，因此，尽管我们几易书稿，有的甚至做了重大修改，尽管我们不断在国内外的各种文献中查询寻找各种有益的文献，也补充了大批新资料，借鉴了新的研究成果和观点，然而，所有的这些比起世界金融史这一巨大的学术任务而言，都是微不足道的。本书也一定会有很多缺点和瑕疵，我们真诚地欢迎各位学者同仁提出宝贵意见。

最后，需要说明的是，本书初名曾为《世界金融史》，后来在写作的过程中，感觉我们收集的资料和写作的深度，以及为未来进一步深入研究预留的空间等考虑，最终还是将其定名为《世界金融史论纲》。

祁敬宇

2016 年深秋于北京万年花城